内容简介

由弗洛伊德·比姆斯等编写的《高级会计学》一书自1979年出版以来受到会计学界的广泛好评，被多个国家的高校选用，是高级会计学教材的经典权威之作。

《高级会计学》（第13版）主要讨论了企业合并、合并财务报表、衍生工具与外币交易、外币财务报表、分部报告与中期财务报告等内容，反映了实务界新的发展以及会计法律法规的变化。本书以知名公司的真实案例为指引，数据大多来自公司的年报，理论与实务紧密联系。

本书适合作为高等院校会计、财务管理、审计专业本科生、研究生的专业课教材，也适合MBA，MPAcc及相关从业人员参考使用。

主要作者简介

弗洛伊德·比姆斯（Floyd A. Beams） 弗吉尼亚理工大学教授。在*The Accounting Review*，*Management Accounting*等期刊上发表多篇文章。是美国会计学会和管理会计师协会的成员，并在这两个组织的委员会任职。获全美会计师协会莱布兰德铜奖、弗吉尼亚注册会计师协会“杰出会计人物奖”、管理会计师协会“弗吉尼亚杰出会计教育奖”。

译者简介

毛新述 北京工商大学商学院院长、教授、博士生导师。入选财政部全国会计领军人才和北京市长城学者培养计划。兼任财政部第一届企业会计准则咨询委员会咨询委员、中国会计学会企业会计准则专业委员会委员等。致力于会计准则、公司治理和国企改革等方面的研究，先后在*Journal of Corporate Finance*以及《经济研究》《管理世界》等A类刊物上发表论文20余篇。主持国家级和省部级科研项目多项。多次获财政部、中国会计学会优秀论文奖，杨纪琬会计学奖。

何玉润 北京工商大学商学院副院长、教授、博士生导师。入选财政部全国会计领军人才，中国会计学会金融会计专业委员会委员。致力于企业内部控制和风险管理、国有企业改革等领域的研究和实践。发表学术论文40余篇。主持和参与国家级及省部级科研项目多项。

张路 北京工商大学商学院副教授。入选财政部全国会计领军人才。致力于财务会计和公司财务的相关研究，发表论文10余篇。

工商管理经典译丛·会计与财务系列
BUSINESS ADMINISTRATION CLASSICS

高级会计学

第13版

弗洛伊德·比姆斯（Floyd A. Beams）
约瑟夫·安东尼（Joseph H. Anthony）
布鲁斯·贝丁豪斯（Bruce Bettinghaus）
肯尼思·史密斯（Kenneth Smith）
著
毛新述　何玉润　张　路　等　译

ADVANCED ACCOUNTING

Thirteenth Edition

中国人民大学出版社
·北京·

译者序

由弗洛伊德·比姆斯等编写的《高级会计学》一书自 1979 年出版以来已修订了 12 次，受到会计学界的广泛好评，并为多个国家的高校选用，被认为是高级会计学教材的经典权威之作。

《高级会计学》（第 13 版）内容丰富，涵盖集团企业会计、金融工具会计、外币折算会计、政府会计、非营利组织会计等专题。考虑到我国会计学专业的课程体系安排和教学时间限制，本次翻译仅保留了企业合并、合并财务报表、衍生工具与外币交易、外币财务报表、分部与中期财务报告、公司清算与重整等章节，删除了合伙企业报告、政府会计及报告、非营利组织会计处理以及遗产和信托等章节。

概括来说，本书主要具有以下特色：

1. 内容完整，论述深入。本书介绍了集团企业、金融工具、外币折算中主要交易的会计处理方法和财务报告，尤其是企业合并会计和合并财务报表。对企业合并的会计处理方法、合并财务报表的编制程序和技术、集团内部交易、股权变动、间接控股、相互持股、合并每股收益、合并所得税、合并现金流量表、下推会计、合并会计理论等均做了系统深入的叙述，对这些内容的系统学习有助于编制我国集团企业合并报表。本书对有关衍生工具的会计处理、套期会计、外币折算等也做了详细深入的论述。

2. 贴近实务，生动有趣。本书以知名公司、机构和事件的真实案例为指引，数据大都来自公司的年度报告，理论与实务联系紧密。本书力求用有趣生动的语言给学生讲述会计学知识，所有的章节都从热门的商业杂志中摘录了相关内容，增强了本书的可读性。

3. 习题丰富、资源完备。本书提供了大量的习题供学生练习，习题主要来自注册会计师考试题目，并根据章节内容进行了更新和扩充，以使学生能够更好地掌握相关理论知识和实务操作方法。本书具有完备的教辅资源，配套教辅包括：英文 PPT、教师指导手册、习题解答等。

本书适合作为高等院校会计、财务管理、审计专业本科生、研究生的专业课教材，也适合 MBA，MPAcc 及相关从业人员参考使用。

本书由毛新述教授、何玉润教授、张路副教授组织翻译。初稿翻译分工如下：

目录、术语表：杜垚、毛新述；第 1，2 章：杜垚；第 3，4 章：酒潇潇、张路；第 5，6 章：曾丽竹、肖诗雨；第 7，10，11 章：李紫阳；第 8，9 章：杨宇飞；第 12，13，14 章：石方涵；第 15，16 章：刘田甜。

初稿完成后，岳新瑜、张博文、李晴、邓东升、刘金沛、刘晓琳和闫小莉进行了初校，毛新述、何玉润、张路进行了审阅和交叉校对，最后由毛新述通读全稿和定稿。

限于学识，本书的翻译可能会存在不足之处，恳请各位读者批评指正，以便我们及时修正。

毛新述

译者序

前　言

本版更新之处

《高级会计学》（第 13 版）的重要变化包括以下内容：

■ 重编了相关内容以与财务会计准则委员会会计准则汇编等保持一致。除了在历史背景下很重要的内容外，原书中引用的原始声明被删除。

■ 在括号内标示了对官方声明的引用。篇幅缩短，更便于学生阅读。对会计准则汇编的引用也在括号内标示（例如，ASC 740－10－15）。

■ 对所有章节的最后部分进行了修订，增加了专业研究任务，要求学生阅读权威文献。本书为这些作业提供的解决方案截至 2016 年 5 月是最新的。教师需要确认这些内容有没有更改。

■ 为了涵盖最新的国际财务报告准则和问题，所有章节均已更新。随着美国与国际财务报告准则日益趋同，国际财务报告准则的覆盖范围继续扩大。

■ 为了反映财务会计准则委员会会计准则汇编和政府会计准则委员会汇编的最新更改，所有章节均已更新。

《高级会计学》（第 13 版）是专为会计专业的本科生和研究生设计的。第 13 版涵盖了超出中级财务会计水平的相关内容。本书尽管主要是面向会计专业的在校学生，但对于对编制或分析合并财务报表、外币会计和衍生工具会计等感兴趣的会计从业人员也有借鉴意义。第 13 版经过全面修订，以反映实务界最新的业务发展以及会计准则和法规要求的变化。

本书具有综合性，主要讨论了财务报告中合并财务报表、商誉、其他无形资产和衍生工具的处理问题，还涵盖了外币交易及折算、公司清算和重整等内容。

本书的最大特点在于为学生学习提供了一个全面且连续的教学系统。第 13 版力求用有趣生动的语言给学生讲述会计学知识。本书对完全权益法进行了全面的讲述，以便学生学习相关的会计学理论及概念，而不只是学习处理合并财务报表的簿记技术。本书附录涵盖了权益合并会计，试算平衡表格式以及易于理解的从部分权益法或成本法到完全权益法的转换等内容，这样学生就可以采用完全权益法来编制合并财务报表。在讲述合并报表的知识时，对用于编制合并工作底稿的抵销分录用加粗的方式突出显示。所有章节都有从畅销的商业杂志中摘录的相关内容，同时也有知名公司、机构和事件的真实案例指引。本书中的例子来自知名公司的年度报告，主要是为了阐述相关的会计理论，也是为了保持学生的学习兴趣。习题主要是根据注册会计师考试题目编写的，当然，我们对这些题目进行了更新以及扩充，以便学生能够更好地掌握相关章节的理论知识。本书在标注母子公司时仍保留以 P 和 S 为开头字母的方法，以便学生在学习过程中能够立即辨别。第 13 版在所有章节设置了学习目标，主要是为了让学生在学习过程中明确各章节的重要知识和概念。

本书的组织结构

第 1 章至第 11 章介绍了企业合并，普通股投资的权益、公允价值和成本会计方法以及合并财务报表，强调了在高级会计学课程以及财务会计和报告实务中企业合并和合并报表的重要性。

第 1 章介绍了收购的会计处理和报告，还提供了有关企业合并的形式和经济影响的必要背景材料。第 1 章的附录对权益结合法进行了总结。第 2 章介绍了会计处理中被视为单行合并的完全权益法，在随后有关企业合并的章节中对该方法进行了整合。这种方法允许对诸如合并净利润和合并留存收益之类的关键概念进行替代计算，可以帮助教师解释合并程序的目标，还可以为学生提供有关这些关键概念的逻辑检查表。单行合并是母公司对其对子公司的投资进行会计处理的方法。第 3 章介绍了合并财务报表的编制。学生在本章将学习如何记录子公司可辨认净资产和商誉的公允价值。第 4 章的内容仍然与企业合并有关，主要讨论编制母子公司合并财务报表的技术和程序，强调包括利润表、留存收益表和资产负债表三部分的纵向财务报表工作底稿法。附录 A 介绍了试算平衡法。有关合并的章节使用完全权益法对母公司对子公司的投资进行会计处理。附录 B 提供了从部分权益法或成本法转换为完全权益法的方法。

第 5 章至第 7 章阐述了有关存货、固定资产和债券的集团内部交易。

第 8 章讨论了母公司持有子公司股权变动的相关问题。第 9 章介绍了更复杂的母子公司结构。第 10 章涵盖了几个与合并相关的主题：子公司优先股、合并每股收益和合并主体的所得税。第 11 章是理论章节，讨论了合并理论、下推会计、杠杆收购、公司合营企业以及与可变利益主体的会计处理和报告相关的关键概念。第 9 章到第 11 章分别讲述了专门的主题，均为独立的材料，与后续的章节无关。

企业日益全球化，现代企业的生存取决于能否进入国外市场，以及引入供应商和资本。第 12 章和第 13 章介绍了国际业务和财务报告中的一些独特挑战，主要讨论了衍生工具和外币交易以及折算的会计处理。与上一版一样，第 12 章介绍了衍生工具和外币的概念和常见交易。第 13 章介绍了衍生工具和套期活动的会计处理，主要包括进出口活动以及用于对冲潜在汇兑损失的远期合约或类似合约。第 14 章强调为外国子公司编制合并财务报表，包括对外国主体财务报表的折算和重述，权益法投资的单行合并，出于财务报告目标合并外国子公司及其经营活动。

第 15 章介绍了财务会计准则委员会会计准则汇编 280 号准则中的分部报告主题，以及中期财务报告问题。

第 16 章讨论了与公司清算和重整有关的会计处理和报告程序。

目　录

第1章

企业合并

学习目标

1. 理解企业合并的潜在经济动因。
2. 掌握法律和会计视角下的企业合并形式。
3. 了解企业合并的会计概念，掌握购买法。
4. 掌握企业合并中资产和负债公允价值的会计处理方法。
5. 附录：回顾权益结合法的相关会计概念。

• 2015年11月23日，辉瑞公司（Pfizer）宣告将以1 600亿美元的价格收购艾尔建公司（Allergan），自此成为世界第一大医疗保健企业。

• 2008年12月31日，富国银行（Wells Fargo & Company）收购了瓦霍维亚银行（Wachovia Corporation）共计231亿美元的股票，成为美国最大的商业银行之一。

• 2001年10月，雪佛龙（Chevron）与德士古公司（Texaco）签署吸收合并协议，成交金额超300亿美元。

• 1998年，作为汽油生产竞争者的埃克森（Exxon）和美孚（Mobil）通过吸收合并成立埃克森美孚公司（ExxonMobil Corporation），成交金额约800亿美元。

欢迎来到企业合并的世界。20世纪90年代以来，美国及国际市场见证了企业并购的空前盛况。由于很多企业合并是通过股票交易而不是简单的现金购买来实现的，因此企业合并活动的发展程度受到股票市场变化的影响。

在2001年和2008年的经济危机中，企业的吸收合并因股票市场低迷而放慢了脚步，而在市场恢复活力之后，其发展步伐又开始加快。随着2015年股价暴涨，世界范围内发生了超过5万亿美元的企业并购活动，创下历史新高。其中几乎一半的企业并购发生在美国。下述企业均在2015年宣告了企业合并。辉瑞公司以1 600亿美元的价格收购艾尔建公司。百威英博（Anheuser-Busch InBev）宣布以1 174亿美元收购南非米勒酿酒公司（SAB Miller）。亨氏（HJ Heinz）以626亿美元完成对卡夫食品（Kraft Foods）的收购。

直以来，企业都试图为股东创造经济价值，因此与这一战略相对应的企业扩张常常被视为企业主体的合理目标之一。企业通常会选择内部扩张（建设自己的工厂）或外部扩张（通过企业合并获得对其他企业的控制权）。本章内容将聚焦于：相比于内部扩张，为什么企业更倾向于使用外部扩张？如何在财务报告中反映这些活动？

广义上的**企业合并**（business combination）是将独立的企业主体进行合并。企业合并的最高目标是提高盈利能力，一些企业通过横向或纵向合并还能提高效率或者分散风险。

横向合并（horizontal integration）是指同一业务线或同一市场中的企业合并。辉瑞公司与艾尔建公司，雪佛龙与德士古公司，埃克森与美孚，以及富国银行与瓦霍维亚银行的合并，都是横向合并的例子。过去的25年里，在银行业及其他行业中发生了很多意义深远的企业合并活动。例如，金佰利（Kimberly-Clark）收购了斯科特纸业（Scott Paper），成为纸制品生产巨头。2013年，美国航空（American Airlines）以45.92亿美元取得对其竞争对手全美航空（U. S. Airways）的控制权。

纵向合并（vertical integration）是指处在不同但连续的生产或（和）分配环节的企业之间的合并。2007年3月，西维斯公司（CVS Corporation）和美国保健标志公司（Caremark Rx，Inc.）以260亿美元达成交易，合并为西维斯/美国保健标志公司（CVS/Caremark Corporation）。该项交易将美国最大的医药连锁店与医疗保健/制药服务的龙头公司进行了合并。

混合合并（conglomeration）是指提供不相关和不同产品或服务的企业之间的合并。企业会通过多样化战略分散来自特定业务线的风险或平衡周期性收益，比如公用事业企业对制造公司的收购。在美国《1996 年电信法案》允许公用事业企业涉足电信业务后，许多公用事业企业与电信公司进行了合并。

20 世纪 90 年代初，烟草制造商菲利普·莫里斯公司（Phillip Morris Company）收购了食品生产商卡夫（Kraft），在该项合并中单独确认了超过 110 亿美元的商誉。尽管人们几乎都买过通用电气（General Electric Company）生产的电灯泡，但这家企业的业务范围已远远超出家用产品。图表 1-1 摘自通用电气 2015 年年报的附注 24，该附注提供了关于其主要经营分部的信息。

图表 1-1 通用电气的分部报告

附注 24：经营分部

收入（单位：百万美元）

	总收入		
	2015 年	2014 年	2013 年
能源	$ 21 490	$ 20 580	$ 19 315
再生能源	6 273	6 399	4 824
石油与天然气	16 450	19 085	17 341
能源管理	7 600	7 319	7 569
航空	24 660	23 990	21 911
医疗保健	17 639	18 299	18 200
运输	5 933	5 650	5 885
电器及照明	8 751	8 404	8 338
工业总额	108 796	109 727	103 383
资本	10 801	11 320	11 267
公司项目和冲销	(2 211)	(3 863)	(1 405)
合计	$ 117 386	$ 117 184	$ 113 245

该附注将提供关于经营分部的内部收入、外部收入、资产、固定资产、折旧与摊销、利息及其他财务费用，以及所得税规定的详细情况。

资料来源：2014 年通用电气年度报告©2015 通用电气。

1.1 企业合并的动因

如果扩张是企业的主要目标，那么为什么企业更倾向于通过合并而不是新建设施来实现扩张呢？以下是企业合并的一些可能动因：

成本优势。相比于通过常规发展，企业通过合并来获得所需设施设备的成本往往更低，这在通货膨胀时期尤为明显。降低研发活动总成本是美国电话电报公司（AT&T）收购全美现金出纳机公司（NCR）的主要动因。

风险更低。购买现有产品线及市场份额往往比开发新产品及市场的风险更小，尤其在目标多元化时风险将特别低。科学家可能会发现某一特定产品将会带来环境或健康问题，产品单一、非多元化的企业可能会因为这种问题而面临破产，而产品多元化的公司将有更大的可能性得以生存。对于被产能过剩困扰的公司而言，企业合并可能是其成长的唯一途径。在玩具反斗城（Toys R Us）决定实行包括婴幼儿用品及其他相关产品在内的多元化经营战略后，它收购了零售连锁店婴儿超级市场（Baby Superstore）。

经营延误更少。企业合并中收购的厂房设施是可使用的，且已经满足了政府对环境及其他方面的规定。我们都知道，进入市场的时机非常关键，尤其是对于科技行业来说。企业可能会在新设施的建造过程中延误很多时间，在获取政府的经营许可时也有可能如此。其中，仅研究环境方面的影响就将花费数月，甚至数年来完成。

避免被收购。很多公司选择通过合并来规避被收购。由于小型公司往往更容易被收购，因此很多小型公司会采取积极的买方策略，以防止自己被其他公司所收购。

收购无形资产。企业合并除了为企业带来有形资产，还能带来无形资产。收购专利、矿产权、研究成果、消费者数据库或管理技术也是企业合并的主要动因之一。IBM 收购莲花公司（Lotus Development Corporation）的 32 亿美元购买成本中有 18.4 亿美元用于购买正在开展的研发活动。

其他原因。企业可能为获取扩张后的税收优势（如税损结转）、个人所得税及财产税优势或其他一些个人原因而选择合并。WHX 的子公司惠灵-匹兹堡钢铁公司（Wheeling-Pittsburgh Steel）与汉迪 & 哈曼（Handy & Harman）的合并动因之一，是汉迪 & 哈曼过度融资的养老金计划能够弥补惠灵-匹兹堡钢铁公司无准备金的养老金负债。企业对其管理能力的良好自我感觉及收购专家的建议可能在一些企业合并中发挥重要作用。

1.2 基于反垄断的考虑

联邦反垄断法禁止那些限制贸易或削弱竞争的企业运行合并。美国司法部与联邦贸易委员会（FTC）主要负责联邦反垄断法的施行。例如，联邦贸易委员会在 1997 年阻止了史泰博（Staples）以 43 亿美元收购欧迪办公（Office Depot）的计划，该委员会在联邦法庭上指出，这一收购将抑制市场竞争。欧迪办公在 2013 年收购了其竞争对手麦克斯办公（OfficeMax）。

2004 年，联邦贸易委员会在附加条件的情况下批准了赛诺菲-圣德拉堡（Sanofi-Synthelabo SA）对安内特（Aventis SA）640 亿美元的收购，使赛诺菲成为世界第三大制药商。赛诺菲同意出售特定资产及在重叠市场中的特许使用权以获得收购许可。

特定行业的企业合并还需要接受其他联邦机构的审查。美国联邦储备委员会负责审查银行的吸收合并，美国交通部负责审查其管辖范围内的企业合并，美国能源部管辖电力公司的合并，联邦通信委员会（FCC）则管辖通信许可证的转让。在司法部审查了大西洋贝尔公司（Bell Atlantic Corporation）与纽约纽英伦电话公司（Nynex Corporation）价值 230 亿美元的吸收合并交易后，该合并项目因有可能抑制竞争而被联邦通信委员会延期，之后才获得同意。全美航空与美国航空的合并因削弱竞争环境而面临延期与审查，最终于 2013 年 12 月得到许可。

除联邦反垄断法外，大多数州有相似的收购规定。一些州试图阻止或延迟州内的恶意收购。另一些州已通过了反垄断豁免法，以保护医院在寻求合作项目时免受反垄断法的制裁。

不同的行政机构、部门、州之间对反垄断法有不同的解释。甚至同一行政机构下的同一个部门也会改变其对反垄断法的解释。已完成的企业合并项目随时都有可能受到联邦贸易委员会的再次审查。对银行业、通信业及公用事业放松管制将使曾经被禁止的企业合并获得许可。1997 年，美国司法部和联邦贸易委员会联合发布了有关评估企业合并的新指南，该指南让公司明白，节约成本或生产更好的产品能够抵消吸收合并带来的抑制竞争的影响。

1.3 企业合并的法律形式

企业合并广义上包含独立企业主体所有形式的合并。一家公司购买了另一企业主体的生产性资产并将这些资产整合到自己的经营中，这类企业合并称作**收购**（acquisition）。还有一类收购是指一家公司通过购买另一主体的绝大多数有表决权股份而获得对其生产性资产的经营控制权。被购买方无须注销，将继续存在。

术语“**吸收合并**（merger）”与“新设合并”在收购领域常常被当作同义词来使用。但在法律和会计领域它们则存在差异。吸收合并是指一家公司吸收其他公司，被吸收公司会被注销。而新设合并是指两家或多家公司合并为新的公司，合并各方都被注销。

如果公司接管了另一企业主体的所有经营活动，且被收购方被注销，这种合并为吸收合并。例如，A公司通过支付现金、其他资产或发行证券（股票、债券或票据）的方式直接购买B公司的资产，这类企业合并属于收购，但如果B公司继续存在，则不属于吸收合并。A公司也可以通过支付现金、其他资产或发行证券的方式直接向B公司的股东购买B公司的股票，从而取得对B公司资产的经营控制权，但并不能取得资产的法定所有权，除非A公司购买了B公司的所有股票并选择注销B公司（此时仍属于吸收合并）。

由两个或多个主体新设立的企业接管资产及经营活动，并注销原先单独的企业主体，这种合并为新设合并。例如，新设立的D公司直接向E公司和F公司发行股票以取得其净资产，此时E公司和F公司会继续持有D公司的股票以维护其股东利益（收购），或者在将D公司的股票分发给股东后选择注销（新设合并）。在以上的不同情形中，D公司均获得了E公司与F公司的资产所有权。

或者，D公司可以直接向E公司和F公司的股东发行股票以取得E公司和F公司的多数股权份额。在这种情况下，尽管D公司控制了E公司与F公司的资产，但除非E公司与F公司被注销，否则D公司不能取得其合法所有权。如果要实现新设合并，D公司必须购买E公司与F公司的所有股票，并注销被收购公司。如果E公司与F公司未被注销，D公司将作为控股公司经营，而E公司与F公司则是其子公司。

下文中使用的吸收合并是指除一家公司存续外，其余公司均被解散的企业合并。同样，术语“新设合并”在学术上指注销所有参与合并方并创立一家新的公司以接管合并企业的净资产。另外，**合并**（consolidation）在会计上还指合并母子公司财务报表的会计程序，例如“合并原则”“合并程序”“合并财务报表”中的表述。在后续的章节中，术语的具体含义应根据上下文进行理解。

除中级财务会计教材中讨论的问题外，吸收合并与新设合并并不会带来特殊的会计处理问题，因为在吸收合并或新设合并后只存在一个法律主体和会计主体。

1.4 企业合并的会计概念

公认会计原则（GAAP）定义的企业合并的会计概念为：

> 购买方取得对一个或多个企业控制权的交易或事项。涉及真实合并或平等合并的交易也属于企业合并（ASC 805－10）。[①]

① FASB ASC 805－10. Originally Statement of Financial Accounting“Business Combinations.”Stamford，CT：Financial Accounting Standards Board，2016.

这里需要注意的是，企业合并的会计概念更强调单一主体的创立，以及合并公司在合并前的独立性。尽管参与合并的一家或多家公司可能会失去其独立的法人资格，但在会计概念中法律主体的注销并不是企业合并的先决条件。

当经济资源和经营活动受控于单一管理团队时，原先独立的企业就合并为一个主体。这种对某一经济主体的控制权来自以下形式的企业合并：

（1）一家或多家公司变为子公司；

（2）一家公司将其净资产转让给另一家公司；

（3）每一家公司均将其净资产转让给新设立的公司。

当一家公司的大多数（超过50%）有表决权的股票被另一公司控制时，前者便成为后者的**子公司**（subsidiary）。因此，一家公司不需要收购另一家公司的所有股票也能实现企业合并。在某公司购买另一公司少于100%的有表决权的股票时，各参与合并的公司仍然会保留独立的法人资格及会计记录，即使这些公司将作为一个主体来编制财务报表。

一家公司将其净资产转让给另一公司的企业合并可以通过多种方式来实现。但是无论如何购买方必须实质控制被购买方的所有净资产。或者每一家参与合并的公司可以将其净资产转让给新设立的公司。因为新设立的公司没有自己的净资产，它将面向所有参与合并的公司、股东或所有者发行股票从而完成合并。

□ 企业合并会计的简要背景

企业合并的会计处理是会计理论与实务中最重要和最有趣的话题之一，同时还有一定的复杂性和争议性。企业合并涉及大规模的财务交易，关乎商业帝国、个人财富和经营天才。这些因素自然会影响整个公司的发展。每一次企业合并都有其独特性，不论法律形式如何，都应该依据其经济实质来进行评估。

历史上关于企业合并会计处理的大部分争议都与**权益结合法**（pooling of interests method）有关，权益结合法到1950年才被广泛接受。权益结合法有很多概念上的困难，其中最基本的问题是对企业合并会计处理的替代方法（**购买法**（acquisition method））的介绍。企业合并会牵涉到大量财务利益，并且面对不同的利益方时该替代方法可能并不能做到中立。也就是说，个体的经济利益与企业合并的最终计划可能会受会计处理方法影响。

一直到2001年，企业合并的会计处理要求才同时认可了权益结合法与购买法。1999年8月，美国财务会计准则委员会（FASB）发布了一份报告以支持其取消权益结合法的提议。主要原因如下：

- 权益结合法为报表使用者提供的信息的相关性较低。
- 权益结合法忽视了交易中交换的经济价值，阻碍了后期对绩效的评估。
- 使用不同的会计处理方法将使投资者很难对企业进行比较。

导致上述问题的原因是权益结合法通常使用历史账面价值，而不是交易日净资产的公允价值来记录企业合并。公认会计原则通常要求以公允价值记录购入资产的价值。

此外，FASB还认为权益结合法的经济观念很少存在于企业合并中。事实上，所有的企业合并都属于收购，即一个企业取得对另一个企业的控制权。

自2001年6月30日起，公认会计原则取消了在所有经济交易中使用权益结合法进行会计处理的规定。初始合并日在该日期之后的企业合并必须使用购买法进行会计处理（ASC 805）。修改之后的新准则禁止以后的企业合并使用权益结合法，但先前使用权益结合法进行会计处理的企业合并并不受影响。也就是说，对于以前的企业合并而言，购买法和权益结合法都将作为可以接受的企业财务报告实务而继续存在。

因此，一方面，任何人都不能忽视权益结合法下的报告要求。另一方面，由于不再允许使用权益结合法，讨论仅聚焦于购买法。更多关于权益结合法的内容将在本章的附录中进行展示。

国际会计　权益结合法的取消使得公认会计原则与国际会计准则更加一致。国际上的主要经济体都禁止使用权益结合法来对企业合并进行会计处理。国际财务报告准则（IFRS）要求使用购买法对企业合并进行会计处理，尤其禁止使用权益结合法。为介绍新的准则，国际会计准则理事会主席戴维·特威迪（David Tweedie）指出：

> 企业合并的会计处理方法因行政辖区的不同而有所不同。《国际财务报告准则第3号》向高质量的企业合并会计处理准则迈出了重要的一步，最终实现了该领域内的国际趋同（IFRS 3）。①

企业合并的会计处理是美国委员会与国际会计准则理事会的一个重要联合项目。因此，目前该领域内的会计处理，公认会计原则与国际财务报告准则已实现大体趋同。我们将在之后的章节中介绍那些留存的不同点。

1.5　控股合并的会计处理

公认会计原则要求将所有在2008年12月15日之后发起的企业合并都作为控股合并进行会计处理（ASC 810－10）。购买法在对企业合并进行会计处理时，遵循公认会计原则中购买其他资产及发生负债的会计处理方法，使用公允价值记录企业合并（ASC 810－10）。换句话说，通过支付的现金或者其他资产以及所发行的证券的价值之和来计量购买方在企业合并中取得另一公司的成本。

企业合并中支付的是企业合并的直接成本（例如会计、法律、咨询及支付给发起人的费用），而不是登记或发行权益性证券的成本。企业合并中发行权益性证券的登记和发行成本应从该证券的公允价值中扣除，通常冲减资本公积。购买法下的管理人员薪酬、折旧费用、租金及用于关闭重复设施的间接成本都应费用化。

致读者

在学习高级财务会计时，理解复杂的企业合并对财务报表的影响非常重要。为帮助读者学习，本书列示了相关会计分录，包括受影响的账户类型及影响结果。本书使用的规范为：会计分录中受影响账户括号中的内容表示账户类型及影响。例如，资产类账户应收账款的金额增加表示为“应收账款（＋A）”，该账户金额的减少表示为“应收账款（－A）”。“A”代表资产，“L”代表负债，“SE”代表所有者权益，“R”代表收入，“E”代表费用，“Ga”代表利得，“Lo”代表损失。

例如，假设Pop公司2016年7月1日发行100 000股每股面值为10美元的普通股以取得Son公司的净资产。发行日当天，Pop公司普通股的市价为每股16美元。其他直接成本包括支付给证券交易委员会的5 000美元费用，与证券交易委员会登记相关的会计师费用10 000美元，与打印和普通股发行有关的成本25 000美元，以及支付给发起人和顾问的费用80 000美元。

Pop公司记录发行100 000股普通股的会计分录如下所示：

借：长期股权投资——Son公司（＋A）	1 600 000	
贷：股本（每股面值10美元）（＋SE）		1 000 000
资本公积（＋SE）		600 000

① © IFRS 3. “Business Combinations.” London，UK：International Accounting Standards Board，2004.

记录在合并 Son 公司的过程中，Pop 公司发行 100 000 股每股面值为 10 美元、每股市价为 16 美元的普通股。

Pop 公司记录企业合并的其他直接成本的会计分录如下所示：

借：投资费用（E，－SE）	80 000
资本公积（－SE）	40 000
贷：现金（或其他净资产）（－A）	120 000

记录在合并 Son 公司的过程中发生的其他直接成本：支付给发起人和顾问的费用 80 000 美元，权益性证券的登记和发行成本 40 000 美元。

在分录中将登记和发行成本 40 000 美元从所发行股票的公允价值中扣除，记入资本公积；企业合并的其他直接成本 80 000 美元计入当期费用。Pop 公司收购 Son 公司的总成本为 1 600 000 美元，记入对 Son 公司的长期股权投资。

在单一长期股权投资中对用于收购其他公司的总成本进行加总，无论被合并公司是被注销还是在母子公司关系下继续经营。如果 Son 公司被注销，我们应将其可辨认净资产的公允价值记入 Pop 公司的账簿，并将投资成本超过净资产公允价值的差额记作商誉。在本例中，Pop 公司“长期股权投资——Son 公司”账户余额可通过下述分录进行分摊：

借：应收账款（＋A）	×××	
存货（＋A）	×××	
固定资产（＋A）	×××	
商誉（＋A）	×××	
贷：应付账款（＋L）		×××
应付票据（＋L）		×××
长期股权投资——Son 公司（－A）		1 600 000

记录将收购 Son 公司的成本 1 600 000 美元按可辨认净资产的公允价值进行分摊，余额分摊给商誉。

如果 Son 公司被注销，我们将正式收回 Son 公司的股票。Son 公司的原股东将成为 Pop 公司的现任股东。

如果 Pop 和 Son 公司以母子公司的关系存在，那么 Pop 公司不需要在分录中记录对 Son 公司的长期股权投资余额的分摊。相反，Pop 公司将通过“长期股权投资——Son 公司”账户记录其对 Son 公司的长期股权投资，直到编制合并财务报表时才需要将投资成本分摊至可辨认净资产。

由于对母子公司的会计处理比较复杂，本章的剩余内容仅介绍单一收购主体收购另一合并公司净资产的企业合并形式。后续的章节将涉及母子公司经营及编制合并财务报表。

控股合并的公允价值记录

记录控股合并的第一步是确定取得的可辨认有形及无形资产和负债的公允价值。这一步骤非常重要，且大部分的相关工作应在合并谈判之前和合并期间完成。公司通常会雇用独立的评估人员和估值专家来确定公允价值。确定公允价值要遵循公认会计原则的要求。公允价值估计有三个层次的可靠保证（ASC 820－10）。第一层次是以市场报价为基础确定公允价值。第二层次是使用估计的未来现金流量的现值，折现时要参照基准利率等可观测数据。第三层次是基于企业内部的估计。除非有其他说明，本书中假设公允价值等于市场价值。

通常，我们使用购买日的公允价值来记录取得的可辨认资产、承担的债务及少数股东权益。无论可辨认资产及负债是否被记录在被合并公司的账簿上，都应确认其公允价值。例如，被合并企业可能已经将用于专利开发、蓝图规划、方案制定的成本等费用化，但我们仍然将这类可辨认无形资产以公允价值入账（ASC 750－10）。

在企业合并中，如果公允价值能够可靠计量，则取得的资产和应承担的债务都应以公允价值进行确认。如果公允价值不能可靠计量，资产和负债应依据FASB计量或有负债的要求来计量。只有当有可能发生损失且损失金额能够可靠计量时，才能确认收购中的或有负债（ASC 450）。

除个别事项外，收购中取得的资产和应承担的债务都应以公允价值进行计量。新设合并中的递延所得税资产及负债、养老金与员工福利以及租赁，都应依据相关项目的常规规定进行计量（ASC 740）。

我们没有将公允价值分摊给在被收购的子公司账簿上记录的商誉，因为商誉是不可辨认资产，且我们可以直接确认本次合并中形成的商誉的价值（ASC 715 和 ASC 840－10）：

> 购买方应确认购买日的商誉，其金额等于（a）超过（b）的差额：
>
> a. 以下项目的合计：
>
> 1. 支付的对价。计量方法与本节内容一致，需取得购买日的公允价值（ASC 805－30－30－7）
> 2. 被购买方少数股东权益的公允价值
> 3. 分步实现的企业合并中购买方先前持有的被购买方权益在购买日的公允价值
>
> b. 在此规定下，购买方在合并日取得的可辨认资产和承担的负债的净值①

其他无形资产的确认与计量 公认会计原则（ASC 805－20）说明了购买法下企业合并中无形资产的确认问题。只要能够将无形资产和商誉区分开来，企业就应该分别计量无形资产和商誉。满足可分性原则或法定合同原则时才能确认为无形资产。

公认会计原则将无形资产定义为没有实物形态的流动或非流动资产（金融工具除外）。根据公认会计原则：

> 购买方应对企业合并中取得的可辨认无形资产与商誉进行区分。如果满足可辨认定义中的可分性原则或法定合同原则，无形资产就是可辨认的。
>
> 可分性原则指取得的无形资产能够从被购买方分离，并可售卖、转让、许可使用、租赁或交换，不论是单独还是与合同、可辨认资产或负债组合。只要无形资产满足可分性原则，购买方就可以售卖、许可使用或交换，即使购买方不计划售卖、许可使用或交换……
>
> 如果对此类资产或同类资产进行交换，那么意味着无形资产满足可分性原则。即使该交易少有发生，也不管购买方是否参与交易……
>
> 当无形资产与合同、可辨认资产或负债的组合形式在合并中具有可分性时，那些可从被购买方或新设主体组合中分离的无形资产满足可分性原则（ASC 805－30）。②

不能分离出来的无形资产应记入商誉。例如被购买方雇用的员工团队，该资产并不是能与商誉分离的无形资产。公认会计原则（见图表1－2）对此进行了更细致的讨论，并提供了能够与商誉分离的无形资产清单。

---

① FASB ASC 805－30－30－1. Originally Statement of Financial Accounting "Business Combinations." Stamford, CT: Financial Accounting Standards Board, 2010.

② FASB ASC 805－20－55－11 through 55－38. Originally Statement of Financial Accounting Standards No. 141 (R). "Business Combinations." Appendix A. Norwalk, CT: Financial Accounting Standards Board, 2007.

图表1-2 可辨认无形资产（ASC 805-20）

下面是企业合并中取得的可辨认无形资产的示例。其中一些例子既有资产的特征也有无形资产的特征。购买方应根据其实物形态进行会计处理。这些例子并未列举所有情况。

带有#符号的无形资产来自合同或其他法定权利。带有*符号的无形资产并不来自合同或其他法定权利，但仍然具有可分性。带有#符号的无形资产也具有可分性，但可分性并不是满足法定合同原则的必要条件。

市场相关无形资产

a. 商标、商品名称、服务商标、集体商标、认证标识#
b. 商品外观（独特的颜色、形状、包装设计）#
c. 报头#
d. 互联网域名#
e. 竞争禁止协议#

客户相关无形资产

a. 客户清单*
b. 订单或未交货订单#
c. 客户合同及相关客户关系#
d. 非合同性客户关系*

艺术相关无形资产

a. 戏剧、歌剧、芭蕾舞剧#
b. 书籍、杂志、报纸、其他文学作品#
c. 音乐作品，如编曲、作词、广告语#
d. 图片、照片#
e. 视频和视听素材，包括电影、音乐视频、电视节目#

基于合同的无形资产

a. 特许权、忠诚度、中止协议#
b. 广告、建设、管理、服务或供应合同#
c. 租赁合同（不管被收购方是承租者还是出租者）#
d. 施工许可#
e. 特许经营协议#
f. 经营及播放权#
g. 服务合同，如抵押贷款服务合同#
h. 雇佣合同#
i. 使用权，如钻探、水、空气、伐木、线路授权#

基于技术的无形资产

a. 专利技术#
b. 计算机软件及掩膜作品#
c. 非专利技术*
d. 数据库，包括产权数据库*

资料来源：财务会计准则委员会会计准则汇编805-20-55-11至55-38。最初出自财务会计准则第141（R）号“企业合并”，诺瓦克，康涅狄格州：财务会计准则委员会，2007。

收购中的或有对价 企业合并可能会导致向被收购公司的原股东额外支付会产生未来交易或事项的或有对价。或有对价包括支付现金或其他资产，或者发行债务或权益性证券。

收购中的或有对价必须以购买日的公允价值进行计量和记录，作为收购中转移对价的一部分。实务中购买方要对未来特定事项发生时应承担的对价金额进行估计。

或有对价可分为权益或负债。如果被购买方在未来达到了收益目标，购买方需要向被购买方发行额外的股份，这时的或有对价为权益形式。在购买日，长期股权投资与实收资本的增加额为或有对价的公允价值。另一种情况是，如果被购买方在未来达到了收益目标，购买方需要向被购买方支付额外的现金，这时的或有对价为负债形式。在购买日，长期股权投资与负债的增加额为或有对价的公允价值。

后续对或有对价公允价值变化的会计处理取决于或有价值是权益还是负债形式。如果或有对价为权益，购买方不需要在每个报告日重新计量或有对价公允价值，直到或有事项发生。或有事项发生后，公允价值的变化将反映在权益中。如果或有对价为负债，购买方需要在每个报告日计量或有对价公允价值，直到或有事项发生。或有对价公允价值的变动应在盈余中进行列报，负债也应进行调整（ASC 805－30）。

成本与公允价值的比较 在将公允价值分摊至可辨认资产及负债后，我们用可辨认资产的公允价值减去负债公允价值的结果与投资成本进行比较。如果投资成本超过公允价值净值，我们将超出部分首先根据可辨认净资产的公允价值进行分摊，剩余部分记入商誉。

在一些企业合并中，收购成本小于取得被购买方的可辨认净资产的公允价值总额。购买方将从此类**廉价购买**（bargain purchase）中获取的收益确认为一项利得。

控股合并举例

Pam公司2016年12月27日通过收购取得Sun公司的净资产，之后Sun公司被注销。购买日Sun公司资产和负债的账面价值和公允价值如下所示：

	账面价值	公允价值
资产		
现金	$ 50 000	$ 50 000
应收账款净额	150 000	140 000
存货	200 000	250 000
土地	50 000	100 000
建筑物净值	300 000	500 000
设备净值	250 000	350 000
专利	—	50 000
资产总额	$1 000 000	$1 440 000
负债		
应付账款	$ 60 000	$ 60 000
应付票据	150 000	135 000
其他负债	40 000	45 000
负债总额	$ 250 000	$ 240 000
净资产	$ 750 000	$1 200 000

案例1：商誉

Pam公司支付了400 000美元现金，以每股10美元的价格发行了每股市场价值为20美元的5 000股普通股，以取得Sun公司的净资产。Pam公司2016年12月27日记录收购的会计分录如下所示：

借：长期股权投资——Sun公司（＋A）	1 400 000	
贷：现金（－A）		400 000
股本（每股面值10美元）（＋SE）		500 000
资本公积（＋SE）		500 000

记录Pam公司在合并Sun公司的过程中发行50 000股每股面值10美元的普通股，并支付400 000美元现金。

借：现金（＋A）	50 000	
应收账款净额（＋A）	140 000	
存货（＋A）	250 000	
土地（＋A）	100 000	
建筑物（＋A）	500 000	
设备（＋A）	350 000	
专利（＋A）	50 000	
商誉（＋A）	200 000	
贷：应付账款（＋L）		60 000
应付票据（＋L）		135 000
其他负债（＋L）		45 000
长期股权投资——Sun公司（－A）		1 400 000

记录合并Sun公司的成本，并将其根据可辨认净资产的公允价值进行分摊，余额确认为商誉。

除商誉之外，我们将以公允价值对资产和负债进行计量。通过从Sun公司支付的1 400 000美元购买价格中减去获得的120 000美元可辨认净资产公允价值来得到商誉的价值。

案例2：公允价值超过投资成本（廉价购买）

Pam公司发行了每股面值10美元、每股市值20美元的普通股40 000股，以及票面利率为10%的五年期应付票据200 000美元，以取得Sun公司的净资产。Pam公司2016年12月27日记录企业合并的会计分录如下所示：

借：长期股权投资——Sun公司（＋A）	1 000 000	
贷：股本（每股面值10美元）（＋SE）		400 000
资本公积（＋SE）		400 000
应付票据（10%票面利率）（＋L）		200 000

记录Pam公司在合并Sun公司的过程中，发行40 000股每股面值10美元的普通股和价值200 000美元的票面利率为10%的应付票据。

借：现金（＋A）	50 000	
应收账款净额（＋A）	140 000	
存货（＋A）	250 000	
土地（＋A）	100 000	
建筑物（＋A）	500 000	
设备（＋A）	350 000	
专利（＋A）	50 000	
贷：应付账款（＋L）		60 000
应付票据（＋L）		135 000
其他负债（＋L）		45 000
长期股权投资——Sun公司（－A）		1 000 000
廉价购买利得（Ga，＋SE）		200 000

根据获得的可辨认资产和承担的负债的公允价值，Pam公司将购买Sun公司的成本在它们之间进行分摊，并确认廉价购买利得。

依据公认会计原则，我们在最后一个分录中将公允价值分配给各项资产和负债（ASC 805）。可辨认净资产公允价值 1 200 000 美元比购买价格 1 000 000 美元多 200 000 美元，所以 Pam 公司将 200 000 美元记作廉价购买利得。廉价购买并不经常发生，但仍可能在大公司发生。

□ 有关商誉的争议

公认会计原则（ASC 350－20）将商誉定义为投资成本超过取得的净资产的公允价值的部分。理论上，商誉是对合并后公司的未来超额盈余超出同类业务正常盈余的部分的现值进行估计。对商誉的估计需要大量的推测。因此，购买成本中超过可辨认有形及无形资产公允价值的部分就是商誉。对其他资产评估的错误将会影响到商誉的估计金额。

在现行公认会计原则下，商誉是不可摊销的。与商誉相关的所得税处理也存在争议。在一些情况下，基于减轻税负的目的，企业可在 15 年内摊销商誉。

□ 与商誉及其他无形资产相关的现行公认会计原则

2001 年，公认会计原则对与商誉的会计处理相关的内容进行了重大修改（ASC 350－20）。虽然保留了商誉的基本会计处理方法，但新标准能够缓和很多先前的争议。现行公认会计原则提供了有关商誉的解释及更细致的指南，包括应何时将先前未记录的无形资产确认为资产，这将成为企业确认商誉的影响因素。

在现行公认会计原则（ASC 350－20）下，企业应记录商誉，但并不要求对其进行摊销，而是要定期确定商誉的减值损失。商誉的记录价值高于其公允价值就说明发生了减值损失。我们使用与记录购买日初始价格类似的办法确定商誉公允价值。如果商誉发生了减值损失，企业将重新记录商誉的估计值，并在该期的净利润中予以抵销。

企业不再对商誉或使用年限不确定的其他无形资产进行摊销，而是定期检查这些资产（至少每年一次）并对其减值损失进行调整。公认会计原则为确认和计量商誉及其他无形资产的减值损失提供了具体的指导。

公认会计原则还定义了列报无形资产的主体。在以前的规定中，企业将被收购主体当作独立列报的主体。现行公认会计原则认为很多被购买方被整合进购买方的经营中，并将商誉及其他无形资产视作业务报告分部的资产，相关内容详见分部报告章节。报告分部是企业的内部组成部分，可以提供独立的财务信息，其经营结果由管理层定期检查。

企业依据购买日公允价值列报非企业合并取得的无形资产。将收购资产（包括有形及无形资产）的成本依据公允价值分摊至单项资产，并不记入商誉。

公认会计原则对内部开发无形资产进行会计处理的具体规定如下所示：

> 不可辨认、拥有永久使用年限或持续经营中固有的以及与主体相关的无形资产，其内部开发、维修或恢复的成本应确认为费用（ASC 350－20）。①

确认和计量商誉减值损失　商誉减值测试包括两个步骤（ASC 350－20）。第一步，企业在业务报告分部层面将现行价值（账面价值）与公允价值进行比较。现行价值中包括商誉的价值。如果公允价值少于现行价值，则企业进行第二步，计量减值损失。

---

① FASB ASC 350－20. Originally Statement of Financial Accounting Standards No. 142. "Goodwill and Other Intangible Assets." Stamford, CT: Financial Accounting Standards Board, 2001.

第二步要将商誉的账面价值与其内含公允价值进行比较。企业应该再次在业务报告分部层面进行这种比较。如果账面价值超过商誉的内含公允价值，则必须确认该差额为减值损失。损失金额不得超过商誉的账面金额，公司不能转回以前确认的减值损失。

企业应以与企业合并日最初记录商誉相同的方式确定商誉的内含公允价值。将报告分部的公允价值分摊至所有可辨认资产和负债，就如同在减值测试日购买该报告分部一样。任何超额公允价值都是商誉的内含公允价值。

资产和负债的公允价值是它们可以在当前公平交易中被出售、购回或结算的价值。公认会计原则认为市场报价是公允价值的最佳指标，但市价并不总是可以得到。当市价不可得时，企业可以使用类似资产和负债的市价或其他常用估值手段来确定公允价值。例如，企业可以使用现值法来评估未来现金流量或盈余，还可以采用基于盈余或营业收入倍数的估值技术。

企业应至少每年进行一次商誉减值测试。如果发生以下任一事件，公认会计原则（ASC 350-20）要求企业进行更频繁的减值测试：

a. 法律因素或经营环境的重大不利变化

b. 不利的管制行为或估值

c. 未曾预料到的竞争

d. 关键人员流失

e. 某个报告分部或报告分部的某一重要部分将被出售或以其他方式处置的可能性大于预期

f. 在子报表 360-10 中长期资产的减值或处置分部下，对报告分部内重要资产组的可回收性进行测试

g. 在报告分部的子公司的财务报表中确认了商誉减值损失①

商誉减值测试非常复杂，可能会对财务报表产生重大影响。现已涌现出了一个完整行业，以协助公司进行商誉估值。

摊销与非摊销 对于具有明确使用年限的无形资产，企业必须在其使用年限内对其进行摊销。公认会计原则将使用年限定义为报告主体的预计使用年限。摊销方法应反映无形资产带来的经济利益的预期消耗模式。如果企业无法确定其具体消耗模式，则应该使用直线摊销法。

如果原本预估为使用年限不确定的无形资产在后期又具有了可估计的使用年限，那么应当在此时进行摊销。企业应该定期审查那些未摊销的无形资产，以确认可能的减值损失。

1.6 披露要求

公认会计原则要求对企业合并进行详细披露。FASB 要求披露以下几项具体内容：（1）披露包括企业合并在内的报告期；（2）披露在报告期结束后、财务报表发布前发生的企业合并；（3）披露有关企业合并的暂定金额；（4）披露与企业合并有关的调整。

企业合并发生期间必须在财务报表中披露的具体信息可以分为以下几类：

（1）有关企业合并的基本信息，如被收购公司的名称，简介，收购日期，被收购公司有投票权的股票中被收购的部分，收购方的收购原因以及收购方获得被收购方控制权的方式；

（2）企业合并中的廉价购买产生的商誉或收益的信息；

（3）企业合并中转让对价的性质、条款和公允价值；

① FASB ASC 350-20-35-30. Originally Statement of Financial Accounting Standards No. 142. "Goodwill and Other Intangible Assets" Stamford, CT: Financial Accounting Standards Board, 2001.

(4) 有关收购的特定资产，承担的负债及与企业合并有关的任何少数股东权益的详情；

(5) 因企业合并产生的购买方预先存在的递延所得税资产估值备抵减少额；

(6) 企业合并中与被合并方分开核算的收购交易信息；

(7) 有关分步收购的详情；

(8) 如果购买方是上市公司，则需要进一步披露预计报表等信息。

公认会计原则（ASC 350－20）要求企业将商誉的累计金额作为单独的资产负债表项目列报。同样，企业必须在利润表中单独列示商誉减值损失，作为持续经营收益的一部分（除非减值与非持续经营有关）。公认会计原则还对无形资产提出了更高的披露要求（见图表1－3）。

图表1－3 无形资产披露要求（ASC 350－20）

单独或作为一组资产（在资产收购或企业合并中）收购的无形资产均应在收购期间的财务报表附注中披露以下所有信息。

a. 需要摊销的无形资产的以下全部信息需要披露：

1. 无形资产的总金额及主要无形资产类别的金额；
2. 全部无形资产及主要无形资产类别的残值；
3. 全部无形资产及主要无形资产类别的加权平均摊销期。

b. 无须摊销的无形资产的总金额及分摊给主要无形资产类别的金额。

c. 在企业合并以外的交易中获得及冲销的研发资产的金额，以及在利润表中的冲销项目中冲销的金额合计。

d. 对于更新或延长了期限的无形资产，下一次更新或延期（包括显性的和隐性的）之前的加权平均期限，按照主要无形资产分类。

如果收购的无形资产（商誉除外）的公允价值总额重大，还应针对每个重要企业合并或非重大企业合并进行单独披露。

以下信息应在财务报表中披露，或在反映财务状况的财务报表附注中披露：

a. 对于需要进行摊销的无形资产，以下全部信息需要披露：

1. 全部无形资产及主要无形资产类别的总账面价值及累计摊销额；
2. 本期的总摊销费用；
3. 连续五个会计年度的估计总摊销费用。

b. 对于无须摊销的无形资产，其账面总额及主要无形资产类别的账面价值。

c. 当更新或延长无形资产确认期限产生了成本时，主体的会计处理政策。

d. 财务状况列报期间内更新或扩展的无形资产应披露以下两项信息：

1. 对于将更新或延长费用资本化的主体，无形资产确认期限的更新或延长所发生的费用总额，按照主要无形资产分类；
2. 下一次更新或延期（包括显性的和隐性的）之前的加权平均期，按主要无形资产类别划分。

对于已确认的与无形资产相关的各项减值损失，以下所有信息均应在确认减值损失的当期在财务报表附注中披露：

a. 发生减值的无形资产以及对导致减值的事实和情况的描述；

b. 减值损失金额和公允价值确定方法；

c. 利润表或活动报表中关于减值损失汇总的说明；

d. 如果可能，根据主题280的要求披露报告发生无形资产减值的分部。

资料来源：财务会计准则委员会会计准则汇编350－20。最初出自财务会计准则第142号“商誉和其他无形资产”，斯坦福市，康涅狄格州：财务会计准则委员会，2001。

在结束本章之前，我们看一个来自现实世界公司的披露摘要示例。2014年2月，谷歌公司完成了对鸟巢实验的收购。图表1－4列示了谷歌公司2014年年报中与本次收购和其他收购相关的附注5。尤其要注意的是，26亿美元的价格中有4.3亿美元与无形资产有关，23亿美元是商誉。

图表1－4 附注5. 收购——2014年收购

鸟巢

2014年2月，我们完成了对鸟巢实验（简称鸟巢）的收购，该公司的使命是改造家居设备，如恒温器和烟雾报警器。在此次交易之前，我们拥有鸟巢约12%的所有权。此次收购预计将提升谷歌的产品和服务套件，允许鸟巢继续在家庭设备上进行创新，使其更加实用、直观和体贴，并在更多国家拓展用户。

在总价值26亿美元的购买价格和我们先前持有的1.52亿美元股权的公允价值中，5 100万美元是现金收购，4.3亿美元归于无形资产，23亿美元归于商誉，净负债为8 400万美元。23亿美元的商誉主要来源于收购后预计会产生的协同效应。预计商誉不可用于税款抵扣。

本次交易被视为公认会计原则下的"分步收购"，因此我们在收购前所持有的鸟巢所有者权益在购买日将重新以公允价值计量。该公允价值采用折现现金流量评估方法进行估计。方法中使用的输入指标主要包括预计未来现金流量和与所涉风险相匹配的折现率。根据我们2014年度合并利润表，因重新计量而产生的1.03亿美元收益将记入利息及其他收入。

2014年7月，鸟巢以约5.17亿美元现金完成了对Dropcam，Inc.（简称Dropcam）的收购，该公司通过视频使消费者和企业能够监控其家庭和办公室。随着Dropcam的出现，鸟巢期望继续创新产品，以创造互联家庭的未来。在总收购价格5.17亿美元中，1 100万美元是现金收购，5 500万美元归于无形资产，4.52亿美元归于商誉，100万美元归于净负债。4.52亿美元的商誉主要来源于收购后预计会产生的协同效应。预计商誉不可用于税款抵扣。

Skybox

2014年8月，我们以约4.78亿美元现金完成了对Skybox Imaging，Inc.（简称Skybox）的收购，该公司为一家卫星影像公司。我们预计此次收购将为谷歌地图提供最新的影像以保持实时准确性，并随着时间的推移为互联网接入和灾难救援提供帮助。4.78亿美元的总购买价格中，600万美元为现金收购，6 900万美元归于无形资产，3.88亿美元归于商誉，1 500万美元归于净资产。3.38亿美元的商誉主要来源于收购后预计会产生的协同效应。预计商誉不可用于税款抵扣。

其他收购

截至2014年12月31日，本年度内我们完成的其他收购及无形资产购买的总对价约为14.66亿美元，其中包括我们先前持有的3 300万美元股权的公允价值。总计6 500万美元是现金收购，4.05亿美元归于无形资产，10.45亿美元归于商誉，4 900万美元归于净负债。这些收购通常会增加我们产品线的广度和深度，同时拓展我们在工程和其他功能领域的专业知识。预计可用于抵税的商誉金额约为5 500万美元。

运营的模拟结果并未列报，因为这些结果对合并的运营结果并无重大影响，无论是单独还是合计来说。

截至2014年12月31日，本年度完成的所有收购中，专利和开发技术的加权平均使用年限为5.1年，客户关系的加权平均寿命为4.5年，商标和其他产品的加权平均使用年限为6.9年。

资料来源：谷歌2014年年报，附注5. 收购©2015 Alphabet Inc.

1.7 《萨班斯-奥克斯利法案》

你有可能听说过《萨班斯-奥克斯利法案》，并疑惑为什么本书还未提及它。安然公司（Enron Corporation）和世界通信公司（WorldCom）的财务危机（众多财务危机之一）以及会计师事务所安达信公司（Arthur Andersen and Company）的倒闭悲剧促使国会启动了旨在防止未来滥用财务报告和审计的相关立法。成果便是2002年出台的《萨班斯-奥克斯利法案》（简称SOX）。该法案的大部分内容侧重于公司治理、审计和内部控制问题，而不是本书主要探讨的财务报告和报表列报的细节。但你应该认识到，该法律将影响到我们研究的所有类型的公司。以下是该法案涉及的一些重要领域：

- 建立独立的上市公司会计监督委员会（PCAOB），以规范会计和审计行业
- 要求审计师和客户之间具有更高的独立性，包括限制审计师可以向客户提供的咨询服务的类型
- 要求公司董事会尤其是审计委员会成员具有更高的独立性和承担更多监督责任
- 需要管理层（首席执行官和首席财务官）对财务报表和内部控制做出保证
- 要求独立审计师对管理层做出的内部控制评估进行审查和证明
- 增加有关资产负债表表外协议和合同义务的披露
- 增加8-K格式表格中要求披露的项目类型并缩短归档期限

《萨班斯-奥克斯利法案》的执行由美国证券交易委员会管辖。证券交易委员会将违反《萨班斯-奥克斯利法案》或上市公司会计监督委员会规定的行为视为违反1934年《证券交易法》。国会还增加了证券交易委员会的预算，以改进审查和执法活动。自安然公司破产以来，美国证券交易委员会的执法行动和调查

的次数大幅增加。KK 甜甜圈公司（Krispy Kreme Donuts，Inc.）就是例子之一。2005 年 1 月 4 日，该公司发布公告宣布 2004 会计年度和 2004 年最后三个季度的收益正在进行重述。事实证明，该公司并没有像最初宣布的那样制造那么多“面团”，税前收益减少了 620 万～810 万美元。另一个例子出现在 2005 年 1 月 6 日路透社的一篇报道中，该报道指出，世界通信公司的前董事会同意以投资者提起的 5 400 万美元价格和解集体诉讼。其中的 1 800 万美元由个人基金负担，其余的则由保险公司承保。

图表 1－5 展示了雪佛龙公司 2012 年年报中《萨班斯-奥克斯利法案》要求的管理职责范例（第 29 页）。可以注意到，管理层的声明很像传统的独立审计报告。管理层负责编制财务报告，明确遵守公认会计原则，并声明金额已公允列报。管理层也明确负责设计和维护内部控制。最后，声明指出审计委员会的组成和运作机制，该委员会旨在遵循《萨班斯-奥克斯利法案》的要求。该声明由公司首席执行官、首席财务官和审计员签署。

图表 1－5　管理层报告

管理层对雪佛龙公司股东应承担的财务报表责任

雪佛龙管理层负责编制随附的合并财务报表以及本报告中的相关信息。这些报表是根据公认会计原则编制的，并且公允地反映了公司的交易和财务状况。财务报表中部分数据基于管理层最佳估计和判断的数额。

如其报告中所述，普华永道根据美国上市公司会计监督委员会的标准对公司的合并财务报表进行了审计。

雪佛龙公司董事会有一个由非本公司员工的董事组成的审计委员会。审计委员会定期与管理层成员、内部审计师和独立注册会计师事务所的成员会面，以审查会计、内部控制、审计和财务报告事宜。内部审计师和独立注册会计师事务所都可以在无管理层在场的情况下自由且直接访问审计委员会。

管理层关于财务报告内部控制的报告

本公司的管理层负责建立和维护财务报告内部控制，因为在《交易法》13a－15（f）中有相关规定。包括首席执行官和首席财务官在内的公司管理层，根据反欺诈财务报告委员会下属的发起人委员会发布的内部控制一体化框架，对公司财务报告内部控制的有效性进行了评估。根据评估结果，公司管理层认为截至 2012 年 12 月 31 日，有关财务报告的内部控制是有效的。

截至 2012 年 12 月 31 日，公司财务报告内部控制的有效性已经由独立注册会计师事务所普华永道审计，如其报告中所述。

JOHN S. WATSON	PATRICIA E. YARRINGTON	MATTHEW J. FOEHR
董事会主席兼首席执行官	副总裁兼首席财务官	副总裁兼审计主管

2013 年 2 月 22 日

资料来源：由雪佛龙公司提供。

在适用的情况下，我们将在本书中标注来自《萨班斯-奥克斯利法案》的其他相关材料。例如，与关联方和可变利益主体的交易将在第 11 章中进行介绍。

总结

当两个或两个以上独立企业联手成为单一会计主体时，就产生了企业合并。2008 年 12 月 15 日后启动的所有合并必须作为收购进行会计处理。收购的会计处理要求记录所收购资产和负债在合并日的公允价值。

本章内容适用于仅有一个主体存续的企业合并。后面的章节将会介绍，不止一家合并公司作为独立的法人主体继续存在时对母公司和子公司运营情况的会计处理。

附录 权益结合法的会计处理

根据公认会计原则（ASC 805），将权益结合法作为企业合并会计方法已成为过去。2001年以后企业不再使用权益结合法来记录合并。许多与权益结合法相关的详细问题涉及对合并的原始记录。本附录中的信息就涉及对权益结合法的初始记录。现存的权益结合法在很久以前就已盛行。从前的权益结合法有助于了解过去权益结合的记录情况，由于这种方法不再适用，我们并不需要了解详细的会计信息。

权益结合法的条件 权益结合法的概念基于以下假设：可以通过交换权益性证券来合并所有者权益，而不需要收购另一个合并公司。因此，该概念的应用仅限于合并主体交换权益性证券，且运营活动和所有者权益在新会计主体中继续进行的企业合并。

权益结合的第三个条件是，合并公司在合并计划启动之前的两年内或启动日期与完成日期之间没有为实现合并而改变具有投票权的普通股股权。

第四个条件是，每个合并公司重新购进具有投票权的普通股仅出于企业合并以外的目的，并且公司在计划启动和完成之间不会重新购进超过正常数量的股份。这种对库存股票交易的限制通常不适用于为股票期权或薪酬计划而购买的股票。

第五个条件要求每个合并公司中每个普通股股东的持股权益在为实现合并进行股票交换后保持不变。例如，如果股东A持有另一个合并公司100股股票，而股东B持有200股股票，则股东B在该合并主体中的权益必须是A的两倍，因为该合并使用权益结合法。

第六个条件是，合并后公司的投票权可以立即由股东行使。最后一个条件是要求在完成日处理完合并事宜，并且没有任何有关证券发行或其他考虑因素的条款。

无计划交易 权益结合法的最后一组条件聚焦于合并主体的计划交易。首先，合并后的公司不得收回或重购所发行的股票以影响合并。其次，合并后的公司不得为了合并公司前股东的利益而进行财务安排（如长期担保）。最后，合并后的公司不得计划在合并后的两年内处置合并公司的部分重要资产。允许计划处置重复设施的资产。

如果满足了所有12个条件，则该企业合并应使用权益结合法；否则应当使用购买法。图表1A-1回顾了权益结合法的12个条件。

图表1A-1 权益结合法的12个条件（会计准则委员会意见第16号）

合并公司的特点
1. 自治（两年规则）
2. 独立（10%规则）

合并权益的方式
1. 单笔交易（或在启动后一年内完成）
2. 普通股交易（“基本全部”规则：90%以上）
3. 合并中无权益变化（两年规则）
4. 重购股份仅用于合并以外的目的
5. 权益比例不变
6. 投票权立即可行使
7. 完成时参与合并公司被注销（无待决条款）

无计划交易
1. 发行公司不能重购股份
2. 发行公司不能进行使前股东受益的交易
3. 发行公司不能计划在合并后的两年内处置资产

资料来源：©FASB.

在权益结合法中，每个独立公司的资产和负债会成为存续（合并后）公司的资产和负债。由于总资产和总负债之和等于合并主体的总和，所以权益之和也相同。

这些关系可以通过一系列图表来展示。假设在企业合并之前，Pam 公司和 Sun 公司的股东权益如下所示：

	Pam 公司	Sun 公司	总计
股本，每股面值$10	$100 000	$ 50 000	$150 000
资本公积	10 000	20 000	30 000
总投入资本	110 000	70 000	180 000
留存收益	50 000	30 000	80 000
净资产及权益	$160 000	$100 000	$260 000

在下面的案例 A1 和 A2 中，权益结合是以吸收合并的形式进行的，Pam 公司是发行公司和存续主体。在案例 A3，A4 和 A5 中，权益结合以新设合并的形式出现，Pop 公司接管 Pam 和 Sun 公司的净资产，随后 Pam 和 Sun 公司被注销。

案例 A1：吸收合并，投入资本超过发行股本

Pam 公司作为存续公司，发行了 7 000 股股票换取 Sun 公司的净资产，合并后公司总投入资本为 180 000美元，比 Pam 公司股本 170 000 美元多 10 000 美元。因此，Pam 公司拥有 170 000 美元的股本，10 000美元的资本公积，以及 80 000 美元的留存收益，总权益为 260 000 美元。根据存续公司的净资产等于合并公司的总记录资产，Pam 公司的会计分录如下所示：

借：净资产（+A）	100 000	
贷：股本（每股面值 10 美元）（+SE）		70 000
留存收益（+SE）		30 000

记录 Pam 公司为合并 Sun 公司发行的 7 000 股普通股。

案例 A2：吸收合并，发行股本超过投入资本

Pam 公司作为新设公司，发行了 9 000 股股票以换取 Sun 公司的净资产。Pam 公司的 190 000 美元股本比合并公司 180 000 美元总投入资本多出 10 000 美元，因此 Pam 公司会有 190 000 美元的股本以及 70 000美元的留存收益，无资本公积。这里要注意，本可以合并的留存收益最大值（80 000 美元）因股本超过投入资本 10 000 美元而减少。Pam 公司的会计分录如下所示：

借：净资产（+A）	100 000	
资本公积（－SE）	10 000	
贷：股本（每股面值 10 美元）（+SE）		90 000
留存收益（+SE）		20 000

记录 Pam 公司在与 Sun 公司的合并过程中发行的 9 000 股普通股。

之前的例子说明了基于权益结合法的吸收合并会计程序。而 Pam 和 Sun 公司的新设合并会计程序是通过假定成立 Pop 公司来接管 Pam 和 Sun 公司的净资产来进行说明的。

案例 A3：新设合并，投入资本超过发行股本

Pop 公司发行了 15 000 股每股面值为 10 美元的股本，10 000 股给 Pam 公司，5 000 股给 Sun 公司以换取它们的净资产。Pop 公司的会计分录如下所示：

借：净资产（＋A） 260 000
　贷：股本（每股面值 10 美元）（＋SE） 150 000
　　资本公积（＋SE） 30 000
　　留存收益（＋SE） 80 000

记录在权益结合法下，Pop 公司发行 10 000 股给 Pam 公司，5 000 股给 Sun 公司。

Pam 和 Sun 公司共计 180 000 美元的投入资本超过了 Pop 公司 150 000 美元的股本，超出的30 000美元确认为合并主体的资本公积，且 80 000 美元的留存收益最大值也进行了合并。

案例 A4：新设合并，投入资本超过发行股本

Pop 公司发行了 17 000 股每股面值 10 美元的股本，11 000 股给 Pam 公司，6 000 股给 Sun 公司以换取它们的净资产。在此情况下，Pop 公司的股东权益与案例 A1 中 Pam 公司的股东权益相等。Pop 公司记录此项合并的会计分录如下所示：

借：净资产（＋A） 260 000
　贷：股本（每股面值 10 美元）（＋SE） 170 000
　　资本公积（＋SE） 10 000
　　留存收益（＋SE） 80 000

记录在权益结合法下，Pop 公司发行 11 000 股给 Pam 公司，6 000 股给 Sun 公司。

Pam 和 Sun 公司共计 180 000 美元的投入资本超过了 Pop 公司的 170 000 美元股本，超出的10 000美元确认为合并主体的资本公积，且 80 000 美元的留存收益最大值也进行了合并。

案例 A5：新设合并，发行股本超过投入资本

Pop 公司发行了 19 000 股每股面值 10 美元的股本，12 000 股给 Pam 公司，7 000 股给 Sun 公司以换取它们的净资产。在此情况下，Pop 公司的股东权益与案例 A2 中 Pam 公司的股东权益相等。Pop 公司记录此次合并的会计分录如下所示：

借：净资产（＋A） 260 000
　贷：股本（每股面值 10 美元）（＋SE） 190 000
　　留存收益（＋SE） 70 000

记录在权益结合法下，Pop 公司发行 12 000 股给 Pam 公司，7 000 股给 Sun 公司。

新设主体 Pop 公司 190 000 美元的股本超过了 Pam 与 Sun 公司的投入资本总额 180 000 美元，因而留存收益的最大值被扣减，即扣减超出 70 000 美元的 10 000 美元；且合并主体无资本公积。

合并资产负债表　存续公司的合并资产负债表如图表 1A－2 所示，包括五个案例的合并情况。

图表 1A－2　五类权益结合案例的资产负债汇总表　单位：美元

	吸收合并 Pam 公司账簿		新设合并 Pop 公司账簿		
	案例 A1	案例 A2	案例 A3	案例 A4	案例 A5
净资产	$ 260 000	$ 260 000	$ 260 000	$ 260 000	$ 260 000
股本，每股面值 $ 10	$ 170 000	$ 190 000	$ 150 000	$ 170 000	$ 190 000
资本公积	10 000	—	30 000	10 000	—
留存收益	80 000	70 000	80 000	80 000	70 000
股东权益	$ 260 000	$ 260 000	$ 260 000	$ 260 000	$ 260 000

权益结合法下企业合并的费用 在权益结合法下，实现企业合并及整合合并公司经营活动的成本是存续公司的费用。例如，权益性证券的登记和发行成本、为股东提供信息的成本、支付给会计人员及顾问的费用及支付给发起人（发现“可合并”情况的人）的费用都记作存续公司的费用。在上述案例中，如果Pam公司或Pop公司产生了会计人员费用、顾问费用、债券登记成本及合并所引起的其他成本，则存续企业的合并净资产将减少，合并费用将增加。但企业合并期间的股本保持不变。

合并当年权益结合主体的财务报表应该假设合并在当期期初已完成来列报。此外，如果先前的比较财务报表已经列报，还必须基于合并事件进行重述，披露先前独立主体已被合并的信息。

思考题

1. 企业合并的会计概念是什么？
2. 为了完成企业合并，是否有必要注销其余企业主体而只留下一个独立法人主体？请解释。
3. 企业合并、吸收合并和新设合并在法律上的区别是什么？
4. 企业合并何时会产生商誉？商誉如何影响企业合并后报告的净利润？
5. 什么是廉价购买？请描述记录廉价购买所需的会计程序。

练习题

E1-1 基础题

1. 由新设企业接管两个或两个以上独立企业主体的资产和经营活动，且先前的独立主体已被注销。该企业合并为：

a. 新设合并　　b. 吸收合并
c. 权益结合　　d. 收购

2. 在企业合并中，登记和发行权益性证券的直接成本应如何处理？

a. 记入母公司/投资公司的长期股权投资
b. 与合并后主体的其他资本公积进行抵销
c. 从合并当期的收入中扣除
d. 以上各项均不符合

3. 企业合并中被收购净资产的公允价值超过支付价款的部分：

a. 作为廉价购买的利得进行列报
b. 先从非现金资产中扣除，剩余列作负商誉
c. 先将除可销售证券之外的非流动资产冲减至0，剩余列作负商誉
d. 先将商誉冲减至0，剩余列作负商誉

4. Cork公司在一次企业合并中收购了Dart公司。在为记录收购而将公允价值分摊至资产和负债的过程中，下列哪项应被排除（假设Dart公司已被注销）？

a. Dart开发的专利。因为依据公认会计原则，研发成本已被费用化
b. Dart的应付抵押贷款。因为土地的市场价值远远超过了抵押款
c. Dart养老金固定收益计划中由基金过高或基金不足产生的资产或负债金额
d. 以上各项均不符合

E1-2 【基于AICPA】基础题

1. Pop公司支付了100 000美元现金以取得Son公司的净资产，包括以下内容：

	账面价值	公允价值
流动资产	$ 40 000	$ 56 000
固定资产	160 000	220 000
负债	(40 000)	(36 000)
合计	$ 160 000	$ 240 000

假设Son公司被注销。企业合并中取得的固定资产应记录的金额为少美元？

a. 220 000　　b. 200 000

c. 183 332　　d. 180 000

2. 4月1日，Pam公司支付了1 600 000美元用于购买Sun公司所有已发行在外的普通股，并作为收购入账。随后Sun公司将被注销。4月1日Sun公司的资产及负债记录如下：

现金	$ 160 000
存货	480 000
财产及设备（扣除累计折旧640 000美元后的净值）	960 000
负债	(360 000)

4月1日，Sun公司存货的公允价值为380 000美元，财产及设备（净值）的公允价值为1 120 000美元。则收购产生的商誉金额为多少美元？

a. 0　　b. 100 000

c. 300 000　　d. 360 000

E1-3 编制股东权益部分

Pop和Son公司1月1日的股东权益情况如下所示：

	Pop公司	Son公司
股本，每股面值$10	$ 3 000 000	$ 1 600 000
其他资本公积	400 000	800 000
留存收益	1 200 000	600 000
股东权益	$ 4 600 000	$ 3 000 000

1月2日，Pop公司发行了300 000股每股市值为20美元的股票以取得Son公司所有的股票份额。随后Son公司被注销。在同一天，Pop公司支付了10 000美元用于登记和发行股份，20 000美元用于支付合并产生的其他直接费用。

要求：编制1月2日收购之后Pop公司资产负债表中的股东权益部分（提示：编制日记账分录）。

E1-4 记录收购的日记账分录

Pam公司发行了480 000股每股面值10美元、公允价值共计10 200 000美元的普通股，以取得Son公司所有有投票权的股票。此外，Pam公司还承担了以下成本：

安排企业合并的法务费用	$ 100 000
证券交易委员会登记成本（含会计和法务费用）	48 000
印制和发行股票的费用	12 000
间接合并成本（含分摊的管理费用和高管薪酬）	80 000

在Son公司被收购并注销之前，其资产和权益如下所示：

	账面价值	公允价值
流动资产	\$4 000 000	\$4 400 000
厂房资产	6 000 000	8 800 000
负债	1 200 000	1 200 000
普通股	8 000 000	
留存收益	800 000	

要求：编制Pam公司记录此次收购的所有日记账分录。

E1-5 记录包含直接成本和公允价值/账面价值差异的企业合并日记账分录

1月1日，Pop公司支付了400 000美元现金，发行了36 000股每股面值10美元、总市价为660 000美元的普通股，以换取Son公司所有发行在外的普通股。此外，Pop公司为注册和发行股票支付了60 000美元费用，另外还支付了直接成本140 000美元。Son公司已被注销。合并前公司的资产负债表概要如下所示：

	Pop公司账面价值	Son公司账面价值	Son公司公允价值
现金	\$ 700 000	\$ 80 000	\$ 80 000
存货	240 000	160 000	200 000
其他流动资产	60 000	40 000	40 000
固定资产净值	520 000	360 000	560 000
资产总额	\$1 520 000	\$640 000	\$880 000
流动负债	\$ 320 000	\$ 60 000	\$ 60 000
其他负债	160 000	100 000	80 000
普通股股本，每股面值\$10	840 000	400 000	
留存收益	200 000	80 000	
负债和所有者权益总额	\$1 520 000	\$640 000	

要求：编制Pop公司记录此项收购的所有日记账分录。

E1-6 【附录】记录企业合并的日记账分录

Pop公司发行了120 000股面值10美元、总公允价值为2 550 000美元的普通股，以换取Son公司所有有表决权的普通股。此外，Pop公司发生了以下额外成本：

安排企业合并的法务费用	\$25 000
证券交易委员会登记成本（含会计和法务费用）	12 000
印制和发行股票的费用	3 000
间接合并成本（含分摊的管理费用和高管薪酬）	20 000

在Son公司被注销即企业合并前，其资产和权益如下所示：

	账面价值	公允价值
流动资产	\$1 000 000	\$1 100 000
固定资产	1 500 000	2 200 000
负债	300 000	300 000
普通股	2 000 000	
留存收益	200 000	

要求：假设该企业合并使用权益结合法，编制Pop公司所有记录此项企业合并的日记账分录。

E1-7 【附录】会计分录：记录权益结合法下企业合并的日记账分录

2000年1月1日，Pam公司持有几年前以每股15美元收购的2 000股Sun公司的普通股。在这一天，为取得Sun公司的另外98 000股已发行股票，Pam公司按照1.5∶1发行股票，每股面值10美元。使用权益结合法，随后Sun公司被注销。Sun公司1999年12月31日的结账后试算表包括以下内容：

流动资产	\$800 000	
固定资产净值	1 500 000	
负债		\$200 000
股本，每股面值5美元		500 000
资本公积		1 000 000
留存收益		600 000
	\$2 300 000	\$2 300 000

要求：使用权益结合法编制Pam公司的日记账分录（提示：注意考虑Pam公司2000年1月1日持有的Sun公司2 000股股票）。

综合题

P1-1 编制收购后的资产负债表

2015年12月31日Pop和Son公司的比较资产负债表如下所示：

	Pop公司	Son公司
流动资产	\$ 2 080 000	\$ 960 000
土地	800 000	1 600 000
房产净值	4 800 000	1 600 000
设备净值	3 520 000	3 840 000
资产总额	\$11 200 000	\$8 000 000
流动负债	\$ 800 000	\$ 960 000
股本，每股面值\$10	8 000 000	3 200 000
资本公积	800 000	2 240 000
留存收益	1 600 000	1 600 000
权益总额	\$11 200 000	\$8 000 000

2016年1月2日，Pop公司发行了240 000股每股市值40美元的股票以换取Son公司所有发行在外的股票。而后Son公司被注销。所记录的账面价值反映的是公允价值，但Pop公司公允价值为6 400 000美元的房产和Son公司公允价值为1 600 000美元的流动资产除外。

Pop公司支付了以下与企业合并相关的费用：

登记及发行证券的成本	\$240 000
其他直接合并成本	\$400 000

要求：编制收购后Pop公司的资产负债表。

P1-2 编制收购后的资产负债表

2016年1月2日，Pop公司与Son公司进行合并，随后Son公司被注销。Pop公司为收购Son公司支付了1 650 000美元，对价还包括Pop公司66 000股每股面值10美元、每股市值25美元的普通股。另外，

Pop公司在此项吸收合并中以现金支付了以下费用：

发起人费用	$70 000
会计与法务费用	130 000
登记与发行证券的成本	80 000
	$280 000

吸收合并前，这两家公司2015年12月31日的资产负债表和公允价值信息如下所示：

	Pop公司账面价值	Son公司账面价值	Son公司公允价值
现金	$ 300 000	$ 60 000	$ 60 000
应收账款净额	460 000	100 000	80 000
存货	1 040 000	160 000	240 000
土地	800 000	200 000	300 000
房产净值	2 000 000	400 000	600 000
设备净值	1 000 000	600 000	500 000
资产总额	$5 600 000	$1 520 000	$1 780 000
应付账款	$ 600 000	$ 80 000	$ 80 000
应付票据	1 200 000	400 000	360 000
股本，每股面值$10	1 600 000	600 000	
其他资本公积	1 200 000	100 000	
留存收益	1 000 000	340 000	
负债与所有者权益总额	$5 600 000	$1 520 000	

要求：假设该吸收合并被看作一项收购，编制Pop公司在合并之后的2016年1月2日的资产负债表。

P1-3 收购的日记账分录与资产负债表

2016年1月2日，Pam公司发行了每股面值10美元的普通股，以取得Sun公司的所有发行在外股票。随后Sun公司被注销。此外，Pam公司支付40 000美元用于登记和发行证券，支付60 000美元合并产生的其他费用。2016年1月2日，Pam公司的股票市场价格为每股60美元。合并之前，Pam和Sun公司2015年12月31日的相关资产负债表信息如下所示：

	Pam公司历史成本	Sun公司历史成本	Sun公司公允价值
现金	$ 240 000	$ 20 000	$ 20 000
存货	100 000	60 000	120 000
其他流动资产	200 000	180 000	200 000
土地	160 000	40 000	200 000
固定资产净值	1 300 000	400 000	700 000
资产总额	$2 000 000	$700 000	$1 240 000
负债	$ 400 000	$100 000	$ 100 000
股本，每股面值$10	1 000 000	200 000	
资本公积	400 000	100 000	
留存收益	200 000	300 000	
负债与所有者权益总额	$2 000 000	$700 000	

要求：

1. 假设Pam公司发行了25 000股股票以取得Sun公司所有发行在外的股票。
   a. 编制记录收购Sun公司的日记账分录。
   b. 编制收购后Pam公司的资产负债表。

2. 假设Pam公司发行了15 000股股票以取得Sun公司所有发行在外的股票。
   a. 编制记录收购Sun公司的日记账分录。
   b. 编制收购后Pam公司的资产负债表。

P1-4 投资成本分摊表和资产负债表

Pop公司和Son公司2015年12月31日的资产负债表及公允价值信息如下所示：

	Pop公司		Son公司	
	账面价值	公允价值	账面价值	公允价值
资产				
现金	$115 000	$115 000	$ 10 000	$ 10 000
应收账款净额	40 000	40 000	20 000	20 000
存货	120 000	150 000	50 000	30 000
土地	45 000	100 000	30 000	100 000
房产净值	200 000	300 000	100 000	150 000
设备净值	180 000	245 000	90 000	150 000
资产总额	$700 000	$950 000	$300 000	$460 000
权益				
应付账款	$ 90 000	$ 90 000	$ 30 000	$ 30 000
其他负债	100 000	90 000	60 000	70 000
股本，每股面值$10	300 000		100 000	
其他资本公积	100 000		80 000	
留存收益	110 000		30 000	
权益总额	$700 000		$300 000	

2016年1月1日，Pop公司以300 000美元取得了Son公司所有发行在外的股票。Pop公司支付了100 000美元现金，并发行了五年期利率为12%的票据。随后Son公司被注销。

要求：

1. 画一个表格来显示投资成本是如何被分摊至可辨认资产和负债的。
2. 编制收购后Pop公司2016年1月1日的资产负债表。

P1-5 收购的日记账分录与资产负债表

Pam公司2016年1月2日以10 000 000美元的价格取得Sun公司有表决权的普通股，随后Sun公司被注销。购买价格包括200 000股Pam公司的普通股，市值总计8 000 000美元，外加2 000 000美元现金。此外，Pam公司支付200 000美元用于登记和发行普通股，支付400 000美元用于合并产生的其他成本。收购之前两家公司的资产负债表信息如下所示：

	Pam公司	Sun公司	
	账面价值	账面价值	公允价值
现金	$ 12 000 000	$ 960 000	$ 960 000
应收账款净额	5 200 000	1 440 000	1 440 000
应收票据净额	6 000 000	1 200 000	1 200 000
存货	10 000 000	1 680 000	2 000 000
其他流动资产	2 800 000	720 000	800 000
土地	8 000 000	400 000	800 000
房产净值	36 000 000	2 400 000	4 800 000

续表

	Pam公司	Sun公司	
	账面价值	账面价值	公允价值
设备净值	40 000 000	3 200 000	2 400 000
资产总额	$120 000 000	$12 000 000	$14 400 000
应付账款	$ 4 000 000	$ 1 200 000	$ 1 200 000
应付抵押账款（利率为10%）	20 000 000	2 800 000	2 400 000
股本，每股面值$10	40 000 000	4 000 000	
其他资本公积	32 000 000	2 400 000	
留存收益	24 000 000	1 600 000	
权益总额	$120 000 000	$12 000 000	

要求：

1. 编制Pam公司收购Sun公司的日记账分录，包括对各个资产和负债账户的分摊。
2. 编制收购完成和Sun公司注销后，Pam公司2016年1月2日的资产负债表。

P1-6 【附录】编制权益结合法下公司的资产负债表

在运用权益结合法的企业合并中，Pop公司2000年1月1日发行普通股以取得Son公司所有发行在外的股票。两家公司1999年12月31日的资产负债表如下所示：

	Pop公司	Son公司
流动资产	$15 000 000	$ 4 000 000
厂房资产净值	40 000 000	6 000 000
资产总额	$55 000 000	$10 000 000
负债	$10 000 000	$ 3 000 000
普通股股本，每股面值$10	30 000 000	4 000 000
资本公积	3 000 000	2 000 000
留存收益	12 000 000	1 000 000
权益总额	$55 000 000	$10 000 000

要求：根据以下假设，在运用权益结合法完成企业合并，即Son公司被注销后，编制Pop公司的资产负债表：

1. Pop公司发行了800 000股普通股，以取得Son公司所有发行在外的股票。
2. Pop公司发行了1 000 000股普通股，以取得Son公司所有发行在外的股票。

P1-7 【附录】权益结合法下企业合并的日记账分录

Pam和Sun公司运用权益结合法处理两者之间的合并，随后Sun公司被注销。合并前两家公司的净资产和股东权益信息如下所示：

	Pam公司	Sun公司
净资产	$1 000 000	$800 000
股本，每股面值$10	$ 400 000	$200 000
资本公积	200 000	300 000
总投入资本	600 000	500 000
留存收益	400 000	300 000
股东权益总额	$1 000 000	$800 000

要求：

1. 如果Pam公司发行了35 000股每股面值10美元的普通股，以取得Sun公司的所有普通股，编制Pam公司记录运用权益结合法合并Sun公司事项的所有日记账分录。

2. 如果Pam公司发行了77 000股每股面值10美元的普通股，以取得Sun公司的所有普通股，编制Pam公司记录运用权益结合法合并Sun公司事项的所有日记账分录。

P1-8 【附录】权益结合法下的日记账分录与资产负债表

2000年1月2日，Pop公司和Son公司通过运用权益结合法进行了吸收合并。合并的300 000美元直接成本由存续主体于2000年1月2日以现金支付。1999年12月31日，Son公司以每股20美元的价格持有25 000股Pop公司的股票。Pop公司和Son公司1999年12月31日的资产负债表摘要信息如下所示：

	Pop公司	Son公司
流动资产	$ 6 500 000	$ 4 500 000
固定资产净值	10 000 000	10 000 000
长期股权投资——Pop公司		500 000
资产总额	$ 16 500 000	$ 15 000 000
负债	$ 1 500 000	$ 3 000 000
普通股股本，每股面值$ 10	10 000 000	8 000 000
资本公积	2 000 000	3 000 000
留存收益	3 000 000	1 000 000
权益总额	$ 16 500 000	$ 15 000 000

要求：假定存续公司是Pop公司，并且Pop公司发行了1 000 000股股票以取得Son公司所有发行在外的股票。

1. 编制Pop公司记录本项企业合并有关事项的所有日记账分录。

2. 编制合并后Pop公司2000年1月2日的资产负债表。

专业研究任务

参考FASB ASC回答以下问题，将适当的参考内容包含在你的答案里。

PR1-1 在合并资产负债表中需要披露的与商誉有关的信息是哪些？

PR1-2 目前的公认会计原则中，企业合并的公允价值计量原则是否有例外情况？

第2章

长期股权投资——投资方的会计处理与列报

学习目标

1. 根据股权水平，了解投资方的影响或控制力。
2. 理解在不同投资方影响程度下如何进行会计处理以反映经济实质。
3. 理解除股权外，其他影响投资方对被投资方施加影响或控制的能力的因素。
4. 熟练运用对长期股权投资进行会计处理的公允价值/成本法和权益法。
5. 熟练运用长期股权投资的权益法。
6. 掌握商誉减值的测试方法。

第1章阐述了存续主体取得其他公司净资产的企业合并。保留一套财务系统的单一法定会计主体将所有合并公司的净资产和经营进行整合。在第1章中，我们将企业合并记录在“长期股权投资”账户中，随即通过将其分摊给各个资产和负债账户来冲销该账户。

本章重点介绍投资方保留“长期股权投资”账户时的权益性投资。内容包括根据公允价值/成本法（有价证券适用公允价值法，非有价证券适用成本法）对投资进行会计处理，此时投资方不具有影响被投资方活动的能力；还包括权益法，此时投资方可以对被投资方的经营活动施加重大影响。公认会计原则规定，权益法适用于核算持有20%～50%股份的投资。

投资方同样也会采用权益法核算母公司对子公司的长期股权投资。当投资方持有被投资方超过50%的股份，控制被投资方的经营、投资及融资决策，最终使一个或多个公司合并为其子公司时，将采用权益法进行核算。出于财务报告目的，企业合并需要编制合并报表。

本章内容涉及母公司采用购买法对子公司进行投资的会计核算，但不包括合并财务报表的内容。合并财务报表的编制将在第3章和后续章节进行介绍。

2.1 长期股权投资的会计处理

公认会计原则中关于记录普通股收购的相关内容要求投资方以成本（相当于收购时的公允价值）记录投资。投资成本计量基础指导原则规定，投资成本包括支付的现金、其他资产或所发行证券的公允价值及获得投资的其他直接成本，其中并不包括登记和发行权益性证券的成本，公认会计原则规定将其记入资本公积。

普通股长期股权投资通常运用以下两种方法进行会计处理——**公允价值（成本）法**（fair value/cost method）（ASC 320-10）或**权益法**（equity method）（ASC 323-10）。

公允价值/成本法和权益法的概念

在公允价值/成本法下，我们按成本记录普通股投资，并将收到的股息列报为股息收入。但有一种例外情况是，投资方收到的股息超过投资方在购买日后在被投资方收益中享有的份额的部分被认为是资本回报（或清算股利），记录为长期股权投资的减少额。我们将具有可确定公允价值的权益性证券分类为交易性证券（购买和持有目的是近期转售的证券）或可供出售证券（未分类为交易性证券的投资）（ASC 320-10-35）。

两个分类在每个报告期末均使用公允价值列报长期股权投资，并在净利润中列报已实现的利得、损失及股利。公认会计原则规定交易性证券的未实现损益也应记录在净利润中（公允价值的变动额）。我们将可供出售证券中的未实现损益净额作为其他综合收益下的单独项目进行列报。公认会计原则允许将其他综合收益在利润表中进行列报，或编制单独的综合收益表（ASC 220－10－45）。这部分数额在资产负债表中权益部分的“其他综合收益”账户中累计。此处理方法不适用于以权益法入账的权益性证券投资或对合并子公司的投资（ASC 220）。

权益法主要基于股权投资的权责发生制，适合在投资方能够对被投资方施加重大影响时使用。在权益法下，我们按成本（等于购买日的公允价值）对投资进行记录，并对利得、损失和股利进行调整。投资方将其在被投资方收益中的份额列报为投资收益，并将其在被投资方损失中的份额作为投资损失，据此相应地调增或调减“长期股权投资”账户。从被投资方收到的股息应减记投资，并在“长期股权投资”账户中记录为数额的减少。因此，权益法下的投资收益反映了投资方在被投资方净利润中的份额，而“长期股权投资”账户反映了投资方在被投资方净资产中的份额。

对具有表决权的股票进行投资能够使投资方对被投资方的财务和经营政策施加重大影响，对于这类投资我们通常使用权益法。公认会计原则要求，如果投资方对被投资方的投资能够使投资方对被投资方的经营和财务政策施加重大影响，投资方应使用权益法对普通股投资进行会计处理，即使持有的投票权股份为50％或更少（ASC 323－10－15）。

公认会计原则以 20％的持股比例为标准来判断是否有能力施加重大影响：

> 投资方持有被投资方有表决权股份 20％或 20％以上的投资（直接或间接）时，如果没有相反的主要证据，则视为投资方有能力对被投资方施加重大影响。反之，投资方持有被投资方有表决权股份不足20％的投资时，视为投资方没有能力对被投资方施加重大影响，除非投资方能够证明拥有这种能力（ASC 325）。①

公认会计原则（ASC 323－10－15）指明以下几种情况表示投资方没有能力施加重大影响：（1）被投资方就投资方的影响提出异议；（2）投资方与被投资方签署协议放弃股东的重大权利；（3）将另一集团公司而不是投资方的多数股权集中起来；（4）使用权益法的信息不足或不及时；（5）未能获得被投资方董事会的代表权。当投资方承担的损失使投资账面价值减至 0 时，应停止使用权益法。

权益法十分重要的原因包括：第一，对于一些企业来说，这些投资代表着总资产或净利润，或两者的一部分。第二，合营企业及其他特殊目的主体均广泛使用权益法。第三，在后面章节讨论合并财务报表的编制时采用了权益法。

许多知名企业都称使用权益法处理对其他公司的投资。美国电话电报公司在其 2014 年年度报告中使用权益法列报了投资于关联公司的 2.5 亿美元。其 2014 年净利润为 62.24 亿美元，包括使用权益法进行投资的 1.75 亿美元。雪佛龙公司 2014 年年度报告披露了来自权益法投资的 70.98 亿美元收入（占净利润总额的 36.9％）。

即使子公司的财务报表将在以后才纳入合并财务报表，母公司亦可使用权益法核算该投资。换句话说，母公司通过在其子公司收入中享有应有份额并减少投资中的子公司股份份额来维持“长期股权投资——子公司”账户。权益法下母公司的净利润与合并报表中归属于母公司的净利润相等。综合收益表反映了母公司及其作为单一经济主体的子公司的收益。

公认会计原则要求合并所有的控股子公司，除非控制权不符合多数股权利益。例如在法律重组或破产清算中的子公司，或在严格外汇限制或其他政府规定的不确定因素下经营的子公司（ASC 323－10－15）。对未合并子公司的长期股权投资，以公允价值/成本法或权益法在母公司的财务报表中进行列报。第 3 章讨论了不应合并某些子公司的情形。

---

① FASB ASC 325. Originally Accounting Principles Board Opinion No. 18. “The Equity Method of Accounting for Investments in Common Stock.” New York © 1971 American Institute of Certified Public Accountants.

□ 公允价值/成本法与权益法的会计处理程序

假设Pop公司7月1日以每股25美元的价格收购Son公司10 000股流通股中的2 000股。Son公司的资产和负债的账面价值和公允价值相等。此外，所支付的现金等于Son公司净资产公允价值的20%。Son公司截至12月31日会计年度的净利润为25 000美元，于11月1日支付了10 000美元的股利。如果有证据显示Pop公司无法施加重大影响，则应采用公允价值/成本法，以会计期末的市场公允价值重新评估“长期股权投资”账户，否则应使用权益法。这两种方法下Pop公司的会计处理如下所示：

7月1日记录长期股权投资的会计分录：

公允价值/成本法			权益法		
借：长期股权投资——Son公司（+A）	50 000		借：长期股权投资——Son公司（+A）	50 000	
贷：现金（−A）		50 000	贷：现金（−A）		50 000

11月1日记录股利的会计分录：

公允价值/成本法			权益法		
借：现金（+A）	2 000		借：现金（+A）	2 000	
贷：股利收入（R，+SE）		2 000	贷：长期股权投资——Son公司（−A）		2 000

12月31日确认盈余的会计分录：

公允价值/成本法	权益法		
无（假设股票为非有价证券或每股市价为25美元，所以不需要重新评估）	借：长期股权投资——Son公司（+A）	2 500	
	贷：投资收益——Son公司（R，+SE）（25 000×1/2×20%）		2 500

按照公允价值/成本法，Pop公司应确认2 000美元收益，并于12月31日以50 000美元的成本列报其对Son公司的长期股权投资。根据权益法，Pop公司应确认2 500美元收益，并于12月31日以50 500美元的成本列报其对Son公司的长期股权投资。以下是Pop公司在权益法下“长期股权投资”账户活动的概要：

7月1日	初始成本	\$50 000
11月1日	收到股利	(2 000)
12月31日	确认Son公司1/2年净利润的20%	2 500
12月31日	期末余额	\$50 500

公允价值/成本法下的会计分录反映了投资方记录的股利收入等于实际收到的股利的通常情况。当投资者在长期股权投资被收购后收到的股利超过了投资方在收益中应享有的份额时会出现例外情况。从投资方的角度来看，自长期股权投资收购以来的超额股利属于资本回报，或清算股利。例如，如果Son公司的年度净利润为15 000美元，那么Pop公司享有的份额应该是1 500美元（15 000×1/2×20%）。收到的2 000美元股利超过了Son公司收益中的权益1 500美元，因此超过的500美元将被视为资本回报并记入Son公司的“长期股权投资”账户。假设Pop公司将11月1日收到的2 000美元现金记录为股利收入，则有必要在年终调整股利收入和长期股权投资。Pop公司记录的会计分录如下所示：

借：股利收入（−R，−SE）	500	
贷：长期股权投资——Son公司（−A）		500

因收到的股利超过应享有的盈余份额而对“股利收入”和“长期股权投资”账户进行调整。

这一分录将减少股利收入，使Pop公司的股利收入减至在7月1日之后赚取的1 500美元收益份额，并将对Son公司的长期股权投资减至其新公允价值/成本基础49 500美元。如果在清算股利后，股票（可供出售证券）在12月31日的公允价值为60 000美元，则需要做另一笔分录将长期股权投资增至公允价值：

借：可供出售证券价值变动（＋A）	10 500	
贷：可供出售证券未实现损益（＋SE）		10 500

可供出售证券的未实现损益被包括在报告期内的其他综合收益中。

□ 使用公允价值/成本法和权益法的经济后果

使用不同的会计处理方法（公允价值/成本法或权益法）将导致投资方资产负债表中列报不同的长期股权投资额，利润表中列报不同的收益额。当投资方能够显著对被投资方的经营活动包括股利宣告产生重大影响或进行控制时，公允价值/成本法是不适用的。通过影响或控制被投资方的股利政策，投资方可以操纵列报的长期股权投资收益。母公司/投资方的财务报表与子公司/被投资方的报表合并之后，由于净利润相同，所以不论采用何种会计处理方法都不存在操纵收益的可能。

虽然权益法并不能替代合并报表，但母公司在权益法下单独列报的利润与合并财务报表中列报的归属于母公司的净利润通常相同。

2.2　权益法——单行合并

权益法通常称为**单行合并**（one-line consolidation）。因为投资方在其资产负债表中的单独一行列报单一数额的长期股权投资，投资收益也以单一数额列报在利润表的单独一行中（除被投资方已终止经营项目，需要单独披露的情况外）。单行合并也意味着当对子公司/被投资方完整和正确地应用权益法进行会计处理时，母公司/投资方的收益和股东权益与合并财务报表中对应的金额是相同的。合并财务报表不仅显示的是与权益法下相同的收益和净资产，而且包括收入和费用以及资产和负债的详细信息。

权益法产生了许多复杂问题。事实上，它导致了编制合并财务报表时会遇到复杂的计算问题。因此，权益法是母公司对子公司进行会计处理的标准，单行合并出现在本书中所有有关合并的章节中。运用单行合并/合并对关键财务报表项目如合并净利润和合并留存收益进行替代计算，能使你像从业人员那样复核工作。

无论投资方是否有能力对被投资方施加重大影响（20%～50%的所有权）或控制被投资方（超过50%的所有权），权益法的基本会计处理程序是相同的。这非常重要，因为超过50%的投资是企业合并，要编制合并财务报表。因此，适用于购买法下对企业合并进行会计处理的会计原则也适用于权益法下50%或更多份额的投资。本章中的合并方式与第1章的区别在于：

1. 投资方和被投资方继续作为独立的法人主体存在，使用独立的会计系统（收购）。
2. 权益法仅适用于其中一个主体——投资方。
3. 投资方的权益比例可能在20%～100%之间。

□ 收购中的权益性投资[①]

对其他主体具有表决权的普通股的权益性投资以交付的现金或其他资产或发行证券的公允价值来计量

① 公认会计原则中，使用权益法对20%～50%的权益份额与超过50%的权益份额进行会计处理的程序有所不同，后者需要编制合并财务报表。除非另有说明，否则我们对权益法核算的讨论侧重于使用购买法对超过50%权益份额的投资进行会计处理。

投资成本。同样，我们将登记和发行证券的直接成本记入资本公积，将收购中产生的其他直接成本费用化。在单行合并概念下，我们在“长期股权投资”账户中记录投资成本总额。

假设Pam公司1月1日以2 000 000美元现金外加200 000股每股面值10美元、市值15美元的普通股，从现有股东处购买了Sun公司30%的发行在外具有表决权的普通股。股权的其他现金成本包括登记费用50 000美元及咨询顾问费100 000美元。Pam公司记录这些事项的会计分录如下所示：

1月1日		
借：长期股权投资——Sun公司（+A）	5 000 000	
贷：股本（+SE）		2 000 000
资本公积（+SE）		1 000 000
现金（—A）		2 000 000
记录取得对Sun公司30%的长期股权投资。		
1月1日		
借：长期股权投资费用（E，—SE）	100 000	
资本公积（—SE）	50 000	
贷：现金（—A）		150 000
记录其他直接成本。		

按照单行合并，这些分录可以在不知晓Sun公司资产和负债的账面价值或公允价值的情况下编制。

□ 分摊投资成本超过权益账面价值的差额

收购中有关Sun公司单项资产和负债的信息非常重要，因为根据权益法需要对投资成本与被投资方净资产的权益账面价值之间的差额进行会计处理。

假设Sun公司1月1日的账面价值和公允价值如下所示：

	账面价值	公允价值
现金	$ 1 500 000	$ 1 500 000
应收账款净额	2 200 000	2 200 000
存货	3 000 000	4 000 000
其他流动资产	3 300 000	3 100 000
设备净值	5 000 000	8 000 000
资产总额	$ 15 000 000	$ 18 800 000
应付账款	$ 1 000 000	$ 1 000 000
应付票据（五年期）	2 000 000	1 800 000
普通股	10 000 000	
留存收益	2 000 000	
负债与所有者权益总额	$ 15 000 000	

在Sun公司净资产中享有的权益份额的账面价值为3 600 000美元（Sun公司净资产账面价值12 000 000美元的30%），投资成本与权益账面价值之间的差额为1 400 000美元。投资方根据公允价值将这一差额分摊至可辨认资产和负债，并将剩余差额分摊至商誉。图表2-1说明了可辨认净资产和商誉的分摊过程。

Pam公司没有分别记录图表2-1中的资产和负债信息。超过净资产账面价值的1 400 000美元成本已经反映在Pam公司对Sun公司的长期股权投资中。根据权益法要通过定期贷（借）记“长期股权投资”账户进行抵销。因此，投资成本与权益账面价值之间的初始差额将在可辨认资产和负债的剩余期限内得以抵销。但土地、商誉和使用年限不确定的无形资产不会按照公认会计原则进行摊销。

图表2-1　投资成本超过权益账面价值的差额分摊表

Pam公司与其享有30%权益的被投资方Sun公司							
长期股权投资——Sun公司							$5 000 000
收购权益的账面价值（30%×$12 000 000）							(3 600 000)
成本与权益账面价值的差额							$1 400 000
可辨认净资产与商誉的分摊过程							
	公允价值	−	账面价值	×	收购的权益百分比	=	分摊数额
存货	$4 000 000		$3 000 000		30%		$　300 000
其他流动资产	3 100 000		3 300 000		30%		(60 000)
设备	8 000 000		5 000 000		30%		900 000
应付票据	1 800 000		2 000 000		30%		60 000
分摊至可辨认净资产的总额							1 200 000
剩余分摊至商誉							200 000
成本超过权益账面价值的总差额							$1 400 000

图表2-1中分摊给商誉的200 000美元是成本/公允价值与账面价值的差额（1 400 000美元）分摊给可辨认资产和负债（1 200 000美元）后的剩余部分。也可以将5 000 000美元的投资成本超过获得的可辨认净资产的公允价值4 800 000美元（30%×16 000 000）的差额作为商誉。与可辨认资产和负债不相关的差额就是商誉。

回顾第1章中的讨论，按照现行的公认会计原则，企业不对商誉及使用年限不确定的其他无形资产进行摊销，但要定期审查这些资产的减值情况，并在有迹象表明发生减值亏损时减记其价值。

同样的会计处理程序也适用于按照权益法进行列报的长期股权投资，但减值测试会有所不同。在评估后发现使用权益法的投资发生减值时，要将减值损失在“长期股权投资”账户中进行确认（ASC 350-20-35）。

□ 对投资成本超过账面价值的差额进行会计处理

假设Sun公司7月1日支付了1 000 000美元的股利，并列报年度净利润3 000 000美元。其对投资成本超过账面价值的差额的分摊过程如下所示：

	摊销率
将差额分摊至：	
存货——当年出售	100%
其他流动资产——当年处置	100%
设备——折旧年限为20年	5%
应付票据——五年期	20%

Pam公司按照单行合并编制如下会计分录，以记录从Sun公司取得的股利和收益：

7月1日

借：现金（＋A） 300 000

　贷：长期股权投资——Sun公司（－A） 300 000

记录从Sun公司收到的股利（1 000 000×30%）。

12月31日

借：长期股权投资——Sun公司（＋A） 900 000

　贷：投资收益——Sun公司（R，＋SE） 900 000

记录在Sun公司收益中享有的权益（3 000 000×30%）。

12月31日

借：投资收益——Sun公司（－R，－SE） 300 000

　贷：长期股权投资——Sun公司（－A） 300 000

记录因存货于当年售出，期末将分摊至存货的差额进行冲销。

12月31日

借：长期股权投资——Sun公司（＋A） 60 000

　贷：投资收益——Sun公司（R，＋SE） 60 000

记录来自处置时被高估的一年内到期的其他流动资产的投资收益。

12月31日

借：投资收益——Sun公司（－R，－SE） 45 000

　贷：长期股权投资——Sun公司（－A） 45 000

记录因差额被分摊至被低估的使用年限为20年的设备而需补提的折旧（900 000÷20）。

12月31日

借：投资收益——Sun公司（－R，－SE） 12 000

　贷：长期股权投资——Sun公司（－A） 12 000

摊销在应付票据存续期内被分摊至被高估的应付票据的差额（60 000÷5）。

最后5个会计分录涉及收益与“长期股权投资”账户，因此Pam公司可以在12月31日将其来自Sun公司的收益记录在单独的会计分录中，如下所示：

借：长期股权投资——Sun公司（＋A） 603 000

　贷：投资收益——Sun公司（R，＋SE） 603 000

将来自对Sun公司的长期股权投资的收益记录如下：

在Sun公司列报的收益中应享有的权益份额（3 000 000×30%）	900 000
摊销成本超过账面价值的差额：	
当年出售的存货（300 000×100%）	(300 000)
当年出售的其他流动资产（60 000×100%）	60 000
设备（900 000×折旧率5%）	(45 000)
应付票据（60 000×摊销率20%）	(12 000)
Sun公司投资收益合计	$ 603 000

Pam公司于12月31日在资产负债表中以单独一行列报了其对Sun公司的长期股权投资5 303 000美元（见以下概要），在利润表中单独一行列报了来自Sun公司的收益603 000美元。Sun公司净资产的账面价值（股东权益）增加至14 000 000美元，增加了2 000 000美元，Pam公司所占权益份额为30%，即4 200 000美元。12月31日长期股权投资余额与权益账面价值之间的差额1 103 000美元表示未分摊的投资成本/公允价值超过账面价值的部分。这一金额也可通过原始差额1 400 000美元减去297 000美元的净摊销额得到。

以下是 Pam 公司在权益法下“长期股权投资”账户活动的概要：

1 月 1 日	初始成本	$ 5 000 000
7 月 1 日	收到股利	(300 000)
12 月 31 日	确认 Sun 公司净利润的 30%	900 000
12 月 31 日	冲销分摊至存货的差额	(300 000)
12 月 31 日	记录来自 Sun 公司的被高估的当年出售的流动资产的收益	60 000
12 月 31 日	其他设备折旧	(45 000)
12 月 31 日	摊销应付票据差额	(12 000)
12 月 31 日	期末余额	$ 5 303 000

当 1 400 000 美元的超额部分被分摊（或作为减值损失冲销）至商誉时，长期股权投资余额等于 Sun 公司股东权益 30% 的账面价值。将上述情况总结如下：

	Sun 公司股东权益（A）	基本权益（Sun 公司股东权益的 30%）（B）	对 Sun 公司的长期股权投资余额（C）	未分摊成本/账面价值（C－B）
1 月 1 日	$ 12 000 000	$ 3 600 000	$ 5 000 000	$ 1 400 000
股利（7 月）	(1 000 000)	(300 000)	(300 000)	—
收益	3 000 000	900 000	900 000	—
摊销	—	—	(297 000)	(297 000)
12 月 31 日	$ 14 000 000	$ 4 200 000	$ 5 303 000	$ 1 103 000

□ 账面价值超过成本的差额

从被投资方取得的权益的账面价值可能大于投资成本或公允价值。这说明被投资方的可辨认净资产被高估或者权益是以低价购得的。如第 1 章所述，廉价购买收益应记录为正常收益。

为了说明这一点，假设 Pop 公司 1 月 1 日以 40 000 美元现金购买了 Son 公司 50% 发行在外的有表决权的普通股。该年内 Son 公司股东权益的变动情况如下所示：

股东权益（1 月 1 日）	$ 100 000
加：收益	20 000
减：应付股利（7 月 1 日）	(5 000)
股东权益（12 月 31 日）	$ 115 000

账面价值超过投资成本的 10 000 美元（100 000×50%－40 000）是由于 Son 公司存货和设备的账面价值被高估而形成的。Son 公司 1 月 1 日的存货被高估了 2 000 美元，存货于 12 月份出售。其余 18 000 美元的高估与自 1 月 1 日起剩余使用期限为 10 年的设备有关。由于 40 000 美元的成本等于取得的净资产的公允价值（50%×80 000），因此商誉为零。

将权益账面价值与投资成本之间的差额分摊如下：	
长期股权投资成本——Son 公司	$ 40 000
减：Pop 公司持有的 50% Son 公司权益的账面价值（$ 100 000×50%）	(50 000)
账面价值超过成本的差额	$ (10 000)

将差额分摊至：	
存货（＄2 000×50%）	＄(1 000)
设备（＄18 000×50%）	(9 000)
账面价值超过成本的差额	＄(10 000)

Pop公司对Son公司进行长期股权投资的会计分录如下所示：

1月1日

借：长期股权投资——Son公司（＋A） 40 000

  贷：现金（－A） 40 000

记录购买Son公司发行在外的普通股的50%。

7月1日

借：现金（＋A） 2 500

  贷：长期股权投资——Son公司（－A） 2 500

记录收到的股利（5 000×50%）。

12月31日

借：长期股权投资——Son公司（＋A） 10 000

  贷：投资收益——Son公司（R，＋SE） 10 000

确认在Son公司收益中享有的权益（20 000×50%）。

12月31日

借：长期股权投资——Son公司（＋A） 1 900

  贷：投资收益——Son公司（R，＋SE） 1 900

摊销账面价值超过投资成本的差额：

存货（1 000×100%）	＄1 000
设备（9 000×10%）	900
合计	＄1 900

由于资产的购买价格低于账面价值，Pop公司列报的来自Son公司的长期股权投资收益为11 900美元（10 000＋1 900），12月31日对Son公司长期股权投资的余额为49 400美元。对账面价值超过投资成本的差额进行摊销使得Pop公司对Son公司长期股权投资的余额在年内增加了1 900美元。

以下是权益法下“长期股权投资”账户活动的概要：

1月1日	初始成本	＄40 000
7月1日	收到股利	(2 500)
12月31日	确认Son公司净利润的50%	10 000
12月31日	摊销账面价值超过投资成本的差额	1 900
12月31日	期末余额	＄49 400

□ 廉价购买

假设Pop公司在1月1日以110 000美元的价格收购了Sax公司25%的权益，当时Sax公司的净资产信息如下所示：

	账面价值	公允价值	公允价值超出账面价值的差额
存货	$ 240 000	$ 260 000	$ 20 000
其他流动资产	100 000	100 000	
设备净值	50 000	50 000	
房产净值	140 000	200 000	60 000
	530 000	610 000	
减：负债	130 000	130 000	
净资产	$ 400 000	$ 480 000	$ 80 000

Sax 公司的年度净利润和股利分别为 60 000 美元和 40 000 美元。价值被低估的存货均已在年内售卖，Pop 公司获得其 25%的权益时被低估的房产剩余使用期限为四年。图表 2-2 说明了对成本超出账面价值差额的分摊过程。

在图表 2-2 中，成本超出账面价值的差额首先被分摊至可辨认净资产的公允价值。由于收购净资产的公允价值超过了投资成本，所以该差额是廉价购买的利得。廉价购买利得将在投资方的账面上确认为普通利得。

图表 2-2　投资成本（公允价值）超过权益账面价值的差额分摊表

Pop 公司与其享有 25%权益的被投资方 Sax 公司			
长期股权投资成本			$ 110 000
收购权益的账面价值（$ 400 000×25%）			(100 000)
成本与权益账面价值的差额			$ 10 000
	分摊至公允价值的数额	**负差额**	**最终分摊**
存货（$ 20 000×25%）	$ 5 000		$ 5 000
房产净值（$ 60 000×25%）	15 000		15 000
廉价购买利得		$ 10 000	(10 000)
差额	$ 20 000	$ 10 000	$ 10 000

Pop 公司对 Sax 公司进行长期股权投资的会计分录如下所示：

1 月 1 日

借：长期股权投资——Sax 公司（+A）	120 000	
贷：现金（-A）		110 000
廉价购买利得（Ga，+SE）		10 000

记录购买 Sax 公司 25%有表决权的股票。

整年

借：现金（+A）	10 000	
贷：长期股权投资——Sax 公司（-A）		10 000

记录收到的股利（40 000×25%）。

12 月 31 日

借：长期股权投资——Sax 公司（+A）	6 250	
贷：投资收益——Sax 公司（R，+SE）		6 250

确认来自 Sax 公司的投资收益，计算如下：

Sax 公司 60 000 美元净利润的 25%	$ 15 000
分摊至存货的差额	(5 000)
分摊至建筑物的差额（15 000÷4）	(3 750)
	$ 6 250

12月31日，Pop公司对Sax公司的长期股权投资的余额为116 250美元，当日长期股权投资的账面价值为105 000美元（420 000×25%）。11 250美元的差额来自分摊至建筑物的11 250美元未分摊差额。

中期收购投资权益

当企业在会计期内进行收购（中期收购）时，对股权投资进行会计处理会有所不同，需要额外进行计算以确定收购时的股权以及当年的投资收益。将上次报表日至购买日之间赚取的收入加上初始股东权益并减去上次报表日至购买日之间宣告发放的股利来计算在被投资方的所有者权益中享有的份额。在对中期收购进行会计处理时，除非有相反证据，我们假设被投资方在全年均匀地取得收益。

假设Pop公司10月1日以80 000美元的价格收购Son公司40%有表决权的普通股。Son公司1月1日的净资产（所有者权益）为150 000美元，截至12月31日年度的净利润为25 000美元，公司于7月1日宣告发放15 000美元的股利。Son公司的资产和负债账面价值等于10月1日的公允价值，除了公允价值为60 000美元的房产在账面上记作40 000美元这一例外情况。该建筑物自10月1日起有20年的剩余使用年限。公认会计原则要求使用权益法，并将投资成本与权益账面价值之间的差额首先分摊至可辨认资产和负债，再分摊至商誉。

将Pop公司的投资成本超出其享有的Son公司40%权益账面价值的差额分摊至可辨认净资产和商誉的情况如图表2-3所示。

图表2-3　投资成本（公允价值）超过权益账面价值的差额分摊表

Pop公司与其享有40%权益的被投资方Son公司		
长期股权投资成本		$80 000
减：权益份额（10月1日）		
初始权益	$150 000	
加：收益（10月1日）	18 750	
减：股利	(15 000)	
	153 750	
乘以：购得权益比例	40%	(61 500)
成本超过账面价值的差额		$18 500
差额分摊至：		
房产［($60 000－$40 000)×40%］		$ 8 000
商誉（余额）		10 500
成本超过账面价值的差额		$18 500

本年度Pop公司核算其对Son公司40%权益的会计分录如下所示：

10月1日

借：长期股权投资——Son公司（＋A）	80 000	
贷：现金（－A）		80 000

记录购买Son公司40%有表决权的股票。

12月31日

借：长期股权投资——Son公司（＋A）	2 500	
贷：投资收益——Son公司（R，＋SE）		2 500

记录在Son公司收益中享有的份额（40%×25 000×1/4）。

12月31日

借：投资收益——Son公司（－R，－SE） 100

贷：长期股权投资——Son公司（－A） 100

记录对分摊至被低估房产的成本与账面价值的差额的摊销（8 000÷20×1/4）。

在12月31日会计分录过账后，Pop公司对Son公司的长期股权投资余额为82 400美元（80 000＋2 400），比报表日Pop公司享有的Son公司权益的账面价值64 000美元（40%×160 000）高出18 400美元。18 400美元等于成本超过账面价值的初始差额18 500美元减去当年的摊销额100美元。

以下是权益法下Pop公司对Son公司的“长期投资投资”账户活动的概要：

10月1日	初始成本	$80 000
12月31日	确认1/4年Son公司净利润的40%	2 500
12月31日	摊销1/4年成本超过账面价值的差额	(100)
12月31日	期末余额	$82 400

请注意，这里我们并不按照40%的比例确认Son公司宣告和支付的股利中Pop公司应享有的份额。在Pop公司投资之前，这些股利已于7月1日完成支付。根据权益法，投资方收到的股利不是按照其在宣告和/或支付的股利总额中的份额比例确认。当然，如果该长期股权投资贯穿全年，那么二者数额是相同的。

2.3 分步收购中的投资

投资方可能会通过一系列股票收购行为而不是通过单次收购对被投资方的经营和财务决策产生重大影响。例如，投资方可能在获得被投资方10%的权益之后再获得10%的权益。在最终获得20%的权益之前，我们用公允价值/成本法核算最初的10%权益。之后再采用权益法，并追溯调整“长期股权投资”和“留存收益”账户。

假设Pop公司2016年1月2日以750 000美元取得Son公司10%的股权，并于2017年1月2日以850 000美元取得另外10%的权益。Son公司收购日的股东权益情况如下所示：

	2016年1月2日	2017年1月2日
股本	$5 000 000	$5 000 000
留存收益	2 000 000	2 500 000
股东权益总计	$7 000 000	$7 500 000

Pop公司无法将投资成本超过账面价值的差额与可辨认净资产相关联，因此将每次收购后成本超过账面价值的余额记作商誉。

2017年1月2日，当第二个10%的权益被收购时，Pop公司采用权益法核算其20%的权益。这需要将之前10%权益的账面价值从750 000美元的成本转换为以权益为基础的适当的账面价值。调整Pop公司“长期股权投资”账户的会计分录如下所示：

2017年1月2日

借：长期股权投资——Son公司（＋A） 50 000

贷：留存收益（＋SE） 50 000

将对Son公司的长期股权投资从成本基础调整至权益基础：Pop公司2016年在Son公司留存收益中的份额增加额50 000美元（500 000×10%），等于追溯调整的50 000美元会计变动。

2016年Son公司的500 000美元留存收益增加额等于当年的收益减去股利。按照成本法，Pop公司将其从Son公司收到的股利列报为收益；按照权益法，2016年Pop公司的收益因当年Son公司的留存收益增长而增长。

如果子公司及长期股权投资的成本、权益和合并方法的变动影响重大，那么报告主体需要就该变动重述上期财务报表（ASC 250-10-45）。

2.4 股权出售

在投资方出售一部分股权，使其权益降至低于20%或低于施加重大影响所需的水平时，权益法将不再适用。我们自此时起以公允价值/成本法核算长期股权投资，之后的“长期股权投资”账户余额将成为新的基础。我们不需要其他调整，投资方像通常一样按照公允价值/成本法对长期股权投资进行会计处理。售出股权的利得或损失等于销售价格与出售前股权账面价值的差额。

举个例子，Pam公司2016年1月1日收购了Sun公司320 000股股份（40%的权益），总金额为580 000美元。Sun公司的股东权益为1 200 000美元，资产和负债的账面价值等于其公允价值。Pam公司在2016—2017年间按照权益法记录对Sun公司的长期股权投资。2017年12月31日，“长期股权投资”账户余额为700 000美元，相当于Sun公司1 500 000美元股东权益的40%加上100 000美元商誉。

2018年1月1日，Pam公司以600 000美元的价格出售其持有的Sun公司80%的股份（256 000股），使其持有的Sun公司股权减至8%（40%×20%）。所售出股权的账面价值为560 000美元，即对Sun公司长期股权投资的700 000美元余额的80%。Pam公司确认了在出售Sun公司权益后所获的40 000美元利得（600 000－560 000）。在出售之后，对Sun公司的长期股权投资余额为140 000美元（700 000－560 000）。Pam公司不再对Sun公司产生重大影响，因此转为公允价值/成本法，并以140 000美元作为新的长期股权投资基础（ASC 320-10-30）。

2.5 从被投资方直接购买股权

截至目前，我们均假定投资方从被投资方的现有股东处购买股票。在这种情况下，投资方获得的权益等于获得的股份除以被投资方的已发行股份。然而，如果投资方直接从发行公司购买股票，那么可以用获得的股份除以被投资方发行新股后发行在外的总股份来确定投资方的股权比例。

假设Pop公司2016年1月1日以450 000美元的价格从Son公司直接购买20 000股先前未发行的普通股。2015年12月31日，Son公司的股东权益包括价值200 000美元的面值10美元的普通股及150 000美元的留存收益。

Pop公司占Son公司权益的比例为50%的计算过程如下所示：

A	Pop公司购买的股份		20 000股
B	发行新股后发行在外股票：		
	2015年12月31日发行在外股票	20 000	
	向Pop公司发行的股票	20 000	40 000股
	Pop公司占Son公司权益的比例：A/B＝50%		

Pop公司获得的权益的账面价值为400 000美元，是在增发20 000股后用Son公司800 000美元股东权益乘以50%的股权比例来确定的。计算过程如下所示：

发行前 Son 公司的股东权益	$ 350 000
（$ 200 000 股本＋$ 150 000 留存收益）	
出售给 Pop 公司的 20 000 股股东权益	450 000
发行后 Son 公司的股东权益	800 000
Pop 公司持有 Son 公司股权的份额	50%
Pop 公司取得的股权的账面价值	$ 400 000

2.6　发行优先股的被投资方

权益法适用于普通股投资，如果被投资方既发行普通股，又发行优先股，则有必要进行调整。调整要求如下所示：

1. 在收购中，为确定普通股投资的账面价值将被投资方的股东权益分配至优先股和普通股。

2. 为确定投资方在被投资方普通股股东净利润中享有的份额，将被投资方的净利润分配至优先股和普通股。

假设 Sun 公司年初的股东权益为 6 000 000 美元，年底为 6 500 000 美元。其年度净利润和股利分别为 700 000 美元和 200 000 美元。

	1 月 1 日	12 月 31 日
10%累积优先股股本，每股面值 $ 100	$ 1 000 000	$ 1 000 000
普通股股本，每股面值 $ 10	3 000 000	3 000 000
其他投入资本	500 000	500 000
留存收益	1 500 000	2 000 000
	$ 6 000 000	$ 6 500 000

如果 Pam 公司 1 月 2 日支付了 2 500 000 美元以取得 Sun 公司发行在外普通股的 40%，该股权投资的估值过程如下所示：

获得 Sun 公司 40%普通股股权的成本		$ 2 500 000
所获股权的账面价值（及公允价值）：		
Sun 公司股东权益	$ 6 000 000	
减：优先股股东权益	1 000 000	
普通股股东权益	5 000 000	
比例	×40%	2 000 000
商誉		$ 500 000

优先股股东的股权等于发行在外优先股的面值，会随着赎回溢价、清算溢价及拖欠的优先股股息的增加而增加。我们假设 Sun 公司没有拖欠优先股股息，也没有赎回或清算溢价。

Pam 公司从其享有的 Sun 公司 40%权益中获得的年度收益计算如下：

Sun 公司的净利润	$ 700 000
减：优先股收益（$ 1 000 000×10%）	100 000
普通股收益	$ 600 000
在 Sun 公司普通股收益中享有的份额（$ 600 000×40%）	240 000

公认会计原则规定，如果被投资方有发行在外的累积优先股，那么普通股的投资方应计算扣除优先股股利后的盈利或亏损，不论被投资方是否宣告发放优先股股利。拥有发行在外的优先股的被投资方的会计处理会在第10章进行介绍。

2.7 终止经营与其他事项

根据权益法对长期股权投资进行会计处理时，投资方会在利润表的单独一行列报其在被投资方正常收益中享有的份额。然而，当被投资方的收益中包括终止经营收益时，单行合并不适用于列报投资收益。在这种情况下，投资收益必须分为正常与终止经营两部分，并进行列报。

假设Pop公司享有Son公司发行在外股票的40%，并且Son公司的收益中包括以下项目：

持续经营收益	\$500 000
终止经营损失（减去适用所得税\$25 000）	(50 000)
净利润	\$450 000

Pop公司记录其来自Son公司的投资收益的分录如下所示：

借：长期股权投资——Son公司（+A）	180 000	
终止经营损失——Son公司（E，−SE）	20 000	
贷：投资收益——Son公司（R，+SE）		200 000

记录来自Son公司的投资收益。

Pop公司将来自Son公司的200 000美元收益列报为投资收益，并列报了20 000美元的终止经营损失以及Pop公司在年内可能已经终止的经营业务。被投资方处置经营分部的收益应以类似方法进行会计处理。

权益法的其他要求

按照权益法列报被投资方的损益时，投资方必须抵消由投资方与被投资方之间交易形成的未实现损益的影响，直至损益实际发生。这意味着需要调整“长期股权投资”和“投资收益”账户，摊销被高估或低估的可辨认净资产，正如我们之前说明的那样。在一些交易中，因被投资方发生的交易导致投资方在被投资方净资产中的份额出现变化，当这些交易按照权益法核算时，也需要对相关账户进行调整。后续章节介绍了权益法的上述及其他复杂问题，以及相关的合并程序。第10章则介绍了优先股、每股盈余及对所得税的考虑。

2.8 被投资方权益披露

对长期股权投资进行单独披露的程度取决于这些投资对投资方的财务状况及经营业绩的意义（重要性）。如果股权投资非常重要，那么投资方应说明，或在财务报表附注或明细表中披露以下信息：

1. 各被投资方名称及普通股所有权比例
2. 投资方有关普通股投资的会计政策
3. 投资金额与所获净资产相关权益之间的差额，包括对差额的会计处理（ASC 323－10－50）

额外披露的有关重大股权投资的信息包括有市场价格的每项可辨认投资的总价值以及有关被投资方的资产、负债和经营业绩的汇总信息。陶氏化学公司及其子公司的2014年年报的部分摘录见图表2－4，以说明披露要求。财务信息以所有重大股权投资对象为单位进行单独列报。陶氏在资产负债表中将其在被投资方的相关净资产中享有的份额作为“长期股权投资”，并在利润表中将其在被投资方的净利润份额记入“投资收益”。陶氏综合现金流量表的经营活动部分显示其将“投资收益”和“来自被投资方的现金分配”作为净利润的调整项目。

图表 2－4　陶氏化学公司及其子公司的合并财务报表附注

附注 8——非合并关联公司及相关公司交易（摘录）

向非合并关联公司的出售和采购事项对合并财务报表并不重要。2014 年 12 月 31 日及 2013 年 12 月 31 日非合并关联公司应收或应付的余额如下所示：

12 月 31 日非合并关联公司应收或应付余额

（单位：百万美元）	2014	2013
应收账款及票据——其他	$ 511	$ 512
非流动应收账款	212	5
资产总额	$ 723	$ 517
应付票据	$ 189	$ 137
应付账款——其他	274	221
流动负债总额	$ 463	$ 358

主要非合并关联公司

陶氏 2014 年 12 月 31 日拥有 59 家非合并关联公司的所有者权益（截至 2013 年 12 月 31 日为 63 家）。公司的主要非合并关联公司及其在 2012—2014 年间拥有的所有者权益份额（直接或间接）如下所示：

12 月 31 日主要非合并关联公司

	所有者权益份额		
	2014	2013	2012
陶氏康宁公司（Dow Corning Corporation）	50%	50%	50%
EQUATE 石化公司 K. S. C（EQUATE Petrochemical Company K. S. C.）	42.5%	42.5%	42.5%
科威特烯烃公司 K. S. C（The Kuwait Olefins Company K. S. C.）	42.5%	42.5%	42.5%
科威特苯乙烯公司 K. S. C（The Kuwait Styrene Company K. S. C.）	42.5%	42.5%	42.5%
麦普塔普特烯烃有限公司（Map Ta Phut Olefins Company Limited）(3)	32.77%	32.77%	32.77%
环球乙二醇有限公司（MEGlobal）(1)	50%	50%	50%
萨达拉化学公司（Sadara Chemical Company）	35%	35%	35%
暹罗水泥集团-陶氏集团（The SCG-Dow Group）：			
暹罗乙烯有限公司（Siam Polyethylene Company Limited）	50%	50%	50%
暹罗聚苯乙烯有限公司（Siam Polystyrene Company Limited）	50%	50%	50%
暹罗苯乙烯单体有限公司（Siam Styrene Monomer Co.，Ltd.）	50%	50%	50%
暹罗合成乳胶有限公司（Siam Synthetic Latex Company Limited）	50%	50%	50%
Univation 科技有限责任公司（Univation Technoligies LLC）	50%	50%	50%

2014 年 12 月 31 日，公司对主要非合并关联公司的投资额为 34.87 亿美元；2013 年 12 月 31 日为 36.25 亿美元。2014 年来自这些公司的股权收益为 8.45 亿美元，2013 年为 9.51 亿美元，2012 年为 4.79 亿美元。2014 年主要非合并关联公司的股权收益较 2013 年有所下降，主要是由于 EQUATE 石化公司 K. S. C.、科威特苯乙烯公司 K. S. C. 和环球乙二醇有限公司的股权收益下降以及萨达拉化学公司的股权损失增加，一部分损失与陶氏康宁公司增加的收益抵销了。2014 年，陶氏康宁公司的股权收益受到田纳西州克拉克斯维尔放弃多晶硅厂扩建而计提减值费用的不利影响，该减值费用的一部分与植入责任准备金的减少额相抵销。2012 年，陶氏康宁公司的股权收益受到资产减值和重组费用的负面影响。

下面概括的财务信息代表主要非合并关联公司的合并账户（100%）。

12月31日资产负债表摘要信息		
（单位：百万美元）	2014	2013
流动资产	$ 9 611	$ 8 675
非流动资产	27 025	24 166
资产总额	$ 36 636	$ 32 841
流动负债	$ 6 321	$ 5 972
非流动负债	21 047	17 129
负债总额	$ 27 368	$ 23 101
少数股东权益	$ 666	$ 624

利润表摘要信息			
（单位：百万美元）	2014	2013	2012
销售额	$ 19 333	$ 18 257	$ 17 668
毛利	$ 1 673	$ 3 403	$ 2 911
净利润	$ 1 673	$ 1 906	$ 872

资料来源：陶氏化学公司2014年年报©陶氏化学公司（1995—2015）。

□ 关联方交易

关联方之间不存在公平交易的推定。公认会计原则将关联公司之间的重大交易定义为关联方交易，且需要在财务报表中披露（ASC 850-10-50）。如果其中一个交易方能够对另一方的经营产生重大影响，那么就视为关联方交易发生。所需披露的内容有：

1. 关系的实质；
2. 交易描述；
3. 交易涉及的金额及与前期相比会计处理方法的变化对利润表中各项交易产生的影响；
4. 在资产负债表中列示的，在资产负债表日应收或应付的关联方款项。

2.9 商誉减值测试

第1章介绍了商誉和其他无形资产的相关规定。本节将对减值测试进行讨论并提供示例。

商誉和使用年限不确定的无形资产不予摊销。如果无形资产具有确定的使用年限，那么在使用年限内继续摊销。如果无形资产具有明确但未知的使用年限，企业应按照其使用年限的最佳估计进行摊销。

使用年限不确定的无形资产（包括商誉）不予摊销，但须每年进行复核及减值测试。这里主要介绍商誉的减值测试及列报。

时代华纳公司（Time Warner，Inc.，即之前的美国在线时代华纳，AOL Time Warner）的例子向我们说明了商誉及无形资产减值摊销的重要性。在其2003年年报中，合并利润表中记入营业利润的商誉及无形资产减值金额为3.18亿美元。这一数字较2002年的金额明显减小，2002年营业利润中包含的商誉及无形资产减值损失高达440.39亿美元。2002年净利润中包含的以前年度会计变更累计影响金额为542.35亿美元，其中大部分来自商誉税后摊销净值。

将以上数据加总，可以计算出时代华纳公司2002年商誉减值总额（包括终止经营分部）为988.84亿美元，2003年又增加了14.18亿美元。同时，2002年报表附注显示音乐分部的品牌和商标发生了8.53亿美元减值。2001年12月31日时代华纳的资产总额为2 085亿美元，减值摊销额几乎占了资产总额的一半。尽管如时代华纳公司所指出的那样，减值损失并没有导致现金的支出，但这些减值摊销额仍是股东账面价值的巨大损失。

图表2-5介绍了有关商誉减值的最近的例子——陶氏化学公司2014年的商誉减值情况。陶氏化学公司2012年的商誉减值损失为2.2亿美元。2014年12月31日资产负债表上的商誉余额为126.32亿美元。

图表2-5　陶氏化学公司2014年年报摘录（86-87页）

附注9　商誉及其他无形资产

商誉减值

公司每年于第四季度对商誉进行减值测试。公司可通过定性因素评估确定是否报告分部的公允价值很可能低于其账面价值。公司层面进行评估的定性因素包括但不限于GDP增长率，长期碳氢化合物及能源价格，股票及信贷市场活动，折现率，汇率和总体财务状况。报告分部层面进行评估的定性因素包括但不限于行业及市场结构的变化，竞争环境，计划产能及新产品发布情况，成本因素（如原材料价格）和报告分部的财务状况。

2014年商誉减值测试

2014年，公司对14个报告分部中9个分部的账面商誉进行了定性因素评估。评估表明，定性测试涉及的报告分部的公允价值很可能超过账面价值。公司对其余5个报告分部执行了定量测试的第一步，采用折现现金流量法计算报告分部的公允价值。根据对公允价值的分析，管理层认为所有报告分部的公允价值均超过了账面价值。因此，报告分部无须进行额外的定量测试。

2013年商誉减值测试

2013年，公司对19个报告分部中14个分部的账面商誉进行了定性因素评估。评估表明，定性测试涉及的报告分部的公允价值很可能超过账面价值。公司对其余5个报告分部执行了定量测试的第一步，采用折现现金流量法计算报告分部的公允价值。根据对公允价值的分析，管理层认为所有报告分部的公允价值均超过了账面价值。因此，报告分部无须进行额外的定量测试。

2012年商誉减值测试

2012年，公司对20个报告分部中11个分部的账面商誉进行了定性因素评估。评估表明，定性测试涉及的报告分部的公允价值很可能超过账面价值。公司对其余9个报告分部执行了定量测试的第一步，采用折现现金流量法计算报告分部的公允价值。根据对公允价值的分析，管理层认为，除了陶氏（Formulated Systems）以外，所有报告分部的公允价值都超过了账面价值。管理层又执行了第二步，比较了报告分部商誉的内含公允价值与其账面价值。最后，公司于2012年第四季度计提了2.2亿美元的减值损失，该数额已记入综合收益表的“商誉及其他无形资产减值损失”，并在特性材料化学品分部进行报告。该商誉减值损失代表陶氏各报告分部系统的商誉总额。

资料来源：陶氏化学公司2014年年报（pp. 86-87）©陶氏化学公司（1995—2015）。

□ 确认和计量减值损失

商誉减值测试分两步进行（ASC 350-20-35）。企业必须首先在业务报告分部层次将账面价值与公允价值进行对比。这里的账面价值包括商誉。为了确保遵守准则，公认会计原则（ASC 280-10-55-47）将报告分部定义为某个经营分部或某一低于经营分部的层次。本书第15章的分部报告部分将详细讨论业务报告分部的定义。

如果报告分部的公允价值高于账面价值，则商誉未发生减值，不需要继续进行减值测试。

如果报告分部的公允价值低于账面价值，那么企业需要执行第二步测试，即计量和确认减值损失。第二步测试需要将报告分部中商誉的账面价值与内含公允价值进行对比。公司需要再次在业务报告分部层次完成账面价值与公允价值的比较。如果商誉的账面价值超过了内含公允价值，则将差额确认为减值损失。已确认的减值损失不得超过商誉的账面价值。企业也不得将以前确认的减值损失转回。

FASB发布的2011年修正案允许一些公司不执行两步减值测试。该修正案给公司提供了一个选择，可以进行定性评估以确定是否必须在第一步计算报告分部的公允价值。如果公司认为报告分部的公允价值不可能低于账面金额，则不需要执行两步减值测试。

□ 商誉的内含公允价值

企业应按照合并日确认商誉价值的方式来确认商誉的内含公允价值。商誉的内含公允价值是在测试日通过对比报告分部的公允价值与报告分部可辨认净资产的公允价值得出的，超过公允价值的部分即为商誉的内含公允价值。

假设Pam公司拥有Sun公司80%的股权，该项投资符合业务报告分部的定义。合并资产负债表显示，Pam公司对Sun公司的长期股权投资中包含630万美元的商誉。Pam公司确认商誉内含公允价值的过程如下所示。

首先，Pam公司假定当前购入Sun公司的股权，根据Sun公司当日的股价，其公允价值总额为3 625万美元。Pam公司将Sun公司的公允价值总额分摊给Sun公司所有可辨认的资产和负债，如下表所示（单位：百万美元）：

	账面价值	公允价值
流动资产	$11.10	$12.85
固定资产	45.00	48.00
专利权	4.00	5.40
流动负债	(9.00)	(9.00)
长期负债	(26.00)	(26.00)
净额	$25.10	$31.25
公允价值总额		36.25
商誉的内含公允价值		$ 5.00

Sun公司可辨认资产和负债的公允价值为3 125万美元，因此商誉的内含公允价值为500万美元（3 625－3 125）。注意，商誉适用于整个业务报告主体。

由于Pam公司该项商誉的账面价值为630万美元，而其内含公允价值只有500万美元，因此，Pam公司必须确认130万美元的商誉减值损失，将商誉的账面价值调整为500万美元，以后应在此基础上进行减值测试（如果Pam公司商誉的账面价值低于500万美元，则不需要确认减值损失）。

□ 确定报告分部的公允价值

资产和负债的公允价值是指其在公平交易中的交换价值。因此，报告分部的公允价值是指其在当前可以进行的交易中购得或出售的价值。前面的例子假设Sun公司的股权在当前具有明确的可供引述的市场价格。公认会计原则将市价（于活跃的市场中）作为衡量公允价值的最优指标。

但是，市价的获取存在一定难度。如果Pam公司拥有Sun公司100%的股权，则Sun公司的股票就没有活跃市场。如果Sun公司为非上市公司，其市价同样难以确定。在这种情况下，公认会计原则建议参照类似资产和负债的市价或采用其他的估值方法来获得其公允价值。例如，Pam公司可以通过未来经营现金流量折现法计量Sun公司的价值。也可运用与盈利或营收倍数有关的估值方法。

公司应至少每年进行一次减值测试。如果下列情况发生，公认会计原则将要求缩短减值测试的周期：

- 法律因素或经营环境发生了重大不利变化
- 不利的管制行为或估值
- 未曾预料到的竞争
- 关键人员流失

- 某个报告分部或报告分部的某一重要组成部分将被出售或以其他形式处置的可能性大于预期
- 对报告分部内重要资产组的可回收性进行测试
- 在报告分部的子公司的财力报表中确认了商誉减值损失

权益法下采用公允价值计量长期股权投资

以前使用权益法并不需要因公允价值的变化而对长期股权投资进行调整。但现在，公认会计原则（ASC 825-10-25）允许企业选择以公允价值核算长期股权投资，且这种选择可以根据每项投资进行。企业选择公允价值模式计量长期股权投资时，可以采用之前介绍的方法计算公允价值。公允价值模式一经采用，在企业持有长期股权投资期间不得变更。企业每年必须重新计算该项投资的公允价值。公允价值的变化记入投资方的净利润，累计抵销额记入估价备抵（ASC 820-10-5）。

假设 Pop 公司 7 月 1 日购买了 Son 公司 30%的股权。以前 Pop 公司采用权益法核算该项投资，12 月 31 日长期股权投资的余额为 202 000 美元。现在，Pop 公司改用公允价值模式计量该项投资。12 月 31 日 Son 公司的市价为 700 000 美元。因此，Pop 公司持有的 Son 公司 30%股权的公允价值为 210 000 美元。Pop 公司将做以下调整分录：

借：以公允价值计量的长期股权投资（+A）	8 000	
贷：未实现持有利得（Ga，+SE）		8 000

根据公认会计原则，投资方必须对权益法下以公允价值计量的长期股权投资进行单独披露。

列报与披露

公认会计原则要求企业在资产负债表上将重要的商誉总额进行单独列示。同时，作为持续经营利润的一部分（除非减值与终止经营相关），企业必须在利润表上单独列示商誉减值损失。终止经营导致的商誉减值损失应作为终止经营利润的一部分（已扣除所得税影响的净额）单独列示于利润表中。

权益法下的长期股权投资

先前对商誉减值的讨论只适用于企业合并产生的商誉（比如母公司取得了对子公司的控制权）。减值测试同样适用于权益法下长期股权投资形成的商誉的计量。

同样，公认会计原则规定不需要对商誉进行摊销，但应定期进行减值测试。然而，权益法下有关商誉减值测试的规定并不相同，要将长期股权投资作为一个整体，比较其账面价值和公允价值，并基于此进行减值测试。在权益法下，可以确认长期股权投资的减值损失，但不单独对商誉进行减值测试。

潜在的问题

公认会计原则的规定容易理解，但在实务操作时可能存在困难，尤其是对无法获得现行市场价格的报告主体而言。备选的估价方法也过于主观。

公认会计原则使得审计师需要在工作中考虑很多问题。公允价值的估计数很难客观地进行验证。审计师还将面临部分客户的盈余管理行为。如果被审计公司通过计提大额的商誉减值准备对当年利润“洗大澡”，则财务报告的谨慎性原则将使审计师很难去质疑管理层做出的估计。

总结

图表2-6以流程图的方式归纳了企业长期股权投资的会计处理程序。公司投资购买有表决权的普通股时，若不能对被投资方实施重大影响，长期股权投资应采用公允价值/成本法计量；否则，一般采用权益法（单行合并）计量。如果没有相反的证据，以20%的股权比例作为是否具有重大影响的判断标准。

图表2-6　权益投资的会计处理程序

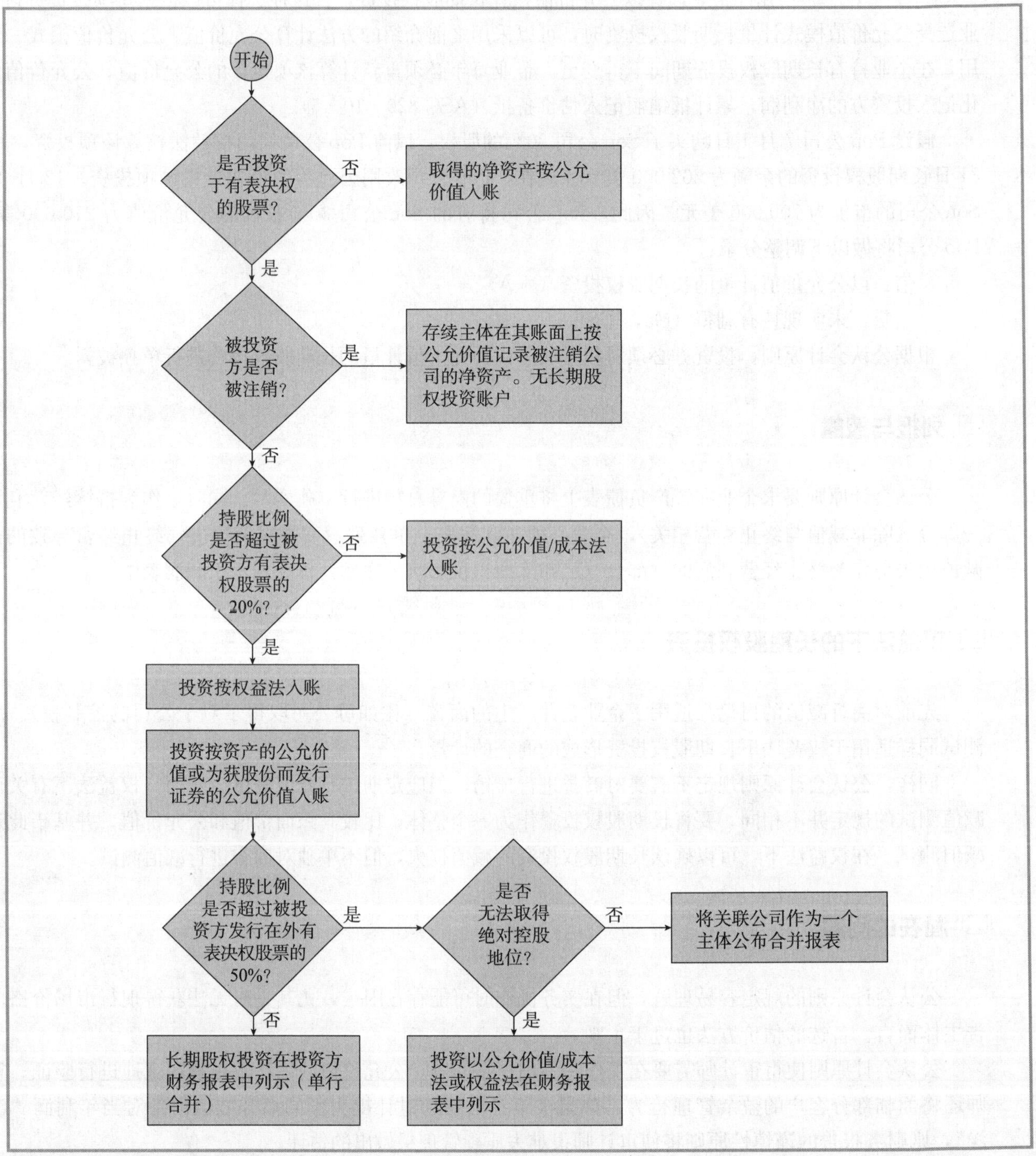

权益法又称为单行合并，因为在该法下投资方的净利润和股东权益等于合并报表中相应的数额。在单行合并下，除非被投资方的利润表中存在终止经营情况，否则长期股权投资以单一金额、单独一行列示在投资方的资产负债表中，投资收益也单行列示在投资方的利润表中。

从图表2-6可以看出，权益法同样适用于以购买法核算的长期股权投资。流程图显示，当拥有被投资方50%以上有表决权的股票时，投资方需要编制合并财务报表；当持股比例在20%～50%之间时，投资方采用权益法（单行合并）编制其财务报表以及合并财务报表。

致读者

为解决企业合并、权益投资、合并报表等方面的问题，通常需要对投资成本与所获净资产的账面价值之差的性质、会计年度内获利的具体时间、对集团内公司间投资有影响的存货项目的出售期间，以及所获权益股份的来源等做出假设。若无特别说明，可做出如下假设：

（1）将投资成本超过所获净资产账面价值的差额作为商誉。

（2）商誉不予摊销。

（3）会计期间内的盈利是平均获得的。

（4）期末的存货在下一会计年度即可售出。

（5）权益股份直接购自持股股东而非被投资方（即被投资方发行在外的总股数不变）。

思考题

1. 投资方向被投资方的股东购买股份（例如通过纽约证券交易所交易），对于投资方与被投资方的账户有何影响？如果投资方直接向被投资方购买新发行的股份，又有何影响？

2. 因股权投资超过20%而产生的商誉，是否应在投资方账面上单独记录？试着做出解释。

3. 当股权投资采用公允价值/成本法时，投资方应将收到的因投资后累积盈利而发放的股利记作股利收入。若收到的股利来自投资前的累积盈利，应如何处理？

4. 请描述权益法的会计处理。

5. 权益法为何又被称为单行合并？

6. 在权益法下，母公司净利润和母子公司合并利润表上的净利润有何差异？

7. 在母公司单独利润表与母子公司合并财务报表上列报的投资收益有何不同？

8. 试列举在收购后的资产负债表日，长期股权投资的余额与所获权益账面价值相等的各种情况。

9. 当投资方因增加投资比例由原来采用成本法变为权益法时，应该做何调整？步骤是什么？

10. 采用权益法时，投资方利润表上只需用单独一行列报投资收益。那么在何种情况下需要用多行来列报投资收益？

11. 当对被投资方的持股比例由25%降为15%时，试说明投资方需做出的会计调整。

12. 当被投资方资本结构中包含累积优先股时，对投资方持有的30%普通股股权的会计处理是否会受到影响？试着做出解释。

13. 简述商誉减值测试的步骤。

14. 对控股子公司进行的商誉减值测试与权益法下的商誉减值测试是否有所不同？

练习题

E2-1 基础题

1. 公认会计原则明确了投资方不能对被投资方实施重大影响的有关情况，下列哪一项内容不包括在内？

a. 协议放弃重大的股东权利

b. 在另一集团而不是投资方集中控制多数股权

c. 在被投资方的董事会中无代表

d. 未能控制被投资方的经营政策

2. 投资方持有被投资方20%的普通股时：

a. 必须采用权益法

b. 采用成本法，因为只有超过20%才可采用权益法

c. 是能对被投资方实施重大影响的假设性证据

d. 可以采用成本法或权益法

3. 记录的被投资公司25%的有表决权股票的成本包括：

a. 支付的现金，其他资产及发行的证券的账面价值，不包括登记和发行权益证券的成本

b. 支付的现金，其他资产及发行的证券的账面价值

c. 支付的现金，其他资产及发行的证券的公允价值，不包括登记和发行权益证券的成本

d. 支付的现金，其他资产及发行的证券的公允价值

4. 购买投资获得的权益：

a. 按权益法记录在“长期股权投资”账户

b. 减去投资成本作为商誉

c. 等于投资者的净资产的公允价值与持股比例的乘积

d. 等于投资者的净资产的账面价值与持股比例的乘积

5. Pop公司持有Son公司25%的股权，收到了Son公司发放的股利12 000美元，该股利将如何影响Pop公司的财务状况和经营成果？

a. 增加资产总额

b. 减少投资余额

c. 增加净利润

d. 减少净利润

E2-2 【基于AICPA】基础题

1. Pam公司拥有Sun公司25%的股权。Sun公司当年的净利润为450 000美元，宣告发放股利28 000美元。Pam公司本应使用权益法，却错误地使用了成本法来记录这些交易。这会对投资、净利润及留存收益产生什么影响？

a. 低估，高估，高估

b. 高估，低估，低估

c. 高估，高估，高估

d. 低估，低估，低估

2. 一家公司对其拥有25%普通股股东权益的关联公司拥有控制权。如果该关联公司该财年实现了盈利但不支付股利，将如何影响投资者？

a. 导致流动比率增加

b. 导致每股收益增加

c. 提高周转率

d. 降低每股账面价值

3. 投资方采用成本法核算普通股投资。投资方当年在投资日之后收到的部分股利超过了在被投资方收益中应享有的份额。应在投资方当年的利润表中列报的股利收入金额为：

a. 0

b. 当年收到的股利总额

c. 当年收到的股利部分中，超过投资方在投资日后在被投资方盈利中应享有的份额

d. 当年收到的股利部分中，未超过投资方在投资日后在被投资方盈利中应享有的份额

4. 1月1日，Pop公司以600 000美元购买了Son公司20 000股普通股，代表对Son公司15%股权的投资。Pop公司没有对Son公司施加重大影响的能力。Son公司宣告在当年向股东派发每股2美元的股利，截至12月31日的年度净利润为520 000美元。12月31日，Pop公司资产负债表中“长期股权投资——Son公司”的余额应为多少美元？

a. 560 000　　b. 600 000
c. 638 000　　d. 678 000

5. 2016年1月2日，Pam公司以30 000美元的价格购买了Sun公司15%的股权，使用成本法来核算该项投资。截至2016年12月31日及2017年12月31日，Sun公司的年度净利润分别为10 000美元和50 000美元。2017年，Sun公司宣告发放70 000美元的股利。2016年该公司并未宣告发放任何股利。Pam公司应在其2017年利润表中列报多少美元的投资收益？

a. 1 575　　b. 7 500
c. 9 000　　d. 101 500

6. Pam公司1月2日以100 000美元的价格购买了Sun公司100 000股普通股的10%。12月31日，Pam公司再次以300 000美元购买了Sun公司20 000股股票。所有收购活动均没有产生商誉，并且Sun公司在当年没有增发任何股票。Sun公司的当年收益为600 000美元。Pam公司应在其12月31日的资产负债表中列报的对Sun公司的长期股权投资的余额是多少美元？

a. 340 000　　b. 400 000
c. 460 000　　d. 580 000

7. 1月1日，Pop公司购买了Son公司10%的普通股。8月1日，Pop公司再次购买了Son公司股票，将持股比例提高到40%。10月份，Son公司宣告为其所有发行在外普通股发放现金股利。12月31日，Pop公司应列报的其对Son公司的投资收益是多少？

a. 1月1日至7月31日Son公司收益的10%，加上Son公司8月1日至12月31日收益的40%

b. Son公司8月1日至12月31日收益的40%

c. Son公司收益的40%

d. 等于从Son公司收到的股利

8. 1月2日，Pam公司以250 000美元购买了Sun公司30%的股权。当时，Sun公司的股东权益账面价值为500 000美元。除公允价值超过账面价值200 000美元的土地外，Sun公司的可辨认净资产的账面价值与公允价值接近。Sun公司的净利润为100 000美元，且没有发放股利。Pam公司使用权益法对此投资进行会计处理。在12月31日的资产负债表中，Pam公司此项投资的余额是多少美元？

a. 210 000　　b. 220 000
c. 270 000　　d. 280 000

E2-3　计算对被投资公司直接投资持股比例和取得的商誉

Son公司2015年12月31日的股东权益包括以下内容：

股本，每股面值$10，发行在外60 000股	$600 000
资本公积	150 000
留存收益	250 000
股东权益总额	$1 000 000

2016年1月1日，Pop公司以5 000 000美元直接从Son公司购得以前未发行股票20 000股。

要求：

1. 计算Pop公司对Son公司的持股比例。

2. 计算Pop公司对Son公司投资产生的商誉。假设所有可辨认资产和负债的账面价值等于其公允价值。

E2-4 计算期中投资产生的投资收益

2016年7月1日，Pam公司以300 000美元购得Sun公司30%股权，当时Sun公司可辨认净资产的账面价值等于其公允价值。Sun公司的相关信息如下所示：

	2015年12月31日	2016年12月31日
股本，每股面值$1	$300 000	$300 000
留存收益	200 000	250 000
股东权益总额	$500 000	$550 000
Sun公司2016年所获净利润		$100 000
Sun公司2016年发放的股利		$ 50 000
（3月1日和9月1日分别支付$25 000）		

要求：计算Pam公司来自Sun公司的投资收益。

E2-5 当合并价差分摊至被低估资产时，计算投资收益和长期股权投资余额

1月1日，Pop公司以500 000美元现金购得Son公司30%的股权。假设投资成本等于Son公司净资产的公允价值。Pop公司将公允价值超过账面价值的差额125 000美元分摊至以下资产：

存货	$25 000（当年出售）
建筑物	$50 000（1月1日时剩余年限还有4年）
商誉	$50 000

Son公司当年列报的净利润为200 000美元，支付股利50 000美元。

要求：

1. 计算Pop公司当年来自Son公司的收益。

2. 计算12月31日Son公司长期股权投资余额。

E2-6 记录被投资方收益及终止经营损失的会计分录

1月1日，Pop公司以2 000 000美元账面价值购得Sun公司40%的股权。当时，Sun公司的资产和负债均以公允价值入账。当年，Sun公司列报1 200 000美元的净利润，具体包括：

持续经营收益	$1 400 000
减：终止经营损失	(200 000)
净利润	$1 200 000

要求：编制当年Pam公司确认来自Sun公司投资收益的会计分录。

E2-7 基础题

1. 2016年1月3日，Pop公司以50 000美元购得Son公司15%的股权。Pop公司以成本法核算该投资。Son公司2016年的净利润为20 000美元，但未发放股利。2017年，Son公司的净利润为80 000美元，且宣告发放股利120 000美元。2017年12月31日，Pop公司对Son公司的长期股权投资余额应为多少美元？

a. 47 000　　b. 50 000

c. 62 000　　d. 65 000

2. 2016年12月31日，Son公司的股东权益如下所示：

股本，每股面值$100	$3 000 000
资本公积	500 000
留存收益	500 000
股东权益总额	$4 000 000

2017年1月3日，Son公司将之前未发行的每股面值100美元的股票以1 400 000美元出售给Pop公司。当时，Son公司资产和负债的账面价值等于公允价值。购买当天，Pop公司对Son公司长期股权投资形成的商誉为多少美元?

a. 0　　b. 50 000
c. 300 000　　d. 400 000

3. 1月1日，Pop公司以300 000美元购得Son公司有表决权股票的20%，当时，Son公司股权包括600 000美元股本及400 000美元留存收益。Pop公司不能对Son公司的经营施加重大影响，使用成本法核算该投资。Son公司当年列报的净利润为2 000 000美元，发放股利150 000美元。12月31日，Pop公司对Son公司的长期股权投资余额为多少美元?

a. 330 000　　b. 310 000
c. 307 500　　d. 300 000

4. Pop公司拥有几年前以账面价值购得的Son公司40%的股权。Son公司的利润表包括以下信息：

来自持续经营的收益	$200 000
终止经营损失	(50 000)
净利润	$150 000

Pop公司应列报多少美元来自Son公司持续经营的收益?

a. 20 000　　b. 60 000
c. 80 000　　d. 100 000

E2-8　计算并购发生四年后的长期股权投资余额

2016年1月1日，Pam公司以2 400 000美元购得Sun公司发行在外普通股的40%。当时，Sun公司的股东权益为4 000 000美元。公允价值与账面价值的差额分摊至存货、设备和商誉。其中，存货于2016年被低估100 000美元且售出，尚有4年使用年限的设备被低估200 000美元，剩余部分分摊至商誉。

要求：计算2019年12月31日Pam公司对Sun公司的长期股权投资余额。

E2-9　当被投资方资本结构中包含优先股时，计算收益和长期股权投资余额

2017年，Son公司净利润为400 000美元，支付股利200 000美元。Son公司2016年12月31日及2017年12月31日的股东权益汇总如下：

	2016年12月31日	2017年12月31日
10%累积优先股股本，每股面值$100	$　300 000	$　300 000
股本，每股面值$1	1 000 000	1 000 000
资本公积	2 200 000	2 200 000
留存收益	500 000	700 000
股东权益总额	$4 000 000	$4 200 000

2017年1月2日，Pop公司以每股4美元的价格购买了Son公司300 000股普通股。Pop公司以50 000美元现金支付了直接投资成本。

要求：

1. 计算2017年Pop公司来自Son公司的收益。

2. 计算 2017 年 12 月 31 日 Pop 公司对 Son 公司的长期股权投资余额。假设 Son 公司的资产和负债的公允价值与账面价值相等。

E2－10　计算期中投资的投资收益和长期股权投资余额

10 月 1 日，Pam 公司以 300 000 美元取得了 Sun 公司发行在外普通股的 25%。10 月 1 日及 12 月 31 日 Sun 公司调整后的试算表如下所示：

	12 月 31 日	10 月 1 日
借方		
流动资产	$ 250 000	$ 125 000
固定资产净值	750 000	775 000
营业成本及费用	400 000	300 000
股利（7 月发放）	100 000	100 000
	$ 1 500 000	$ 1 300 000
贷方		
流动负债	$ 150 000	$ 100 000
股本（当年无变动）	500 000	500 000
1 月 1 日留存收益	250 000	250 000
销售额	600 000	450 000
	$ 1 500 000	$ 1 300 000

Pam 公司使用权益法核算该投资。无 Sun 公司资产和负债公允价值的相关信息。

要求：

1. 计算 Pam 公司当年截至 12 月 31 日来自 Sun 公司的投资收益。
2. 计算 Pam 公司当年对 Sun 公司的长期股权投资余额。

E2－11　对分步投资采用权益法入账，调整"长期股权投资"账户并确认投资收益

Son 公司两年的资产负债表信息和收益情况如下所示：

	2016 年 1 月 1 日	2016 年 12 月 31 日	2017 年 12 月 31 日
流动资产	$ 50 000	$ 60 000	$ 75 000
固定资产	200 000	240 000	250 000
	$ 250 000	$ 300 000	$ 325 000
负债	$ 40 000	$ 50 000	$ 50 000
股本	150 000	150 000	150 000
留存收益	60 000	100 000	125 000
	$ 250 000	$ 300 000	$ 325 000
		2016	**2017**
净利润		$ 100 000	$ 50 000
股利		60 000	25 000

2016 年 1 月 2 日，Pop 公司以 25 000 美元现金购得 Son 公司 10%的股权，并以公允价值法记入"长期股权投资"账户（分类为可供出售证券）。2016 年 12 月 31 日，Son 公司股票的公允价值为 500 000 美元。2017 年 1 月 2 日，Pop 公司以 50 000 美元再购得 Son 公司 10%的股权，并且采用权益法记入投资。在两次购买股票时，Son 公司的资产和负债的公允价值与账面价值相等。

要求：

1. 使用权益法编制 2017 年 1 月 2 日 Pop 公司对 Son 公司长期股权投资的调整分录。
2. 计算 2017 年 Pop 公司来自 Son 公司的收益。

E2-12 会计分录（投资于未发行股票）

2016年12月31日，Sun公司的股东权益为380 000美元，包含以下内容：

股本，每股面值＄10（24 000股发行在外股票）	＄240 000
资本公积	60 000
留存收益	80 000
股东权益总额	＄380 000

2017年1月1日，Sun公司由于流动资金短缺，将未发行的12 000股股票以250 000美元的价格出售给Pam公司。同时，除剩余使用年限为10年的房产被低估60 000美元以外，Sun公司所有可辨认资产和负债都以公允价值入账。2017年，Sun公司列报的净利润为120 000美元，支付股利90 000美元。

要求： 编制Pam公司2017年对Sun公司投资的所有会计分录。

E2-13 编制会计分录和利润表，并确定长期股权投资余额

2016年12月31日，Pop公司以780 000美元取得Son公司30%的股权，Son公司的股东权益包含股本2 000 000美元及留存收益800 000美元。Pop公司支付的价格反映出Son公司的存货（先进先出法）被高估了200 000美元。该存货在2017年售出。

2017年，Son公司发放股利400 000美元，报告的收益情况如下所示：

来自持续经营的收益	＄680 000
终止经营损失（扣除税收影响的净额）	(80 000)
净利润	＄600 000

要求：

1. 编制2017年Pop公司投资于Son公司的所有会计分录。
2. 计算2017年12月31日Pop公司对Son公司长期股权投资的余额。
3. 假设Pop公司2017年的净利润中包括4 000 000美元的营业收入、2 800 000美元的营业费用以及对Son公司的投资收益。编制Pop公司2017年度的利润表。

E2-14 计算投资收益及长期股权投资余额（被投资方拥有优先股）

2017年1月2日，Pam公司以290 000美元获得Sun公司40%的股权。2017年，Sun公司实现净利润108 000美元，发放股利48 000美元。Sun公司2016年12月31日和2017年12月31日的股东权益简要汇总如下：

12月31日	2016	2017
8%累积优先股股本，每股面值＄100	＄100 000	＄100 000
普通股股本，每股面值＄10	300 000	300 000
优先股溢价	10 000	10 000
其他投入资本	90 000	90 000
留存收益	100 000	160 000
股东权益总额	＄600 000	＄660 000

要求： 计算2017年Pam公司来自Sun公司的投资收益及2017年12月31日对Sun公司长期股权投资的余额。假设Sun公司资产和负债的账面价值等于公允价值。

E2-15 商誉减值

2016年，Pop公司在并购Son公司时将200 000美元的商誉入账。Pop公司支付700 000美元购得Son公司。编制2017年合并财务报表时，Pop公司评估的Son公司可辨认净资产的公允价值为500 000美元，但Son公司总资产的价值为640 000美元。计算2017年12月31日的商誉内含价值，并说明这些价值变化（如果存在）将如何影响Pop公司2017年度的利润表。

E2-16 商誉减值

Pam公司有两个主要报告分部：Alfa和Beta。在编制2017年合并财务报表时，Pam公司对商誉进行减值测试。Alfa记录的商誉为35 000美元，预估公允价值为30 000美元。Beta记录的商誉为65 000美元，预估公允价值为80 000美元。如果需要，Pam公司应在其2017年度的利润表中确认多少商誉减值损失？该损失如何在利润表中反映？

综合题

P2-1 期中购买股权的计算（被投资公司有终止经营收益）

2016年4月1日，Pop公司以686 000美元获得Son公司发行在外有表决权股份的30%。2015年12月31日，Son公司净资产为2 000 000美元，仅有普通股发行在外。2016年，Son公司每季度宣告并发放股利40 000美元，分别在3月15日、6月15日、9月15日、12月15日（总共为160 000美元）。2016年4月1日，资产和负债的账面价值等于公允价值。2016年Son公司的收益列报如下：

来自持续经营的收益	\$240 000
终止经营收益（2016年12月）	80 000
净利润	\$320 000

要求：计算Pop公司的以下项目：

1. 对Son公司投资产生的商誉；
2. 2016年来自Son公司的投资收益；
3. 2016年12月31日，对Son公司长期股权投资的余额；
4. 2016年12月31日，Pop公司在Son公司净资产中的权益份额；
5. 2016年，Pop公司在利润表中列报的终止经营收益。

P2-2 期中购买的会计分录（成本法和权益法）

2016年7月1日，Pam公司以440 000美元获得Sun公司80%的股权。当时，Sun公司股东权益总额为220 000美元。Sun公司2016年度实现净利润20 000美元，并于2016年11月1日宣告发放股利32 000美元。

要求：编制Pam公司的相关会计分录：

1. 假设Pam公司采用成本法处理对子公司的投资。
2. 假设Pam公司采用权益法处理对子公司的投资（投资成本与所获账面价值的差额分摊至固定资产，分10年摊销）。

P2-3 当合并价差被分摊至被投资方的存货、建筑物及商誉时的有关计算

2016年1月1日，Pop公司以331 000美元获得Son公司30%的股权，当时，Son公司的股东权益包括股本600 000美元和留存收益400 000美元。购买日，除存货与一栋建筑物外，Son公司的资产和负债均以公允价值记录，其中存货被低估30 000美元，建筑物被高估60 000美元。该建筑物的剩余使用年限为10年。2016年，Son公司实现净利润100 000美元，发放股利50 000美元。假设2016年被低估的存货售出。

要求：

1. 计算2016年Pop公司来自Son公司的投资收益。

2. 计算 2016 年 12 月 31 日 Pop 公司对 Son 公司长期股权投资的余额。

3. 计算 2016 年 12 月 31 日 Pop 公司在 Son 公司记录的净资产中享有的份额。

P2-4 期中投资的会计分录（合并价差分摊至土地、设备和商誉）

2016 年 7 月 1 日，Pam 公司以 190 000 美元获得 Sun 公司 40%发行在外的有表决权的普通股。2016 年 1 月 1 日，Sun 公司的股东权益为 250 000 美元，其中股本为 150 000 美元，留存收益为 100 000 美元。

2016 年，Sun 公司实现净利润 50 000 美元，2016 年 11 月 1 日，Sun 公司宣告发放股利 25 000 美元。

2016 年 7 月 1 日，除土地和设备外，Sun 公司所有资产和负债均以公允价值入账，其中土地被低估了 150 000 美元，设备被低估了 25 000 美元，该设备尚有 5 年的使用年限。

要求： 编制 2016 年 Pam 公司对 Sun 公司投资的所有会计分录（结账分录除外）。

P2-5 编制分摊方案，计算投资收益及长期股权投资余额

2016 年 1 月 1 日，Pop 公司以 1 680 000 美元购得 Son 公司 30%发行在外有表决权的股票。1 月 1 日，Son 公司资产和负债的账面价值、公允价值以及分摊情况如下所示：

	账面价值	公允价值
现金	$ 400 000	$ 400 000
应收账款净额	700 000	700 000
存货（2016 年售出）	1 000 000	1 200 000
其他流动资产	200 000	200 000
土地	900 000	1 700 000
建筑物净值（10 年剩余使用年限）	1 500 000	2 000 000
设备净值（7 年剩余使用年限）	1 200 000	500 000
资产总额	$5 900 000	$6 700 000
应付账款	$ 800 000	$ 800 000
其他流动负债	200 000	200 000
应付债券（2021 年到期）	1 000 000	1 100 000
股本，每股面值 $10	3 000 000	
留存收益	900 000	
权益总额	$5 900 000	

Son 公司列报 2016 年度的净利润为 1 200 000 美元，发放股利 600 000 美元。

要求：

1. 编制与 Pop 公司对 Son 公司长期股权投资相关的投资公允价值与账面价值差额的分摊表。
2. 计算 2016 年 Pop 公司来自 Son 公司的投资收益。
3. 计算 2016 年 12 月 31 日 Pop 公司对 Son 公司长期股权投资的余额。

P2-6 期中收购的相关计算

Pam 公司 2016 年 7 月 1 日使用现金以每股 16 美元的价格购得 Sun 公司 6 000 股有表决权的股票。Sun 公司购买日的权益包含每股 10 美元的股本 100 000 美元，前期留存收益 20 000 美元及当前（2016 年上半年）净利润 10 000 美元。

Sun 公司 2016 年全年实现净利润 20 000 美元，并于 2016 年 11 月 1 日发放股利 12 000 美元。2016 年 7 月 1 日，Sun 公司所有资产和负债的账面价值均等于其公允价值，且将投资成本与账面价值间的差额分摊至设备，分 10 年摊销。

要求： 以权益法计算 Pam 公司投资中各项目的金额：

1. 计算 2016 年 12 月 31 日 Pam 公司来自 Sun 公司的投资收益。

2. 计算2016年12月31日Pam公司对Sun公司长期股权投资的余额。

（注意：需使用前面“致读者”专栏中的假设。）

P2-7　包含终止经营的部分利润表

2016年7月1日，Pop公司以账面价值取得Son公司30%的股权。2018年，Pop公司发放股利160 000美元，并列报当年净利润500 000美元，如下所示：

终止经营收益	$ 300 000
终止经营利得	200 000
净利润	$ 500 000

要求：编制Pop公司部分利润表以列报其2018年对Son公司的投资收益。

P2-8　账面价值超过公允价值时的会计核算及会计分录

2016年7月1日，Pam公司以1 980 000美元现金收购了Sun公司90%发行在外的普通股后，Sun公司成为Pam公司的子公司。Pam公司支付的价款与获得的Sun公司的账面价值存在差额，原因是Sun公司的存货被低估了50 000美元，厂房资产被高估了500 000美元。2016年，Sun公司将被低估的存货售出，但还继续持有被高估的厂房资产，厂房资产自2016年7月1日起尚有9年的使用年限。

Sun公司2016—2018年均保持1 500 000美元的股本和500 000美元的资本公积。Sun公司2016年、2017年和2018年的留存收益表如下所示：

	2016年12月31日	2017年12月31日	2018年12月31日
1月1日留存收益	$ 525 000	$ 600 000	$ 700 000
加：净利润	250 000	300 000	200 000
减：股利（12月宣告）	(175 000)	(200 000)	(150 000)
12月31日留存收益	$ 600 000	$ 700 000	$ 750 000

Pam公司采用权益法核算该项股权投资。

要求：

1. 计算Pam公司2016年来自Sun公司的投资收益。
2. 计算Pam公司2017年12月31日对Sun公司长期股权投资的余额。
3. 编制2018年Pam公司对Sun公司投资的所有会计分录。

P2-9　编制不同股价假设下的分摊方案（廉价购买）

2016年1月1日，Pop公司以40 000股无面值新股换取Son公司40%的股权。Son公司当天的资产和负债信息列示如下：

	账面价值	公允价值
现金	$ 200 000	$ 200 000
应收账款净额	400 000	400 000
存货	1 000 000	1 200 000
土地	200 000	600 000
建筑物净值	1 200 000	800 000
设备净值	800 000	1 000 000
资产总额	$ 3 800 000	$ 4 200 000
负债	$ 1 800 000	$ 1 800 000
股本	1 400 000	
留存收益	600 000	
权益总额	$ 3 800 000	

发行股票的直接费用为20 000美元，与合并有关的其他直接费用为80 000美元。

要求：

1. 假设2016年1月1日，Pop公司的股价为每股24美元。编表分摊投资成本与所获账面价值的差额。

2. 假设2016年1月1日，Pop公司的股价为每股16美元。编表分摊投资成本与所获账面价值的差额。假设其他直接费用为0。

P2-10　分次购买的计算

Pam公司2016年和2017年购买了三次Sun公司的股权，有关资料如下所示：

取得日期	取得股数	成本
2016年7月1日	3 000	$ 48 750
2017年1月1日	6 000	99 000
2017年10月1日	9 000	162 000

Sun公司2016年1月1日的股东权益包括面值10美元的普通股20 000股及留存收益100 000美元。Pam公司取得Sun公司的股权是为了对其进行控制，所以不作为交易性证券核算。2016年12月31日和2017年12月31日Sun公司的股价分别为16.50美元和19.00美元。

Sun公司2016年度、2017年度的净利润分别为40 000美元和60 000美元，公司于2016年和2017年的5月1日及11月1日分别发放股利15 000美元（两年合计60 000美元）。

Pam公司采用权益法核算对Sun公司的长期股权投资。不摊销投资成本与所获账面价值的差额。

要求：计算以下各项：

1. Pam公司2016年来自Sun公司的投资收益。
2. 2016年12月31日，Pam公司对Sun公司长期股权投资的余额。
3. Pam公司2017年来自Sun公司的投资收益。
4. 2017年12月31日，Pam公司对Sun公司长期股权投资的余额。

P2-11　计算和更正分录（错误）

2016年7月1日，Pam公司以600 000美元购得Sun公司40%的有表决权的股票。当日，Sun公司的股东权益包括股本1 000 000美元、留存收益300 000美元及当期（2016年上半年）盈余100 000美元。

Sun公司收益是在全年平均发生的。2016—2019年Pam公司对Sun公司的长期股权投资及Sun公司的留存收益变动情况如下所示：

留存收益（Sun公司）			
股利（2016年11月1日）	$ 80 000	期初余额（2016年1月1日）	$ 300 000
股利（2017年11月1日）	80 000	盈余（2016年）	200 000
股利（2018年11月1日）	100 000	盈余（2017年）	160 000
股利（2019年11月1日）	100 000	盈余（2018年）	260 000
		盈余（2019年）	240 000

长期股权投资——Sun公司（Pam公司）			
40%的长期股权投资（2016年7月1日）	$ 600 000	股利（2016年）	$ 32 000
投资收益（2016年）	80 000	股利（2017年）	32 000
投资收益（2017年）	64 000	股利（2018年）	40 000
投资收益（2018年）	104 000	股利（2019年）	40 000
投资收益（2019年）	96 000		

要求：

1. 假设将投资成本与账面价值的差额分摊至商誉，计算2019年12月31日Pam公司对Sun公司长期股权投资的余额。

2. 假设2019年底尚未结账，试写出截至2019年12月31日Pam公司对Sun公司投资的所有会计分录。

P2-12 分摊方案和计算（投资成本超过所获公允价值）

2016年4月1日，Pop公司在公开市场以每股13美元购得Son公司20 000股发行在外股票中的14 000股，从而取得Son公司70%的股权。取得股权的其他成本包括10 000美元的法务和咨询费用。Son公司2016年1月1日和4月1日的资产负债表摘要如下所示（单位：千美元）：

	1月1日（账面价值）	4月1日（账面价值）	4月1日（公允价值）
现金	\$ 40	\$ 45	\$ 45
存货	35	60	50
其他流动资产	25	20	20
土地	30	30	50
设备净值	100	95	135
资产总额	\$230	\$250	\$300
应付账款	\$ 45	\$ 40	\$ 40
其他负债	15	20	20
股本，每股面值\$5	100	100	
1月1日留存收益	70	70	
当时盈余		20	
权益总额	\$230	\$250	

其他信息：

1. 被高估的存货于2016年9月售出。
2. 被低估的设备在2016年4月1日尚有4年的使用年限。
3. Son公司2016年度的净利润为8 000美元（2016年4月1日到12月31日为60 000美元）。
4. Son公司于2016年12月1日宣告每股发放2美元的股利，并于2017年1月10日发放。
5. Son公司的所有不可辨认资产均不进行摊销。

要求：

1. 编表将投资成本与账面价值的差额分摊至各项可辨认和/或不可辨认资产。
2. 计算2016年Pop公司来自Son公司的投资收益。
3. 计算2016年12月31日Pop公司对Son公司长期股权投资的余额。

专业研究任务

参考FASB ASC回答以下问题，将适当的参考内容包含在你的答案里。

PR2-1 用权益法进行会计处理通常指单行合并。由于合并和权益法对资产负债表和利润表的净影响是相同的，是否能使用更简单的权益法来报告非控制性投资？

PR2-2 一个企业出售了部分投资权益，将持股比例从30%降至10%，并果断决定权益法不再适用。那么使用新会计处理方法记录投资的基础是什么？

第 3 章

合并财务报表概述

学习目标

1. 了解合并财务报表的优点与局限性。
2. 理解将子公司纳入合并财务报表的要求。
3. 熟练运用合并概念在购买日对母公司对子公司的长期股权投资进行处理。
4. 掌握在购买日记录子公司公允价值的方法。
5. 掌握少数股东权益的概念——母公司持有的子公司发行在外的普通股比例低于100%。
6. 掌握购买日后的合并资产负债表及抵销分录的编制。
7. 掌握购买后对公允价值超过账面价值部分的摊销。
8. 熟练运用各种概念编制合并利润表。
9. 了解下推会计的概念。
10. 致学生：用电子表格编制合并资产负债表。

本章内容对于理解合并财务报表至关重要，对合并过程进行了概述。本章以购买法处理企业合并。假设母公司（投资方）采用完全权益法对向子公司（被投资方）的投资进行会计处理。本书中关于企业合并的内容都基于购买法。

合并财务报表包括合并资产负债表、合并利润表、合并留存收益表或合并股东权益变动表以及合并现金流量表①。本章中的合并资产负债表，合并利润表和留存收益表由母公司及其子公司独立的财务报表整理编制而成。我们通过合并利润表与合并资产负债表来编制合并现金流量表（将在第4章中介绍）。

3.1 控股合并

公认会计原则（ASC 805）规定的企业合并的概念中包含母公司对一个或多个子公司的合并。当一家公司通过取得另一家公司发行在外的有表决权的股份获得控制权后，后者就成为前者的子公司。通常来讲，前者需要直接持有后者大部分（超过50%）有表决权的股票才能获得控制权。此外，投资者也可以通过间接持股来获得控制权，这部分内容将在本书第9章涉及。在这之前，我们假设获得一家公司的控制权及建立母子公司关系需要直接持有该公司大部分有表决权的股票。

母子公司关系建立后，母公司再购买子公司的股票就不再是企业合并了。换句话说，单独主体只能被合并一次。增加控股股东权益（控制权）就如同简单地追加投资。在公认会计原则（ASC 810－10）中，后续收购子公司股票被处理为增加投资，同时减少少数股东权益，结合少数股东权益在购买日的账面余额进行考虑（投资的增加假定子公司的公允价值在该投资之后会增加）。收购价格与少数股东权益账面价值的差额加上投资的增加额作为母公司资本公积的一个调整项。

报告主体

收购交易使得原本各自独立的两个公司变为由同一个管理层所控制。尽管两家公司仍是独立的法律主体，但是收购交易创造了一个新的报告主体，它包括母公司管理层控制的所有经营活动。

① 公认会计原则（ASC 220）同时要求编制综合收益表。除需要特别讨论这部分内容的例子外，我们没有编制这个报表。

母子公司关系通过股权投资方式建立后，购买主体（母公司）和被购买主体（子公司）继续作为独立主体运营，同时保持独立的会计记录。母公司与子公司的独立财务报表转变为合并财务报表，来反映合并主体的财务状况以及经营成果。这个新的报告主体负责向股东、债权人及其他利益相关方报告。

本章会介绍如何将母公司与子公司独立的会计记录合并成为更有意义的合并财务报表。在浏览关于并购的后续章节时，你也许会觉得公司保持独立的法律主体和会计系统只是为了给学习高级会计学的学生增加负担。事实上，保持这些身份的独立性是有重要的商业考虑的。

一家母公司可以收购和它处在不同行业的子公司来实现多元化经营，分散整体的商业风险。在这种情况下，子公司有独立身份，可以保留并恰当运用管理层的行业经验与运营能力。进一步说，子公司也许会建立和母公司完全不同的供应链与配送系统。除此之外，子公司也许已经拥有了一定规模的顾客基础，在保持独立身份的情况下更容易维持其优势。

与子公司相关的品牌与商标代表着极为有价值的无形资产。如果快速贷款公司（Quicken Loans）收购了可口可乐公司，那么将并购后的公司命名为快速贷款与可乐（Quicken Loans and Cola）并不是非常明智的策略。

维持母子公司独立的身份还有一些法律原因。在典型投资中，母公司常常购买子公司的普通股。而在美国的法律系统中，股东承担有限法律责任。如果子公司因法律诉讼而承担了巨额损失（例如由于环境灾害），母公司不会被追究大于它投资数额的责任。

□ 母子公司关系

我们假定一家公司拥有另一家公司超过50%的有表决权股票，就代表前者通过股权控制了后者，这时便形成了母子公司关系。术语**附属公司**（affiliate）指代子公司，当母子公司关系存在时，这两家公司存在附属关系。这两个词在本书中会被交替使用。但是在很多年报中，附属公司指采用权益法处理的被投资公司。下面是迪尔公司（Deere & Company）2015年年报（p.46）节选，是术语附属公司第二种使用方法的一个例子："非合并附属公司指迪尔公司拥有20%～50%有表决权股票的公司。迪尔公司没有控制这些公司，同时基于权益法来记录对它们的投资……迪尔公司从这些公司获取的收益或损失在合并利润表中通过'非合并附属公司的股权收益'来进行列报。对这些公司的投资在合并资产负债表'非合并附属公司的投资'中列报。"①

图表3-1是存在两个子公司的附属关系结构。Percy公司拥有San Del公司90%的有表决权股票以及Saltz公司80%的有表决权股票。San Del公司其余的10%有表决权股票由附属结构外的股东持有。这些外部股东是少数股东，他们的权益称为**少数股东权益**（noncontrolling interest）②。Saltz公司20%的少数股东权益也由外部股东持有。

Percy公司和它的子公司都是独立的法律主体并且保持独立的会计记录。在它独立的记录中，Percy公司使用了第2章中介绍的权益法来记录它对San Del和Saltz公司的投资。然而出于报告的角度，使用权益法编制的财务报表通常并不是最有意义的报表。母公司通过股权可以控制子公司董事的选举并且影响子公司的决策，例如股利宣告等。尽管附属公司都是独立的法律主体，但是由于所有资源都在单一的管理层——母公司的董事和主管的控制下，所以实际上只有一个经济主体。

---

① 摘自Deere & Company Annual Report 2015（P46）© 2015 Deere & Company。

② 公认会计原则倾向于使用术语noncontrolling interest而不是minority interest（ASC 810-10）。一些公司习惯在它们的年报中使用较为传统的minority interest，但是本书将会使用noncontrolling interest。

图表 3-1 附属结构

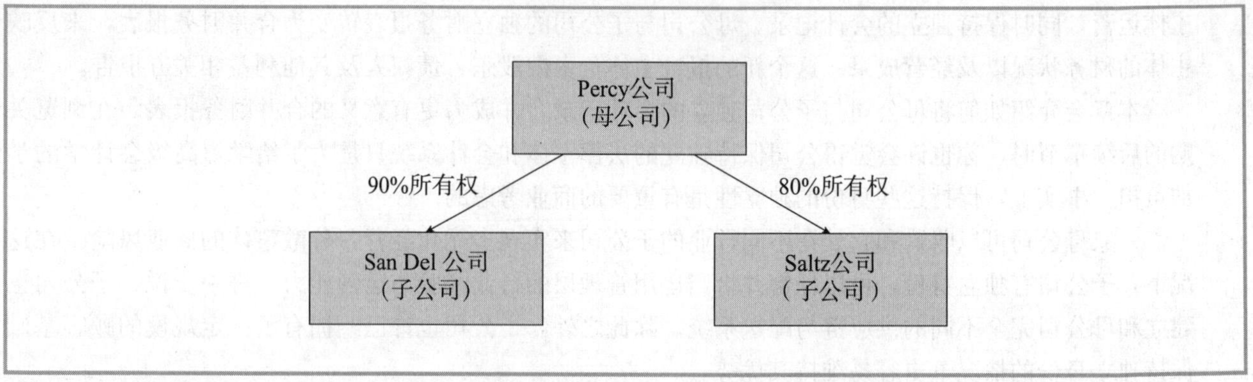

公认会计原则（ASC 810-10-10-1）规定：

> 从母公司所有者和债权人权益的角度考虑，合并财务报表向他们展示了母公司及所有子公司的经营成果以及财务状况，这个集团被视为一个经济主体。有一个推定是：合并财务报表比两家公司各自的财务报表更具实际意义。当集团中的一个主体拥有其他主体直接或间接的财务控制权益时，出于公允反映的考虑，编制合并财务报表很有必要。①

合并报表主要服务于母公司的投资者，而不是少数股东和子公司债权人。作为独立法律主体的子公司要向少数股东报告它自己的运营成果。

□ 合并政策

合并财务报表提供了母公司单独的报表中没有的信息，通常还被要求公允反映子公司的财务状况和经营成果。编制合并财务报表的前提条件通常是一家公司拥有另一家公司超过50%的有表决权股票，现行的公认会计原则（ASC 810-10-65）规定，在某些情况下，子公司可以被排除在合并集团之外：（1）控制权不归属于持多数股权的一方；（2）形成了合营企业；（3）购买的一项或一组资产并不能构成一项业务；（4）被购买资产与负债的合并可变利益主体是担保融资主体；（5）非营利主体合并非营利主体或非营利主体收购营利主体。当子公司在法律重组、破产或是在严格的外汇管制及其他政府强制施加的不确定因素下经营时，控制权也不归属于持多数股权的一方。

合并政策披露

公认会计原则（ASC 235-10）要求在财务报告中描述重要会计政策，合并政策通常在所有政策中披露次数最多。披露合并政策能报告所有控股子公司合并交易中的特例（例如无法实现控制）。此外，公认会计原则还要求披露更多信息，包括：

1. 发生企业合并的报告期间
    - a. 企业合并的一般信息，例如目标公司的名称及购买日
    - b. 商誉或者廉价购买利得
    - c. 合并对价的性质、条款及公允价值
    - d. 特定资产、负债与少数股东权益的具体信息
    - e. 购买方先前存在的递延所得税资产减值准备的减少额

---

① FASB ASC 810-10-10-1. Originally Statement of Financial Accounting Standards No. 160. "Noncontrolling Interests." Norwalk, CT © 2007 Financial Accounting Standards Board.

f. 独立于企业并购计算的相关交易信息

g. 分步收购信息

2. 在资产负债表日后期间发生的企业合并
3. 企业合并中涉及的临时金额
4. 企业合并中涉及的调整项

美国证券交易委员会要求上市公司根据《财务信息披露内容与格式条例》3A－03 条款（Regulation S－X，Rule 3A－03）来报告合并政策。合并政策通常在标题“合并原则”或“合并基础”下进行披露。如迪尔公司 2015 年年报中就包含了非常典型的“合并原则”政策附注（p. 36）：

> 合并财务报表主要表现了迪尔公司与全部控股子公司的合并交易。鉴于公司既可以直接对可变利益主体经营活动产生重要影响，也有可能间接对可变利益主体产生重大影响，有承担损失的义务及享有收益的权利，因此这些可变利益主体也被合并在表内。①

□ 会计期间不同的母公司与子公司

当母公司与子公司采用的会计期间不一样时，要在母公司的会计期末开始编制合并财务报表。如果会计期间的差距没有超过三个月，使用子公司在其会计年度内编制的财务报表来编制合并财务报表是可以接受的，但需要披露期间内对财务状况和经营成果产生重大影响的事项。否则，子公司的报表应该尽可能调整为与母公司会计期间一致。

□ 为收购融资

有很多融资渠道可以帮助公司筹措资金来完成收购。作为学生，你应该十分清楚没有足够的钱买你想要的东西的感觉；公司在进行重大收购时也面临同样的问题。投资者可以通过支付现金、销售未发行的额定普通股、发行优先股、销售债券或者同时采用以上几种融资工具来完成收购。

融资决策有非常重要的战略意义。由于普通股附有投票权，一项大型收购可能会削弱管理层的控制权。当维持控制权是非常重要的考虑因素时，发行没有表决权的优先股和其他融资工具就非常适用。

3.2　购买日合并资产负债表

假设母公司与其子公司作为各自独立的法律主体和会计主体能够合并出一套有意义的对外报告的财务报表，那么合并后的新主体就是理论上的报告主体。要注意合并主体既没有交易也没有合并的分类账。

□ 母公司按账面价值收购子公司 100%的股权

图表 3－2 展示了单独资产负债表与合并资产负债表的差异。Pop 公司按账面价值（与公允价值相同）80 000 美元在 2016 年 1 月 1 日收购了 Son 公司 100%的股权。图表 3－2 展示的资产负债表是在这项投资发生后立刻编制的。“长期股权投资——Son 公司”在 Pop 公司独立的报表中出现，不在合并后 Pop 公司

① 摘自 Deere & Company Annual Report 2015（P3）© 2015 Deere & Company。

与子公司的合并报表中出现。编制资产负债表时要抵销“长期股权投资——Son公司”账户（Pop公司账上）与“股东权益”账户（Son公司账上），因为它们本质上都是2016年1月1日Son公司的净资产。然后合并其他不重复计算的账户，将它们包含在Pop公司与子公司的合并资产负债表中。

图表3-2 按账面价值（与公允价值相同）收购100%的股权 单位：千美元

	单独资产负债表		合并资产负债表：Pop公司及子公司
	Pop公司	Son公司	
资产			
流动资产			
现金	$ 40	$ 20	$ 60
其他流动资产	90	30	120
流动资产总额	130	50	180
固定资产	150	90	240
减：累计折旧	(30)	(10)	(40)
固定资产总额	120	80	200
长期股权投资——Son公司（100%）	80	—	—
资产总额	$330	$130	$380
负债及所有者权益			
流动负债			
应付账款	$ 40	$ 30	$ 70
其他流动负债	50	20	70
流动负债总额	90	50	140
所有者权益			
股本	200	60	200
留存收益	40	20	40
所有者权益总额	240	80	240
负债及所有者权益总额	$330	$130	$380

要注意，合并资产负债表并不仅仅是子公司账户余额的加总。要在合并过程中抵销重复计算的账户，同时合并没有重复计算的账户。合并报表上的股本是母公司的股本，留存收益是母公司的留存收益。

□ 母公司收购子公司100%的股权——形成商誉

图表3-2中的合并资产负债表是母公司按账面价值收购Son公司所有股权的情况。如果Pop公司以100 000美元收购Son公司所有的股权，投资成本超出账面价值20 000美元（100 000－80 000）。这20 000美元在合并资产负债表中以一项资产的形式出现。如果不存在证据证明可辨认净资产被低估，那么这项资产就被认定为商誉。图表3-3阐述了当Pop公司支付100 000美元收购Son公司100%的股权时，Pop公司合并资产负债表的编制过程。

我们只需要一个工作底稿分录来编制购买日Pop公司与Son公司的合并资产负债表。先回忆一下图表3-3中工作底稿的格式。第二列和第三列提供了Pop公司和Son公司各自的资产负债表信息；第四列分为借、贷两部分，记录了调整和抵销项；最后一列展示了最后将出现在合并资产负债表上的数额。通过将第二列和第三列的数字加总，同时加或者减调整和抵销项就能得出合并资产负债表上的最终数字。这种基本的工作底稿格式贯穿于本书讨论收购以及编制合并资产负债表的相关内容。抵销分录使用日记账的格式编制以便参阅：

a　借：股本——Son 公司（－SE）	**60 000**	
留存收益——Son 公司（－SE）	**20 000**	
商誉（＋A）	**20 000**	
贷：长期股权投资——Son 公司（－A）		**100 000**

抵销长期股权投资和对应的所有者权益余额，并将投资成本（公允价值）超出账面价值的部分分摊至商誉。

图表 3－3　Pop 公司及子公司 2016 年 1 月 1 日合并资产负债表工作底稿　　单位：千美元

	Pop 公司	100% Son 公司	调整与抵销 借	调整与抵销 贷	合并资产负债表
资产					
现金	$ 20	$ 20			$ 40
其他流动资产	90	30			120
固定资产	150	90			240
累计折旧	(30)	(10)			(40)
长期股权投资——Son 公司	100			100[a]	
商誉			20[a]		20
资产总额	$ 330	$ 130			$ 380
负债及所有者权益					
应付账款	$ 40	$ 30			$ 70
其他流动负债	50	20			70
股本——Pop 公司	200				200
留存收益——Pop 公司	40				40
股本——Son 公司		60	60[a]		
留存收益——Son 公司		20	20[a]		
负债及所有者权益总额	$ 330	$ 130	100	100	$ 380

注：a. 抵销长期股权投资和对应的所有者权益余额，并将投资成本超出账面价值的部分分摊至商誉。

图表 3－3 中出现的分录只是工作底稿的调整与抵销项，并不会记录在母公司与子公司的账户中，也不会被记账和过账。使用工作底稿编制特定日期母公司及其子公司期末合并资产负债表时，这些分录简化了工作过程。在本书中，工作底稿分录用加粗字体显示以区别于其他真实存在于母、子公司账上的日记账分录。

在以后的会计期间，当且仅当商誉由于发生减值而计提减值损失时，投资余额与子公司所有者权益的差额才会减少。

□ 母公司收购子公司 90%的股权——形成商誉

假设 Pop 公司没有获得 Son 公司所有发行在外的股票，而是以 90 000 美元的价格收购了 Son 公司 90%的股权。公认会计原则要求使用购买法来记录企业合并和后续的合并财务报表。购买法本质上运用了合并主体理论。在购买法下，即使母公司没有获得子公司 100%的股权，子公司的所有资产与负债也要在合并日根据母公司获得控制权支付的价格以 100%的公允价值列报。因此，控股股东权益和少数股东权益都会在购买日以公允价值列报。公认会计原则也提供了公允价值的估值指导（ASC 820－10）。除去下面两个特例，公允价值在未来的报告期中不会被重新计算。必须记录资产减值，包括商誉减值；此外，金融资产和负债可以根据公认会计原则（ASC 825－10）重新估值，但这不是强制性的。

要求初始资产与负债以公允价值计量也存在两个特例，分别是递延所得税资产及负债和员工福利。这两个账户的余额（假设子公司之前有记录）按与公认会计原则要求一致的账面价值进行计量。然而，由于子公司是按公允价值计量，这些账户的公允价值与账面价值的差额都反映在商誉里，因而它们无法被单独辨认。

我们可以假设收购是一项公平交易。Pop公司支付90 000美元购买了90%的股权，这意味着Son公司的公允价值总额是100 000美元（90 000/90%）。Son公司可辨认净资产公允价值超过账面价值的部分是20 000美元，少数股东权益是10 000美元（Son公司股权公允价值的10%，即100 000×10%）。公允价值超过账面价值的20 000美元就是商誉。图表3－4中的工作底稿展示了Pop公司拥有Son公司90%的股权时，编制合并资产负债表的过程。

图表3－4 Pop公司及子公司2016年1月1日合并资产负债表工作底稿 单位：千美元

	Pop公司	90% Son公司	调整与抵销 借	调整与抵销 贷	合并资产负债表
资产					
现金	$ 30	$ 20			$ 50
其他流动资产	90	30			120
固定资产	150	90			240
累计折旧	(30)	(10)			(40)
长期股权投资——Son公司	90			90[a]	
商誉			20[a]		20
资产总额	$330	$130			$390
负债及所有者权益					
应付账款	$ 40	$ 30			$ 70
其他流动负债	50	20			70
股本——Pop公司	200				200
留存收益——Pop公司	40				40
股本——Son公司		60	60[a]		
留存收益——Son公司		20	20[a]		
	$330	$130			
少数股东权益				10[a]	10
负债及所有者权益总额			100	100	$390

注：a. 抵销长期股权投资和对应的股东权益余额，将投资公允价值（100 000美元）超出账面价值（80 000美元）的部分（20 000美元）分摊至商誉。确认Son公司净资产中10 000美元的少数股东权益（100 000×10%）。

工作底稿分录a抵销了Pop公司和Son公司重复计算的账户，同时确认了购买日的商誉和Son公司的少数股东权益：

a 借：股本——Son公司（－SE）	**60 000**	
留存收益——Son公司（－SE）	**20 000**	
商誉（＋A）	**20 000**	
贷：长期股权投资——Son公司（－A）		**90 000**
少数股东权益（＋SE）		**10 000**

抵销长期股权投资和对应的股东权益余额，将投资公允价值（100 000美元）超出账面价值（80 000美元）的部分（20 000美元）分摊至商誉。确认Son公司净资产中10 000美元的少数股东权益（100 000×10%）。

□ 少数股东权益

我们将子公司所有的资产与负债纳入合并资产负债表中，同时按公允价值记录少数股东在子公司净资产中持有的权益份额。

工作底稿提供了编制正式财务报表的基础，但问题也随之而来：图表 3-4 中 10 000 美元的少数股东权益该如何在正式的资产负债表中报告呢？历史上对这个问题的处理由于实务中的分类不同而有所差异。

子公司的少数股东权益通常在合并资产负债表的负债部分列报为单独一项，最常见的是在非流动负债项目下列报。从概念上讲，将少数股东权益分类为负债是不合理的，因为少数股东权益代表着附属结构外的股东在子公司净资产中的权益份额。

现行的公认会计原则要求：

- 子公司的少数股东权益应该在合并资产负债表中作为权益的单独一部分列示出来。
- 归属于少数股东的利润既不是费用，也不是损失，而是在计算归属于母公司的净利润时作为合并净利润的一个减项。
- 合并净利润的两个部分（少数股东损益和归属于母公司的净利润）都应该在合并利润表中披露。

3.3 购买日后合并资产负债表

在母子公司关系建立后，母公司与子公司的账户余额都会因各自经营活动而发生变化。因此要做额外调整来抵销其他重复计算的余额。如果合并资产负债表在子公司股利宣告日与股利发放日之间编制，母公司的账上会出现应收股利，而子公司的账上会出现相对应的应付股利。这两个账户就是重复计算，需要在编制合并财务报表时抵销。也要抵销集团内部的往来，比如应收账款与应付账款。

收购交易一年后，Pop 公司和 Son 公司 2016 年 12 月 31 日的资产负债表如下所示（单位：千美元）：

	Pop 公司	Son 公司
现金	\$ 54.8	\$ 30
应收股利	18	—
其他流动资产	82	56
固定资产	150	90
累计折旧	(40)	(16)
长期股权投资——Son 公司（90%）	108	
资产总额	\$ 372.8	\$ 160
应付账款	\$ 60	\$ 30
应付股利	—	20
其他流动负债	40	10
股本	200	60
留存收益	72.8	40
权益总额	\$ 372.8	\$ 160

假设：

（1）Pop 公司 2016 年 1 月 1 日以 90 000 美元的价格收购了 Son 公司 90%的股权，当时 Son 公司所有者权益的账面价值是80 000美元（见图表3-4）。

（2）Son公司应付账款中有10 000美元是Pop公司的应收账款。

（3）2016年度Son公司的净利润是40 000美元，宣告发放20 000美元的股利。

图表3-5中的合并资产负债表工作底稿展示了这些信息。我们使用权益法得出“长期股权投资——Son公司”账户在2016年12月31日的余额，计算如下：

2016年1月1日长期股权投资期初余额	$ 90 000
加：子公司2016年度40 000美元净利润的90%	36 000
减：子公司2016年度20 000美元股利的90%	(18 000)
2016年12月31日长期股权投资期末余额	$ 108 000

图表3-5 Pop公司及子公司2016年12月31日合并资产负债表工作底稿 单位：千美元

	Pop公司	90% Son公司	调整与抵销		合并资产负债表
			借	贷	
资产					
现金	$ 54.8	$ 30			$ 84.8
应收股利	18			18[b]	
其他流动资产	82	56		10[c]	128
固定资产	152	90			240
累计折旧	(40)	(16)			(56)
长期股权投资——Son公司	108			108[a]	
商誉			20[a]		20
资产总额	$ 372.8	$ 160			$ 416.8
负债及所有者权益					
应付账款	$ 60	$ 30	10[c]		$ 80
应付股利		20	18[b]		2
其他流动负债	40	10			50
股本——Pop公司	200				200
留存收益——Pop公司	72.8				72.8
股本——Son公司		60	60[a]		
留存收益——Son公司		40	40[a]		
	$ 372.8	$ 160			
少数股东权益			—	12[a]	12
负债及所有者权益总额			148	148	$ 416.8

注：a. 抵销长期股权投资和对应的股东权益余额，记录商誉和少数股东权益（120 000×10%）。

b. 抵销对应的应付股利和应收股利（Son公司20 000美元应付股利的90%）。

c. 抵销集团内部往来的应收账款与应付账款。

尽管数额不一样，但编制购买日后合并资产负债表和编制购买日合并资产负债表的过程基本相同。在所有情况下都抵销母公司对子公司的长期股权投资和子公司的股东权益。要在工作底稿中录入公允价值超过账面价值的部分（本例中是商誉）。商誉并不在母公司的账上出现，要在编制工作底稿时在资产列加上它。少数股东权益等于少数股东的所有权比例乘以子公司资产负债表日权益的公允价值；合并留存收益等于母公司的留存收益。

用于合并母公司与子公司资产负债表的工作底稿分录采用日记账分录的格式以便参阅：

a　借：股本——Son 公司（－SE）　60 000
　　留存收益——Son 公司（－SE）　40 000
　　商誉（＋A）　20 000
　贷：长期股权投资——Son 公司（－A）　108 000
　　少数股东权益（＋SE）　12 000
抵销长期股权投资和对应的股东权益余额，记录商誉和少数股东权益（120 000×10%）。

b　借：应付股利（－L）　18 000
　贷：应收股利（－A）　18 000
抵销对应的应付股利和应收股利（Son 公司 20 000 美元应付股利的 90%）。

c　借：应付账款（－L）　10 000
　贷：其他流动资产（－A）　10 000
抵销集团内部往来的应收账款与应付账款。

3.4　将合并价差分摊至可辨认净资产和商誉

在 Pop-Son 公司的例子中，我们将公允价值超出账面价值的差额分摊至商誉。关于差额的分摊有一个潜在假设，即可辨认资产与负债的账面价值与公允价值相等。当有证据表明公允价值超出账面价值或账面价值超出公允价值时，我们应相应地分摊合并价差。

□ 合并价差分摊对购买日合并资产负债表的影响

子公司各自的账簿上不会记录使母子公司关系成立的公允价值与账面价值的差额。我们用工作底稿来调整子公司的账面价值，使它能够反映账面价值与公允价值的差额，调整后的数额会出现在合并资产负债表上。我们使用第 2 章介绍的单行合并法来计算每项资产与负债的调整额。

2016 年 12 月 31 日，Pam 公司从 Sun 公司股东手中直接收购了 Sun 公司 90%的发行在外普通股，支付了5 200 000美元现金以及 100 000 股（面值为 10 美元）总市值为 5 000 000 美元的 Pam 公司普通股。额外的合并成本为 200 000 美元，Pam 公司用现金支付。Pam 公司与 Sun 公司需继续以母公司与子公司的身份各自运营，因为 Sun 公司 10%的股权掌握在少数股东手中。在记录这项投资时将 200 000 美元的额外成本费用化。

购买日 2016 年 12 月 31 日前，Pam 公司与 Sun 公司相应的账面价值及公允价值信息如图表 3－6 所示。Pam 公司在它的账簿上用如下分录记录了收购交易：

借：长期股权投资——Sun 公司（＋A）　10 200 000
　贷：股本（＋SE）　1 000 000
　　资本公积（＋SE）　4 000 000
　　现金（－A）　5 200 000
记录用 5 200 000 美元现金和 100 000 股总市值为 5 000 000 美元的 Pam 公司普通股收购 Sun 公司 90%的发行在外普通股。

借：投资费用（E，－SE）　200 000
　贷：现金（－A）　200 000
记录合并 Sun 公司的额外成本。

上述分录只在Pam公司账上记录，Sun公司没有做任何分录来记录，因为Pam公司直接从Sun公司股东手里购买了90%的股权。我们不使用图表3-6中的资产负债表信息在Pam公司的账上记录这桩收购，在编制购买日后的合并资产负债表时再用它。

图表3-6 购买日前资产负债表账面价值与公允价值 单位：千美元

	Pam公司		Sun公司	
	账面价值	公允价值	账面价值	公允价值
资产				
现金	$ 6 600	$ 6 600	$ 200	$ 200
应收账款净额	700	700	300	300
存货	900	1 200	500	600
其他流动资产	600	800	400	400
土地	1 200	11 200	600	800
建筑物净值	8 000	15 000	4 000	5 000
设备净值	7 000	9 000	2 000	1 700
资产总额	$25 000	$44 500	$8 000	$9 000
负债及所有者权益				
应付账款	$ 2 000	$ 2 000	$ 700	$ 700
应付票据	3 700	3 500	1 400	1 300
股本，每股面值$10	10 000		4 000	
实收资本	5 000		1 000	
留存收益	4 300		900	
负债及所有者权益总额	$25 000		$8 000	

记录公允价值/账面价值差额 我们在编制合并财务报表时，将公允价值与账面价值的差额分摊至被低估或者高估的可辨认资产与负债及商誉来完成调整。图表3-7描述了Pam和Sun公司2016年12月31日合并资产负债表的调整过程。

图表3-7 合并价差分摊表 单位：千美元

Pam公司及其拥有90%股权的子公司：Sun公司			
购买的90%股权的公允价值（购买价格）			$10 200
推算的Sun公司的公允价值（$10 200/90%）			$11 333
Sun公司净资产的账面价值			(5 900)
公允价值与账面价值的差额总计			$ 5 433
分摊至可辨认资产及负债			
	公允价值	**账面价值**	**分摊额**
存货	$ 600	$ 500	$ 100
土地	800	600	200
建筑物	5 000	4 000	1 000
设备	1 700	2 000	(300)
应付票据	1 300	1 400	100
可辨认净资产分摊总额			$1 100
分摊至商誉			4 333
合并价差总额			$5 433

尽管我们在确定每项资产及负债的公允价值时不使用账面价值，但在编制合并资产负债表时会用到账面价值。

Sun公司净资产的账面价值是5 900 000美元（见图表3-7），公允价值超过账面价值5 433 000美元。

我们先将这部分合并价差分摊至可辨认资产和负债，再将其余的部分分摊至商誉。Sun 公司归属于少数股东的 10%的可辨认净资产应在 Pam 公司购买 90%所有权的价格基础上调整为公允价值。①

将合并价差分摊至合并资产负债表的工作底稿编制过程 我们需要把图表 3-7 中计算出来的合并价差用工作底稿调整至合并资产负债表，图表 3-8 阐述了这个过程。

图表 3-8 Pam 公司及子公司合并日后 2016 年 12 月 31 日合并资产负债表工作底稿 单位：千美元

	Pam 公司	90% Sun 公司	调整与抵销 借	调整与抵销 贷	合并资产负债表
资产					
现金	$ 1 200	$ 200			$ 1 400
应收账款净额	700	300			1 000
存货	900	500	100[b]		1 500
其他流动资产	600	400			1 000
土地	1200	600	200[b]		2 000
建筑物净值	8 000	4 000	1 000[b]		13 000
设备净值	7 000	2 000		300[b]	8 700
长期股权投资——Sun 公司	10 200			10 200[b]	
商誉			4 333[b]		4 333
未分摊合并价差			5 433[a]	5 433[b]	
资产总额	$ 29 800	$ 8 000			$ 32 933
负债及所有者权益					
应付账款	$ 2 000	$ 700			$ 2 700
应付票据	3 700	1 400	100[b]		5 000
股本——Pam 公司	11 000				11 000
实收资本——Pam 公司	9 000				9 000
留存收益——Pam 公司	4 100				4 100
股本——Sun 公司		4 000	4 000[a]		
实收资本——Sun 公司		1 000	1 000[a]		
留存收益——Sun 公司		900	900[a]		
	$ 29 800	$ 8 000			
少数股东权益				1 133[a]	1 133
负债及所有者权益总额			17 066	17 066	$ 32 933

注：a. 抵销长期股权投资和对应的股东权益余额，记录商誉，确认少数股东权益，登记未分摊合并价差。
b. 分摊合并价差至可辨认净资产和商誉。

合并资产负债表的工作底稿上有两个工作底稿分录，以日记账分录的形式呈现如下：

a 借：未分摊合并价差（+A）	**5 433 000**	
股本——Sun 公司（−SE）	**4 000 000**	
资本公积——Sun 公司（−SE）	**1 000 000**	
留存收益——Sun 公司（−SE）	**900 000**	
贷：长期股权投资——Sun 公司（−A）		**10 200 000**
少数股东权益——Sun 公司（+SE）		**1 133 000**

这个工作底稿分录抵销对 Sun 公司的长期股权投资和对应的股东权益余额，确认少数股东权益，记录图表 3-7 中的未分摊合并价差。

第二个分录将合并价差分摊至每一项资产和负债，剩余部分分摊至商誉：

① 合并主体理论支持根据母公司购买价格对子公司所有的资产及负债进行重新估值，更多关于主体理论的细节将在第 11 章中进行讨论。

b	借：存货（+A）	100 000	
	土地（+A）	200 000	
	建筑物净值（+A）	1 000 000	
	商誉（+A）	4 333 000	
	应付票据（－L）	100 000	
	贷：设备净值（－A）		300 000
	未分摊合并价差（－A）		5 433 000

我们将公允价值和账面价值的差额分摊到不同的资产、负债账户时，中间增加了一个设立“未分摊合并价差”账户的步骤，使工作底稿分录得以简化。在图表3-4、图表3-5中，我们跳过了这个步骤，直接将全部合并价差都分摊给了商誉。工作底稿分录a和b中“未分摊合并价差”账户的借贷金额相等，因此合并资产负债表中的账户不会受到任何影响。

我们将工作底稿上的借贷栏与Pam公司、Sun公司各自报表上的账户余额合并计算，得到最终出现在合并资产负债表中的数字。Sun公司是非全资子公司，但在合并资产负债表上记录的是其资产和负债公允价值的100%。

□ 购买日后分摊合并价差对合并资产负债表的影响

2017年12月31日的合并资产负债表中，分摊5 433 000美元的合并价差（图表3-7中）时要结合Pam公司与Sun公司2017年的经营状况和相关资产及负债的摊销年限来考虑。有关资料如下所示（单位：千美元）：

2017年度净利润	
Sun公司净利润	$800
Pam公司净利润减去从Sun公司获得的利润	2 523.5
2017年支付股利	
Sun公司	$300
Pam公司	1 500
分摊合并价差	
被低估的存货——2017年已销售	
被低估的土地——公司仍持有；无须摊销	
被低估的建筑物——2017年1月1日起剩余使用年限40年	
被高估的设备——2017年1月1日起剩余使用年限5年	
被高估的应付票据——2017年已支付	
商誉——无须摊销	

2017年12月31日，Pam公司“长期股权投资——Sun公司”账户余额为10 501 500美元，其中包括初始投资成本10 200 000美元，加上571 500美元对Sun公司的投资收益，减去270 000美元Sun公司支付的股利。2017年Pam公司从Sun公司获取的净利润使用单行合并法计算如下（单位：千美元）：

Sun公司净利润（800）的90%		$720
加：被高估设备的分摊额（300/5×90%）		54
减：Pam公司的合并价差分摊额：		
存货（2017年已销售）（100×90%）	$90	
土地	—	
建筑物（1 000/40×90%）	22.5	
应付票据（2017年已支付）（100×90%）	90	(202.5)
来自Sun公司的净利润		$571.5

另外，我们也可以通过调整Sun公司90%的净利润计算来自Sun公司的投资收益（单位：千美元）：

Sun公司净利润		$800
加：被高估设备的分摊额（300/5）		60
减：合并价差分摊额：		
存货（2017年已销售）	$100	
土地	—	
建筑物（1 000/40）	25	
应付票据（2017年已支付）	100	(225)
调整后Sun公司净利润		$635
调整后Sun公司净利润的90%		$571.5

我们也可以验证2017年12月31日的少数股东权益，如下所示（单位：千美元）：

2016年12月31日少数股东权益	$1 133
加：Sun公司2017年度净利润的10%	80
减：2017年合并价差分摊额的10%	(16.5)
减：2017年股利的10%	(30)
2017年12月31日少数股东权益	$1 166.5

2017年度Pam公司的净利润是3 095 000美元，包括它独立运营的利润2 523 500美元，以及来自Sun公司的571 500美元投资收益。Sun公司的所有者权益2017年在5 900 000美元的基础上增加了500 000美元，达到6 400 000美元。Pam公司的留存收益从2016年12月31日的4 100 000美元增加了1 795 000美元，达到2017年末的5 895 000美元。Pam公司的留存收益在购买日当天由于发生合并费用从4 300 000美元减少到了4 100 000美元。这些信息在2017年12月31日Pam公司与Sun公司的合并资产负债表工作底稿中得到体现，如图表3-9所示。

图表3-9 Pam公司及子公司2017年12月31日合并资产负债表工作底稿 单位：千美元

	Pam公司	90% Sun公司	调整与抵销 借	调整与抵销 贷	合并资产负债表
资产					
现金	$ 253.5	$ 100			$ 353.5
应收账款净额	540	200			740
存货	1 300	600			1 900
其他流动资产	800	500			1 300
土地	1 200	600	200[b]		2 000
建筑物净值	9 500	3 800	975[b]		14 275
设备净值	8 000	1 800		240[b]	9 560
长期股权投资——Sun公司	10 501.5			10 501.5[a]	
商誉			4 333[b]		4 333
未分摊合并价差			5 268[a]	5 268[b]	
资产总额	$32 095	$7 600			$34 461.5
负债及所有者权益					
应付账款	$2 300	$1 200			$3 500
应付票据	4 000				4 000
股本——Pam公司	11 000				11 000
实收资本——Pam公司	8 900				8 900
留存收益——Pam公司	5 895				5 895
股本——Sun公司		4 000	4 000[a]		

续表

	Pam 公司	90% Sun 公司	调整与抵销		合并资产负债表
			借	贷	
实收资本——Sun 公司		1 000	1 000[a]		
留存收益——Sun 公司		1 400	1 400[a]		
	$ 32 095	$ 7 600			
少数股东权益				1 166.5[a]	1 166.5
负债及所有者权益总额			17 176	17 176	$ 34 461.5

注：a. 抵销长期股权投资和对应的股东权益余额，确认少数股东权益，记录未分摊合并价差。
b. 分摊未分摊合并价差至可辨认净资产和商誉。

工作底稿分录如下所示：

a 借：股本——Sun 公司（－SE） 4 000 000
资本公积——Sun 公司（－SE） 1 000 000
留存收益——Sun 公司（－SE） 1 400 000
未分摊合并价差（＋A） 5 268 000
贷：长期股权投资——Sun 公司（－A） 10 501 500
少数股东权益（＋SE） 1 166 500

抵销长期股权投资和对应的股东权益余额，确认少数股东权益，记录未分摊合并价差。

b 借：土地（＋A） 200 000
建筑物净值（＋A） 975 000
商誉（＋A） 4 333 000
贷：设备净值（－A） 240 000
未分摊合并价差（－A） 5 268 000

分摊未分摊合并价差至可辨认净资产和商誉。

图表 3－8 和图表 3－9 中调整与抵销项的差异是由购买日 2016 年 12 月 31 日至 2017 年 12 月 31 日一年内发生的变化导致的。下表提供了图表 3－9 中工作底稿调整与抵销项的计算过程（单位：千美元）：

	未分摊合并价差 2016 年 12 月 31 日	分摊额	未分摊合并价差 2017 年 12 月 31 日
存货	$ 100	$ 100	$—
土地	200	—	200
建筑物净值	1 000	25	975
设备净值	(300)	(60)	(240)*
应付票据	100	100	—
商誉	4 333	—	4 333
	$ 5 433	$ 165	$ 5 268

注：* 账面价值超出公允价值的差额。

下面是 Pam 公司记录的“长期股权投资——Sun 公司”账户相关的交易摘要（单位：千美元）：

2016 年 12 月 31 日初始成本	$ 10 200
Sun 公司 2017 年度净利润的 90%	720
Sun 公司 2017 年股利的 90%	(270)
合并价差分摊额（90%×165）	(148.5)
2017 年 12 月 31 日期末余额	$ 10 501.5

图表3-9中合并资产负债表工作底稿的调整项抵销了重复计算的所有者权益和长期股权投资，抵销分录a借记Sun公司所有者权益6 400千美元，贷记Sun公司少数股东权益1 166.5千美元，“长期股权投资——Sun公司”账户10 501.5千美元。借方与贷方的差额5 268千美元代表2017年12月31日未分摊的公允价值与账面价值的差额，我们在工作底稿中把它记录在“未分摊合并价差”账户。

2016年12月31日Sun公司账上被低估的存货和被高估的应付票据在2017年全部被分摊（存货已全部销售，票据已支付），因此2017年12月31日的资产负债表上就不再需要调整这些项目。我们把剩余项目——土地200千美元、建筑物975千美元、设备240千美元（高估），以及商誉4 333千美元（这些项目组成5 268千美元的未分摊合并价差）通过工作底稿分录b完成分摊并记录在资产负债表工作底稿中。图表3-9的工作底稿分录是调整与抵销分录的结合，因为我们抵销了Pam公司对Sun公司的长期股权投资和对应的Sun公司所有者权益，并且将少数股东权益重新分到一个单独的账户里，来体现它所代表的10%Sun公司股东权益的公允价值，同时调整了资产类账户。

3.5 合并利润表

图表3-10展示了Pam公司与子公司单独的利润表、留存收益表和相对应的合并报表。这些报表仍沿用了前面我们编制Pam公司与Sun公司合并资产负债表时用到的假设和数字。在合并利润表中一些新的收入与费用项目被添加进来，但和前面的数字不会产生矛盾。这个例子中没有调整与抵销分录，关于这些分录更详细的讨论参见第4章。

图表3-10 Pam及Sun公司2017年12月31日单独与合并利润表、留存收益表 单位：千美元

	单独公司		合并
	Pam公司	Sun公司	
营业收入	\$9 523.5	\$2 200	\$11 723.5
投资收益——Sun公司	571.5		
总收入	10 095	2 200	11 723.5
减：营业成本			
销售成本	4 000	700	4 800
折旧费用——建筑物	200	80	305
折旧费用——设备	700	360	1 000
其他费用	1 800	120	1 920
营业成本及费用总额	6 700	1 260	8 025
营业利润	3 395	940	3 698.5
营业外项目：利息费用	300	140	540
净利润	**\$3 095**	**\$ 800**	
合并净利润			3 158.5
减：少数股东损益			63.5
归属于母公司的净利润			**\$ 3 095**
2016年12月31日留存收益	4 300	900	4 300
	7 395	1 700	7 395
扣除，股利	1 500	300	1 500
2017年12月31日留存收益	\$5 895	\$1 400	\$ 5 895

合并利润表与母公司的非合并利润表的差异体现在一些细节中。能通过比较图表3-10中Pam公司

单独利润表和 Pam 公司与子公司的合并利润表发现这些细节。根据公认会计原则（ASC 810－10），合并净利润是整个合并集团的净利润。合并利润表必须要将归属于母公司与少数股东的利润明确区分开来。在本章后续的部分中，我们将它们称为归属于母公司的净利润和少数股东损益。

Pam 公司的单独利润表中包括 Pam 公司自己经营产生的收入与费用，以及它对 Sun 公司的投资收益。[①] 合并利润表中包括 Sun 公司与 Pam 公司的收入与费用，但没有 Pam 公司从 Sun 公司取得的投资收益。571 500 美元的投资收益被排除在合并利润表外，是因为合并利润表中囊括了更为具体的组成投资收益的项目：收入（2 200 000 美元），费用（1 400 000 美元），合并价差净分摊额（165 000 美元）以及少数股东损益（63 500 美元）。

我们通过增加 2017 年度被低估存货的营业成本，增加被低估建筑物的折旧费用（分摊至建筑物的差额为 25 000 美元），减少设备的折旧费用（分摊至设备的差额为 60 000 美元），增加利息费用（分摊至 2017 年到期的应付票据的差额为 100 000 美元）来反映合并利润表中的净分摊额。

合并利润表像合并资产负债表一样，绝不仅仅是子公司利润账户的总和。Pam 公司和 Sun 公司利润表上所有项目的数字之和为 3 895 000 美元，然而合并净利润只有 3 158 500 美元。736 500 美元的差额包括投资收益 571 500 美元和分摊额 165 000 美元。

请注意，合并净利润代表的是归属于整个合并集团股东的净利润，少数股东损益在计算归属于母公司的净利润时是一个减项。

如果母公司向子公司销售商品，两个公司的账上就会出现对内部交易的购买与销售的记录，反之亦然。集团内部交易使得采购与销售账户的余额被重复计算，它们必须在编制合并利润表时被抵销。因为它们不是与合并主体之外的第三方发生的交易。集团内部存货交易在第 5 章会展开更多细节讨论。集团内部购销交易的调整会同时减少等额的营业收入与营业成本，所以对合并净利润不会产生影响。重复计算的租赁收入与费用抵销后同样不会影响合并净利润。

可以看出 Pam 公司的单独留存收益和合并留存收益是相同的。图表 3－10 中 5 895 000 美元期末合并留存收益同 Pam 公司及子公司 2017 年 12 月 31 日资产负债表上留存收益的金额相同（见图表 3－9）。

3.6 下推会计

在 Pam 和 Sun 公司的例子中，我们在 Pam 公司的账上以成本来记录投资，并且将购买价格通过工作底稿调整分录分摊至可辨认资产、负债和商誉。在某些情况下，购买价格的分摊可能会被记录在子公司的账户中；换句话来说，下推到子公司的记录中。**下推会计**（push-down accounting）是直接将分摊购买价格所产生的影响记录在子公司账上的过程。下推会计会影响子公司的账簿与其单独的财务报表。它并不会改变合并财务报表的结果，事实上，它会简化合并的过程。现行的公认会计原则（ASC 805－25）允许被购买方选择使用下推会计，一旦决定使用下推会计，则不能改变。美国证券交易委员会要求，当子公司的股权几乎全部被母公司拥有（母公司持有大约 90%的股权）且不存在发行在外的债务或是已发行的优先股时，可以向美国证券交易委员会申请使用下推会计。

2016 年 1 月 3 日，Pop 公司用自己 5 000 股面值为 10 美元的普通股和 100 000 美元现金收购了 Son 公司的全部股权。当日，Pop 公司的股票在国内市场上的报价是每股 55 美元。1 月 3 日，Son 公司的资产负债表和公允价值信息如下所示（单位：千美元）：

---

① 母公司从子公司获得的投资收益可以用从子公司获得的收益、子公司收益的权益份额、子公司投资收益以及其他类似的文字进行描述。

	账面价值	公允价值
现金	$ 30	$ 30
应收账款净额	90	90
存货	130	150
土地	30	70
建筑物净值	150	130
设备净值	80	120
资产总额	$ 510	$ 590
流动负债	$ 100	$ 100
长期负债	150	150
股本，每股面值 $ 10	150	
留存收益	110	
负债及所有者权益总额	$ 510	

在下推会计中，Pop 公司用常见方法记录它对 Son 公司的投资：

借：长期股权投资——Son 公司（＋A）	375 000	
贷：现金（－A）		100 000
股本（＋SE）		50 000
资本公积（＋SE）		225 000

记录购买 Son 公司。

1月3日 Son 公司账上必须也有一个分录来记录新的资产（包括商誉）的计价基础。因为 Son 公司现在类似于一个新的主体，所以它必须将留存收益重新分类。Son 公司做如下的分录来记录下推价值：

借：存货（＋A）	20 000	
土地（＋A）	40 000	
设备净值（＋A）	40 000	
商誉（＋A）	35 000	
留存收益（－SE）	110 000	
贷：建筑物净值（－A）		20 000
下推资本（＋SE）		225 000

使用下推会计时，Son 公司在它自己的会计记录中做这笔分录。

1月3日合并完成后，Son 公司的资产负债表中包含如下账户及金额（单位：千美元）：

现金	$ 30
应收账款净额	90
存货	150
土地	70
建筑物净值	130
设备净值	120
商誉	35
资产总额	$ 625
流动负债	$ 100
长期负债	150
股本，每股面值 $ 10	150
下推资本	225
负债及所有者权益总额	$ 625

在Son公司完成下推会计分录记账后，在编制2016年1月3日Pop公司与Son公司的合并资产负债表时，我们只需抵销Pop公司对Son公司的长期股权投资与Son公司的股本、下推资本，然后合并其他账户。

3.7 编制合并资产负债表工作底稿

在这部分，你将学习如何设计工作底稿来完成合并资产负债表的编制。图表3-11用两列来记录母公司和（在我们的例子中）持股90%的子公司的资产负债表信息。这两列数字从两个公司各自的资产负债表复制而来。我们设置了另外两列来记录合并过程中调整与抵销项的借贷方。最后一列提供合并资产负债表的最终结果。

图表3-11中展示了编制工作底稿中用到的电子表格公式。请注意，这其中的大部分公式都可以使用电子表格软件中自带的复制命令来输入。在前两列中，资产总额和权益总额是相关余额的简单加总；调整与抵销列都有一个求和公式来计算整列的和。这样有助于验证借贷是否相等，换句话说，你不会在合并分录过账时出现错误。

图表3-11 合并资产负债表工作底稿 单位：千美元

母公司及子公司合并资产负债表工作底稿
2016年12月31日

	母公司	子公司	调整与抵销		合并资产负债表
			借	贷	
现金	420	200			=B7+C7+D7−E7
应收账款净额	500	1 300			=B8+C8+D8−E8
存货	3 500	500			=B9+C9+D9−E9
土地	1 500	2 000			=B10+C10+D10−E10
设备净值	6 000	1 000			=B11+C11+D11−E11
长期股权投资（子公司）	4 590				=B12+C12+D12−E12
					=B13+C13+D13−E13
资产总额	=SUM(B7:B13)	=SUM(C7:C13)			=SUM(F7:F13)
应付账款	4 100	800			=B15+C15−D15+E15
应付股利	600	100			=B16+C16−D16+E16
股本	10 000	3 000			=B17+C17−D17+E17
留存收益	1 810	1 100			=B18+C18−D18+E18
权益总额	=SUM(B15:B18)	=SUM(C15:C18)			
					=SUM(F15:F21)
			=SUM(D7:D22)	=SUM(E7:E22)	

在合并资产负债表列有很多公式，其中大多数都可以使用复制命令输入。现金的公式（=B7+C7+D7−E7）是简单地将母公司的现金与子公司的现金加总，然后做相应的调整与抵销。请注意，现金正常情况下余额在借方，所以我们加上借方（+D7），减去贷方（−E7）来得到最终的合并结果。我们可以把这个公式复制之后用于所有通常余额在借方的账户（例如所有资产类账户）。

应付账款的公式（=B15+C15−D15+E15）是将母公司和子公司应付账款的余额求和，同时做调整与抵销。请注意，应付账款的余额通常在贷方，所以我们减借方（－D15），加贷方（＋E15）来得到最终的合并结果。可以复制这个命令计算所有余额在贷方的账户（例如所有负债类和权益类账户）。

下面通过讲解一道简单的题目来介绍如何设计工作底稿。2016 年 12 月 31 日母公司与子公司各自的资产负债表信息如下所示（单位：千美元）：

	母公司	子公司
现金	$ 420	$ 200
应收账款净额	500	1 300
存货	3 500	500
土地	1 500	2 000
设备净值	6 000	1 000
长期股权投资——子公司	4 590	
资产总额	$16 510	$5 000
应付账款	$ 4 100	$ 800
应付股利	600	100
股本	10 000	3 000
留存收益	1 810	1 100
权益总额	$16 510	$5 000

母公司 2016 年 1 月 1 日以 4 500 000 美元的价格收购了子公司 90%的发行在外的有表决权股票，当日子公司的所有者权益是 4 000 000 美元。子公司的所有资产和负债都按照公允价值计量（和账面价值相同）。2016 年度，子公司的净利润是 200 000 美元，宣告发放 100 000 美元的股利，股利截至 2016 年底尚未发放。由于子公司 90%股权的公允价值是 4 500 000 美元，所以子公司购买日的总公允价值为 5 000 000 美元。因为子公司的账面价值是 4 000 000 美元，所以商誉是 1 000 000 美元。

我们将这些数据输到图表 3－11 的工作底稿中。首先，将母公司与子公司各自资产负债表中的账户余额摘录出来，简单求和。接下来，考虑必要的调整与抵销。图表 3－12 展示了调整与抵销后工作底稿的最终形式，它是图表 3－11 更新了下面分录之后的样子。请注意，我们新设了一些账户，包括少数股东权益和商誉，同时复制了相关的公式。图表 3－12 中第一个工作底稿的会计分录如下所示：

a	**借：股本（－SE）**	**3 000 000**	
	留存收益（－SE）	**1 100 000**	
	商誉（＋A）	**1 000 000**	
	贷：长期股权投资——子公司（－A）		**4 590 000**
	少数股东权益（＋SE）		**510 000**

抵销长期股权投资和对应的股东权益余额，确认少数股东权益和商誉。

下面是图表 3－12 中工作底稿分录 b：

b	**借：应付股利（－L）**	**90 000**	
	贷：应收账款净额（－A）		**90 000**

抵销集团内部对应收、应付股利的重复计算。

电子表格中的公式计算了表中最后一列的合并结果。练习如何创建并使用电子表格有助于更好地理解这个工具。但实际上并不需要在所有作业中都创建试算表，我们去掉了很多不必要的内容，目的是让你能更专注于重要概念的学习。

图表 3-12 最终工作底稿 单位：千美元

母公司及子公司合并资产负债表工作底稿
2016年12月31日

	母公司	子公司	调整与抵销		合并资产负债表
			借	贷	
现金	420	200			620
应收账款净额	500	1 300		90[b]	1 710
存货	3 500	500			4 000
土地	1 500	2 000			3 500
设备净值	6 000	1 000			7 000
长期股权投资——子公司	4 590			4 590[a]	0
商誉			1 000[a]		1 000
资产总额	16 510	5 000			17 830
应付账款	4 100	800			4 900
应付股利	600	100	90[b]		610
股本	10 000	3 000	3 000[a]		10 000
留存收益	1 810	1 100	1 100[a]		1 810
权益总额	16 510	5 000			
少数股东权益				510[a]	510
					17 830
			5 190	5 190	

总结

公认会计原则通常要求使用合并财务报表来公允反映母公司与子公司的财务状况与经营成果。合并财务报表并不是仅仅将母公司与子公司单独财务报表上的项目简单加总。合并财务报表抵销了重复计算的数额，并且合并了所有没有重复计算的账户余额。我们在编制合并财务报表的过程中抵销了对子公司的长期股权投资和子公司的所有者权益，因为它们本质上反映的都是子公司净资产的数额，不能重复计算。母公司与子公司之间的销售业务与借款也会导致对相关数额的重复计算，因此在合并过程中也予以抵销。

合并资产负债表上的所有者权益余额是归属于母公司的权益份额，归属于少数股东的权益份额在合并所有者权益部分作为一个单独项目列出。合并净利润反映的是归属于整个合并集团的利润。归属于母公司的净利润和少数股东损益都是合并净利润的组成部分。母公司的净利润与留存收益分别等于归属于母公司的净利润和合并留存收益。

思考题

1. 一家公司在什么情况下会成为另一家公司的子公司？

2. 在分摊公允价值超过账面价值的合并价差时，分摊至可辨认资产及负债（例如土地、应付票据等）的全额会被分别记录在母公司的账户中吗？试着做出解释。

3. 假设子公司土地的公允价值是100 000美元，账面价值是90 000美元，母公司支付现金收购子公司的全部股权后土地应该记录在合并资产负债表上的金额是多少？如果母公司购买的是子公司80%的股权，答案会不同吗?

4. 解释母公司、子公司、联营公司和合营公司的定义。

5. 什么是少数股东权益?

6. 在什么情况下子公司的账户不会出现在合并财务报表中?

7. 合并财务报表主要面向的使用者是谁?

8. 合并资产负债表中报告的股本总额是多少?

9. “合并产生的商誉”账户会在哪一总分类账中出现?

10. 母公司对子公司的长期股权投资在合并资产负债表中应如何分类?在母公司自己的资产负债表中呢?

11. 列举在母公司与子公司各自会计记录中出现的重复计算的账户。

12. 为什么在编制资产负债表时要对一些账户做抵销处理?

13. 使用权益法核算长期股权投资时,母公司所有者权益和母公司与子公司的合并所有者权益有什么不同?

14. 使用权益法对长期股权投资进行会计处理的母公司留存收益的数额和合并留存收益的数额一样吗?

15. 少数股东损益是费用吗?试着做出解释。

16. 描述会计期末少数股东权益总额的计算过程。

17. 如果母公司以公历年度作为会计期间进行报告,而子公司的会计年度在10月31日结束,那么在编制合并财务报表时需要做哪些特殊处理?

18. 购买少数股东手中的股权可以算作企业合并吗?

注意:在做本章练习题和综合题时请参考第2章“致读者”专栏中的假设。

练习题

E3-1 基础题

1. 一家被控股75%的子公司什么时候不应该被合并?

a. 它的经营方式和母公司不一样

b. 子公司的控制权不归属于母公司

c. 子公司中存在占主导地位的少数股东

d. 合并不能提供最有意义的财务报表

2. 被控股80%的子公司未被合并,其会计处理方法为:

a. 使用权益法

b. 使用成本法

c. 母公司能施加重大影响时使用权益法

d. 子公司破产时按市价计算

3. Pop公司和它控股60%的子公司——Son公司在什么情况下不用根据公认会计原则编制合并财务报表?

a. Pop公司与Son公司的会计期间相差三个月以上

b. Pop公司是一家主营制造业务的公司,而Son公司是一家保险公司

c. Son公司是一家外国公司

d. Pop公司与Son公司成为合营企业

4. Pop公司拥有7 000股Son公司发行的普通股(70%的股权),其余的3 000股发行在外普通股属于Ott保险公司。在Pop公司的合并资产负债表中,Ott保险公司是:

a. 被投资人

b. 联营公司

c. 子公司　　d. 少数股东权益

5. 1月1日，Pop公司以超出Son公司账面价值和公允价值的价格购买了Son公司75%的发行在外的股票，使用下面的符号表示收购交易后Pop公司和子公司合并资产负债表中固定资产的数额：

P_{bv} = Pop公司固定资产账面价值

P_{fv} = Pop公司固定资产公允价值

S_{bv} = Son公司固定资产账面价值

S_{fv} = Son公司固定资产公允价值

a. $P_{bv}+S_{bv}\pm(S_{fv}-S_{bv})$　　b. $P_{bv}+0.75\times S_{bv}\pm0.75\times(S_{fv}-S_{bv})$

c. $P_{bv}+0.75\times S_{fv}$　　d. $P_{bv}+S_{bv}\pm0.75\times(S_{fv}-S_{bv})$

E3-2　基础题

1. 根据公认会计原则，母公司应该从合并报表中剔除子公司的情况为：

a. 母公司以权益法衡量对子公司的投资收益　　b. 子公司处在被管制的行业中

c. 子公司是外国主体且记账本位币为外币　　d. 母公司对子公司没有控制权

2. FASB要求将所有控股子公司纳入合并报表的首要原因是：

a. 确保披露所有或有损失

b. 阻止使用表外融资

c. 提高现金流量表的可比性

d. 为不在合并报表中纳入金融保险业的子公司建立标准

3. 母公司财务报表和合并财务报表中的哪些账户余额不一致？

a. 股本　　b. 留存收益

c. 对非合并子公司的长期股权投资　　d. 对合并子公司的长期股权投资

4. 合并资产负债表中的少数股东权益是指：

a. 低于50%的母公司股权拥有者　　b. 母公司享有的子公司的权益份额

c. 子公司应付债券的利息费用　　d. 除母公司外的所有者享有的子公司的权益份额

5. 2016年1月1日，Pam公司收购了Sun公司80%的股权，并于2016年12月31日公布了合并财务报表。Pam公司与Sun公司各自的财务报表于2015年公布，则：

a. 报告主体的改变通过重述以前时期合并财务报表的方式进行报告

b. 报告主体变化的累计影响在税前利润表中作为一个单独项目列报

c. 错误的收入效应直接记录在期初留存收益中

d. 会计变化的收入效应会覆盖当前和之后的会计期间

6. 合并利润表中的少数股东损益应如何计算？

a. 用合并净利润乘以少数股东权益份额比例

b. 用子公司净利润减去合并价差分摊额后的结果乘以少数股东权益份额比例

c. 用合并净利润扣除子公司净利润

d. 用按合并报表计算的子公司净利润乘以少数股东权益份额比例

7. 母公司及其持有60%股权的控股子公司的合并资产负债表中的留存收益应为：

a. 母公司留存收益加上100%子公司留存收益　　b. 母公司留存收益加上60%子公司留存收益

c. 母公司留存收益　　d. 合并留存收益

E3-3　【基于AICPA】基础题

1. 2016年12月31日Cobb公司与子公司间的应收账款包括：（1）预支给Hill公司的75 000美元

(Cobb公司拥有Hill公司30%的有表决权股票，并且使用权益法记录这项投资)；(2) Vick公司需要支付260 000美元管理与销售咨询服务费（Vick公司是Cobb公司控股100%的子公司，且被纳入Cobb公司合并财务报表中)；(3) 因向Ward公司赊销商品而产生的200 000美元应收款项（Ward公司是Cobb公司持股90%的非合并子公司，使用权益法记录)。2016年12月31日的合并资产负债表中，Cobb公司应列报的对被投资公司的应收账款余额为多少美元？

a. 180 000　　b. 255 000

c. 275 000　　d. 535 000

以下是问题2和问题3的信息。

2016年1月1日，Pop公司用2 400 000美元购买了Son公司的全部股票。在购买日当天，Son公司资产与负债的公允价值和账面价值相等，分别为2 640 000美元和640 000美元。Pop公司规定在10年内摊销除商誉之外的其他无形资产。2016年，Son公司支付了40 000美元现金股利。

以下是从Pop公司与Son公司2016年12月31日各自资产负债表与利润表中摘录的信息（单位：千美元）：

	Pop	Son
资产负债表账户		
长期股权投资——子公司	$2 640	—
留存收益	2480	$1 120
所有者权益总额	5 240	2 240
利润表账户		
营业利润	$ 840	$ 400
在子公司盈余中享有的权益份额	280	—
净利润	800	280

2. Pop公司2016年度的合并利润表中，商誉的摊销额是多少美元？

a. 0　　b. 24 000

c. 36 000　　d. 40 000

3. Pop公司2016年12月31日的合并资产负债表中，留存收益总额是多少美元？

a. 2 480 000　　b. 2 720 000

c. 2 760 000　　d. 3 600 000

E3-4 更正合并利润表

2016年1月1日，Pop公司以3 600 000美元的价格购买了Son公司90%的股权。获得的Son公司权益的账面价值是3 600 000美元。合并价差的分摊情况如下所示：分摊至剩余3年使用年限的被低估的设备120 000美元，分摊至商誉280 000美元。Pop公司与Son公司2016年度的利润表摘录如下（单位：千美元）：

	Pop公司	Son公司
营业收入	$8 000	$3 200
投资收益——Son公司	360	
营业成本	(4 000)	(1 600)
折旧费用	(800)	(480)
其他费用	(1 600)	(720)
净利润	$1 960	$400

要求：

1. 计算2016年12月31日Pop及其子公司合并资产负债表中的商誉数额。

2. 计算2016年度的合并净利润。

E3-5 披露合并股利

2016年12月31日，Pam公司和它拥有70%股权的子公司——Sun公司各自的财务报表上关于股利的账户余额如下所示（单位：千美元）：

	Pam公司	Sun公司
2016年股利	\$2 400	\$1 600
2016年12月31日应付股利	1 200	400

要求：

1. 计算合并留存收益表中的股利数额。

2. 计算合并资产负债表中的应付股利数额。

E3-6 编制下推会计的日记账分录和资产负债表

2015年12月31日，Son公司的资产及负债的公允价值和账面价值如下所示（单位：千美元）：

	账面价值	公允价值
现金	\$ 560	\$ 560
应收账款净额	640	640
存货	640	800
土地	1 200	1 600
建筑物净值	2 800	4 000
设备净值	1 760	2 400
	\$7 600	\$10 000
应付账款	\$ 800	\$ 800
应付票据	1 120	1 200
股本	4 000	
留存收益	1 680	
	\$7 600	

2016年1月1日，Pop公司用10 000 000美元现金购买了Son公司全部股权，收购使用下推会计记录。

要求：

1. 在Son公司账上编制1月1日会计分录以记录下推价值。

2. 使用下推会计编制1月1日购买日后Son公司的资产负债表。

E3-7 编制合并利润表（有/无合并价差）

2017年Pam公司及其控股70%的子公司的利润表信息摘要如下（单位：千美元）：

	Pam公司	Sun公司
营业收入	\$4 000	\$1 600
投资收益——Sun公司	196	—
营业成本	(2 400)	(800)
折旧费用	(200)	(160)
其他费用	(796)	(360)
净利润	\$ 800	\$ 280

要求：

1. 假设2016年1月1日Pam公司按账面价值收购了Sun公司70%的股权，此时Sun公司资产及负债的账面价值和公允价值相等。2016年与2017年没有发生集团内部交易。编制Pam公司及其子公司2017年度的合并利润表。

2. 假设2016年1月1日Pam公司以560 000美元的价格收购了Sun公司70%的股权。120 000美元的合并价差被分摊至商誉和有5年剩余使用年限的被高估的设备以调减其价值。Sun公司的账面价值是640 000美元。2016年与2017年没有发生集团内部交易。编制Pam公司及其子公司2017年度的合并利润表。

E3-8　计算有商誉和少数股东权益的合并资产负债表数额

2016年1月2日，Pop公司以1 400 000美元的价格购买了Son公司80%的股权。两个公司购买日当天的股本和留存收益如下所示（单位：千美元）：

	Pop公司	Son公司
股本	$3 600	$1 000
留存收益	1 600	200

收购日当天Son公司的资产及负债的公允价值等于账面价值。Pop公司使用权益法记录这项投资。

2016年度子公司的净利润和股利情况如下所示（单位：千美元）：

	Pop公司	Son公司
净利润	$600	$180
宣告发放的股利	360	100
2016年12月31日应付股利	180	50

要求：计算2016年12月31日合并资产负债表中的下列项目：

1. 股本
2. 商誉
3. 合并留存收益
4. 少数股东权益
5. 应付股利

E3-9　编制购买日一年后合并资产负债表中的所有者权益部分

Pam公司与Sun公司2015年12月31日的资产负债表信息摘要如下（单位：千美元）：

	Pam公司	Sun公司
现金	$1 020	$240
其他资产	800	700
资产总额	$1 820	$940
负债	$　280	$140
股本，每股面值$10	1 200	700
资本公积	200	60
留存收益	140	40
权益总额	$1 820	$940

要求：编制2016年12月31日Pam公司及其子公司合并资产负债表中的所有者权益部分。

E3-10 编制购买日三年后的合并利润表

2018年12月31日Pop公司与Son公司的利润表信息分别如下所示（单位：千美元）：

	Pop公司	Son公司
营业收入	$3 200	$1 000
投资收益——Son公司	261	—
收入总额	3 461	1 000
减：营业成本	1 800	400
营业费用	800	300
费用总额	2 600	700
净利润	$ 861	$ 300

其他信息：

1. Son公司是Pop公司控股90%的子公司，Pop公司2016年1月1日以1 620 000美元的价格对其进行了收购，当时Son公司所有者权益的账面价值是1 400 000美元。

2. 合并价差分摊至2016年已销售的被低估的存货60 000美元，分摊至剩余使用年限为4年的被低估的设备40 000美元，其余分摊至商誉。

要求：编制Pop公司及其子公司2018年度的合并利润表。

综合题

P3-1 编制购买日合并资产负债表，计算购买日一年后的合并净利润

2016年12月31日，Pam公司按账面价值购买了Sun公司80%的股权。下表是交易完成当天Pam公司与Sun公司各自资产负债表的数据（单位：千美元）。2016年12月31日，Pam公司的应付账款中有20 000美元是欠Sun公司的。

	Pam公司	Sun公司
资产		
现金	$ 128	$ 72
应收账款	180	136
存货	572	224
长期股权投资——Sun公司	800	
设备净值	1 520	700
	$3 200	$1 132
负债及所有者权益		
应付账款	$ 160	$ 132
股本，每股面值$20	1 840	600
留存收益	1 200	400
	$3 200	$1 132

要求：

1. 编制2016年12月31日Pam公司及其子公司的合并资产负债表。

2. 假设Pam公司与Sun公司在2017年分别列报了680 000美元和360 000美元的净利润（来自Sun公司的投资收益不包含在Pam公司的净利润中），计算2017年度的合并净利润。

P3-2　购买日合并价差分摊表及合并资产负债表

Pop公司2016年1月1日支付350 000美元的现金购买了Son公司70%的发行在外普通股。收购当天两家公司的资产负债表信息如下所示（单位：千美元）：

	Pop公司账面价值	Son公司	
		账面价值	公允价值
资产			
现金	$ 70	$ 40	$ 40
应收账款净额	160	60	60
存货	140	60	100
土地	200	100	120
建筑物净值	220	140	180
设备净值	160	80	60
长期股权投资——Son公司	350	—	—
资产总额	$1 300	$480	$560
负债及所有者权益			
应付账款	$ 180	$160	$160
其他负债	20	100	80
股本，每股面值$20	1 000	200	
留存收益	100	20	
权益总额	$1 300	$480	

要求：

1. 编制分摊表将合并价差分摊至可辨认和不可辨认净资产。
2. 编制2016年1月1日Pop公司及其子公司的合并资产负债表。

P3-3　编制账面价值大于公允价值的合并价差分摊表

2016年1月1日Pam公司支付10 800 000美元购买了Sun公司80%的股权。当时Sun公司净资产的账面价值与公允价值如下所示（单位：千美元）：

	账面价值	公允价值
流动资产	$ 4 000	$ 6 000
设备净值	8 000	12 000
其他固定资产净值	4 000	4 000
负债	(6 000)	(6 000)
净资产	$10 000	$16 000

要求：编制分摊表将合并价差分摊至Sun公司净资产。

P3-4　根据单独和合并资产负债表，重新编制合并价差分摊表

2016年1月1日Pam公司支付1 040 000美元现金购买了Sun公司的一部分普通股。购买当日的单独及合并资产负债表如下所示（单位：千美元）：

Pam公司及子公司2016年1月1日单独及合并资产负债表

	Pam公司	Sun公司	合并后
资产			
流动资产	$ 760	$ 400	$1 160
长期股权投资——Sun公司	1 040	—	—
固定资产净值	2 200	800	3 040
商誉	—	—	220
资产总额	$4 000	$1 200	$4 420
权益			
负债	$1 600	$ 160	$1 760
股本，每股面值$20	2 000	800	2 000
留存收益	400	240	400
少数股东权益	—	—	260
权益总额	$4 000	$1 200	$4 420

要求：重新编制合并价差分摊表。

P3-5　编制购买日一年后的合并资产负债表

2016年12月31日Pop公司与Son公司调整后的试算平衡表如下所示（单位：千美元）：

	Pop公司	Son公司
借方		
流动资产	$ 1 920	$ 800
固定资产净值	4 000	2 400
长期股权投资——Son公司	3 360	—
营业成本	2 400	2 400
其他费用	800	400
股利	400	—
	$12 880	$6 000
贷方		
负债	$ 3 600	$1 680
股本	2 400	400
留存收益	2 720	720
营业收入	4 000	3 200
投资收益——Son公司	160	—
	$12 880	$6 000

2016年1月1日，Pop公司支付3 200 000美元现金购买了Son公司的全部股权，当日Son公司的所有者权益由400 000美元股本和720 000美元留存收益组成。Son公司的资产及负债除2016年已售的被低估160 000美元的存货及剩余使用年限为4年的被低估320 000美元的固定资产外，均等于其公允价值。

要求：编制2016年12月31日Pop公司及其子公司的合并资产负债表。

P3-6　合并资产负债表工作底稿（存在商誉和股利）

2016年1月1日Pam公司支付1 800 000美元现金购买了Sun公司90%的股权，当日Sun公司的股本为1 200 000美元，留存收益为400 000美元。Sun公司资产及负债的公允价值与账面价值均相等，2016年度Sun公司列报了80 000美元净利润，并且在12月31日宣告发放40 000美元股利。2016年12月31日

Pam公司与Sun公司的资产负债表如下所示（单位：千美元）：

	Pam公司	Sun公司
资产		
现金	$ 168	$ 80
应收账款净额	200	520
存货	1 400	200
土地	600	800
设备净值	2 400	400
长期股权投资——Sun公司	1 836	—
	$ 6 604	$ 2 000
权益		
应付账款	$ 1 640	$ 320
应付股利	240	40
股本	4 000	1 200
留存收益	724	440
	$ 6 604	$ 2 000

要求：编制2016年12月31日Pam公司及其子公司的合并资产负债表工作底稿。

P3-7 计算购买日两年后可能会出现在合并报表上的项目

2016年1月3日Pop公司支付1 120 000美元现金购买了Son公司80%发行在外的股票。当天，Son公司的所有者权益包括800 000美元股本和200 000美元留存收益。

2016年与2017年两个公司发行在外的股票均没有发生任何变化。2017年12月31日，调整后的Pop公司与Son公司试算平衡表如下所示（单位：千美元）：

	Pop公司	Son公司
借方		
流动资产	$ 816	$ 300
固定资产净值	1 600	1 200
长期股权投资——Son公司（80%）	1 360	—
营业成本	1 000	480
其他费用	200	120
股利	240	100
	$ 5 216	$ 2 200
贷方		
流动负债	$ 648	$ 200
股本	2 000	800
留存收益	808	400
营业收入	1 600	800
投资收益——Son公司	160	—
	$ 5 216	$ 2 200

其他信息：

1. Son公司的所有资产及负债在2016年1月3日都按与账面价值相等的公允价值记录。
2. 2017年12月31日Son公司的流动负债中包括40 000美元应付股利。

要求：计算下列应该出现在2017年12月31日Pop公司及子公司合并报表上的项目：

1. 少数股东权益
2. 流动资产
3. 投资收益——Son公司
4. 股本
5. 长期股权投资——Son公司
6. 合并价差
7. 2017年度合并净利润
8. 2016年12月31日的合并留存收益
9. 2017年12月31日的合并留存收益
10. 2017年12月31日的少数股东权益

P3-8 【基于AICPA】编制长期股权投资的日记账分录，计算少数股东权益、合并留存收益和长期股权投资余额

2016年1月1日，Pop公司做了如下长期股权投资：

1. 用现金购买了Son公司80%的每股价值为280美元的发行在外普通股。2016年1月1日Son公司所有者权益构成如下所示：

股本，每股面值$100	$200 000
留存收益	80 000

2. 用现金购买了Sam公司70%的每股价值为160美元的发行在外普通股。2016年1月1日Sam公司所有者权益构成如下所示：

股本，每股面值$40	$240 000
资本公积	80 000
留存收益	160 000

3. 完成这些投资后，Pop公司对这两个公司都有控制权。

2016年每个公司的留存收益详情如下所示：

	Pop公司	Son公司	Sam公司
1月1日余额	$ 960 000	$ 80 000	$160 000
净利润（损失）	418 400	144 000	(48 000)
支付的现金股利	(160 000)	(64 000)	(36 000)
12月31日余额	$1 218 400	$160 000	$ 76 000

要求：

1. 2016年Pop公司应该编制什么分录以记录以下业务？

a. 对子公司的投资

b. 收到的子公司股利

c. 归属于母公司的子公司损益

2. 计算2016年12月31日每家子公司中的少数股东权益。
3. 计算2016年12月31日Pop公司及其子公司的合并留存收益数额。
4. 计算2016年12月31日合并前Pop公司对Son公司和Sam公司的长期股权投资余额。

P3-9 合并资产负债表工作底稿（将合并价差分摊至设备和商誉）

2016年1月1日Pam公司支付14 400 000美元现金购买了Sun公司90%的流通股，当时Sun公司的所有者权益包括8 000 000美元股本和2 800 000美元留存收益。3 200 000美元的合并价差被分摊至剩余使用年限为8年的被低估的设备；其余的2 000 000美元被分摊至商誉。Sun公司2016度的净利润和股利分别是2 000 000美元和800 000美元。Pam公司与Sun公司2016年12月31日的资产负债表数据如下所示

（单位：千美元）：

	Pam 公司	Sun 公司
现金	$ 1 200	$ 800
应收账款净额	2 400	1 600
应收股利	360	—
存货	2 800	2 400
土地	2 400	2 800
建筑物净值	8 000	4 000
设备净值	6 000	3 200
长期股权投资——Sun 公司	15 120	—
	$ 38 280	$ 14 800
应付账款	$ 1 200	$ 2 400
应付股利	2 000	400
股本	28 000	8 000
留存收益	7 080	4 000
	$ 38 280	$ 14 800

要求：编制 2016 年 12 月 31 日 Pam 公司及其子公司的合并资产负债表工作底稿。

P3-10 根据购买日五年后的合并资产负债表计算长期股权投资成本和余额

2020 年 12 月 31 日 Pam 公司拥有 80%股权的 Sun 公司的资产负债表包含以下项目（单位：千美元）：

现金	$ 160
存货	1 536
其他流动资产	560
固定资产净值	2 160
商誉	480
	$ 4 896
负债	$ 960
股本	3 200
留存收益	240
少数股东权益	496
	$ 4 896

Pam 公司使用权益法记录它对 Sun 公司的长期股权投资。2016 年 1 月 1 日 Pam 公司取得了 Sun 公司的股票，当时 Sun 公司的股本为 1 600 000 美元，留存收益为 160 000 美元。2016 年 1 月 1 日 Sun 公司净资产的公允价值等于其账面价值，其后 Pam 公司与 Sun 公司的流通股数量没有发生任何变化。

要求：计算以下数额：

1. 2016 年 1 月 1 日 Pam 公司购买 Sun 公司股票的价格。
2. 2020 年 12 月 31 日 Sun 公司的所有者权益总额。
3. 2020 年 12 月 31 日 Pam 公司“长期股权投资——Sun 公司”余额。
4. 2020 年 12 月 31 日 Pam 公司留存收益和股本余额。

P3-11 合并资产负债表工作底稿（合并价差及少数股东权益）

2016 年 1 月 1 日 Pop 公司以 2 800 000 美元的价格收购了 Son 公司 70%的股权，当时 Son 公司的所有者权益包括 2 000 000 美元股本和 1 200 000 美元留存收益。购买日当天，除去 2016 年已经售完的被低估 80 000 美元存货和被低估 320 000 美元的剩余使用年限为 8 年的固定资产，Son 公司其余的资产和负债账面价值都等于公允价值。2016 年度 Son 公司的净利润和股利分别为 280 000 美元和 40 000 美元。

2016 年 12 月 31 日 Pop 公司与 Son 公司分别的资产负债表信息如下所示（单位：千美元）：

	Pop 公司	Son 公司
现金	$ 240	$ 80
应收账款——顾客	1 760	800
应收账款——Pop 公司	—	40
应收股利	28	—
存货	2 000	1 280
土地	400	600
固定资产净值	2 800	1 400
长期股权投资——Son 公司	2 884	—
	$ 10 112	$ 4 200
应付账款——供应商	$ 1 200	$ 320
应付账款——Son 公司	40	0
应付股利	160	40
长期负债	2 400	400
股本	4 000	2 000
留存收益	2 312	1 440
	$ 10 112	$ 4 200

要求：编制 2016 年 12 月 31 日 Pop 公司及其子公司的合并资产负债表。

P3 - 12　已知长期股权投资三年信息，计算单独和合并报表项目

2016 年 1 月 1 日至 2018 年 12 月 31 日 Pam 公司的“长期股权投资——Sun 公司”账户变化摘要如下（单位：千美元）：

长期股权投资——Son 公司（80%）			
2016 年 1 月 1 日	6 080		
2016 年度收益	512	2016 年股利	256
2017 年度收益	640	2017 年股利	320
2018 年度收益	768	2018 年股利	384
		余额	7 040
	8 000		8 000
2018 年 12 月 31 日结转余额	7 040		

其他信息：

1. Pam 公司收购 Sun 公司 80%股权时，Sun 公司的股本为 4 800 000 美元，留存收益为 2 400 000 美元。
2. 2016—2018 年 Sun 公司宣告发放的股利都是其当年净利润的 50%。
3. 2016 年 1 月 1 日 Sun 公司的资产及负债的账面价值等于其公允价值。

要求：计算下列数额：

1. Sun 公司 2017 年宣告发放的股利。
2. Sun 公司 2017 年度净利润。

3. 2017年12月31日的商誉。

4. 2018年度少数股东损益。

5. 2018年12月31日的少数股东权益。

6. 2018年度合并净利润。假设Pam公司2018年度的净利润为2 240 000美元，不包括从Sun公司取得的投资收益。

专业研究任务

参考FASB ASC回答以下问题，将适当的参考内容包含在你的答案里。

PR3-1　本章中我们大多假设购买发生在1月2日，那么企业合并应该在哪天记录？

PR3-2　对于非全资控股的子公司，母公司需要披露哪些必要的信息？

第4章

合并财务报表——技术与程序

学习目标

1. 编制完全权益法下购买年度的合并工作底稿。
2. 编制购买后年度的合并工作底稿。
3. 查找合并工作底稿中的错误。
4. 将合并价差分摊至可辨认净资产。
5. 编制合并现金流量表。
6. 对学生：创建电子扩展表来编制合并工作底稿。
7. 附录 A：理解另一种可替代使用的试算平衡表工作底稿格式。
8. 附录 B：编制母公司使用成本法或部分权益法时的合并工作底稿。

本章讨论了母公司和子公司的合并报表编制程序。合并过程中的结果差异是由于母公司对子公司的长期股权投资采取了不同的会计记录方法。本章讨论的是完全权益法下母公司/投资方的合并工作底稿以建立一个合并过程的标准。因子公司独立记账产生的错误与疏漏导致的复杂情况和子公司净资产公允价值的分摊也将在本章有所涉及。附录 B 阐述了母公司使用成本法或部分权益法时编制合并财务报表的流程。

第 3 章介绍了资产负债表工作底稿如何汇总合并资产负债表所需要的信息。本章会介绍一种汇总合并资产负债表、利润表、留存收益表的工作底稿。合并现金流量表将在之后的章节进行讨论。

4.1　权益法下的合并财务报表

下面通过介绍母公司使用权益法记录其对子公司投资的例子来阐述合并财务报表的基本编制流程。

□ 权益法——购买年度

2016 年 1 月 1 日，Pop 公司支付 176 000 美元购买了 Son 公司 80%的流通股，Son 公司的所有者权益包括 120 000 美元股本和 60 000 美元留存收益。Son 公司的公允价值总额为 220 000（176 000÷80%）美元。我们将 40 000 美元的合并价差分摊至之前未记录的剩余使用年限为 10 年的专利。Son 公司的净利润和股利如下所示：

	2016	2017
净利润	$ 50 000	$ 60 000
股利	30 000	30 000

Pop 公司与 Son 公司 2016 年的合并财务报表如图表 4-1 前三列所示。Pop 公司 2016 年从 Son 公司获得的投资收益为 36 800 美元，即 Son 公司 2016 年度净利润 50 000 美元的 80%减去 3 200 美元（40 000÷10×80%）的专利摊销额。2016 年 12 月 31 日，Pop 公司的“长期股权投资——Son 公司”账户余额为 188 800美元，包括 176 000 美元投资成本加上来自 Son 公司的投资收益 36 800 美元，再减去 2016 年收到的 Son 公司分配的 24 000 美元股利。

使用不同的合并方法和不同的调整与抵销分录都可以编制出正确的合并财务报表。工作底稿中的合并与抵销分录并不会影响母公司与子公司总账上的实际账户余额。在工作底稿中，调整与抵销账户余额仅仅意味着单独公司列报的数额：(1) 在录入合并财务报表栏前已进行调整；(2) 已进行抵销并且不会出现在合并财务报表栏中。一个单独的工作底稿分录通常会调整一些项目并且抵销其他的项目，所以区分工作底稿分录到底是调整还是抵销分录并不重要，重要的是理解合并的过程并且掌握编制工作底稿的技能。

图表 4-1　Pop 公司及其子公司 2016 年度合并工作底稿　　单位：千美元

	Pop 公司	80% Son 公司	调整与抵销		合并财务报表
			借	贷	
利润表					
收入	$500	$130			$ 630
投资收益——Son 公司	36.8		36.8[a]		
费用	(400)	(80)	4[d]		(484)
少数股东损益（$46 000×20%）			9.2[b]		(9.2)
合并净利润	**$136.8**	**$50**			**$ 136.8**
留存收益表					
留存收益——Pop 公司	$ 10				$ 10
留存收益——Son 公司		$ 60	60[c]		
加：合并净利润	**136.8**	**50**			**136.8**
减：股利	(60)	(30)		24[a]	
				6[b]	(60)
12 月 31 日留存收益	**$ 86.8**	**$ 80**			**$ 86.8**
资产负债表					
现金	$ 78	$20			$ 98
其他流动资产	180	100			280
长期股权投资——Son 公司	188.8			12.8[a]	
				176[c]	
固定资产	600	200			800
累计折旧	(100)	(60)			(160)
专利权			40[c]	4[d]	36
	$946.8	$260			$1 054
负债	$160	$ 60			$ 220
股本	700	120	120[c]		700
留存收益	**86.8**	**80**			**86.8**
	$946.8	$260			
1 月 1 日少数股东权益（$220 000×20%）				44[c]	
12 月 31 日少数股东权益				3.2[b]	47.2
			270	270	$1 054

图表 4-1 中的合并工作底稿格式将在本章出现的合并财务报表中广泛应用。工作底稿中的合并净利润和期末留存收益行用加粗字体来表明并不需要对这些行做直接调整或抵销。因为合并净利润等于合并收入减合并费用，如果要调整，只能对单独的收入和费用账户进行调整，而不是调整净利润。

合并资产负债表同样反映了合并留存收益。合并资产负债表中的合并留存收益计算过程如下所示：

期初合并留存收益
加：归属于母公司的净利润（或减去归属于母公司的净损失）
减：母公司股利
期末合并留存收益

在上述工作底稿中，归属于母公司的净利润不做调整，直接列入合并工作底稿中的留存收益表部分。同样，期末留存收益也不做任何调整与抵销直接列入资产负债表中。工作底稿中每一行的合并余额都是由母公司与子公司的余额加总后减去适当的调整与抵销数额得到的。

在完全权益法下，母公司的留存收益等于合并留存收益。由于 Pop 公司（图表 4-1）正确使用了权益法，其净利润 136 800 美元等于归属于母公司的净利润。它的期初与期末留存收益余额分别为 10 000 美元和 86 800 美元，分别等于期初和期末的合并留存收益余额。

图表 4-1 中的第一个工作底稿分录如下所示：

a　借：投资收益——Son 公司（－R，－SE）	**36 800**	
贷：股利（＋SE）		**24 000**
长期股权投资——Son 公司（－A）		**12 800**

抵销来自 Son 公司的投资收益与股利，同时将长期股权投资调整至期初余额。

本书中所有工作底稿分录都用加粗字体显示，以和母子公司的单独分录区分。抵销投资收益是因为合并利润表显示的是收入与费用的详细情况，而不是单行合并中"投资收益——Son 公司"账户的余额。同时，母公司从子公司收到的股利也会被抵销，因为这是合并主体内部的资金转移。

母公司账上确认的当期长期股权投资变动额是来自子公司的投资收益与收到的股利的差额；长期股权投资贷记 12 800 美元将期初余额调整至 176 000 美元，从而建立了 2016 年 1 月 1 日"长期股权投资——Son 公司"与 Son 公司所有者权益账户的对应关系。

图表 4-1 中的工作底稿分录 b 如下所示：

b　借：少数股东损益（－SE）	**9 200**	
贷：股利（＋SE）		**6 000**
少数股东权益（＋SE）		**3 200**

记录少数股东在子公司收益与股利中享有的权益份额。

分录 b 将少数股东享有的子公司净利润份额与子公司宣告发放的股利份额直接列入合并工作底稿，通过合并工作底稿分录来阐述少数股东权益的组成部分。

本书中的少数股东权益在资产负债表中使用。要注意在已公布的合并资产负债表或合并利润表中通常并不列示少数股东权益或少数股东损益，因为其金额并不大。

公认会计原则指出，少数股东权益可以更好地反映现代商业的复杂性。出于特殊的商业目的，很多公司创立了特殊目的主体（SPEs）。例如，SPEs 可能用于租赁、资产证券化、研发、套期保值或者其他商业活动。安然公司使用 SPEs 来开展能源期货交易和建立联营企业，使得 SPEs 声名大噪（也可以说是声名狼藉）。由于这些合营企业并不在合并范围内，安然公司得以将数百亿美元的负债作为表外负债而不列入资产负债表中，向投资者隐瞒了巨大的商业风险。

公认会计原则明确规定将可变利益主体定义为特殊目的主体的一个子集，并且应包含在合并财务报表中，"通常情况下，拥有多数表决权意味着拥有财务控制权"[①]。公认会计原则随后阐明："但对于几种特定主体而言，多数表决权的规定不一定能识别拥有财务控制权的利益方，因为财务控制权的获取可以通过

① 从投资方对被投资方进行会计处理的角度看，当投资方拥有多数表决权时，非控股股东拥有一定的批准权和投票否决权。EITF ABSTRACTS.，Issue No. 96-16，© 2010 FASB.

签订合同的方式来实现，不涉及表决权”[①]（ASC 801 - 10 - 05）。通过其他合同条款，投资方即使只拥有一小部分表决投票权也可以拥有对主体的财务控制权。[②] 第11章中讨论了可变利益主体的更多细节。这种有表决权但不具有多数控制权的情况使得公认会计原则更倾向于使用控制权和非控制权的说法，而不是多数和少数权益。

工作底稿分录c如下所示：

c　借：期初留存收益——Son公司（－SE）	**60 000**	
股本——Son公司（－SE）	**120 000**	
专利权（＋A）	**40 000**	
贷：长期股权投资——Son公司（－A）		**176 000**
少数股东权益（＋SE）		**44 000**

抵销重复计算的权益和对应的长期股权投资余额，确认少数股东权益期初余额，记录未摊销的专利权。

这个分录抵销了重复计算的长期股权投资和对应的权益余额，记录了未摊销的专利权的年初金额，同时将少数股东权益的公允价值作为单独项目列示。值得注意的是，抵销的长期股权投资、权益和确认的少数股东权益均为期初余额，因此，专利权未摊销额也应该是期初金额。

很多会计倾向于只抵销子公司股本和留存收益中归属于母公司的部分，同时将未抵销的数额直接转入少数股东权益中。尽管这只是一个偏好问题，但本书使用的方法强调在编制合并财务报表的过程中抵销子公司所有的所有者权益类。

图表4-1中的工作底稿分录d将当年的专利权摊销额确认为费用，同时将未摊销专利权余额从2016年1月1日的40 000美元减少至2016年12月31日的36 000美元。

d　借：费用（E，－SE）	**4 000**	
贷：专利权（－A）		**4 000**

确认当期专利权摊销额。

在权益法下，尽管Pop公司在账上记录了专利权摊销额，但仍需要这个工作底稿分录来调整合并费用。Pop公司的专利权摊销额反映在“投资收益——Son公司”账户中，工作底稿分录a在合并时为了详细分解列示收入和费用项目而抵销了这个账户。

□ 工作底稿分录顺序

图表4-1中的工作底稿分录顺序既是有必要的，也是有逻辑性的。分录a调整了“长期股权投资——Son公司”账户2016年的变动额，将其调整至正确的期初余额；分录c抵销了该账户调整后的余额，同时在工作底稿中记录了未摊销专利权的期初余额，随后，分录d记录了当期专利权的摊销额并在资产负债表中记录减计摊销额后的专利权余额。如果在合并过程中遇到其他复杂情况，工作底稿调整与抵销的顺序可以参照下面进行安排：

1. 调整母公司与子公司独立报表中存在的错误与疏漏
2. 抵销集团内部损益
3. 抵销来自子公司的投资收益和股利，将对子公司的长期股权投资调整为期初余额

---

① FASB ASC 810. Originally Statement of Financial Accounting “Consolidation.” Stamford，CT：Financial Accounting Standards Board，2016.

② 例如，收购方成为可变利益主体的主要受益人。

4. 记录归属于少数股东的子公司收益与股利份额

5. 抵销重复计算的对子公司的长期股权投资与相应的子公司权益

6. 记录并分摊合并价差（来自步骤5）

7. 抵销其他重复计算的余额（集团内部应收、应付款项，收入、费用等）

尽管合并过程中的工作底稿分录编制顺序并不固定，但上述编制顺序适用于各种情况。在学习编制合并报表的过程中应学会并熟练运用上述顺序。

在合并资产负债表中，少数股东权益余额等于期初余额加上少数股东损益减去少数股东得到的股利。如果某个会计期间内母公司对子公司的控股权增加，少数股东权益份额应该反映资产负债表日的情况，即将少数股东损益和股利按照期末少数股东权益比例为基础进行计算。注意，少数股东权益要以公允价值计量。

将子公司纳入合并范围后，我们总要抵销"长期股权投资——子公司"账户。尽管长期股权投资可能需要做一些调整来建立相对关系，但它永远不会出现在合并资产负债表中。同样，来自子公司的投资收益也在合并过程中被抵销。合并净利润通过从合并收入中扣除合并费用计算得出，而不是通过调整母公司与子公司独立的净利润得出。随后，再将合并净利润按照权益份额分配给控股股东（母公司）和少数股东。

合并资产负债表中出现的股本和资本公积都是母公司的股本和资本公积。根据公认会计原则（ASC 810-10-05），少数股东权益必须作为合并所有者权益表中的一个项目来报告。

□ 权益法——购买后年度

Pop公司2017年维持对Son公司80%的股权，当年记录的来自Son公司的投资收益为44 800美元（Son公司净利润60 000美元的80%减去专利权摊销额）。2017年12月31日，Pop公司的"长期股权投资——Son公司"账户余额为209 600美元，计算过程如下所示：

2016年1月1日投资成本	$176 000
2016年投资收益——Son公司	36 800
2016年收到的Son公司股利	−24 000
2016年12月31日长期股权投资——Son公司	188 800
2017年投资收益——Son公司	44 800
2017年收到的Son公司股利	−24 000
2017年12月31日长期股权投资——Son公司	$209 600

2017年Pop公司与Son公司的唯一一笔内部交易是Pop公司在第三季度向Son公司发放了20 000美元的无息贷款。

2017年度Pop公司与Son公司的合并工作底稿如图表4-2所示。

合并中不存在内部损益或错误、疏漏，因此第一个抵销来自子公司的投资收益和股利的工作底稿分录如下所示：

a	**借：投资收益——Son公司（−R，−SE）**	**44 800**	
	贷：股利（+SE）		**24 000**
	长期股权投资——Son公司（−A）		**20 800**

抵销来自子公司的投资收益和股利，调整长期股权投资至期初余额。

这个分录将长期股权投资余额调整为2016年12月31日的188 800美元，同时建立了和子公司所有者权益的对应关系。

图表4-2　Pop公司及其子公司2017年度合并工作底稿　　单位：千美元

	Pop公司	80% Son公司	调整与抵销 借	调整与抵销 贷	合并财务报表
利润表					
收入	$600	$150			$ 750
投资收益——Son公司	44.8		44.8[a]		
费用	(488)	(90)	4[d]		(582)
少数股东损益（$56 000×20%）			11.2[b]		(11.2)
合并净利润	**$156.8**	**$ 60**			**$ 156.8**
留存收益表					
留存收益——Pop公司	$ 86.8				$ 86.8
留存收益——Son公司		$ 80	80[c]		
加：合并净利润	**156.8**	**60**			**156.8**
减：股利	(90)	(30)		24[a] 6[b]	(90)
12月31日留存收益	$153.6	$110			$ 153.6
资产负债表					
现金	$ 90	$ 40			$ 130
应收票据——Son公司	20			20[e]	
其他流动资产	194	140			334
长期股权投资——Son公司	209.6			20.8[a] 188.8[c]	
固定资产	600	200			800
累计折旧	(120)	(80)			(200)
专利权			36[c]	4[d]	32
	$993.6	$300			$1 096
应付票据——Pop公司		$ 20	20[e]		
负债	$140	50			$ 190
股本	700	120	120[c]		700
留存收益	**153.6**	**110**			**153.6**
	$993.6	**$300**			
1月1日少数股东权益（$236 000×20%）				47.2[c]	
12月31日少数股东权益				5.2[b]	52.4
			316	**316**	**$1 096**

分录b确认了归属于少数股东的子公司净利润与分配的股利份额：

b　借：少数股东损益（－SE）　　11 200

**　　贷：股利（＋SE）　　6 000**

**　　　　少数股东权益（＋SE）　　5 200**

确认归属于少数股东的子公司净利润与股利份额。

分录 c 抵销了“长期股权投资——Son 公司”和 Son 公司所有者权益：

c　借：留存收益——Son 公司（－SE）	**80 000**	
股本——Son 公司（－SE）	**120 000**	
专利权（＋A）	**36 000**	
贷：长期股权投资——Son 公司（－A）		**188 800**
少数股东权益（＋SE）		**47 200**

抵销重复计算的长期股权投资和对应的权益余额，记录少数股东权益期初余额和未摊销专利权数额。

分录 c 抵销了 2016 年 12 月 31 日的“长期股权投资——Son 公司”账户余额和 Son 公司的所有者权益余额，同时记录了 2016 年 12 月 31 日的少数股东权益期初额；36 000 美元的合并价差反映了 2016 年 12 月 31 日的未摊销专利权数额。分录 d 将摊销后的余额调整为 2017 年 12 月 31 日的 32 000 美元：

d　借：费用（－E，－SE）	**4 000**	
贷：专利权（－A）		**4 000**

记录当期摊销额。

最终的工作底稿分录抵销了集团内部交易产生的往来款项，因为对于合并主体而言，这笔款项既不是负债也不是资产：

e　借：应付票据——Pop 公司（－L）	**20 000**	
贷：应收票据——Son 公司（－A）		**20 000**

抵销重复计算的应收和应付账户余额。

公司间的贷款是无息的，所以应付和应收票据是公司间交易产生的唯一一组对应账户。如果贷款是有息的，我们还需要建立对应的利息收入和利息费用，应付利息和应收利息账户。

比较图表 4－2 和图表 4－1 中的合并工作底稿，注意图表 4－1 中 2016 年 12 月 31 日的少数股东权益余额等于图表 4－2 中少数股东权益的期初余额。同时，图表 4－1 中合并资产负债表的未摊销专利权余额等于图表 4－2 中的未摊销专利权期初余额。

4.2　查找错误

合并工作底稿的最后一部分是合并资产负债表。合并报表过程中的很多错误都会导致合并资产负债表中的借贷余额不平。如果合并资产负债表借贷余额在重新加总计算后仍然不平，应该重新检查合并资产负债表中的各个项目，确保所有项目都被列入表中。可能产生的各种疏漏，例如少数股东损益未列入合并利润表，或少数股东权益未列入合并资产负债表，是由于这些项目并不出现在母公司与子公司独立的财务报表中。通过加总调整与抵销列来检查合并工作底稿中分录的借贷是否平衡。尽管将工作底稿分录合理编号在很大程度上消除了这种错误产生的可能性，但很多会计人员仍然倾向于将抵销与调整列加总作为一种常规的工作底稿防错程序。

4.3　将合并价差分摊至可辨认净资产

公认会计原则（ASC 805－10－55）要求企业至少简要披露子公司的购买价格，尤其是与商誉和其他无形资产相关的价格，并特别要求企业在购买年度披露子公司的公允价值，列示主要资产、负债分摊数额的简要资产负债表，购买的研发项目金额以及分摊给主要无形资产类目的数额。公认会计原则（ASC 350－10－05）进一步要求，商誉作为资产负债表中一个单独项目出现（假设其重要）。企业必须在资产负债表中披露重大的少数股东权益，并且报告合并净利润中归属于少数股东的部分。

例如，2014年通用电气列报了765.53亿美元的商誉和141.56亿美元的其他无形资产。除其他无形资产外单独列示商誉反映了新的公认会计原则（ASC 350－10－05）的披露规定。通用电气同时也在资产负债表中列报了86.74亿美元的少数股东权益。

到目前为止的讨论都假设企业将合并价差分摊至未记录的专利权。分摊合并价差至特定资产和负债的合并工作底稿程序与分摊至专利权的程序相似。但工作底稿分录更复杂，因为它们影响了更多的账户并且需要额外的分摊、摊销和计提折旧。我们用Pam公司和它控股90%的Sun公司的例子来阐述这些复杂的工作底稿。

2016年12月31日Pam公司用360 000美元现金购买了Sun公司90%的股权，当时，Sun公司的所有者权益包括200 000美元股本和50 000美元留存收益。这个购买价格意味着Sun公司的公允价值为400 000美元（360 000÷90%）。在购买日当天，Sun公司部分资产的公允价值和账面价值及其差额如下所示（单位：千美元）：

	公允价值	账面价值	被低估（高估）
存货	$ 60	$ 50	$ 10
土地	60	30	30
建筑物净值	180	100	80
设备净值	70	90	(20)
	$ 370	$ 270	$ 100

根据这些信息，Pam公司将150 000美元的合并价差分摊至可辨认净资产与商誉，分摊情况如下所示（单位：千美元）：

	被低估（高估）	合并价差分摊额	使用年限
存货	$ 10	$ 10	2017年售完
土地	30	30	无
建筑物净值	80	80	20年
设备净值	(20)	(20)	10年
商誉		50	无
		$ 150	

这个表格同时也显示了被高估和低估资产的使用年限。

□ 购买日合并

图表4－3是2016年12月31日Pam公司完成对子公司购买当日的合并资产负债表。合并价差的分摊情况比较复杂，因此在工作底稿上设置"未分摊合并价差"账户作为过渡。

第一个工作底稿分录抵销了重复计算的"长期股权投资——Sun公司"账户和Sun公司所有者权益账户，确认了10%的Sun公司少数股东权益（基于公允价值），同时借记150 000美元的合并价差到"未分摊合并价差"账户。第二个工作底稿分录将合并价差分摊至可辨认净资产和商誉，分录中的分摊数额为初始数额，因为是在Pam公司购买子公司后立刻编制的。

图表 4-3 2016 年 12 月 31 日 Pam 公司及其子公司合并资产负债表工作底稿 单位：千美元

	Pam 公司	90% Sun 公司	调整与抵销 借	调整与抵销 贷	合并资产负债表
资产					
现金	$ 25	$ 5			$ 30
应收账款净额	90	25			115
存货	80	50	10[b]		140
土地	60	30	30[b]		120
建筑物净值	200	100	80[b]		380
设备净值	135	90		20[b]	205
长期股权投资——Sun 公司	360			360[a]	
商誉			50[b]		50
未分摊合并价差			150[a]	150[b]	
资产总额	$ 950	$ 300			$ 1 040
负债及所有者权益					
应付账款	$ 130	$ 50			$ 180
股本——Pam 公司	700				700
留存收益——Pam 公司	120				120
股本——Sun 公司		200	200[a]		
留存收益——Sun 公司		50	50[a]		
少数股东权益				40[a]	40
负债及所有者权益总额	$ 950	$ 300	570	570	$ 1 040

□ 购买日后合并

2017 年 Sun 公司列报了 60 000 美元的净利润，同时在 1 月 1 日和 12 月 1 日均宣告发放 10 000 美元的股利（2017 年共 20 000 美元）。Sun 公司在 7 月 1 日发放了 6 月 1 日宣告的股利，但是 12 月 1 日宣告的股利直到 2017 年 12 月 31 日都未支付。2017 年，Sun 公司售完了被低估的存货，但被低估的土地、建筑和被高估的设备直到 2017 年 12 月 31 日都在使用中。在合并日，建筑物的剩余使用年限为 20 年，设备为 10 年。

2017 年，Sun 公司通过无息票据向 Pam 公司借了 20 000 美元。Sun 公司在 12 月 30 日偿还了该票据，但偿还支票在 2017 年 12 月 31 日前尚未到达 Pam 公司，因此没有在 Pam 公司的资产负债表中反映出来。

2017 年 Pam 公司编制了如下日记账分录记录其对 Sun 公司的投资：

7 月 1 日

借：现金（＋A）	9 000	
贷：长期股权投资——Sun 公司（－A）		9 000

记录收到的 Sun 公司股利（10 000×90%）。

12 月 31 日

借：长期股权投资——Sun 公司（＋A）	43 200	
贷：投资收益——Sun 公司（R，＋SE）		43 200

记录从 Sun 公司获得的投资收益，计算过程如下：

Sun 公司净利润	$ 60 000
分摊合并价差：	
存货（全部确认）	－10 000
建筑物（80 000÷20）	－4 000
设备（20 000÷10）	＋2 000

2017年调整后投资收益——Sun公司	$48 000
Pam公司权益份额（48 000×90%）	$43 200

这些分录说明Pam公司使用了单行合并来记录2017年从Sun公司获得的43 200美元投资收益，但它并没有记录12月1日Sun公司宣告发放的股利，所以Pam公司高估了2017年12月31日对Sun公司的长期股权投资9 000美元（12月1日Sun公司宣告发放股利10 000美元的90%）。图表4-4是Pam公司和子公司2017年度合并工作底稿，其中Pam公司的“长期股权投资——Sun公司”账户余额为394 200美元（360 000美元投资成本加上43 200美元投资收益，减去9 000美元收到的股利），而正确的金额应为385 200美元。工作底稿分录a记录了对高估金额的调整：

图表4-4　Pam公司及其子公司2017年度合并工作底稿　　单位：千美元

	Pam公司	90% Sun公司	调整与抵销 借	调整与抵销 贷	合并财务报表
利润表					
营业收入	$900	$300			$1 200
投资收益——Sun公司	43.2		43.2[c]		
营业成本	(600)	(150)	10[f]		($760)
营业费用	(190)	(90)	4[g]	2[h]	(282)
少数股东损益（$48 000×10%）			4.8[d]		(4.8)
合并净利润	**$153.2**	**$ 60**			**$ 153.2**
留存收益表					
留存收益——Pam公司	$120				$ 120
留存收益——Sun公司		$ 50	50[e]		
合并净利润	**153.2**	**60**			**153.2**
股利	(100)	(20)		18[c] 2[d]	(100)
12月31日留存收益	**$173.2**	**$ 90**			**$ 173.2**
资产负债表					
现金	$ 13	$ 15	20[b]		$ 48
应收账款净额	76	25			101
应收票据——Sun公司	20			20[b]	
存货	90	60			150
土地	60	30	30[f]		120
建筑物净值	190	110	80[f]	4[g]	376
设备净值	150	120	2[h]	20[f]	252
长期股权投资——Sun公司	394.2			9[a] 25.2[c] 360[e]	
应收股利			9[a]	9[i]	
商誉			50[f]		50
未分摊合并价差			150[e]	150[f]	
	$993.2	$360			$1 097
应付账款	$120	$ 60			$ 180
应付股利		10	9[i]		1
股本	700	200	200[e]		700
留存收益	**173.2**	**90**			**173.2**
	$993.2	$360			
1月1日少数股东权益				40[e]	
12月31日少数股东权益				2.8[d]	42.8
			662	662	$1 097

a　借：应收股利（+A）　9 000

贷：长期股权投资——Sun 公司（−A）　9 000

更正未记录应收股利的长期股权投资。

这个分录和之前出现的工作底稿分录不同，因为它是一项真实的调整，会出现在Pam公司的账面上。

b　借：现金（+A）　20 000

贷：应收票据——Sun 公司（−A）　20 000

工作底稿分录b也是一项真实的调整，在Pam公司的账面上和工作底稿上都会出现。如果Pam公司没有在它的账面上记录分录a和b，就要在2018年收到9 000美元股利和20 000美元支票时记录。因此在年末检查和子公司的交易事项时，要确保母公司和子公司的会计记录如实反映了所有交易事项。

分录c抵销了来自Sun公司的投资收益和Sun公司股利的90%，同时调整"长期股权投资——Sun公司"账户至360 000美元的期初余额。分录d确认了Sun公司净利润和宣告发放股利中归属于少数股东的部分。分录e抵销了重复计算的"长期股权投资——Sun公司"账户和对应的Sun公司所有者权益，同时确认10%少数股东权益的期初余额，记录150 000美元的合并价差：

c　借：投资收益——Sun 公司（−R，−SE）　43 200

贷：股利（+SE）　18 000

长期股权投资——Sun 公司（−A）　25 200

抵销来自Sun公司的投资收益和股利，调整长期股权投资至期初余额。

d　借：少数股东损益（−SE）　4 800

贷：股利（+SE）　2 000

少数股东权益（+SE）　2 800

记录归属于少数股东的Sun公司净利润和股利份额。

e　借：留存收益——Sun 公司（−SE）　50 000

股本——Sun 公司（−SE）　200 000

未分摊合并价差（+A）　150 000

贷：长期股权投资——Sun 公司（−A）　360 000

1月1日少数股东权益（+SE）　40 000

抵销重复计算的长期股权投资和对应的所有者权益，记录少数股东权益期初余额、合并价差。

我们在工作底稿分录e中确认合并价差，在分录f中将合并价差分摊至可辨认净资产和商誉，并在分录g和h中记录当期分摊额。为了便于编制工作底稿分录以及后续合并报表，可以编制如下分摊表：

	2016年12月31日 合并价差	2017年 分摊	2017年12月31日 未分摊合并价差
存货	$ 10 000	$ 10 000	$ —
土地	30 000	—	30 000
建筑物净值	80 000	4 000	76 000
设备净值	(20 000)	(2 000)	(18 000)
商誉	50 000	—	50 000
	$ 150 000	$ 12 000	$ 138 000

除了将10 000美元的合并价差分摊至营业成本，图表4-4中的工作底稿分录f与合并资产负债表工作底稿图表4-3中的分摊完全一致。由于2016年12月31日被低估的存货在2017年全部售完，所

以我们将10 000美元的合并价差在2017年的合并利润表中分摊至营业成本。工作底稿分录f如下所示：

f	借：营业成本（E，－SE）	10 000
	土地（＋A）	30 000
	建筑物净值（＋A）	80 000
	商誉（＋A）	50 000
	贷：设备净值（－A）	20 000
	未分摊合并价差（－A）	150 000
	分摊合并价差至可辨认净资产和商誉。	

工作底稿分录g对分摊至被低估建筑物的80 000美元合并价差计提了折旧，增加了营业费用；分录h对分摊至被高估设备的20 000美元减计了折旧，减少了营业费用。分录g和之前调整专利权摊销额的分录相同，除了贷方科目为"建筑物净值"。我们也可以通过贷记累计折旧来达成相同的结果。工作分录h通过借记2 000美元设备净值，贷记营业费用从而调整了被高估的设备余额。从程序上看，它和调整被低估建筑物折旧的分录g完全相反。

g	借：营业费用（E，－SE）	4 000
	贷：建筑物净值（－A）	4 000
	记录将合并价差分摊至建筑物的当期折旧额。	
h	借：设备净值（＋A）	2 000
	贷：营业费用（－E，＋SE）	2 000
	记录将合并价差分摊至设备的当期折旧额。	

工作底稿分录i抵销了对应的应收和应付股利：

i	借：应付股利（－L）	9 000
	贷：应收股利（－A）	9 000

没有抵销的1 000美元股利属于少数股东，将其放在合并负债中是因为它代表合并主体之外的负债。

4.4 合并现金流量表

我们使用合并利润表和合并资产负债表而不是母子公司各自的报表来编制合并现金流量表。除很少的例外情况，编制合并现金流量表的过程和编制单独主体现金流量表基本相同。

图表4-5展示了Pop公司和它控股80%的子公司2016年和2017年12月31日的合并资产负债表，2017年度的合并利润表。我们使用合并资产负债表年初和年末余额来计算当年的变动额，合并现金流量表要对这些变动做出解释。其他和编制合并现金流量表相关的信息如下所示：

1. 2017年，Son公司向合并主体外的企业出售土地获得10 000美元现金，该土地成本为20 000美元。

2. 2017年1月8日，为了购买新设备，Pop公司发行了价格为30 000美元、期限为两年的票据。

3. 合并产生的专利权摊销额为每年10 000美元。

4. Pop公司收到来自被投资公司的10 000美元股利。

5. 除以上提及内容之外的固定资产变动额均为折旧所致。

我们编制现金流量表时会用到一个概念：现金和现金等价物。公认会计原则规定了两种报告经营活动产生的净现金流的方式。间接法以合并净利润为起点，调整不产生或者不占用现金的项目，得出经营活动产生的净现金流作为最终结果。直接法将收到的货款、投资收益与支付的货款、薪酬费用等相抵销，得出经营活动产生的净现金流作为最终结果。尽管公认会计原则表达过对使用直接法报告经营活动产生的净现金流的偏好（ASC 230－10－45），但大多数公司仍使用间接法来呈现现金流量表。

图表 4－5 Pop公司及其子公司合并资产负债表和合并利润表

单位：千美元

	2017	2016	年内增（减）变化额
合并资产负债表			
现金	$ 255	$ 180	$ 75
应收账款净额	375	270	105
存货	250	205	45
权益投资	100	95	5
土地	80	100	(20)
建筑物净值	200	220	(20)
设备净值	800	600	200
专利权	90	100	(10)
	$2 150	$1 770	$380
应付账款	$ 250	270	$(20)
应付股利	20	20	—
应付票据（2019年到期）	300	—	300
普通股	500	500	—
资本公积	300	300	—
留存收益	670	600	70
少数股东权益——20%	110	80	30
	$2 150	$1 770	$380
2017年度合并利润表			
营业收入			$750
投资收益			15
收入总额			765
减营业成本及费用：			
营业成本		$300	
折旧费用		120	
专利权摊销额		10	
薪酬费用		54	
其他营业费用		47	
利息费用		24	
土地处置损失		10	(565)
合并净利润			200
减：少数股东损益			(50)
归属于母公司的净利润			150
1月1日合并留存收益			600
减：支付的现金股利			(80)
12月31日合并留存收益			$670

□ 合并现金流量表——间接法

图表 4－6 展示了使用间接法编制的 Pop 公司及其子公司的合并现金流量表。这份报表基于图表 4－5 的 2017 年度合并资产负债表的变动额和 2017 年度合并利润表编制。图表 4－7 展示了编制合并现金流量表需要的信息和步骤，我们直接使用图表 4－7 中经营活动现金流量净额、投资活动现金流量净额以及筹资活动现金流量净额来编制合并现金流量表。

图表 4－6　2017 年度 Pop 公司及其子公司合并现金流量表　　单位：千美元

经营活动现金流		
合并净利润		$150
将合并净利润调整至经营活动现金流：		
少数股东损益	$50	
未分配利润——被投资方	(5)	
土地处置损失	10	
设备折旧额	100	
建筑物折旧额	20	
专利权摊销额	10	
应收账款增加额	(105)	
存货增加额	(45)	
应付账款减少额	(20)	15
经营活动现金流量净额		165
投资活动现金流		
土地处置收入	$10	
投资活动现金流量净额		10
筹资活动现金流		
支付的现金股利——控股股东	$(80)	
支付的现金股利——少数股东	(20)	
筹资活动现金流量净额		(100)
2017 年现金增加额		75
2017 年 1 月 1 日现金		180
2017 年 12 月 31 日现金		$255
非现金投资和筹资活动明细		
为购买 $300 000 的设备发行两年期应付票据		

合并利润表中的少数股东损益是经营活动产生的现金流的增加项，因为少数股东损益和归属于母公司的净利润都会增加合并资产和负债。我们也会类似地在筹资活动产生的现金流中扣除分配给少数股东的股利。

□ 直接法与间接法下的投资收益与股利

使用间接法编制合并现金流量表时要特别注意投资收益。投资收益会增加利润但不会增加现金，因为长期股权投资中已经反映了这部分增加额。反之，从子公司收到的股利会增加现金但不增加利润，因为长期股权投资中已经反映了减少额。

在间接法下计算经营活动产生的现金流时要在合并净利润基础上加（或者减）这些项目的净额。加上收到股利超过投资收益的部分，减去投资收益超过股利的部分。使用直接法编制现金流量表时，我们简单地将从子公司收到的股利作为经营活动的现金流入。

图表 4-7　2017 年度 Pop 公司及其子公司合并现金流量表（间接法）工作底稿　　单位：千美元

	年内变动额	调整项目		经营活动现金流	投资活动现金流	筹资活动现金流
		借	贷			
资产变动额						
现金	75					
应收账款净额	105		105[k]			
存货	45		45[l]			
权益投资	5		5[e]			
土地	(20)	20[f]				
建筑物净值	(20)	20[i]				
设备净值*	200	100[h]	300[g]			
专利权	(10)	10[j]				
资产变动额合计	380					
权益变动额						
应付账款	(20)		20[m]			
应付股利	0					
应付票据（2019 年到期）*	300	300[g]				
普通股	0					
资本公积	0					
留存收益	70	150[a]	80[b]			
少数股东权益	30	50[c]	20[d]			
权益变动额合计	380					
合并净利润			150[a]	150		
少数股东损益			50[c]	50		
投资收益		5[e]		(5)		
土地处置损失			10[f]	10		
设备折旧额			100[h]	100		
建筑物折旧额			20[i]	20		
专利权摊销额			10[j]	10		
应收账款增加额		105[k]		(105)		
存货增加额		45[l]		(45)		
应付账款减少额		20[m]		(20)		
土地处置收入			10[f]		10	
支付的股利——控股股东		80[b]				(80)
支付的股利——少数股东		20[d]				(20)
		925	925	165	10	(100)
经营活动现金流量净额				$165		
投资活动现金流量净额				10		
筹资活动现金流量净额				(100)		
2017 年现金增加额＝上述现金变动额总计				$ 75		

注：*非现金投资和筹资交易：为购买 $300 000 的设备发行两年期应付票据。

□ 合并现金流量表——直接法

图表4-8展示了使用直接法编制的Pop公司及其子公司合并现金流量表。除经营活动现金流部分，它和图表4-6完全一致。在直接法下，我们将合并利润表中影响现金流的项目从权责发生制转为收付实现制，在附注或者现金流量附表中列报这些项目作为补充。图表4-9是使用直接法编制合并现金流量表的工作底稿。我们用工作底稿的后三栏来编制现金流量表。

图表4-8　2017年度Pop公司及其子公司合并现金流量表　单位：千美元

经营活动现金流		
从顾客处收到的现金		$645
从被投资方处收到的股利		10
减：支付给供应商的现金	$365	
支付给职工的现金	54	
支付给其他经营项目的现金	47	
支付利息费用的现金	24	(490)
经营活动现金流量净额		165
投资活动现金流		
土地处置收入	$ 10	
投资活动现金流量净额		10
筹资活动现金流		
支付的现金股利——控股股东	$(80)	
支付的现金股利——少数股东	(20)	
筹资活动现金流量净额		(100)
2017年现金增加额		75
2017年1月1日现金		180
2017年12月31日现金		$255
非现金投资和筹资活动明细		
为购买$300 000的设备发行两年期应付票据		
将合并净利润调整至经营活动现金流量净额		
合并净利润		$150
将合并净利润调整至经营活动现金流量净额：		
少数股东损益	$ 50	
未分配利润——被投资方	(5)	
土地处置损失	10	
设备折旧额	100	
建筑物折旧额	20	
专利权摊销额	10	
应收账款增加额	(105)	
存货增加额	(45)	
应付账款减少额	(20)	15
经营活动现金流量净额		$165

比较图表4-6和图表4-8的现金流量表可以观察到，投资活动和筹资活动现金流部分二者完全相同。最大的差异在于经营活动现金流以及直接法下将合并净利润调整至经营活动现金流量净额的附表。尽管如图表4-8般用直接法列示不太常见，但它更容易理解。

图表4-9　2017年度Pop公司及其子公司现金流量表（直接法）工作底稿　　单位：千美元

	年内变动额	调整项目		经营活动现金流	投资活动现金流	筹资活动现金流
		借	贷			
资产变动额						
现金	75					
应收账款净额	105		105[a]			
存货	45		45[c]			
权益投资	5		5[b]			
土地	(20)	20[h]				
建筑物净值	(20)	20[f]				
设备净值*	200	100[e]	300[d]			
专利权	(10)	10[g]				
资产变动额合计	380					
权益变动额						
应付账款	(20)		20[c]			
应付股利	0					
应付票据（2019年到期）*	300	300[d]				
普通股	0					
资本公积	0					
留存收益**	70					
少数股东权益	30	50[i]	20[j]			
权益变动额合计	380					
留存收益变动额**						
营业收入	750	105[a]		645		
投资收益	15	5[b]		10		
营业成本	(300)	65[c]		(365)		
设备折旧额	(100)		100[e]			
建筑物折旧额	(20)		20[f]			
专利权摊销额	(10)		10[g]			
薪酬费用	(54)			(54)		
其他营业费用	(47)			(47)		
利息费用	(24)			(24)		
土地处置损失	(10)		10[h]			
少数股东损益	(50)		50[i]			
Pop公司支付的股利	(80)		80[k]			
留存收益变动额	70					
支付的股利——控股股东		80[k]				(80)
支付的股利——少数股东		20[j]				(20)
土地处置收入			10[h]		10	
		775	775	165	10	(100)

注：* 非现金投资和筹资交易：为购买＄300 000的设备发行两年期应付票据。

** 留存收益变动额表示留存收益调整额。

4.5 编制合并工作底稿

这一部分将会介绍如何建立三步式工作底稿来编制合并资产负债表、留存收益表和利润表。此工作底稿的基本模式和第 3 章中编制购买日合并资产负债表的工作底稿相同。图表 4－10 中工作底稿的前两栏数字记录了母公司和其控股 70%的子公司的试算表信息，大部分的数字直接摘自母公司与子公司的试算平衡表。需要注意的是，虽然母公司仅拥有子公司 70%的股权，但是子公司的相关金额均按 100%记录，在计算合并金额时对非母公司控股的 30%股权进行调整。调整与抵销两栏被用来记录合并过程中的借、贷方调整项，最后一列为最终计算出的合并财务报表金额。工作底稿从上至下分成三个部分来编制相应的合并财务报表。注意加粗显示的项目：**归属于母公司的净利润**（controlling share of net income），12 月 31 日留存收益，资产总额和权益总额，这些项目不是直接输入而是通过计算得到的。

图表 4－10　2016 年度母子公司合并工作底稿

	母公司	子公司（70%）	调整与抵销		合并财务报表
			借	贷	
利润表					
营业收入					=B6+C6−D6+E6
投资收益					=B7+C7−D7+E7
营业成本					=B8+C8−D8+E8
营业费用					=B9+C9−D9+E9
少数股东损益					=B10+C10−D10+E10
归属于母公司的净利润	=SUM(B6:B10)	=SUM(C6:C10)			=SUM(F6:F10)
留存收益表					
留存收益——母公司					=B13+C13−D13+E13
留存收益——子公司					=B14+C14−D14+E14
归属于母公司的净利润	=B11	=C11			=F11
股利					=B16+C16−D16+E16−D17+E17
12 月 31 日留存收益	=SUM(B13:B16)	=SUM(C13:C16)			=SUM(F13:F17)
资产负债表					
现金					=B20+C20+D20−E20
应收账款净额					=B21+C21+D21−E21
存货					=B22+C22+D22−E22
固定资产净值					=B23+C23+D23−E23
长期股权投资					=B24+C24+D24−E24+D25−E25
					=B26+C26+D26−E26
资产总额	=SUM(B20:B26)	=SUM(C20:C26)			=SUM(F20:F26)
应付账款					=B28+C28−D28+E28
其他负债					=B29+C29−D29+E29
股本，每股面值＄10					=B30+C30−D30+E30
资本公积					=B31+C31−D31+E31
留存收益	=B18	=C18			=F18
权益总额	=SUM(B28:B32)	=SUM(C28:C32)			
少数股东权益					=B34+C34−D34+E34−D35+E35
			=SUM(D6:D35)	=SUM(E6:E35)	=SUM(B28:F35)

图表4-10展示了编制工作底稿需要用到的电子表格公式。注意其中的大部分都可以通过复制粘贴得到。前两列数字中的归属于母公司的净利润、12月31日留存收益、资产总额和权益总额都是相关余额求和的结果。同样需要注意的是，工作底稿中留存收益表的归属于母公司的净利润和资产负债表的留存收益金额分别由利润表和留存收益表结转而来。调整与抵销栏均包含一个求和公式来计算合计数，这对于验证借贷是否平衡非常实用（确保结转过程中不出现错误）。

在合并财务报表栏中有许多计算公式，其中的大部分可以通过复制粘贴得到。和前两列数字一样，归属于母公司的净利润、12月31日留存收益、资产总额和权益总额都是相关余额简单求和得到的，工作底稿中留存收益表的归属于母公司的净利润和资产负债表的留存收益金额分别由利润表和留存收益表结转而来。营业收入的公式（＝B6＋C6－D6＋E6）即将母公司与子公司各自的营业收入相加后做相应的调整与抵销。注意营业收入的余额通常在贷方，所以调整时要减去借方调整项（－D6），加上贷方调整项（＋E6）以得出合并金额。同样的公式可以在所有余额在贷方的账户计算中使用（如收入、负债和所有者权益）。

在工作底稿的利润表部分使用同样的基本公式来计算营业成本和其他费用，因为费用在录入时金额为负数。

观察资产负债表部分，计算现金的公式（＝B20＋C20＋D20－E20）反映了现金的余额通常在借方，因此要在调整时加上借方调整项，减去贷方调整项。其他资产账户的余额公式也可以通过复制指令来输入。最后，注意图表4-10中长期股权投资的公式，它比现金的计算公式要长一些，说明了在一个账户存在多个借贷调整项目时应如何修改计算公式。

我们通过下面的例子来讨论如何完成工作底稿。Pop公司及其子公司Son公司2016年12月31日各自的试算平衡表如下所示（单位：千美元）：

	Pop公司	Son公司
营业收入	$3 100	$1 000
投资收益——Son公司	105	—
应付账款	300	180
其他负债	200	120
股本，每股面值$10	1 500	500
资本公积	200	40
1月1日留存收益	650	110
	$6 055	$1 950
现金	455	$ 150
应收账款净额	600	300
营业成本	2 000	650
股利	300	100
存货	240	200
长期股权投资——70%Son公司	490	—
营业费用	770	200
固定资产净值	1 200	350
	$6 055	$1 950

2016年1月1日，Pop公司以价值455 000美元的有表决权股票收购了Son公司70%的股份，此时Son公司所有者权益的账面价值为650 000美元。通过购买价格可知Son公司的公允价值为650 000美元（455 000÷70%）。Son公司其他的资产与负债在收购时均按公允价值（等于账面价值）列示。

我们将数据录到图表4-11的工作底稿中。图表4-11是来自图表4-10的工作底稿模板，要在第一列和第二列录入例子的数据。首先从利润表开始，收入以正数表示，费用以负数表示；净利润为收入与费用的简单加总。随后将计算出的净利润填入留存收益表中，不需要做额外调整。

图表 4-11　2016 年度 Pop 公司及其子公司合并工作底稿　　单位：千美元

	Pop 公司	70% Son 公司	调整与抵销		合并财务报表*
			借	贷	
利润表					
营业收入	3 100	1 000			4 100
投资收益——Son 公司	105	0			105
营业成本	(2 000)	(650)			(2 650)
营业费用	(770)	(200)			(970)
净利润	**435**	**150**			**585**
留存收益表					
留存收益——Pop 公司	650				650
留存收益——Son 公司		110			110
净利润	435	150			585
股利	(300)	(100)			(400)
12 月 31 日留存收益	**785**	**160**			**945**
资产负债表					
现金	455	150			605
应收账款净额	600	300			900
存货	240	200			440
固定资产净值	1 200	350			1 550
长期股权投资	490				490
					0
资产总额	**2 985**	**1 000**			**3 985**
应付账款	300	180			480
其他负债	200	120			320
股本，每股面值 $10	1 500	500			2 000
资本公积	200	40			240
留存收益	785	160			945
权益总额	**2 985**	**1 000**			**3 985**

注：*注意合并财务报表栏列示的是调整与抵销前的金额。

留存收益的期初值来自 Pop 公司与 Son 公司各自的试算平衡表。股利记为负数，因为它们减少了留存收益。留存收益的期末余额是简单加总后得到的。随后将留存收益期末值填入工作底稿的资产负债表部分，同样不需要做额外调整。

资产负债表中的余额直接摘自 Pop 公司与 Son 公司各自的试算平衡表。资产、负债与权益均以正数记录，资产总额与权益总额都是简单加总后得到的。

Pop 公司 2016 年获得了 105 000 美元的投资收益，即 Son 公司 2016 年度的净利润 150 000 美元乘以 70%控股比例。2016 年 12 月 31 日 Pop 公司长期股权投资中包括 455 000 美元投资成本以及 105 000 美元投资收益，再减去 2016 年从子公司收到的 70 000 美元股利。

在工作底稿中将净利润的结果直接填入留存收益表部分，不需要做其他调整。将留存收益期末结果直接填入资产负债表部分，同样不需要做其他抵销或调整。请注意，工作底稿中每一行的合并数都是由 Pop 公司和 Son 公司的账户余额相加后再做相应的调整或抵销后得到的。

最后，我们需要核对并检查所有的调整与抵销项。图表 4-12 展示了调整与抵销后的最终工作底稿，是简化版的图表 4-11，反映了下述分录。注意有一些新的账户被添加进来：利润表部分增加了“少数股东损益”账户，资产负债表中增加了“少数股东权益”账户，同时复制了所有相关的费用和所有者权益账户计算公式。图表 4-11 中第一个工作底稿分录如下所示：

a　借：投资收益——Son 公司（—R，—SE）　105 000

**　　贷：股利（+SE）　70 000**

**　　　　长期股权投资——Son 公司（—A）　35 000**

抵销来自 Son 公司的投资收益和股利，调整长期股权投资至期初余额。

母公司账上确认的投资收益和收到子公司股利的差额即为长期股权投资当期的变动额。贷记长期股权投资 35 000 美元将余额调整为期初余额，同时建立 2016 年 1 月 1 日长期股权投资和 Son 公司所有者权益的对应关系。

图表 4-12　2016 年度 Pop 公司及其子公司合并工作底稿　单位：千美元

	Pop 公司	70% Son 公司	调整与抵销 借	调整与抵销 贷	合并财务报表
利润表					
营业收入	3 100	1 000			4 100
投资收益——Son 公司	105		105[a]		0
营业成本	(2 000)	(650)			(2 650)
营业费用	(770)	(200)			(970)
少数股东损益			45[b]		(45)
净利润	**435**	**150**			**435**
留存收益表					
留存收益——Pop 公司	650				650
留存收益——Son 公司		110	110[c]		0
净利润	435	150			435
股利	(300)	(100)		70[a]	
				30[b]	(300)
12 月 31 日留存收益	**785**	**160**			**785**
资产负债表					
现金	455	150			605
应收账款净额	600	300			900
存货	240	200			440
固定资产净值	1 200	350			1 550
长期股权投资	490			35[a]	0
				455[c]	
资产总额	**2 985**	**1 000**			**3 495**
应付账款	300	180			480
其他负债	200	120			320
股本，每股面值为 10	1 500	500	500[c]		1 500
资本公积	200	40	40[c]		200
留存收益	785	160			785
权益总额	**2 985**	**1 000**			
少数股东权益				195[c]	210
				15[b]	
			800	**800**	**3 495**

图表 4-12 中的工作底稿分录 b 如下所示：

b　借：少数股东损益（—SE）　45 000

**　　贷：股利（+SE）　30 000**

**　　　　少数股东权益（+SE）　15 000**

记录归属于少数股东的 Son 公司净利润和股利份额。

分录b将少数股东享有的Son公司损益和股利份额纳入合并工作底稿中。

工作底稿分录c如下所示：

c 借：留存收益——Son公司（－SE）	**110 000**	
股本——Son公司（－SE）	**500 000**	
未分摊合并价差（＋A）	**40 000**	
贷：长期股权投资——Son公司（－A）		**455 000**
1月1日少数股东权益（＋SE）		**195 000**

抵销重复计算的长期股权投资和所有者权益，记录少数股东权益期初余额。

这个分录抵销了重复计算的投资和权益余额，录入了期初的未分摊合并价差（本例中为0），同时将少数股东权益期初（650 000×30%）余额作为单独项目列示。可以观察到分录c抵销了重复计算的投资和所有者权益，并且确认了少数股东权益的期初余额。

完全权益法下母公司的留存收益即为合并留存收益数额。由于Pop公司正确使用了权益法，其435 000美元的净利润即为合并净利润。Pop公司期初和期末的留存收益余额650 000美元、785 000美元分别等于合并留存收益金额。

通过电子表格中的公式所以得到最后一栏的合并结果。现在工作底稿完成了，你可能想针对一些问题尝试创建新底稿以证明自己已经掌握了编制原理。但并不是所有问题都需要创建电子表格，为了简化学习，突出高级会计学习的重点，许多问题都配有工作底稿模板。

总结

使用工作底稿的目的在于编制有意义的合并财务报表，工作底稿只是整理和计算数据的工具。明确这一目的后，即使没有工作底稿，也可以得到合并报表的正确金额。

本章假设母公司使用完全权益法记录其对子公司的长期股权投资，合并现金流量表使用合并资产负债表和合并利润表编制。

附录A

试算平衡表工作底稿格式

本章的正文部分讨论了使用工作底稿编制合并报表的方法。本部分将讨论另外一种使用母公司和子公司试算平衡表的工作底稿格式。

用试算平衡表法编制的合并工作底稿将调整后的子公司试算平衡表整合到一起。财务报表法和试算平衡表法最终会得到相同的结果，主要是看使用者的选择。如果有完整的财务报表，那么财务报表法更为简单，因为它可以提供合并过程中需要考虑的母公司与子公司净利润、留存收益、资产和权益信息。如果能取得试算平衡表中出现的账户信息，那么试算平衡表法相对来说更为简便。

本部分将会展示财务报表法和试算平衡表法的转换过程。要注意的是我们只调整与抵销账户余额，由于净利润并不是一个账户余额，所以它不适用于调整。假设所有名义账户都允许调整，唯一会出现在调整后试算平衡表中的留存收益的金额是其期初余额。因此，无论使用试算平衡表法还是财务报表法，调整与抵销的部分均相同。因为我们从期初留存收益开始调整真实的账户余额。

□ 合并举例——试算平衡表格式和权益法

图表 4A－1 阐述了使用试算平衡表格式的合并工作底稿。2016 年 1 月 1 日，Pop 公司收购了 Son 公司 90%的股权，购买价格超出 Son 公司 40 000 美元的账面价值 20 000 美元，合并价差被分摊至剩余使用年限为 10 年的专利权。

自购买日至 2017 年 12 月 31 日，Pop 公司的长期股权投资变化如下所示：

2016 年 1 月 1 日投资成本	$54 000
加：2016 年度的利润［90%×(Son 公司$10 000 净利润－$2 000 专利权摊销额)］	7 200
2016 年 12 月 31 日投资余额	61 200
加：2017 年度的利润［90%×(Son 公司$20 000 净利润－$2 000 专利权摊销额)］	16 200
减：收到 Son 公司发放的股利（90%×$10 000）	－9 000
2017 年 12 月 31 日投资余额	$68 400

图表 4A－1 2017 年度 Pop 公司及其子公司合并工作底稿 单位：千美元

	Pop 公司	90% Son 公司	调整与抵销		利润表	留存收益表	资产负债表
借方							
现金	$ 6.8	$ 20					$26.8
应收账款	30	15		5[f]			40
存货	50	25					75
固定资产	75	45					120
长期股权投资	68.4			7.2[b]			
				61.2[d]			
营业成本	80	30		14[a]	$(96)		
营业费用	19.6	20	2[e]		(41.6)		
股利	15	10		9[b]		$(15)	
				1[c]			
专利权			18[d]	2[e]			16
	$344.8	$165					$277.8
贷方							
累计折旧	$ 25	$ 11					$36
应付账款	45	34	5[f]				74
股本	100	30	30[d]				100
留存收益——Son 公司	38.6	20	20[d]			38.6	
营业收入	120	70	14[a]		176		
投资收益	16.2		16.2[b]				
	$344.8	$165					
1 月 1 日少数股东权益				6.8[d]			
少数股东损益（$18 000×10%）			1.8[c]		(1.8)		
合并净利润					$36.6	36.6	
12 月 31 日合并留存收益						$60.2	60.2
12 月 31 日少数股东权益（6.8＋0.8）				0.8[c]			7.6
			107	107			$277.8

图表 4A－1 的工作底稿反映了一些其他的假设：Pop 公司 2017 年卖给 Son 公司 14 000 美元的商品，2017 年 12 月 31 日 Son 公司仍欠 Pop 公司 5 000 美元货款。Son 公司将商品销售给它的顾客，因此合并主

体在 2017 年实现了全部销售利润。

图表 4A－1 的前三栏展示了母公司与子公司各自调整后的试算平衡表。借方账户在上半部分列示，贷方账户在借方账户下面列示。少数股东权益年初余额、少数股东损益、合并净利润、合并留存收益和少数股东权益年末余额在最底部单独列示。

使用试算平衡表法编制合并财务报表的分录与使用财务报表法的分录相同。但试算平衡表法下的账户根据借贷余额进行分类，因此账户的位置和财务报表法下的账户位置有所不同。同时，试算平衡表中仅包括期初留存收益余额。

2017 年 12 月 31 日 Pop 公司与子公司的试算平衡表工作底稿分录如下所示：

a	**借：营业收入（－R，－SE）**	**14 000**	
	贷：营业成本（－E，＋SE）		**14 000**

抵销重复计算的集团内部交易购销货款。

b	**借：投资收益——Son 公司（－R，－SE）**	**16 200**	
	贷：股利（＋SE）		**9 000**
	长期股权投资——Son 公司（－A）		**7 200**

抵销来自 Son 公司的投资收益与股利，同时将长期股权投资调整至期初余额。

c	**借：少数股东损益（－SE）**	**1 800**	
	贷：股利（＋SE）		**1 000**
	少数股东权益（＋SE）		**800**

确认归属于少数股东的子公司净利润与股利份额。

d	**借：留存收益——Son 公司（－SE）**	**30 000**	
	股本——Son 公司（－SE）	**20 000**	
	专利权（＋A）	**18 000**	
	贷：长期股权投资——Son 公司（－A）		**612 000**
	少数股东权益（＋SE）		**6 800**

抵销重复计算的长期股权投资和对应的权益余额，记录少数股东权益期初余额，录入未摊销专利权数额。

e	**借：营业费用（－E，－SE）**	**2 000**	
	贷：专利权（－A）		**2 000**

记录当期专利权摊销额。

f	**借：应付账款（－L）**	**5 000**	
	贷：应收账款（－A）		**5 000**

抵销重复计算的应收与应付账款余额。

录入所有的调整与抵销项后，将没有抵销的项目转入利润表、留存收益表和资产负债表相关栏目中。接下来，将分录 c 中的少数股东损益在利润表列中作为一个减项扣除。

试算平衡表法在这里显现出一些不足，在计算少数股东损益之前，必须通过利润和费用数据来计算出子公司 20 000 美元的净利润，并且调整专利权摊销额 2 000 美元。在财务报表法下可以直接计算少数股东损益。

加总利润表列，并将合计结果转入留存收益表列。计算 12 月 31 日的少数股东权益（6.8＋0.8＝7.6），并将结果转入资产负债表列。最后，加总贷方和借方数额，完成工作底稿。通过合并利润表、合并留存收益表、合并资产负债表来完成合并财务报表的编制。

附录 B

□ 编制合并财务报表——母公司使用部分权益法或成本法

公认会计原则对合并商业主体的财务列报提出了要求，但并不对母公司日常的内部报告作强制要求。之前讨论的是母公司使用完全权益法的合并流程，那些例子将在此处再次使用以阐述母公司使用部分权益法或成本法时的合并流程。

□ 部分权益法下的合并

使用完全权益法时，母公司的净利润等于合并净利润；母公司的留存收益等于合并留存收益。母公司的净利润、留存收益与合并净利润、留存收益并不始终数额相等。当使用部分权益法或成本法记录对子公司的长期股权投资时，二者数额就不相等。例如，母公司使用权益法时不一定会在自己的账上分摊合并价差，也不一定抵销集团内部交易的利润或损失。这些缺漏会导致权益法无法正确使用。

使用部分权益法或成本法记录对子公司的长期股权投资一开始不一定会出现严重问题，因为无论母公司如何记录其对子公司的股权投资，会计都会编制正确的合并财务报表。同样，只要面向股东和投资者的合并财务报表是正确的且已经过审计，就不会违反公认会计原则的要求。

部分权益法——购买年度

为阐述部分权益法下的合并工作流程，我们使用本章中前面出现过的Pop-Son公司例子中的信息，唯一不同的是Pop公司没有在它自己的账上分摊专利权。2016年度Pop公司的利润表显示其确认了40 000美元的投资收益和140 000美元的净利润，而不是图表4-1中使用完全权益法时的36 800美元和136 800美元。2016年12月31日Pop公司的长期股权投资（192 000美元而不是188 800美元）和留存收益（90 000美元而不是86 800美元）均反映了3 200美元的差额。

在会计编制子公司与母公司的合并财务报表时，第一件要做的事就是确认母公司使用什么方法记录其对子公司的投资。通过简单确认母公司享有的子公司净利润的份额和子公司确认的净利润之间的关系，通常可以判断出母公司使用的会计记录方法。Pop公司记录的40 000美元投资收益等于子公司2016年50 000美元净利润的80%，说明母公司使用了部分权益法。同时，2016年12月31日长期股权投资192 000美元的余额比当时的标的权益要高3 200美元，说明专利权没有摊销。

权益法转换 当母公司没有使用权益法记录其对子公司的投资时，一个简单编制合并工作底稿的方法是将母公司的账户在第一个工作底稿分录中转换为权益法下的账户。其余的工作底稿分录同母公司一开始就使用权益法时相同。如果Pop公司使用了部分权益法，转化为权益法的第一个工作底稿分录如下所示：

a	**借：投资收益——Son公司（－R，－SE）**	**3 200**	
	贷：长期股权投资——Son公司（－A）		**3 200**

更正在Pop公司账上漏记的专利权摊销额。

这个分录将母公司的账户转换成完全权益法下的账户，2016年其他的分录都和图表4-1中的一样。上述工作底稿分录同时也会出现在Pop公司的账上作为单行合并来转变为权益法。如果Pop公司2016年的结账已完成，Pop公司账上的更正分录应是借记留存收益3 200美元，贷记长期股权投资3 200美元。

部分权益法——购买后年度

部分权益法对购买后年度的合并工作底稿有更大的影响，因为遗漏会影响母公司投资和留存收益的期初余额。2017年12月31日Pop公司的长期股权投资余额为216 000美元，而权益法下图表4-2中的余额为209 600美元。6 400美元的差额反映了母公司没有记录的2016年与2017年专利权摊销额。这项遗漏对母公司2017年的期初留存收益造成了3 200美元的影响，并对2017年母公司的期末留存收益造成了6 400美元的影响。

转换为权益法 我们可以通过合并过程中的第一个分录将母公司账户转换为权益法下的账户，来编制2017年度的合并工作底稿。第一个工作底稿分录更正了Pop公司账上的遗漏，如下所示：

a	借：投资收益——Son公司（－R，－SE）	3 200	
	留存收益（－SE）	3 200	
	贷：长期股权投资——Son公司（－A）		6 400

更正由于漏记当前年度专利权摊销额而影响的投资收益，以及受以前年度专利权摊销额影响的Pop公司留存收益期初余额。

其余的抵销分录同图表4-2中的相同，最终会得到正确的合并财务报表。

□ 成本法下的合并

与权益法强调同一管理层控制下的经济主体概念不同，使用成本法记录对子公司的长期股权投资时强调法律主体概念。在成本法下，母公司仅在子公司宣告发放股利时确认利润。除非子公司发放股利使留存收益减少并低于购买日的余额，或子公司的重大永久性损失影响了子公司的股本，否则投资都将保持不变。使用成本法时，母公司的利润表上会出现股利收入而不是投资收益。

使用成本法、部分权益法和完全权益法的差别体现在母公司的长期股权投资和留存收益余额中。其他的资产负债表账户不会受到影响。

成本法下编制合并报表的一种简单方法是转换为权益法，此时第一笔合并工作底稿分录是将成本法转换为完全权益法，剩余的工作底稿分录同权益法下完全相同。

成本法——转换为权益法

购买年度 我们可以通过工作底稿的第一个分录将成本法转换为权益法来编制合并工作底稿。其余的工作底稿分录和使用权益法时相同。在购买年度将成本法转化为权益法可以简化为用成本来记录初始投资。Pop公司在其账上记录2016年的股利收入24 000美元时，没有确认其享有的子公司未分配净利润的权益份额[80%×(50 000美元利润－30 000美元股利)]，也没有记录4 000美元的专利权摊销额。因此，Pop公司收到的24 000美元股利收入和成本法下记录的124 000美元净利润导致Pop公司享有的Son公司未分配净利润的权益份额在扣除专利权摊销额后被低估了12 800美元。转为权益法需要的工作底稿分录如下所示：

a	借：股利收入（－R，＋SE）	24 000	
	长期股权投资——Son公司（＋A）	12 800	
	贷：投资收益——Son公司（＋R，＋SE）		36 800

更正成本法下的收益和投资。

购买后年度 从成本法到权益法的转换在购买后年度的合并工作底稿中更为复杂。这是因为成本法不能正确表述母公司以前年度利润，同时不能确认母公司享有的子公司未分配净利润的权益份额或是合并价差的分摊额。成本法对资产负债表的影响体现在长期股权投资和留存收益期末余额中。因此，购买后年度从成本法到权益法的转换要求对以前年度的影响做出调整，同时也要求对当年发生的影响长期股权投资的事项做出调整。我们使用 2017 年 Pop-Son 公司的例子来分析成本法到权益法转换过程中的工作底稿，减项使用括号表示。

	2016 年 12 月 31 日 Pop 公司留存收益	长期股权投资	投资收益	股利收入
以前年度影响				
Son 公司 2016 年＄20 000 未分配利润的 80%（见注）	＄16 000	＄16 000		
2016 年专利权摊销额（80%）	(3 200)	(3 200)		
当年影响				
将股利重分类为投资减项（＄30 000×80%）		(24 000)		＄(24 000)
2017 年投资收益（＄60 000×80%）		48 000	＄48 000	
2017 年专利权摊销额（80%）		(3 200)	(3 200)	
2017 年工作底稿调整项	＄12 800	＄33 600	＄44 800	＄(24 000)

注：一个公司的未分配利润在留存收益余额中反映，因此购买日至以后评估日期间的子公司留存收益变动额即为成本法转换为权益法时子公司未分配利润的变动额。本例中的计算公式为 80%×（2016 年 12 月 31 日 80 000 美元留存收益－2016 年 1 月 1 日60 000美元留存收益）。

上述分析表提供了工作底稿分录 a 的基础信息：

a 借：股利收入（－R，－SE）	**24 000**	
长期股权投资——Son 公司（＋A）	**33 600**	
贷：投资收益——Son 公司（R，＋SE）		**44 800**
留存收益——Pop 公司（＋SE）		**12 800**

按权益法更正收益和投资。

2017 年其他的工作底稿分录和图表 4－2 中使用权益法时相同。如果公司决定从成本法转为权益法，可以在 2017 年结账之前在其账上记录分录 a，也可以在结账后借记长期股权投资，贷记留存收益 33 600 美元。

思考题

1. 如果母公司在账上已经记录了子公司的专利权摊销额，为什么在合并工作底稿中仍然需要对专利权摊销额做出调整？

2. 如何将少数股东损益记入合并工作底稿？

3. 工作底稿中对子公司的长期股权投资、投资收益和子公司的所有者权益的处理程序是怎样的？

4. 如果母公司使用权益法但不在其账上分摊合并价差，它的净利润和留存收益将不会等于合并净利润和合并留存收益。这个结果会如何影响合并工作底稿程序？

5. 工作底稿中的调整与抵销项会被记到母公司的账上吗？

6. 既然在财务报表法与试算平衡表法下采用工作底稿编制出的合并报表完全相同，为什么仍需要学习这两种方法？

7. 合并工作底稿中的调整与抵销项在采用财务报表法和试算平衡表法的工作底稿中有什么不同？

8. 在编制合并工作底稿时，何时需要调整母公司的留存收益？请解释母公司留存收益与合并留存收益的关系。

9. 完成合并工作底稿后，如何检验资产负债表中合并留存收益与少数股东权益余额的准确性？

10. 在确定经营活动现金流量时，为什么应该将少数股东损益与合并净利润相加？

11. 归属于母公司的净利润衡量了归属于母公司的净利润，现金流量表中的现金变动是否也与母公司其他股东相关？

12. 可以通过检查母公司与子公司独立的账簿来判断母公司使用何种方法记录其对子公司的长期股权投资吗？

13. 成本法下母公司长期股权投资与子公司的所有者权益之间的对应关系是如何建立的？

练习题

E4-1 基础题

1. 合并工作底稿分录通常：

a. 过入一个或多个附属公司的总分类账中

b. 仅在使用财务报表法编制工作底稿时过入总分类账中

c. 仅在使用试算平衡表法编制工作底稿时过入总分类账中

d. 不影响任何附属公司的总分类账

2. 工作底稿技术假定名义账户：

a. 在采用财务报表式工作底稿时不结清　　b. 在采用试算平衡表式工作底稿时不结清

c. 在所有情况下均不结清　　d. 将被结清

3. 合并财务报表中的大多数错误会在以下哪种情况下显现出来：

a. 合并资产负债表金额不平

b. 合并净利润与母公司净利润不相等

c. 资产负债表中的留存收益与留存收益表中的金额不相等

d. 调整与抵销栏借贷方合计数不相等

4. 合并工作底稿中的净利润：

a. 在母公司使用成本法时应进行调整　　b. 在母公司使用权益法时应进行调整

c. 在所有情况下均应进行调整　　d. 不是账户余额因而无须进行调整

5. 在合并工作底稿中，子公司独立报表中的所有者权益：

a. 记入母公司的股东权益账户　　b. 被抵销

c. 仅抵销少数股东权益部分　　d. 抵销母公司持有的股权部分

6. 在合并工作底稿中，投资收益：

a. 增加长期股权投资余额　　b. 增加母公司留存收益账户期初余额

c. 在控股股东与少数股东之间分配　　d. 被抵销

7. 在合并工作底稿中，长期股权投资：

a. 在控股股东与少数股东权益之间分配　　b. 总是被抵销

c. 过到合并资产负债表中　　d. 在使用财务报表式合并工作底稿时被抵销

8. 合并工作底稿中的合并净利润可以通过以下哪种方法得到：

a. 母公司与子公司利润加总　　b. 从合并收入中减去合并费用与少数股东损益

c. 调整母公司净利润　　d. 从母公司净利润中扣除少数股东损益

9. 合并工作底稿中的期末合并留存收益通过以下哪种方式得到：

a. 期初合并留存收益加上合并净利润减去母公司收到的股利

b. 各附属公司期末留存收益之和

c. 根据子公司利润和股利调整母公司期初留存收益

d. 调整母公司留存收益余额

10. 使用试算平衡表式合并工作底稿时需要用到以下哪一项：

a. 未调整的试算平衡表　　b. 调整后的试算平衡表

c. 结账后的试算平衡表　　d. 视情况而定，A或者B

E4-2　权益法下的合并报表项目

2016年1月2日，Pop公司用1 200 000美元现金购买了Son公司80%的有表决权股票。2016年12月31日Son公司的资产负债表如下所示：

Son公司资产负债表

	1月2日	12月31日
存货	$200 000	$80 000
其他流动资产	200 000	320 000
固定资产净值	800 000	880 000
资产总额	$1 200 000	$1 280 000
负债	200 000	240 000
股本	600 000	600 000
留存收益	400 000	440 000
权益总额	$1 200 000	$1 280 000

其他信息：

1. Pop公司使用权益法记录其对子公司的长期股权投资。

2. 2016年度Son公司的净利润与股利分别为280 000美元和240 000美元。

3. 2016年Son公司卖出了在2016年1月2日被低估50 000美元的存货。

要求：

1. 2016年度Pop公司从Son公司取得的投资收益是多少？

2. 2016年度少数股东损益是多少？

3. 2016年12月31日的少数股东权益是多少？

4. 忽略第1问，如果从Son公司取得的投资收益为200 000美元，2016年12月31日Pop公司长期股权投资的余额为多少？

5. 如果Pop公司2016年度的净利润为720 800美元（假设投资收益为200 000美元），且包含在720 800美元中，那么Pop公司及其子公司的合并净利润为多少？

E4-3　基础题

1. Pam公司拥有Sun公司70%的股权，是在几年前以账面价值购买的。2016年12月31日，Sun公司寄给Pam公司一张80 000美元的支票来支付160 000美元应付账款的一部分。Pam公司在2016年12月31日结账时还没有收到这张支票。Pam公司记录了12 000 000美元（包括Sun公司的160 000美元）的应收账款，Sun公司在年末记录了1 760 000美元的应收账款。在2016年12月31日的合并资产负债表中，应收账款的金额应该为多少？

使用以下信息回答问题2和问题3。

Pam公司2016年1月1日用112 000美元购买了Sun公司70%的股权，当时Sun公司的所有者权益包括24 000美元股本，80 000美元资本公积和16 000美元留存收益。Sun公司的利润与股利信息如下所示：

	2016	2017	2018
净利润（损失）	$ 8 000	$ 1 600	$ (4 000)
股利	3 200	800	—

2. Pam公司2018年度取得了96 000美元的净利润，这其中不包括从Sun公司取得的投资收益。2018年度的合并净利润是多少？

3. 权益法下2018年12月31日Pam公司长期股权投资的余额为多少？

E4-4　权益法

2015年12月31日Pop公司与Son公司所有者权益的信息如下所示（单位：千美元）：

	Pop公司	Son公司
股本	$ 1 200	$ 500
留存收益	500	100
合计	$ 1 700	$ 600

2016年1月1日，Pop公司以580 000美元的价格取得了Son公司80%的股权。合并价差被分摊至Son公司被低估50 000美元的设备和未记录的专利权。被低估的设备有5年剩余使用年限，专利权分10年进行摊销。Pop公司与Son公司的净利润与股利信息如下所示：

	Pop公司		Son公司	
	2016	2017	2016	2017
净利润	$ 340	$ 350	$ 120	$ 150
股利	240	250	80	90

要求：假设Pop公司使用权益法记录其对Son公司的长期股权投资。

1. 计算2016年度合并净利润。
2. 计算2016年12月31日Pop公司长期股权投资的余额。
3. 计算2016年度少数股东损益。
4. 计算2017年12月31日的少数股东权益。

E4-5　现金流量表基础题

1. 编制现金流量表时，收购子公司的成本应列报为：

a. 直接法下的经营活动　　b. 间接法下的经营活动
c. 投资活动　　d. 筹资活动

2. 在直接法下计算经营活动现金流时，下列哪项是加项：

a. 来自被投资公司的投资收益减去收到的股利　　b. 收回的向子公司贷款的本金
c. 分配给少数股东的股利　　d. 少数股东损益

3. 在间接法下计算经营活动现金流时，下列哪项是合并净利润的加项：

a. 分配给少数股东的股利　　b. 少数股东损益
c. 来自被投资公司的投资收益减去收到的股利　　d. 负商誉冲销额

4. 在直接法下计算经营活动现金流时，下列哪项是加项：

a. 营业收入　　b. 少数股东损益

c. 从顾客处收到的现金　　d. 折旧费用

5. 合并现金流量表中支付的股利是指：

a. 母公司股利　　b. 子公司股利

c. 母公司和子公司股利　　d. 母公司和少数股东股利

E4-6　编制合并现金流量表经营活动部分

编制Pam公司合并现金流量表经营活动部分所需的信息如下所示：

专利权摊销额	$ 16 000
合并净利润	150 000
应付账款减少额	20 000
折旧费用	120 000
应收账款增加额	105 000
存货增加额	45 000
土地处置损失	100 000
少数股东损益	50 000
少数股东股利	24 000
被投资公司未分配利润	5 000

要求：采用间接法编制Pam公司合并现金流量表经营活动部分。

E4-7　编制合并现金流量表经营活动部分

编制Pop公司合并现金流量表经营活动部分所需的信息如下所示（单位：千美元）：

从顾客处收到的现金	$ 1 290
支付给供应商的现金	730
支付给员工的现金	108
支付给其他经营项目的现金	94
支付的利息费用	48
土地处置收入	240
少数股东股利	40
收到的被投资公司股利	28

要求：采用直接法编制Pop公司合并现金流量表经营活动部分。

E4-8　【附录B】会计分录与计算（成本法和权益法）

Son公司自2016年成立以来的股本（及实收资本）均为200 000美元。Son公司2016年的留存收益情况如下所示：

留存收益

2016年12月1日股利	$ 20 000	2016年度净利润	$ 50 000
2017年12月1日股利	20 000	2017年度净利润	70 000
2018年12月1日股利	30 000	2018年度净利润	10 000
2019年12月1日股利	40 000	2019年度净利润	60 000

Pop公司2018年以300 000美元的价格收购了Son公司75%的流通股，2019年度，除来自Son公司的投资收益外，Pop公司的净利润为90 000美元。

要求：

1. 编制日记账分录（不是结账分录），记录成本法下2019年Pop公司账上对子公司的长期股权投资。

2. 计算成本法下2019年12月31日Pop公司长期股权投资的余额。

3. 计算权益法下2019年12月31日Pop公司长期股权投资的余额。

4. 计算2019年度Pop公司及其子公司的合并净利润。

综合题

P4-1 购买年度五年后的计算

Pam公司2016年1月1日以4 800 000美元的价格购买了Sun公司75%的有表决权股票。Sun公司当日的所有者权益包括如下部分（单位：千美元）：

股本，每股面值＄10	＄2 000
资本公积	1 200
2015年12月31日留存收益	1 600
所有者权益总额	＄4 800

合并价差的10%被分摊至被低估的存货（2016年售出），40%被分摊至剩余使用年限为5年的被低估的固定资产，其余的50%被分摊至商誉。

2020年12月31日，Pam公司与Sun公司的比较试算平衡表如下所示（单位：千美元）：

	Pam公司	Sun公司
其他资产净值	＄ 7 530	＄5 200
长期股权投资——Sun公司（75%）	4 680	—
营业成本及费用	6 370	1 200
股利	1 000	400
	＄19 580	＄6 800
股本，每股面值＄10	＄ 6 000	＄2 000
资本公积	1 700	1 200
留存收益	3 340	1 600
营业收入	8 000	2 000
投资收益——Sun公司	540	—
	＄19 580	＄6 800

要求：计算Pam公司及其子公司合并财务报表中下列项目的金额：

1. 2020年12月31日商誉；
2. 2020年度少数股东损益；
3. 2019年12月31日合并留存收益；
4. 2020年12月31日合并留存收益；
5. 2020年度合并净利润；
6. 2019年12月31日少数股东权益；
7. 2020年12月31日少数股东权益。

P4-2 购买年度五年后的计算

2016年1月1日Pop公司用182 000美元现金收购了Son公司70%的股权，此时Son公司的所有者权益为260 000美元。Son公司的资产与负债账面价值均等于其公允价值。

2016年12月31日两家公司的财务报表如下所示（单位：千美元）：

	Pop 公司	Son 公司
利润表和留存收益表		
营业收入	$1 240	$400
投资收益——Son 公司	42	—
营业成本	(800)	(260)
营业费用	(308)	(80)
净利润	174	60
加：1 月 1 日留存收益	260	44
减：股利	(120)	(40)
12 月 31 日留存收益	$ 314	$ 64
资产负债表		
现金	$ 182	$ 60
应收账款净额	240	120
存货	96	80
固定资产净值	480	140
长期股权投资——Son 公司	196	—
资产总额	$1 194	$400
应付账款	$ 120	$ 72
其他负债	80	48
股本，每股面值 $10	600	200
资本公积	80	16
留存收益	314	64
权益总额	$1 194	$400

要求：

1. 编制 2016 年度 Pop 公司及其子公司的合并工作底稿。
2. 编制 Pop 公司及其子公司的合并利润表和合并资产负债表。

P4-3　购买当年的工作底稿（存在商誉和集团内部交易）

2016 年 1 月 1 日 Pam 公司收购了 Sun 公司 75%的股权。2016 年 Pam 公司与 Sun 公司的财务报表如下所示（单位：千美元）：

	Pam 公司	Sun 公司
利润表和留存收益表		
营业收入	$1 600	$400
投资收益——Sun 公司	55.2	—
营业成本	(1 000)	(200)
其他费用	(388)	(104)
净利润	267.2	96
加：1 月 1 日留存收益	720	136
减：股利	(200)	(64)
12 月 31 日留存收益	$ 787.2	$168
资产负债表		
现金	$ 212	$ 60
应收账款净额	344	80
应收股利——Sun 公司	24	—
存货	380	40
应收票据——Pam 公司	—	20
土地	260	120

续表

	Pam 公司	Sun 公司
建筑物净值	680	320
设备净值	520	200
长期股权投资——Sun 公司	727.2	—
资产总额	$3 147.2	$840
应付账款	$ 340	$ 40
应付票据——Sun 公司	20	—
应付股利	—	32
股本，每股面值$10	2 000	600
留存收益	787.2	168
权益总额	$3 147.2	$840

要求： 编制2016年度Pam公司及其子公司的合并工作底稿。上述财务报表数据为所有可获得的信息。出于解题需要，我们做出以下假设：Sun公司拥有一项未记录的专利权，公允价值为224 000美元，剩余使用年限为10年。

P4-4 根据单独财务报表编制合并工作底稿

2016年1月1日Pop公司用720 000美元现金收购了Son公司75%的股权。2016年Pop公司与Son公司的财务报表如下所示（单位：千美元）：

	Pop 公司	Son 公司
利润表和留存收益表		
营业收入	$1 600	$400
投资收益——Son 公司	72	—
营业成本	(1 000)	(200)
其他费用	(388)	(104)
净利润	284	96
加：1月1日留存收益	720	136
减：股利	(200)	(64)
12月31日留存收益	$ 804	$168
资产负债表		
现金	$ 236	$ 60
应收账款净额	320	80
应收股利——Son 公司	24	—
存货	380	40
应收票据——Pop 公司	—	20
土地	260	120
建筑物净值	680	320
设备净值	520	200
长期股权投资——Son 公司	744	—
资产总额	$3 164	$840
应付账款	$ 340	$ 40
应付票据——Son 公司	20	—
应付股利	—	32
股本，每股面值$10	2 000	600
留存收益	804	168
权益总额	$3 164	$840

要求： 编制2016年度Pop公司及其子公司的合并工作底稿。上述财务报表数据为所有可获得的信息。

出于解题需要，需要做出一些假设。

P4-5　购买当年的工作底稿（将合并价差分摊至存货、建筑物、设备、商标和商誉）

2016年1月1日Pam公司用980 000美元现金收购了Sun公司70%的有表决权股票。购买当日，Sun公司所有者权益（账面价值）包括1 000 000美元的股本和200 000美元的留存收益。合并价差中，10 000美元被分摊至Sun公司被低估的存货，28 000美元被分摊至被低估的建筑物，42 000美元被分摊至被低估的设备，80 000美元被分摊至之前未记录的商标，其余的部分被分摊至商誉。

2016年所有被低估的存货都被售出，被低估的建筑物和设备的剩余使用年限分别为7年和3年。商标的剩余使用年限为40年。折旧方法为直线法。

2016年12月31日，Sun公司的应付账款包括20 000美元应付Pam公司的货款，这部分货款要在2017年1月15日之前偿还。Pam公司与Sun公司2016年独立的财务报表信息如下所示（单位：千美元）：

	Pam公司	Sun公司
利润表和留存收益表		
营业收入	$1 600	$1 400
投资收益——Sun公司	119	—
营业成本	(600)	(800)
折旧费用	(308)	(120)
其他费用	(320)	(280)
净利润	491	200
加：1月1日留存收益	600	200
减：股利	(400)	(100)
12月31日留存收益	$ 691	$ 300
资产负债表		
现金	$ 172	$ 120
应收账款净额	200	140
应收股利	28	—
存货	300	200
其他流动资产	140	60
土地	100	200
建筑物净值	280	320
设备净值	1 140	660
长期股权投资——Sun公司	1 029	—
资产总额	$3 389	$1 700
应付账款	$ 400	$ 170
应付股利	200	40
其他负债	98	190
股本，每股面值$10	2 000	1 000
留存收益	691	300
权益总额	$3 389	$1 700

要求：编制2016年度Pam公司及其子公司的合并工作底稿，使用“未分摊合并价差”账户。

P4-6　工作底稿（确定购买后年度的所有者权益，将合并价差分摊至给土地和专利权）

2017年12月31日Pop公司及其子公司Son公司的财务报表信息如下所示（单位：千美元）：

	Pop公司	Son公司
利润表和留存收益表		
营业收入	$1 600	$400
投资收益——Son公司	72	—
营业成本	(1 000)	(200)
其他费用	(402.4)	(104)
净利润	269.6	96
加：1月1日留存收益	708	136
减：股利	(200)	(64)
12月31日留存收益	$ 777.6	$168
资产负债表		
现金	$ 72	$ 60
应收账款净额	320	80
应收股利——Son公司	28.8	—
应收票据——Pop公司	—	20
存货	380	40
长期股权投资——Son公司	878.4	—
土地	260	120
建筑物净值	680	320
设备净值	520	200
资产总额	$3 139.2	$840
应付账款	$ 341.6	$ 40
应付票据——Son公司	20	—
应付股利	—	32
股本，每股面值$10	2 000	600
留存收益	777.6	168
权益总额	$3 139.2	$840

其他信息：

1. Pop公司2016年1月1日以60美元每股的价格收购了Son公司13 500股流通股。当时Son公司的所有者权益包括600 000美元的股本和60 000美元的留存收益。

2. 在收购Son公司时低估了其土地价值。合并价差中的80 000美元被分摊至土地。其余的合并价差被分摊至未记录的剩余使用年限为10年的专利权。

3. Son公司欠Pop公司20 000美元的应付账款，Pop公司对Son公司的应付票据金额为20 000美元。

要求：编制2017年度Pop公司及其子公司的合并工作底稿。

P4-7 工作底稿（购买年度将合并价差分摊至存货、建筑物、设备、商誉，存在集团内部交易）

Pam公司2016年1月1日用490 000美元现金收购了Sun公司70%的有表决权股票。购买当天Sun公司的所有者权益包括500 000美元的股本和100 000美元的留存收益。合并价差中的5 000美元被分摊至被低估的存货，14 000美元被分摊至被低估的建筑物，21 000美元被分摊至被低估的设备，其余的60 000美元被分摊至商誉。

所有被低估的存货都在2016年售出，被低估的建筑物与设备的剩余使用年限分别为7年和3年。折旧采用直线法。

2016年12月31日，Sun公司的应付账款中包括欠Pam公司的10 000美元货款，这笔欠款要在2017年1月15日前偿还。2016年6月1日，Pam公司将账面价值为15 000美元的设备以25 000美元的价格售出，此交易不是集团内部交易。Pam公司与Sun公司2016年的财务报表摘要如下所示（单位：千美元）：

	Pam公司	Sun公司
利润表和留存收益表		
营业收入	$ 800	$ 700
投资收益——Sun公司	60.2	—
设备出售利得	10	—
营业成本	(300)	(400)
折旧费用	(155)	(60)
其他费用	(160)	(140)
净利润	255.2	100
加：1月1日留存收益	300	100
减：股利	(200)	(50)
12月31日留存收益	$ 355.2	$ 150
资产负债表		
现金	$ 96	$ 60
应收账款净额	100	70
应收股利	14	—
存货	150	100
其他流动资产	70	30
土地	50	100
建筑物净值	140	160
设备净值	570	330
长期股权投资——Sun公司	515.2	—
资产总额	$ 1 705.2	$ 850
应付账款	$ 200	$ 85
应付股利	100	20
其他负债	50	95
股本，每股面值$10	1 000	500
留存收益	355.2	150
权益总额	$ 1 705.2	$ 850

要求：编制2016年度Pam公司及其子公司的合并工作底稿。

P4-8　工作底稿（将合并价差分摊至土地和商誉）

2017年12月31日Pop公司及其子公司Son公司的财务报表摘要如下所示（单位：千美元）：

	Pop公司	Son公司
合并利润表和留存收益表		
营业收入	$ 400	$ 100
投资收益——Son公司	21.6	—
营业成本	(250)	(50)
营业费用	(100.6)	(26)
净利润	71	24
加：1月1日留存收益	181	34
减：股利	(50)	(16)
12月31日留存收益	$ 202	$ 42
资产负债表		
现金	$ 18	$ 15
应收账款净额	80	20
应收股利——Son公司	7.2	—
应收票据——Pop公司	—	5

续表

	Pop 公司	Son 公司
存货	95	10
长期股权投资——Son 公司	226.8	—
土地	65	30
建筑物净值	170	80
设备净值	130	50
资产总额	$792	$210
应付账款	$ 85	$ 10
应付票据——Son 公司	5	—
应付股利	—	8
股本，每股面值$10	500	150
留存收益	202	42
权益总额	$792	$210

其他信息：

1. Pop 公司 2016 年 1 月 1 日以每股 15 美元的价格收购了 Son 公司 13 500 股股票。当时 Son 公司的所有者权益包括 150 000 美元的股本和 15 000 美元的留存收益。

2. 在收购 Son 公司时低估了其土地价值。合并价差中的 200 000 美元被分摊至土地。其余的合并价差被分摊至商誉。

3. Son 公司对 Pop 公司的应付账款为 5 000 美元，Pop 公司对 Son 公司的应付票据为 5 000 美元。

要求：编制 2017 年度 Pop 公司及其子公司的合并工作底稿。

P4-9 工作底稿（购买年度将合并价差分摊至存货、设备、专利权，存在集团内部交易）

Pam 公司 2016 年 1 月 1 日用 840 000 美元的现金收购了 Sun 公司 80%的普通股。购买当天 Sun 公司的所有者权益包括 600 000 美元的股本和 200 000 美元的所有者权益。合并价差中的 50 000 美元被分摊至 Sun 公司被低估的存货，100 000 美元被分摊至被低估的设备，其余部分被分摊至未记录的剩余使用年限为 20 年的专利权。

被低估的存货于 2016 年全部售出，被低估的设备剩余使用年限为 5 年，采用直线法计提折旧。

2016 年 12 月 31 日 Sun 公司对 Pam 公司有 16 000 美元应付账款。

2016 年 12 月 31 日 Pam 公司与 Sun 公司的财务报表摘要如下所示（单位：千美元）：

	Pam 公司	Sun 公司
利润表和留存收益表		
营业收入	$ 800	$ 440
投资收益——Sun 公司	68	—
营业成本	(320)	(160)
折旧费用	(160)	(80)
其他费用	(102)	(40)
净利润	268	160
加：1月1日留存收益	300	200
减：股利	(160)	(80)
12月31日留存收益	$ 426	$ 280
资产负债表		
现金	$ 118	$ 120
应收账款净额	112	160
应收股利	32	—

续表

	Pam 公司	Sun 公司
存货	160	120
土地	60	120
建筑物净值	260	280
设备净值	800	400
长期股权投资——Sun 公司	844	—
资产总额	$2 386	$1 200
应付账款	$　160	$　200
应付股利	400	40
其他负债	200	80
股本，每股面值$10	1 200	600
留存收益	426	280
权益总额	$2 386	$1 200

要求：编制2016年度Pam公司及其子公司的合并工作底稿。

P4-10　工作底稿（购买年度，存在合并价差和集团内部交易）

Pop公司2016年1月1日用420 000美元现金收购了Son公司80%的普通股。购买当天Son公司的所有者权益包括300 000美元的股本和100 000美元的留存收益。合并价差中的25 000美元被分摊至Son公司被低估的存货，50 000美元被分摊至被低估的设备，其余被分摊至商誉。

被低估的存货在2016年全部售出，被低估的设备剩余使用年限为5年，采用直线法计提折旧。

2016年12月31日Son公司对Pop公司有8 000美元应付账款。

	Pop 公司	Son 公司
利润表和留存收益表		
营业收入	$400	$220
投资收益——Son 公司	36	—
营业成本	(160)	(80)
折旧费用	(80)	(40)
其他费用	(51)	(20)
净利润	145	80
加：1月1日留存收益	150	100
减：股利	(80)	(40)
12月31日留存收益	$　215	$140
资产负债表		
现金	$　59	$　60
应收账款净额	56	80
应收股利	16	—
存货	80	60
土地	30	60
建筑物净值	130	140
设备净值	400	200
长期股权投资——Son 公司	424	—
资产总额	$1 195	$600
应付账款	$80	$100
应付股利	200	20
其他负债	100	40
股本，每股面值$10	600	300
留存收益	215	140
权益总额	$1 195	$600

要求：编制2016年度Pop公司及其子公司的合并工作底稿。

P4-11　资产负债表（购买年度四年后，存在合并价差）

Pam公司2016年12月31日用170 000美元收购了Sun公司80%的股权。购买当天Sun公司的所有者权益包括100 000美元的股本和50 000美元的留存收益。2016年12月31日至2020年12月31日，Pam公司的“长期股权投资——Sun公司”账户变动摘要如下所示（单位：千美元）：

2016年12月31日投资成本		$170
加：		
2017—2020年度Sun公司净利润的80%		112
减：		282
2017—2020年Sun公司发放的股利的80%	$56	
80%合并价差分摊：		
$8 750分摊至存货（2017年售出）	7	
$22 500分摊至固定资产（9年使用年限）	8	
$31 250分摊至专利权（9年使用年限）	20	91
2020年12月31日投资余额		$191

2020年12月31日Pam公司与Sun公司财务报表摘要如下所示（单位：千美元）：

	Pam公司	Sun公司
利润表和留存收益表		
营业收入	$300	$200
投资收益——Sun公司	25	—
营业成本	(180)	(140)
其他费用	(50)	(20)
净利润	95	40
加：1月1日留存收益	255	100
减：股利	(50)	(20)
12月31日留存收益	$300	$120
资产负债表		
现金	$ 41	$ 35
应收账款净额	60	55
应收股利	8	—
预付账款——Sun公司	25	—
存货	125	35
固定资产净值	300	175
长期股权投资——Sun公司	191	—
资产总额	$750	$300
应付账款	$ 50	$ 45
应付股利	—	10
预收账款——Pam公司	—	25
股本，每股面值$10	400	100
留存收益	300	120
权益总额	$750	$300

其他信息：

1. 2020年12月31日Sun公司应付账款中包括应付Pam公司的5 000美元。
2. 2018年Pam公司预付25 000美元给Sun公司，这笔预付账款仍然存在。

3. 2020年Sun公司宣告发放的股利中有一半将在2021年1月支付。

要求：编制2020年12月31日Pam公司和Sun公司的合并资产负债表工作底稿。

P4-12　工作底稿（购买年度两年后，存在合并价差和调整分录）

Pop公司2016年1月1日用240 000美元收购了Son公司80%的股权。购买当天Son公司的所有者权益包括200 000美元的股本和25 000美元的留存收益。合并价差中的50 000美元被分摊至被低估的固定资产，其余被分摊至商誉。被低估的固定资产使用年限为4年。

其他信息：

1. Pop公司应收账款中包括应收Son公司的5 000美元。
2. 2017年12月30日Son公司将20 000美元的支票寄给Pop公司以结算预付账款。
3. 2017年12月30日Son公司宣告发放10 000美元的股利，但Pop公司未做相应记录。
4. 2017年Pop公司与Son公司的财务报表如下所示（单位：千美元）：

	Pop公司	Son公司
利润表和留存收益表		
营业收入	$900	$300
投资收益——Son公司	38	—
营业成本	(600)	(150)
营业费用	(190)	(90)
净利润	148	60
加：1月1日留存收益	122	50
减：股利	(100)	(20)
12月31日留存收益	$170	$ 90
资产负债表		
现金	$ 6	$ 15
应收账款净额	26	20
存货	82	60
预付账款——Son公司	20	—
其他流动资产	80	5
土地	160	30
固定资产净值	340	230
长期股权投资——Son公司	280	—
资产总额	$994	$360
应付账款	$ 24	$ 15
应付股利	—	10
其他负债	100	45
股本，每股面值$10	700	200
留存收益	170	90
权益总额	$994	$360

要求：编制2017年度Pop公司及其子公司的合并工作底稿。

P4-13　【附录A】连续两年的合并工作底稿（第二年错误使用了权益法）

Pam公司与Sun公司调整后的比较试算平衡表如下所示。2016年1月1日Pam公司用现金80 000美元收购了Sun公司80%的股权。购买当天，除存货被低估1 000美元和设备被低估4 000美元外，Sun公司的可辨认资产与负债的账面价值均等于其公允价值。其余的合并价差被分摊至未被记录的无形资产，其剩余使用年限为40年。

Sun 公司被低估的存货于 2016 年全部售出，但被低估的设备仍在使用，2015 年 12 月 31 日这台设备剩余使用年限为 4 年（单位：千美元）。

	2015 年 12 月 31 日		2016 年 12 月 31 日		2017 年 12 月 31 日	
	Pam 公司	Sun 公司	Pam 公司	Sun 公司	Pam 公司	Sun 公司
现金	$ 100	$ 30	$ 24.7	$ 15	$ 26.7	$ 20
应收账款净额	30	15	25	20	45	30
应收股利	—	—	4	—	4	—
存货	50	20	40	30	40	30
固定资产净值	90	60	100	55	95	60
长期股权投资——Sun 公司	—	—	86.3	—	94.3	—
营业成本	100	40	105	35	110	35
营业费用	20	30	35	30	30	35
股利	10	5	10	5	15	10
	$ 400	$ 200	$ 430	$ 190	$ 460	$ 220
应付账款	$ 30	$ 35	$ 20.7	$ 15	$ 17.7	$ 25
应付股利	10	—	9	5	6	5
股本	100	40	100	40	100	40
资本公积	60	20	60	20	60	20
留存收益	50	25	70	30	90.3	40
营业收入	150	80	160	80	170	90
投资收益——Sun 公司	—	—	10.3	—	16	—
	$ 400	$ 200	$ 430	$ 190	$ 460	$ 220

要求：编制 2016 年度与 2017 年度 Pam 公司及其子公司的财务报表式合并工作底稿（提示：Pam 公司 2016 年正确使用了权益法，但 2017 年却误用了权益法）。

P4-14 【附录 A】长期股权投资分析及试算平衡表式工作底稿

2016 年 1 月 5 日 Pop 公司以 198 000 美元的价格收购了 Son 公司 90%的股权。购买当天 Son 公司的股本为 120 000 美元，留存收益为 40 000 美元。2019 年 12 月 31 日的试算平衡表如下所示（单位：千美元）：

	Pop 公司	Son 公司
现金	$ 22	$ 30
应收账款	30	50
固定资产	440	360
长期股权投资——Son 公司	273.6	—
营业成本	100	60
营业费用	50	80
股利	40	20
	$ 955.6	$ 600
累计折旧	$ 180	$ 100
负债	160	60
股本	200	120
资本公积	40	—
留存收益	143.2	140
营业收入	200	180
投资收益——Son 公司	32.4	—
	$ 955.6	$ 600

将合并价差中的20 000美元分摊至被低估的存货（2016年售出），其余分摊至自2016年1月1日起剩余使用年限为10年的专利权。

要求：

1. 总结2016年1月5日至2019年12月31日Pop公司“长期股权投资——Son公司”账户的变动情况。
2. 编制2019年度Pop公司与Son公司的试算平衡表式合并工作底稿。

P4-15 【附录A】购买年度试算平衡表式工作底稿及财务报表

Pam公司拥有Sun公司90%的有表决权股票和Ell公司25%的有表决权股票。

90%的Sun公司股权在2016年1月1日用36 000美元现金购入。当时Sun公司的所有者权益为40 000美元（36 000美元股本和4 000美元留存收益）。

Pam公司持有的25%的Ell公司股权于2016年7月1日用现金14 000美元购入。当时Ell公司的所有者权益为48 000美元（30 000美元的股本，12 000美元的留存收益和6 000美元的当期盈余——2016年上半年的利润）。

将合并价差分摊至未记录的专利权，该专利权在10年内摊销。

	Pam公司	Sun公司	Ell
现金	$ 37 900	$ 8 000	$ 2 000
其他流动资产	80 000	22 000	20 000
固定资产净值	240 000	28 000	40 000
长期股权投资——Sun公司（90%）	39 600	—	—
长期股权投资——Ell公司（25%）	12 900	—	—
营业成本	120 000	32 000	30 000
其他费用	50 000	14 000	18 000
股利（11月发放）	20 000	6 000	10 000
借方合计	$ 600 400	$ 110 000	$ 120 000
流动负债	$ 50 000	$ 14 000	$ 18 000
股本	300 000	36 000	30 000
留存收益	40 000	4 000	12 000
营业收入	200 000	56 000	60 000
投资收益——Sun公司	9 000	—	—
投资收益——Ell公司	1 400	—	—
贷方合计	$ 600 400	$ 110 000	$ 120 000

要求：

1. 编制2016年Pam公司对Sun公司和Ell公司长期股权投资的相关分录。
2. 编制2016年12月31日Pam公司的利润表、留存收益表和资产负债表。
3. 编制2016年度Pam公司及其子公司的试算平衡表式合并工作底稿。
4. 编制2016年12月31日Pam公司及其子公司除现金流量表外的所有财务报表。

P4-16 编制现金流量表中的经营活动现金流部分（直接法）

Pop公司的会计收集了如下信息用于编制公司的合并现金流量表（单位：千美元）：

采购设备支付的现金	$ 1 080
支付其他费用的现金	1 800
支付给供应商的现金	2 520
收到来自客户的现金	6 400

出售土地收到的现金	2 000
出售库存股收到的现金	1 600
权益投资收到的股利	160
支付给少数股东的股利	80
支付给Pop公司股东的股利	200
土地出售利得	800
来自权益投资的收益	320
短期贷款利息收入	20
少数股东损益	180

要求：使用直接法编制Pop公司及子公司合并现金流量表中的经营活动现金流部分。

P4-17 使用直接法或间接法编制合并现金流量表

2015年和2016年Pam公司及其控股90%的子公司Sun公司的比较合并财务报表如下所示（单位：千美元）：

Pam公司及子公司比较合并财务报表

	2016	2015	变动额
利润表和留存收益表			
营业收入	$1 350	$1 200	$150
营业成本	(700)	(649)	51
折旧费用	(102)	(102)	0
其他营业费用	(278)	(241)	37
少数股东损益	(10)	(8)	2
归属于母公司的净利润	260	200	60
加：1月1日留存收益	380	260	120
减：股利	(80)	(80)	0
12月31日留存收益	$ 560	$ 380	$180
资产负债表			
资产			
现金	$ 111	$ 130	$(19)
应收账款净额	170	160	10
存货	280	240	40
其他流动资产	200	162	38
固定资产净值	1 348	1 200	148
专利权	38	39	(1)
资产总额	$2 147	$1 931	$216
权益			
应付账款	$ 170	$ 126	$ 44
应付股利	42	34	8
长期负债	70	92	(22)
股本	1 000	1 000	0
资本公积	240	240	0
留存收益	560	380	180
少数股东权益——10%	65	59	6
权益总额	$2 147	$1 931	$216

要求：使用直接法或间接法编制2016年度Pam公司及其子公司的合并现金流量表。固定资产的变动额来自新购固定资产及折旧。2016年度Sun公司的净利润和股利分别为100 000美元和40 000美元。

P4-18 【基于AICPA】编制合并现金流量表

12月31日Pop公司及其子公司Son公司的合并工作底稿余额如下所示（单位：千美元）：

	2016	2015	净增（减）变动额
资产	$ 313	$ 195	$118
现金	175	175	—
有价权益证券投资（成本）	(13)	(24)	(11)
有价权益证券市价下跌准备	418	440	(22)
应收账款净额	595	525	70
存货	385	170	215
土地	755	690	65
固定资产	(199)	(145)	54
累计折旧	57	60	(3)
专利权净值	$2 486	$2 086	$400
资产总额			
负债及所有者权益			
应付票据（流动部分）	$ 150	$ 150	$ —
应付账款	595	474	121
应付票据（长期部分）	300	450	(150)
递延所得税	44	32	12
少数股东权益——Son公司	179	161	18
股本，每股面值$10	580	480	100
资本公积	303	180	123
留存收益	335	195	140
库存股——成本	—	(36)	36
权益总额	$2 486	$2 086	$400

其他信息：

1. 2016年1月20日，Pop公司发行10 000股普通股换取公允价值为215 000美元的土地。

2. 2016年2月5日，Pop公司重新发行库存股，获得44 000美元。

3. 2016年5月15日，Pop公司支付现金股利58 000美元。

4. 2016年8月8日，Pop公司用现金127 000美元购买设备。

5. 2016年9月30日，Pop公司出售设备获得40 000美元，该设备成本为62 000美元，出售当日账面价值为34 000美元。

6. 2016年12月15日，Son公司支付现金股利50 000美元。

7. 递延所得税的时间性差异是由于申报所得税基于加速折旧法而财务报表基于直线折旧法。

8. 2016年度合并净利润为198 000美元，Son公司的净利润为110 000美元。

9. Pop公司拥有Son公司70%的股权，2015—2016年间未发生股权变动。除股利外不存在集团内部交易。

10. 假设将有价权益证券投资分类在交易性金融资产下。

要求：使用间接法编制2016年度Pop公司及其子公司的合并现金流量表。

P4-19　使用直接法或间接法编制合并现金流量表

Pam公司及其控股80%的子公司12月31日的比较合并财务报表如下所示（单位：千美元）：

Pam公司及子公司比较合并财务报表

	2016	2015	变动额
利润表和留存收益表			
营业收入	$5 200	$4 800	$ 400
投资收益——权益投资	120	100	20
营业成本	(2 900)	(2 816)	84
折旧费用	(400)	(300)	100
其他营业费用	(940)	(924)	16
少数股东损益	(80)	(60)	20
归属于母公司的净利润	1 000	800	200
1月1日留存收益	2 000	1 400	600
股利	(300)	(200)	100
12月31日留存收益	$2 700	$2 000	$ 700
资产负债表			
现金	$ 860	$ 720	$ 140
应收账款净额	1 500	1 080	420
存货	1 400	1 400	0
固定资产净值	3 600	3 000	600
权益投资	860	800	60
专利权	380	400	(20)
资产总额	$8 600	$7 400	$1 200
应付账款	$ 984	$ 950	$ 34
应付股利	76	50	26
长期应付票据	1 200	800	400
股本	2 000	2 000	0
资本公积	1 200	1 200	0
留存收益	2 700	2 000	700
少数股东权益——20%	440	400	40
权益总额	$8 600	$7 400	$1 200

要求：编制2016年度Pam公司及其子公司的合并现金流量表。固定资产的变动额来自新购固定资产及折旧。2016年来自Pam公司持股20%～50%的被投资公司的投资收益和股利分别为120 000美元和60 000美元。Pam公司唯一的子公司2016年度净利润和股利分别为400 000美元和200 000美元。2016年专利权摊销额为20 000美元。

P4-20　【附录B】合并财务报表（成本法）

2016年1月5日，Pop公司以88 000美元的价格收购了Son公司80%的股权。购买当天Son公司的股本和留存收益分别为60 000美元和40 000美元。2016年12月31日两家公司的试算平衡表如下所示（单位：千美元）：

	Pop 公司	Son 公司
现金	$　2.5	$　15
应收账款	15	25
其他资产	120	100
长期股权投资——Son 公司	88	—
营业成本	50	30
营业费用	25	40
股利	20	10
	$320.5	$220
负债	$　80	$　30
股本	100	60
资本公积	10	—
留存收益	22.5	40
营业收入	100	90
股利收入	8	—
	$320.5	$220

Pop 公司唯一一笔记录对 Son 公司投资的分录如下所示：

2016 年 1 月 1 日

借：长期股权投资——Son 公司（+A）	88 000	
贷：现金（−A）		88 000

2016 年 11 月 15 日

借：现金（+A）	8 000	
贷：股利收入（R，+SE）		8 000

Son 公司的资产与负债账面价值均等于其公允价值。

要求：

1. 编制 2016 年 12 月 31 日 Pop 公司资产负债表。
2. 编制 2016 年度 Pop 公司及其子公司合并利润表。
3. 编制 2016 年 12 月 31 日 Pop 公司及其子公司合并资产负债表。

专业研究作业

参考 FASB ASC 回答以下问题，将适当的参考内容包含在你的答案里。

PR 4-1　公司在编制合并现金流量表时必须披露每股现金流量吗？

PR 4-2　使用直接法编制的现金流量表通常包括将净利润调整至经营活动现金流量净额的部分，这是一种强制要求吗？如果是，该如何呈现？

第5章

集团内部交易——存货

学习目标

1. 理解公司间存货交易的利润对合并工作底稿的影响。
2. 熟练运用顺流和逆流存货交易的概念。
3. 掌握期末存货中未实现利润的递延方法。
4. 掌握期初存货中已实现前期递延存货利润的确认方法。
5. 掌握对集团内部存货交易利润中少数股东权益的调整。

编制合并报表是将两个或两个以上的公司视为一个主体，以反映该主体的财务状况和经营成果，因此，需要在合并财务报表中抵消母子公司间内部交易（也称为集团内部交易）的影响。

集团内部交易会导致各公司的账上出现对应的账户余额。例如，公司间的销货交易不仅会产生对应的营业收入和存货（或营业成本）余额，而且会产生对应的应收账款与应付账款余额。对于合并主体而言，集团内部交易是发生在主体内部的交易。因此，在编制合并财务报表的过程中，我们应抵消这些交易的影响。

公认会计原则简洁地概括了合并程序：

> 在编制合并财务报表的过程中，公司间的账户余额和交易应予以抵销，包括公司间未结账户余额、持有的债券、销货与购货、利息和股利等。因为合并财务报表反映的是一个经济主体整体的财务状况和经营成果，所以其不应包含集团各个主体间内部交易所产生的损益。因此，任何合并后集团内公司间内部资产交易产生的损益都应抵销，此目的下的常用概念是利润或损失（ASC 810-10-45）①。

抵销公司间内部销售损益的理由是：母公司的管理层控制着所有的公司间内部交易，包括授权和定价，母子公司间并非都是公平交易。然而，在合并财务报表中抵销公司间内部销售损益的问题并不在于集团内部交易是不是公平交易。其目的是反映没有集团内部交易时合并主体的财务状况和经营成果，而不考虑这类交易所涉及的金额。在单行合并下处理“长期股权投资”账户和“投资收益”账户也是基于相同的理由。然而，如果在单行合并下有证据显示集团内部交易不是公平交易，则母公司必须在其财务报表上另做调整，力求公允地反映其财务状况和经营成果（ASC 323-10-15）。

多数涉及损益的集团内部交易都可被归为存货、固定资产和债券交易三类。本章主要讨论有关存货项目的合并程序。有关固定资产和债券的合并程序将在后面的章节中讨论。尽管本章讨论的内容及例题都与公司间利润有关，但也为分析和核算公司间损失提供了依据。有关所得税的影响将在第10章论述。

5.1 集团内部存货交易

企业在实现即取得收入时对其进行确认。从合并主体角度来看，只有对外销售才能取得收入。只有相应商品被出售给合并主体以外的公司时，合并主体才能确认营业收入。母子公司间的商品转移并不产生合并利润。一个公司将存货销售给集团内其他公司时，如买方采用的是定期盘存制，则会产生相对应的营业收入和存货；如买方采用的是永续盘存制，则会产生相对应的营业收入和营业成本。为了反映合并主体的营业收入和营业成本，在编制合并利润表时，我们需抵销对应的营业收入和营业成本。抵销等额的营业收入和营业成本不会对合并净利润产生影响。

① From Deere & Company Annual Report 2015 (P36) © 2015 Deere & Company.

正如第 1 章中已经提到的，经营活动的纵向整合往往是企业合并的首要原因。美国电话电报公司在 2014 年年报的分部报告中披露了 126.86 亿美元的部门间收入抵销额（p. 51）。雪佛龙公司披露的数据为 489 亿美元（2014 年年报，p. 47）。

□ 公司间购货与销货的抵销

为了反映合并主体从外部主体获取的营业收入与购货（或营业成本）的金额，在编制合并报表的过程中，我们应抵销公司间销货与购货（或营业成本）。当买方采用定期盘存制时，工作底稿上抵销公司间销货与购货的分录就是简单地借记“营业收入”，贷记“存货”。当买方采用永续盘存制时，工作底稿上的分录是借记“营业收入”，贷记“营业成本”。原因是当商品被销售给外部第三方时，永续盘存制下买方公司会将公司间购货记录在单独的“营业成本”账户中。下面以 Pop 公司及其子公司 Son 公司为例来说明。

2016 年，Pop 公司成立了一家子公司 Son 公司，用来销售 Pop 公司的某种特殊商品。Son 公司全部存货购自 Pop 公司，价格为 Pop 公司成本的 120%。2016 年，Pop 公司将成本为 40 000 美元的商品以 48 000 美元的价格卖给 Son 公司，Son 公司以 60 000 美元的价格将这些商品全部销售给了客户。Pop 公司和 Son 公司账上有关该商品销售的会计分录如下所示：

Pop 公司账上的分录：

借：存货（+A）	40 000	
贷：应付账款（+L）		40 000
记录从其他主体赊购商品。		
借：应收账款——Son 公司（+A）	48 000	
贷：营业收入（R，+SE）		48 000
记录销售给 Son 公司的内部交易。		
借：营业成本（E，−SE）	40 000	
贷：存货（−A）		40 000
结转销售给 Son 公司的商品的成本。		

Son 公司账上的分录：

借：存货（+A）	48 000	
贷：应付账款——Pop 公司（+L）		48 000
记录从 Pop 公司购入商品。		
借：应收账款（+A）	60 000	
贷：营业收入（R，+SE）		60 000
记录将商品销售给合并主体以外的客户。		
借：营业成本（E，−SE）	48 000	
贷：存货（−A）		48 000
结转销售给合并主体以外的客户的商品的成本。		

2016 年底，Pop 公司账上的营业收入中包括销售给 Son 公司的收入 48 000 美元，营业成本中包括销售给 Son 公司的商品的成本 40 000 美元；Son 公司账上的营业收入中包括销售给外部主体的营业收入 60 000 美元，营业成本中包括 Pop 公司的转移价格 48 000 美元。由于 Pop 公司与 Son 公司被视为一个合并主体，加总后的营业收入和营业成本都多计了 48 000 美元。我们应在合并工作底稿上抵销这一部分多计的金额，如下所示：

	Pop公司	Son公司（100%）	调整与抵销		合并
营业收入	\$48 000	\$60 000	48 000[a]		\$60 000
营业成本	40 000	48 000		48 000[a]	40 000
毛利	\$ 8 000	\$12 000			\$20 000

在合并工作底稿中，抵销集团内部销货与购货的分录并不影响合并净利润，原因是抵销了等额的营业收入和营业成本后，两家公司毛利合计数等于合并毛利。但是，抵销必须反映合并主体实际的商品购销活动，即购进40 000美元商品（Pop公司），并以60 000美元出售（Son公司）。Pop公司与Son公司账上分别记录的商品毛利8 000美元及12 000美元与报告合并主体的经营成果无关。除了抵销公司间利润项目，合并时也应抵销公司间应收应付账款。

□ 抵销期末存货中的未实现内部销售损益

只有当合并主体将商品销售给外界时，集团间内部交易的毛利才全部实现并应加以确认。但在商品还没有再次出售前，任何有关公司间内部销售的损益均未实现，应在编制合并报表的过程中抵消其影响。买方公司“存货”账户的期末余额包含公司间内部销售的未实现损益。因为该账户反映的是公司间的转移价格，而不是合并主体的实际成本。抵销分录应按未实现损益金额借记“营业成本”，贷记“存货”。贷记“存货”可将存货项目调整至合并主体的实际成本金额；借记“营业成本”可将营业成本调整至合并主体的实际成本。继续以Pop公司与Son公司2017年的业务为例。

2017年，Pop公司将成本60 000美元的商品以72 000美元的价格出售给Son公司，Son公司保留了其中12 000美元的商品，将其余商品以75 000美元的价格全部出售给外部主体。2017年有关商品内部转移的分录如下所示：

Pop公司账上的分录：

借：存货（+A）	60 000	
贷：应付账款（+L）		60 000
记录从其他主体赊购商品。		
借：应收账款——Son公司（+A）	72 000	
贷：营业收入（R，+SE）		72 000
记录将商品销售给子公司Son公司。		
借：营业成本（E，−SE）	60 000	
贷：存货（−A）		60 000
结转销售给Son公司的商品的成本。		

Son公司账上的分录：

借：存货（+A）	72 000	
贷：应付账款——Pop公司（+L）		72 000
记录从Pop公司购入商品。		
借：应收账款（+A）	75 000	
贷：营业收入（R，+SE）		75 000
记录将商品销售给合并主体以外的客户。		
借：营业成本（E，−SE）	60 000	
贷：存货（−A）		60 000
记录销售给合并实体以外的客户的商品的成本。		

Pop 公司 2017 年度的营业收入中包括向 Son 公司的销售收入 72 000 美元，营业成本中包括销售给 Son 公司的商品的成本 60 000 美元。Son 公司 2017 年度的营业收入中包括将从 Pop 公司购入的商品销售给外部主体的收入 75 000 美元，其营业成本 60 000 美元等于从 Pop 公司购入商品的转移价格 72 000 美元乘以 5/6（即 60 000÷72 000）。剩余从 Pop 公司购入的商品在 2017 年 12 月 31 日仍未出售，其转移价格为 12 000 美元，含未实现内部销售损益 2 000 美元。

工作底稿分录 从合并主体角度来看，此项交易是成本为 60 000 美元的商品在公司间的转移。

- 其中，成本为 50 000 美元（或 5/6）的商品以 75 000 美元的价格销售给合并主体之外的客户。
- 余下的 10 000 美元（或 1/6）商品仍保留在期末存货中。
- 合并主体已实现的毛利为 25 000 美元。

上述合并结果是通过在工作底稿上抵销集团内部营业收入、营业成本和存货的分录来完成的。尽管做一笔工作底稿分录就可以将营业收入合计数减少 72 000 美元，营业成本合计数减少 70 000 美元，存货减少2 000美元，但为了区分公司间购销货的抵销与未实现内部销售损益的抵销（递延），我们一般都是做两笔工作底稿分录。

抵销过程如下所示：

	Pop 公司	Son 公司	调整与抵销		合并财务报表
利润表					
营业收入	$ 72000	$ 75 000	72 000[a]		$ 75 000
营业成本	60 000	60 000	2 000[b]	72 000[a]	50 000
毛利	$ 12 000	$ 15 000			$ 25 000
资产负债表					
存货		$ 12 000		2 000[b]	$ 10 000

第一个分录抵销了集团内部的营业收入和销售成本，如下所示：

a 借：营业收入（－R，－SE） **72 000**

贷：营业成本（－E，＋SE） **72 000**

抵销集团内部营业收入和营业成本。

这笔分录与 2016 年抵销集团内部购货与销货的分录是相同的。

第二笔分录是递延集团内部交易未实现内部销售损益 2 000 美元，即两家公司毛利合计数 27 000 美元减合并毛利 25 000 美元，并将期末存货由 12 000 美元调整为合并主体的实际成本 10 000 美元。

b 借：营业成本（E，－SE） **2 000**

贷：存货（－A） **2 000**

通过营业成本和存货抵销公司内部利润。

借记“营业成本”是通过增加合并成本来减少合并毛利，贷记“存货”则是将期末存货从公司间转移价格降为合并主体的实际成本。从合并主体看，Son 公司期末存货因未实现内部销售损益而多计了 2 000 美元，由此少计了当期的营业成本，多计了当期毛利，所以我们应通过分录 b 对此进行调整，以提高（借记）营业成本和减少（贷记）多计的期末存货。这笔抵销分录减少了 2 000 美元的合并毛利（影响利润），并减少了 2 000 美元的期末合并存货（影响资产负债表）。

现在必须掌握这两笔分录，因为不管以后介绍的情况有多复杂，上述两笔分录都始终一样。

权益法 2017 年 12 月 31 日，除递延确认 2 000 美元集团内部交易产生的未实现内部销售损益，Pop 公司照常计算投资收益。在 Pop 公司单行合并分录中，“投资收益——Son 公司”应减少期末存货中的未实现内部销售损益 2 000 美元，相应地，“长期股权投资——Son 公司”也应减少 2 000 美元。

□ 期初存货未实现内部销售损益的实现

从合并主体的角度来看，只有当期末存货出售给合并主体之外的第三方主体时，未实现内部销售损益才得以实现。一般而言，期末存货中的未实现内部销售损益往往在下一个会计期间销售时实现，因此，对合并主体而言，未实现内部销售损益只是递延到下一个年度确认。确认前期未实现内部销售损益要在工作底稿上贷记“营业成本”，因为在永续盘存制下，期初存货反映在营业成本中。销货方向、少数股权比例及母公司处理长期股权投资所采用的会计处理方法等，使确定相关工作底稿的借方较为麻烦。然而，这些因素并不影响合并毛利，我们仍使用之前的例子来说明2018年Pop公司和Son公司的经营业务。

2018年，Pop公司将成本80 000美元的商品以96 000美元的价格销售给Son公司，Son公司将75%的商品以90 000美元的价格出售。同时，Son公司又将转移价格为12 000美元的期初存货以15 000美元的价格销售给客户。集团内部转移商品的会计分录如下所示：

Pop公司账上的分录：

借：存货（+A）	80 000	
贷：应付账款（+L）		80 000
记录从其他主体赊购商品。		
借：应收账款——Son公司（+A）	96 000	
贷：营业收入（R，+SE）		96 000
记录将商品销售给子公司Son公司。		
借：营业成本（E，−SE）	80 000	
贷：存货（−A）		80 000
结转销售给Son公司的商品的成本。		

Son公司账上的分录：

借：存货（+A）	96 000	
贷：应付账款——Pop公司（+L）		96 000
记录从Pop公司购入商品。		
借：应收账款（+A）	105 000	
贷：营业收入（R，+SE）		105 000
记录将商品销售给外部主体的收入。		
借：营业成本（E，−SE）	84 000	
贷：存货（−A）		84 000

结转销售给外部主体的商品的成本（转移价格96 000美元×75%出售比例+12 000美元期初存货）。

Son公司对外销售了从Pop公司购入商品的75%，因此Son公司2018年的期末存货为24 000美元（96 000×25%），其中包括未实现内部销售损益4 000美元［24 000−24 000÷(96 000÷80 000)］。

工作底稿分录 从合并主体角度来看，集团内部转移商品的成本为80 000美元。

- 其中成本为60 000美元的当期商品及10 000美元的期初存货，以105 000美元的总价销售。
- 2018年末，20 000美元的存货仍未出售。
- 合并主体已实现毛利35 000美元。

通过在工作底稿上抵销集团内部营业收入、营业成本和存货来反映合并结果。共用三笔分录来抵销公司间购货与销货，确认期初存货中前期递延的未实现内部销售损益，并递延本期期末存货中的未实现内部销售损益。具体如下：

	Pop 公司	Son 公司	调整与抵销		合并财务报表
利润表					
营业收入	$96 000	$105 000	96 000[a]		$105 000
营业成本	80 000	84 000	4 000[c]	96 000[a]	70 000
毛利	$16 000	$ 21 000		2 000[b]	$ 35 000
资产负债表					
存货		$ 24 000		4 000[c]	$ 20 000
长期股权投资——Son 公司	×××		2 000[b]		

抵销 2018 年集团内部 Pop 公司和 Son 公司间交易的会计分录如下所示：

a 借：营业收入（－R，＋SE） 96 000

贷：营业成本（－E，＋SE） 96 000

抵销集团内部营业成本和营业收入。

b 借：长期股权投资——Son 公司（＋A） 2 000

贷：营业成本（－E，＋SE） 2 000

确认前期递延的期初存货中的未实现内部销售损益。

c 借：营业成本（E，－SE） 4 000

贷：存货（－A） 4 000

递延期末存货中的未实现内部销售损益。

工作底稿分录 a 和 c 与 2017 年的抵销分录 a 和 b 相同，目的在于抵销集团内部营业成本和营业收入，并递延期末存货中的未实现内部销售损益。从合并主体的角度看，多计的期初存货 2 000 美元导致 2018 年营业成本多计了 2 000 美元。分录 b 通过减少合并营业成本从而提高合并毛利来确认 2017 年递延至 2018 年的利润（注意：分录 b 只有当期初存货被销售给外部主体时才会出现）。借记"长期股权投资——Son 公司"可以调整在单行合并下因递延 2017 年期末存货中未实现内部销售损益而减少的金额。虽然贷方科目都是相同的，但工作底稿分录的借方有时会出现较为复杂的情况。

Pop 及 Son 公司的例子展示了集团内部交易对合并营业收入、营业成本和毛利的影响，并且这些影响都是一样的。但该例并未说明集团内部存货交易对少数股东权益的计算或对母公司权益法下的会计处理的影响。这些影响将在后面讨论。

5.2 顺流交易与逆流交易

顺流交易（downstream sale）是指母公司将商品销售给子公司，而**逆流交易**（upstream sale）指子公司将商品销售给母公司。这两个名称源于集团公司结构中通常将母公司置于顶端，所以由上向下销售称为顺流交易，由下向上销售则称为逆流交易。

在编制合并报表的过程中，顺流交易或逆流交易的营业收入与营业成本的相关金额都应抵销。同样，不论是顺流交易还是逆流交易，都应抵销期末存货中的所有未实现毛利。然而，未实现内部销售损益对母公司（投资者）单独报表与合并财务报表（向母公司和少数股东反映收益）的影响取决于集团内部交易的方向及母公司在子公司中的持股比例。不过，拥有子公司 100％股权的情况除外，因为此时无少数股东权益。

在顺流交易的情况下，母公司的净利润中包含全部的未实现内部销售损益（包含在营业收入和营业成本中），而子公司的净利润不受影响。在逆流交易的情况下，子公司的净利润中包括全部的未实现内部销售损益（包含在营业收入和营业成本中），而母公司的净利润不受影响。在编制合并报表的过程中，不论是顺流交易还是逆流交易，内部交易的营业收入与营业成本的全部金额都应抵销。但在逆流交易的情况下，如果子公司的净利润中含有未实现内部销售损益，则少数股东权益可能因此而受影响。在顺流交易的情况下，如果母公司的净利润中含有未实现内部销售损益，由于少数股东只在子公司的净利润中拥有权益，因此少数股东权益不会受影响。当子公司净利润因包括未实现内部销售损益而多计时（从合并主体角度来看），少数股东权益的计算应基于子公司已实现的净利润进行。子公司已实现净利润是指子公司在调整公司间逆流交易的损益后所反映的净利润。

少数股东权益可能会受到因逆流交易所产生的未实现内部销售损益的影响，因为会计准则中没有明确规定这方面的计算方法。公认会计原则指出，“公司间内部销售损益的抵销可以按比例在母公司与少数股东权益间分配，但并不要求一定这样分配”（ASC 810－10－45）。另一种分配方式是在顺流交易和逆流交易发生时，使用相同的方法抵销公司间内部销售损益，即在母公司的净利润中借（或贷）全部的未实现损益。

从理论上而言，在抵销逆流交易所产生的未实现损益时，按比例将逆流交易产生的未实现损益在母公司与少数股东权益间分配的方法更好。因为从合并主体角度来看，母公司与少数股东权益应采用相同的方法。也就是说，合并净利润中的母公司与少数股东损益的计算均以合并主体的已实现利润为基础。此外，在会计实务中由逆流交易产生的大额未实现损益可能就是在母公司与少数股东权益之间分配的。因此，本书中由逆流交易产生的未实现损益按比例在合并净利润（归属于母公司的权益）与少数股东损益（少数股东权益）之间分配。在权益法下，如果母公司（投资者）的股权投资采用相同的分配方法，将会使合并程序与权益法会计（单行合并）形成一致的处理结果。

□ 顺流交易和逆流交易对利润计算的影响

假设 2018 年度母公司及其持有 80％股权的子公司各自的利润如下表所示（单位：千美元）：

	母公司	子公司
营业收入	＄600	＄300
营业成本	300	180
毛利	300	120
营业费用	100	70
母公司的净利润	＄200	
子公司的净利润		＄50

2016 年，母子公司间内部销售额为 100 000 美元，2016 年 12 月 31 日，存货中包括未实现利润20 000 美元。

计算少数股东损益　如果集团内部交易为顺流交易，未实现内部销售损益 20 000 美元会反映在母公司的“营业收入”与“营业成本”账户中，子公司的净利润 50 000 美元等于其已实现净利润。在这种情况下，少数股东损益的计算不受集团内部交易的影响，如下所示：

50 000 子公司净利润×20％＝10 000(美元)

如果集团内部交易为逆流交易，则未实现内部销售损益 20 000 美元会反映在子公司的“营业收入”与“营业成本”账户中。此时，子公司已实现净利润为 30 000 美元。在这种情况下，少数股东损益计算如下：

(50 000 子公司净利润－20 000 未实现净利润)×20％＝6 000(美元)

合并净利润的计算 图表5-1列示了母公司与其控股80%的子公司在两种情况下的比较合并利润表。观察该表格可以注意到，合并净利润的计算在顺流交易与逆流交易下的唯一区别在于少数股东损益的计算。这是因为不论顺流交易还是逆流交易，对集团内部购销商品及存货中利润的抵销是一样的。在权益法下，因为母公司的净利润等于合并报表中归属于母公司的净利润，所以计算对子公司投资收益采用的方法应与计算合并净利润采用的方法一致。

图表5-1 顺流交易与逆流交易对合并利润的影响

2016年度母公司及子公司合并利润表

单位：千美元

	顺流交易	逆流交易
营业收入（＄900－＄100）	＄800	＄800
营业成本（＄480＋＄20－＄100）	400	400
毛利	400	400
营业费用（＄100＋＄70）	170	170
合并利润	230	230
减：少数股东损益	10	6
归属于母公司的净利润	＄220	＄224

在顺流交易的情况下，未实现内部销售损益应全部借记"投资收益——子公司"；在逆流交易的情况下，只对母公司相应份额借记"投资收益——子公司"。计算过程如下（单位：千美元）：

	顺流交易	逆流交易
母公司单独净利润	＄200	＄200
加：投资收益——子公司		
顺流交易		
在子公司列报的净利润中享有的权益份额减未实现内部销售损益（＄50×80%－＄20）	20	
逆流交易		
在子公司已实现净利润中享有的权益份额［(＄50－＄20)×80%］		24
母公司净利润	＄220	＄224

要注意母子公司之间可能同时存在顺流交易和逆流交易。在这种情况下，有必要同时抵消顺流交易和逆流交易的影响，但是因为公司间未实现内部销售损益的递延时间不同，所以这些交易并不能简单地相互抵消。

例如，假设母公司向其全资子公司出售100 000美元的存货，获得20 000美元的利润。当年年末，这批存货均未对此销售；同一时期，子公司以100 000美元的价格将一批存货销售给母公司，获利20 000美元，且这批存货同样均未对外销售。

我们可能会简单地认为这两笔交易是可以相互抵消的。然而，这样做会扰乱合并资产负债表和合并利润表。母公司和子公司的合并资产负债表包括了公司间交易的存货200 000美元，但其中40 000美元是集团内部销售产生的利润。正确的合并资产负债表中存货的数额应为160 000美元。

这样做也会多计合并净利润40 000美元，因为集团内部销售利润应当递延至合并主体的存货对外销售时确认。只有分别抵消顺流交易和逆流交易产生的影响，才能避免上述错误。注意，如果集团内部顺流交易和逆流交易不能正确地抵消，就会给企业操纵合并净利润提供可乘之机。

5.3 顺流交易下的未实现内部销售损益

母公司将商品销售给子公司后，母公司的营业收入、营业成本及毛利都会因此而增加，但在子公司将商品销售给外部主体之前，这笔交易对子公司的净利润并没有影响。商品顺流交易产生的毛利及保留在子公司存货中的毛利会增加母公司的净利润，所以，在权益法下，母公司应在利润表上将其全额抵销。与单行合并一致，做法是减记“投资收益”和“长期股权投资”账户。合并报表通过增加合并营业成本及将存货的成本减至合并主体实际成本的方法来抵销未实现毛利。从合并角度来看，期末存货多计的金额就是合并营业成本少计的金额。

□ 在公司间内部交易期间递延未实现内部销售损益

下面举例说明对顺流交易产生的未实现内部销售损益的递延。Pam公司持有Sun公司90%的有表决权股份。2016年度Pam公司与Sun公司在考虑未实现内部销售损益之前的利润表如下所示（单位：千美元）：

	Pam公司	Sun公司
营业收入	$100	$50
营业成本	60	35
毛利	40	15
营业费用	15	5
营业利润	25	10
投资收益——Sun公司	9	—
净利润	$ 34	$10

Pam公司营业收入中包括向Sun公司的销售收入15 000美元，以及Pam公司的获利6 250美元。2016年12月31日，Pam公司的存货中仍留存40%来自集团内部交易的商品。Pam公司的营业利润反映了Sun公司存货中的未实现内部销售损益2 500美元（即转移价格6 000美元减去成本3 500美元）。Pam公司在其账上记录来自Sun公司的投资收益，并递延确认未实现内部销售损益的分录如下所示：

借：长期股权投资——Sun公司（+A）	9 000	
贷：投资收益——Sun公司（R，+SE）		9 000

确认来自Sun公司的投资收益。

借：投资收益——Sun公司（−R，−SE）	2 500	
贷：长期股权投资——Sun公司（−A）		2 500

抵销将存货销售给Sun公司产生的未实现内部销售损益。

Pam公司账上第二笔分录将投资收益由9 000美元减为6 500美元。在合并财务报表中应抵销对应的营业收入、营业成本及未实现内部销售损益。调整与抵销过程如图表5-2所示。

分录a抵销了集团内部交易产生的营业收入和营业成本。分录b按照年末未实现内部销售损益调整营业成本，并将存货的成本降至合并主体的成本。注意，分录a和b等同于借记“营业收入”15 000美元，贷记“营业成本”12 500美元及“存货”2 500美元的分录。

在图表5-2中，权益法下Pam公司的净利润等于归属于母公司的净利润。如果Pam公司没有按单行合并将其净利润由34 000美元减少为31 500美元，那么上述等式不再成立。图表5-2中的少数股东损益

1 000 美元不受 Pam 公司销售中未实现内部销售损益的影响，因为少数股东只能分享子公司的净利润，而 Sun 公司 2016 年度列报的收入（等于已实现利润）不受期末存货中未实现内部销售损益的影响。

图表 5－2　Pam 公司及其子公司 Sun 公司 2016 年 12 月 31 日部分工作底稿　　单位：千美元

	Pam 公司	Sun 公司 (90%)	调整与抵销		合并财务报表
			借	贷	
利润表					
营业收入	\$100	\$50	15[a]		\$135
投资收益——Sun 公司	6.5		6.5[c]		
营业成本	(60)	(35)	2.5[b]	15[a]	(82.5)
营业费用	(15)	(5)			(20)
合并净利润					\$ 32.5
少数股东损益（\$10×10%）					(1)
归属于母公司的净利润	\$ 31.5	\$10			\$ 31.5
资产负债表					
存货		\$ 6		2.5[b]	\$ 3.5
长期股权投资——Sun 公司	×××			6.5[c]	

注：a. 抵销相对应的营业收入与营业成本。
　　b. 以合并主体的成本为基础调整营业成本与期末存货。
　　c. 抵销投资收益，将“长期股权投资——Sun 公司”账户调整为 2016 年 1 月 1 日的余额。

□ 将商品出售给外部主体时确认公司间未实现内部销售损益

假设 Sun 公司 2017 年将 2016 年从 Pam 公司购入的商品出售，且 2017 年 Pam 和 Sun 公司没有发生任何集团内部交易。在考虑 Sun 公司期初存货中的未实现内部销售损益 2 500 美元之前，Pam 公司与 Sun 公司的利润表如下所示（单位：千美元）：

	Pam 公司	Sun 公司
营业收入	\$120	\$60
营业成本	80	40
毛利	40	20
营业费用	20	5
营业利润	20	15
投资收益——Sun 公司	13.5	—
净利润	\$ 33.5	\$15

Pam 公司 2017 年度的营业利润并未受到 Sun 公司 2016 年 12 月 31 日存货中未实现内部销售损益的影响。然而 Sun 公司 2017 年度的毛利则受到了影响，这是因为从合并主体角度而言，Sun 公司的期初存货多计了 2 500 美元，导致营业成本的多计。从 Pam 公司角度而言，2016 年度的未实现内部销售损益在 2017 年度已经实现，记录、调整其投资收益的分录如下所示：

借：长期股权投资——Sun 公司（＋A）	13 500	
贷：投资收益——Sun 公司（R，＋SE）		13 500

确认来自 Sun 公司的投资收益。

借：长期股权投资——Sun 公司（＋A）	2 500	
贷：投资收益——Sun 公司（R，＋SE）		2 500

确认实现 2016 年销售给 Sun 公司商品的利润。

这笔分录使 Pam 公司“长期股权投资”账户由 13 500 美元增加到 16 000 美元，同时 Pam 公司的净利润由 33 500 美元增加到 36 000 美元。调整后的金额列示在 Pam 公司与 Sun 公司 2017 年度的部分合并工作底稿中（见图表 5-3）。

图表 5-3　Pam 公司及其子公司 Sun 公司 2017 年度部分合并工作底稿　单位：千美元

	Pam 公司	Sun 公司（90%）	调整与抵销		合并财务报表
			借	贷	
利润表					
营业收入	$120	$60			$180
投资收益——Sun 公司	16		16[b]		
营业成本	(80)	(40)		2.5[a]	(117.5)
营业费用	(20)	(5)			(25)
合并净利润					$ 37.5
少数股东损益（$15×10%）					(1.5)
归属于母公司的净利润	$ 36	$15			$ 36
资产负债表					
长期股权投资——Sun 公司	×××		2.5[a]	16[b]	

注：a. 以合并主体的成本为基础调整营业成本与期末存货，并调整“长期股权投资”账户，使之与子公司股东权益期初余额对应。
b. 抵销投资收益，将“长期股权投资——Sun 公司”账户调整为 2017 年 1 月 1 日的余额。

在图表 5-3 中，需注意分录 a 是借记“长期股权投资——Sun 公司”2 500 美元，贷记“营业成本”2 500美元。贷记“营业成本”是因为在永续盘存制下，Sun 公司的“存货”期初余额已结转到“营业成本”账户中，所以不应该再调整“存货”账户。“长期股权投资”账户应进行调整，增加其期初余额以反映 2016 年末递延的未实现内部销售损益在 2017 年实现的金额。这笔调整分录使 2017 年 1 月 1 日“长期股权投资”账户余额与子公司“股东权益”账户余额重新对应。在抵销“长期股权投资”账户与“股东权益”账户前做此调整十分重要。因为该内部交易是顺流交易，所以图表 5-3 中少数股东损益的计算并未受到影响。

合并财务报表中存货的未实现内部销售损益在两个会计期间后会自动更正，分析过程和“盘存差错”一样。Pam 公司与 Sun 公司 2016 年度与 2017 年度的合并净利润之和并没有受到 2016 年递延至 2017 年确认的未实现内部销售损益 2 500 美元的影响。调整是为了保证每个期间合并利润表的准确性。

5.4　逆流交易下的未实现内部销售损益

子公司将商品销售给母公司会增加子公司的营业收入、营业成本及毛利，而母公司的营业利润在母公司将该商品出售给合并主体之外的客户之前不受影响。然而，因为母公司在权益法下确认了在子公司净利润中享有的份额，所以母公司的净利润将会受到影响。如果母公司拥有子公司 100%的股权，在存在集团内部销售的会计年度，母公司需递延 100%的未实现内部销售损益；如果母公司只拥有子公司的部分股权，那么母公司只需按照投资比例递延部分未实现内部销售损益。

□ 在公司间内部交易期间递延未实现内部销售损益

假设 2016 年 Son 公司（子公司）将其购入的 7 500 美元商品以 20 000 美元的价格销售给 Pop 公司（母公司），当年 Pop 公司以 15 000 美元的价格将其中 60%的商品销售给外部主体，年度末实现存货利润为5 000美元（成本为3 000美元，但Pop公司账上存货余额为8 000美元）。若Son公司2016年度列报的净利润为50 000美元，Pop公司按持股比例确认其应享有的份额，如图表5-4所示。图表5-4比较了单行合并下母公司拥有子公司100%的股权及75%的股权时的会计处理。

正如图表5-4所示，在权益法下，若Pop公司将Son公司净利润的100%确认为投资收益，则净利润中包含的未实现内部销售损益部分必须100%抵销。在权益法下，若Pop公司只将Son公司净利润的75%确认为投资收益，则Pop公司只需抵销包含在Son公司净利润中的未实现内部销售损益的75%。在两种情况下，Pop公司都从"投资收益"账户和"长期股权投资"账户中抵销掉所有未实现内部销售损益。

图表5-4 Pop公司账上单行合并下的会计分录

A部分		
假设Pop公司拥有Son公司100%的股权		
借：长期股权投资——Son公司（+A）	50 000	
贷：投资收益——Son公司（R，+SE）		50 000
将Son公司净利润的100%确认为投资收益。		
借：投资收益——Son公司（-R，-SE）	5 000	
贷：长期股权投资——Son公司（-A）		5 000
递延Son公司存货中100%的未实现内部销售损益直至实现。		
上述两笔分录可合并为一笔分录，金额为45 000美元［(50 000-5 000)×100%］。		
B部分		
假设Pop公司拥有Son公司75%的股权		
借：长期股权投资——Son公司（+A）	37 500	
贷：投资收益——Son公司（R，+SE）		37 500
将Son公司净利润的75%确认为投资收益。		
借：投资收益——Son公司（-R，-SE）	3 750	
贷：长期股权投资——Son公司（-A）		3 750
递延Son公司存货中75%的未实现内部销售损益直至实现。		
上述两笔分录可合并为一笔分录，金额为33 750美元［(50 000-5 000)×75%］。		

在合并财务报表上抵销逆流交易产生的未实现内部销售损益会导致"营业收入"与"营业成本"账户中100%的未实现内部销售损益的抵销。但是，归属于母公司的净利润是母公司应享有的净利润，所以少数股东损益也应按其在子公司未实现内部销售损益中的份额冲减，这就需要从子公司列报的少数股东享有的净利润中扣除其在未实现内部销售损益中享有的份额。因此，在逆流交易的情况下，未实现内部销售损益对合并净利润的影响与在权益法下对母公司净利润的影响是一样的。

图表5-5列示了Pop公司及其拥有75%股权的子公司Son公司的部分合并工作底稿。虽然未对有关的营业收入、营业成本与营业费用金额进行解释，但这些数据均与前面对Pop公司与Son公司的假设一致。

图表5-5 Pop公司及其子公司Son公司2016年度部分合并工作底稿 单位：千美元

	Pop公司	Son公司（75%）	调整与抵销		合并财务报表
			借	贷	
利润表					
营业收入	$250	$150	20[a]		$380
投资收益——Son公司	33.75		33.75[c]		

续表

	Pop公司	Son公司(75%)	调整与抵销		合并财务报表
			借	贷	
营业成本	(100)	(80)	5[b]	20[a]	(165)
营业费用	(50)	(20)			(70)
合并净利润					$145
少数股东损益［($50－$5)×25%］					(11.25)
归属于母公司的净利润	$133.75	$ 50			$133.75
资产负债表					
存货	$ 8			5[b]	
长期股权投资——Son公司	×××			33.75[c]	

注：a. 抵销相对应的营业收入与营业成本。
b. 以合并主体的成本为基础调整营业成本与期末存货。
c. 抵销投资收益，将“长期股权投资——Son公司”账户调整为2016年1月1日的余额。

图表5-5中Pop公司利润表上列报的来自Son公司的投资收益为33 750美元，这在图表5-4中B部分有详细说明。少数股东损益是用Son公司列报的净利润减去未实现内部销售损益后，再乘以少数股东权益比例计算得到的。若少数股东损益没有调整未实现内部销售损益，则母公司权益法下的净利润与归属于母公司的净利润将不相等。但当母公司拥有子公司100%股权时，这种问题不会发生，因为此时不存在少数股东权益。

□ 将商品销售给外部主体时确认未实现内部销售损益

期初存货中未实现内部销售损益对于母公司净利润与合并净利润的影响，与期末存货中未实现内部销售损益对母公司净利润与合并净利润的影响恰好相反。也就是说，期末存货中未实现内部销售损益（集团内部交易年度）和合并净利润有直接关系，而期初存货中未实现内部销售损益（将商品销售给外部主体的年度）与合并净利润却呈反向关系。这一点可以通过前例中Pop公司与Son公司2016年12月31日期末存货中的未实现内部销售损益5 000美元在2017年实现的情况来说明。假设Pop公司与Son公司2017年未发生集团内部交易，且Pop公司拥有Son公司75%的股权，Son公司2017年度列报的净利润为60 000美元。在权益法下，Pop公司记录投资收益的分录如下所示：

借：长期股权投资——Son公司（＋A）	45 000	
贷：投资收益——Son公司（R，＋SE）		45 000
将Son公司净利润的75%确认为投资收益。		
借：长期股权投资——Son公司（＋A）	3 750	
贷：投资收益——Son公司（R，＋SE）		3 750
确认2016年未实现内部销售损益在2017年实现金额5 000美元的75%。		

图表5-6列示了Pop公司及其子公司逆流交易时期初存货中未实现内部销售损益的合并程序。图表5-6中的一些项目与前面（图表5-5）逆流交易情况下期末存货中未实现内部销售损益的处理不同。特别是多计营业成本（因为多计了期初存货）时需要在工作底稿中将其调整为以真实的成本为基础。分录a做出了这种调整，它同时也调整了“长期股权投资”账户与期初“少数股东权益”账户。逆流交易时，若期初存货中存在未实现内部销售损益，则应在长期股权投资余额（75%）与少数股东权益（25%）之间对其进行分配，以更正前期期末存货中的未实现内部销售损益对长期股权投资及少数股东权益的影响。

图表 5-6 Pop公司及其子公司Son公司（75%股权）2017年度部分合并工作底稿 单位：千美元

	Pop公司	Son公司（75%）	调整与抵销 借	调整与抵销 贷	合并财务报表
利润表					
营业收入	$275	$160			$435
投资收益——Son公司	48.75		48.75[b]		
营业成本	(120)	(85)		5[a]	(200)
营业费用	(60)	(15)			(75)
合并净利润					$160
少数股东损益［（$60＋$5）×25%］					(16.25)
归属于母公司的净利润	$143.75	$ 60			$143.75
资产负债表					
长期股权投资——Son公司	×××		3.75[a]	48.75[b]	
1月1日少数股东权益			1.25[a]		

注：a. 将营业成本减为以合并主体的成本为基础，调整“长期股权投资——Son公司”账户，使其与子公司2017年1月1日股东权益相对应。

b. 抵销投资收益，将“长期股权投资——Son公司”账户调整为2017年1月1日的余额。

5.5 合并案例——顺流交易下的集团内部利润

2016年7月1日，Pam公司用现金94 500美元收购Sun公司90%的股权。当时，Sun公司的净资产包括100 000美元股本及5 000美元留存收益。Pam公司收购Sun公司90%股权的成本等于所获净资产（105 000×90%）的账面价值与公允价值，因此不需要将合并价差分摊至可辨认净资产或不可辨认净资产。

Pam公司以正常销售商品的方式销货给Sun公司，2019年集团内部交易的资料数据如下所示：

2019年向Sun公司销售商品（成本$15 000）的售价	$20 000
2018年12月31日Sun公司存货中未实现内部销售损益（2019年存货被售出）	2 000
2019年12月31日Sun公司存货中未实现内部销售损益	2 500
2019年12月31日Sun公司应付Pam公司的账款	10 000

□ 权益法

2018年12月31日，Pam公司账上对Sun公司的长期股权投资余额为128 500美元，此余额等于Sun公司当期净资产145 000美元的90%减去Sun公司2018年12月31日存货中的未实现内部销售损益2 000美元。

Pam公司2019年按权益法编制的有关“长期股权投资——Sun公司”的分录如下所示：

借：现金（＋A） 9 000

　　贷：长期股权投资——Sun公司（－A） 9 000

记录收到Sun公司的股利（10 000×90%）。

借：长期股权投资——Sun公司（＋A） 26 500

　　贷：投资收益——Sun公司（R，＋SE） 26 500

记录2019年来自Sun公司的投资收益，计算如下：

在 Sun 公司净利润中享有的权益（30 000×90%）	$ 27 000
加：2019 年确认的 2018 年未实现内部销售损益	2 000
减：2019 年末递延的未实现内部销售损益	−2 500
	$ 26 500

由于公司间内部交易为顺流交易，所以 2018 年未实现内部销售损益全部递延至 2019 年确认，2019 年期末存货中未实现内部销售损益也应在 2019 年 12 月 31 日全部递延。Pam 公司的“长期股权投资——Sun 公司”账户由 2019 年 1 月 1 日的 128 500 美元增加到 2019 年 12 月 31 日的 146 000 美元。当年变动数等于当年投资收益 26 500 美元减去收到的股利 9 000 美元。这些金额列示在 Pam 公司及其子公司 2019 年度的合并工作底稿中（见图表 5－7）。

图表 5－7　Pam 公司及其子公司 Sun 公司 2019 年度合并工作底稿　　单位：千美元

	Pam 公司	Sun 公司（90%）	调整与抵销 借	调整与抵销 贷	合并财务报表
利润表					
营业收入净额	$ 1 000	$ 300	20[a]		$ 1 280
投资收益——Sun 公司	26.5		26.5[d]		
营业成本	(550)	(200)	2.5[c]	20[a]	
				2[b]	(730.5)
其他费用	(350)	(70)			(420)
合并净利润					129.5
少数股东损益（$ 30×10%）			3[e]		(3)
归属于母公司的净利润	**$ 126.5**	**$ 30**			$ 126.5
留存收益表					
留存收益——Pam 公司	$ 194				$ 194
留存收益——Sun 公司		$ 45	45[f]		
归属于母公司的净利润	**126.5**	**30**			**126.5**
股利	(50)	(10)		9[d]	(50)
				1[e]	
12 月 31 日留存收益	**$ 270.5**	**$ 65**			**$ 270.5**
资产负债表					
现金	$ 30	$ 5			$ 35
应收账款	70	20		10[g]	80
存货	90	45		2.5[c]	132.5
其他流动资产	64	10			74
固定资产	800	120			920
长期股权投资——Sun 公司	146		2[b]	17.5[d]	
				130.5[f]	
	$ 1 200	$ 200			$ 1 241.5
应付账款	80	15	10[g]		$ 85
其他负债	49.5	20			69.5
股本	800	100	100[f]		800
留存收益	**270.5**	**65**			**270.5**
	$ 1 200	$ 200			
1 月 1 日少数股东权益				14.5[f]	
12 月 31 日少数股东权益				2[e]	16.5
			$ 209	$ 209	$ 1 241.5

图表5-7的工作底稿分录如下所示：

a	借：营业收入（－R，－SE）	20 000	
	贷：营业成本（－E，＋SE）		20 000
	抵销集团内部营业收入与营业成本。		
b	借：长期股权投资——Sun公司（＋A）	2 000	
	贷：营业成本（－E，＋SE）		2 000
	按期初存货中未实现内部销售损益调整“长期股权投资”账户的期初余额及营业成本。		
c	借：营业成本（E，－SE）	2 500	
	贷：存货（－A）		2 500
	抵销期末存货中未实现内部销售损益，并将营业成本增至合并主体的实际成本。		
d	借：投资收益——Sun公司（－R，－SE）	26 500	
	贷：股利（＋SE）		9 000
	长期股权投资——Sun公司（－A）		17 500
	抵销投资收益以及Sun公司90%的股利，并将“长期股权投资”账户减为期初余额加上分录b中的2 000美元。		
e	借：少数股东损益（E，－SE）	3 000	
	贷：股利（＋SE）		1 000
	少数股东权益（＋SE）		2 000
	记录少数股东应享有的子公司利润和股利。		
f	借：股本——Sun公司（－SE）	100 000	
	留存收益——Sun公司（－SE）	45 000	
	贷：长期股权投资——Sun公司（－A）		130 500
	少数股东权益（＋SE）		14 500
	抵销“长期股权投资”账户与其对应的“股东权益”账户，并确认期初的少数股东权益。		
g	借：应付账款（－L）	10 000	
	贷：应收账款（－A）		10 000
	抵销公司间内部交易产生的应收应付账款。		

注意在图表5-7 Pam公司及其子公司的合并工作底稿中，Pam公司的净利润126 500美元等于归属于母公司的净利润，留存收益270 500美元等于合并留存收益。只要正确运用权益法，这两个等式就一定会存在。由于集团内部交易为顺流交易，所以期初少数股东权益14 500美元与少数股东损益3 000美元未受到集团内部交易的影响。

5.6 合并案例——逆流交易下的集团内部利润

假设Pop公司2016年1月2日用480 000美元现金收购Son公司80%的股权。当天，Son公司的股东权益包括500 000美元股本及100 000美元留存收益，投资成本等于Son公司净资产账面价值和公允价值的80%，因此不存在合并价差。

Son公司以正常出售商品的方式销货给Pop公司。2017年集团内部交易的资料数据如下所示：

2017年向Pop公司出售商品的销售收入	\$300 000
2016年12月31日Pop公司存货中未实现内部销售损益	40 000
2017年12月31日Pop公司存货中未实现内部销售损益	30 000
2017年12月31日集团内部公司间应收应付账款	50 000

□ 权益法

2016年12月31日，Pop公司对Son公司投资余额为568 000美元，等于其在Son公司净资产中享有的份额600 000美元（750 000×80%）减去Pop公司2016年12月31日逆流交易下存货中未实现内部销售损益40 000美元的80%。

2017年Pop公司在权益法下对Son公司投资的分录如下所示：

借：现金（+A） 40 000

　贷：长期股权投资——Son公司（-A） 40 000

记录收到Son公司的股利（100 000×80%）。

借：长期股权投资——Son公司（+A） 88 000

　贷：投资收益——Son公司（R，+SE） 88 000

记录2017年来自Son公司的投资收益，计算如下：

在Son公司净利润中享有的权益（100 000×80%）	\$80 000
加：2016年未实现内部销售损益在2017年确认的40 000美元的80%	32 000
减：2017年12月31日未实现内部销售损益30 000美元的80%	-24 000
	88 000

2016年及2017年造成存货中未实现内部销售损益的内部交易均为逆流交易。因此，在2017年确认2016年未实现内部销售损益40 000美元时Pop公司只记录其中的80%。同理，Pop公司只递延2017年12月31日当年内部交易的未实现内部销售损益30 000美元的80%。Pop公司对Son公司的长期股权投资在2017年增加88 000美元，又因收到股利而减少40 000美元，所以对Son公司的长期股权投资余额由2016年12月31日的568 000美元增加到2017年12月31日的616 000美元。这些金额都分别列示在图表5-8中的Pop公司及其子公司合并工作底稿上。图表5-8合并工作底稿中的分录如下所示，以供参考：

a 借：营业收入（-R，-SE） 300 000

**　贷：营业成本（-E，+SE） 300 000**

抵销集团内部营业收入与营业成本。

b 借：长期股权投资——Son公司（+A） 32 000

**　　少数股东损益（-SE） 8 000**

**　贷：营业成本（-E，+SE） 40 000**

调整期初存货中未实现内部销售损益，并将其中的80%分配给Pop公司的“长期股权投资”账户，20%分配给“少数股东权益”账户。

c 借：营业成本（E，-SE） 30 000

**　贷：存货（-A） 30 000**

抵销期末存货中的未实现内部销售损益，并将营业成本增至合并主体的实际成本。

图表 5-8　Pop 公司及其子公司 Son 公司 2017 年度合并工作底稿　单位：千美元

	Pam 公司	Sun 公司（80%）	调整与抵销 借	调整与抵销 贷	合并财务报表
利润表					
营业收入净额	$3 000	$1 500	300[a]		$4 200
投资收益——Son 公司	88		88[d]		
营业成本	(2 000)	(1 000)	30[c]	300[a]	(2 690)
				40[b]	
其他费用	(588)	(400)			(988)
合并净利润					522
少数股东损益*			22[e]		(22)
归属于母公司的净利润	**$ 500**	**$ 100**			**$ 500**
留存收益表					
留存收益——Pop 公司	$1 000				$1 000
留存收益——Son 公司		$250	250[f]		
加：归属于母公司的净利润	**500**	**100**			**500**
股利	(400)	(50)		40[d]	(400)
				10[e]	
12 月 31 日留存收益	**$1 100**	**$ 300**			**$1 100**
资产负债表					
现金	$ 200	$ 50			$ 250
应收账款	700	100		50[g]	750
存货	1 100	200		30[c]	1 270
其他流动资产	384	150			534
固定资产	2 000	500			2 500
长期股权投资——Son 公司	616		32[b]	48[d]	
				600[f]	
	$5 000	$1 000			$5 304
应付账款	$ 500	150	50[g]		$ 600
其他负债	400	50			450
股本	3 000	500	500[f]		3 000
留存收益	**1 100**	**300**			**1 100**
	$5 000	$1 000			
1 月 1 日少数股东权益			8[b]	150[f]	
12 月 31 日少数股东权益				12[e]	154
			$1 280	$1 280	$5 304

注：* 少数股东损益（$100+$40−$30）×20%=$22

d　借：投资收益——Son 公司（−R，−SE）　88 000

**　　贷：股利（+SE）　40 000**

**　　　　长期股权投资——Son 公司（−A）　48 000**

抵销投资收益以及 Son 公司 80%的股利，并将“长期股权投资”账户减至期初余额。

e　借：少数股东损益（−SE）　22 000

**　　贷：股利（+SE）　10 000**

**　　　　少数股东权益（+SE）　12 000**

记录子公司利润中的少数股东损益和股利。

f　借：股本——Son 公司（－SE）　250 000

留存收益——Son 公司（－SE）　500 000

贷：长期股权投资——Son 公司（－A）　600 000

少数股东权益（＋SE）　150 000

抵销“长期股权投资”账户及其对应的“股东权益”账户，并确认期初的少数股东权益。

g　借：应付账款（－L）　50 000

贷：应收账款（－A）　50 000

抵销公司间内部交易产生的应收应付账款。

图表 5－8 的合并工作底稿分录和前面 Pam 及 Sun 公司例子中的分录几乎完全相同，只有分录 b 不同。不同之处在于，本例中分录 b 将 Pop 公司期初存货中未实现内部销售损益的 80％分配给对 Son 公司的长期股权投资，20％分配给少数股东权益。由于逆流交易所产生的未实现内部销售损益包含在 Son 公司 2016 年度净利润中，因此必须进行分配。Pop 公司应承担的金额为未实现内部销售损益 40 000 美元的 80％，其余 20％则由少数股东权益承担。因此，少数股东权益的期初余额 150 000 美元（Son 公司股东权益 750 000 美元的 20％）减去 8 000 美元等于 142 000 美元，即 Son 公司 2016 年 12 月 31 日已实现股东权益 710 000 美元（750 000－40 000）的 20％。

少数股东权益　在计算 2017 年少数股东权益时，应先根据未实现内部销售损益调整 Son 公司列报的净利润，再乘以少数股东权益比例，计算如下：

Son 公司列报的净利润	＄100 000
加：2016 年存货中未实现内部销售损益在 2017 年的实现额	＋40 000
减：2017 年 12 月 31 日未实现内部销售损益	－30 000
Son 公司 2017 年度已实现净利润	110 000
少数股东权益比例	×20％
少数股东损益	＄ 22 000

工作底稿上 2017 年 12 月 31 日少数股东权益的余额为 154 000 美元，等于期初少数股东权益142 000 美元加少数股东损益 22 000 美元减去股利。另一种计算方法可用来验证上述计算的结果是否正确，即将 Son 公司 2017 年 12 月 31 日的股东权益减去当年期末存货中未实现内部销售损益，求出 Son 公司已实现的股东权益，再乘以少数股东权益比例，即（800 000－30 000）×20％＝154 000 美元。这一方法的优点是在计算过程中只需考虑当期资产负债表日存货中的未实现内部销售损益即可。

总结

集团内部商品交易产生了相对应的营业收入和营业成本，但这些金额并不反映合并主体的商品购销活动。这种集团内部交易也增加了集团内部未实现内部销售损益，这些未实现内部销售损益应在将商品出售给合并主体之外的第三方时予以确认。

除非母公司拥有子公司 100％的股权，否则，公司间内部交易的方向十分重要。在顺流交易情况下，公司内部交易产生的未实现内部销售损益会减少母公司净利润和合并净利润。在逆流交易情况下，公司内部交易产生的未实现内部销售损益会减少合并净利润和少数股东权益。某一会计期间递延的公司间未实现内部销售损益最终会在将相关存货销售给集团外部主体时确认。公司间未实现内部销售损益的抵销对母公司净利润和合并净利润的影响列示于图表 5－9 中。

图表 5-9 举例

假设

1. 母公司（P）不包括来自子公司的投资收益的净利润为 100 000 美元；
2. 持股 90%的子公司（S）的净利润为 50 000 美元；
3. 期初存货中未实现内部销售损益为 5 000 美元；
4. 期末存货中未实现内部销售损益为 10 000 美元。

	顺流交易：（P公司销售给S公司）	逆流交易：（S公司销售给P公司）
P公司的净利润——权益法		
P公司单独净利润	$100 000	$100 000
P公司在S公司的净利润中享有的份额		
（$50 000×90%）	45 000	45 000
加：期初存货中未实现内部销售损益		
（$5 000×100%）	5 000	
（$5 000×90%）		4 500
减：期末存货中未实现内部销售损益		
（$10 000×100%）	(10 000)	
（$10 000×90%）		(9 000)
P公司净利润	$140 000	$140 500
归属于母公司的净利润		
P公司单独净利润与S公司净利润之和	$150 000	$150 000
调整未实现内部销售损益：		
期初存货（$5 000×100%）	5 000	5 000
期末存货（$10 000×100%）	(10 000)	(10 000)
已实现净利润合计	145 000	145 000
减：少数股东损益		
（$50 000×10%）	(5 000)	
（$50 000＋$5 000－$10 000）×10%		(4 500)
归属于母公司的净利润	$140 000	$140 500

假设母公司（P）向子公司（S）出售商品，P公司净利润和归属于母公司的净利润完全相同，同内部交易没有发生时一样。在这种情况下，P公司的单独净利润为 95 000 美元（100 000＋5 000－10 000），P公司来自S公司的投资收益为 45 000 美元（50 000×90%），总计 140 000 美元。假设S公司卖给P公司商品，P公司的净利润和归属于母公司的净利润同内部交易没有发生时一样。在这种情况下，P公司的单独净利润是 100 000 美元（已给），S公司的净利润将是 45 000 美元（50 000＋5 000－10 000）。P公司的单独净利润 100 000 美元加上P公司来自S公司的投资收益 40 500 美元（45 000×90%）等于P公司的净利润和归属于母公司的净利润。

附录　美国证券交易委员会对会计的影响

会计师认识到了证券交易委员会（SEC）对会计和报告准则发展的影响。国会在通过 1934 年《证券交易法》时授权 SEC 制定会计准则，这标志着 SEC 的创建。最初，美国国会将 1933 年《证券法》的管辖权授予联邦贸易委员会。但一年后，1934 年法案成立了 SEC，授权 SEC 为辖下企业的会计和审计事项制定法规，并为受其管辖的主体制定会计准则。[①]

联邦政府和州政府对证券监管不力，以及1929年股市崩盘和20世纪30年代的经济大萧条共同促成了20世纪30年代初新的证券法出台。随着安然、世通以及其他公司的倒闭，《萨班斯-奥克斯利法案》和相关法规相继出台。

□ 1933年《证券法》

1933年《证券法》的主要目标是“全面、公允地披露在州际和国际贸易中及邮递出售的证券的性质，并防止在买卖中出现欺诈”[②]（1933年《证券法》）。另一个目标是保护投资者免受欺诈、欺骗和虚假陈述的损害。虽然有过多次修改，但这些目标仍然构成了1933年法案的主要内容。

1933年《证券法》通常被称为“证券真实法”。因为SEC的目标是防止证券发行人向潜在的证券购买者披露虚假、不完整或其他误导性信息。SEC强调其目的不是对企业的证券优劣做出判断，会对违反披露要求的企业和个人给予严厉的处罚。

公开发行证券

1933年《证券法》对向投资者公开发行特定证券做出了规定。公开发行证券之前，必须在SEC进行登记并公开披露招股说明书。

豁免的证券发行 某些证券的发行不受1933年法案的约束。部分豁免证券包括政府部门、非营利组织、破产并受法院裁决制约的企业、股票分拆或直接出售给现有股东（私募）的企业发行的证券，以及仅限出售给州内居民的证券。

发行5 000 000美元或以下金额的证券 条例A（Regulation A）规定，发行不超过5 000 000美元的证券适用限制较少的登记程序。条例A允许公司使用发行说明书，不用完全登记所需的招股说明书。

招股说明书（prospectus） 招股说明书是登记材料的一部分，提供关于登记企业背景的详细信息，包括发展情况、业务状况和财务报表。发行说明书类似于招股说明书，但披露要求较少。在证券公开出售之前，必须将招股说明书副本发送给预期购买者。**初步招股说明书**（preliminary prospectus），也称红鲱鱼招股说明书，会明确拟发行证券的性质，指出SEC是否批准该证券，并解释如何获取招股说明书。

□ 1934年《证券交易法》

1934年《证券交易法》设立了SEC，并授权其管理1933年法案以及规范全国交易所的证券交易。随后对1934年《证券交易法》进行了修订，以包含场外市场交易证券等内容，规定其交易前提是企业的资产总额超过1 000万美元且股东数量至少为500人。希望其证券在全国证券交易所或场外市场上交易且受净资产和股东数量限制的公司必须向SEC提交登记声明。报告10（Form 10）是用于登记在全国证券交易所或场外市场中交易的证券的主要表格。除了根据1933年法案对证券发行进行登记外，还需要对交易进行登记。

其他定期报告规定 1934年法案所涵盖的企业还需承担定期报告的责任。其中包括向SEC提交的10-K年度报告、10-Q季度报告和8-K本期“重大事项”报告。

---

① 例如，SEC 1993年发布了第93号员工会计公报，要求将自计量日起一年之内未撤资的已终止经营的业务作为可供出售投资进行会计处理。

② SEC.

这些报告信息是公开的，因此，公司管理者、董事及主要股东（内部人员）将无法使用该信息获得相对于公众投资者的不公平优势。这样做的目的是提供有关公司所有重大事项的充分披露的信息，形成更加有效和公平的证券市场。

SEC和全国证券交易所 除了对上市企业登记和定期报告的规定外，《证券交易法》还包含美国证券交易所的登记和报告要求。SEC负责监督全国证券交易所的活动，并确保其遵守适用的法律规定。1934年法案还赋予SEC对证券经纪人和交易商以及参与SEC工作的会计师的广泛执行权。

《萨班斯-奥克斯利法案》

《萨班斯-奥克斯利法案》和相关法律的通过使SEC拥有更大的权力，并增加了执法活动预算。2000年以来，SEC对上市公司的调查和执行活动大幅增加。包括KK甜甜圈公司（2005年1月）在内的许多公司因SEC调查而重述了净利润。这种情况很可能会继续出现。

SEC影响最深的声明之一是1999年12月发布的第101号员工会计公报（SAB）——《财务报表中的收入确认》，SEC阐明并解决了现代商业世界中日趋复杂的收入确认问题。SEC关注的问题是目前销售捆绑产品和服务的常见做法以及如何分离和确认此类合同中的收入组成部分。第101号SAB代表SEC对美国反舞弊财务报告委员会下属的发起人委员会（COSO）1999年3月进行的有关虚假列报做法的研究的回应。该报告表明，超过一半的虚假列报涉及虚假陈述收入。

SEC的其他责任

SEC根据1934年《证券交易法》、1935年《公用事业控股公司法》、1939年《信托契约法》、1940年《投资公司法》、1940年《投资顾问法》、1970年《证券投资者保护法》和1977年《涉外反腐败法》承担监管和行政责任。列出的这些法案仅用于说明，此处不会详述。

证券发行的登记声明

1933年《证券法》要求向公众发行证券的企业公允、完整地披露有关这些证券的所有重大事项。要至少在证券公开发售前20天在提交给SEC的**登记声明**（registration statements）中进行披露。如果SEC在登记声明中发现了不足的或误导性信息，则会延长20天的等待期。此外，如果一家公司对登记声明进行了修改，则SEC将修改后的声明视为新登记，以适用20天规则。

证券登记

向SEC进行证券登记是发行人的主要任务。该过程包括建立一个登记团队，该团队由财务经理、法律顾问、证券承销商、公共会计师和其他专业人员组成。团队详细计划登记过程，分配每个任务，协调所有团队成员的工作，并在项目的每个阶段都保证时间可行。由于其复杂性，有时将工作协调称为平衡行为。

综合披露制度下的证券登记 1980年，SEC对按照1933年《证券法》和1934年《证券交易法》要求披露的大多数报告采用综合披露制度，从而改变了证券登记流程。综合制度修改了登记表，并简化了向SEC提交文件的流程。因此，现在只需根据适用于特定登记企业的特定登记表格的说明，完成登记声明。

例如，报告S-1是通用的报告，供上市公司（首次向公众发行证券）和已经成为SEC登记者（少于三年）的公司使用。除非指定其他报告，否则它就是默认报告。报告S-2和S-3的披露要求比S-1少。它们主要用于已成为SEC登记企业（超过三年）且符合其他条件的成熟公司的登记。报告S-4用于登记企业合并中发行的证券。根据条例 A 发行证券的公司使用报告 1-A。许多其他登记表格适用于某些特定类型的证券发行和公司情况。

□ 综合披露制度

SEC 的基本规定可在 S-X 条例中找到，该条例规定了向 SEC 提交的财务报表的形式和内容，而 S-K 条例则涵盖了登记报表和其他定期向 SEC 提交的非财务报表披露。20 世纪 80 年代之前，这两个法规的要求有时相互矛盾，公司通常难以确定向 SEC 报告的适当规则和程序。

1933—1980 年，SEC 发行了许多会计系列披露（ASR），这是对 AICPA 和 FACB 声明的正式补充。它还发行了 SAB，这是 SEC 工作人员对公认会计原则和 S-X 条例的非正式解释。ASR 和 SAB 的发行通常会增加遵守 SEC 规定的难度，因为它们的规定有时与公认会计原则或其他 SEC 的规定不一致。

SAB 和 ASR 汇编

在实施综合披露制度时，SEC 发布了第 40 号 SAB，将第 1 号至第 38 号 SAB 进行了汇编。它修订了 SAB 的内容以使其符合公认会计原则，消除某些 SAB 中包含的重复材料，并且在某些情况下承认 FASB 的声明符合 SEC 的要求。SEC 还将与会计相关的会计准则汇编成第 1 号 FRR。因此，当前系列由 FRR 而不是 ASR 组成。

综合披露制度的目标

综合披露制度的目标是简化登记流程，降低合规成本并提高提供给投资者和其他方的信息的质量。在综合披露制度下，SEC 文件中包含的披露与通过招股说明书、委托书和年度报告发布给投资者的披露实质上是相同的。

已审财务报表的标准化

综合披露制度修订了 S-X 条例，以使大多数 SEC 文件中的财务报表标准化。S-X 条例规定了向 SEC 提交的财务报表的形式和内容，并于 1992 年进行了修订，以使其中的某些会计和披露要求符合 FASB 的要求。这使得向股东提交的年度报告中包含的财务报表与招股说明书、10-K 报告以及向 SEC 提交的其他报告中包含的财务报表相同。

请注意，SEC 的代理规则控制着提交给股东的年度报告的内容。根据现行规定，提交给股东的年度报告的内容与 10-K 报告的内容相同。**10-K 报告**（Form 10-K）是登记企业向 SEC 提交年度报告的常用表格，必须在登记公司会计年度结束后 90 天内提交。10-K 报告必须由首席执行官、首席财务官、会计负责人以及公司董事会多数成员签署。

图表 5A－1 总结了 SEC 对上市公司的 10-K 报告的披露要求。如图表所示，SEC 将披露分为四部分，以将提交给股东的年度报告中需要披露的信息与提交给 SEC 的完整 10-K 信息区分开来。表格第二部分包含的信息主要是向 SEC 提交的年度报告以及分发给公司股东的年度报告所需的会计信息。仅在向 SEC 备案时才需要满足第一、三和四部分的披露要求，这些要求可能会包含在提交给股东的年度报告中。

在实施综合披露制度时，SEC 消除了向 SEC 提交的报告与提交给股东的年度报告的许多差异。这使上市公司可以参考提交给股东的年度报告中的披露内容，满足许多 SEC 的备案要求。也就是说，公司可以将其年度股东报告的副本包含在 10-K 档案中，通过一份报告满足 SEC 的许多披露要求。SEC 鼓励通过参考其他报告来填录信息，并且不要求重复披露。这项“援引并入”的规定使公司年度报告的篇幅大幅增加，同时向 SEC 提交的 10-K 报告的篇幅相应减少。

8-K 报告（Form 8-K） 8-K 报告是要求登记企业将有关公司政策或财务状况的重大变化告知 SEC 的报告。企业必须在事件发生后的 15 天内（某些情况下为 5 天）提交报告。在 8-K 报告中可能披露的事项包括管理层变更、重大资产收购或处置、诉讼、破产申请以及董事的意外变更。

图表 5A-1 10-K 报告要求披露事项一览

第一部分	
项目 1	企业（性质、历史和行业分布等）
项目 2	财产（财产所在地、描述及使用等）
项目 3	法律诉讼程序（未决诉讼具体情况）
项目 4	证券持有者的表决事项（提交给股东投票的事项）
第二部分	
项目 5	普通权益市场（交易场所、股票、股利等）
项目 6	部分财务数据（近 5 年的营业收入净额趋势数据、持续经营利润，包括每股收益、总资产、长期负债、现金股利等）
项目 7	管理层讨论及分析（对公司流动性、资本、经营、财务状况等的讨论）
项目 8	财务报表及补充数据（近 2 年的已审资产负债表、近 3 年的已审利润表及现金流量表。部分报表项目需要近 3 年和近 5 年的概要数据）
项目 9	会计人员变动及会计争议事项（会计人员变动及会计变更、争议、披露等）
第三部分	
项目 10	董事和高级管理人员（姓名、年龄、职位等）
项目 11	高级管理人员薪酬（姓名、职位、薪资、股票期权等）
项目 12	受益者和管理层的证券持有（内部人证券持有名单）
项目 13	特定关系（同管理层的商业关系和交易等）
第四部分	
项目 14	图表、财务报表附表及 8-K 报告（证券、借款、子公司及比率附表等）

10-Q 报告（Form 10-Q） 10-Q 报告包含根据公认会计原则编制的季度数据，必须在登记企业的前三个季度结束后的 45 天内提交。本书的第 14 章描述并说明了 SEC 对季度报告的要求。在 SEC 网站（www. sec. gov）可以查询 1933 年《证券法》和 1934 年《证券交易法》以及随后的立法所规定的各种 SEC 报告和归档要求的详细信息。在该网站还可以查询所有 SEC 的条款和公告。

□ SEC 的发展

SEC 还对在美国证券交易所上市交易的国际公司进行监管。从历史上看，SEC 要求这些公司转换为美国公认会计原则或根据其母国的公认会计原则或 IFRS 编制财务报表。那些选择使用非美国公认会计原则的公司必须提供补充披露，特别是其财务报表与美国公认会计原则的差异。2007 年 11 月，SEC 投票决定更改跨境上市的规则，允许这些公司提供基于 IFRS 的财务报表。如果登记人根据 IFRS 准备报表，则不必披露与美国公认会计原则的差异。

这一变化可能标志着 FASB 的消亡，多米诺骨牌效应随之而来。有重要国际业务的美国公司可能会要求公平对待（即基于 IFRS 准备报告）。如果 SEC 允许这些公司使用 IFRS，则所有美国公司都有可能效仿并要求相同对待。如果这些要求均获得满足，FASB 可能会不复存在，或者至少其权威性会大大降低。FASB 的潜在新角色是找出美国财务报告适用的 IFRS 子集。例如，由于其对税收的重大影响，美国可能仍会允许公司使用后进先出（LIFO）的存货计价方法。其他大多数国家已禁止使用 LIFO。

S 条例（Regutalion S） SEC 于 1990 年发布了 S 条例，以阐明证券法在全国范围内的适用性。该条例规定，在美国境外出售证券不受1933年《证券法》的约束。该条例还提供了安全港规则，免除任何在美国境外出售证券的美国公司遵守SEC登记的要求。

电子化数据收集、分析及检索系统（EDGAR System） SEC于1984年引进了一种新型大规模计算机系统，以对公司信息进行归档、审查和公布（网址为：www. sec. gov/edaux/searches. htm）①。EDGAR System是SEC“电子化数据收集、分析及检索系统”（Electronic Data Gathering Analysis and Retrieval System）的英文首字母缩写。在综合披露制度下，SEC的目标之一是向投资者、分析师及其他利益相关方及时提供获得向SEC提交的备案公司信息的快捷途径。

小规模企业 尽管大多数在SEC登记的都是大型上市公司，但SEC也提到了小规模发行公司（收入和公众持股均低于25 000 000美元）的资本需求，并于1992年和1993年开始采用适用于小规模企业的新的财务规定。这些规定为小企业筹集资金以启动或扩展业务提供了新的机会。第504条有关特定的免税证券非公开发行的规定经SEC修正后，允许发展阶段以外的发行人在12个月内筹集不超过1 000 000美元的资金时无须根据1933年《证券法》进行登记。此外，对可能影响未来运营结果的信息或趋势以及未来事件的安全港规则也进行了修订。

□ 小结

本附录概述了有关财务会计和报告的证券法规，并阐述了SEC的职能及其制定会计准则的权限。与特定主题相关的SEC规定穿插在本书各章中。例如，第3章和第11章讨论并阐述了SEC将子公司购买价格下推到子公司财务报表的有关规定；第8章论述了SEC确认出售子公司股票收益的立场；第15章追溯了SEC为要求分部披露和期间报告所做努力的历史。

思考题

1. 编制合并财务报表时，为什么必须抵销集团内部交易？
2. 在抵销集团内部交易的未实现内部销售损益时，应抵销毛利还是净利润？
3. 合并报表中抵销集团内部交易利润的金额是否会受到少数股东权益的影响？请解释。
4. 集团内部营业收入和营业成本的抵销对合并净利润有何影响？
5. 集团内部应收应付账款的抵销对合并营运资本有何影响？
6. 解释逆流交易和顺流交易的定义。这两个定义在计算母公司净利润与合并净利润时有何作用？
7. 如果没有抵销2016年12月31日存货中的未实现内部销售损益，对2017年度、2018年度的合并净利润会有何影响？
8. 在什么情况下集团内部交易的方向不会影响少数股东损益？
9. 母公司向子公司出售商品的未实现内部销售损益在交易发生年度和子公司将该商品销售给外部主体的年度这两种情况下，应分别如何调整投资收益？
10. 子公司期初存货中未实现内部销售损益及子公司期末存货中未实现内部销售损益这两者对合并营业成本有何影响？
11. 未实现内部销售损益对合并营业成本的影响是否会因少数股东权益的存在以及集团内部交易的方向而变化？

① SEC.

12. 合并工作底稿上抵销期末存货中未实现内部销售损益的方法是增加营业成本并减少“存货”账户的余额。期初存货中的未实现内部销售损益是如何反映在合并工作底稿上的？

13. 解释母公司期初、期末存货中均有逆流交易产生的未实现内部销售损益时，其少数股东权益的计算方法。

14. 在编制合并工作底稿的过程中，我们通常假设当年期初存货的未实现内部销售损益会在下一年度内通过将存货出售给外部主体实现。如果当年期末存货并未在次年出售，那么这个假设是否会使合并净利润的计算不正确？

注：在做本章练习题时，不要忘记本书第2章“致读者”专栏中的假设。

练习题

E5-1 基础题

1. 合并工作底稿中编制抵销集团内部利润的分录是为了：

a. 使集团内部交易对合并报表没有影响

b. 递延集团内部未实现内部销售损益直至其实现

c. 在控制性权益与少数股东权益之间分摊未实现内部销售损益

d. 减少合并净利润

2. 当集团内部交易符合下列哪种情况时，销售的方向（顺流交易或逆流交易）不影响合并工作底稿程序？

a. 以公允价值销货　　b. 以高于市价销货

c. 以账面价值销货　　d. 销售给拥有100%股权的子公司

3. Pop公司将存货销售给其拥有80%股权的子公司Son公司，获得500 000美元。用于抵销该集团内部销售的合并工作底稿分录应借记“营业收入”：

a. 500 000美元　　b. 400 000美元

c. Son公司期末存货中剩余全额　　d. Son公司期末存货中剩余全额的80%

4. Pam公司拥有Sun公司90%的股权。Sun公司从Pam公司购得其所需原材料的一半，交易价格等于Sun公司从外界供应商处购得商品的价格，也等于Pam公司向非关联客户出售商品的价格。在编制Pam公司及其子公司合并工作底稿时：

a. 集团内部交易可以忽略，因为该转移价格代表公平交易

b. Pam公司期末存货中来自集团内部交易的未实现内部销售损益应与Pam公司期初存货中的未实现内部销售损益相抵销

c. Sun公司期末存货中来自集团内部交易的未实现内部销售损益应全部抵销

d. 应抵销Sun公司期末存货中来自集团内部交易的未实现内部销售损益的90%

5. Pop公司销售存货给其子公司Son公司，Son公司将这些存货作为固定资产使用。在销货年度，抵销集团内部利润的工作底稿分录不包括：

a. 借记“营业收入”　　b. 贷记“营业成本”

c. 贷记“存货”　　d. 贷记“固定资产”

6. Sun公司经常销售存货给其母公司Pam公司。在编制合并利润表时，下列哪个项目不受集团内部销售方向（顺流交易或逆流交易）的影响？

a. 合并毛利　　b. 少数股东损益

c. 归属于母公司的净利润　　d. 合并留存收益

7. Pop公司经常销售存货给其子公司Son公司。若Son公司2016年期末存货中未实现内部销售损益超过了2017年期末存货中未实现内部销售损益，则：

a. 2016年加总的营业成本将大于合并营业成本

b. 2016年加总的营业成本将小于合并营业成本

c. 2016年加总的毛利将大于合并毛利

d. 2016年加总的营业收入将小于合并营业收入

8. Pam公司在2016年1月1日以账面价值（等于公允价值）收购Sun公司90%的股权。Pam公司采用权益法处理对Sun公司的长期股权投资。两公司2016—2017年的内部交易为：

2016年Pam公司将成本为400美元的存货以500美元的价格销售给了Sun公司，2016年12月31日仍有1/4的商品未对外售出。

2017年Pam公司将成本为600美元的存货以750美元的价格销售给了Sun公司，2017年12月31日仍有1/3的商品未对外售出。

2017年12月31日，Pam公司对Sun公司的长期股权投资：

a. 等于其在Sun公司中享有的权益　　b. 比在Sun公司中享有的权益多25美元

c. 比在Sun公司中享有的权益少50美元　　d. 比在Sun公司中享有的权益少25美元

E5-2　【基于AICPA】基础题

1. Pop公司持有Son公司80%的股权。2016年，Pop公司以40%的毛利率将商品销售给Son公司。Son公司于2016年将该批商品全部销售。在2016年的合并财务报表中，应如何调整Pop公司及Son公司的利润表项目？

a. 根据内部销售营业收入调减营业收入和营业成本

b. 根据内部销售营业收入的80%调减营业收入和营业成本

c. 按内部销售营业收入的80%调减净利润

d. 无须调整

2. 2016年，Car公司与其子公司发生如下交易：

（1）销售180美元的商品给Den公司，毛利为60美元。Den公司期末存货中仍有45美元该商品。Car公司持有Den公司15%的股权，但对其没有重大影响。

（2）从Ken公司购得原材料720美元，Ken公司是Car公司的全资子公司。Ken公司销售该原材料的毛利为144美元。2016年12月31日，Car公司存货中包含180美元该原材料。

在编制抵销分录之前，Car公司有合并流动资产960美元。在2016年的合并资产负债表中，Car公司应列报的流动资产金额为多少美元？

a. 960　　b. 951

c. 924　　d. 303

3. Pam公司持有Sun公司80%的股权。2016年，Pam公司按出售给第三方的价格出售了750美元的存货给Sun公司。Sun公司在2016年将该存货全部出售。有关Pam公司与Sun公司2016年内部交易的情况如下所示：

	Pam公司	Sun公司
营业收入	\$3 000	\$2 100
营业成本	1 200	1 050
毛利	\$1 800	\$1 050

在2016年的合并财务报表中，Pam公司应列报的营业成本为多少美元？

a. 2 250　　b. 2 040

c. 1 500　　d. 1 290

E5-3　顺流交易

1. Pop公司与Son公司2017年度的净利润分别为2 000美元和1 000美元，Pop公司拥有Son公司100%的股权。Pop公司将其所有产品以成本的150%的价格销售给了Son公司。2016—2017年，Pop公司分别销售了9 000美元和7 000美元的货物给Son公司。Son公司2016年12月31日的存货中包括从Pop公司购入的存货3 000美元，2017年12月31日的存货中包括从Pop公司购入的存货2 400美元。假设Son公司在下一年度将从Pop公司购入的存货售出。

2017年度Pop公司与其子公司的合并利润表中应列示多少美元合并净利润？

a. 2 200　　b. 2 800

c. 3 000　　d. 3 200

根据下列资料回答问题2和问题3：

2016年Pam公司以账面价值（等于公允价值）收购Sun公司75%的股权。Pam公司及Sun公司2017年的部分账户数额如下所示：

	Pam公司	Sun公司
营业收入	$1 800	$1 000
营业成本	980	380

2017年，Pam公司销售商品给Sun公司，获得100美元，毛利为40美元。Sun公司2017年12月31日的存货中包括这部分商品的一半，2016年12月31日的存货中包括从Pam公司购入的商品中未实现内部销售损益8美元。

2. 在2017年度Pam公司及Sun公司的合并利润表中，合并营业收入应为多少美元？

a. 2 900　　b. 2 800

c. 2 725　　d. 2 700

3. 在2017年度Pam公司及Sun公司的合并利润表中，合并营业成本应为多少美元？

a. 1 372　　b. 1 360

c. 1 272　　d. 1 248

E5-4　逆流交易

Pop公司拥有Son公司80%的股权。2016年12月31日，在权益法下，Pop公司对Son公司的长期股权投资余额为Son公司股东权益的80%。2017年，Son公司销售商品给Pop公司，获得200 000美元，毛利为40 000美元。2017年12月31日，Pop公司存货中包括这部分商品的一半。2017年度Pop公司及Son公司的利润如下所示：

	Pop公司	Son公司
营业收入	$1 000 000	$600 000
营业成本	(500 000)	(400 000)
毛利	500 000	200 000
营业费用	(250 000)	(80 000)
净利润	$　250 000	$120 000

1. 2017年，Pop公司来自Son公司的投资收益为多少美元?

a. 96 000　　b. 80 000

c. 76 000　　d. 56 000

2. 2017年度的合并营业收入为多少美元?

a. 920 000　　b. 900 000

c. 880 000　　d. 720 000

3. 2017年度的少数股东损益为多少美元?

a. 24 000　　b. 20 000

c. 8 000　　d. 4 000

E5-5 逆流交易

几年前，Pam公司获得了Sun公司80%的股权。Sun公司经常以成本加成25%的价格销售商品给Pam公司。2017年度Pam公司及Sun公司毛利的相关数据如下所示：

	Pam公司	Sun公司
营业收入	$1 000	$800
营业成本	800	640
毛利	$ 200	$160

2017年，Pam公司以400美元的价格从Sun公司购得商品。Pam公司2016年和2017年12月31日的存货中分别包括来自Sun公司的商品100美元和125美元。假设Pam公司在下一年度将售出从Sun公司购得的存货。

1. 2017年度的合并营业收入为多少美元?

a. 1 800　　b. 1 425

c. 1 400　　d. 1 240

2. 2016与2017年度期末存货中的未实现内部销售损益分别为多少美元?

a. 100和125　　b. 80和100

c. 20和25　　d. 16和20

3. 2017年度Pam及其子公司的合并营业成本为多少美元?

a. 1 024　　b. 1 045

c. 1 052.8　　d. 1 056

E5-6 顺流交易和逆流交易

1. 2017年1月1日，Pam公司收购Sun公司70%的股权，被收购的专利每年摊销20 000美元。Sun公司经常以其成本的150%的价格销售商品给Pam公司。2017年12月31日和2018年12月31日，Pam公司存货中分别包括购自Sun公司的商品112 500美元和33 000美元。2018年Pam公司及Sun公司的净利润（不包括投资收益）列示如下：

	Pam公司	Sun公司
营业收入	$1 200 000	$800 000
营业成本	(600 000)	(500 000)
其他费用	(400 000)	(100 000)
净利润	$ 200 000	$200 000

合并净利润中应被分摊至归属于母公司的净利润和少数股东损益的金额分别为多少美元?

a. 344 550和61 950
b. 358 550和60 000
c. 346 500和60 000
d. 346 500和67 950

2. 2016年1月1日，Pop公司用360 000美元收购Son公司60%的股权。当时Son公司净资产的账面价值和公允价值均为600 000美元。2016年，Pop公司将成本为600 000美元的商品以800 000美元的价格出售给Son公司，Son公司2016年12月31日的存货中包含此部分商品的1/4，2016年度Pop公司列报的净利润（不包括投资收益）为300 000美元，Son公司列报的净亏损为150 000美元。2016年度Pop公司和Son公司的合并净利润为多少美元？

a. 260 000
b. 180 000
c. 160 000
d. 100 000

3. 2016年度，Pam公司及其拥有75%股权的子公司Sun公司的净利润（不包括投资收益）如下所示：

	Pam公司	Sun公司
期初存货	$ 400 000	$ 250 000
期末存货	500 000	200 000

Pam公司的期初与期末存货中包括的购自Sun公司的商品分别为150 000美元与200 000美元。如果2016年度Sun公司列报的净利润为300 000美元，则Pam公司取得的来自Sun公司的投资收益为多少美元？

a. 255 000
b. 217 500
c. 215 000
d. 195 000

E5-7 顺流交易下的合并净利润

几年前，Pam公司以账面价值收购Sun公司80%的股权。Pam公司经常销售商品给Sun公司。有关Pam公司和Sun公司2016—2018年的资料如下所示（单位：千美元）：

	2016	2017	2018
向Sun公司销售的营业收入	$ 600	$ 720	$ 1 200
Sun公司期末存货中未实现内部销售损益	180	240	120
Sun公司净利润	3 000	3 300	2 850
Pam公司净利润（不含投资收益）	1 800	2 400	2 100

要求：编表列示每年的合并净利润。

E5-8 顺流交易下的合并利润表

Pop公司及其拥有80%股权的子公司Son公司的净利润（不包括投资收益）如下所示（单位：千美元）：

	Pop公司	Son公司
营业收入	$ 3 200	$ 800
减：营业成本	1 600	320
毛利	1 600	480
其他费用	800	240
净利润	$ 800	$ 240

2016年Pop公司将成本为160 000美元的商品以320 000美元的价格销售给Son公司。2016年12月31日，该商品有一半未销售。

要求：为Pop公司及其子公司Son公司编制合并利润表。

E5-9 计算少数股东损益和合并营业成本（逆流交易）

2016年度Pam公司和其持股60%的子公司Sun公司的利润表信息如下（单位：千美元）：

	Pam公司	Sun公司
营业收入	\$900	\$350
营业成本	400	250
毛利	500	100
营业费用	250	50
Sun公司净利润		\$50
Pam公司净利润	\$250	

集团内部的销售是逆流交易（Sun公司销售商品给Pam公司）且总金额为100 000美元。Pam公司2015年12月31日和2016年12月31日的存货中分别包含未实现内部销售损益5 000美元和10 000美元。

要求：

1. 计算2016年度的少数股东损益。
2. 计算2016年度的合并营业收入、合并营业成本和合并净利润。

E5-10 合并利润表（逆流交易）

2017年1月1日，Pop公司用1 200 000美元收购Son公司80%的股权。当时，Son公司的股东权益包括普通股1 000 000美元和留存收益400 000美元。公允价值与账面价值的差额为商誉。2018年度两公司的比较利润表如下所示（单位：千美元）：

	Pop公司	Son公司
营业收入	\$2 000	\$1 000
投资收益——Son公司	224	—
营业成本	(800)	(500)
折旧费用	(260)	(80)
其他费用	(180)	(120)
净利润	\$984	\$300

2018年，Pop公司和Son公司分别发放股利600 000美元和200 000美元。2017年，Son公司销售商品160 000美元给Pop公司，该商品的成本为100 000美元。2017年12月31日，Pop公司的存货中仍包括该商品的1/3。2018年，Son公司将成本为120 000美元的商品以180 000美元的价格销售给Pop公司，其中有一半的商品在2018年12月31日仍是Pop公司的存货。

要求：为Pop公司及其子公司编制2018年度的合并利润表。

E5-11 逆流交易

2009年1月1日，Pam公司以超出账面价值1 000 000美元的公允价值收购了Sun公司60%的股权。该合并价差被分摊至还有5年使用年限的固定资产。2016年12月31日，Sun公司披露的简明财务报表如下所示：

2016年12月31日简明资产负债表

流动资产（存货除外）	\$600
存货	300
固定资产净值	5 000

资产总额	\$5 900
负债	\$400
股本	3 400
留存收益	2 100
权益总额	\$5 900

简明利润表和留存收益表

营业收入	\$1 000
营业成本	(500)
其他费用	(300)
净利润	200
加：2016年1月1日留存收益	2 000
减：股利	(100)
2016年12月31日留存收益	\$1 900

Sun公司经常以其成本的120%的价格销售存货给Pam公司。2015—2016年，Sun公司对Pam公司的销售明细如下所示：

	2015	2016
营业收入	\$840	\$960
12月31日Pam公司未售出的存货	120	360

1. 在权益法下，Pam公司列示的2016年度来自Sun公司的投资收益为多少美元？

a. 120　　b. 96

c. 80　　d. 104（损失）

2. 2016年12月31日的少数股东权益为多少美元？

a. 2 200　　b. 2 184

c. 2 176　　d. 2 140

3. 在Pam公司的账上，2016年12月31日长期股权投资余额为多少美元？

a. 3 240　　b. 3 264

c. 3 276　　d. 题目没有提供充足的信息

E5-12　合并利润表（集团内部销售改正）

2016年度Pop公司与Son公司的合并利润表如下所示（单位：千美元）：

营业收入	\$5 520
营业成本	(3 680)
营业费用	(640)
分配给Son公司少数股东的20%的利润	(160)
合并净利润	\$1 040

编制合并利润表后才发现未考虑集团内部交易，也未抵销未实现内部销售损益。相关信息如下所示（单位：千美元）：

	成本	销售价格	年末未售出比例
2015年营业收入——Pop公司销售给Son公司	\$640	\$720	25%
2016年营业收入——Son公司销售给Pop公司	360	480	40%

要求：编制 Pop 公司及 Son 公司 2016 年度正确的合并利润表。

综合题

P5－1 合并净利润和留存收益（逆流交易，少数股东权益）

2016 年 1 月 1 日，Pam 公司以账面价值 3 600 000 美元的价格收购 Sun 公司 90%的股权。当时，Sun 公司的股本为 3 000 000 美元，留存收益为 1 000 000 美元。

Pam 公司 2016 年 12 月 31 日和 2017 年 12 月 31 日的存货中包括购自 Sun 公司的商品 300 000 美元和 400 000 美元。Sun 公司通过销售商品实现的毛利率为 40%。2016 年及 2017 年，Sun 公司分别销售了 600 000 美元和800 000美元的商品给 Pam 公司。2017 年 12 月 31 日，Pam 公司及 Sun 公司汇总调整后的试算表如下所示（单位：千美元）：

	Pam 公司	Sun 公司
现金	$ 1 000	$ 200
应收账款净额	2 000	500
存货	2 400	1 000
固定资产净值	2 500	4 800
长期股权投资——Sun 公司（90%）	4 356	—
营业成本	8 000	3 900
其他费用	3 400	1 600
股利	1 000	500
	$ 24 656	$ 12 500

	Pam 公司	Sun 公司
应付账款	$ 1 500	$ 900
其他负债	600	600
股本，每股面值 $ 10	5 000	3 000
留存收益	3 692	1 500
营业收入	13 000	6 500
投资收益——Sun 公司	864	—
	$ 24 656	$ 12 500

要求：为 Pam 公司及其子公司编制 2017 年度的合并利润表及合并留存收益表。

P5－2 计算（逆流交易）

Pop 公司 2016 年 1 月 1 日以账面价值收购 Son 公司 90%的股权。2016—2018 年，集团内部交易资料如下所示：

	Son 公司向 Pop 公司销售的收入	12 月 31 日 Pop 公司存货中的集团内部利润
2016 年	$ 200 000	$ 15 000
2017 年	150 000	12 000
2018 年	300 000	24 000

Pop 公司与 Son 公司 2018 年财务报表的相关资料如下所示：

	Pop 公司	Son 公司
利润表		
营业收入	$ 900 000	$ 600 000
营业成本	625 000	300 000
营业费用	225 000	150 000
投资收益——Son 公司	124 200	—
资产负债表		
存货	$ 150 000	$ 80 000
2018 年 12 月 31 日留存收益	425 000	220 000
股本	500 000	300 000

要求：编表计算下列各项金额：

1. 2018 年度的合并营业成本；
2. 2018 年度的少数股东损益；
3. 2018 年度的合并净利润；
4. 2018 年 12 月 31 日的少数股东权益。

P5-3 计算（母公司从一个子公司处购货，销售给另一子公司）

Pam 公司 2016 年收购 Sun 公司 80%的股权，2017 年 1 月 1 日收购 Toy 公司 90%的股权。Pam 公司对 Sun 公司及 Toy 公司的长期股权投资的账面价值等于公允价值。

2017 年 12 月 31 日和 2018 年 12 月 31 日集团各个公司的期末存货如下所示：

	2017 年 12 月 31 日	2018 年 12 月 31 日
Pam 公司的存货	$ 120 000	$ 108 000
Sun 公司的存货	77 500	62 500
Toy 公司的存货	48 000	72 000

Pam 公司将商品以成本加价 25%的价格售给 Sun 公司，Toy 公司将商品以成本加价 20%的价格售给 Pam 公司。Pam 公司 2018 年的期初、期末存货中均含有购自 Toy 公司的商品，分别占 40%和 50%。Sun 公司的存货全部购自 Pam 公司。

要求：

1. 计算 2017 年 12 月 31 日合并资产负债表上正确的存货余额。
2. 计算 2018 年 12 月 31 日合并资产负债表上正确的存货余额。

P5-4 计算（顺流交易和逆流交易）

Son 公司 2016—2018 年度的比较利润表如下所示（单位：千美元）：

	2016	2017	2018
营业收入	$ 48 000	$ 51 000	$ 57 000
营业成本	25 200	26 400	30 000
毛利	22 800	24 600	27 000
营业费用	18 000	19 200	22 800
净利润	$ 4 800	$ 5 400	$ 4 200

其他信息：

1. 2016—2018 年间，Pop 公司拥有 Son 公司 75%的股权。Pop 公司 2016—2018 年的净利润（不含投资收益）分别是 21 600 000 美元、20 400 000 美元、24 000 000 美元。Pop 公司 2015 年 7 月 1 日以账面价

值（等于公允价值）收购Son公司的股权。

2. Pop公司2016年销售存货给Son公司，获得毛利2 400 000美元。Son公司2016年的期末存货中包含该货品的一半。2016年Pop公司向Son公司销售的收入总额为6 000 000美元。剩余的货品在2017年被Son公司售出。

3. 2017年12月31日，Pop公司的存货中包含购自Son公司的商品，这些商品给Son公司带来了1 200 000美元的利润。2017年，Son公司共出售4 800 000美元的商品给Pop公司。

4. 两个公司2018年12月31日的存货中均不含未实现内部销售损益。

5. Pop公司使用权益法处理其对Son公司的长期股权投资。

要求：

1. 编制表格列示Pop公司2016—2018年度来自Son公司的投资收益。

2. 计算Pop公司2016—2018年各年的净利润。

3. 编制表格列示Pop公司及其子公司2016年—2018年各年的合并净利润，从两个公司的净利润开始编制，并计算少数股东损益。

P5-5 合并工作底稿（100%所有，顺流交易，合并后年度）

Pam公司2016年1月1日以660 000美元的价格收购Sun公司所有发行在外的有表决权普通股。Sun公司当天的股东权益包括股本300 000美元和留存收益300 000美元。成本与所获账面价值的差额中有30 000美元被分摊至Sun公司被低估的存货；其余作为专利分5年摊销。Sun公司于2016年售出被低估的存货。

2016年，Pam公司向Sun公司销售的营业收入为100 000美元，毛利为40 000美元。2017年，Pam公司向Sun公司销售的营业收入为120 000美元，毛利为48 000美元。2016年Pam公司销售的商品中有50%为Sun公司年末的存货，2017年Pam公司销售的商品中有25%为Sun公司年末的存货。2017年12月31日，Sun公司应付Pam公司17 000美元。

2017年12月31日Pam公司和Sun公司的财务报表汇总如下（单位：千美元）：

	Pam公司	Sun公司
利润表和留存收益表		
营业收入	$ 800	$ 400
投资收益——Sun公司	102	—
营业成本	(400)	(200)
折旧费用	(110)	(40)
其他费用	(192)	(60)
净利润	200	100
1月1日留存收益	600	380
减：股利	(100)	(50)
12月31日留存收益	$ 700	$ 430
资产负债表		
现金	$ 54	$ 37
应收账款净额	90	60
存货	100	80
其他资产	70	90
土地	50	50
建筑物净值	200	150
设备净值	500	400
长期股权投资——Sun公司	736	—
资产总额	$ 1 800	$ 867

续表

	Pam 公司	Sun 公司
应付账款	160	47
其他负债	340	90
股本，每股面值 $10	600	300
留存收益	700	430
权益总额	$1 800	$867

要求：为 Pam 公司及其子公司编制 2017 年度合并工作底稿。

P5-6 合并工作底稿（少数股东权益，顺流交易，合并后年度）

Pop 公司 2016 年 1 月 1 日以 600 000 美元的价格收购 Son 公司 75% 的股权，购买日 Son 公司的股东权益包括 300 000 美元的股本和 100 000 美元的留存收益。当日，Son 公司的资产及负债的公允价值等于其账面价值，且商誉不进行摊销。Pop 公司采用权益法处理对 Son 公司的长期股权投资。

2016 年 Pop 公司销售存货给 Son 公司，售价 160 000 美元。2016 年 12 月 31 日，Son 公司存货中未实现内部销售损益为 20 000 美元。2017 年 Pop 公司销售存货给 Son 公司，售价 260 000 美元；2017 年 12 月 31 日，Son 公司存货中未实现内部销售损益为 40 000 美元。

2017 年 12 月 31 日，Son 公司因购入商品应付 Pop 公司 30 000 美元。Pop 公司和 Son 公司 2017 年财务报表相关信息如下所示（单位：千美元）：

	Pop 公司	Son 公司
利润表和留存收益表		
营业收入	$1 200	$ 800
投资收益——Son 公司	205	—
营业成本	(540)	(420)
营业费用	(290)	(80)
净利润	575	300
1 月 1 日留存收益	365	180
减：股利	(300)	(100)
12 月 31 日留存收益	$ 640	$ 380
资产负债表		
现金	$ 170	$ 60
应收账款	330	200
应收股利	30	—
存货	120	160
土地	160	100
建筑物净值	460	200
设备净值	400	280
长期股权投资——Son 公司	770	—
资产总额	$2 440	$1 000
应付账款	$ 450	$ 200
应付股利	140	40
其他负债	310	80
股本，每股面值 $10	900	300
留存收益	640	380
权益总额	$2 440	$1 000

要求：为 Pop 公司及其子公司编制 2017 年度合并工作底稿。

P5-7　合并工作底稿（逆流交易，少数股东权益）

Pam 公司 2015 年 12 月 31 日支付 2 700 000 美元收购 Sun 公司 90%的股权。购买日，Sun 公司有股本 2 000 000 美元及留存收益 500 000 美元，当时 Sun 公司的资产和负债均以公允价值记录，公允价值与账面价值的差额被分摊至未记录的专利，分 10 年进行摊销。

Pam 公司与 Sun 公司的合并属于垂直合并。Sun 公司将其所有产品以成本加成 40%的价格销售给 Pam 公司，Pam 公司再将购自 Sun 公司的产品以其购买价格的 150%出售。Pam 公司 2016 年、2017 年的期末存货分别为 280 000 美元及 420 000 美元，均购自 Sun 公司。Sun 公司 2016 年、2017 年的期末存货均为 800 000 美元。

2017 年 12 月 31 日 Pam 公司的应付账款中包括 2017 年因向 Sun 公司购货欠下的 100 000 美元。

Pam 公司及 Sun 公司 2017 年的比较财务报表如下所示（单位：千美元）：

	Pam 公司	Sun 公司
利润表和留存收益表		
营业收入	$ 8 190	$ 5 600
投资收益——Sun 公司	819	—
营业成本	(5 460)	(4 000)
其他费用	(1 544)	(600)
净利润	2 005	1 000
加：1月1日留存收益	1 200	700
减：股利	(1 000)	(500)
12月31日留存收益	$ 2 205	$ 1 200
资产负债表		
现金	$　753	$　500
存货	420	800
其他流动资产	600	200
固定资产净值	3 000	3 000
长期股权投资——Sun 公司	3 132	—
资产总额	$ 7 905	$ 4 500
流动负债	$ 1 700	$ 1 300
股本	4 000	2 000
留存收益	2 205	1 200
权益总额	$ 7 905	$ 4 500

要求：为 Pam 公司及其子公司编制 2017 年度合并工作底稿。

P5-8　合并工作底稿（顺流交易）

Pop 公司 2016 年 1 月 1 日以 660 000 美元的价格收购 Son 公司所有发行在外的有表决权普通股。购买日，Son 公司的股东权益包括股本 300 000 美元和留存收益 300 000 美元。成本与所获账面价值之间的差额中有 30 000 美元被分摊至 Son 公司被低估的存货，其余作为商誉。被低估的存货在 2016 年被 Son 公司售出。

2016 年，Pop 公司销售商品给 Son 公司，售价 100 000 美元，毛利 40 000 美元。2017 年，Pop 公司销售商品给 Son 公司，售价 120 000 美元，毛利 48 000 美元。2016 年销售的商品有 1/2 在 Son 公司年末的存货中，2017 年销售的商品有 1/4 在 Son 公司年末的存货中。2017 年 12 月 31 日，Son 公司应付 Pop 公司 17 000 美元。

2017年Pop公司和Son公司的财务报表汇总如下（单位：千美元）：

	Pop公司	Son公司
利润表和留存收益表		
营业收入	$ 800	$ 400
投资收益——Son公司	108	—
营业成本	(400)	(200)
折旧费用	(110)	(40)
其他费用	(192)	(60)
净利润	206	100
1月1日留存收益	606	380
减：股利	(100)	(50)
12月31日留存收益	$ 712	$ 430
资产负债表		
现金	$ 54	$ 37
应收账款净额	90	60
存货	100	80
其他资产	70	90
土地	50	50
建筑物净值	200	150
设备净值	500	400
长期股权投资——Son公司	748	—
资产总额	$ 1 812	$ 867
应付账款	$ 160	$ 47
其他负债	340	90
股本，每股面值$10	600	300
留存收益	712	430
权益总额	$ 1 812	$ 867

要求：为Pop公司及其子公司编制2017年度合并工作底稿。

P5-9 合并工作底稿（少数股东权益，顺流交易，集团内部应收应付项目）

Pop公司2016年12月31日支付5 400 000美元收购Son公司90%的股权。当时Son公司拥有股本4 000 000美元及留存收益1 000 000美元。Son公司的资产和负债均以公允价值入账，公允价值与账面价值的差额记入商誉。

Pop公司与Son公司的合并属于垂直合并。Son公司将其所有产品以成本价的150%出售给Pop公司，Pop公司再将购自Son公司的产品以其购入价的150%出售给外部主体。Pop公司2018年、2019年的期末存货分别为560 000美元及840 000美元，均购自Son公司。Son公司2018年、2019年的期末存货均为1 600 000美元。

2019年12月31日Pop公司的应付账款中包括2019年因向Son公司购货所欠的200 000美元。

Pop公司及Son公司2019年12月31日的比较财务报表如下所示（单位：千美元）：

	Pop公司	Son公司
利润表和留存收益表		
营业收入	$ 16 380	$ 11 200
投资收益——Son公司	1 728	—

续表

	Pop 公司	Son 公司
营业成本	(10 920)	(8 000)
其他费用	(3 088)	(1 200)
净利润	(4 100)	(2 000)
加：1月1日留存收益	2 500	1 400
减：股利	(2 000)	(1 000)
12月31日留存收益	\$ 4 600	\$ 2 400
资产负债表		
现金	\$ 1 516	\$ 1 000
存货	840	1 600
其他流动资产	1 200	400
固定资产净值	6 000	6 000
长期股权投资——Son 公司	6 444	—
资产总额	\$16 000	\$ 9 000
流动负债	\$ 3 400	\$ 2 600
股本	8 000	4 000
留存收益	4 600	2 400
权益总额	\$16 000	\$ 9 000

要求：为 Pop 公司及其子公司编制 2019 年度合并工作底稿。

专业研究任务

参考 FASB ASC 回答以下问题，将适当的参考内容包含在你的答案里。

PR 5-1　合并财务报表是否应该包含购买当天子公司的留存收益？

PR 5-2　少数股东权益在合并财务报表中是列示为一项负债还是一项权益？

第6章

集团内部交易——固定资产

学习目标

1. 能够评估集团内部固定资产交易产生的未实现销售损益对合并财务报表的影响。
2. 掌握集团内部固定资产交易产生的未实现销售损益的递延方法。
3. 了解确认已实现的前期递延的集团内部固定资产交易产生的未实现销售损益。
4. 掌握存在集团内部固定资产交易情况时调整少数股东损益的方法。

母子公司之间的固定资产购销交易会使合并主体产生未实现损益。为反映经营成果和财务状况，合并主体应抵销（递延）这些损益。权益法下，母公司在反映其财务状况和经营成果时也应将这些未实现损益进行抵销。抵销集团内部固定资产交易产生的未实现销售损益的方法与抵销存货中的未实现销售损益的方法相似，但不完全相同。存货中的未实现内部销售损益在两个会计期间后会自动更正，而固定资产产生的未实现损益会一直影响财务报表，直到相关固定资产被销售给合并主体以外的企业，或被购买该资产的内部公司耗尽。本章介绍在权益法即单行合并下编制合并报表时，对固定资产产生的未实现内部销售损益进行抵销的概念和程序。

6.1 集团内部交易的利润——不计提折旧的固定资产

母子公司之间以非账面价值的价格转让不计提折旧的固定资产时，会使合并主体产生未实现损益。这些交易包括集团内部销售土地及有无限寿命的无形资产，因此不能被摊销。集团内部的损益列示在销售公司当年的利润表上，然而这些损益并未实现，所以在单行合并下，母公司应将这些未实现损益从投资收益中抵销。我们也应在编制合并报表时抵消其影响。

集团内部固定资产转让没有集团内部存货交易发生得那么频繁。它们大多发生在合并完成后，作为合并公司重组的一部分。

与集团内部存货交易一样，在评估集团内部固定资产交易产生的未实现销售损益对母公司和合并财务报表的影响时，销售方向是很重要的。母公司向子公司销售（即顺流交易）所产生的损益最初包括在母公司的净利润中，必须将其抵销。应100%全额抵销，不考虑少数股东权益的比例。子公司向母公司销售（即逆流交易）所产生的损益最初包括在子公司的账上，因为母公司仅确认其在子公司净利润中享有的份额，所以在抵销未实现内部销售损益时，只需按母公司的持股比例来抵销其在未实现内部销售损益中的份额即可。对合并净利润的影响与对母公司净利润的影响相同。

此部分讨论并列举集团内部土地销售的会计实务案例，包括顺流交易和逆流交易。对集团内部不可摊销无形资产的销售的会计处理与此类似。

□ 顺流交易土地

假设Pop公司2016年1月1日以540 000美元的价格收购Son公司90%的股权。投资成本与所拥有股权的账面价值和公允价值相等。Son公司2016年度的净利润为140 000美元，Pop公司的净利润（不包括来自Son公司的投资收益）为180 000美元。Pop公司的净利润中包括20 000美元销售土地产生的未实现内部销售损益，该土地成本为80 000美元，被以100 000美元的价格出售给Son公司。因此，2016年12月31日有关Pop公司对Son公司投资的会计分录如下所示：

借：长期股权投资——Son公司（+A）　126 000

　贷：投资收益——Son公司（R，+SE）　126 000

确认Son公司净利润140 000美元的90%。

借：投资收益——Son公司（−R，−SE）　20 000

　贷：长期股权投资——Son公司（−A）　20 000

抵销销售土地给Son公司的未实现内部销售损益。

图表6-1展示了Pop公司和Son公司2016年度的合并工作底稿。Pop公司与Son公司单独的财务报表列示在前三栏。

图表6-1　Pop公司及其子公司2016年度合并工作底稿　单位：千美元

	Pop公司	Son公司（90%）	调整与抵销 借	调整与抵销 贷	合并财务报表
利润表					
营业收入	$ 760	$ 440			$ 1 200
投资收益——Son公司	106		106[b]		
销售土地利得	20		20[a]		
营业成本及费用	(600)	(300)			(900)
少数股东损益（$140×10%）			14[c]		(14)
归属于母公司的净利润	**$ 286**	**$ 140**			**$ 286**
留存收益表					
留存收益——Pop公司	$ 414				$ 414
留存收益——Son公司		$ 200	200[d]		
加：归属于母公司的净利润	**286**	**140**			**286**
12月31日留存收益	**$ 700**	**$ 340**			**$ 700**
资产负债表					
流动资产	$ 954	$ 700			$ 1 654
土地		100		20[a]	80
长期股权投资——Son公司	646			106[b] 540[d]	
	$ 1 600	$ 800			$ 1 734
负债	$ 100	$ 60			$ 160
股本	800	400	400[d]		800
留存收益	**700**	**340**			**700**
	$ 1 600	$ 800			
少数股东权益				14[c] 60[d]	74
			740	740	$ 1 734

注：a. 抵销销售土地利得，并将土地降至其成本基础。

b. 抵销投资收益并将长期股权投资减至1月1日的余额。

c. 记录当期的少数股东损益。

d. 抵销相应的股东权益与长期股权投资，并列示期初少数股东权益。

销售土地所得的利润不应列示在合并利润表中，且土地应以80 000美元的成本列示在合并资产负债表中。分录a抵销了销售土地利得并将土地的余额降至80 000美元——对合并主体而言的成本价格。这笔分录是唯一与前面几章的调整与抵销分录明显不同的分录。

a　借：销售土地利得（−Ga，−SE）　20 000

**　贷：土地（−A）　20 000**

抵销集团内部销售土地利得，并将土地降至其成本基础。

价值被高估的土地在以后年度会一直列示在 Son 公司的资产负债表上，直至该土地被销售给合并主体以外的企业，但销售土地利得在以后年度不会列示在 Pop 公司的利润表上。因此，图表 6－1列示的分录 a 只在集团内部销售发生的当年适用。

□ 顺流交易以后年度

在公司内部发生顺流交易以后各年，将土地的金额调整至其对合并主体而言的成本的分录如下所示：

借：长期股权投资——Son 公司（＋A） 20 000

贷：土地（－A） 20 000

将土地降至其成本基础，并调整长期股权投资以与 Son 公司的期初股东权益对应。

借记长期股权投资是调整其余额，使其在仍持有土地以后各年初与子公司股东权益对应。例如，2016 年 12 月 31 日的长期股权投资余额是 646 000 美元，比 Pop 公司当天在 Son 公司权益中享有的份额 666 000 美元（740 000×90%）少了 20 000 美元。这一差额是由在销售年度母公司账上针对集团内部利润所做的降低投资收益和长期股权投资的分录产生的。

□ 顺流交易以后年度对外销售

假设 Son 公司在使用该土地 4 年后，于 2020 年将其以 130 000 美元的价格销售。在销售年度，Son 公司列报了 30 000 美元的销售利得（130 000 美元销售收入－100 000 美元成本），但合并主体的利得为 50 000美元（130 000 美元销售收入－80 000 美元 Pop 公司的成本）。

Pop 公司通过调整投资收入，确认了权益法下 2020 年销售土地的利得。Pop 公司的分录为：

借：长期股权投资——Son 公司（＋A） 20 000

贷：投资收益——Son 公司（R，＋SE） 20 000

确认之前递延的向 Son 公司销售土地的利润。

Pop 公司账上的这笔分录使 Pop 公司的长期股权投资与当日 Son 公司 90%的股东权益重新对应。下面的工作底稿分录用于将 Son 公司账上销售土地的 30 000 美元利得调整为合并主体的利得 50 000 美元：

借：长期股权投资——Son 公司（＋A） 20 000

贷：销售土地利得（Ga，＋SE） 20 000

将销售土地的利得调整为合并主体的利得 50 000 美元。

销售当年的这笔分录与 2017 年、2018 年和 2019 年的工作底稿上抵销因销售土地产生的未实现内部销售损益的分录几乎相同。区别仅在于此处贷方是“销售土地利得”账户，因为 Pop 公司和 Son 公司的账上都不再列示该土地了。

□ 逆流交易土地

为了说明对不计提折旧的固定资产的逆流交易的会计处理过程，假设 Pop 公司在 2016 年从其持有 90%股权的 Son 公司购买了前面提到的土地。和以前一样，Son 公司 2016 年度的净利润为 140 000 美元，Pop 公司（不包括来自 Son 公司的投资收益）为 180 000 美元。然而，在销售土地的集团内部交易中，20 000美元的未实现内部销售损益包含在 Son 公司的净利润而不是 Pop 公司的净利润中。2016 年底，Pop 公司给对 Son 公司的投资做如下分录：

借：长期股权投资——Son公司（+A） 126 000

　贷：投资收益——Son公司（R，+SE） 126 000

确认Son公司净利润140 000美元的90%。

借：投资收益——Son公司（−R，−SE） 18 000

　贷：长期股权投资——Son公司（−A） 18 000

抵销购进Son公司土地的未实现内部销售损益20 000美元的90%。

这两笔分录对Pop公司2016年度投资收益的影响是108 000美元（126 000−18 000）。需要注意的是，108 000美元的投资收益中包括Son公司2016年度已实现利润120 000美元（140 000美元利润−销售土地的未实现利得20 000美元）的90%。Pop公司2016年度的净利润为288 000美元（单独净利润180 000美元+108 000美元的投资收益），与顺流交易案例中的286 000美元并不相同。这两者的差异在于此时分配给少数股东权益并减少少数股东权益份额的利得为2 000美元。

图表6-2展示了Pop公司及其子公司2016年度的合并工作底稿。除了一些逆流交易情况导致的微小变动，图表6-2展示的工作底稿所运用的信息与图表6-1所运用的信息基本相同。

图表6-2　Pop公司及其子公司2016年度合并工作底稿　　单位：千美元

	Pop公司	Son公司（90%）	调整与抵销		合并财务报表
			借	贷	
利润表					
营业收入	$ 780	$ 420			$ 1 200
投资收益——Son公司	108		108[b]		
销售土地利得		20	20[a]		
营业成本及费用	(600)	(300)			(900)
少数股东权益（$ 140−20）×10%			12[c]		(12)
归属于母公司的净利润	**$ 288**	**$ 140**			**$ 288**
留存收益表					
留存收益——Pop公司	$ 414				$ 414
留存收益——Son公司		$ 200	200[d]		
加：归属于母公司的净利润	**288**	**140**			**288**
12月31日留存收益	**$ 702**	**$ 340**			**$ 702**
资产负债表					
流动资产	$ 854	$ 800			$ 1 654
土地	100			20[a]	80
长期股权投资——Son公司	648			106[b] 540[d]	
	$ 1 602	$ 800			$ 1 734
负债	$ 100	$ 60			$ 160
股本	800	400	400[d]		800
留存收益	**702**	**340**			**702**
	$ 1 602	$ 800			
少数股东权益				12[c] 60[d]	72
			740	740	$ 1 734

注：a. 抵销销售土地利得，并将土地降至其成本基础。

b. 抵销投资收益并将长期股权投资减至1月1日的余额。

c. 记录当期的少数股东损益。

d. 抵销相应的股东权益与长期股权投资，并列示期初少数股东权益。

图表 6－2 所反映的调整中，除了分录 b 以及接下来将讨论的分录 c 与图表 6－1 不一样以外，其余都一样。不论集团内部交易为顺流交易还是逆流交易，分录 a 都抵销了销售土地利得并将土地减至合并主体的成本基础。

少数股东权益

少数股东权益在图表 6－1 中为 14 000 美元，但在图表 6－2 中为 12 000 美元。要将少数股东权益按其持股比例从 Son 公司向 Pop 公司销售土地的未实现利得中减去。在工作底稿上的做法是将 Son 公司的净利润转换为已实现净利润，然后乘以少数股东权益持股比例。12 000 美元的少数股东权益份额是 Son 公司已实现净利润 120 000 美元的 10%。

逆流交易以后年度

当 Pop 公司决定在以后年度继续持有其内部交易所购入的土地时，合并工作底稿需编制一笔调整分录，将土地金额调整至合并主体的成本基础。从土地中抵销未实现内部销售损益的分录如下所示：

借：长期股权投资——Son 公司（＋A）	**18 000**	
少数股东权益（－SE）	**2 000**	
贷：土地（－A）		**20 000**

将土地金额调整至其成本基础，调整长期股权投资和少数股东权益的期初金额，使之与 Son 公司的权益期初金额相对应。

抵销相应的长期股权投资和子公司权益账户后，少数股东权益以其在子公司股东权益中享有的份额在工作底稿上记录，所以在每次准备合并工作底稿时，编制将少数股东权益调整至其已实现金额的分录是必须的。这一调整使得 2017 年少数股东权益的期初金额等于 2016 年少数股东权益的期末金额。

□ 逆流交易以后年度对外销售

假设 Pop 公司使用该土地 4 年后，于 2020 年以 130 000 美元的价格将其对外销售。在销售年度，Pop 公司将列报 30 000 美元的利得（130 000 美元的获利－100 000 美元的销售成本），但是归属于合并主体的利得为 50 000 美元，其中归属于母公司的金额为 48 000 美元（30 000＋20 000×90%），归属于少数股东的金额为 2 000 美元。

Pop 公司根据以下分录对 2020 年来自 Son 公司的投资收益进行调整：

借：长期股权投资——Son 公司（＋A）	18 000	
贷：投资收益——Son 公司（R，＋SE）		18 000

确认递延以前年度销售土地的利润。

对外销售土地获得的 30 000 美元利得加上在 Pop 公司账上投资收益增加的 18 000 美元，等于 2020 年对合并净利润的影响 48 000 美元。

在合并工作底稿上将 Pop 公司 30 000 美元利得调整为 50 000 美元合并利得的分录如下所示：

借：长期股权投资——Son 公司（＋A）	**18 000**	
少数股东权益（－SE）	**2 000**	
贷：销售土地利得（Ga，＋SE）		**20 000**

将销售土地所获利得调整为合并主体的金额 50 000 美元。

这一分录将 20 000 美元的利得在“长期股权投资——Son 公司”账户（90%）与“少数股东权益”账户（10%）间进行分配。

6.2 集团内部交易的利润——应计提折旧的固定资产

在内部交易应计提折旧、折耗以及摊销的固定资产会产生未实现利得或者损失，并且会反映在销售公司的账上。母公司报表和合并报表都应当抵销这些利得或损失，直到这些未实现利得或损失通过对外销售或者在合并主体内部使用该固定资产，变成已实现的利得或损失。用于抵销未实现利得和损失对母公司报表和合并报表影响的调整分录，比抵消销售不计提折旧固定资产的影响的调整分录更加复杂。这些额外的复杂性来自在母子公司持有该资产的年度中，折旧（折耗或摊销）在每个年度都影响了母公司净利润和合并净利润。

本节关于固定资产内部交易的讨论仅限于应计提折旧的固定资产，但是相关分析与处理程序对应计提折耗和摊销的固定资产同样适用。本节首先讨论的是应计提折旧固定资产的顺流交易，然后再讨论逆流交易。

□ 顺流交易应计提折旧的固定资产

顺流交易应计提折旧的固定资产产生的未实现利得和损失的初步影响，与不计提折旧的固定资产相同。权益法下销售当年母公司账上出现的利得和损失，应当在确定投资收益金额时抵销。合并报表上关于这部分的金额同样也应当进行抵销，并将固定资产减至合并主体的折余成本。

顺流交易期末

假设 2016 年 12 月 31 日，Pam 公司向其持有 80%股权的子公司 Sun 公司销售机器。销售当日该机器的未计提折旧成本为 50 000 美元（原价 90 000 美元，累计折旧 40 000 美元），Pam 公司以 80 000 美元的价格将其销售给 Sun 公司。Pam 公司与 Sun 公司各自账上的购销分录如下所示：

Pam 公司账上：

借：现金（＋A）	80 000	
累计折旧（＋A）	40 000	
贷：固定资产——机器（－A）		90 000
销售机器利得（Ga，＋SE）		30 000

Sun 公司账上：

借：固定资产——机器（＋A）	80 000	
贷：现金（－A）		80 000

2016 年 12 月 31 日，Pam 公司账上出现了未实现利得。所以在权益法下，Pam 公司将投资收益的金额调整为未实现利得的全部金额。

借：投资收益——Sun 公司（－R，－SE）	30 000	
贷：长期股权投资——Sun 公司（－A）		30 000

销售机器利得不应该出现在 2016 年的合并利润表上，Pam 公司应当以 50 000 美元，即该机器在合并主体中的未计提折旧成本将其记录在合并资产负债表上。合并调整分录如下所示：

借：销售机器利得（－Ga，－SE）	**30 000**	
贷：固定资产——机器（－A）		**30 000**

该分录还可以写成借记“销售机器利得”30 000 美元，“固定资产——机器”10 000 美元，贷记“累

计折旧——机器"40 000 美元。从理论上讲，后面这个分录更好，因为它使得合并报表上列报的固定资产和累计折旧的金额与 Pam 公司账上相同，如同集团内部交易没有发生一样。但从实用的角度来看，这种分录的细节不合理，因为无须额外记录成本即可获得相同的净资产金额。本书的例子均将采用更实用的方法。

没有必要调整少数股东权益，因为顺流交易对 Sun 公司的净利润没有影响。需要注意的是，截至本处的分析与本章前面讨论的关于土地的内部交易相同。

顺流交易期初

如果 Pam 公司向 Sun 公司销售机器的交易发生在 2016 年 1 月 1 日，则该机器在 2016 年本应该在 Sun 公司的账上计提折旧，未实现内部销售损益部分的折旧应当在 2016 年分期确认。假设在 2016 年 1 月 1 日，即在内部交易发生当天，该机器的剩余使用年限为 5 年并且在 2020 年 12 月 31 日报废时无残值。公司采用直线法计提折旧。记录机器购销的分录与 12 月 31 日销售时相同，然而 Sun 公司在 2016 年还计提了 16 000 美元（80 000÷5）的折旧费用。在这 16 000 美元的折旧费用里，有 10 000 美元（50 000÷5）的折旧费用是基于合并主体的成本。剩余的 6 000 美元视为分期确认集团内部交易未实现利得 30 000 美元的 1/5。从理论上讲，这与销售机器剩余服务能力的 1/5 给其他主体类似。①

为了将内部销售的影响从"长期股权投资——Sun 公司"账户中抵消，Pam 公司将编制以下分录：

借：投资收益——Sun 公司（－R，－SE）	30 000	
贷：长期股权投资——Sun 公司（－A）		30 000
借：长期股权投资——Sun 公司（＋A）	6 000	
贷：投资收益——Sun 公司（R，＋SE）		6 000

因此，抵消内部销售的影响后 Pam 公司 2016 年度的投资收益减少了 24 000 美元（30 000 美元的未实现利得－通过折旧实现的 6 000 美元利得）。虽然 Sun 公司 2016 年的净利润因为超额折旧减少了 6 000 美元，但这 6 000 美元被视为通过使用已经实现了，所以没有必要调整少数股东损益。

顺流交易对合并工作底稿的影响

以下是合并工作底稿的一部分，解释了 1 月 1 日发生的集团内部销售机器事项对 2016 年 12 月 31 日合并财务报表的影响（单位：千美元）：

	Pam 公司	Sun 公司（80%）	调整与抵销		合并财务报表
利润表					
销售机器利得	$30		30[a]		
折旧费用		$16		6[b]	$10
资产负债表					
机器		$80		30[a]	$50
累计折旧		16	6[b]		10

分录 a 抵销了 30 000 美元的未实现利得，并且将机器减至公司交易发生时合并主体的成本。分录 b 减少了折旧费用和累计折旧，将这两项减至 2016 年 12 月 31 日合并主体的折余成本。由于此项内部交易为顺流交易，少数股东权益不受工作底稿调整的影响。

① 假设机器服务能力在当期已计入销售给客户的产品的成本中。如果不是这样，而是记入存货中，则应因其未实现而做适当的调整。这一额外的假设在相关金额不大时不重要。

2017—2020 年间，Pam 公司每年对原先未确认的利得进行分期确认，编制以下分录调整其投资收益：

借：长期股权投资——Sun 公司（+A）	6 000
贷：投资收益——Sun 公司（R，+SE）	6 000

截至 2020 年（即机器最终使用年限）12 月 31 日，Pam 公司已将 30 000 美元的利得全部在长期股权投资中进行了确认。投资余额将反映对未实现利得的抵销程序和分期确认，具体过程如下所示：

年份	抵销销售机器利得	通过折旧分期确认利得	长期股权投资期末余额
2016	\$ −30 000	\$ 6 000	\$ −24 000
2017		+6 000	−18 000
2018		+6 000	−12 000
2019		+6 000	−6 000
2020		+6 000	0

在合并工作底稿中抵销相应账户之前一定要建立长期股权投资和期初子公司权益之间的对应关系。因此，影响 2016 年 12 月 31 日长期股权投资的未实现利得在 2017 年的工作底稿中通过以下分录抵销：

借：长期股权投资——Sun 公司（+A）	**24 000**	
累计折旧（+A）	**6 000**	
贷：固定资产——机器（−A）		**30 000**

图表 6-3 展示的 Pam 公司和 Sun 公司的部分合并报表内容包括 2017 年的该分录。这个表格展示了往后每一年度为了抵销未实现利得所做的调整。

图表 6-3 所示的部分工作底稿展示了 2017—2020 年每年所需的两个调整分录。每年都会用这两个分录对期初余额和当年变动额的影响进行分离。每年的变动额对折旧费用和累计折旧产生的影响的金额相同。因此，在后续的案例及问题解答中，这两笔分录经常合并。

图表 6-3　Pam 公司及其子公司 2016 年度合并工作底稿　　　　单位：千美元

	Pam 公司	Sun 公司（80%）	调整与抵销		合并财务报表
			借	贷	
2017					
利润表					
折旧费用		\$ 16		6[b]	\$ 10
资产负债表					
固定资产——机器		80		30[a]	50
累计折旧		32	6[a] 6[b]		20
长期股权投资——Sun 公司	×××*		24[a]		
2018					
利润表					
折旧费用		\$ 16		6[b]	\$ 10
资产负债表					
固定资产——机器		80		30[a]	50
累计折旧		48	12[a] 6[b]		30
长期股权投资——Sun 公司	×××*		18[a]		

续表

	Pam 公司	Sun 公司（80%）	调整与抵销		合并财务报表
			借	贷	
2019					
利润表					
折旧费用		$ 16		6[b]	$ 10
资产负债表					
固定资产——机器		80		30[a]	50
累计折旧			18[a]		
		64	6[b]		40
长期股权投资——Sun 公司	×××*		12[a]		
2020					
利润表					
折旧费用		$ 16		6[b]	$ 10
资产负债表					
固定资产——机器		80		30[a]	50
累计折旧			24[a]		
		80	6[b]		50
长期股权投资——Sun 公司	×××*		6[a]		

注：* 不论长期股权投资的余额是多少，它总是比年初投资的账面价值少未实现内部销售损益这项金额。

a. 抵销来自机器的未实现内部销售损益和期初的累计折旧，并调整对 Sun 公司的长期股权投资，从而与 Sun 公司的期初股东权益对应。

b. 抵消每年折旧费用和累计折旧对未实现内部销售损益的影响。

□ 逆流交易应计提折旧的固定资产

在逆流交易应计提折旧的固定资产的当年，子公司账上会多一笔未实现利得或损失（除非该固定资产以账面价值销售）。母公司计算交易当年的投资收益时应对子公司的净利润按持股比例进行确认并调整：(1) 按持股比例计算的未实现利得或损失。(2) 按持股比例计算的折余分期确认的未实现利得。

逆流交易对子公司账簿的影响

以下的例子说明了逆流交易产生的利得的影响。Pop 公司持有 Son 公司 80%的股权，2016 年 1 月 1 日，Pop 公司从 Son 公司购买了一辆卡车。关于此项交易的其他信息如下所示：

2016 年度 Son 公司的净利润	$ 50 000
2016 年 1 月 1 日卡车剩余使用年限	3 年
折旧方法	直线折旧法
2018 年 12 月 31 日卡车残值	$ 3 000
Son 公司账上卡车的成本	$ 14 000
2015 年 12 月 31 日卡车的累计折旧	$ 5 000

如果 Son 公司以 12 000 美元的价格将卡车销售给 Pop 公司，则 Son 公司和 Pop 公司将在 2016 年各自的账上记录以下分录：

Son 公司账上：

1 月 1 日（销售卡车）

借：现金（+A） 12 000
　　累计折旧（+A） 5 000
　贷：固定资产——卡车（−A） 14 000
　　　销售卡车利得（Ga，+SE） 3 000
记录销售卡车的交易。

Pop公司账上：

1月1日（购买卡车）

借：固定资产——卡车（+A） 12 000
　贷：现金（−A） 12 000
记录购买卡车的交易。

12月31日（折旧费用）

借：折旧费用（E，−SE） 3 000
　贷：累计折旧（−A） 3 000
记录一年的折旧费用［(12 000−3 000)÷3］。

12月31日（投资收益）

借：长期股权投资——Son公司（+A） 38 400
　贷：投资收益——Son公司（R，+SE） 38 400

2016年计算投资收益的过程如下：

在Son公司净利润中享有的份额（50 000×80%）	$40 000
减：购买卡车产生的未实现利得（3 000×80%）	−2 400
加：分期确认未实现利得［(3 000÷3)×80%］	+800
投资收益——Son公司	$38 400

递延内部交易产生的未实现利得使Pop公司2016年度的投资收益减少了1 600美元（从40 000美元减至38 400美元），即2016年12月31日未实现利得的80%［(3 000−1 000)×80%］。Pop公司在2017年和2018年分别以每年800美元的金额确认剩下的1 600美元未实现利得。

逆流交易对合并工作底稿的影响

为了解释Pop公司和Son公司的工作底稿程序，以下列示的长期股权投资、权益以及这两个的变动额将作为补充假设：

	来自Son公司的投资收益（80%）	Son公司权益的80%	Son公司权益的100%
2015年12月31日	$400 000	$400 000	$500 000
2016年度净利润	+38 400	+40 000	+50 000
2016年12月31日	438 400	440 000	550 000
2017年度净利润	+40 800	+40 000	+50 000
2017年12月31日	479 200	480 000	600 000
2018年度净利润	+40 800	+40 000	+50 000
2018年12月31日	$520 000	$520 000	$650 000

Pop公司的“长期股权投资——Son公司”账户在2016年12月31日比其账面价值低1 600美元，

2017年12月31日低800美元。到2018年12月31日，3 000美元的未实现利得通过折旧已经全部实现。Pop公司按其持股比例分得的2 400美元利得在三年间以每年800美元的金额进行确认。因此，2018年末，Pop公司长期股权投资和其账面价值重新对应起来了。

内部交易发生年度2016年的部分工作底稿如下所示，后续还展示了工作底稿分录。

2016年：交易发生当年

单位：千美元

	Pop公司	Son公司(80%)	调整与抵销		合并财务报表
			借	贷	
利润表					
投资收益——Son公司	$38.4		38.4[c]		
销售卡车利得		$ 3	3[b]		
折旧费用	3			1[a]	$2
少数股东损益			9.6[d]		9.6
资产负债表					
固定资产——卡车	$12			3[b]	9
累计折旧	3		1[a]		2
长期股权投资——Son公司	438.4			38.4[c] 400[e]	
1月1日Son公司权益		$500	500[e]		
少数股东权益				9.6[d] 100[e]	109.6

a 借：累计折旧（+A） 1 000

贷：折旧费用（−E，+SE） 1 000

通过折旧抵消当年未实现利得的影响。

b 借：销售卡车利得（−Ga，−SE） 3 000

贷：固定资产——卡车（−A） 3 000

抵销未实现利得并将卡车减至其成本基础。

c 借：投资收益——Son公司（−R，−SE） 38 400

贷：长期股权投资——Son公司（−A） 38 400

抵销投资收益并将长期股权投资调整为期初余额。

d 借：少数股东损益（−SE） 9 600

贷：少数股东权益（+SE） 9 600

记录子公司净利润中少数股东享有的权益份额。

e 借：期初Son公司权益（−SE） 500 000

贷：长期股权投资——Son公司（−A） 400 000

期初少数股东权益（+SE） 100 000

抵销相对应的长期股权投资和权益，列示期初的少数股东权益。

2016年子公司净利润中少数股东享有的9 600美元权益份额来自Son公司48 000美元已实现净利润的20%［(50 000−3 000+1 000)×20%］。2017年（即逆流交易后的第一年）的部分合并报表以及合并分录如下所示：

2017 年：交易后第一年　　单位：千美元

	Pop 公司	Son 公司（80%）	调整与抵销 借	调整与抵销 贷	合并财务报表
利润表					
投资收益——Son 公司	\$40.8		40.8[c]		
折旧费用	3			1[a]	\$2
少数股东损益			10.2[d]		10.2
资产负债表					
固定资产——卡车	\$12			3[b]	\$9
累计折旧	6		1[a]		4
			1[b]		
长期股权投资——Son 公司	479.2		1.6[b]	40.8[c]	
				400[e]	
1月1日 Son 公司权益		\$550	550[e]		
少数股东权益			0.4[b]	10.2[d]	
				110[e]	119.8

a　借：累计折旧（+A）　　1 000
**　贷：折旧费用（−E，+SE）　　1 000**
通过折旧抵消 2016 年未实现利得的影响。
b　借：累计折旧（+A）　　1 000
**　　长期股权投资——Son 公司（+A）　　1 600**
**　　期初少数股东权益（−SE）　　400**
**　贷：固定资产——卡车（−A）　　3 000**
通过“累计折旧”账户和“固定资产——卡车”账户抵消 2016 年未实现利得的影响，并将期初 2 000美元的未实现利得在长期股权投资（80%）和少数股东权益（20%）间分配。
c　借：投资收益——Son 公司（−R，−SE）　　40 800
**　贷：长期股权投资——Son 公司（−A）　　40 800**
抵销投资收益并将长期股权投资调整为期初余额。
d　借：少数股东损益（−SE）　　10 200
**　贷：少数股东权益（+SE）　　10 200**
记录子公司净利润中少数股东享有的权益份额。
e　借：期初 Son 公司权益（−SE）　　550 000
**　贷：长期股权投资——Son 公司（−A）　　440 000**
**　　期初少数股东权益（+SE）　　110 000**
抵销相对应的长期股权投资和权益，列示期初的少数股东权益。

2017 年少数股东损益为 10 200 美元，等于 Son 公司净利润 50 000 美元与通过折旧实现的 1 000 美元未实现利得之和的 20%。2018 年少数股东损益的计算过程与 2017 年一样。

2016 年少数股东损益减少了 400 美元，2 000 美元利得中少数股东应享有的份额没有通过折旧实现。Son 公司 2016 年期初权益没有被 2016 年的内部交易影响，因此少数股东权益的期初金额没有受到影响，不需要调整。2016—2018 年每年 3 000 美元的折旧费用因工作底稿往下调整 1 000 美元减至 2 000 美元。合并利润表上 2 000 美元的折旧费用是内部交易发生时卡车的账面价值与剩余价值之差的 1/3。

逆流交易以后年度的影响

2017年为逆流交易后第一年，未实现利得既影响期初的长期股权投资，也影响期初的少数股东权益。分录b将2 000美元未实现利得的80%分配给“长期股权投资——Son公司”账户，20%分配给期初的少数股东权益。借记“长期股权投资——Son公司”调整了长期股权投资和Son公司2016年末80%的股东权益之间1 600美元的差异。借记400美元“少数股东权益”是为了将2017年初的少数股东权益调整至109 600美元，使其与2016年末的少数股东权益数额相等。

在2018年（逆流交易以后第二年）的部分合并报表里，分录b将800美元分配给长期股权投资，将200美元分配给少数股东权益，因为最开始3 000美元的未实现利得里只有1 000美元在2018年1月1日仍未实现。2019年没有后续的调整，因为所有的未实现利得通过折旧已经全部确认为已实现利得。可以发现，“固定资产——卡车”账户数额减2018年末合并报表日累计折旧数额等于卡车当天的残值3 000美元。

2018年：交易后第二年

单位：千美元

	Pop公司	Son公司（80%）	调整与抵销		合并财务报表
			借	贷	
利润表					
投资收益——Son公司	\$40.8		40.8[c]		
折旧费用	3			1[a]	\$2
少数股东损益			10.2[d]		10.2
资产负债表					
固定资产——卡车	\$12			3[b]	9
累计折旧	9		1[a] 2[b]		6
长期股权投资——Son公司	520		0.8[b]	40.8[c] 480[e]	
1月1日Son公司权益		\$600	600[e]		
少数股东权益			0.2[b]	10.2[d] 120[e]	130

a 借：累计折旧（+A）	**1 000**	
贷：折旧费用（−E，+SE）		**1 000**

通过折旧抵消2016年未实现利得的影响。

b 借：累计折旧（+A）	**2 000**	
长期股权投资——Son公司（+A）	**800**	
期初少数股东权益（−SE）	**200**	
贷：固定资产——卡车（−A）		**3 000**

通过累计折旧和固定资产抵消2016年未实现利得的影响，并将期初1 000美元的未实现利得在长期股权投资（80%）和少数股东权益（20%）间分配。

c 借：投资收益——Son公司（−R，−SE）	**40 800**	
贷：长期股权投资——Son公司（−A）		**40 800**

抵销投资收益并将长期股权投资调整为期初余额。

d 借：少数股东损益（－SE）	10 200	
贷：少数股东权益（＋SE）		10 200
记录子公司净利润中少数股东享有的权益份额。		
e 借：期初Son公司权益（－SE）	600 000	
贷：长期股权投资——Son公司（－A）		480 000
期初少数股东权益（＋SE）		120 000
抵销相对应的长期股权投资和权益，列示期初的少数股东权益。		

6.3 以非公允价值销售固定资产

集团内部以低于账面价值的价格销售固定资产时需要进行专门的评估，以确保该损失不是销售公司在内部交易发生之前（或不存在集团内部交易）本该在其账上记录的。例如，假设母公司在2016年1月1日以20 000美元的价格将一台账面价值为30 000美元的机器卖给了自己持有90%股权的子公司，需要考虑销售时该机器的公允价值。如果该机器的公允价值确实为20 000美元，那么母公司本应在内部交易发生之前对该机器计提资产减值至账面价值20 000美元，从而其账上会产生实际的损失。如果该机器的公允价值为30 000美元，那么母公司该行为的适当性将遭到怀疑，因为此项交易造成了母公司股东受损而少数股东获利。母公司员工和董事会可能被指控管理不当。

子公司以低于公允价值的价格销售资产给母公司的行为同样会受到怀疑，因为这种交易是由作为子公司董事会成员的母公司员工批准的。

以高于公允价值的价格销售资产的内部交易同样不公平。联邦贸易委员会曾指控Nynex公司对其电话子公司索取过高的设备、供给和服务费用。该子公司也因将过高成本转移给消费者被罚款140万美元。[①]

产生损失的内部交易的合并

抵销内部交易产生的未实现损失的合并程序与抵销内部交易产生未实现利得的程序相同。假设一台机器在2016年1月1日以20 000美元的价格被Pop公司售给其持有90%股权的子公司Son公司，销售当天机器的剩余使用年限还有5年。Pop公司账上机器的账面价值为30 000美元。Pop公司将10 000美元的未实现损失在接下来的5年里分期确认。如果Son公司2016年度的净利润为200 000美元，且2016年不存在其他内部交易，则Pop公司记录其来自Son公司的投资收益的分录如下所示：

借：长期股权投资——Son公司（＋A）	188 000	
贷：投资收益——Son公司（R，＋SE）		188 000

2016年来自Son公司的投资收益计算如下：

在Son公司净利润中享有的权益份额（200 000×90%）	$180 000
加：销售机器的未实现损失	10 000
减：分期确认未实现损失（10 000÷5）	(2 000)
	$188 000

与2016年这笔内部交易产生的未实现损失有关的合并工作底稿分录如下所示：

① *The Wall Street Journal*, February 21, 1990, p. B8.

借：固定资产——机器（＋A）　10 000

贷：销售机器损失（－Lo，＋SE）　10 000

抵销顺流交易产生的未实现损失。

借：折旧费用（E，－SE）　2 000

贷：累计折旧（－A）　2 000

增加折旧费用以反映以成本为基础的折旧。

2017—2020 年，在权益法下，Pop 公司来自 Son 公司的投资收益将每年减少 2 000 美元。合并净利润因抵消内部交易产生的损失的影响每年也会减少 2 000 美元。为了编制为合并报表，抵销分录通过增加折旧费用至成本基础来减少合并净利润。

借：固定资产——机器（＋A）　10 000

折旧费用（E，－SE）　2 000

贷：累计折旧（－A）　4 000

长期股权投资——Son 公司（－A）　8 000

抵消内部交易产生的损失的影响。

除了将未实现损失和其分期确认的金额按比例在母公司与少数股东权益间分配外，对逆流交易固定资产产生的损失的会计处理与顺流交易相似。

6.4　合并案例——固定资产的顺流交易和逆流交易

Pam 公司 2016 年 1 月 3 日以账面价值（与公允价值相等）收购了 Sun 公司 90%的股权。收购后涉及固定资产的集团内部交易如下所示：

1. 2016 年 1 月 1 日，Pam 公司向 Sun 公司销售土地获得了 5 000 美元的利得。Sun 公司在 2018 年将该土地销售给其他企业，产生了 1 000 美元的损失。

2. 2017 年 1 月 2 日，Sun 公司将一台使用年限还有 5 年的设备销售给 Pam 公司，获得了20 000美元的利得。截至 2018 年 12 月 31 日，该设备仍被 Pam 公司继续使用。

3. 2018 年 1 月 5 日，Pam 公司销售一幢大楼给 Sun 公司，获得了 32 000 美元的利得。销售当日大楼的剩余使用年限是 8 年。截至 2018 年 12 月 31 日，该大楼仍被 Pam 公司继续使用。

图表 6－4 在合并工作底稿中以单独的公司栏展示了 Pam 公司和 Sun 公司 2018 年的比较财务报表。

图表 6－4　2018 年度 Pam 公司及其子公司的合并工作底稿　单位：千美元

	Pam 公司	Sun 公司（90%）	调整与抵销 借	调整与抵销 贷	合并财务报表
利润表					
营业收入	$2 000	$700			$2 700
销售大楼利得	32		32[c]		
销售土地利得（损失）		(1)		5[a]	4
投资收益——Sun 公司	52.6		52.6[d]		
营业成本	(1 000)	(320)			(1 320)
折旧费用	(108)	(50)		4[b]	(150)
				4[c]	
其他费用	(676.6)	(249)			(925.6)

续表

	Pam公司	Sun公司（90%）	调整与抵销 借	调整与抵销 贷	合并财务报表
少数股东损益			8.4[e]		(8.4)
归属于母公司的净利润	**$ 300**	**$ 80**			**$ 300**
留存收益表					
留存收益——Pam公司	$ 400				$ 400
留存收益——Sun公司		$ 200	200[f]		
净利润	**300**	**80**			**300**
股利	(200)	(30)		27[d]	(200)
				3[e]	
12月31日留存收益	**$ 500**	**$ 250**			**$ 500**
资产负债表					
现金	$ 131.8	$ 32			$ 163.8
其他流动资产	200	150			350
固定资产——土地	160	40			200
固定资产——建筑物	500	232		32[c]	700
累计折旧——建筑物	(200)	(54)	4[c]		(250)
固定资产——设备	620	400		20[b]	1 000
累计折旧——设备	(258)	(100)	8[b]		(350)
长期股权投资——Sun公司	546.2		5[a]	25.6[d]	
			14.4[b]	540[f]	
	$ 1 700	$ 700			$ 1 813.8
流动负债	$ 200	$ 50			$ 250
股本	1 000	400	400[f]		1 000
留存收益	**500**	**250**			**500**
	$ 1 700	$ 700			
少数股东权益			1.6[b]	5.4[e]	
				60[f]	63.8
			726	726	$ 1 813.8

□ 权益法

图表6-4展示的合并工作底稿表明Pam公司用的是权益法，因为Pam公司的净利润和归属于母公司的净利润相等，且Pam公司的留存收益等于合并留存收益。Pam公司“长期股权投资——Sun公司”账户在2017年12月31日和2018年12月31日的调整过程如下所示：

2017年12月31日在Sun公司享有的权益（Sun公司权益＄600 000×90%）	＄540 000
减：销售土地产生的未实现内部销售损益	(5 000)
减：设备中未实现内部销售损益的90%（＄16 000×90%）	(14 400)
2017年12月31日长期股权投资——Sun公司	520 600
加：2018年投资收益——Sun公司（Sun公司＄80 000净利润的90%＋＄5 000销售土地利得＋＄3 600分期确认的销售设备利得－＄28 000销售建筑物产生的未实现内部销售损益）	52 600
减：2018年收到的股利	(27 000)
2018年12月31日长期股权投资——Sun公司	＄546 200

Pam 公司 2016 年向 Sun 公司销售土地获得了 5 000 美元的利得。这笔利得在 2018 年 Sun 公司将土地销售给其他企业时实现。然而，Sun 公司在 2018 年根据内部转移价格对外销售该土地产生了 1 000 美元的损失，对于合并主体而言，最终产生了 4 000 美元的利得。工作底稿分录将包含在 Sun 公司净利润中的这 1 000 美元的损失转移到 4 000 美元的合并利得中：

a	借：长期股权投资——Sun 公司（＋A）	5 000	
	贷：销售土地利得（Ga，＋SE）		5 000

确认之前销售土地递延的利得。

分录 b 记录了 2017 年初 Sun 公司向 Pam 公司销售设备产生的 20 000 美元内部交易利润：

b	借：长期股权投资——Sun 公司（＋A）	14 400	
	期初少数股东权益（－SE）	1 600	
	累计折旧——设备（＋A）	8 000	
	贷：折旧费用（－E，＋SE）		4 000
	固定资产——设备（－A）		20 000

抵销逆流交易设备产生的未实现内部销售损益，通过折旧抵消未实现利得对当年的影响。

因未实现利得而产生的折旧每年为 4 000 美元（20 000÷5），2018 年初未实现的部分为 16 000 美元，即 2017 年初的利得减去分期确认的折旧 4 000 美元。此项交易为顺流交易，所以 16 000 美元的未实现内部销售损益以 90%的比例分配给“长期股权投资——Sun 公司”账户（14 400），10%的比例分配给期初少数股东权益（1 600）。借记“长期股权投资——Sun 公司”14 400 美元是因为 Pam 公司采用权益法。

分录 c 抵销了 Pam 公司 2018 年销售建筑物给 Sun 公司产生的 32 000 美元的内部交易利润：

	借：销售建筑物利得（－Ga，－SE）	32 000	
	累计折旧——建筑师（＋A）	4 000	
	贷：固定资产——建筑物（－A）		32 000
	折旧费用（－E，＋SE）		4 000

抵销顺流交易建筑物产生的未实现内部销售损益，通过折旧抵消未实现利得对当年的影响。

此项交易发生在年初，所以销售不会影响期初余额。抵销 32 000 美元的未实现利得从而将建筑物的成本减至以合并主体为基础。未实现利得的折旧费用和累计折旧也要抵销。

合并工作底稿上的分录 d 抵销了来自 Sun 公司的投资收益以及 Sun 公司股利的 90%，同时将 25 600 美元的差异贷记“长期股权投资——Sun 公司”，从而建立起期初长期股权投资和股东权益之间的对应关系。分录 f 抵销了对应的长期股权投资和股东权益并且列示了期初少数股东权益：

d	借：投资收益——Sun 公司（－R，－SE）	52 600	
	贷：股利（＋SE）		27 000
	长期股权投资——Sun 公司（－A）		25 600

抵销来自子公司的投资收益和股利。

e	借：少数股东损益（－SE）	8 400	
	贷：股利（＋SE）		3 000
	少数股东权益（＋SE）		5 400

记录子公司净利润和股利中少数股东享有的份额。

f	借：留存收益——Sun 公司（－SE）	200 000	
	股本——Sun 公司（－SE）	400 000	
	贷：长期股权投资——Sun 公司（－A）		540 000
	期初少数股东权益（＋SE）		60 000

抵销对应的长期股权投资和股东权益，并列示期初少数股东权益。

在图表 6－4 的合并利润表里，少数股东权益减少的 8 400 美元等于 Sun 公司 2018 年净利润与分期确认的 2018 年 Sun 公司销售设备给 Pam 公司产生的利得之和的 10% [(80 000＋4 000)×10%]。2018 年 12 月 31 日，销售设备产生的这笔未实现利得中归属于少数股东损益的部分是 1 200 美元。这1 200美元包含在合并资产负债表中 63 800 美元的少数股东权益中。如果未实现利得对少数股东权益的影响没有被抵消，合并资产负债表中少数股东权益应该为 65 000 美元，即 Sun 公司 2018 年 12 月 31 日权益的 10%。

6.5 购买存货作为固定资产使用

集团内部交易并不一定能明显区分是存货项目还是固定资产项目。例如，母公司可能将存货作为固定资产销售给子公司。在这种情况下，销售产生的任何毛利都应在购买方计提折旧时在合并财务报表上加以确认。

假设 Pop 公司将其生产的一台电脑以 200 000 美元的价格销售给了自己拥有 100%股权的子公司 Son 公司，该电脑的生产成本为 150 000 美元。该电脑预计使用年限为 5 年，使用直线法计提折旧。Pop 公司的利润表上包含了 200 000 美元的内部交易销售收入，但是 Son 公司并没有将这笔内部交易包含在销售成本里，而是将其作为固定资产反映，因此 50 000 美元的毛利在"固定资产——设备"账户里反映。记录 Pop 公司与 Son 公司这笔集团内部交易的合并工作底稿分录如下所示：

借：营业收入（－R，－SE）	**200 000**	
贷：营业成本（－E，＋SE）		**150 000**
固定资产——设备（－A）		**50 000**

抵销内部交易收入并且分别按成本和毛利减少营业成本和设备金额。

借：累计折旧——设备（＋A）	**10 000**	
贷：折旧费用（－E，＋SE）		**10 000**

抵销销售毛利的折旧（50 000÷5）。

剩余 40 000 美元未实现内部销售损益的分配将在电脑剩余 4 年的使用年限里由 Son 公司通过计提折旧实现。假设 Pop 公司采用权益法调整未实现内部销售损益对"长期股权投资——Son 公司"的影响，销售第二年的工作底稿分录如下所示：

借：长期股权投资——Son 公司（＋A）	**40 000**	
累计折旧——设备（＋A）	**20 000**	
贷：固定资产——设备（－A）		**50 000**
折旧费用（－E，＋SE）		**10 000**

将设备的成本减至以合并主体为基础，抵消折旧费用和累计折旧对内部交易的影响，并且建立起期初股东权益和长期股权投资的对应关系。

在电脑剩余 3 年的使用年限里，合并工作底稿分录的借记和贷记科目是相同的，但"累计折旧"科目将在后续年度每年增加 10 000 美元直至达到最大值 50 000 美元。随着毛利的实现，"长期股权投资——Son 公司"的金额将在后续年度每年减少 10 000 美元。贷记的科目每年都一样。

总结

集团内部固定资产交易产生的利得或损失的影响应在合并财务报表中抵消，直到合并主体通过使用和对外销售固定资产实现该利得或损失。通过使用购买方记录的折旧、折耗或是摊销来实现。虽然所有的未实现内部销售损益都应从合并财务报表中抵销，但是顺流交易时是通过合并净利润来调整未实现利得和损失。对于逆流交易来说，总的未实现利得和损失在归属于母公司的净利润和少数股东损益间按比例分配。母公司财务报表的单行合并程序必须同合并程序一致，以保证权益法下母公司净利润等于归属于母公司的净利润（见图表6-5）。

图表6-5　汇总表——内部交易固定资产产生的未实现销售损益

	顺流交易（假设P公司卖给S公司）	逆流交易（假设S公司卖给P公司）
P公司的净利润——权益法		
P公司单独的净利润	\$100 000	\$100 000
P公司在S公司净利润中享有的份额	45 000	45 000
减：来自土地的未实现利得		
（\$5 000×100%）	(5 000)	
（\$5 000×90%）		(4 500)
P公司的净利润	\$140 000	\$140 500
归属于母公司的净利润		
P公司的单独净利润加上S公司的净利润	\$150 000	\$150 000
减：来自土地的未实现利得	(5 000)	(5 000)
已实现净利润总额	145 000	145 000
减：少数股东损益		
（\$50 000×10%）	(5 000)	
（\$50 000－\$5 000）×10%		(4 500)
归属于母公司的净利润	\$140 000	\$140 000

注：需要注意的是，母公司P公司的净利润和归属于母公司的净利润数额相等，就像集团内部交易没有发生一样。在顺流交易示例中，如果没有内部交易，P公司单独的净利润本来应该为95 000美元（100 000－5 000），S公司列报的净利润本应该保持为50 000美元。P公司单独的净利润95 000美元加上P公司来自S公司的投资收益45 000美元（50 000×90%）等于140 000美元。

在逆流交易示例中，如果没有内部交易，P公司单独的净利润本来应该保持100 000美元不变，而S公司列报的净利润本应该只有45 000美元（50 000－5 000）。P公司的单独净利润100 000美元加上来自S公司的投资收益40 500美元（45 000×90%）等于140 500美元。尽管公司不发生内部交易的假设有助于理解合并程序会计处理的实质，但由于忽略了土地的生产用途，因而缺乏现实的经济意义。

思考题

1. 在编制公司合并财务报表时抵消内部交易固定资产产生的影响的目的是什么？

2. 在内部交易产生的未实现利得和损失中，母公司为买方或卖方会产生不同的影响吗？如果母公司持有子公司100%的股权，答案会发生变化吗？

3. 从子公司为卖方的角度来看，内部交易土地产生的未实现利得和损失什么时候实现？

4. 顺流交易土地如何影响少数股东损益的计算？逆流交易土地呢？

5. 在顺流交易土地时，合并工作底稿分录要100%抵销销售土地产生的未实现内部销售损益。在逆流交易土地时，未实现内部销售损益也是100%抵销吗？

6. 内部交易应计提折旧的固定资产产生的未实现利得和损失最后是如何实现的？

7. 描述在逆流交易应计提折旧固定资产的年度，如何计算少数股东损益？

8. 在权益法下母公司如何抵销内部交易固定资产产生的未实现利得的影响？

9. 在交易后续年度内部交易固定资产分别对母公司净利润和合并净利润有何影响？

10. 解释合并工作底稿抵销与调整应计提折旧固定资产产生的未实现利得和损失的顺序。交易发生在当年或以前年度对答案有不同的影响吗？

练习题

E6-1 基础题

利用以下信息回答问题1和问题2：

2016年，Pop公司以6 000美元的价格将其账面价值为5 000美元的土地销售给Son公司。Son公司是Pop公司的全资子公司。Son公司2017年仍然持有该土地，2018年将该土地对外售出。

1. 2016年的未实现利得：

a. 需要抵销的部分受少数股东损益影响。

b. 最初包含在Son公司的账户里，在权益法下应该从Pop公司来自Son公司的投资收益中抵销。

c. 通过贷记“固定资产——土地”账户1 000美元的工作底稿分录从合并净利润中抵销。

d. 通过贷记“固定资产——土地”账户600美元的工作底稿分录从合并净利润中抵销。

2. 以下哪一个说法是正确的？

a. 在权益法下，Pop公司的“长期股权投资——Son公司”账户比2017年其在子公司权益中享有的份额少1 000美元。

b. 如果Pop公司采用权益法，那么2017年将不对“固定资产——土地”账户进行工作底稿调整。

c. 每年都需编制借记“销售土地利得”和贷记“固定资产——土地”的工作底稿分录，直到将该土地销售给集团以外的企业。

d. 2018年，即Son公司将土地对外销售的年度，关于土地的调整分录将借记“销售土地利得”2 000美元。

利用以下信息回答问题3和问题4：

2016年12月31日，Pop公司向其持有80%股权的子公司Son公司销售机器，销售价格为100 000美元。Pop公司购买该机器的成本为80 000美元，现在的账面价值为60 000美元，机器剩余使用年限是5年。

3. 这笔集团内部机器交易在2016年将如何影响Pop公司来自Son公司的投资收益和Pop公司的净利润？

	Pop公司来自Son公司的投资收益	Pop公司的净利润
a	无影响	无影响
b	增加	无影响
c	减少	无影响
d	无影响	减少

4. 这笔集团内部机器交易在2016年将如何影响合并资产和合并净利润？

	合并资产	合并净利润
a	无影响	减少
b	减少	减少
c	增加	无影响
d	无影响	无影响

E6-2 讨论内部交易土地的影响

Pam公司2016年收购了Sun公司90%的股权。2019年Pam公司以100 000美元的价格将其持有的土地销售给Sun公司，该土地的成本为500 000美元。直到2019年12月31日Sun公司仍然持有该土地。

要求：

1. 内部销售土地将如何影响Pam公司的“投资收益——Sun公司”账户、Pam公司2019年度的净利润以及 Pam 公司 2019 年 12 月 31 日“长期股权投资——Sun 公司”账户的金额？

2. 内部销售土地将如何影响 Pam 公司及其子公司的合并财务报表？

3. 如果 Sun 公司在 2020 年 12 月 31 日仍然持有该土地，那么对 Pam 公司的“投资收益——Sun 公司”账户和 Pam 公司 2020 年度的净利润有何影响？对 Pam 公司 2020 年 12 月 31 日“长期股权投资——Sun 公司”账户的金额有何影响？

4. 如果 Sun 公司在 2021 年以 100 000 美元的价格对外销售土地，会对 Pam 公司的“投资收益——Sun 公司”账户和 2021 年度合并净利润有何影响？

E6－3　逆流交易和顺流交易土地的计算

Pop 公司在 7 年前收购了 Son 公司 90%的股权，收购时 Son 公司的账面价值与公允价值相等。2016—2017 年，Pop 公司和 Son 公司列报的净利润信息如下所示：

	2016	2017
Pop 公司单独的净利润（不包括来自 Son 公司的投资收益）	$ 150 000	$ 200 000
Son 公司的净利润	40 000	30 000

2016—2017 年 Pop 公司和 Son 公司之间唯一的内部交易是 2016 年 1 月 1 日的内部土地交易。土地的账面价值为 10 000 美元，以其销售当日的估算价格 15 000 美元销售。

1. 假设该土地由 Pop 公司卖给 Son 公司，Son 公司 2017 年 12 月 31 日仍然持有该土地。

a. 计算 2016—2017 年归属于母公司的净利润。

b. 计算 2016—2017 年少数股东损益。

2. 假设该土地由 Son 公司卖给 Pop 公司，Pop 公司 2017 年 12 月 31 日仍然持有该土地。

a. 计算 2016—2017 年归属于母公司的净利润。

b. 计算 2016—2017 年少数股东损益。

E6－4　分录和合并利润表（逆流交易建筑物）

Pam 公司在 7 年前以 Sun 公司的账面价值收购其 90%的股权，两个公司的 2016 年度利润表如下所示：

	Pam 公司	Sun 公司
营业收入	$ 750 000	$ 350 000
投资收益——Sun 公司	54 000	—
销售建筑物利得	15 000	—
贷方利润	819 000	350 000
营业成本	500 000	200 000
营业费用	150 000	75 000
借方利润	650 000	275 000
净利润	$ 169 000	$ 75 000

2016 年 1 月 5 日，Pam 公司将使用年限还有 10 年的建筑物以 15 000 美元的价格销售给 Sun 公司。Sun 公司在 2016 年发放股利 50 000 美元。

要求：

1. 重新编制 2016 年 Pam 公司“长期股权投资——Sun 公司”的分录，同时进行解释说明。

2. 编制 Pam 公司及其子公司 2016 年度的合并利润表。

E6－5　【基于 AICPA】基础题

1. 2016 年 1 月 1 日，Pam 公司以 1 800 美元的价格将一台设备销售给全资子公司 Sun 公司。该设备的成本为2 000美元，累计折旧为500美元。Pam公司对该设备采用直线法计提折旧，折旧年限为20年，没有残值。Sun公司仍然采用直线法。在合并资产负债表日2016年12月31日，设备的成本以及累计折旧应分别为多少美元？

a. 1 500和600　　b. 1 800和100

c. 1 800和500　　d. 2 000和600

2. 在准备合并财务报表时，抵销不会涉及的内部交易项目有：

a. 母公司采用权益法时的购入额和销售额　　b. 母公司采用成本法时的应收账款和应付账款

c. 母公司采用权益法时收到和发放的股利　　d. 母公司采用权益法时应收和应付的股利

3. Pam公司持有Sun公司100%的股权。2016年1月1日，Pam公司将其账面价值为30 000美元的一台机器以40 000美元的价格销售给Sun公司。Sun公司采用直线法在5年的使用年限内对该机器计提折旧。对2016—2017年税前合并净利润的调整将会增加（减少）：

	2016	2017
a	$（8 000）	$ 2 000
b	$（8 000）	$ 0
c	$（10 000）	$ 2 000
d	$（10 000）	$ 0

4. Pam公司持有Sun公司100%的股权。2016年1月1日，Pam公司向Sun公司销售设备获得了利得。Pam公司持有该设备2年并采用直线法计提折旧，设备总的使用年限为5年且没有残值。Sun公司采用直线法在3年的剩余年限内对该设备计提折旧，同样到期无残值。合并利润表中Sun公司2016年度关于该设备的折旧费用将减少：

a. 该设备产生的利得的20%　　b. 该设备产生的利得的33.3%

c. 该设备产生的利得的50%　　d. 该设备产生的利得的100%

E6-6　基础题

1. Pop公司持有Son公司80%的股权。2016年，Son公司将成本为15 000美元的土地以25 000美元的价格销售给Pop公司。Pop公司持有该土地8年直到2024年以55 000美元的价格将其销售给集团以外的Roy公司。2024年度Pop公司及其子公司的合并利润表中将会列报销售土地利得多少美元？

a. 40 000　　b. 32 000

c. 30 000　　d. 24 000

2. 2016年1月3日，Pop公司将其账面价值为90 000美元的设备以120 000美元的价格销售给其全资子公司Son公司。设备销售时还有3年的使用年限且无残值。Son公司采用直线法对该设备计提折旧。集团内部设备交易对Pop公司“长期股权投资——Son公司”账户2016年12月31日金额的影响为：

a. 比在Son公司权益中享有的份额多20 000美元　b. 比在Son公司权益中享有的份额少20 000美元

c. 比在Son公司权益中享有的份额少30 000美元　d. 比在Son公司权益中享有的份额多10 000美元

3. 2016年1月1日Pop公司将其账面价值为80 000美元的设备以100 000美元的价格销售给其持有75%股权的子公司Son公司。Son公司确认该设备的使用年限还有4年且采用直线法对该设备计提折旧。2016年12月31日，Pop公司和Son公司的财务报表中列示的该设备净值分别为500 000美元和300 000美元。合并财务报表上该设备的净值为多少美元？

a. 800 000　　b. 785 000

c. 780 000　　d. 650 000

4. 2016年1月2日，Pop公司以16 000美元的价格将其账面价值为14 500美元的设备销售给其持有

80%股权的子公司Son公司，该设备的使用年限还有3年。2016年12月31日抵消集团内部交易设备产生的未实现销售损益的影响的合并工作底稿分录包括：

a. 借记“销售设备利得”1 000美元
b. 借记“销售设备利得”1 500美元
c. 贷记“折旧费用”1 500美元
d. 借记“固定资产——机器”1 500美元

5. 2016年1月1日，Pop公司的子公司Son公司以12 000美元的价格将一台使用年限还有4年的设备销售给Pop公司。该笔集团内部交易对2016年Pop公司“投资收益——Son公司”账户的影响为：

a. 如果Pop公司持有Son公司100%的股权，则增加12 000美元
b. 如果Pop公司持有Son公司100%的股权，则增加9 000美元
c. 如果Pop公司持有Son公司100%的股权，则减少9 000美元
d. 如果Pop公司持有Son公司60%的股权，则减少3 600美元

6. 2016年1月1日，Pop公司持有60%股权的子公司Son公司以350 000美元的价格将其账面价值为300 000美元的建筑物销售给Pop公司。销售当日，建筑物的使用年限还有10年且无残值。Pop公司采用直线法对该建筑物计提折旧。如果Son公司2016年度的净利润为1 000美元，则少数股东损益为多少美元？

a. 450 000
b. 400 000
c. 382 000
d. 355 000

E6-7 合并利润表（两年前逆流交易固定资产）

Pam公司和其持有75%股权的Sun公司2016年度的利润情况如下所示：

	Pam公司	Sun公司
营业收入	$125 000	$75 000
销售机器利得	2 500	
营业成本	(50 000)	(32 500)
折旧费用	(12 500)	(7 500)
其他费用	(20 000)	(10 000)
单独净利润（不包括投资收益）	$45 000	$25 000

2014年1月2日，Sun公司以16 250美元的价格将其账面价值为10 000美元的机器销售给Pam公司。交易当日该机器的剩余使用年限为5年。Pam公司采用直线法计提折旧。Pam公司持有该机器直至2016年12月28日将其以9 000美元的价格对外销售。

要求：编制Pam公司及其子公司2016年度合并利润表。

E6-8 来自拥有40%股权的子公司的投资收益（逆流交易和顺流交易）

2016年7月1日，Pop公司以200 000美元的价格收购Son公司40%发行在外的有表决权股票，当日Son公司普通股股东权益为400 000美元。投资的公允价值超过其账面价值是因为Pop公司认为Son公司拥有的专利权将在2021年7月1日之前给其带来竞争优势。

Son公司2016年度净利润为80 000美元（全年），2017年度净利润为120 000美元。2016年12月31日和2017年12月31日，Pop公司的存货中均有购自Son公司的商品，未实现内部销售损益分别为8 000美元和12 000美元。2016年12月31日，Pop公司将其土地销售给Son公司，获得利得4 000美元。该土地在2017年12月31日仍被Son公司持有。

要求：

1. 计算在单行合并下，Pop公司2016年度来自Son公司的投资收益。
2. 计算在单行合并下，Pop公司2017年度来自Son公司的投资收益。

E6-9　逆流交易设备，少数股东权益

Sun公司为Pam公司唯一的子公司。Pam公司在2016年6月1日收购Sun公司80%的股权，收购当日Sun公司的权益由600美元的股本和200美元的留存收益构成。收购时股权公允价值超过账面价值的部分被分摊至剩余使用年限为20年的建筑物。

2018年12月31日，Sun公司将其使用年限还有4年的设备销售给Pam公司，获得了40美元的利得。Pam公司2018—2019年度的净利润为1 000美元和1 200美元。

	2018	2019
1月1日留存收益	$ 300	$ 400
加：净利润	200	220
减：股利	−100	−120
12月31日留存收益	$ 400	$ 500

要求：

1. 分别计算2018年度和2019年度Pam公司来自Sun公司的投资收益、净利润和合并净利润。

2. 假设自Pam公司收购Sun公司股权以来，Sun公司发行在外股票没有发生任何变化，计算2018年12月31日和2019年12月31日Pam公司“长期股权投资——Sun公司”账户的金额。

E6-10　被子公司资本化的母公司存货

Pop公司生产建筑和挖掘用的大型设备。2016年1月3日，Pop公司以其成本两倍的价格将存货中的一台设备销售给其持有60%股权的子公司Son公司，设备的成本为360 000美元。Son公司对该设备采用直线法计提折旧，该设备的剩余使用年限为6年且无残值。

要求：

1. 计算2016年12月31日和2017年12月31日该设备在合并资产负债表中的净值。

2. Pop公司对Son公司的投资采用单行合并。编制关于此次内部交易的Pop公司和Son公司2016年12月31日和2017年12月31日合并财务报表所需要的合并工作底稿分录。

E6-11　合并净利润（逆流交易和顺流交易）

2016—2019年度Pam公司和Sun公司（Pam公司持有其80%的股权）记录的利润数据如下所示（单位：千美元）：

	2016	2017	2018	2019
Pam公司单独净利润	$ 200	$ 150	$ 40	$ 120
Sun公司净利润	60	70	80	90

Pam公司2016年1月1日以40 000美元的价格（低于账面价值）收购Sun公司的股权。这40 000美元被分摊至剩余使用年限为10年的固定资产。

2016年6月1日，Sun公司将其成本为25 000美元的土地以30 000美元的价格销售给Pam公司。Pam公司于2019年将该土地以35 000美元的价格对外销售。

2017年1月2日，Pam公司以100 000美元的价格将其拥有的机器销售给Sun公司。该机器销售时的账面价值为75 000美元，Sun公司以每年20 000美元的金额对其计提折旧。

2018年12月31日，Pam公司的存货中包含2018年购买Sun公司商品产生的未实现内部销售损益8 000美元。该存货2019年仍被Pam公司持有。

要求：准备一张表格计算2016—2019年度Pam公司及其子公司的合并净利润。

综合题

P6-1 合并工作底稿（顺流交易，内部交易产生的应收和应付账款）

Pop公司2016年1月1日以90 000美元（超过账面价值）的价格收购Son公司90%的股权。超过账面价值的部分被分摊至商誉。Pop公司和Son公司2017年的财务报表如下所示（单位：千美元）：

	Pop公司	Son公司
利润表和留存收益表		
营业收入	$ 600	$ 200
投资收益——Son公司	62	—
销售设备利得	18	—
营业成本	(280)	(100)
营业费用	(120)	(20)
净利润	280	80
加：1月1日留存收益	314	140
减：股利	(120)	(40)
12月31日留存收益	$ 474	$ 180
资产负债表		
现金	$ 200	$ 34
应收账款	180	100
应收股利	18	—
存货	40	16
土地	80	30
建筑物净值	270	100
设备净值	330	120
长期股权投资——Son公司	316	—
资产总额	$ 1 434	$ 400
应付账款	$ 196	$ 60
应付股利	30	20
其他负债	134	40
股本	600	100
留存收益	474	180
权益总额	$ 1 434	$ 400

其他信息：

1. Pop公司2016年和2017年向Son公司销售存货的信息如下所示（单位：千美元）：

	2016	2017
营业收入	$ 60	$ 40
Pop公司的营业成本	30	20
12月31日未实现内部销售损益	10	8

2. Pop公司将其成本为14 000美元的土地以20 000美元的价格销售给Son公司。该土地仍被Son公司持有。

3. 2017年1月，Pop公司将其账面价值为42 000美元的设备以60 000美元的价格销售给Son公司。Son公司在3年的剩余使用年限内采用直线法对该设备计提折旧。

4. 2017年12月30日，Son公司因从Pop公司购入存货向Pop公司汇款4 000美元。Pop公司直到

2018年1月5日才记录该笔汇款，因此该笔汇款没有对Pop公司2017年12月31日的财务报表产生影响。

要求：编制Pop公司及其子公司2017年度的合并工作底稿。

P6-2 合并工作底稿（顺流交易，内部交易产生的应收和应付账款）

Pam公司2016年1月1日以540 000美元的价格收购了Sun公司90%的股权。收购当日，Sun公司的股本和留存收益分别为300 000美元和180 000美元。公允价值和账面价值之间的差额被分摊至商誉。Pam公司和Sun公司2017年的财务报表如下所示（单位：千美元）：

	Pam公司	Sun公司
利润表和留存收益表		
营业收入	$ 900	$ 380
投资收益——Sun公司	80	—
销售土地利得	10	—
营业成本	(400)	(200)
营业费用	(226)	(80)
净利润	364	100
加：1月1日留存收益	404	240
减：股利	(300)	(40)
12月31日留存收益	$ 468	$ 300
资产负债表		
现金	$ 266	$ 28
应收账款	360	200
应收股利	36	—
存货	120	72
土地	200	60
建筑物净值	560	160
设备净值	660	280
长期股权投资——Sun公司	606	—
资产总额	$ 2 808	$ 800
应付账款	$ 400	$ 100
应付股利	60	40
其他负债	280	60
股本	1 600	300
留存收益	468	300
权益总额	$ 2 808	$ 800

其他信息：

1. Pam公司2016年和2017年分别以120 000美元和144 000美元的价格向Sun公司销售存货。Sun公司的存货在2016年12月31日和2017年12月31日分别包含未实现内部销售损益20 000美元和24 000美元。

2. 2016年6月1日，Pam公司将其一台账面价值为56 000美元的机器以70 000美元的价格销售给Sun公司。该机器在销售时使用年限还有3.5年，Sun公司采用直线法对其计提折旧。

3. 2017年，Pam公司将其账面价值为30 000美元的土地以40 000美元的价格销售给Sun公司。

4. 2017年12月31日，Pam公司的应收账款中包含来自Sun公司的20 000美元应收账款。

5. Pam公司采用权益法核算其对Sun公司90%股权的投资。

要求：编制Pam公司及其子公司2017年度合并工作底稿。

P6-3　收购当年的工作底稿（顺流交易和逆流交易）

2016 年 1 月 1 日，Pop 公司以 630 000 美元的现金收购 Son 公司 90%的发行在外普通股。收购当日，Son 公司的股东权益包括 500 000 美元的股本和 200 000 美元的留存收益。

Pop 公司和 Son 公司 2016 年 12 月 31 日的财务报表如下所示（单位：千美元）：

	Pop 公司	Son 公司
利润表和留存收益表		
营业收入	$ 700	$ 500
投资收益——Son 公司	70	—
销售土地利得	—	10
销售设备利得	20	—
营业成本	(300)	(300)
折旧费用	(90)	(35)
其他费用	(200)	(65)
净利润	200	110
1 月 1 日留存收益	600	200
股利	(100)	(50)
12 月 31 日留存收益	$ 700	$ 260
资产负债表		
现金	$ 35	$ 30
应收账款净额	90	110
存货	100	80
其他流动资产	70	40
土地	50	70
建筑物净值	200	150
设备净值	500	400
长期股权投资——Son 公司	655	—
资产总额	$ 1 700	$ 880
应付账款	$ 160	$ 50
其他负债	340	70
股本，每股面值 $ 10	500	500
留存收益	$ 700	$ 260
权益总额	$ 1 700	$ 880

2016 年，Pop 公司以 50 000 美元的价格向 Son 公司销售存货，获得 15 000 美元的毛利。这批存货的 1/3 仍在 Son 公司年末的存货中。Son 公司在 2016 年 12 月 31 日欠 Pop 公司 10 000 美元。

2016 年 7 月 1 日，Son 公司将其成本为 20 000 美元的土地以 30 000 美元的价格销售给 Pop 公司。Pop 公司仍然持有该土地。2016 年 1 月 1 日，Pop 公司将其账面价值为 20 000 美元和剩余使用年限为 4 年的设备以 40 000 美元的价格销售给 Son 公司。Son 公司假设该设备残值为 0，采用直线法对其计提折旧。

要求：准备 Pop 公司及其子公司 2016 年度合并工作底稿。

P6-4　工作底稿（顺流交易，两年）

2016 年 1 月 1 日 Pam 公司以 2 700 000 美元的价格收购了 Sun 公司 90%的股权。收购当日 Sun 公司的股本和留存收益分别为 1 500 000 美元和 900 000 美元。公允价值和账面价值的差额被分摊至一项使用年限为 10 年的专利。Pam 公司和 Sun 公司 2017 年的财务报表如下所示（单位：千美元）：

	Pam 公司	Sun 公司
利润表和留存收益表		
营业收入	$ 4 500	$ 1 900
投资收益——Sun 公司	346	—
销售土地利得	50	—
营业成本	(2 000)	(1 000)
营业费用	(1 130)	(400)
净利润	1 766	500
加：1 月 1 日留存收益	2 000	1 200
减：股利	(1 500)	(200)
12 月 31 日留存收益	$ 2 266	$ 1 500
资产负债表		
现金	$ 1 364	$ 140
应收账款	1 800	1 000
应收股利	180	—
存货	600	360
土地	1 000	300
建筑物净值	2 800	800
设备净值	3 300	1 400
长期股权投资——Sun 公司	2 922	—
资产总额	$ 13 966	$ 4 000
应付账款	$ 2 000	$ 500
应付股利	300	200
其他负债	1 400	300
股本	8 000	1 500
留存收益	2 266	1 500
权益总额	$ 13 966	$ 4 000

其他信息：

1. Pam 公司 2016 年和 2017 年分别以 600 000 美元和 720 000 美元的价格向 Sun 公司销售存货。Sun 公司 2016 年 12 月 31 日和 2017 年 12 月 31 日存货中的未实现内部销售损益分别为 100 000 美元和 120 000 美元。

2. 2016 年 7 月 1 日，Pam 公司将一台账面价值为 280 000 美元的机器以 350 000 美元的价格销售给 Sun 公司。销售当日机器的使用年限还有 3.5 年，Sun 公司采用直线法对其计提折旧。

3. 2017 年，Pam 公司将其账面价值为 150 000 美元的土地以 200 000 美元的价格销售给 Sun 公司。

4. Pam 公司 2017 年 12 月 31 日的应收账款中包含应收 Sun 公司的 100 000 美元。

5. Pam 公司采用权益法核算其对 Sun 公司 90%股权的投资。

要求： 编制 Pam 公司及其子公司 2017 年度合并工作底稿。

P6-5 工作底稿（公允价值与账面价值的差额，逆流交易）

Pop 公司和 Son 公司 2016 年财务报表如下所示（单位：千美元）：

	Pop 公司	Son 公司
利润表和留存收益表		
营业收入	$ 420	$ 260
投资收益——Son 公司	63.8	—

续表

	Pop 公司	Son 公司
销售土地利得	—	20
折旧费用	(80)	(60)
其他费用	(220)	(120)
净利润	183.8	100
加：1月1日留存收益	280.8	100
减：股利	(60)	—
12月31日留存收益	$ 404.6	$ 200
资产负债表		
流动资产	$ 400	$ 340
固定资产	1 100	700
累计折旧	(240)	(140)
长期股权投资——Son 公司	644.6	—
资产总额	$ 1 904.6	$ 900
流动负债	$ 300	$ 100
股本	1 200	600
留存收益	404.6	200
权益总额	$ 1 904.6	$ 900

其他信息：

1. Pop 公司 2014 年 1 月 2 日以 580 000 美元的价格收购 Son 公司 80%的股权。收购当日，Son 公司股东权益由 600 000 美元的股本组成，没有留存收益。该笔投资公允价值超过收购净资产账面价值的部分一半是由于存货被低估（该批存货于 2014 年售出），另一半是由于一项摊销期限为 10 年的专利。

2. 2015 年 1 月 1 日，Son 公司将其账面价值为 20 000 美元的设备以 50 000 美元的价格销售给 Pop 公司，该设备的使用年限还有 5 年（该设备包含在财务报表的固定资产中）。

3. 2016 年，Son 公司向 Pop 公司销售土地，获得了 20 000 美元的利润（该土地包含在财务报表的固定资产中）。

4. Pop 公司采用权益法核算对 Son 公司的投资。

要求： 编制 Pop 公司及其子公司 2016 年度合并工作底稿。

P6-6 工作底稿（顺流交易和逆流交易）

Pam 公司 2016 年 4 月 1 日以 15 000 000 美元的价格收购了 Sun 公司所有发行在外的股票。购买日 Sun 公司的所有者权益由 5 000 000 美元的股本和 2 000 000 美元的留存收益构成。收购价格反映了对 Sun 公司存货 500 000 美元的低估（该批存货于 2016 年售出）和对 Sun 公司建筑物 3 500 000 美元的低估（建筑物的剩余使用年限从 2016 年 4 月 1 日算起还有 7 年）。

2017 年，Sun 公司将其成本为 1 000 000 美元的土地以 1 500 000 美元的价格销售给 Pam 公司。Pam 公司将该土地于 2020 年以 2 200 000 美元的价格对外销售。

Pam 公司定期向 Sun 公司销售存货，如下所示（单位：千美元）：

年度	向 Sun 公司销售的收入	Pam 公司账上的成本	Sun 公司年末存货中未售比例	Sun 公司年末未付购货款比例
2016	$ 500	$ 300	0%	0%
2017	1 000	600	30	50
2018	1 200	720	18	30
2019	1 000	600	25	20
2020	1 500	900	20	20

2020年1月3日，Sun公司将其账面价值为800 000美元的设备以1 600 000美元的价格销售给Pam公司。该设备的使用年限还有4年。

Pam公司采用权益法核算对Sun公司的投资。Pam公司和Sun公司的财务报表如下所示（单位：千美元）：

	Pam公司	Sun公司
利润表和留存收益表		
营业收入	\$ 2 600	\$ 11 000
销售土地利得	700	—
销售设备利得	—	800
投资收益——Sun公司	1 380	—
营业成本	(15 000)	(5 000)
折旧费用	(3 700)	(2 000)
其他费用	(4 280)	(2 800)
净利润	5 100	2 000
加：1月1日留存收益	12 375	4 000
减：发放股利	(3 000)	(1 000)
12月31日留存收益	\$ 14 475	\$ 5 000
资产负债表		
现金	\$ 1 170	\$ 500
应收账款净额	2 000	1 500
存货	5 000	2 000
土地	4 000	1 000
建筑物净值	15 000	4 000
设备净值	10 000	4 000
长期股权投资——Sun公司	14 405	—
资产总额	\$ 51 575	\$ 13 000
应付账款	\$ 4 100	\$ 1 000
其他负债	7 000	2 000
股本	26 000	5 000
留存收益	14 475	5 000
权益总额	\$ 51 575	\$ 13 000

要求：编制Pam公司及其子公司2020年度合并工作底稿。

P6－7　工作底稿（逆流交易当年和以前年度）

Pam公司2016年1月1日以108 000美元现金收购了Sun公司80%的股权。收购当日Sun公司的股本为100 000美元，留存收益为10 000美元。这项投资的公允价值与账面价值之间的差额被分摊至一项摊销期限为10年的专利。

Pam公司和Sun公司2019年12月31日的财务报表如下所示（单位：千美元）：

	Pam公司	Sun公司
利润表和留存收益表		
营业收入	\$ 650	\$ 120
投资收益——Sun公司	42	—
营业成本	(390)	(40)
其他费用	(170)	(30)

续表

	Pam 公司	Sun 公司
净利润	132	50
加：1月1日留存收益	95.6	20
减：股利	(70)	(20)
12月31日留存收益	$157.6	$ 50
资产负债表		
现金	$ 58	$ 20
应收账款	40	20
存货	60	35
固定资产	290	205
累计折旧	(70)	(100)
长期股权投资——Sun 公司	121.6	—
资产总额	$499.6	$180
应付账款	$ 42	$ 30
股本	300	100
留存收益	157.6	50
权益总额	$499.6	$180

其他信息：

1. Sun 公司的营业收入中包含集团内部交易的收入 8 000 美元。Pam 公司 2019 年 12 月 31 日的存货中包含 1 000 美元从 Sun 公司购入存货产生的未实现内部销售损益。Pam 公司 2018 年 12 月 31 日的存货中包含 2 000 美元从 Sun 公司购入存货产生的未实现内部销售损益。

2. Pam 公司应付 Sun 公司 4 000 美元。

3. 2018 年 1 月 1 日，Sun 公司向 Pam 公司销售固定资产，销售价格为 60 000 美元。这些固定资产的账面价值为 40 000 美元，Pam 公司以 5 年的使用年限对其计提折旧。

4. Pam 公司采用权益法处理对 Sun 公司的投资。

要求：编制 Pam 公司及其子公司 2019 年度合并工作底稿。

P6-8　合并工作底稿（逆流交易）

Pam 公司和 Sun 公司 2016 年的财务报表如下所示（单位：千美元）：

	Pam 公司	Sun 公司
利润表和留存收益表		
营业收入	$210	$130
投资收益——Sun 公司	34.4	—
销售土地利得	—	10
折旧费用	(40)	(30)
其他费用	(110)	(60)
净利润	94.4	50
加：1月1日留存收益	145.4	50
减：股利	(30)	—
12月31日留存收益	$209.8	$100
资产负债表		
流动资产	$200	$170
固定资产	550	350
累计折旧	(120)	(70)

续表

	Pam公司	Sun公司
长期股权投资——Sun公司	329.8	—
资产总额	$959.8	$450
流动负债	$150	$50
股本	600	300
留存收益	209.8	100
权益总额	$959.8	$450

其他信息：

1. Pam公司2014年1月2日以290 000美元的价格收购了Sun公司80%的股权。收购当日Sun公司的股东权益由300 000美元的股本构成，没有留存收益。该笔投资的公允价值超过收购净资产账面价值的部分一半是由于存货被低估（该批存货于2014年售出），另一半被分摊至商誉。

2. 2015年1月1日，Sun公司以25 000美元的价格销售一台设备给Pam公司。该设备的账面价值为10 000美元，使用年限还有5年（该设备包含在财务报表的固定资产中）。

3. 2016年，Sun公司向Pam公司销售土地，获得10 000美元的利润（该土地包含在财务报表的固定资产中）。

4. Pam公司采用权益法处理对Sun公司的投资。

要求： 编制Pam公司及其子公司2016年度合并工作底稿。

P6-9 分析提供的公司单独报表以及合并报表

2017年12月31日Pop公司及其子公司的单独报表和合并财务报表如下所示（单位：千美元）：

	Pop公司	Son公司	合并财务报表
利润表			
营业收入	$ 500	$300	$ 716
投资收益——Son公司	17.4	—	—
销售设备利得	20	—	—
营业成本	(200)	(150)	(275)
折旧费用	(60)	(40)	(95)
其他费用	(77)	(60)	(141)
少数股东损益	—	—	(4.6)
归属于母公司的净利润	$ 200.4	$ 50	$ 200.4
留存收益表			
1月1日留存收益	$ 250	$120	$250
净利润	200.4	50	200.4
股利	(100)	(30)	(100)
12月31日留存收益	$ 350.4	$140	$ 350.4
资产负债表			
现金	$ 21.1	$ 35	$56.1
应收账款净额	50	30	70
应收股利	13.5	—	—
存货	90	60	136
其他流动资产	70	40	110
土地	50	20	70
建筑物净值	100	50	150

续表

	Pop公司	Son公司	合并财务报表
设备净值	300	265	550
长期股权投资——Son公司	305.8	—	—
专利	—	—	32
资产总额	$1 000.4	$500	$1 174.1
应付账款	$60	$ 50	$ 100
应付股利	—	15	1.5
其他负债	90	95	185
股本，每股面值$10	500	200	500
留存收益	350.4	140	350.4
12月31日少数股东权益	—	—	37.2
权益总额	$1 000.4	$500	$1 174.1

要求：根据Pop公司和Son公司的财务报表回答下列问题。

1. Pop公司持有的Son公司股权比例为多少？请提供计算过程。
2. Pop公司在处理对Son公司的投资时采用的是单行合并吗？请回答并解释。
3. Pop公司与Son公司2017年存在集团内部交易吗？如果存在，请列示计算过程。
4. 2017年12月31日的“存货”账户里是否存在未实现内部销售损益？如果存在，请列示计算过程。
5. 请提供计算过程解释两个公司单独营业成本之和与合并营业成本的不同。
6. 请解释两个公司单独“设备净值”账户之和与合并“设备净值”账户金额的不同，并编制相关的合并工作底稿分录。
7. 应收账款和应付账款中存在内部交易金额吗？如果存在，请计算其金额。
8. 以2017年1月1日期初少数股东权益为基础，提供2017年12月31日少数股东权益变成37 200美元的计算过程。
9. 2016年12月31日专利的金额为多少？请提供计算过程。
10. 请提供计算过程解释2017年12月31日“长期股权投资——Son公司”的账户金额为什么是305 800美元。

专业研究任务

参考FASB ASC回答以下问题，将适当的参考内容包含在你的答案里。

PR6-1　公司应如何在合并财务报表上反映集团内部固定资产交易的销售收入？

PR6-2　应如何在合并财务报表上披露关于固定资产的信息？

第7章

集团内部交易——债券

学习目标

1. 掌握辨别集团内部应收应付项目，以及合并报告主体的资产或负债项目的方法。
2. 掌握合并报告主体对债券推定赎回的处理方法。
3. 掌握母子集团内部债券交易未实现利得或损失的递延及其实现时的确认方法。
4. 掌握存在集团内部债券交易利得或损失时少数股东损益的计算方法。

母公司常常会持有子公司的债券，这种集团内部的借贷活动主要是出于便利、高效和灵活等方面的考虑。虽然每家子公司均为独立的法律主体，但母公司仍有权协调集团内部所有的借贷活动，从子公司直接借款或贷款的决策实际上只是在集团内部调度资金。集团内部的直接贷款不仅会产生与本金、利息有关的对应的应收和应付账户，也会产生对应的收入和费用账户。由于这些集团内部的应收和应付账户不能反映为合并主体的资产或负债，公司在编制合并财务报表时应将这些对应的账户抵销。

一家公司从外部主体购买其子公司的债券，就会产生与集团内部债券和票据有关的特殊会计处理问题。尽管对作为独立法律主体的债务公司而言，这部分被购买的债券仍然流通在外，但站在合并主体的角度看，这种购买行为被视为债券的赎回。发行债券的公司（债务人）将这部分债券视为被非关联公司持有并进行账务处理，而购买债券的公司则将这些债券视为对非关联公司的债券投资并进行账务处理。但合并报表在反映合并主体的财务状况和经营成果时，将上述行为视为发行债券的公司已购买并赎回自己的债券。

集团内部债务交易并不罕见。例如，陶氏化学公司 2014 年年报的附注 16 中披露，支付给关联公司的票据为 1.89 亿美元（p. 108）。

根据以往的教学经验，学生由于对债券交易的基本会计处理不够熟悉，在学习本章内容时会感觉有些困难。

7.1 集团内部债券交易

公司刚发行的债券会反映当时的市场利率。但随着市场利率的变动，该项负债的账面价值与市场价值之间会产生差异。如果市场利率上升，该项负债的市场价值就会降低。除非选择以负债的公允价值进行后续计量，否则依据公认会计原则，发行债券的公司不应在其账上确认市场价值变动的利得。同样，由市场利率下降所造成的未实现损失也不应确认。依据公认会计原则（ASC 825 - 10 - 55），这些未确认利得与损失应在财务报表或财务报表附注中予以披露。公认会计原则认为对负债也可选择以公允价值进行后续计量，此时应确认由市场利率变动而产生的利得和损失。

如果未选择采用公允价值进行后续计量，那么公司流通在外的债券中已实现但未确认的损益可以通过赎回债券的方式予以确认。母公司可以控制合并主体所有的债券赎回以及其他决策，可供选择的赎回方式包括：

1. 发行公司（母公司或子公司）可以使用其可用资源购买或赎回自己发行的债券。
2. 发行公司（母公司或子公司）可以按市场利率向非关联公司融资，并以融资款赎回自己发行的债券（称为以债偿债）。
3. 发行公司可以向子公司融资，并以融资款赎回自己发行的债券。
4. 母公司或子公司可以购买发行公司流通在外的债券（称为债券的推定赎回）。

上述前三种方式为债券的**实际赎回**（actual retirement）。如果发行公司未选择采用公允价值对债券进行后续计量，那么在前三种情况下，发行公司应确认之前未确认的利得与损失，并将其合理地记入合并净利润。第四种赎回为**推定赎回**（constructive retirement），意味着对于合并主体而言该债券已经赎回了，因为母子公司的债券投资与应付债券相对应，必须在合并过程中抵销。对于合并报表而言，应付债券的账面价值与债券投资的购买价格之间的差额即为损益。当母公司采用权益法进行会计处理时，该差额也是母公司应确认的损益。发行公司的账上不确认这项损益，其债券由购买公司作为一项投资持有。

尽管推定赎回在形式上与其他三种方式不同，但站在合并主体的角度看，债务清偿的本质是相同的。推定赎回对合并报表的影响与实际赎回相同。应付债券的推定赎回应确认的损益是公司在债券发行后由于市场利率变动所实现的损益。当这些债券被合并主体重新购买并持有时，在编制合并报表时应确认该项损益。

7.2 集团内部债券的推定赎回损益

当一家子公司收购另一家子公司发行的债券时，若其支付的价格高于债券的账面价值（债券面值加上未摊销溢价，或减去未摊销折价和发行成本），则会产生债券赎回的推定损失。反之，若支付价格低于债券的账面价值，则会产生推定利得。这种损益之所以称为推定损益，是因为从合并主体的角度看，该损益为已实现损益，应该予以确认，但是子公司在购买债券时并未在其账上记录该项损益。

债券的推定损益：(1) 从合并主体的角度看，属于已实现损益；(2) 是因公司购买其子公司的债券而产生的；(3) 债券是从子公司以外的其他主体购入的；(4) 债券的股买价格与其账面价值不同。以账面价值购入子公司的债券或子公司间的直接借贷活动不会产生任何损益。

一些会计理论专家认为，由集团内部债券交易产生的推定损益，应按照债券的面值在购买债券的公司和发行债券的公司间进行分配。例如，母公司以99 000美元购得子公司流通在外的面值为100 000美元、未摊销溢价为2 000美元的债券，推定利得是3 000美元（102 000－99 000），其中的1 000美元应归属于母公司，2 000美元归属于子公司。这就是**面值理论**（par value theory）。

与面值理论相对应的是**代理理论**（agency theory）。该理论认为，购买债券的子公司是在母公司的指令下，作为债券发行公司的代理购买这些债券的。推定利得3 000美元应全部分配给子公司（发行公司），对合并报表的影响就如同子公司以99 000美元购回自己的债券。虽然没有单独的理论支持，但推定损益有时会被全部分配给母公司。这种会计处理相对比较简单。

市场利率的变动会使债务发行公司产生利得或损失，因此不论交易形式（由发行公司直接赎回，或由子公司购买）如何，会计处理时均应将产生的利得或损失全额分配给债务发行公司。如果不将债务赎回交易产生的利得或损失全额分配给发行公司，会导致重形式而轻实质。交易的实质应比形式更重要（这也正是合并的精髓所在），因此，代理理论更具理论优越性，本书因此将推定损益全额分配给发行公司。

大多数公司的长期负债是以流通在外的债券形式存在的，虽然本章主要讨论有关公司债券的问题，但分析内容对其他形式的债务同样适用。在本章中，债券折价和溢价的摊销采用直线法而不是实际利率法，这样可以避免实际利率法的复杂计算，使例题与相关的概念更易于被学生理解。但必须要说明的是，实际利率法通常要优于直线法。[①] 本章讨论的集团内部债券交易的会计处理，同样适用于采用权益法核算的投资。

本章的第一个示例假定子公司购买母公司的债券（母公司为债券发行人），并且将推定损益分配给母公司。在第二个示例中，母公司购买子公司发行的债券，并且将推定损益分配给子公司。

① 公司会计原则（ASC 835－30－15）一般规定采用实际利率法进行摊销，但这并不适用于母子公司之间以及同一母公司下子公司之间的交易。

□ 子公司购入母公司债券

Son 公司是 Pop 公司持股 80%的子公司，2015 年 12 月 30 日，Pop 公司公开发行面值为 2 000 000 美元、利率为 10%的十年期债券。2016 年 12 月 31 日，Son 公司在公开市场以 209 000 美元的价格购得 Pop 公司发行的面值 200 000 美元的债券。Son 公司的这笔交易使 Pop 公司有 200 000 美元的债券推定赎回，并产生推定损失 9 000 美元（支付 209 000 美元赎回账面价值为 200 000 美元的债券）。

在权益法下，Pop 公司 2016 年 12 月 31 日为记录该项推定损失调整其“投资收益”和“长期股权投资”账户余额。Pop 公司的会计分录为：

借：投资收益——Son 公司（－R，－SE）	9 000	
贷：长期股权投资——Son 公司（－A）		9 000

因债券推定损失而调整来自 Son 公司的投资收益。

如果没有这笔分录，Pop 公司在权益法下的收益就不等于其在合并净利润中的份额。

由于 Pop 公司是债券发行公司，所以用 9 000 美元的推定损失冲减 Pop 公司在 Son 公司净利润中享有的份额。代理理论认为，债券赎回产生的推定损益应全额分配给债券发行公司。在本例中，母公司是发行公司，因此与顺流交易一样，推定损失应全额冲减 Pop 公司的余额。

2016 年，9 000 美元的推定损失列报在 Pop 公司及其子公司的合并利润表中，2016 年 12 月 31 日的合并资产负债表中列报“应付债券——10%债券”200 000 美元，是通过下列工作底稿调整分录完成的：

借：债券推定赎回损失（Lo，－SE）	**9 000**	
**　应付债券（10%）（－L）**	**200 000**	
**　贷：长期债券投资（－A）**		**209 000**

记录损失并抵销对应的债券投资和负债金额。

□ 母公司购入子公司债券

假定 2015 年 12 月 30 日 Son 公司在公开市场发行面值为 2 000 000 美元、利率为 10%的十年期债券，2016 年 12 月 31 日，Pop 公司在公开市场以 209 000 美元的价格购入 Son 公司发行的面值 200 000 美元的债券。Pop 公司的这笔交易使得 Son 公司有 200 000 美元的债券推定赎回，并使合并主体产生了推定损失 9 000 美元。这笔购买子公司债券的交易如同逆流交易下的集团内部交易会影响少数股东损益，因此推定损失中仅有 80%应由控股股东承担。

在权益法下，Pop 公司在对 Son 公司的长期股权投资进行会计处理时应确认 80%的推定损失，分录如下所示：

借：投资收益——Son 公司（－R，－SE）	7 200	
贷：长期股权投资——Son 公司（－A）		7 200

确认因收购 Son 公司债券产生的推定损失。

在购买集团内部债券年度的工作底稿上，调整分录与前述的集团内部购买 Pop 公司债券的分录相同。然而，合并净利润冲减的 7 200 美元，等于推定损失 9 000 美元减去少数股东权益应承担的 1 800 美元损失。这使得少数股东损益减少。

总之，当母公司是债券发行公司时，集团内部债券交易产生的损益需要分配。当子公司是债券发行公司时，在合并利润表中应将集团内部债券交易产生的损益在少数股东损益和归属于母公司的净利润间进行分配。在单行合并下，对于子公司发行债券的推定损益，母公司仅需要按照股权比例确认其应承担的份额。

7.3 子公司购买的母公司债券

子公司购买母公司流通在外的债券会产生母公司债券的推定赎回。购买债券的子公司在其账上按支付的金额记录该项债券投资，这是集团内部债券交易时购买公司或发行公司编制的唯一分录。因此，由该项推定赎回产生的损益并未记录在子公司的账上，而是通过母公司应付债券的账面价值和子公司债券投资的账面价值之间的差额来反映的。

例如，假设2016年12月31日，Pam公司以相当于Sun公司6 300 000美元账面价值的公允价值，购入Sun公司70%的股权。Sun公司成为Pam公司的子公司。当日，Sun公司的股本为5 000 000美元，留存收益为4 000 000美元。

2017年1月2日，Pam公司流通在外的公司债券面值为10 000 000美元，利率为10%，未摊销溢价为100 000美元。当日，Sun公司以950 000美元的价格从投资经纪人手中购得面值1 000 000美元的Pam公司债券。这笔交易使得Pam公司有10%的公司债券推定赎回，并产生推定利得60 000美元，计算过程如下（单位：千美元）：

购买的债券的账面价值［10%×(面值＄10 000＋溢价＄100)］	＄1 010
减：债券的购买价格	(950)
债券推定赎回利得	＄ 60

购买Pam公司债券时，Sun公司编制的唯一一笔会计分录为（单位：千美元）：

借：长期债券投资——Pam公司（＋A） 950 000

　　贷：现金（－A） 950 000

记录以950 000美元的价格购入Pam公司的债券，并将其归类为持有至到期投资。

□ 权益法

如果在债券推定赎回时编制合并财务报表，则工作底稿上抵销集团内部债券投资与应付债券余额①以及推定利得60 000美元的会计分录如下所示：

2017年1月2日

借：应付债券（10%）（－L） 1 010 000

**　　贷：长期债券投资——Pam公司（－A） 950 000**

**　　　　债券推定赎回利得（Ga，＋SE） 60 000**

工作底稿中的这笔分录使合并利润贷方反映了赎回债券的利得，同时抵销了对Pam公司的债券投资，使得在合并资产负债表上列报的合并主体之外持有者的“应付债券”账户金额为9 090 000美元（面值9 000 000美元＋未摊销溢价90 000美元）。

2017年，Pam公司在账上摊销应付债券溢价，Sun公司在账上摊销债券投资的折价。假设债券的利息支付日为1月1日和7月1日，债券在2022年1月1日（即购买后5年）到期，每年末采用直线法摊销。Pam公司每年摊销债券溢价的20%，Sun公司每年摊销债券折价的20%，有关分录如下所示：

Pam公司账上：

① 本章对债券的会计处理均采用净值法，没有单独记录溢价和折价。

7月1日

借：利息费用（E，－SE） 500 000

贷：现金（－A）（面值10 000 000美元×10%×1/2年） 500 000

12月31日

借：利息费用（E，－SE） 500 000

贷：应付利息（＋L）（面值10 000 000美元×10%×1/2年） 500 000

12月31日

借：应付债券（－L） 20 000

贷：利息费用（－E，＋SE）（溢价100 000美元÷5年） 20 000

Sun公司账上：

7月1日

借：现金（＋A） 50 000

贷：利息收入（R，＋SE）（面值1 000 000美元×10%×1/2年） 50 000

12月31日

借：应收利息（＋A） 50 000

贷：利息收入（R，＋SE）（面值1 000 000美元×10%×1/2年） 50 000

12月31日

借：长期债券投资——Pam公司（＋A） 10 000

贷：利息收入（R，＋SE）（折价50 000美元÷5年） 10 000

Pam公司和Sun公司在2017年12月31日将上述分录过账后，两家公司分类账上的余额如下所示（单位：千美元）：

Pam公司账上：

应付债券（10%）（包括80 000美元的未摊销溢价） $1 008

利息费用 980

Sun公司账上：

长期债券投资——Pam公司 $ 960

利息收入 $ 110

Pam公司账上“应付债券（10%）”的金额为1 008 000美元，与Sun公司账上“长期债券投资——Pam公司”的960 000美元的差额为48 000美元，而不是60 000美元。其原因在于债券的推定赎回利得是分期实现的，并在Pam公司和Sun公司账上单独确认。2017年1月2日推定赎回的债券，在2017年确认的分期推定利得包括Pam公司摊销的债券溢价2 000美元和Sun公司摊销的债券折价10 000美元。该折溢价摊销的金额反映在与推定赎回债券有关的利息收入和利息费用中，即2017年确认已实现的推定利得12 000美元等于利息收入110 000美元与利息费用980 000美元的10%之差，或者等于推定利得初始金额的20%。2017年12月31日，在工作底稿上抵销相对应的债券的分录为：

a 借：应付债券（10%）（－L） 1 008 000

贷：长期债券投资——Pam公司（－A） 960 000

债券推定赎回利得（Ga，＋SE） 48 000

b 借：利息收入（－R，－SE） 110 000

贷：利息费用（－E，＋SE） 98 000

债券推定赎回利得（Ga，＋SE） 12 000

f　借：应付利息（一L）　　50 000

　　贷：应收利息（一A）　　50 000

因为 2017 年是债券推定赎回的年度，所以工作底稿分录中记录的债券推定赎回利得的合计数应等于债券推定赎回利得的初始金额 60 000 美元。如果将上述分录合并为一笔分录，则债券推定赎回利得会以单一金额列报。需要注意的是，分期确认的推定损益金额一定等于应抵销的集团内部利息收入与利息费用间的差额。由于债券的溢折价摊销方法为直线法，所以每期确认的推定利得均为 60 000 美元的 20%，在实际利率法下则不会出现这种情况。

图表 7－1 合并工作底稿的前三栏为 Pam 公司与 Sun 公司的财务报表。其中，除了"长期股权投资——Sun 公司"账户及"投资收益——Sun 公司"账户外，其余均与前面提到的假设和计算相对应。

图表 7－1　Pam 公司与子公司 2017 年度合并工作底稿　　单位：千美元

	Pam 公司	Sun 公司（70%）	调整与抵销		合并财务报表
			借	贷	
利润表					
营业收入	$ 4 000	$ 2 000			$ 6 000
投资收益——Sun 公司	202		202[c]		
债券推定赎回利得				48[a] 12[b]	60
利息收入		110	110[b]		
营业成本及费用	(1 910)	(1 890)			(3 800)
利息费用	(980)			98[b]	(882)
少数股东损益（$220×30%）			66[d]		(66)
归属于母公司的净利润	**$ 1 312**	**$ 2 200**			**$ 1 312**
留存收益表					
留存收益——Pam 公司	$ 4 900				$ 4 900
留存收益——Sun 公司		$ 4 000	4 000[e]		
加：归属于母公司的净利润	**1 312**	**220**			**1 312**
12 月 31 日留存收益	**$ 6 212**	**$ 4 220**			**$ 6 212**
资产负债表					
其他资产	$ 39 880	$ 19 100			$ 58 980
应收利息		50		50[f]	
长期股权投资——Sun 公司	6 502			202[c] 6 300[e]	
长期债券投资——Pam 公司		960		960[a]	
资产总额	**$ 46 382**	**$ 20 110**			**$ 58 980**
其他负债	$ 9 590	$ 10 890			$ 20 480
应付利息	500		50[f]		450
应付债券（10%）	10 080		1 008[a]		9 072
普通股	20 000	5 000	5 000[e]		20 000
留存收益	**6 212**	**4 220**			**6 212**
权益总额	**$ 46 382**	**$ 20 110**			
少数股东权益				66[d] 2 700[e]	2 766
			10 436	10 436	**$ 58 980**

Pam 公司的投资收益为 202 000 美元，具体计算如下（单位：千美元）：

Sun 公司净利润＄220 的 70％	＄154
加：债券推定赎回利得	60
	214
减：推定利得分期确认额（＄60÷5）	12
来自 Sun 公司的投资收益	＄202

在单行合并下，2017 年 12 月 31 日，Pam 公司在其账上确认来自 Sun 公司的投资收益，会计分录如下所示：

借：长期股权投资——Sun 公司（＋A）　154 000

　贷：投资收益——Sun 公司（R，＋SE）　154 000

记录来自 Sun 公司的投资收益（220 000 美元×70％）。

借：长期股权投资——Sun 公司（＋A）　60 000

　贷：投资收益——Sun 公司（R，＋SE）　60 000

按债券推定赎回利得 60 000 美元的 100％调整"投资收益"账户。

借：投资收益——Sun 公司（－R，－SE）　12 000

　贷：长期股权投资——Sun 公司（－A）　12 000

按 2017 年应确认的债券推定赎回利得调整"投资收益"账户（债券推定赎回利得 60 000 美元÷5 年或利息收入 110 000 美元－利息费用 98 000 美元）。

由于从合并主体的角度来看，债券推定赎回利得 60 000 美元已经实现，因此应作为 Pam 公司在 Sun 公司净利润中应享有的份额的加项。只要仍将 2017 年 1 月 2 日购买的 1 000 000 美元债券认定为推定赎回，子公司账上就应确认该项推定利得。

Pam 公司 2017 年度的投资收益因债券的推定赎回而增加 48 000 美元（债券推定赎回利得 60 000 美元－分期确认的推定利得 12 000 美元）。Pam 公司 2018—2021 年度的投资收益将因 Pam 公司和 Sun 公司账上分别确认债券推定赎回利得而逐年减少 12 000 美元。换言之，在以后的 4 年中，Pam 公司除了确认其在 Sun 公司净利润中享有的份额外，仍需编制以下分录，按分期确认的推定利得调整其"投资收益——Sun 公司"账户：

借：投资收益——Sun 公司（－R，－SE）　12 000

　贷：长期股权投资——Sun 公司（－A）　12 000

在 2022 年 1 月 1 日债券到期时，推定利得会被全部确认完毕，此时，Pam 公司账上对 Sun 公司的长期股权投资的金额将会等于 Sun 公司股东权益总额的 70％。

Pam 公司及其子公司 2017 年度合并工作底稿（见图表 7－1）抵销分录如下所示：

a　借：应付债券（10％）（－L）　1 008 000

**　贷：债券推定赎回利得（Ga，＋SE）　48 000**

**　　长期债券投资——Pam 公司（－A）　960 000**

确认利得并抵销对应的债券投资与应付债券以及未摊销溢价。

b　借：利息收入（－R，－SE）　110 000

**　贷：利息费用（－E，＋SE）　98 000**

**　　债券推定赎回利得（Ga，＋SE）　12 000**

抵销对应的利息收入和利息费用。

c　借：投资收益——Sun 公司（－R，－SE）　202 000

**　贷：长期股权投资——Sun 公司（－A）　202 000**

抵销投资收益并调整"长期股权投资"账户的期初余额。

d 借：少数股东损益（－SE） 66 000
　贷：少数股东权益（＋SE） 66 000
确认少数股东权益在Sun公司净利润中享有的份额。

e 借：留存收益——Sun公司（－SE） 4 000 000
　　股本——Sun公司（－SE） 5 000 000
　贷：长期股权投资——Sun公司（－A） 6 300 000
　　期初少数股东权益（＋SE） 2 700 000
抵销对应的长期股权投资与股东权益，并记录初始的少数股东权益。

f 借：应付利息（－L） 50 000
　贷：应收利息（－A） 50 000
抵销对应的应付利息和应收利息。

上述工作底稿的第一个分录抵销了Pam公司10%的应付债券和100% Sun公司的债券投资，并确认了48 000美元的债券推定赎回利得。这48 000美元是推定利得60 000美元中，Pam公司和Sun公司2017年12月31日各自账上未确认的部分。

分录b抵销了对应的利息费用和利息收入，两者间的差额正是Pam公司和Sun公司2017年度在各自账上通过摊销确认的推定利得。分录b将利息费用和利息收入的差额12 000美元贷记"债券推定赎回利得"，此时债券推定赎回利得就会增至其初始金额60 000美元。如前所述，如将分录a和分录b合并为一笔分录，则推定利得在工作底稿上仅以单一金额确认。

工作底稿分录c抵销了投资收益，并将Pam公司的"长期股权投资——Sun公司"账户调整至期初余额。分录d确认了少数股东权益在子公司净利润中享有的份额。分录e抵销了Pam公司的"长期股权投资——Sun公司"账户及"留存收益——Sun公司"账户，并列报了期初少数股东权益。

合并工作底稿中的分录f抵销了相对应的集团内部债券的应付利息和应收利息。这笔分录使得合并资产负债表上"应付利息"账户余额为450 000美元，反映了合并主体之外的债券持有者持有的面值9 000 000美元债券的半年应付利息。需注意的是，图表7－1中少数股东权益的计算并不受集团内部债券交易的影响，因为债券推定赎回利得全部归属于债券的发行公司，而发行公司为Pam公司。

□ 对以后年度合并报表的影响

在集团内部债券交易发生直至实际赎回的各个年度里，Pam公司和Sun公司应当持续在各自账上编制相关分录，以确认98 000美元的利息费用（Pam公司）及110 000美元的利息收入（Sun公司）；并将两者间的差额12 000美元在Pam公司的账上予以确认，以调整其投资收益。2018—2021年的合并财务报表中所有与集团内部债券相关的账户均应予以抵销。图表7－2列报了Pam公司和Sun公司账上与集团内部债券交易有关的各账户的期末余额。

2018年12月31日，合并工作底稿中与集团内部债券交易有关的唯一的调整与抵销分录如下所示：

借：利息收入（－R，－SE） 110 000
　应付利息（－L） 50 000
　应付债券（－L） 1 006 000
　贷：利息费用（－E，＋SE） 98 000
　　应收利息（－A） 50 000
　　长期债券投资——Pam公司（－A） 970 000
　　长期股权投资——Sun公司（－A） 48 000

图表 7-2 有关集团内部债券交易的账户的期末余额 单位：千美元

Pam 公司账上				
	12 月 31 日			
	2018 年	**2019 年**	**2020 年**	**2021 年**
利息费用	$ 980	$ 980	$ 980	$ 980
应付利息	500	500	500	500
应付债券	10 060	10 040	10 020	10 000
Sun 公司账上				
	12 月 31 日			
	2018 年	**2019 年**	**2020 年**	**2021 年**
利息收入	$ 110	$ 110	$ 110	$ 110
应收利息	50	50	50	50
长期债券投资——Pam 公司	970	980	990	1 000

这个分录抵销了对应的利息收入和利息费用、对应的应收利息和应付利息以及对应的长期债券投资和应付债券。将差额 48 000 美元记入“长期股权投资——Sun 公司”账户的贷方，以使 2018 年初 Pam 公司的“长期股权投资——Sun 公司”账户与 Sun 公司权益对应。这一步必不可少，因为当 Pam 公司 2017 年按债券推定赎回利得调整投资收益时，增加了其“长期股权投资——Sun 公司”账户的金额。换言之，Pam 公司 2017 年 12 月 31 日账上“长期股权投资——Sun 公司”账户金额比其在 Sun 公司账面价值中享有的份额高出 48 000 美元。2018 年度合并工作底稿上，在抵销相对应的长期股权投资和股东权益之前，必须先编制一笔调整分录，调整“长期股权投资——Sun 公司”账户，使其与 Sun 公司的权益对应。

2019—2021 年的工作底稿上也需要做类似调整。例如，2019—2021 年度合并工作底稿中应分别在“长期股权投资——Sun 公司”账户贷方记 36 000 美元、24 000 美元和 12 000 美元。

7.4 母公司购买的子公司债券

除了发行债券的公司改为子公司、债券的推定赎回会造成合并主体损失以外，本节的示例与前面 Pam 公司和 Sun 公司的例子大致相同。

Pop 公司数年前以 9 225 000 美元的价格购得 Son 公司 90%的有表决权普通股。收购日 Son 公司股本为 10 000 000 美元，留存收益为 250 000 美元。

2016 年 12 月 31 日，Son 公司流通在外的债券面值为 10 000 000 美元，利率为 10%，未摊销折价为 300 000 美元。这些债券的付息日为每年 1 月 1 日和 7 月 1 日，于 5 年后即 2022 年 1 月 1 日到期。

Pop 公司 2017 年 1 月 2 日用 5 150 000 美元现金购买了 Son 公司流通在外公司债券的 50%。从合并主体的角度来看，这是一笔债券的推定赎回交易，给合并主体带来 300 000 美元的债券推定赎回损失，因为合并主体支付了 5 150 000 美元，但推定赎回债券的面值仅有 4 850 000 美元（债券账面价值 9 700 000 美元的 50%）。在这项集团内部债券交易中，由于理论上母公司的管理层仅扮演 Son 公司代理人的角色，所以推定赎回产生的损失必须由 Son 公司即债券的发行公司承担。

2017 年，Son 公司记录其债券的利息费用为 1 060 000 美元［（面值 10 000 000 美元×10%）＋折价摊销 60 000 美元］。其中，涉及集团内部债券交易的为 530 000 美元。Pop 公司 2017 年记录债券投资的利息收入 470 000 美元［（面值 5 000 000 美元×10%）－溢价摊销 30 000 美元］。集团内部债券交易的利息费用与利息收入之间的差额 60 000 美元反映了 2017 年确认的债券推定赎回损失的 1/5。截至 2017 年 12 月 31

日，Pop公司与Son公司账上尚未通过溢价摊销（Pop公司账上）和折价摊销（Son公司账上）确认的推定损失为240 000美元。

□ 权益法

2017年Son公司列报了750 000美元净利润，Pop公司来自Son公司的投资收益为459 000美元，计算过程如下：

Son公司净利润＄750 000×90％	＄675 000
减：推定损失＄300 000×90％	(270 000)
加：本期确认的推定损失＄60 000×90％	54 000
来自Son公司的投资收益	＄459 000

2017年Pop公司对Son公司的长期股权投资的分录如下所示：

2017年12月31日

借：长期股权投资——Son公司（＋A） 675 000

贷：投资收益——Son公司（R，＋SE） 675 000

记录Son公司2017年度净利润的90％。

2017年12月31日

借：投资收益——Son公司（－R，－SE） 270 000

贷：长期股权投资——Son公司（－A） 270 000

按债券推定赎回损失的90％调整对Son公司的投资收益（这笔分录也可以在2017年1月2日记录）。

2017年12月31日

借：长期股权投资——Son公司（＋A） 54 000

贷：投资收益——Son公司（R，＋SE） 54 000

按照2017年应分期确认的债券推定赎回损失金额（60 000美元）的90％调整投资收益。

公司债券到期以前的各个年度，Pop公司计算对Son公司的投资收益时，均应在其在Son公司净利润中享有的份额的基础上加上每年分期确认的推定赎回损失54 000美元。

2017年12月31日，Pop公司“长期股权投资——Son公司”账户余额为10 584 000美元，等于2017年1月1日Pop公司“长期股权投资——Son公司”账户余额与2017年对Son公司的投资收益459 000美元之和：

2017年1月1日长期股权投资——Son公司（＄11 250 000×90％）	＄10 125 000
加：来自Son公司的投资收益	459 000
2017年12月31日长期股权投资——Son公司	＄10 584 000

图表7-3列报了Pop公司及其子公司的合并财务报表工作底稿。2017年度的合并利润表中列报了集团内部债券交易的推定赎回损失300 000美元。因为Son公司面值为5 000 000美元的公司债券已经推定赎回，合并资产负债表中列报的4 880 000美元应付债券（面值5 000 000美元－摊销折价120 000美元）由合并主体之外的债券持有者持有。

图表 7-3　Pop 公司与子公司 2017 年度合并工作底稿　　单位：千美元

	Pop 公司	Son 公司（90%）	调整与抵销 借	调整与抵销 贷	合并财务报表
利润表					
营业收入	$ 25 750	$ 14 250			$ 40 000
投资收益——Son 公司	459		459[c]		
利息收入	470		470[b]		
营业成本及费用	(21 679)	(12 440)			(34 119)
利息费用		(1 060)		530[b]	(530)
债券推定赎回损失			240[a]		(300)
			60[b]		
少数股东损益（$ 750－$ 300＋$ 60）×10%			51[f]		(51)
归属于母公司的净利润	**$ 5 000**	**$ 750**			**$ 5 000**
留存收益表					
留存收益——Pop 公司	$ 13 000				$ 13 000
留存收益——Son 公司		$ 1 250	1 250[d]		
加：归属于母公司的净利润	**5 000**	**750**			**5 000**
12 月 31 日留存收益	**$ 18 000**	**$ 2 000**			**$ 18 000**
资产负债表					
其他资产	$ 34 046	$ 25 000			$ 59 046
应收利息	250			250[e]	
长期股权投资——Son 公司				459[c]	
	10 584			10 125[d]	
长期债券投资——Son 公司	5 120			5 120[a]	
资产总额	$ 50 000	$ 25 000			$ 59 046
其他负债	$ 12 000	$ 2 740			$ 14 740
应付利息		500	250[e]		250
应付债券（10%）		9 760	4 880[a]		4 880
普通股	20 000	10 000	10 000[d]		20 000
留存收益	**18 000**	**2 000**			**18 000**
权益总额	$ 50 000	$ 25 000			
少数股东权益				51[f]	1 176
				1 125[d]	
			17 660	17 660	$ 59 046

推定损失对少数股东损益和合并净利润的影响　2017 年度的少数股东损益为 51 000 美元［(750 000－300 000＋60 000)×10%］。推定损失由 Son 公司承担。少数股东权益应按其持股比例承担 300 000 美元的 10%，贷记 2017 年分期确认的推定损失 60 000 美元的 10%。因此，2017 年度少数股东损益为 Son 公司 2017 年已实现净利润 510 000 美元的 10%，而不是 Son 公司列报的净利润 750 000 美元的 10%。

应付债券的推定赎回使 2017 年归属于母公司的净利润减少 216 000 美元。这一数额是在合并利润表上通过确认债券推定赎回损失 300 000 美元，抵销利息收入 470 000 美元和利息费用 530 000 美元，并减少少数股东损益 24 000 美元（少数股东损益＝Son 公司列报的净利润 75 000 美元－51 000 美元）计算出来的。其影响分析如下：

2017 年合并净利润中归属于母公司的净利润

减：	
推定损失	$ 300 000
抵销利息收入	470 000
减少总额	$ 770 000
加：	
抵销利息费用	$ 530 000
少数股东损益的减少额（$ 75 000－$ 51 000）	24 000
增加总额	$ 554 000
对 2017 年归属于母公司的净利润的影响	$ 216 000

少数股东损益的减少与其他费用的减少类似，会使合并净利润增加。

合并工作底稿分录 除账户金额及债券推定赎回损益由利得转换为损失外，图表 7－3 列报的 Pop 公司及 Son 公司合并工作底稿分录与图表 7－1 大致相同。与前例一样，工作底稿分录 a 和 b 分开列报是便于举例说明，这两笔分录也可以合并为一笔分录，如下所示：

借：债券推定赎回损失（Lo，－SE）	**300 000**	
应付利息（－L）	**250 000**	
利息收入（－R，－SE）	**470 000**	
应付债券（10%）（－L）	**4 880 000**	
贷：长期债券投资——Son 公司（－A）		**5 120 000**
应收利息（－A）		**250 000**
利息费用（－E，＋SE）		**530 000**

□ 对以后年度合并报表的影响

合并利润表只在债券推定赎回发生年度列报债券赎回损失。以后各年，对于推定赎回损失中未确认的部分，应分别在长期股权投资（控股股东权益）与少数股东权益间进行分配。例如，2018 年度合并工作底稿上抵销长期债券投资与应付债券、利息收入、利息费用的分录如下所示：

借：长期股权投资——Son 公司（＋A）	**216 000**	
少数股东权益（－SE）	**24 000**	
利息收入（－R，－SE）	**470 000**	
应付债券（10%）（－L）	**4 910 000**	
贷：长期债券投资——Son 公司（－A）		**5 090 000**
利息费用（－E，＋SE）		**530 000**

由于推定损失全部由 Son 公司承担，所以未实现的推定损失分别由 Pop 公司“长期股权投资——Son 公司”账户（216 000 美元）与少数股东权益（24 000 美元）承担。此项推定损失为子公司的一项损失，故少数股东权益必须按其持股比例承担相应部分。在计算 2018 年的少数股东权益时，应将 2018 年确认的推定损失 60 000 美元的 10%计入 Son 公司的少数股东损益。直至 2021 年，每年都需要对少数股东损益进行此项调整。截至 2021 年 12 月 31 日，债券投资在逐年溢价摊销后将减至 5 000 000 美元，而应付债券在逐年折价摊销后将增至 5 000 000 美元。

2018—2021 年，这项集团内部债券交易将会使合并净利润每年增加 54 000 美元。同时，权益法下 Pop 公司对 Son 公司的投资收益及净利润每年也会增加 54 000 美元。集团内部债券交易对归属于母公司的净利润的影响计算如下：

2018—2021 年合并净利润中归属于母公司的净利润	
加：	
抵销利息费用	$530 000
减：	
抵销利息收入	$470 000
少数股东损益的增加额（分期确认的推定损失＄60 000×10%）	6 000
减少总额	$476 000
每年对控股股东权益的影响	$ 54 000

图表 7-4 汇总了 2018—2021 年 Pop 公司和 Son 公司各自账上有关集团内部债券交易的账户余额，同时也汇总列报了购买 Son 公司债券以后各年度 Pop 公司及其子公司编制合并财务报表工作底稿时所需做出的调整与抵销分录。因为图表 7-4 所列的分录均涉及 Pop 公司“长期股权投资——Son 公司”账户，所以应在抵销对应的“长期股权投资”账户和子公司权益之前编制此表中的合并工作底稿分录。

图表 7-4 列报的工作底稿调整与抵销分录中所抵销的金额，是视同债券在 2017 年已赎回的情况下，Pop 公司和 Son 公司单独报表中应抵销的金额，其目的在于使合并财务报表看起来如同 Son 公司已赎回自己发行的债券一样。

图表 7-4 母子公司各自账上有关集团内部债券交易的账户余额汇总 单位：千美元

12月31日	2018年	2019年	2020年	2021年
Pop 公司账上				
长期债券投资——Son 公司	$5 090	$5 060	$5 030	$5 000
利息收入	470	470	470	470
应收利息	250	250	250	250
Son 公司账上				
应付债券（10%）	$9 820	$9 880	$9 940	$10 000
利息费用	1 060	1 060	1 060	1 060
应付利息	500	500	500	500
合并工作底稿汇总				
12月31日	**2018年**	**2019年**	**2020年**	**2021年**
借方				
长期股权投资——Son 公司（90%）*	$ 216	$ 162	$ 108	$ 54
少数股东权益（10%）*	24	18	12	6
利息收入	470	470	470	470
应付债券（10%）**	4 710	4 940	4 970	5 000
应付利息	250	250	250	250
贷方				
长期债券投资——Son 公司	5 090	5 060	5 030	5 000
利息费用**	530	530	530	530
应收利息	250	250	250	250

注：* 各年初债券推定损失尚未确认的部分，应由 Pop 公司的长期股权投资承担 90%，少数股东权益承担 10%。

** 抵销了 Son 公司应付债券的 50%（包括未摊销折价的 50%）和当期债券利息费用的 50%。

总结

除非按账面价值进行交易，否则公司购买其子公司流通在外的债券均会产生推定损益。从合并主体的角度来看，购买债券时推定损益已经实现。这种债券推定赎回损益应当在债券购买当年母公司的净利润及合并净利润中进行反映。

母公司债券推定赎回损益类似于顺流交易时的未实现损益，无须在归属于母公司的净利润和少数股东损益之间进行分配。但当子公司为债券发行公司时，债券推定赎回损益应在少数股东损益与归属于母公司的净利润之间进行分配。集团内债券交易的推定损益是通过摊销债券账面价值与债券面值之间的差额，分别在购买公司和发行公司的账上确认的。

图表7-5汇总列报了集团内部债券交易的推定损益对母公司净利润和合并净利润的影响。

图表7-5 示例汇总——集团内部债券交易的推定赎回损益

假设

1. 母公司2016年度净利润为100 000美元，不包括来自子公司的投资收益。
2. 母公司拥有90%股权的子公司2016年度列报的净利润为50 000美元。
3. 2016年1月1日，流通在外的应付债券面值为100 000美元，利率为10%，未摊销溢价为6 000美元。
4. 2016年1月2日，子公司以51 500美元购得面值为50 000美元的上述公司债券。
5. 该债券的到期日为2019年1月1日。

	子公司购入母公司的债券（类似顺流交易）	母公司购入子公司的债券（类似逆流交易）
母公司净利润——权益法		
母公司的单独净利润	\$100 000	\$100 000
母公司在子公司列报的净利润中享有的份额	45 000	45 000
加：债券推定赎回利得		
(\$53 000－\$51 500)×100%	1 500	
(\$53 000－\$51 500)×90%		1 350
减：分期确认的债券推定赎回利得		
(利得\$1 500÷3年)×100%	(500)	
(利得\$1 500÷3年)×90%		(450)
母公司净利润	\$146 000	\$145 900
归属于母公司的净利润		
母公司单独的净利润加上子公司净利润	\$150 000	\$150 000
加：债券推定赎回利得	1 500	1 500
抵销：利息费用（增加）	4 000	4 000
利息收入（减少）	(4 500)	(4 500)
已实现的净利润总额	151 000	151 000
减：少数股东损益		
(\$50 000×10%)	(5 000)	
(\$50 000＋\$1 500－\$500)×10%		(5 100)
归属于母公司的净利润	\$146 000	\$145 900

注：子公司购入母公司债券时，母公司净利润与合并净利润都是146 000美元，如同母公司在2016年底实际赎回这些债券一样。在这种情况下，母公司的单独净利润为101 000美元（100 000美元＋推定利得1 000美元），子公司的净利润不变，母公司的单独净利润101 000美元加上母公司在子公司净利润中享有的份额45 000美元为146 000美元。这里必须假设是年末赎回，因为2016年度母公司的利息费用和子公司的利息收入均已实现并确认，利得为1 000美元（1 500美元－本期实现与确认数500美元）。

母公司购入子公司债券时，母公司净利润与合并净利润都是145 900美元，如同子公司在2016年底赎回自己的债券一样。在这种情况下，母公司的单独净利润不变，为100 000美元。子公司列报的净利润是51 000美元（50 000美元＋推定利得1 000美元）。母公司的单独净利润100 000美元加上母公司在子公司净利润中享有的份额45 900美元（51 000×90%）为145 900美元。同样，必须假设是年末赎回，因为母公司的利息收入和子公司的利息费用均已实现并确认。

思考题

1. 某公司向其子公司借款时会产生哪些对应账户？

2. 子公司发生直接借贷行为时会产生未实现损益或者未确认损益吗？

3. 什么是推定损益？请举例描述产生推定损益的交易。

4. 某公司流通在外的债券为 1 000 000 美元，未摊销溢价为 10 000 美元，未摊销发行费用为5 300美元。请问该债券的账面价值是多少？假设其子公司以每张 98 美元的市场价格购买其一半的债券，利得或者损失是多少？这个损益是真实的还是推定的？

5. 比较集团内部债券交易的推定利得和集团内部土地销售的未实现利得。

6. 描述集团内部债券交易推定利得在子公司账上的实现和确认过程。合并财务报表上推定利得的确认与子公司账上推定利得的确认哪个在前，哪个在后？

7. 若子公司以高于账面价值的价格取得母公司的债券，该损益应归属于母公司还是子公司？请解释理由。

8. 以下资料摘自母公司与其拥有 90%股权的子公司的调整后试算平衡表，母子公司间存在债券交易，该债券还有 4 年到期。

	母公司	子公司
长期债券投资，面值为＄50 000	＄49 000	
应收利息	2 500	
利息费用		＄9 000
应付债券（利率为 10%，面值为＄100 000）		100 000
应付债券溢价		4 000
利息收入	5 250	
应付利息		5 000

根据下列条件，编制合并工作底稿抵销分录以抵销对应账户的余额：(a) 假设母公司对子公司债券的投资发生在当年年初；(b) 假设母公司对子公司债券的投资发生在编制该试算平衡表的前两年。

9. 若母公司持有 80%股权的子公司的净利润是 50 000 美元，且合并主体因子公司拥有母公司债券而产生推定利得 4 000 美元，编制当年母公司投资收益的相关分录。

10. 若母公司持有 75%股权的子公司的净利润是 100 000 美元，且合并主体因子公司拥有母公司债券而产生推定损失 8 000 美元，计算母公司来自子公司的投资收益。

11. 若母公司因集团内部持有债券列报的利息费用为 4 300 美元，子公司对此列报的利息收入为 4 500 美元。请回答：(a) 该债券有无推定损益？(b) 该推定损益归属于母公司还是子公司？(c) 利息收入和利息费用之间 200 美元的差额代表什么？

练习题

E7－1　基础题

1. 下列哪项不是集团内部债券交易中债券推定赎回的特征？

a. 赎回债券只是为了合并报表

b. 在合并过程中，集团内部债券投资和应付债券相互抵销

c. 集团内部债券交易的损益在发行公司的账上确认

d. 对于合并报表而言，推定赎回损益等于应付债券的账面价值和债券购买价格之间的差额

2. 当子公司在市场上购得债券时，集团内部应付债券的账面价值为：

a. 债券的面值减去未摊销的发行费用，再减去（加上）未摊销的折价（溢价）

b. 债券的面值减去发行费用，减去（加上）未摊销折价（溢价），再减去购买债券的成本

c. 债券的面值

d. 债券的面值减去（加上）发行时的折价（溢价）

3. 应付债券的推定损益：

a. 会在某公司购买其子公司的债券或直接借款给子公司以赎回自己的债券时产生

b. 对于发行方而言是已实现损益

c. 因为管理层做出了集团内部交易的决定，所以总是分配给母公司

d. 对于合并主体而言是已实现且已确认的损益

4. 本书为了方便，采用直线法对债券的溢价和折价进行摊销，然而公认会计原则通常要求采用实际利率法，在使用实际利率法时：

a. 分期确认推定损益的数额为集团内部债券交易的利息费用和利息收入抵销后的差额

b. 分期确认的推定损益在各子公司账上记录

c. 在编制合并报表时，无须分期确认推定损益

d. 因为债券已赎回，所以发行和购买债券的子公司均无须在其账上对折价和溢价进行摊销

E7-2 基础题

Son 公司是 Pop 公司拥有 70%股权的子公司。2016 年 1 月 2 日，Son 公司在债券市场上以 602 000 美元的价格购买了 Pop 公司流通在外的面值 900 000 美元债券中的 600 000 美元债券。Pop 公司的债券票面利率为 8%，付息日为每年的 1 月 1 日和 7 月 1 日，到期日为 2020 年 1 月 1 日。截至 2016 年 1 月 1 日，债券的未摊销溢价为 48 000 美元。假设采用直线法摊销。

1. 2016 年 Pop 公司及其子公司的合并利润表中的推定损益为多少美元？

a. 利得 30 000　　b. 利得 46 000

c. 损失 2 000　　d. 损失 30 000

2. 2016 年合并利润中应列报的 Pop 公司发行债券的利息费用为多少美元？

a. 28 000　　b. 24 000

c. 20 800　　d. 20 000

E7-3 购买母公司债券的推定损益

Pam 公司 2016 年 1 月 1 日发行长期公司债券，面值为 400 000 美元，利率为 10%，未摊销折价为 8 000美元，2020 年 1 月 1 日到期。2016 年 1 月 2 日，Pam 公司拥有 90%股权的子公司 Sun 公司以 76 000 美元购买了 Pam 公司利率为 10%、面值为 80 000 美元的公司债券，利息支付日为每年的 1 月 1 日及 7 月 1 日，采用直线法摊销。

1. 2016 年度 Pam 公司及其子公司合并利润表中的推定损益为多少美元？

a. 损失 5 600　　b. 利得 4 000

c. 利得 2 400　　d. 损失 2 000

2. 2016 年 12 月 31 日合并资产负债表中，Pam 公司的应付债券扣除未摊销折价后应列报的金额为多少美元？

a. 392 000　　b. 394 000

c. 320 000　　d. 315 200

3. 2016 年 12 月 31 日，Pam 公司和 Sun 公司各自账上未确认的推定损益为多少美元？

a. 2 400　　b. 2 200

c. 1 800　　d. 0

4. 2016 年度的合并利润表中 Pam 公司债券的利息费用应列报为多少美元？

a. 42 000　　b. 40 000

c. 33 600　　d. 32 000

5. 集团内部的债券交易对 2017 年度的合并利润表有何影响？

a. 按 2016 年推定利得的 100%增计　　b. 按 2016 年推定利得的 25%减计

c. 按 2016 年推定损失的 25%增计　　d. 按 2016 年推定损失的 25%×90%减计

E7-4　子公司购买母公司债券

2016 年 1 月 1 日，Pop 公司以高于账面价值和公允价值 1 600 000 美元的价格购买了 Son 公司 80%的股权。2019 年 1 月 1 日，Pop 公司拥有流通在外的面值为 4 000 000 美元、利率为 8%、未摊销折价为 160 000美元的债券。2019 年 1 月 2 日，Son 公司以面值 160 000 美元的价格购得 Pop 公司的债券。债券的到期日为 2023 年 1 月 1 日，付息日为每年的 1 月 1 日和 7 月 1 日。2019 年度 Pop 公司的净利润（不包括投资收益）为 3 200 000 美元，Son 公司列报的净利润为 2 000 000 美元。

要求：

1. 计算 2019 年度 Pop 公司及其子公司合并净利润中归属于母公司的净利润。
2. 计算 2019 年度少数股东损益。

E7-5　合并利润表（购买母公司债券的推定利得）

2024 年度 Pam 公司和其 100%控股的子公司 Sun 公司的比较利润表汇总如下（单位：千美元）：

	Pam 公司	Sun 公司
营业收入	$1 000	$500
投资收益——Sun 公司	226	—
债券利息收入（包括折价摊销）	—	22
营业成本	(670)	(200)
营业费用	(150)	(100)
债券利息费用	(50)	—
净利润	$ 356	$222

2016 年 1 月 1 日，Pam 公司以等于账面价值的公允价值的价格取得了 Sun 公司的股权。2017 年 1 月 1 日，Pam 公司将面值为 500 000 美元、利率为 10%、十年期的债券以面值进行公开发售。2024 年 1 月 2 日，Sun 公司以每张 97 美元的价格购得每张面值为 100 美元的债券 200 000 美元。两公司均采用直线法进行摊销。无其他集团内部交易。

要求： 编制 2024 年度 Pam 公司及其子公司的合并利润表。

E7-6　母公司购买子公司债券

数年前，Pop 公司以等于账面价值的公允价值的价格购得 Son 公司 70%的股权。2016 年 1 月 1 日，Son 公司流通在外的债券的面值为 1 000 000 美元，利率为 9%，账面价值为 990 000 美元。2016 年 1 月 2 日，Pop 公司以 503 000 美元的价格购得 Son 公司 500 000 美元面值的该债券。债券的到期日为 2020 年 1 月 1 日，付息日为每年的 1 月 1 日和 7 月 1 日。

要求：

1. 计算Son公司债券的推定赎回损益。

2. 2016年度Son公司列报的净利润为14 000美元，计算Pop公司来自Son公司的投资收益。

E7-7 购买子公司债券的推定利得

Pam公司和Sun公司2016年12月31日的比较资产负债表如下所示（单位：千美元）：

	Pam公司	Sun公司
资产		
应收账款净额	$ 2 048.6	$ 600
应收利息	20	—
存货	6 000	1 000
其他流动资产	197	400
固定资产净值	7 680	5 000
长期股权投资——Sun公司	3 661.6	
长期债券投资——Sun公司	392.8	—
资产总额	$ 20 000	$ 7 000
负债及所有者权益		
应付账款	$ 800	$ 278
应付利息	—	100
应付债券（10%）	—	2 072
股本	16 000	4 000
留存收益	3 200	550
负债及所有者权益总额	$ 20 000	$ 7 000

2014年1月1日Pam公司以3 320 000美元的价格购得Sun公司80%的股权，当日Sun公司的股本为4 000 000美元，留存收益为150 000美元。

2016年1月2日，Pam公司在债券市场上以391 000美元的价格购得Sun公司面值为400 000美元、利率为10%、未摊销溢价为90 000美元的债券。该债券的付息日为每年的1月1日和7月1日，到期日为2021年1月1日。假定采用直线法摊销。

1. 2016年1月2日在合并利润表上列报的购买400 000美元Sun公司债券的推定赎回损益是多少美元？

a. 27 000 b. 23 000

c. 21 000 d. 14 000

2. 2016年12月31日，Pam公司和Sun公司各自账上未确认的推定损益是多少美元？

a. 24 000 b. 21 600

c. 21 000 d. 18 400

3. 2016年12月31日，合并应付债券应列报为多少美元？

a. 2 072 000 b. 2 000 000

c. 1 657 600 d. 1 600 000

E7-8 中期购买母公司债券

2016年12月31日，Pop公司和Son公司（Pop公司持有其80%的股权）的合并资产负债表中有关面值为500 000美元、利率为8%的流通在外公司债券的资料如下所示：

流动负债	
应付债券利息（截至 2017 年 1 月 1 日的 6 个月利息）	$ 20 000
长期负债	
应付债券（利率 8%，2021 年 1 月 1 日到期，未摊销折价 15 000 美元）	$ 485 000

Pop 公司是发行方，采用直线法摊销。2017 年 7 月 2 日，Son 公司以 287 400 美元的价格购入 Pop 公司流通在外的面值 300 000 美元的债券。

要求：

1. 计算下列事项：

a. 该债券的推定赎回损益。

b. 2017 年度的合并债券利息费用。

c. 2017 年 12 月 31 日的合并应付债券数额。

2. 若由 Pop 公司购买 Son 公司的债券，问题 1 的答案有何不同？

E7-9 母公司债券和子公司债券购买的不同假设

2016 年 12 月 31 日，Pam 公司和 Sun 公司（Pam 公司持有其 80%的股权）的资产负债表如下所示（单位：千美元）：

	Pam 公司	Sun 公司
资产		
现金	$ 2 440	$ 2 500
应收账款净额	3 000	300
其他流动资产	8 000	1 200
固定资产净值	15 000	5 500
长期股权投资——Sun 公司	6 560	—
资产总额	$ 35 000	$ 9 500
负债及所有者权益		
应付账款	$ 750	$ 230
应付利息	250	50
应付债券（利率为 10%，2022 年 1 月 1 日到期）	4 900	1 020
股本	25 000	7 000
留存收益	4 100	1 200
负债及所有者权益总额	$ 35 000	$ 9 500

Pam 公司债券的账面价值中包括 100 000 美元的未摊销折价。Sun 公司债券的账面价值中包括 20 000 美元的未摊销溢价。

要求：

1. 假定 2017 年 1 月 2 日 Sun 公司以 1 900 000 美元的价格购得 Pam 公司面值为 2 000 000 美元的债券，付息日为每年的 7 月 1 日和 1 月 1 日。计算下列各项在 Pam 公司和 Sun 公司 2017 年 12 月 31 日合并财务报表中列报的金额：

a. 债券推定赎回损益

b. 应付利息

c. 应付债券的账面价值

d. 长期债券投资——Pam 公司

2. 不考虑上面问题1的情况，假定2017年1月2日Sun公司以1 030 000美元的价格购得Pam公司面值为1 000 000美元的债券，付息日为每年的7月1日和1月1日。计算下列各项在Pam公司和Sun公司2017年12月31日合并财务报表中列报的金额：

a. 债券推定赎回损益

b. 利息费用（假设采用直线法摊销）

c. 应收利息

d. 应付债券的账面价值

E7-10　母公司债券的推定赎回

2016年12月31日Pop公司拥有流通在外的面值为8 000 000美元、利率为12%、未摊销溢价为240 000美元的债券。付息日为每年的7月1日和1月1日，到期日为2022年1月1日。

2017年1月2日，Son公司（Pop公司持有其80%的股权）以1 960 000美元的价格购得Pop公司流通在外的面值2 000 000美元的债券。

其他信息：

1. 两公司均采用直线法进行摊销；

2. 财务报表已合并；

3. 关联公司中只有Pop公司存在流通在外的公司债券。

4. Son公司2017年度和2018年度的净利润分别为800 000美元和1 200 000美元。

要求：

1. 计算2017年度合并利润表上推定损益应列报的金额。

2. 编制2017年12月31日集团内部债券交易的合并抵销分录。

3. 计算2018年度合并利润表中下列各项的金额：

a. 推定损益

b. 少数股东损益

c. 债券利息费用

d. 债券利息收入

4. 计算2018年12月31日合并资产负债表中下列各项的金额：

a. 长期债券投资——Pop公司　　b. 应付债券的账面价值

c. 应收债券利息　　d. 应付债券利息

E7-11　合并利润表（子公司债券的推定赎回）

2018年度Pam公司和Sun公司（Pam公司持有其80%的股权）的比较利润表如下所示（单位：千美元）：

	Pam公司	Sun公司
营业收入	$ 1 200	$ 600
投资收益——Sun公司	260.8	—
债券利息收入（包括折价摊销）	91	—
营业成本	(750)	(200)
营业费用	(200)	(200)
债券利息费用	—	(60)
净利润	$ 601.8	$ 140

2016年1月1日，Pam公司以账面价值购得Sun公司80%的股权，当日Sun公司资产和负债的账面

价值等于公允价值。

2017年1月1日，Pam公司以783 000美元的价格购得Sun公司面值为1 000 000美元、利率为6%的所有流通在外债券。该债券于2015年1月1日以面值发行，付息日为每年6月30日和12月31日，到期日为2023年12月31日。

要求： 编制Pam公司及其子公司2017年度的合并利润表。

E7-12 计算和分录（母公司购买子公司债券）

Pop公司持有Son公司80%的股权，2016年7月2日以每张106美元的价格购得Son公司面值为100美元、利率为8%的债券100 000美元。该债券的付息日为每年的7月1日和1月1日，到期日为2019年7月1日。Pop公司采用权益法核算其对Son公司的长期股权投资。下列资料选自两公司2016年12月31日的调整后试算平衡表（单位：千美元）：

	Pop公司	Son公司
应收利息	$4	$—
长期债券投资——Son公司（8%）	105	—
应付利息	—	40
应付债券（利率为8%，面值为$1 000 000）	—	985
利息收入	3	—
利息费用	—	86
集团内部债券赎回损益		

要求：

1. 计算2016年合并财务报表中上述项目列报的金额。
2. 编制2016年Pop公司和Son公司合并财务报表工作底稿中调整和抵销集团内部债券交易的分录。
3. 编制2017年Pop公司和Son公司合并财务报表工作底稿中调整和抵销集团内部债券交易的分录。

E7-13 计算和分录（购买母公司债券的推定利得）

2017年1月1日，Pop公司以等于账面价值的公允价值的价格购得Son公司80%的股权，当日，Son公司的股本和留存收益分别为200 000美元和80 000美元。Pop公司有流通在外的面值为200 000美元、利率为8%的公司债券，2018年1月2日，Son公司以97 600美元购入面值为100 000美元的该债券，三年后到期。该债券的付息日为每年的1月1日和7月1日。2018年，Son公司列报的长期债券投资利息收入为8 800美元，Pop公司列报的利息费用为16 000美元。

其他信息：

1. 2018年度Pop公司的净利润为400 000美元。
2. 2018年度Son公司的净利润为100 000美元。
3. Pop公司采用权益法对长期股权投资进行核算。
4. 采用直线法摊销。

要求：

1. 计算该债券的损益。
2. 编制2018年Son公司核算其长期债券投资的会计分录。
3. 编制2018年Pop公司核算其应付债券的会计分录。
4. 编制2018年Pop公司核算其对Son公司80%长期股权投资的会计分录。
5. 计算2018年度少数股东损益和合并净利润。

综合题

P7-1 计算和分录（母公司债券的推定赎回）

2016年12月31日Pam公司及其拥有90%股权的子公司Sun公司调整后试算平衡表的部分内容如下所示：

	Pam公司 借（贷）	Sun公司 借（贷）
应收利息	$—	$2 000
长期债券投资——Pam公司	—	105 400
应付利息	(4 000)	—
应付债券（利率为8%，2019年4月1日到期）	(196 400)	—
利息收入	—	(4 200)
利息费用	17 600	—

2016年4月2日，Sun公司以107 200美元的价格购得Pam公司面值100 000美元的债券。该债券的付息日为每年的4月1日和10月1日，到期日为2019年4月1日。

要求：

1. 计算2016年度合并利润表中的债券损益金额。
2. 计算2016年度合并利润表中的利息收入和利息费用金额。
3. 计算2016年12月31日合并资产负债表中的应收利息和应付利息金额。
4. 编制2016年合并工作底稿中抵销集团内部债券交易的分录。

P7-2 四年收入一览表（多笔集团内部交易）

Pop公司2016年1月收购了Son公司80%的股权。自购买日到2019年12月31日，两家公司之间的交易汇总如下：

2016年	Pop公司将成本为30 000美元的存货以40 000美元的价格出售给Son公司，Son公司在2016年将其中的30 000美元存货出售，其余存货在2017年出售。
2017年	Pop公司将成本为15 000美元的存货以20 000美元的价格出售给Son公司，Son公司在2018年将存货全部出售。
2018年	Son公司将账面价值为20 000美元的土地以公允价值27 500美元的价格出售给Pop公司，Pop公司将该土地作为未来的设备场地使用。
2018年	Pop公司1月1日将其还剩4年使用年限的设备以40 000美元的价格出售给Son公司。出售时该设备的账面价值为25 000美元。2019年12月31日Son公司仍在使用该设备。
2019年	Son公司1月2日在债券市场上以53 000美元的价格购得Pop公司面值为50 000美元、利率为10%的债券。当时，该债券在Pop公司的账面价值为49 000美元，到期日为2023年1月1日。

2016—2019年度Pop公司的单独净利润（不包括对Son公司的投资收益）与Son公司列报的净利润分别为（单位：千美元）：

	2016	2017	2018	2019
Pop公司的单独净利润	$250	$187.5	$230	$255
Son公司净利润	50	60	55	60

要求： 计算2016—2019年度Pop公司每年的净利润（以及合并净利润中的控制性权益）。请按年份编制分栏表格回答本题（采用直线法计提折旧和摊销，2018年销售给Son公司的设备在当年按全年计提折旧）。

P7-3 工作底稿（债券的推定赎回和集团内部销售）

Pam公司及其拥有75%股权的子公司Sun公司2016年的财务报表汇总如下（单位：千美元）：

	Pam公司	Sun公司
利润表和留存收益表		
营业收入	\$2 520	\$2 000
销售土地利得	40	—
销售建筑物利得	80	—
投资收益——Sun公司	208	—
营业成本	(1 400)	(1 200)
折旧费用	(304)	(160)
利息费用	(80)	—
其他费用	(184)	(240)
净利润	880	400
加：1月1日留存收益	600	400
减：股利	(640)	(320)
12月31日留存收益	\$ 840	\$ 480
资产负债表		
现金	\$ 108	\$ 324
应收债券利息	—	20
其他应收款净额	160	120
存货	320	200
土地	360	280
建筑物净值	600	720
设备净值	560	360
长期股权投资——Sun公司	1 372	—
长期债券投资——Pam公司	—	376
资产总额	\$3 480	\$2 400
应付账款	\$ 200	\$ 320
应付债券利息	40	—
应付债券（10%）	800	—
股本	1 600	1 600
留存收益	840	480
权益总额	\$3 480	\$2 400

Pam公司2013年以账面价值收购Sun公司的股权，当日Sun公司资产和负债的账面价值与公允价值相等。

其他信息：

1. Pam公司采用权益法核算对Sun公司的长期股权投资。

2. 2016年集团内部的商品销售收入共计200 000美元。截至2016年12月31日，除40 000美元外的其他集团内部交易账款均已结清。

3. 截至2015年12月31日，Sun公司自Pam公司购入的存货中有未实现净利润48 000美元；截至2016年12月31日，有未实现净利润60 000美元。

4. 2014年1月3日，Sun公司将其使用年限还有6年的设备出售给Pam公司，获得收益96 000美元。

目前，Pam公司仍在使用该设备。

5. 2016年7月1日，Pam公司向Sun公司出售一块土地，获得收益40 000美元。

6. 2016年7月1日，Pam公司向Sun公司出售一栋建筑物，获得收益80 000美元，该建筑物尚有10年使用期限，且Sun公司仍在使用。

7. 2016年12月31日，Sun公司在公开市场上以376 000美元的价格购入Pam公司面值为400 000美元、利率为10%的债券，另支付应计利息20 000美元。该债券的付息日为每年的1月1日和7月1日，到期日为2021年12月31日。

要求：编制2016年度Pam公司及其子公司的合并工作底稿。

P7-4 单独及合并报表的计算

2016年1月1日，Pop公司以640 000美元的价格购得Son公司80%的股权，当日Son公司的股本为400 000美元，留存利润为200 000美元。Son公司的固定资产在支付价格中被低估了200 000美元，剩余使用年限为8年。

Pop公司及其子公司Son公司2018年的单独及合并财务报表如下所示（单位：千美元）：

	Pop公司	Son公司	合并财务报表
合并利润表和留存收益表			
营业收入	\$ 360	\$ 200	\$ 460
投资收益——Son公司	40	—	—
利息收入	—	16	—
营业成本	(220)	(120)	(220)
营业费用	(60)	(36)	(116)
利息费用	(36)	—	(18)
损失	—	—	(6)
少数股东损益	—	—	(16)
归属于母公司的净利润	84	60	84
加：1月1日留存收益	588	270	588
减：股利	(40)	(30)	(40)
12月31日留存收益	\$ 632	\$ 300	\$ 632
资产负债表			
现金	\$ 120	\$ 52	\$ 172
应收账款	240	120	330
存货	200	100	280
固定资产	1 000	400	1560
累计折旧	(200)	(100)	(360)
长期股权投资——Son公司	640	—	—
长期债券投资——Pop公司	—	208	—
资产总额	\$2 000	\$ 780	\$1 982
应付账款	\$ 160	\$ 80	\$ 210
应付债券（10%）	408	—	204
股本	800	400	800
留存收益	632	300	632
少数股东权益	—	—	136
权益总额	\$2 000	\$ 780	\$1 982

Son公司经常向Pop公司销售货物，但从未从Pop公司购货。2018年1月1日，Son公司以212 000美元的价格购入Pop公司面值为200 000美元、利率为10%的债券。该债券的到期日为2020年12月31日，Son公司打算将其持有至到期。两公司均采用直线法摊销。利息于每年的12月31日支付。

要求：

列出下列事项的计算过程：

1. 合并利润表上 6 000 美元的损失。
2. 合并营业收入 460 000 美元。
3. 合并营业成本 220 000 美元。
4. 期初集团内部存货交易的利润。
5. 期末集团内部存货交易的利润。
6. 合并应收账款 330 000 美元。
7. 少数股东损益 16 000 美元（注：16 000 美元可能是错误金额）。
8. 2018 年 12 月 31 日少数股东权益。
9. 2017 年 12 月 31 日“长期股权投资——Son 公司”账户余额。
10. Pop 公司账上的投资收益 40 000 美元。

P7-5 计算（子公司债券的推定赎回）

2016 年 12 月 31 日，Pam 公司及其拥有 90%股权的子公司 Sun 公司的财务报表部分数据如下所示（单位：千美元）：

	Pam 公司	Sun 公司
利润表部分数据		
营业收入	$710	$530
营业成本	490	370
销售设备利得	—	21
投资收益——Sun 公司	63	—
利息费用	—	16
折旧费用	25	20
资产负债表部分数据		
现金	$ 50	$ 15
存货	229	150
设备	440	360
累计折旧	(200)	(120)
长期股权投资——Sun 公司	189	—
长期债券投资	91	—
应付债券	—	(200)
股本	(100)	(10)
资本公积	(250)	(40)
留存收益	(402)	(140)
留存收益表部分数据		
2015 年 12 月 31 日期初余额	$272	$100
净利润	212	70
支付的股利	80	30

其他信息：

1. 2016 年 1 月 2 日，Pam 公司以现金 153 000 美元购得 Sun 公司 100 000 股流通股的 90%。当日，Sun 公司的所有者权益为 150 000 美元，其资产和负债的公允价值与账面价值相等。Pam 公司将这项交易作为合并业务处理。公允价值与账面价值的差额记入商誉。

2. 2016 年 9 月 4 日，Sun 公司支付现金股利 30 000 美元。

3. 2016 年 12 月 31 日，Pam 公司记录其在 Sun 公司净利润中享有的权益。

4. 2016年1月3日，Sun公司将原值为30 000美元、账面价值为15 000美元的设备以36 000美元的价格出售给Pam公司。该设备尚有3年使用年限，两公司均采用直线法计提折旧。

5. 2016年Sun公司向Pam公司销售商品60 000美元，利润为20 000美元。截至2016年12月31日，Pam公司购买的上述商品有一半尚未出售。

6. 2016年12月31日，Pam公司以91 000美元的价格购入Sun公司一半的流通在外债券。该债券最初以面值发行，付息日为每年的12月31日，到期日为2022年12月31日。Pam公司购买该债券之前，当期的利息刚刚支付完毕。

要求：

计算2016年12月31日Pam公司及其子公司合并财务报表中以下项目列报的金额：

1. 现金；
2. 设备净值；
3. 长期股权投资——Sun公司；
4. 应付债券；
5. 普通股股本；
6. 期初留存收益；
7. 宣告发放的股利；
8. 债券推定赎回利得；
9. 销货成本；
10. 利息费用；
11. 折旧费用。

P7-6 工作底稿（债券的推定赎回，集团内部交易）

Pop公司及其拥有75%股权的子公司Son公司2017年财务报表汇总如下（单位：千美元）：

	Pop公司	Son公司
利润表和留存收益表		
营业收入	$1 260	$1 000
销售固定资产利得	60	—
投资收益——Son公司	104	—
营业成本	(700)	(600)
折旧费用	(152)	(80)
利息费用	(40)	—
其他费用	(92)	(120)
净利润	440	200
加：1月1日留存收益	300	200
减：股利	(320)	(160)
12月31日留存收益	$ 420	$ 240
资产负债表		
现金	$ 54	$ 162
应收债券利息	—	10
其他应收款净额	80	60
存货	160	100
土地	180	140
建筑物净值	300	360
设备净值	280	180
长期股权投资——Son公司	686	—

续表

	Pop公司	Son公司
长期债券投资——Pop公司	—	188
资产总额	$1 740	$1 200
应付账款	$　100	$　160
应付债券利息	20	—
应付债券（10%）	400	—
股本	800	800
留存收益	420	240
权益总额	$1 740	$1 200

2014年，Pop公司以账面价值购得Son公司的股权，当日Son公司资产、负债的公允价值与账面价值相等。

其他信息：

1. Pop公司采用权益法核算其对Son公司的长期股权投资。

2. 2017年两家公司内部商品销售收入共计100 000美元。截至2017年12月31日，除Son公司寄给Pop公司的20 000美元支票尚在途中，其余内部交易均已结清。

3. 截至2016年12月31日，Son公司自Pop公司购入的存货中有未实现净利润24 000美元；截至2017年12月31日，有未实现净利润30 000美元。

4. 2015年1月2日，Son公司将其使用年限还有6年的设备出售给Pop公司，获得收益48 000美元。目前，Pop公司仍在使用该设备。

5. 2017年7月1日，Pop公司向Son公司出售一块土地，获得收益20 000美元；同时出售一栋建筑物，获得收益40 000美元，该建筑物尚有10年使用期限。

6. 2017年12月31日，Son公司在公开市场上以188 000美元的价格购入Pop公司面值为200 000美元、利率为10%的债券，另支付应计利息10 000美元。该债券的付息日为每年的1月1日和7月1日，到期日为2022年1月1日。

要求：编制2017年度Pop公司及其子公司的合并工作底稿。

专业研究任务

参考FASB ASC回答以下问题，将适当的参考内容包含在你的答案里。

PR 7-1　公司应如何确定其长期负债的公允价值？

PR 7-2　公司发行可赎回优先股的交易在合并财务报表中应分类为负债还是权益？

第 8 章

合并财务报表——股权变动

学习目标

1. 熟练运用中期（年中）收购股权时的合并程序。
2. 掌握报告期母公司持股比例增加或减少时合并报表的编制方法。
3. 掌握子公司或被投资方发行股票和库存股交易的会计处理方法。

本章讨论母公司或投资公司的股权变动，包括中期收购股权的会计处理和合并程序，母公司权益的**分步收购**（step-by-step acquisitions），股权的出售以及因被投资方发行股票或库存股而使股权发生变动。

8.1　会计期间的收购

前面的章节举例说明了期初收购子公司的合并程序。收购行为通常在会计期间内发生。母公司在会计期间内收购子公司后，必须对子公司在购买日之前的收益做出调整，并计入收购价格。这些收益要作为**合并前盈余**（preacquisition earnings）与合并主体的收益区分开来。同样，**合并前股利**（preacquisition dividends）指的是在购买日之前发放的股票股利，也需要做出调整。中期收购很常见，因为在实际中，1 月 2 日发生收购业务是不可能的。我们将在本章中使用期初收购以简化对收购过程的理解。

□ 合并前盈余

从概念上讲，我们可以通过两种方法抵销合并收益中的合并前盈余。可以将子公司在购买日前的收入和费用从合并收入和费用中扣除。或者可以将子公司的收入和费用记入年度合并利润表，将合并前盈余作为一个项目从中扣除。

例如，假定 Pop 公司 2016 年 4 月 1 日用 427 500 美元购买了 Son 公司 90%的股权。Son 公司在 2016 年的利润、股利和权益如下所示：

	1 月 1 日至 3 月 31 日	4 月 1 日至 12 月 31 日	1 月 1 日至 12 月 31 日
利润			
营业收入	$ 50 000	$ 150 000	$ 200 000
营业成本及费用	25 000	75 000	100 000
净利润	$ 25 000	$ 75 000	$ 100 000
股利	$ 20 000	$ 30 000	$ 50 000
	1 月 1 日	**4 月 1 日**	**12 月 31 日**
所有者权益			
股本	$ 400 000	$ 400 000	$ 400 000
留存收益	70 000	75 000	120 000
所有者权益	$ 470 000	$ 475 000	$ 520 000

Son 公司 1 月 1 日至 3 月 31 日的净利润为 25 000 美元（收入 50 000 美元－费用 25 000 美元），所有者权益在 4 月 1 日为 475 000 美元。因此，Pop 公司获得的权益的账面价值等于其购买价格 427 500 美元（475 000×90%）。

Pop 公司在年末记录来自 Son 公司的投资收益的会计分录如下所示：

借：长期股权投资——Son 公司	67 500	
贷：投资收益——Son 公司		67 500

记录 2016 年后三个季度的投资收益（75 000×90%）。

在权益法的基础上记录投资收益使得 Pop 公司的利润增加了 67 500 美元，因此对归属于母公司的净利润的影响是 67 500 美元。从概念上讲，对合并利润表的影响如下所示：

营业收入（2016 年后三个季度）	$ 150 000
营业成本及费用（2016 年后三个季度）	(75 000)
少数股东损益	(7 500)
对归属于母公司的净利润的影响	$ 67 500

这种方法提出了两个现实问题。第一，2016 年度 10%的少数股东权益是 10 000 美元，而 2016 年后三个季度只有 7 500 美元；第二，合并利润表只包括当年后三个季度的合并收入和费用，不能为未来年度合并主体的收入和费用的预测提供依据。

历史上，公认会计原则（ASC 810 - 10 - 45）认为最具价值的合并利润表应提供包含全年合并收入和费用并且将合并前盈余作为一个项目去除后的结果。公认会计原则建议子公司合并会计处理遵循下列形式：

营业收入（全年）	$ 200 000
营业成本及费用（全年）	(100 000)
合并前盈余	(22 500)
少数股东损益	(10 000)
对归属于母公司的净利润的影响	$ 67 500

公认会计原则（ASC 810 - 10 - 65）在 2007 年发生了变化，认为购买方购买了子公司资产的控制权，并且假定子公司负债的价格反映其在购买日的公允价值，购买方没有购买收益。在现行的公认会计原则下，合并净利润只需反映购买日之后的子公司净利润。合并前盈余不应作为合并净利润的减项。在这种方法下，我们必须清算子公司在购买日的账面价值。因此，Pop 公司的例子应采用前述公认会计原则，对归属于母公司的净利润的计算过程如下所示：

营业收入（2016 年后三个季度）	$ 150 000
营业成本及费用（2016 年后三个季度）	(75 000)
少数股东损益（2016 年后三个季度）	(7 500)
归属于母公司的净利润	$ 67 500

□ 合并前股利

我们可以将子公司在购买日前的股利在合并过程中抵销，因为这部分股利不属于合并权益。Son 公司 2016 年发放了 50 000 美元股利，但是在被 Pop 公司收购前支付了 20 000 美元。根据这种情况，Pop 公司记录收到的股利的会计分录如下所示：

借：现金（＋A）	27 000	
贷：投资收益——Son 公司（－A）		27 000

记录从 Son 公司收到的股利。

我们在合并过程中抵销了与 Pop 公司收购的 90%股权有关的合并前股利、收入和费用，这些抵销被纳入工作底稿，消除了子公司间的相互投资和子公司权益余额以补偿子公司权益余额在期初被抵销的部分和投资余额在购买日被抵销的部分。Son 公司的净利润和股利的分配过程如下所示：

	母公司权益（Pop 公司）	少数股东权益（10%）	合并前抵销处理	合计
Son 公司净利润	$ 67 500	$ 7 500	$ 25 000	$ 100 000
Son 公司股利	27 000	5 000	18 000	50 000

□ 合并

图表 8-1 说明了 Pop 公司在年中收购子公司的合并程序。对 Son 公司 468 000 美元的投资在 Pop 公司的资产负债表中等于 427 500 美元的成本加上 67 500 美元的收入减去收到的 27 000 美元股利。虽然是第一次介绍 Pop 公司和 Son 公司合并底稿中的其他项目，但它们完全与 Pop 公司和 Son 公司前面的假定和资料一致。

工作底稿分录 a 通过抵销购买日（2016 年 4 月 1 日）Son 公司的收入、股利和投资收回，使投资余额为427 500美元：

a　借：投资收益——Son 公司（－R，－SE）　67 500
**　　贷：股利——Son 公司（＋SE）　27 000**
**　　　　长期股权投资——Son 公司（－A）　40 500**

抵销来自 Son 公司的投资收益和从 Son 公司收到的股利，将对 Son 公司的投资调整至 2016 年 4 月 1 日的公允价值。

这笔分录并没有反映新的处理程序，我们必须谨慎地只抵销母公司实际收到的股利（90%×30 000）。

图表 8-1 的第二笔分录反映了新的工作底稿程序，它包含了合并前的销售收入、销售成本和费用以及股利等项目。会计分录如下所示：

b　借：营业收入（－R，－SE）*　50 000
**　　　股本——Son 公司（－SE）　400 000**
**　　　留存收益——Son 公司（－SE）　70 000**
**　　贷：营业成本及费用（－E，＋SE）*　25 000**
**　　　　股利——Son 公司（＋SE）*　18 000**
**　　　　长期股权投资——Son 公司（－A）　427 500**
**　　　　期初少数股东权益（＋SE）　49 500**

抵销对应的投资和权益余额、收购前利润和股利，并记录少数股东权益的期初余额。带有 * 的项目表示收购前的收益和股利。少数股东权益的期初余额为购买日的数额。它等于 1 月 1 日股本的期初余额、留存收益和合并前盈余之和的 10% [10%×(400 000＋70 000＋25 000)]。

c　借：少数股东权益（－SE）　7 500
**　　贷：股利——Son（＋SE）　5 000**
**　　　　少数股东权益（＋SE）　2 500**

记录收购后子公司的盈余和股利中归属于少数股东的部分。股利中包括收购前归属于少数股东的股利。

如果所有者权益在此期间增加，则少数股东权益应按年末发行在外的少数股东权益份额计算。年中收购不会影响以后会计期间的合并工作底稿。

图表8-1 Pop公司和子公司2016年度合并工作底稿

	Pop公司	Son公司(90%)	调整与抵销 借	调整与抵销 贷	合并财务报表
利润表					
营业收入	$ 600 000	$ 200 000	50 000[b]		$ 750 000
投资收益——Son公司	67 500		67 500[a]		
营业成本及费用	(400 000)	(100 000)		25 000[b]	(475 000)
合并净利润					275 000
少数股东损益（10%×$75 000）			7 500[c]		(7 500)
归属于母公司的净利润	**$ 267 500**	**$ 100 000**			**$ 267 500**
留存收益表					
留存收益——Pop公司	$ 532 500				$ 532 500
留存收益——Son公司		$ 70 000	70 000[b]		
归属于母公司的净利润	**267 500**	**100 000**			**267 500**
股利	(200 000)	(50 000)		27 000[a] 18 000[b] 5 000[c]	(200 000)
12月31日留存收益	**$ 600 000**	**$ 120 000**			**$ 600 000**
资产负债表					
其他资产	$ 1 132 000	$ 520 000			$ 1 652 000
长期股权投资——Son公司	468 000			40 500[a] 427 500[b]	
	$ 1 600 000	$ 520 000			$ 1 652 000
股本	$ 1 000 000	$ 400 000	400 000[b]		$ 1 000 000
留存收益	**600 000**	**120 000**			**600 000**
	$ 1 600 000	$ 520 000			
少数股东权益				49 500[b] 2 500[c]	52 000
			595 000	595 000	$ 1 652 000

2016年12月31日（资产负债表日），Son公司10%的少数股东权益整年被合并主体之外的投资者持有。因此少数股东权益等于10%的Son公司权益期初余额加上10%的Son公司全年净利润减去10%的Son公司年内宣告发放的股利。

8.2 分步收购

一家公司可以通过在一段时间内多次购买一系列独立股票以获得另一家公司的股权。例如，陶氏化学公司在2014年年报的附注4中披露，计划在2015年收购埃克森美孚公司在Univation Technologies有限责任公司的50/50合资企业的股份，使Univation成为全资子公司（有待必要的监管批准）。

另一个例子是美国钢铁联合公司在其2000年年报的附注28中披露：

> 2001年2月7日，Marathon收购了Pennaco Energy（天然气生产商）公司87%的发行在外普通股。Marathon计划通过兼并取得Pennaco公司的剩余股份。①

分步收购要求先前持有的投资在获得子公司控制权日按照可获取的公允价值重新计量。分步收购增加

① Form the 2000 U. S. Steel Group Annual Report (P72) © USX Corporation.

了计算投资收益和合并净利润的细节。本节将讨论这些计算问题并举例。

Pop公司在2018年7月1日至10月1日通过多次购买一系列独立股票获得了Son公司90%的股权。关于收购和获得的权益的资料如下所示：

日期	获得的权益	投资成本	购买日的权益
7月1日	5%	$ 7 000	
8月1日	5%	8 000	
10月1日	80%	210 000	$ 220 000

Son公司可辨认净资产的公允价值等于账面价值。投资成本超过公允价值或账面价值的部分被分摊至商誉。Pop公司7月和8月获取的权益少于20%，因此采用成本法计量该投资。2018年10月1日的再次投资使得投资余额增至225 000美元，所有权比例增至90%。收购业务现已发生，Son公司必须被合并。80%权益的价格为210 000美元，意味着Son公司全部的公允价值为262 500美元。可辨认净资产的公允价值为220 000美元，意味着Son公司商誉的全部价值为42 500美元。必须调整原10%的投资，以反映2018年10月1日的公允价值。10%权益的公允价值为262 500美元的10%。Pop公司记录的Son公司投资重估利润为11 250美元，由26 250美元－（7 000美元＋8 000美元）计算而得。10月1日的收购是年中收购。合并利润表应当只包括Son公司2018年最后三个月的收入和费用。图表8-2展示了Pop公司和子公司2018年度合并工作底稿。为了便于说明，提供了与先前的信息配套的额外数据。Son公司年内赚取的利润如下所示：1月1日至9月30日为30 000美元，10月1日至12月31日为10 000美元。

图表8-2　Pop公司和子公司2018年度合并工作底稿

	Pop公司	Son公司（90%）	调整与抵销：借	调整与抵销：贷	合并财务报表
利润表					
营业收入	$ 274 875	$ 150 000	112 500[b]		$ 312 375
投资收益——Son公司	9 000		9 000[a]		
投资重估利润	11 250				11 250
营业成本及费用	(220 000)	(110 000)		82 500[b]	(247 500)
合并净利润					76 125
少数股东损益（10%×$ 10 000）			1 000[c]		(1 000)
归属于母公司的净利润	**$ 75 125**	**$ 40 000**			**$ 75 125**
留存收益表					
留存收益——Pop公司	$ 221 500				$ 221 500
留存收益——Son公司		$ 90 000	90 000[b]		
归属于母公司的净利润	**75 125**	**40 000**			**75 125**
12月31日留存收益	**$ 296 625**	**$ 130 000**			**$ 296 625**
资产负债表					
其他资产	$ 451 375	$ 300 000			$ 751 375
长期股权投资——Son公司	245 250			9 000[a] 236 250[b]	
商誉			42 500[b]		42 500
	$ 696 625	$ 300 000			$ 793 875
负债	$ 100 000	$ 70 000			$ 170 000
股本	300 000	100 000	100 000[b]		300 000
留存收益	**296 625**	**130 000**			**296 625**
	$ 696 625	$ 300 000			
少数股东权益				26 250[b] 1 000[c]	27 250
			355 000	355 000	$ 793 875

为了方便参考，下面列示了工作底稿分录：

a	借：投资收益——Son公司（－R，－SE）	9 000	
	贷：长期股权投资——Son公司（－A）		9 000

抵销投资收益，将投资余额调整至期初（即购买日）余额。

b	借：营业收入（－R，－SE）*	112 500	
	股本——Son公司（－SE）	100 000	
	留存收益——Son公司（－SE）	90 000	
	商誉（＋A）	42 500	
	贷：营业成本及费用（－E，＋SE）*		82 500
	长期股权投资——Son公司（－A）		236 250
	期初少数股东权益（＋SE）		26 250

抵销对应的投资和权益余额、收购前利润，并且记录少数股东权益的期初余额和商誉。带有*的项目表示收购前的收入和费用。少数股东权益的期初余额为购买日（2018年10月1日）的数额。它等于1月1日股本的期初余额、留存收益、隐含的商誉与购买日前收入及费用之和的10%[10%×(100 000＋90 000＋42 500＋30 000)]。

c	借：少数股东损益（－SE）	1 000	
	贷：少数股东权益（＋SE）		1 000

记录收购后子公司的少数股东权益（10%×10 000）。

除了合并前盈余的调整外，合并工作底稿的处理程序和前面章节相同。

8.3 股权的出售

当投资方卖出股权时，我们通常将出售收入和售出的投资的账面价值之间的差额作为该交易的损益。当投资方能够对投资对象施加重大影响时，账面价值应为按权益法计算的账面价值。如果投资方通过多次购买获取其权益，则出售的股份必须对应特定的收购。通常通过个别计价法或先进先出法来实现。

公认会计原则2007年改变了企业集团合并的准则（ASC 810－10－65）。当母公司或投资方售出股权时，该项交易损益的计算依赖于交易的性质和规模。我们仅在出售权益导致不再合并原子公司的情况下才记录损益。换言之，只有当母公司在交易后不再持有子公司的控制性权益时，损益才会被记录。

如果控制权保持不变，出售子公司股票则被视为权益交易，不记录任何损益。子公司资产和负债的账面金额不会发生变化。

下面通过举例说明会计期初和会计期间股权的出售。Pam公司拥有Sun公司90%的股权，Pam公司对Sun公司的长期股权投资2017年1月1日的余额为288 000美元，包括其在Sun公司的90%权益和18 000美元的商誉（因此，隐含的商誉总额为20 000美元）。2017年1月1日，Sun公司的股东权益包括200 000美元股本和100 000美元留存收益。Sun公司报告其全年均衡赚取的利润为36 000美元，并在7月1日支付了20 000美元的股利。

□ 在会计期初出售股权

如果Pam公司2017年1月1日以40 000美元的价格卖出其持有的Sun公司10%的股权，我们无须记录任何损益。Pam公司保留了对Sun公司80%的控制权，少数股东权益增至20%。Sun公司的资产和负债（包括商誉）没有受到影响。Pam公司对该项交易做出如下会计分录：

借：现金（＋A）	**40 000**
贷：长期股权投资——Sun公司（－A）	**32 000**
资本公积——Pam公司（＋SE）	**8 000**

记录出售Sun公司10%的股权。

合并工作底稿分录增加了少数股东权益余额，将控制性权益（母公司）转换为少数股东权益。

2017年，Pam公司采用权益法计量其80%的控制权，并记录了28 800美元（Sun公司净利润36 000美元×80%）的利润，减少了投资的余额（由于收到股利）。2017年12月31日，Pam公司的长期股权投资余额为268 800美元，计算过程如下所示：

长期股权投资期初余额（2017年1月1日）	\$288 000
减：售出股权的账面价值	32 000
	256 000
加：投资收益减股利（\$28 800－\$16 000）	12 800
长期股权投资期末余额（2017年12月31日）	\$268 800

长期股权投资的期末余额等于Pam公司在Sun公司享有的权益252 800美元（316 000×80%）加上80%留存收益中的商誉16 000美元。Pam公司和子公司的合并工作底稿在图表8-3中展示，说明了所有者权益减少的影响。

图表8-3　Pam公司和子公司2017年度合并工作底稿

	Pam公司	Sun公司（80%）	调整与抵销 借	调整与抵销 贷	合并财务报表
利润表					
营业收入	\$600 000	\$136 000			\$ 736 000
投资收益——Sun公司	28 800		28 800[a]		
营业成本及费用	(508 800)	(100 000)			(608 800)
合并净利润					127 200
少数股东损益			7 200[c]		(7 200)
归属于母公司的净利润	**\$120 000**	**\$ 36 000**			**\$ 120 000**
留存收益表					
留存收益——Pam公司	\$210 000				\$ 210 000
留存收益——Sun公司		\$100 000	100 000[b]		
归属于母公司的净利润	**120 000**	**36 000**			**120 000**
股利	(80 000)	(20 000)		16 000[a] 4 000[c]	(80 000)
12月31日留存收益	**\$250 000**	**\$116 000**			**\$ 250 000**
资产负债表					
其他资产	\$639 200	\$350 000			\$ 989 200
长期股权投资——Sun公司	268 800			12 800[a] 256 000[b]	
商誉			20 000[b]		20 000
	\$908 000	\$350 000			\$1 009 200
负债	\$150 000	\$ 34 000			\$ 184 000
股本	500 000	200 000	200 000[b]		500 000
资本公积	8 000				8 000
留存收益	**250 000**	**116 000**			**250 000**
	\$908 000	\$350 000			
少数股东权益				64 000[b] 3 200[c]	67 200
			356 000	356 000	\$1 009 200

由于是在会计期初出售股权，因此该项交易对2017年合并程序的影响较小。图表8-3的工作底稿分录如下所示：

a	**借：投资收益——Sun公司（－R，－SE）**	**28 800**
	贷：股利——Sun公司（＋SE）	**16 000**
	长期股权投资——Sun公司（－A）	**12 800**

抵销出售Sun公司10%的股权获得的利润和股利，将长期股权投资调整至期初余额。

b	**借：股本——Sun公司（－SE）**	**200 000**	
	留存收益——Sun公司（－SE）	**100 000**	
	商誉（＋A）	**20 000**	
	贷：长期股权投资——Sun公司（－A）		**256 000**
	少数股东权益（20%）（＋SE）		**64 000**

抵销对应的长期股权投资和权益余额，并记录商誉和期初少数股东权益。

c	**借：少数股东损益（－SE）**	**7 200**	
	贷：股利——Sun公司（＋SE）		**4 000**
	少数股东权益（＋SE）		**3 200**

记录少数股东损益和享有的子公司股利份额。

工作底稿分录a表明在出售10%的股权后，对Sun公司的投资减少到期初余额256 000美元。分录b记录了出售10%的股权后的商誉与少数股东权益金额。最后一笔分录记录了少数股东损益及享有的子公司股利份额。

□ 在会计期间出售股权

如果Pam公司2017年4月1日以40 000美元的价格出售了Sun公司10%的股权，该项交易可在2017年4月1日记录，或为了方便，在2017年1月1日记录。假定Pam公司选择在2017年1月1日记录该项交易，与年初出售情况相同，记录了8 000美元的股东权益，并做出与先前举例的单行合并相同的合并分录。单行合并的一致性要求我们使用相同的期初出售假设编制合并财务报表。因此，2017年的少数股东权益比例为20%，并根据该比例计算期初和期末的少数股东权益数额。这一替代的期初出售假设影响了归属于母公司的净利润，而资本公积的任何差异都能由在单行合并下计算来自子公司的净利润，以及在合并财务报表中计算少数股东损益时的差异所抵消。①

如果该项交易在2017年4月1日记录，则对股东权益的影响为7 100美元，计算过程如下所示：

10%股权的出售价格		$40 000
减：售出股权的账面价值		
长期股权投资余额（1月1日）	$288 000	
在利润中享有的份额$36 000×1/4年×90%	8 100	
	296 100	
售出股权的比例	×1/9	32 900
对股东权益的影响		$7 100

2017年Pam公司记录出售10%的股权和对Sun公司的投资的分录如下所示：

2017年4月1日

① 如果在期初记录，一定要考虑在销售前售出的股权收到的股利，并相应调整合并程序。

借：长期股权投资——Sun公司（+A）　8 100
　贷：投资收益——Sun公司（R，+SE）　8 100
记录第一个季度的利润（享有的份额为8 100美元）。
借：现金（+A）　40 000
　贷：长期股权投资——Sun公司（-A）　32 900
　　资本公积（+SE）　7 100
记录售出Sun公司10%的股权（见前面的计算）。
2017年7月1日
借：现金（+A）　16 000
　贷：长期股权投资——Sun公司（-A）　16 000
记录收到的股利（20 000×80%）。
2017年12月31日
借：长期股权投资——Sun公司（+A）　21 600
　贷：投资收益——Sun公司（R，+SE）　21 600
记录2017年后三个季度的利润。

2017年度来自Sun公司的利润为29 700美元，包括第一季度的8 100美元和后三个季度的21 600美元。年末，"长期股权投资——Sun公司"账户余额为268 800美元，这与会计期初余额相同，但构成不同：

长期股权投资余额（1月1日）	$288 000
减：售出股权的账面价值	32 900
	255 100
加：利润减股利	13 700
长期股权投资余额（12月31日）	$268 800

长期股权投资的期末余额和之前相同，因为Pam公司持有的所有者权益与期初出售假设下持有的相同。进一步说，Pam公司收到了相同的来自投资的现金流入额（出售所得40 000美元，股利16 000美元）。我们在不同的假设下解释该影响，如下所示：

	在期初或假定在期初出售	在会计期间出售
出售投资对权益的影响	$ 8 000	$ 7 100
投资收益——Sun公司	28 800	29 700
对权益总的影响	$36 800	$36 800

两种不同的假定对权益总的影响是一样的，但对合并财务报表的影响却不一样。归属于母公司的净利润和少数股东损益也不一样。图表8-4举例说明了在会计期间出售的合并工作底稿。

合并财务报表的工作底稿分录如下所示：

a　借：投资收益——Sun公司（-R，-SE）　29 700
**　贷：股利——Sun公司（+SE）　16 000**
**　　长期股权投资——Sun公司（-A）　13 700**
b　借：股本——Sun公司（-SE）　200 000
**　　留存收益——Sun公司（-SE）　100 000**
**　　商誉（+A）　20 000**
**　贷：长期股权投资——Sun公司（-A）　255 100**
**　　1月1日少数股东权益（+SE）　32 000**
**　　12月31日少数股东权益（+SE）　32 900**

c 借：少数股东损益（－SE） 6 300
贷：股利——Sun 公司（＋SE） 4 000
少数股东权益（＋SE） 2 300

图表 8－4 Pam 公司和子公司 2017 年度合并工作底稿

	Pam 公司	Sun 公司 (80%)	调整与抵销 借	调整与抵销 贷	合并财务报表
利润表					
营业收入	$ 600 000	$ 136 000			$ 736 000
投资收益——Sun 公司	29 700		29 700[a]		
营业成本及费用	(508 800)	(100 000)			(608 800)
合并净利润					127 200
少数股东损益			6 300[c]		(6 300)
归属于母公司的净利润	**$ 120 900**	**$ 36 000**			**$ 120 900**
留存收益表					
留存收益——Pam 公司	$ 210 000				$ 210 000
留存收益——Sun 公司		$ 100 000	100 000[b]		
归属于母公司的净利润	**120 900**	**36 000**			**120 900**
股利	(80 000)	(20 000)		16 000[a] 4 000[c]	(80 000)
12 月 31 日留存收益	**$ 250 900**	**$ 116 000**			**$ 250 900**
资产负债表					
其他资产	$ 639 200	$ 350 000			$ 989 200
长期股权投资——Sun 公司	268 800			13 700[a] 255 100[b]	
商誉			20 000[b]		20 000
	$ 908 000	$ 350 000			$ 1 009 200
负债	$ 150 000	$ 34 000			$ 184 000
股本	500 000	200 000	200 000[b]		500 000
资本公积	7 100				7 100
留存收益	**250 900**	**116 000**			**250 900**
	$ 908 000	$ 350 000			
少数股东权益——1 月 1 日				32 000[b]	
4 月 1 日				32 900[b]	
12 月 31 日				2 300[c]	67 200
			356 000	356 000	$ 1 009 200

少数股东权益的计算 为了方便说明，我们在分录 b 中将少数股东权益分开记录，但这并不是必需的。我们根据期初 10％的少数股东权益比例计算部分少数股东权益［(1 月 1 日 Sun 公司的权益 300 000 美元＋商誉 20 000 美元)×10％］。其他部分反映 4 月 1 日少数股东权益增加的 10％的账面价值［(4 月 1 日 Sun 公司的权益 309 000 美元＋商誉 20 000 美元)×10％］。请注意，年中出售情况下，我们还需要对少数股东损益 6 300 美元［(36 000×10％×1/4)＋(36 000×20％×3/4)］进行二次计算。4 月 1 日售出股权时，Sun 公司的投资会减少，因此，工作底稿分录 b 贷方金额 255 100 美元等于长期股权投资期初余额 288 000 美元减去 4 月 1 日出售股权的账面价值 32 900 美元。

除了上述讨论的项目，图表 8－3 和图表 8－4 的工作底稿是一样的，并且在所有重大方面的合并财务报表结果都是相等的。因为实际出售日的交易记录会更加复杂，所以使用期初出售假定会更加有效。由于在会计期间内不一定可获得当期盈余信息，所以使用期初出售假定具有实践意义。

□ 母公司出售子公司权益导致丧失控制权

母公司无论什么时候停止持有子公司的控制性权益，都应当将其排除在合并范围之外（如从合并财务报表中剔除，并且采用权益法或者成本法计量）。这种情况通常源于母公司将持有的子公司权益减少到 50%以下，此时应当计算损益，且损益应当包括在归属于母公司的净利润中。公认会计原则（ASC 810－10－65）指出损益是以下两者之间的差异：

a. 以下几项之和：

（1）收到对价的公允价值；

（2）不再合并子公司当日，在原子公司留存的少数股东投资的公允价值；

（3）不再合并子公司当日，原子公司的少数股东权益的账面价值（包括归属于少数股东的任何累计其他综合收益）。

b. 原子公司资产和负债的账面价值。

假定 Pop 公司以 550 000 美元的价格出售其持有的 Son 公司 90%的股权。Pop 公司根据该项投资的账面价值计算该笔交易的损益。如果账面价值为 530 000 美元，那么 Son 公司脱离 Pop 公司控制时 Pop 公司应记录投资收益 20 000 美元。Pop 公司的记录如下所示：

借：现金（＋A）	550 000	
贷：长期股权投资——Son 公司（－A）		530 000
投资收益——Son 公司（Ga，＋SE）		20 000

8.4　子公司股权交易导致的股权变动

子公司发行股票意味着其想通过外部融资扩大企业规模，当然，扩张和融资决策都受母公司控制。母公司管理层可能决定为子公司新建工厂，建议子公司通过向母公司出售额外股份来为该项工程融资。

子公司也可通过向公众发行股票实现扩大规模。母公司甚至可以通过要求一家子公司发行股票来收购另一家子公司的股权。

在母公司拥有子公司部分股权的情况下，少数股东可行使其优先认购权，按其现有持股比例认购子公司额外发行的股票。

如果母公司管理层决定让子公司重新赎回自己的股份，子公司的经营范围可能会缩减。

子公司出售额外股份或者赎回其股票后，母公司或投资方对子公司或被投资方的持股比例可能发生变化。此类交易活动对于母公司或投资方的影响取决于增发价格、库存股的赎回价格以及母公司是否直接参与子公司的交易。在单行合并下对权益投资进行会计处理时，公认会计原则（ASC 323－10－35）规定，影响投资方享有的被投资方权益份额的资本性质的被投资方交易应当将被投资方视为合并子公司进行会计处理。

□ 子公司出售额外股份

假定 Pam 公司拥有 Sun 公司 80%的股权，Pam 公司对 Sun 公司的投资在 2017 年 1 月 1 日为180 000 美元，等于 Sun 公司 200 000 美元股权的 80%加上 20 000 美元的商誉（商誉总额为 25 000 美元）。Sun 公司 1 月 1 日的权益构成为：

股本，每股面值＄10	＄100 000
资本公积	60 000
留存收益	40 000
所有者权益总额	＄200 000

子公司向母公司出售股票 如果 Sun 公司 2017 年 1 月 2 日以账面价值每股 20 美元的价格向 Pam 公司出售 2 000 股股票，则 Pam 公司对 Sun 公司的投资增加了 40 000 美元，达到 220 000 美元，持股比例由 80%（8 000÷10 000）增加到 83⅓%（10 000÷12 000）。2 000 股额外股份的支付价格等于账面价值，因此 Pam 公司对 Sun 公司的投资仍然反映了 20 000 美元的商誉：

	1 月 1 日出售前	1 月 2 日出售后
Sun 公司的所有者权益	＄200 000	＄240 000
Pam 公司的持股比例	×80%	×83⅓%
Pam 公司享有的 Sun 公司权益份额	160 000	200 000
商誉	20 000	20 000
“长期股权投资——Sun 公司”账户余额	＄180 000	＄220 000

如果 Sun 公司以每股 35 美元的价格向 Pam 公司出售 2 000 股股票，则 Pam 公司对 Sun 公司的投资将增加到 250 000 美元（180 000＋额外投资 70 000），其持股比例将从 80%增加至 83⅓%。现在 Pam 公司对 Sun 公司的投资余额超出某持有的 Sun 公司权益的账面价值 25 000 美元。5 000 美元超出额是由于 Pam 公司支付 70 000 美元获得的 Sun 公司的权益为 65 000 美元，分析如下：

Pam 公司的支付价格（2 000 股×＄35）		＄70 000
获得权益的账面价值：		
购买后权益的账面价值（＄200 000＋＄70 000）×83⅓%	＄225 000	
购买前权益的账面价值（＄200 000×80%）	160 000	
获得权益的账面价值		65 000
成本超过获得的账面价值的部分		＄ 5 000

我们将 5 000 美元的超出额转给可辨认净资产或商誉，并将其在被低估资产的剩余使用年限内摊销。

现在假定 Sun 公司以每股 15 美元（或者说每股低于账面价值 5 美元）的价格向 Pam 公司出售 2 000 股股票，Pam 公司对 Sun 公司的投资将增加 30 000 美元，达到 210 000 美元，持股比例从 80%增加至 83⅓%。虽然支付的价格低于账面价值，但获得权益的账面价值超过了投资成本：

Pam 公司的支付价格（2 000 股×＄15）		＄30 000
获得权益的账面价值：		
购买后权益的账面价值（＄200 000＋＄30 000）×83⅓%	＄191 667	
购买前权益的账面价值（＄200 000×80%）	160 000	
获得权益的账面价值		31 667
成本超过获得的账面价值的部分		＄ 1 667

从概念上讲，1 667 美元超出额应当减少被高估的可辨认净资产的账面价值。然而，实际的解决办法是将超额账面价值从对同一公司投资产生的商誉中扣除。本例将商誉从20 000美元减至 18 333 美元（商誉

总额减至23 000美元）。

子公司向外部主体出售股票 假定Sun公司向其他主体（少数股东）出售了2 000股额外股份。如果不考虑股票的出售价格，Pam公司的持股比例将从80%（8 000÷10 000）下降到66⅔%（8 000÷12 000）。但是对Pam公司对Sun公司投资余额的影响取决于股票的出售价格。假定有如下三种发行价格（每股20美元、35美元、15美元），出售股票对Pam公司对Sun公司投资的账面价值的影响分别是：

	2017年1月2日出售后		
	以每股20美元出售	以每股35美元出售	以每股15美元出售
Sun公司的所有者权益	$240 000	$270 000	$230 000
持股比例	×66⅔%	×66⅔%	×66⅔%
发行股票后Pam公司享有的Sun公司权益份额	160 000	180 000	153 333
发行股票前Pam公司享有的Sun公司权益份额	160 000	160 000	160 000
Pam公司享有的Sun公司权益份额增加（减少）额	$ 0	$ 20 000	$ (6 667)

以每股20美元的价格向外部主体出售股票并不会影响Pam公司享有的Sun公司权益份额，因为股票的出售价格与账面价值相等。如果Sun公司以每股35美元（高于账面价值）的价格出售股票，则Pam公司享有的Sun公司权益份额将增加20 000美元；如果Sun公司以每股15美元（低于账面价值）的价格出售股票，则Pam公司享有的Sun公司权益份额将减少6 667美元。

公认会计原则（ASC 810-10-65）要求将持股比例减少的影响作为权益交易处理。我们需要调整母公司的投资和资本公积余额，不需要记录损益。在Pam公司的账上采用如下方法记录权益的相应变化：

以每股20美元（等于账面价值）的价格出售股票：

无须账务处理

以每股35美元（高于账面价值）的价格出售股票：

借：长期股权投资——Sun公司（+A）	20 000	
贷：资本公积（+SE）		20 000

以每股15美元（低于账面价值）的价格出售股票：

借：资本公积（-SE）	6 667	
贷：长期股权投资——Sun公司（-A）		6 667

采用这种方法，我们无须因持股比例减少而调整未分摊合并价差。

子公司股票销售概念的总结 子公司向母公司出售股票不会产生损益或者调整资本公积，但会导致股票出售前后公允价值或账面价值出现差异——等于股票购买价格与出售股票前后母公司享有的子公司权益份额增加额之间的差额。

公认会计原则认为子公司向外部主体出售股票应作为资本交易，并且要求调整母公司的长期股权投资和资本公积（除非股票出售价格等于账面价值）。调整总额等于向外部主体增发股票前后母公司股东直接持有股份的账面价值的差额。

如果母公司和外部投资方按现有持股比例购买股票，则无论股票出售价格是等于账面价值、低于账面价值，还是高于账面价值，都没有必要调整资本公积。同样在这种情况下，投资过剩或者投资不足都不会导致投资成本超过账面价值，因为增加的投资必然等于母公司按比例增加（减少）的增发股票的账面价值。

□ 子公司的库存股交易

子公司收购库存股会使得自身权益和发行在外的股票减少。如果子公司以账面价值从少数股东手里取得库存股，则不会改变母公司享有的子公司权益份额，即使母公司的持股比例上升。子公司以高于或低于账面价值的价格从少数股东手里赎回股票，会减少或增加母公司享有的子公司权益的账面价值，同时会增加母公司持股比例。后一种情形要求母公司在库存股交易前后通过分录调整对子公司投资的余额，根据母公司享有的子公司权益账面价值的差额借记或者贷记资本公积。另外，这些类型的交易无须确认损益。

假定Pop公司拥有Son公司80%的股权，Son公司赎回2017年12月31日有10 000股发行在外的普通股。2018年1月1日，Son公司从少数股东手里赎回了400股股票。图表8-5总结了在三种库存股赎回价格的假设下，库存股赎回对Pop公司享有的Son公司权益账面价值的影响。

在Son公司赎回400股库存股之前，Pop公司享有的Son公司权益的价值为160 000美元，持股比例为80%，如图表8-5第1列所示。在不考虑Son公司支付价格的情况下，Son公司赎回400股库存股将Pop公司的持股比例增加至83⅓%（8 000÷9 600）。如果Son公司以每股20美元的价格赎回400股库存股，即使Pop公司的持股比例上升至83⅓%，其享有的Son公司权益仍为160 000美元，如图表8-5第2列所示，无须做出任何调整。

图表8-5 Son公司的所有者权益

	第1列 赎回库存股 之前	第2列 以每股20美元 赎回400股 库存股之后	第3列 以每股30美元 赎回400股 库存股之后	第4列 以每股15美元 赎回400股 库存股之后
股本，每股面值$10	$100 000	$100 000	$100 000	$100 000
留存收益	100 000	100 000	100 000	100 000
	200 000	200 000	200 000	200 000
减：库存股（成本）	—	8 000	12 000	6 000
权益总额	$200 000	$192 000	$188 000	$194 000
Pop公司的持股比例	×4/5*	×5/6**	×5/6**	×5/6**
Pop公司享有的Son公司权益的账面价值	$160 000	$160 000	$156 667	$161 667

注：*Pop公司在Son公司10 000股流通股中持有8 000股；
**Pop公司在Son公司9 600股流通股中持有8 000股。

如果Son公司以每股30美元的价格赎回400股库存股，则Pop公司的权益减少3 333美元，为156 667美元，如图表8-5第3列所示。Pop公司对减少的权益做如下会计分录：

借：资本公积（－SE） 3 333

  贷：长期股权投资——Son公司（－A） 3 333

记录Son公司赎回库存股的价格超过账面价值导致的投资减少额。

这笔分录减少了Pop公司享有的Son公司权益的账面价值和资本公积。库存股交易具有资本性质，因此不影响损益。

第3种情况（图表8-5第4列）假定Son公司以每股15美元（每股低于账面价值5美元）的价格赎回库存股，因此Pop公司享有的Son公司权益由160 000美元增加到161 667美元。增加的1 667美元需要Pop公司做出如下调整：

借：长期股权投资——Son公司（＋A） 1 667

  贷：资本公积（＋SE） 1 667

记录Son公司赎回库存股的价格低于账面价值导致的投资增加额。

现行的公认会计原则要求母公司对子公司的库存股交易做出调整。公认会计原则不允许确认库存股交易产生的损益，但要求对投资的公允价值和账面价值的差额采用权益法进行摊销，除非该差异是由使用年限不确定的无形资产引起的（如商誉）。母公司依据子公司净资产的账面价值对库存股交易进行会计处理。在持有库存股期间，净资产的账面价值会因子公司的经营发生变化。如果库存股再次被卖出，则母公司应依据净资产出售时的账面价值对交易进行会计处理。注意子公司频繁发生的小额库存股交易应相互抵消，不需要进行调整。

8.5　子公司的股票股利与股票分割

控股子公司大量发放股票股利和进行股票分割的情况并不常见，除非少数股东权益交易在证券市场上非常活跃。这是因为母公司能够控制这些活动，通过股票分割或发放股票股利来增加子公司股票数量合并主体或母公司通常不会获得好处。即使子公司进行股票分割或者发放股利，这些活动对合并程序的影响也是微小的。

子公司进行股票分割会增加流通股的数量，但不会影响子公司的净资产或者自身的权益。同时，它也不影响母公司和少数股东的持股比例，因此对母公司会计处理和合并程序也没有影响。

上述分析也适用于子公司发放股票股利的情况，但此时子公司的权益发生了变化。原因是等于增发股票的票面价值或市场价格的留存收益被转移到实收资本中。虽然留存收益的资本化并不影响母公司的会计处理过程，但是改变了股本、资本公积和留存收益在合并报表中抵销项的数额。

2016 年 1 月 1 日，Pam 公司持有 Sun 公司 80%的股权，价值 160 000 美元。Sun 公司当日的所有者权益信息如下所示：

股本，每股面值＄10	＄100 000
资本公积	20 000
留存收益	80 000
所有者权益总额	＄200 000

2016 年度 Sun 公司净利润为 30 000 美元，支付现金股利 10 000 美元。Pam 公司因投资收益 24 000 美元（30 000×80%）导致对 Sun 公司的投资增加，因收到股利 8 000 美元（10 000×80%）导致对 Sun 公司的投资减少。因此在 2016 年 12 月 31 日，Pam 公司对 Sun 公司的投资余额为 176 000 美元。

根据所给信息，Pam 公司和子公司 2016 年度的合并工作底稿应当包括下列调整与抵销项：

借：投资收益——Sun 公司（－R，－SE）	**24 000**	
贷：股利（＋SE）		**8 000**
长期股权投资——Sun 公司（－A）		**16 000**
借：股本——Sun 公司（－SE）	**100 000**	
资本公积——Sun 公司（－SE）	**20 000**	
留存收益——Sun 公司（－SE）	**80 000**	
贷：长期股权投资——Sun 公司（－A）		**160 000**
期初少数股东权益（＋SE）		**40 000**

如果 Sun 公司 2016 年 12 月 31 日宣告并发放了 10%的股票股利，当时股票的价格为每股 40 美元，则 Sun 公司应做如下会计分录：

借：股票股利——普通股（－SE）	40 000	
贷：股本（每股面值＄10）（＋SE）		10 000
资本公积（＋SE）		30 000

股票股利不会影响 Pam 公司对其对 Sun 公司投资的会计处理过程，但是会影响合并工作底稿，因为 Sun 公司的股本增加至 110 000 美元（100 000＋10 000），资本公积增加至 50 000 美元（20 000＋30 000）。2016 年 12 月 31 日合并工作底稿的调整与抵销分录如下所示：

借：投资收益——Sun公司（－R，－SE）	24 000	
贷：股利（＋SE）		8 000
长期股权投资——Sun公司（－A）		16 000
借：股本——Sun公司（－SE）	110 000	
资本公积——Sun公司（－SE）	50 000	
留存收益——Sun公司（－SE）	80 000	
贷：长期股权投资——Sun公司（－A）		160 000
期初少数股东权益（＋SE）		40 000
股票股利——普通股（＋SE）		40 000

我们抵销了40 000美元股票股利以及对应的投资和权益余额，这实际上是抵销了10 000美元的股本和30 000美元的资本公积。在2017年及以后年度，留存收益将反映股票股利减少的40 000美元，但不会出现更加复杂的情况。

总结

当母公司在会计期间收购子公司时，在计算合并净利润时不应当包括合并前盈余。母公司权益和合并净利润应当仅仅反映收购后的收入和成本。在会计期间也应当在合并程序中抵销合并权益中的合并前股利。

在一段时间内通过多次购买一系列独立股票获得母公司权益，会增加权益法下对投资总额进行会计处理的细节。因为必须调整原始投资以使其反映购买日的公允价值，分步收购使得合并财务报表的编制复杂化（如获得控制性权益时）。

当母公司或投资方出售子公司或被投资方的股权时，该项交易的损益等于被出售股权的出售价格和账面价值的差额。损益应当在交易后母公司不再持有控制权时进行记录。如果交易后母公司仍然拥有控制权，则不用记录损益，而要对资本公积进行调整。在会计期间出售股权会增加少数股东权益并改变少数股东损益的计算过程。

子公司出售额外股份改变了母公司在子公司中的持股比例，除非股票是根据母公司和少数股东的持股比例出售给母公司和少数股东。额外股份直接销售给母公司会增加母公司的权益而减少少数股东权益。子公司向少数股东和外部主体出售额外股份会减少母公司的权益而增加少数股东权益。这些变化要求特别关注权益法下对母公司长期股权投资的会计处理和合并财务报表的编制。

母公司的会计处理和合并程序不会受子公司股票分割的影响，但子公司发放股票股利会导致合并工作底稿发生变化。

思考题

1. 请解释合并前盈余和合并前股利的含义。
2. 母公司如何在权益法下对合并前盈余进行会计处理？在合并利润表中又是如何进行会计处理的？
3. 假定Sub公司拥有Sub Halfway公司80％的股权，在当前会计期间又额外增加了10％的权益。请解释母公司收购10％的股份对该期间少数股东损益的影响，以及对本期期末少数股东权益的影响。
4. 合并前盈余是否真的是少数股东损益？
5. 采用单行合并处理投资时如何确定出售部分股权的损益？投资方使用的会计方法是否会影响损益

的金额?

6. 母公司在会计期间出售了其享有的子公司部分股权，出售时归属于出售部分的利润是否应按权益法计入合并净利润和母公司利润？请解释。

7. 假定子公司拥有10 000股流通股，其中8 000股被母公司持有。如果子公司从其拥有的股票中以账面价值向外部主体出售了2 000股额外股份，那么权益法下母公司将做何种会计调整？如果是以超过账面价值的价格出售呢?

8. 假定子公司拥有10 000股流通股，其中8 000股被母公司持有。如果母公司以账面价值直接从子公司手里购买2 000股额外股份，母公司应当如何记录这笔增加的投资？如果母公司以高于账面价值的价格购买呢？请做出解释。

9. 在权益法下，子公司的库存股交易是如何影响母公司对其长期股权投资的会计处理的?

10. 母公司或投资方的损益是否会受到子公司或被投资方库存股交易的影响?

11. 子公司的普通股股利和股票分割是否会影响合并财务报表的数额？如果是，请解释受到影响的项目。

练习题

E8-1　将利润及股利分配给母公司权益、少数股东权益和合并前权益

Pop公司将其对Son公司的持股比例由70%（2016年1月1日）增加至90%（2016年7月1日）。2016年度Son公司的净利润为200 000美元，3月1日宣告发放股利60 000美元，9月1日宣告发放股利60 000美元。

要求：回答如何向母公司权益、少数股东权益和合并前权益分配Son公司的净利润和股利。

E8-2　存在合并前盈余和股利的控制性权益分步收购

2016年1月1日，Pam公司以1 600 000美元的价格购买了Sun公司40%的股权，当时Sun公司股东权益包括2 000 000美元的股本和2 000 000美元的留存收益。2016年9月1日，Pam公司以840 000美元的价格又购买了Sun公司20%的股权。两次购买的账面价值与公允价值相等。

Sun公司2016年度净利润为480 000美元，4月和10月分别发放股利120 000美元和120 000美元。

要求：计算下列事项：

1. 2016年度Pam公司从Sun公司取得的收益。
2. 在2016年的合并财务报表中展示的合并前盈余。
3. 2016年度的少数股东损益。

E8-3　日记账分录（股权的出售——期初出售假定）

Pop公司2016年1月1日持有Son公司100%（300 000股）发行在外的普通股。Pop公司对Son公司的长期股权投资金额在当日为4 400 000美元，等于Son公司股东权益4 000 000美元加上商誉400 000美元。2016年度Son公司净利润为600 000美元，未发放股利。

2016年4月1日，Pop公司以750 000美元的价格出售了其持有的Son公司15%的股权，持股比例减至85%。

要求：使用期初出售假定，编制2016年Pop公司对Son公司长期股权投资的会计分录。

E8-4　出售股权——期初出售假定或实际出售日假定

2015年12月31日，Pam公司对Sun公司的投资的余额为436 000美元，包括Sun公司500 000美元

股东权益的80%和36 000美元商誉。

2016年5月1日，Pam公司以130 000美元的价格卖出了20%（其持有股权的1/4）的Sun公司股权。2016年度Sun公司净利润为150 000美元，2016年7月1日宣告发放股利80 000美元。

要求：（分别使用期初出售假定和实际出售日假定）

1. 计算出售20%股权的损益。
2. 计算2016年Pam公司来自Sun公司的投资收益。
3. 计算2016年12月31日Pam公司对Sun公司长期股权投资的余额。

E8-5　计算和分录（年中收购）

Pop公司2016年6月1日支付2 548 000美元现金购买了Son公司70%的普通股。Son公司的资产和负债以公允价值计量，公允价值与账面价值的差额为商誉。Son公司股东权益的相关资料如下所示：

2015年12月31日股东权益	
普通股股本，每股面值$10	$2 000 000
留存收益	960 000
股东权益总额	$2 960 000
利润和股利——2016年	
净利润（全年均衡获得）	$ 480 000
股利（1月、4月、7月和10月宣告和发放股利的数额相等）	240 000

要求：

1. 计算下列事项：
   a. 对Son公司投资产生的商誉。
   b. Pop公司2016年度从Son公司取得的投资收益。
   c. 2016年12月31日对Son公司的长期股权投资余额。
2. 写出2016年合并财务报表所需的工作底稿分录。将合并前的盈余记入“留存收益——Son公司”。

E8-6　子公司直接向母公司发行额外股份

2016年12月31日，Pam公司的股东权益及其持有的Sun公司80%的股权信息如下所示（单位：千美元）：

	Pam公司	Sun公司
普通股股本，每股面值$10	$10 000	$6 000
留存收益	4 000	3 000
股东权益总额	$14 000	$9 000

2016年12月31日，Pam公司对Sun公司的长期股权投资余额等于它的账面价值。2016年1月2日，Sun公司以每股25美元的价格直接向Pam公司发行了之前尚未发行的普通股60 000股。

要求：

1. 请计算2017年1月2日追加投资后，Pam公司对Sun公司投资的余额。
2. 如果存在商誉，请计算Pam公司购买60 000股新股产生的商誉。

E8-7　在不同假定下子公司发行额外股份

2016年12月31日，Pop公司的股东权益及其持有的Son公司80%的股权信息如下所示（单位：千美元）：

	Pop 公司	Son 公司
普通股股本，每股面值 $10	$5 000	$2 200
留存收益	2 000	1 000
股东权益总额	$7 000	$3 200

2017 年 1 月 1 日，Pop 公司对 Son 公司的长期股权投资余额等于它的账面价值。2016 年 1 月 1 日，Son 公司以每股 20 美元的价格发行了之前尚未发行的普通股 30 000 股。

要求：

1. 如果 Pop 公司直接从 Son 公司购买 30 000 股股票，那么在获得新股之后，Pop 公司对 Son 公司的持股比例是多少？

2. 如果 Son 公司向公众发行了之前尚未发行的普通股 30 000 股，那么在发行新股之后，Pop 公司对 Son 公司的持股比例是多少？

3. 如果 Son 公司向公众发行了之前尚未发行的普通股 30 000 股，假定不确认损益，编制反映此次发行对 Pop 公司对 Son 公司投资的影响的会计分录。

E8-8 在不同假定下子公司发行额外股份

2016 年 1 月 1 日，Pam 公司持有 Sun 公司 2/3（600 000 股）发行在外的普通股（每股面值 1 美元）。为了筹集资金扩张项目，Sun 公司 2016 年 1 月 3 日以每股 5 美元的价格增发了 100 000 股普通股。Sun 公司发行前后的股东权益如下所示（单位：千美元）：

	发行前	发行后
普通股股本，每股面值 $1	$ 900	$1 100
资本公积	600	1 000
留存收益	600	600
股东权益总额	$2 100	$2 600

要求：

1. 假定 Pam 公司直接从 Sun 公司购买了增发的全部 100 000 股普通股。

a. 在获得新股之后，Pam 公司对 Sun 公司的持股比例是多少？

b. 计算 Pam 公司购买 100 000 股新股产生的商誉。

2. 假定 100 000 股普通股被 Sun 公司的少数股东之一 Van 公司购买。

a. 在将新股卖给 Van 公司之后，Pam 公司的持股比例是多少？

b. 计算交易发生之后，Pam 公司长期股权投资账面价值的变化。

c. 假定不确认损益，编制反映 b 事项中 Pam 公司账面价值变化的会计分录。

E8-9 存在商誉的年中分步收购

2015 年末、2016 年末、2017 年末 Son 公司的股东权益信息如下所示（单位：千美元）：

	12 月 31 日		
	2015 年	2016 年	2017 年
股本，每股面值 $10	$200	$200	$200
留存收益	80	160	220
	$280	$360	$420

Son公司2016年度利润为80 000美元，未发放股利。2017年度净利润为80 000美元，5月1日宣告发放股利10 000美元，11月1日宣告发放股利10 000美元。两年收益均为年内均衡获得。

Pop公司2016年4月1日以64 000美元的价格取得了Son公司4 000股普通股，2017年7月1日以164 000美元的价格再次取得了Son公司8 000股普通股。公允价值与账面价值的差额记入商誉。

要求：计算下列事项：

1. Pop公司2016年和2017年从Son公司取得的投资收益。
2. 2017年12月31日的少数股东权益。
3. 2017年度合并前的盈余。
4. 2017年12月31日对Son公司的长期股权投资的余额。

E8-10 股权出售的计算

2017年7月1日，Pam公司以675 000美元的价格取得了Sun公司90%的股权。Sun公司2016年12月31日的股东权益信息如下所示（单位：千美元）：

股本	$500
留存收益	200
合计	$700

2017年和2018年，Sun公司列报的利润和宣告发放的股利信息如下所示：

	2017	2018
净利润	$100 000	$80 000
股利（12月）	50 000	30 000

2018年7月1日，Pam公司以85 000美元的价格卖出了10%（其投资的1/9）的Sun公司股权。

要求：

1. 计算2017年和2018年Pam公司来自Sun公司的投资收益，以及2017年12月31日和2018年12月31日长期股权投资的余额。

2. 计算2017年和2018年的少数股东损益，以及2017年12月31日和2018年12月31日少数股东权益的合计数。

E8-11 子公司流通股的变化

Pop公司2017年1月1日以690 000美元的价格在公开市场购买了75%的Son公司股权。2016年12月31日和2017年12月31日，Son公司的股东权益信息如下所示（单位：千美元）：

	12月31日	
	2016年	2017年
普通股股本，每股面值$10	$400	$ 400
资本公积	300	300
留存收益	100	300
股东权益总额	$800	$1 000

2018年1月1日，Son公司以每股30美元的价格卖出了10 000股每股面值10美元的额外股份。Pop公司将公允价值和账面价值的差额记入商誉。

要求：计算下列事项：

1. 2017年12月31日，Pop公司持有的Son公司权益的账面价值。

2. 假定Pop公司直接从Son公司购买了10 000股额外股份，则2018年1月3日Pop公司对Son公司的持股比例是多少？

3. 假定Pop公司直接从Son公司购买了额外股份，则2018年1月3日Pop公司对Son公司的投资是多少？

4. 假定Son公司向外部主体出售了10 000股额外股份，则2018年1月3日Pop公司对Son公司的持股比例是多少？

5. 假定Son公司向外部主体出售了10 000股额外股份且不考虑损益，则2018年1月3日Pop公司对Son公司的投资是多少？

E8-12　子公司直接向母公司发行额外股份时的日记账分录

2016年12月31日，Pam公司对Sun公司的投资余额为475 000美元，包括商誉35 000美元和Sun公司股东权益550 000美元的80%。

2017年1月2日，Sun公司以每股80美元的价格向Pam公司出售了2 000股额外股份，发行在外股票由10 000股增加至12 000股。Sun公司2017年度净利润为90 000美元，12月支付股利60 000美元。

要求：编制Pam公司2017年对Sun公司投资的全部日记账分录（除结算分录之外）。将公允价值和账面价值的差额记入商誉。

E8-13　计算和分录（子公司向外部主体出售额外股份）

2016年1月1日，Pop公司以1800 000美元的价格取得了Son公司发行在外的100 000股普通股中的90 000股，此时Son公司的权益包括普通股1 000 000美元（每股面值10美元）和留存收益500 000美元。公允价值和账面价值的差额记入商誉。2018年1月2日，Son公司以600 000美元的价格向公众出售了20 000股额外股份，发行新股前后的权益如下所示（单位：千美元）：

	2018年1月1日（发行前）	2018年1月2日（发行后）
普通股股本，每股面值$10	$1 000	$1 200
资本公积	—	400
留存收益	800	800
股东权益总额	$1 800	$2 400

要求：

1. 计算2018年1月1日Pop公司对Son公司的长期股权投资余额。

2. 假定不考虑损益，编制Pop公司减少其股权的会计分录。

综合题

P8-1　年中收购和购买额外股份

2016年1月1日至2017年12月31日，Sun公司股东权益变化信息汇总如下（单位：千美元）：

	股本，每股面值$10	资本公积	留存收益	权益合计
2016年1月1日余额	$500	—	$50	$550
2016年12月股利	—	—	(50)	(50)
2016年度收益	—	—	100	100
2016年12月31日余额	$500	—	$100	$600

续表

	股本，每股面值 $10	资本公积	留存收益	权益合计
2017年1月1日股票出售收入	100	62	—	162
2017年12月股利	—	—	(60)	(60)
2017年度收益	—	—	150	150
2017年12月31日余额	$600	$62	$190	$852

Pam公司2016年7月1日在公开市场上以620 000美元的价格购买了Sun公司40 000股流通股，2017年1月1日以162 000美元的价格从Sun公司额外购买了10 000股股票。公允价值与账面价值的差额记入商誉。

要求：

1. 计算2016年12月31日Pam公司对Sun公司长期股权投资的余额。
2. 计算2017年Pam公司从Sun公司取得的投资收益。
3. 计算2017年12月31日Pam公司对Sun公司长期股权投资的余额。

P8-2　计算和分录（子公司向公众发行额外股份）

Pop公司2016年1月1日以10 600 000美元的价格购买了Son公司480 000股普通股（80%的股权），公允价值超过账面价值的1 000 000美元记入商誉。

2018年1月1日，Son公司以每股30美元的价格向公众出售了之前尚未发行的普通股200 000股。Son公司2016年1月1日（Pam公司取得其股权）和2018年1月1日（发行额外股份前后）的股东权益信息如下所示（单位：千美元）：

	2016年1月1日	2018年1月1日 发行之前	2018年1月1日 发行之后
股本，每股面值$10	$ 6 000	$ 6 000	$ 8 000
其他实收资本	2 000	2 000	6 000
留存收益	4 000	5 000	5 000
权益总额	$12 000	$13 000	$19 000

要求：

1. 计算2018年1月1日发行额外股份之前Pop公司对Son公司长期股权投资的余额。
2. 确认2018年1月1日发行额外股份之后Pop公司对Son公司的持股比例。
3. 假定不考虑损益，编制2018年1月1日Pop公司发行额外股份之后的调整分录。

P8-3　出售股权的日记账分录

Pam公司持有Sun公司90%的股权，2015年Sun公司股权的变化和Pam公司对Sun公司的投资信息如下所示（单位：千美元）：

	Sun公司所有者权益	商誉	对Sun公司的投资
2015年1月1日余额	$1 000	$49.5	$949.5
2015年度收益	250	—	225
2015年股利	(150)	—	(135)
2015年12月31日余额	$1 100	$49.5	$1 039.5

2016 年度 Sun 公司的净利润为 280 000 美元，每季度宣告发放股利 40 000 美元。

Pam 公司 2016 年 7 月 1 日以 120 000 美元的价格卖出部分 Sun 公司股票，将股权减至 80%。

要求：

1. 编制实际交易日 Pam 公司出售 Sun 公司股票的日记账分录。
2. 若出售日为 2016 年 1 月 1 日，编制 Pam 公司出售 Sun 公司股票的日记账分录。
3. 编制表格以调整问题 1 与问题 2 的会计分录。

P8-4 在三种选项下减少持有的股权

Pop 公司持有 Son 公司 300 000 股（Son 公司股票合计 360 000 股）流通股，2016 年 12 月 31 日对 Son 公司投资的余额为 8 700 000 美元，等于其享有的 Son 公司的股东权益账面价值份额。2016 年 12 月 31 日 Son 公司的股东权益如下所示（单位：千美元）：

普通股股本，每股面值＄10，批准 500 000 股，发行 400 000 股， 其中 40 000 股为库存股	＄ 4 000
资本公积	2 500
留存收益	5 500
	12 000
减：库存股成本	1 560
股东权益总额	＄10 440

由于现金短缺，Pop 公司决定将其持有的 Son 公司股权由 5/6 减至 3/4，有以下几种选择：

选项 1：卖出其持有的 300 000 股 Son 公司股票。

选项 2：要求 Son 公司向公众发行先前尚未发行的 40 000 股股票。

选项 3：要求 Son 公司重新向公众发行 40 000 股库存股。

假定在三种选项下，每股股票的市场流通价格均为 50 美元，且不考虑税收因素。2016 年 12 月 31 日，Pop 公司的股东权益包括 10 000 000 美元普通股，3 000 000 美元资本公积和 7 000 000 美元留存收益。

要求：比较三种选项下 2017 年 1 月 1 日的合并所有者权益（提示：首先应编制 Pop 公司的日记账分录）。

P8-5 子公司发行额外股份

2016 年 1 月 1 日，Pam 公司以每股 90 美元的价格购买了每股面值为 50 美元的 Sun 公司股票 9 000 股，此时，Sun 公司的股本为 500 000 美元，留存收益为 300 000 美元。2016 年度 Sun 公司净利润为 50 000 美元，未宣告发放股利。

要求：计算下列事项：

1. 2016 年 12 月 31 日 Pam 公司对 Sun 公司的长期股权投资余额。
2. 假定 Pam 公司 2017 年 1 月 1 日购买了 5 000 股股票，2017 年 12 月 31 日合并资产负债表中商誉的金额。
3. 假定 Sun 公司 2017 年 12 月 31 日向外部主体发行了 5 000 股股票，2017 年 12 月 31 日合并产生的资本公积。
4. 假定 Sun 公司 2017 年 12 月 31 日向外部主体发行了 5 000 股股票，2017 年 12 月 31 日的少数股东权益。

P8-6 年中购买额外权益，合并前盈余

Pop 公司 2016 年 1 月 2 日以 98 000 美元的价格购买了 Son 公司 70%的股权，此时，Son 公司的股本为 100 000 美元，留存收益为 20 000 美元。2017 年 6 月 30 日，Pop 公司以 37 000 美元的价格额外购买了 Son 公司 20%的股权。

截至2017年12月31日，Pop公司和Son公司的比较财务报表如下所示（单位：千美元）：

	Pop公司	Son公司
利润表和留存收益表		
营业收入	$400	$200
投资收益——Son公司	24	—
营业成本	(250)	(150)
营业费用	(50)	(20)
净利润	124	30
加：1月1日留存收益	200	50
减：12月1日股利	(64)	(10)
12月31日留存收益	$260	$70
资产负债表		
其他资产	$429	$200
长期股权投资——Son公司	171	—
资产总额	$600	$200
负债	$40	$30
普通股	300	100
留存收益	260	70
权益总额	$600	$200

要求：

1. 编表解释2017年12月31日Pop公司对Son公司长期股权投资171 000美元余额的计算过程。
2. 计算2017年12月31日合并资产负债表中的商誉。
3. 计算2017年度的合并净利润。
4. 计算2017年12月31日的合并留存收益。
5. 计算2017年12月31日的少数股东权益。

P8-7　合并利润表（年中购买额外权益）

2016年末，Pam公司（持有Sun公司70%的股权）和Sun公司的比较财务报表如下所示（单位：千美元）：

	Pam公司	Sun公司	合并
现金	$100	$70	$170
存货	800	100	900
其他流动资产	500	130	630
固定资产净值	3 500	800	4300
长期股权投资——Sun公司	600	—	—
商誉	—	—	40
资产总额	$5 500	$1 100	$6 040
流动负债	$500	$300	$800
股本，每股面值$10	3 000	500	3 000
资本公积	1 000	100	1 000
留存收益	1 000	200	1 000
少数股东权益	—	—	240
权益总额	$5 500	$1 100	$6 040

2017年度Sun公司的净利润为150 000美元，股利为80 000美元（3月1日40 000美元，9月1日40 000美元）。2017年4月1日，Pam公司以每股19美元的价格购买5 000股股票，将对Sun公司的持股

比例增至80%。

2017年度Pam公司和Sun公司的净利润如下所示：

	Pam公司	Sun公司
营业收入	$2 000	$1 200
营业成本	(1 200)	(700)
毛利	800	500
折旧费用	(400)	(300)
其他费用	(100)	(50)
各自净利润	$ 300	$ 150

要求：

1. 编制2017年度合并利润表。

2. 编表说明Sun公司2017年度净利润和股利在控制性权益和少数股东权益之间的分配过程。

P8-8　工作底稿（年中收购80%的股权，顺流交易）

2016年10月1日，Pop公司以82 400美元的价格取得了Son公司80%的股权，等于Son公司80%的所有者权益加上16 000美元商誉（商誉总额为20 000美元）。Pop公司和Son公司2016年的财务报表如下所示（单位：千美元）：

	Pop公司	Son公司
利润表和留存收益表		
营业收入	$112	$ 50
投资收益——Son公司	3.8	—
营业成本	(60)	(20)
营业费用	(25.1)	(6)
净利润	30.7	24
加：1月1日留存收益	30	20
减：股利	(20)	(10)
12月31日留存收益	$40.7	34
资产负债表		
现金	$ 5.1	$ 7
应收账款	10.4	17
应收票据	5	10
存货	30	16
固定资产净值	88	60
长期股权投资——Son公司	82.2	—
资产总额	$220.7	$110
应付账款	$ 15	$ 16
应付票据	25	10
股本	140	50
留存收益	40.7	34
权益总额	$220.7	$110

其他信息：

1. 2016年11月，Pop公司向Son公司销售存货12 000美元，取得毛利3 000美元。2016年12月31日，Son公司仍保留1/3的存货，6 000美元尚未支付。

2. Son公司3月15日和11月15日宣告发放的股利相等，其收入在全年每个季度按比例获得。

3. Pop公司采用权益法，因此其净利润等于合并净利润。

要求： 编制截至2016年12月31日Pop公司和子公司合并财务报表的工作底稿。

P8-9 工作底稿（少数股东权益、收购前收益、设备的顺流交易、土地的逆流交易、子公司持有母公司债券）

2016年4月1日，Pam公司以175 000美元的价格取得了Sun公司70%的流通股，2016年1月1日，Sun公司的股东权益包括股本200 000美元和留存收益50 000美元。

截至2016年12月31日，账户和余额如下所示（单位：千美元）：

	Pam公司	Sun公司
利润表和留存收益表		
营业收入	$287.1	$150
投资收益——Sun公司	12.3	—
利得	12	2
利息收入	—	5.85
营业成本及费用	(200)	(117.85)
利息费用	(11.4)	—
净利润	100	40
加：1月1日留存收益	250	50
减：12月1日股利	(50)	(20)
12月31日留存收益	$300	$70
资产负债表		
现金	$17	$4
应收利息	—	6
存货	140	60
其他流动资产	110	20
固定资产净值	502.7	107.3
长期股权投资——Sun公司	180.3	—
长期债券投资——Pam公司	—	102.7
资产总额	$950	$300
应付利息	$6	$—
其他流动负债	38.6	30
应付债券（12%）	105.4	—
普通股	500	200
留存收益	300	70
权益总额	$950	$300

其他信息：

1. 2016年7月1日Sun公司支付102 850美元购买了Pam公司的发行在外债券。这些债券于2016年1月1日发行，十年期，利率为12%，在每年的7月1日和1月1日支付利息。6 000美元的发行溢价采用直线法摊销。

2. 2016年12月31日，Sun公司的其他流动负债包括12月15日宣告但尚未发放的股利10 000美元。Sun公司2016年3月15日宣告发放股利10 000美元。

3. 2016年7月1日，Pam公司向Sun公司销售设备30 000美元。这些设备是Pam公司2013年7月1日以36 000美元的价格购买的，采用直线法摊销，使用年限为6年，无残值。Sun公司仍持有这些设备。

4. 2016年10月15日，Sun公司以10 000美元的价格向Pam公司出售一块成本为8 000美元的土地。Pam公司仍然拥有这块土地。

5. Pam公司采用权益法计量其持有的Sun公司70%的股权。

要求： 编制2016年度合并工作底稿。

P8-10 工作底稿（年中购买10%的股权，顺流交易）

Pop公司2016年1月1日以420 000美元的价格购买了Son公司70%的股权，Son公司的权益包括股本300 000美元和留存收益200 000美元。2017年7月1日，Pop公司又以67 500美元的价格购买了Son公司10%的股权，使其持股比例增至80%。截至2017年12月31日，Pop公司和Son公司的财务报表如下所示（单位：千美元）：

	Pop公司	Son公司
利润表和留存收益表		
营业收入	$ 900	$ 500
投资收益——Son公司	38	—
销售设备利得	40	—
营业成本	(400)	(300)
折旧费用	(90)	(60)
其他费用	(160)	(40)
净利润	328	100
加：1月1日留存收益	155	250
减：股利	(200)	(50)
12月31日留存收益	$ 283	$ 300
资产负债表		
现金	$ 20	$ 80
应收账款	130	30
应收股利	20	—
存货	90	70
其他流动资产	20	80
土地	50	40
建筑物净值	60	105
设备净值	100	320
长期股权投资——Son公司	510	—
资产总额	$ 1 000	$ 725
应付账款	$ 177	$ 40
应付股利	100	25
其他负债	140	60
股本，每股面值$10	300	300
留存收益	$ 283	300
权益总额	$ 1 000	$ 725

其他信息：

1. Pop公司两次购买Son公司股权的公允价值与账面价值的差额均记入商誉。

2. 2016年Pop公司以60 000美元的价格向Son公司销售存货，获得毛利10 000美元。2017年Pop公司以48 000美元的价格向Son公司销售存货，获得毛利8 000美元。截至2016年末，Son公司卖出了一半的2016年内部交易存货；截至2017年末，Son公司卖出了1/4的2017年内部交易存货。Son公司应付Pop公司2017年内部交易款为25 000美元。

3. 2016年末，Son公司以20 000美元的价格从Pop公司购买了一块土地。该土地在Pop公司的成本为12 000美元。

4. 2017年7月8日，Pop公司以80 000美元的价格向Son公司销售了账面价值为40 000美元的设备。

该机器尚有5年的使用年限。Son公司采用直线法计提折旧，且不考虑残值。

5. Pop公司使用单行合并对Son公司进行会计处理。2017年6月和12月，Pop公司和Son公司宣告发放的股利相同。

要求：编制2017年12月31日Pop公司和子公司合并财务报表的工作底稿。

P8-11　工作底稿（年中收购、合并前盈余和股利、存货逆流交易、用作子公司资产的存货项目顺流交易）

2016年8月1日，Pam公司以522 750美元的价格取得了Sun公司85%的股权，等于Sun公司85%股权的账面价值。

2016年8月，Sun公司以60 000美元的价格向Pam公司销售存货，获得毛利15 000美元。截至2016年12月31日，仍有1/3的存货留在Pam公司。

2016年9月30日，Pam公司以50 000美元的价格向Sun公司销售存货（设备），获得毛利10 000美元。该设备尚有5年的使用年限，无残值。

Sun公司6月15日和12月15日宣告发放相同的股利，在每个季度获得的收入数额相同。Pam公司采用权益法，其净利润等于合并净利润中归属于母公司的净利润。Pam公司和Sun公司的财务报表如下所示（单位：千美元）：

	Pam公司	Sun公司
利润表和留存收益表		
营业收入	$ 910	$ 400
投资收益——Sun公司	7.5	—
营业成本	(500)	(250)
营业费用	(200)	(90)
净利润	217.5	60
加：1月1日留存收益	192.5	100
减：股利	(100)	(40)
12月31日留存收益	$ 310	$ 120
资产负债表		
现金	$ 33.75	$ 10
应收股利	17	—
应收账款净额	120	70
存货	300	150
固定资产净值	880	500
长期股权投资——Sun公司（85%）	513.25	—
资产总额	$1 864	$730
应付账款	$ 154	$ 90
应付股利	—	20
股本	14 00	500
留存收益	310	120
权益总额	$1 864	$730

要求：编制2016年度合并工作底稿。

P8-12　合并现金流量表——间接法（出售权益）

2016年12月31日和2017年12月31日，Pop公司和其子公司Son公司的比较合并财务报表如下所示（单位：千美元）：

	2017	2016	差额
利润表			
营业收入	$ 3 050.0	$ 2 850.0	$ 200.0
投资收益（10%权益）	5.7	—	5.7
营业成本	(1 750.7)	(1 690.0)	60.7
折旧费用	(528.0)	(508.0)	20.0
其他费用	(455.0)	(392.0)	63.0
少数股东损益	(22.0)	(10.0)	12.0
净利润	$ 300.0	$ 250.0	$ 50.0
留存收益表			
1 月 1 日留存收益	$ 1 000.0	$ 950.0	$ 50.0
净利润	300.0	250.0	50.0
股利	(200.0)	(200.0)	—
12 月 31 日留存收益	$ 1 100.0	$ 1 000.0	$ 100.0
资产负债表			
现金	$ 46.5	$ 50.5	$ (4.0)
应收账款净额	87.5	90.0	(2.5)
存货	377.5	247.5	130.0
预付费用	68.0	88.0	(20.0)
设备	2 970.0	2 880.0	90.0
累计折旧	(1 542.0)	(1 044.0)	498.0
土地和建筑物	960.0	960.0	—
累计折旧	(300.0)	(272.0)	28.0
资产总额	$ 2 667.5	$ 3 000.0	$ (332.5)
应付账款	$ 140.0	$ 343.5	$ (203.5)
应付股利	52.5	52.5	—
长期应付票据	245.0	545.0	(300.0)
股本，每股面值 $ 10	1 000.0	1 000.0	—
留存收益	1 100.0	1 000.0	100.0
少数股东权益	130.0	59.0	71.0
权益总额	$ 2 667.5	$ 3 000.0	$ (332.5)

要求： 编制 2017 年度合并现金流量表。设备金额的变化是由于 100 000 美元购置的设备现金，当前的折旧，将 1/9 的公允价值和账面价值的差额分摊至设备（10 000 美元）和相关累计折旧（2 000 美元）。未分摊公允价值和账面价值的差额的减少是由于以 72 700 美元的价格出售 Son 公司 10%的股权，从而将持股比例从 90%降至 80%。Son 公司 2017 年度的净利润和股利分别为 110 000 美元和 50 000 美元，12 月 31 日宣告并发放股利。采用间接法编制报表。

专业研究任务

参考 FASB ASC 回答以下问题，将适当的参考内容包含在你的答案里。

PR 8－1　Pop 公司持有 Son 公司 30%的股权已 10 年，采用权益法对该项投资进行会计处理。本年 7 月 1 日，Pop 公司又额外购买了 Son 公司 40%的股权。请问 Pop 公司将 Son 公司当年全部的收益记入当年的合并利润表是否合理？

PR 8－2　基于 PR 8－1 中提到的内容，Pop 公司是否可以继续使用权益法来计算本年对 Son 公司的投资，并延迟到下一年再进行合并？

第 9 章

间接持股与相互持股

学习目标

1. 掌握母公司通过间接持股的方式控制子公司时合并报表的编制方法。
2. 掌握适用于相互持股的特殊事项的合并程序。

前面的章节介绍了投资方或母公司直接持有被投资方或子公司部分或全部有投票权股票的情况，此时可以使用权益法。权益法同样适用于投资方间接持有被投资方20%或者更多有投票权股票的情况。一家公司直接或间接持有另一家公司有投票权的多数股票就是合并（ASC 325-20-35)。

本章讨论在间接持股情况下，母公司对间接所有权的会计处理和合并程序。本章还考虑了子公司持有彼此有投票权股票时的额外复杂性。这种类型的附属结构将在相互持股部分介绍。**相互持股**（mutual holdings）逻辑上属于间接持股的范围，因为是一种特殊类型的间接持股，即这些子公司间接持有自己的股份。

虽然间接持股和相互持股附属公司的合并程序比直接持股更为复杂，但基本的合并客体是相同的。大多数情况下要求计量独立主体实现的收益，并将这些收益在控制性权益和少数股东权益之间分配。

9.1 附属结构

企业附属结构的潜在复杂性超出想象。即便如此，一般类型的母子公司并不难辨别。图表9-1列示了更多母子公司的基本类型。

虽然图表9-1列示了母子公司的附属结构，但是该图表也适用于直接或间接持有被投资方20%或者更多投票权的投资方。**直接持股**（direct holdings）是对单一或更多被投资方投票权的直接投资。**间接持股**（indirect holdings）是一种使投资方可以控制或者对被投资方的决策有重大影响的投资。图表9-1列示了两种间接持股结构——“**父-子-孙结构**（father-son-grandson relationship)”与“**关联控股结构**（connecting affiliates relationship)”。

在父-子-孙结构的图示中，母公司直接拥有子公司A 80%的股权，间接拥有子公司B 56%的股权(80%×70%)。少数股东拥有子公司B其余44%的股权，其中子公司B的少数股东直接持有子公司B 30%的股权，子公司A 20%的少数股东间接持有子公司B 14%（20%×70%）的股权。由于母公司间接持有子公司B 56%的股权，所以应将子公司B纳入合并范围。是否合并子公司，并非由母公司是直接持有或是间接持有子公司的股权所决定，而是取决于母公司是否通过附属结构持有子公司的控制性权益，进而拥有经营控制权。

在图表9-1中，假定父-子-孙结构图示中子公司A拥有子公司B 60%的股权，则母公司对子公司B的间接持股为48%（80%×60%)，而少数股东权益为52%［40%+(20%×60%)］。此时仍然应该合并子公司B，因为子公司A仍持有子公司B 60%的股权。

在关联控股结构相互持股的图示中，母公司直接持有子公司B 20%的股权，间接持有32%（80%×40%）的股权，直接持股和间接持股比例合计52%。子公司B剩余48%的股权由该公司少数股东持有40%，由子公司A少数股东间接持有8%（20%×40%)。

在母子公司相互持股图示中，母公司拥有子公司A 80%的股权，并且子公司A持有母公司10%的股权。因此，母公司有10%的股权被子公司持有，90%的股权发行在外。在关联控股结构相互持股图示中，母公司不是相互持股关系中的一员，而子公司A拥有子公司B 40%的股权，子公司B拥有子公司A 20%的股权。这种情况比较复杂，需要利用联立方程或其他适当的数学方法在母子公司之间分配净利润和股东权益。

图表 9-1　附属结构

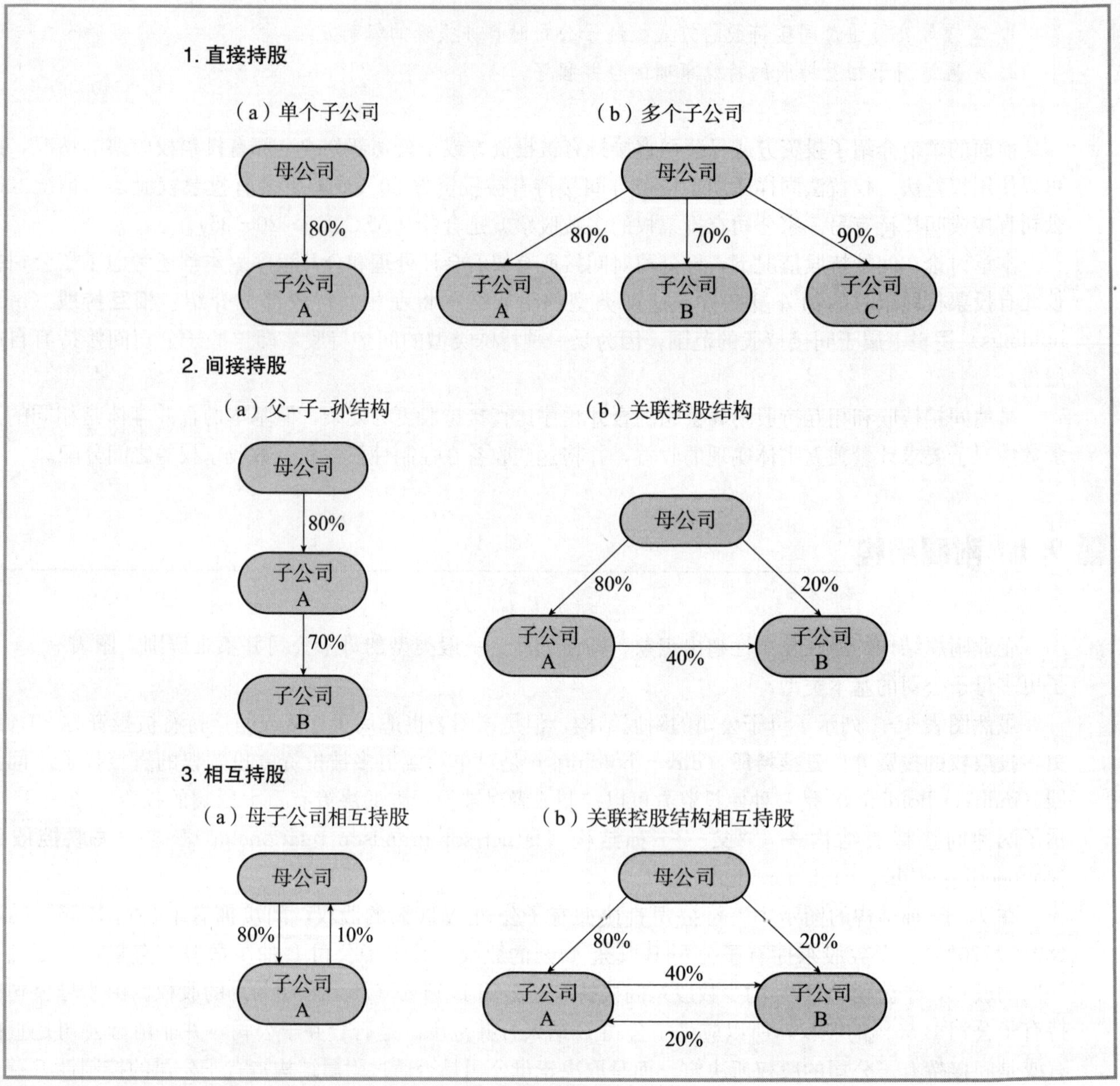

9.2 间接持股——父-子-孙结构

间接控制下的主要问题包括权益法下母子公司净利润及权益的确定。只要按照权益法的要求对母子公司的净利润和权益进行调整，间接持股的合并程序就会与直接持股相同。但具体的合并过程可能会更加烦琐，因为合并多个公司的经营成果需要更多的细节性程序。

假设 Pop 公司 2016 年 1 月 1 日收购了 Son 公司 80％的股权，Son 公司 2017 年 1 月 1 日收购了 Toy 公司 70％的股权。这两项长期股权投资均按账面价值取得。2017 年 1 月 1 日 Son 公司收购了 Toy 公司 70％的股权之后，三家公司的试算平衡表如下所示（单位：千美元）：

	Pop 公司	Son 公司	Toy 公司
其他资产	$ 400	$ 195	$ 190
长期股权投资——Son 公司（80%）	200	—	—
长期股权投资——Toy 公司（70%）	—	105	—
	$ 600	$ 300	$ 190
负债	$ 100	$ 50	$ 40
股本	400	200	100
留存收益	100	50	50
	$ 600	$ 300	$ 190

2017 年度三家公司单独净利润（不包括投资收益）及股利如下所示（单位：千美元）：

	Pop 公司	Son 公司	Toy 公司
单独净利润	$ 100	$ 50	$ 40
股利	60	30	20

□ 父-子-孙结构下权益法的会计处理

权益法下 2017 年度投资收益的会计处理过程为：在 Pop 公司确定其来自 Son 公司的投资收益之前，Son 公司应先确定其来自 Toy 公司的投资收益。2017 年与 Son 公司对 Toy 公司的长期股权投资相关的分录如下所示：

Son 公司账上

借：现金（+A）	14 000	
贷：长期股权投资——Toy 公司（-A）		14 000
记录收到 Toy 公司分配的股利（20 000×70%）。		
借：长期股权投资——Toy 公司（+A）	28 000	
贷：投资收益——Toy 公司（R，+SE）		28 000
记录来自 Toy 公司的投资收益（40 000×70%）。		

Son 公司 2017 年度的净利润为 78 000 美元（单独净利润 50 000 美元+来自 Toy 公司的投资收益 28 000美元），2017 年 12 月 31 日“长期股权投资——Toy 公司”账户的余额为 119 000 美元（期初余额 105 000美元+投资收益 28 000 美元-股利 14 000 美元）。

2017 年与 Pop 公司对 Son 公司的长期股权投资相关的分录如下所示：

Pop 公司账上

借：现金（+A）	24 000	
贷：长期股权投资——Son 公司（-A）		24 000
记录收到 Son 公司分配的股利（30 000×80%）。		
借：长期股权投资—Son 公司（+A）	62 400	
贷：投资收益——Son 公司（R，+SE）		62 400
记录来自 Son 公司的投资收益（78 000×80%）。		

Pop 公司 2017 年度的净利润为 162 400 美元（单独净利润 100 000 美元+来自 Son 公司的投资收益 62 400美元）。2017 年 12 月 31 日“长期股权投资——Son 公司”账户的余额为 238 400 美元（期初余额 200 000 美元+投资收益 62 400 美元-股利 24 000 美元）。Pop 公司及其子公司 2017 年度合并报表中列报

的利润为162 400美元，等于权益法下Pop公司的净利润。

□ 合并净利润的计算方法

我们可以使用多种不同的方法来确定Pop公司的净利润和合并净利润。

根据合并净利润的定义，计算如下：

Pop公司的单独净利润	\$100 000
加：Pop公司在Son公司净利润中的份额（\$50 000×80%）	40 000
加：Pop公司在Toy公司净利润中的份额（\$40 000×80%×70%）	22 400
Pop公司的净利润及合并净利润	\$162 400

在编制合并利润表时，需要从单独净利润的合计数中减去少数股东损益，以得到母公司净利润以及归属于母公司的净利润：

单独净利润的合计数：		
Pop公司	\$100 000	
Son公司	50 000	
Toy公司	40 000	\$190 000
减：少数股东损益		
直接少数股东在Toy公司净利润中的份额（40 000×30%）	\$ 12 000	
间接少数股东在Toy公司净利润中的份额（40 000×70%×20%）	5 600	
直接少数股东在Son公司净利润中的份额（50 000×20%）	10 000	27 600
Pop公司净利润及合并净利润		\$162 400

另外一种计算方法列示如下：

	Pop公司	Son公司	Toy公司
单独净利润	\$100 000	\$50 000	\$40 000
Toy公司净利润分配给Son公司的部分（\$40 000×70%）	—	+28 000	−28 000
Son公司净利润分配给Pop公司的部分（\$78 000×80%）	+62 400	−62 400	—
归属于母公司的净利润	\$162 400		
少数股东损益		\$15 600	\$12 000

在复杂的母子公司结构中，用表格形式进行分配很有效。在涉及公司内部未实现净利润、未使用权益法或未正确使用权益法时更是如此。上面列示了母公司净利润及合并净利润，也列示了少数股东损益，同时还列示了Son公司来自Toy公司的投资收益（28 000美元）以及Pop公司来自Son公司的投资收益（62 400美元）。

□ 合并工作底稿——权益法

图表9-2列示了2017年度的合并工作底稿。此工作底稿中并没有出现新的合并程序。工作底稿分录a和分录b抵销了Son公司来自Toy公司的投资收益、股利以及有关的长期股权投资和股东权益余额。分录c与分录d抵销了Pop公司来自Son公司的投资收益、股利以及有关的长期股权投资和股东权益余额。分录e记录了Son公司与Toy公司的少数股东损益及股利。

e　借：少数股东损益——Son 公司（−SE）　15 600
　　　少数股东损益——Toy 公司（−SE）　12 000
　　贷：股利（＋SE）　12 000
　　　　少数股东权益——Son 公司（＋SE）　9 600
　　　　少数股东权益——Toy 公司（＋SE）　6 000

记录少数股东权益在子公司的净利润以及股利中的份额。

图表 9-2　Pop 公司与子公司 2017 年度合并工作底稿　　单位：千美元

	Pop 公司	Son 公司（80%）	Toy 公司（70%）	调整与抵销 借	调整与抵销 贷	合并财务报表
利润表						
营业收入	$200	140	$100			$440
投资收益——Son 公司	62.4			62.4[c]		
投资收益——Toy 公司		28		28[a]		
营业成本及费用	(100)	(90)	(60)			(250)
少数股东损益——Son 公司				15.6[e]		(15.6)
少数股东损益——Toy 公司				12[e]		(12)
归属于母公司的净利润	**$162.4**	**$78**	**$40**			**$162.4**
留存收益表						
留存收益——Pop 公司	$100					$100
留存收益——Son 公司		$50		50[d]		
留存收益——Toy 公司			$50	50[b]		
归属于母公司的净利润	**162.4**	**78**	**40**			**162.4**
股利	(60)	(30)	(20)		14[a]	
					24[c]	
					12[e]	(60)
12 月 31 日留存收益	**$202.4**	**$98**	**$70**			**$202.4**
资产负债表						
其他资产	$461.6	$231	$200			$892.6
长期股权投资——Son 公司	238.4				38.4[c]	
					200[d]	
长期股权投资——Toy 公司		119			14[a]	
					105[b]	
资产总额	$700	$350	$200			$892.6
负债	$97.6	$52	$30			$179.6
股本——Pop 公司	400					400
股本——Son 公司		200		200[d]		
股本——Toy 公司			100	100[b]		
留存收益	**202.4**	**98**	**70**			**202.4**
	$700	$350	$200			
Toy 公司少数股东权益（1 月 1 日）					45[b]	
Son 公司少数股东权益（1 月 1 日）					50[d]	
Toy 公司少数股东权益（12 月 31 日）					9.6[e]	
Son 公司少数股东权益（12 月 31 日）					6[e]	110.6
				518	518	$892.6

Toy 公司的期初少数股东权益 45 000 美元由 2017 年初的股东权益 150 000 美元与直接少数股东权益持股比例 30%相乘而得。Toy 公司的少数股东损益为其列报的净利润 40 000 美元的 30%。同理，Son 公司期初少数股东权益 50 000 美元是 2017 年 1 月 1 日股东权益 250 000 美元的 20%，而 Son 公司少数股东

损益15 600美元为其列报的净利润的20%。合并净利润及合并留存收益分别为162 400美元及202 400美元，分别与Pop公司的净利润及留存收益相等。

9.3 间接持股——关联控股结构

假设Pet公司拥有Sal公司70%的股权和Tie公司60%的股权，Sal公司拥有Tie公司20%的股权。Pet公司及其子公司的附属结构如下所示：

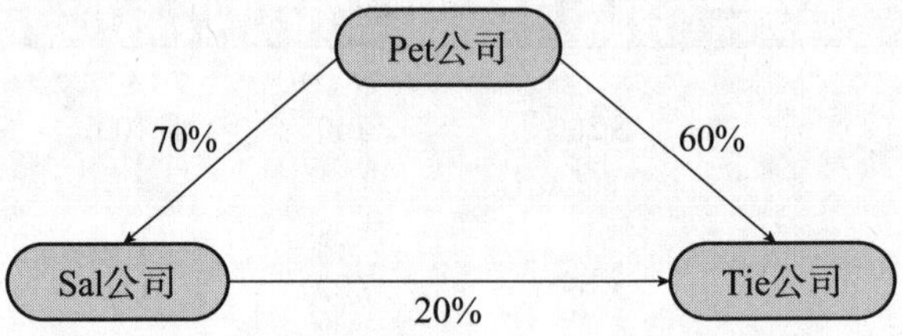

Pet公司及Sal公司长期股权投资的有关数据汇总如下：

	Pet公司对Sal公司的长期股权投资（70%），2017年1月1日取得	Pet公司对Tie公司的长期股权投资（60%），2016年1月1日取得	Sal公司对Tie公司的长期股权投资（20%），2013年1月1日取得
公允价值/成本	$176 400	$97 200	$22 400
减：账面价值	(164 400)	(85 200)	(22 400)
商誉	$12 000	$12 000	—
2017年12月31日长期股权投资余额			
成本	176 400	97 200	22 400
加：在被投资方2018年以前利润中的份额	7 000	18 000	16 000
减：股利			
2017年12月31日余额	$183 400	$115 200	$38 400

2018年，Pet公司、Sal公司与Tie公司分别获得利润70 000美元、35 000美元与20 000美元，并分别宣告发放股利40 000美元、20 000美元和10 000美元。Pet公司的70 000美元利润中包括2018年出售土地给Sal公司产生的未实现净利润10 000美元。Sal公司的利润35 000美元中包括2018年以5 000美元的价格出售存货给Pet公司产生的未实现净利润5 000美元，截至2018年12月31日，Pet公司尚未对外出售该批存货。图表9-3列示了2011年Pet-Sal-Tie公司的合并净利润及少数股东损益的计算过程。

图表9-3 利润分配表

	Pet公司	Sal公司	Tie公司
单独净利润	$70 000	$35 000	$20 000
减：未实现净利润	−10 000	−5 000	—
单独已实现净利润	60 000	30 000	20 000
分配Tie公司的净利润：			
20%给Sal公司	—	+4 000	−4 000
60%给Pet公司	+12 000	—	−12 000
分配Sal公司的净利润：			
70%给Pet公司	+23 800	−23 800	—

续表

	Pet 公司	Sal 公司	Tie 公司
Pet 公司净利润及归属于母公司的净利润	$ 95 800		
少数股东损益		$ 10 200	$ 4 000

□ 关联控股结构中用权益法进行会计处理

在把 Sal 公司及 Tie 公司的利润分配给 Pet 公司之前，必须先抵销盈余中的所有未实现净利润。图表 9-3 将 Tie 公司 20%的净利润分配给 Sal 公司，60%分配给 Pet 公司。此分配必须在将 Sal 公司利润分配给 Pet 公司之前进行，因为 Sal 公司的利润中包括来自 Tie 公司的投资收益 4 000 美元。

2018 年，与 Sal 公司对 Tie 公司的长期股权投资有关的会计分录如下所示：

借：现金（+A）	2 000	
贷：长期股权投资——Tie 公司（−A）		2 000

记录收到 Tie 公司的股利（10 000×20%）。

借：长期股权投资——Tie 公司（+A）	4 000	
贷：投资收益——Tie 公司（R，+SE）		4 000

记录来自 Tie 公司的投资收益（20 000×20%）。

2018 年 12 月 31 日 Sal 公司的“长期股权投资——Tie 公司”账户余额为 40 400 美元，即 2017 年 12 月 31 日的余额 38 400 美元加上投资收益 4 000 美元减去股利 2 000 美元。Sal 公司的“投资收益——Tie 公司”要扣除出售存货给 Pet 公司的未实现净利润 5 000 美元，因为 Tie 公司并未参与公司间销货。在把 Sal 公司的已实现净利润分配给 Pet 公司及 Sal 公司少数股东之前，Sal 公司的 39 000 美元净利润中包括的 5 000 美元的未实现净利润要被抵销。

Pet 公司 2018 年对其长期股权投资的会计处理如下所示：

对 Tie 公司的长期股权投资

借：现金（+A）	6 000	
贷：长期股权投资——Tie 公司（−A）		6 000

记录收到 Tie 公司的股利（10 000×60%）。

借：长期股权投资——Tie 公司（+A）	12 000	
贷：投资收益——Tie 公司（R，+SE）		12 000

记录来自 Tie 公司的投资收益。

对 Sal 公司的长期股权投资

借：现金（+A）	14 000	
贷：长期股权投资——Sal 公司（−A）		14 000

记录收到 Sal 公司的股利（20 000×70%）。

借：长期股权投资——Sal 公司（+A）	13 800	
贷：投资收益——Sal 公司（R，+SE）		13 800

记录来自 Sal 公司的投资收益，计算过程如下：

Sal 公司净利润 39 000 美元的 70%	27 300
减：集团内部销货的未实现净利润 5 000 美元的 70%	−3 500
减：出售土地的未实现利得的 100%	−10 000
	$ 13 800

2018年12月31日Pet公司长期股权投资余额列示如下：

	长期股权投资——Sal公司（70%）	长期股权投资——Tie公司（60%）
2017年12月31日余额	$183 400	$115 200
加：投资收益	13 800	12 000
减：股利	−14 000	−6 000
2018年12月31日余额	$183 200	$121 200

□ 合并工作底稿——权益法

图表9-4为2018年度Pet公司及其子公司的合并工作底稿。

调整与抵销分录列示如下：

a 借：营业收入（−R，+SE） 15 000
贷：营业成本（−E，+SE） 15 000
抵销对应的营业收入及营业成本。

b 借：营业成本（E，−SE） 5 000
贷：存货（−A） 5 000
抵销集团内部销货截至2018年12月31日的未实现净利润。

c 借：销售土地利得（−Ga，−SE） 10 000
贷：固定资产净值（−A） 10 000
抵销集团内部出售土地的未实现净利润。

d 借：投资收益——Tie公司（−R，−SE） 16 000
贷：股利——Tie公司（+SE） 8 000
长期股权投资——Tie公司（60%）（−A） 6 000
长期股权投资——Tie公司（20%）（−A） 2 000
抵销来自Tie公司的投资收益以及从Tie公司收到的股利，调整"长期股权投资——Tie公司"账户。

e 借：留存收益——Tie公司（2018年1月1日）（−SE） 80 000
商誉（+A） 12 000
股本——Tie公司（−SE） 100 000
贷：长期股权投资——Tie公司（60%）（−A） 115 200
长期股权投资——Tie公司（20%）（−A） 38 400
少数股东权益——Tie公司（60%）（+SE） 38 400
抵销对应的长期股权投资及Tie公司的权益，记录2018年1月1日的商誉及少数股东权益。

f 借：少数股东损益——Tie公司（−SE） 4 000
贷：股利——Tie公司（+SE） 2 000
少数股东权益——Tie公司（+SE） 2 000
记录少数股东在Tie公司的净利润以及股利中的份额。

图表 9-4　Pet 公司及其子公司 2018 年度合并工作底稿　　单位：千美元

	Pet 公司	Sal 公司	Tie 公司	调整与抵销 借	调整与抵销 贷	合并财务报表
利润表						
营业收入	$200	$150	$100	15[a]		$435
投资收益——Sal 公司	13.8			13.8[g]		
投资收益——Tie 公司	12	4		16[d]		
销售土地利得	10			10[c]		
营业成本	(100)	(80)	(50)	5[b]	15[a]	(220)
其他费用	(40)	(35)	(30)			(105)
少数股东损益——Sal 公司 [($39－$5)×30%]				10.2[i]		(10.2)
少数股东损益——Tie 公司（$20×20%）				4[f]		(4)
归属于母公司的净利润	**$ 95.8**	**$ 39**	**$ 20**			**$ 95.8**
留存收益表						
留存收益——Pet 公司	$223					$223
留存收益——Sal 公司		$ 50		50[h]		
留存收益——Tie 公司			$ 80	80[e]		
归属于母公司的净利润	**95.8**	**39**	**20**			**95.8**
股利	(40)	(20)	(10)		8[d] 2[f] 14[g] 6[i]	(40)
12 月 31 日留存收益	**$278.8**	**$ 69**	**$ 90**			**$278.8**
资产负债表						
其他资产	$ 50.6	$ 19.6	$ 85			$155.2
存货	50	40	15		5[b]	100
固定资产	400	200	100		10[c]	690
长期股权投资——Sal 公司（70%）	183.2			0.2[g]	183.4[h]	
长期股权投资——Tie 公司（60%）	121.2				6[d] 115.2[e]	
长期股权投资——Tie 公司（20%）		40.4			2[d] 38.4[e]	
商誉				12[e] 12[h]		24
	$805	$300	$200			$969.2
负债	$126.2	$ 31	$ 10			$167.2
股本——Pet 公司	400					400
股本——Sal 公司		200		200[h]		
股本——Tie 公司			100	100[e]		
留存收益	**278.8**	**69**	**90**			**278.8**
	$805	$300	$200			
Tie 公司少数股东权益（1 月 1 日）					38.4[e]	
Sal 公司少数股东权益（1 月 1 日）					78.6[h]	
Tie 公司少数股东权益（12 月 31 日）					2[f]	
Sal 公司少数股东权益（12 月 31 日）					4.2[i]	123.2
				528.2	528.2	$969.2

g 借：投资收益——Sal公司（－R，－SE）	**13 800**	
长期股权投资——Sal公司（＋A）	**200**	
贷：股利——Sal公司（＋SE）		**14 000**

抵销来自Sal公司的投资收益以及从Sal公司收到的股利，调整“长期股权投资——Sal公司”账户。

h 借：留存收益——Sal公司，2018年1月1日（－SE）	**50 000**	
商誉（＋A）	**12 000**	
股本——Sal公司（－SE）	**200 000**	
贷：长期股权投资——Sal公司（－A）		**183 400**
少数股东权益——Sal公司（＋SE）		**78 600**

抵销对应的长期股权投资及Sal公司的权益，记录2018年1月1日的商誉及少数股东权益。

i 借：少数股东损益——Sal公司（－SE）	**10 200**	
贷：股利——Sal公司（＋SE）		**6 000**
少数股东权益——Sal公司（＋SE）		**4 200**

记录少数股东在Sal公司的净利润以及股利中的份额。

此时对图表9－4中2018年12月31日少数股东权益数额123 200美元进行检验是很有意义的，检验方法如下：

	Sal公司少数股东权益（30%）	Tie公司少数股东权益（20%）	少数股东权益总额
2018年12月31日的公允价值*			
Sal公司［（$269 000＋$12 000）×30%］	84 300	—	84 300
Tie公司［（$190 000＋$12 000）×20%］	—	40 400	40 400
减：Sal公司未实现净利润（$5 000×30%）	(1 500)	—	(1 500)
2018年12月31日的少数股东权益	$82 800	$40 400	$123 200

注：*账面价值加上内含商誉总额（例如，与Sal公司的70%投资和Tie公司的60%投资相关的商誉）。

2018年12月31日，除了扣除Sal公司销售存货给Pet公司产生的5 000美元未实现净利润的30%外，少数股东权益按其账面价值列示。

9.4 相互持股——子公司持有母公司股权

子公司互相持有彼此的股权即为相互持股。从合并的角度来看，子公司所持有的母公司股票并未发行在外，因而不应在合并资产负债表中以发行在外的股票列报（ASC 810－10－45）。

例如，如果Pam公司拥有Sun公司90%的股权，而Sun公司拥有Pam公司10%的股权，则就合并目的而言，Sun公司持有的10%的股票并未发行在外，Pam公司持有的Sun公司90%的股票也未发行在外。实务中要求将这10%及90%的股票从合并财务报表中抵销，因此，问题不在于Sun公司持有的Pam公司10%的股权是否应该抵销，而是在合并过程中应如何抵销。抵销程序视长期股权投资的会计处理方法而定。

当母公司股权被子公司持有时，普遍采用两种会计处理方法，分别是库存股法和传统法。**库存股法**

（treasury stock approach）视母公司被子公司持有的股票为合并主体的库存股。相应地，子公司的长期股权投资以成本法为基础，在合并资产负债表上按成本从股东权益中扣除。**传统法**（conventional approach）则采用权益法处理子公司对母公司的长期股权投资，并按照惯例从母公司权益中抵销子公司的长期股权投资。尽管两种方法都被接受，但二者产生的合并财务报表并不相同。特别应指出的是，这两种方法下的合并留存收益及少数股东权益金额通常也不同。

□ 库存股法

假设 Pam 公司 2016 年 1 月 1 日以 540 000 美元购得 Sun 公司 90%的股权，当日 Sun 公司的股本为 400 000 美元，留存收益为 200 000 美元。此外，Sun 公司 2016 年 1 月 5 日以 140 000 美元购得 Pam 公司 10%的股权，当日 Pam 公司的股本为 1 000 000 美元，留存收益为 400 000 美元。2016 年 12 月 31 日 Pam 公司及 Sun 公司不包括投资收益的试算平衡表如下所示（单位：千美元）：

	Pam 公司	Sun 公司
借方		
其他资产	$ 960	$ 520
长期股权投资——Sun 公司（90%）	540	—
长期股权投资——Pam 公司（10%）	—	140
营业成本及费用	140	100
	$ 1 640	$ 760
贷方		
股本，每股面值 $ 10	1 000	400
留存收益	400	200
营业收入	240	160
	$ 1 640	760

合并年度的合并　假如采用库存股法，则 Sun 公司 2016 年度无投资收益，而 Pam 公司在 Sun 公司 60 000美元（营业收入 160 000 美元－营业费用 100 000 美元）净利润中的份额为 54 000 美元。图表 9－5 列示了 Pam 公司及其子公司 2016 年度的合并工作底稿。在合并工作底稿中可以看到，Sun 公司对 Pam 公司的长期股权投资被重分类为库存股，并在合并资产负债表上作为股东权益的减项列示。

合并年度以后的合并　2017 年度 Pam 公司及 Sun 公司的单独净利润及股利如下所示：

	Pam 公司	Sun 公司
单独净利润	$ 120 000	$ 80 000
股利	60 000	40 000

在库存股法下，Sun 公司确认收到 Pam 公司的股利 6 000 美元（Pam 公司 60 000 美元股利的 10%），并以成本法列报 2017 年度净利润 86 000 美元。

Pam 公司采用权益法处理对 Sun 公司的长期股权投资，分录如下所示：

借：现金（＋A）	36 000	
贷：长期股权投资——Sun 公司（－A）		36 000

记录收到的 Sun 公司分配的 40 000 美元股利的 90%。

借：长期股权投资——Sun 公司（＋A）	77 400	
贷：投资收益——Sun 公司（R，＋SE）		77 400

记录应享有的 2017 年度 Sun 公司净利润 86 000 美元的 90%。

图表9-5 Pam公司及其子公司2016年度合并工作底稿 单位：千美元

	Pam公司	Sun公司（90%）	调整与抵销 借	调整与抵销 贷	合并财务报表
利润表					
营业收入	$ 240	$ 160			$ 400
投资收益——Sun公司	54		54[a]		
营业成本及费用	(140)	(100)			(240)
少数股东损益			6[d]		(6)
归属于母公司的净利润	**$ 154**	**$ 60**			**$ 154**
留存收益表					
留存收益——Pam公司	$ 400				400
留存收益——Sun公司		$ 200	200[b]		
归属于母公司的净利润	**154**	**60**			**154**
12月31日留存收益	**$ 554**	**$ 260**			**$ 554**
资产负债表					
其他资产	$ 960	$ 520			$ 1 480
长期股权投资——Sun公司（90%）	594			54[a] 540[b]	
长期股权投资——Pam公司（10%）		140		140[c]	
	$ 1 554	$ 660			$ 1 480
股本——Pam公司	1 000				1 000
股本——Sun公司		$ 400	400[b]		
留存收益	**554**	**260**			**554**
	$ 1 554	$ 660			
库存股			140[c]		(140)
少数股东权益				60[b] 6[d]	66
			800	800	$ 1 480

借：投资收益——Sun公司（－R，－SE） 6 000

贷：股利（＋SE） 6 000

抵销集团内部股利6 000美元（Pam公司发放的60 000美元股利中有10%付给了Sun公司）并调整投资收益，以扣除Sun公司净利润中来自Pam公司的股利收入。

因此在2017年，Pam公司应确认来自Sun公司的投资收益71 400美元（77 400－6 000）以及长期股权投资的增加额41 400美元（77 400－36 000）。Pam公司长期股权投资增加的41 400美元是由Sun公司80 000美元单独净利润的90%，加上Pam公司支付给Sun公司的6 000美元股利的90%，减去Sun公司40 000美元股利的90%得到的。Pam公司来自Sun公司的投资收益是由Sun公司80 000美元单独净利润的90%减去600美元（Pam公司支付给Sun公司的6 000美元股利的10%，应记入Sun公司少数股东权益）得到的。

图表9-6为2017年度Pam公司及其子公司的合并工作底稿。Pam公司“长期股权投资——Sun公司”账户余额为635 400美元，计算过程如下所示：

长期股权投资——Sun公司（90%），2016年12月31日	$ 594 000
加：Sun公司净利润的90%	77 400
减：Sun公司股利的90%	(36 000)
长期股权投资——Sun公司（90%），2017年12月31日	$ 635 400

由于Pam公司对Sun公司的长期股权投资的公允价值与账面价值相等，因此“长期股权投资——Sun公司”账户余额也可由2017年12月31日Sun公司股东权益乘以90%得到（706 000×90%=635 400）。

图表9-6 Pam公司及其子公司2017年度合并工作底稿 单位：千美元

	Pam公司	Sun公司（90%）	调整与抵销		合并财务报表
			借	贷	
利润表					
营业收入	$ 280	$ 200			$ 480
投资收益——Sun公司	71.4		71.4[a]		
股利收入		6	6[a]		
营业成本及费用	(160)	(120)			(280)
少数股东损益			8.6[d]		(8.6)
归属于母公司的净利润	**$ 191.4**	**$ 86**			**$ 191.4**
留存收益表					
留存收益——Pam公司	$ 554				$ 554
留存收益——Sun公司		$ 260	260[b]		
归属于母公司的净利润	**191.4**	**86**			**191.4**
股利	(54)	(40)		36[a] 4[d]	(54)
12月31日留存收益	**$ 691.4**	**$ 306**			**$ 691.4**
资产负债表					
其他资产	$ 1 056	$ 566			$ 1 622
长期股权投资——Sun公司（90%）	635.4			41.4[a] 594[b]	
长期股权投资——Pam公司（10%）		140		140[c]	
	$ 1 691.4	$ 706			$ 1 622
股本——Pam公司	$ 1 000				$ 1 000
股本——Sun公司		$ 400	400[b]		
留存收益	**691.4**	**306**			**691.4**
	$ 1 691.4	$ 706			
库存股			140[c]		(140)
少数股东权益				66[b] 4.6[d]	70.6
			886	886	$ 1 622

图表9-6中，合并工作底稿分录a受到了权益法下6 000美元股利调整的影响，为便于理解，将分录a重新列示如下：

a 借：投资收益——Sun公司（－A，－SE）	**71 400**
股利收入（－A，－SE）	**6 000**
贷：股利（＋SE）	**36 000**
长期股权投资——Sun公司（－A）	**41 400**

由于在将“长期股权投资——Sun公司”账户调整至期初余额594 000美元时，Pam公司的“投资收益——Sun公司”账户以及Sun公司来自Pam公司的股利收入均被抵销，所以分录a变得有所不同。其他的工作底稿调整分录与图表9-5相同。

虽然2017年Pam公司发放了60 000美元的股利，但只有27 000美元发放给了外部股东。因此，Pam公司留存收益表以及合并留存收益表上列示的股利都应为54 000美元而不是60 000美元。Sun公司对Pam公司长期股权投资的成本140 000美元作为股东权益的减项列示在合并资产负债表上。该金额与图表9-5中合并工作底稿上列示的金额相等。

□ 传统法

根据库存股法，图表9-5及图表9-6中的合并资产负债表合并了Pam公司100%的股本及留存收益，并从合并股东权益中扣除了Sun公司对Pam公司10%股权投资的成本。而在传统法下，子公司持有的母公司股票被视为推定赎回，合并财务报表中不再列示子公司持有的权益份额所对应的股本及留存收益。

在传统法下，Sun公司购买Pam公司10%的股权被视为推定赎回。在Pam公司及子公司的合并资产负债表中列示了由合并主体之外的股东持有Pam公司90%股权的股本及留存收益（单位：千美元）：

	2016年1月1日	
	Pam公司	合并
股本	$1 000	$ 900
留存收益	400	360
股东权益总额	$1 400	$1 260

会计人员一般认为，合并资产负债表上应列示属于合并主体以外的控股股东的股本及留存收益。然而这种处理方法会导致一个问题，即在涉及母公司股权的相互持股中，权益法是否依然适用。具体地说，权益法是否适用于涉及投资母公司的附属结构？如果适用，无论是采用权益法处理对子公司的投资还是将子公司合并，母公司（投资方）的当期净利润以及期末股东权益都是相同的。

尽管对在涉及母公司股权的相互持股时权益法的适用性存在不同意见，但本书认为权益法是适用的，事实上，这也是公认会计原则（ASC 323-10-35）要求的。被投资方的资本性交易若影响投资方在被投资方股东权益中的份额，则进行会计处理时应将被投资方视为合并子公司。根据这一规定，与Pam公司对Sun公司长期股权投资有关的会计分录如下所示：

2016年1月1日

借：长期股权投资——Sun公司（90%）（+A）	540 000	
贷：现金（-A）		540 000

记录按账面价值收购Sun公司90%的股权。

2016年1月5日

借：股本（每股面值10美元）（-SE）	100 000	
留存收益（-SE）	40 000	
贷：长期股权投资——Sun公司（90%）（-A）		140 000

记录Sun公司购买Pam公司股票引起的Pam公司10%的发行在外股票的推定赎回。

这些分录减少了母公司股本及留存收益，以反映属于合并主体外控股股东的份额。减记“长期股权投资——Sun公司”账户是基于以下理论：子公司购买母公司股票实际上是将其退还给母公司，应视为推定赎回。

在母公司账上记录母公司股票的推定赎回之后，母公司的股东权益反映了合并主体外的控股股东所拥有的股权。这些股东即为合并报表的主要使用者。此外，按上述方式记录推定赎回之后，与母公司外部股东（90%）有关的股本及留存收益就会与母公司净利润、股利以及每股收益保持一致。财务报表附注中应披露推定赎回的详细信息。

相互持股的利润分配　采用传统法对相互持股进行会计处理时，只有先确定子公司在权益法下的净利润，母公司在权益法下的净利润才能确定，反之亦然。这是因为母子公司的净利润是相互关联的。可以利用数学方法来计算母公司和子公司的净利润，最常用的方法为联立方程法和代入消除法。通过以下两步就可以将利润分配至附属公司和外部持有者：第一步，按合并基础计算 Pam 公司和 Sun 公司的净利润，其中包括附属公司持有的相互间利润；第二步，将各自的利润与附属公司内部持股比例及少数股东权益比例相乘，以确定权益法下的合并净利润以及少数股东损益。

第一步，计算 2016 年度 Pam 公司及 Sun 公司合并基础上的净利润，计算过程如下：

P＝合并基础上 Pam 公司的净利润(包括相互间利润)

S＝合并基础上 Sun 公司的净利润(包括相互间利润)

然后，

P＝Pam 公司单独净利润 100 000＋90％S

S＝Sun 公司单独净利润 60 000＋10％P

代入：

P＝100 000＋90％×(60 000＋10％P)

P＝100 000＋54 000＋0.09P

P＝169 231

S＝60 000＋169 231×10％

S＝76 923

以上答案并不是最终答案，因为部分净利润（相互间利润）被计算了两次。Pam 公司与 Sun 公司单独净利润的合计数只有 160 000 美元，但是 P 和 S 之和却为 246 154 美元。下一步，将上述 P 值与外部持股比例 90％相乘计算 Pam 公司以权益为基础的净利润，将上述 S 值与少数股东权益比例相乘计算少数股东损益。换言之，Pam 公司权益基础上的净利润为 169 231 美元的 90％，即 152 308 美元，少数股东损益为 76 923 美元的 10％，即 7 692 美元。Pam 公司净利润（归属于母公司的净利润）152 308 美元加上少数股东损益 7 692 美元等于 160 000 美元，即为 Pam 公司和 Sun 公司单独净利润之和。

权益法下相互间利润的会计处理　Pam 公司按权益法记录 2016 年度投资收益的会计分录如下所示：

借：长期股权投资——Sun 公司（＋A）	52 308	
贷：投资收益——Sun 公司（R，＋SE）		52 308

记录来自 Sun 公司的投资收益。

来自 Sun 公司的投资收益 52 308 美元等于合并基础上 Sun 公司净利润 76 923 美元的 90％减去 Pam 公司净利润 169 231 美元的 10％，即用 Pam 公司在 Sun 公司净利润中 90％的份额减去 Sun 公司在 Pam 公司净利润中 10％的份额。另一种计算方法是从 Pam 公司净利润中减去其单独净利润（152 308 美元－100 000 美元）。

由于 Sun 公司只持有 Pam 公司 10％的股权，因此假设其以成本法处理对 Pam 公司的长期股权投资。Pam 公司 2016 年并未宣告发放股利，所以 Sun 公司当年没有投资收益，其长期股权投资余额仍为取得 10％股权时的初始成本 140 000 美元。

权益法下的合并　图表 9－7 为传统法下 Pam 公司及子公司 2016 年度的合并工作底稿。工作底稿中“长期股权投资——Sun 公司（90％）”项目金额为 452 308 美元（初始投资 540 000 美元＋投资收益 52 308 美元－Pam 公司股票的推定赎回 140 000 美元）。工作底稿分录 a 抵销了对 Pam 公司的长期股权投资 140 000美元（Sun 公司账上），并将 Pam 公司对 Sun 公司的长期股权投资增至 592 308 美元。这笔分录通过借记“长期股权投资——Sun公司”反映了Pam公司股票的推定赎回。分录b抵销了投资收益52 308美元，并将“长期股权投资——Sun公司”调减至2016年1月5日的成本540 000美元。分录c抵销了对应的“长期股权投资——Sun公司”账户与Sun公司权益，并列示Sun公司2016年初的少数股东权益为60 000美元（600 000美元的10%）

在图表9-7工作底稿中，应注意到Pam公司单独报表上的净利润、股本及留存收益分别等于合并报表上的净利润、股本及留存收益。若未在Pam公司账上记录其股票的推定赎回，这些项目就不会相等。

图表9-7 Pam公司及其子公司2016年度合并工作底稿

	Pam公司	Sun公司(90%)	调整与抵销 借	调整与抵销 贷	合并财务报表
利润表					
营业收入	$ 240 000	$ 160 000			$ 400 000
投资收益——Sun公司	52 308		52 308[b]		
营业成本及费用	(140 000)	(100 000)			(240 000)
少数股东损益			7 692[d]		(7 692)
归属于母公司的净利润	**$ 152 308**	**$ 60 000**			**$ 152 308**
留存收益表					
留存收益——Pam公司	$ 360 000				$ 360 000
留存收益——Sun公司		$ 200 000	200 000[c]		
归属于母公司的净利润	**152 308**	**60 000**			**152 308**
12月31日留存收益	**$ 512 308**	**$ 260 000**			**$ 512 308**
资产负债表					
其他资产	$ 960 000	$ 520 000			$ 1 480 000
长期股权投资——Sun公司（90%）	452 308		140 000[a]	52 308[b]	
				540 000[c]	
长期股权投资——Pam公司（10%）		140 000		140 000[a]	
	$ 1 412 308	$ 660 000			$ 1 480 000
股本——Pam公司	$ 900 000				$ 900 000
股本——Sun公司		400 000	400 000[c]		
留存收益	**512 308**	**260 000**			**512 308**
	$ 1 412 308	$ 660 000			
少数股东权益				60 000[c]	
				7 692[d]	67 692
			800 000	800 000	$ 1 480 000

合并以后年度的合并 2017年Pam公司和Sun公司的单独净利润及股利列示如下：

	Pam公司	Sun公司
单独净利润	$ 120 000	$ 80 000
股利	60 000	40 000

传统法下，2017年Pam公司和Sun公司的有关计算如下所示：

P＝合并基础上Pam公司的净利润(包括相互间利润)

S＝合并基础上Sun公司的净利润(包括相互间利润)

基本方程：

P＝120 000＋90％S

S＝80 000＋10％P

代入：

P＝120 000＋90％×(80 000＋10％P)

0.91P＝192 000

P＝210 989

S＝80 000＋10％×210 989

S＝101 099

通过计算得到的P及S中包含了应抵销的相互间利润。合并净利润及少数股东损益计算如下：

Pam公司净利润（及控制性权益）(＄210 989×90％外部持股比例)	＄189 890
少数股东损益（＄101 099×10％）	10 110
Pam公司和Sun公司单独净利润之和	＄200 000

如果Sun公司采用成本法处理其对Pam公司的长期股权投资，2017年应记录来自Pam公司的股利收入6 000美元（Pam公司股利的10％）；若采用权益法，则应记录来自Pam公司的投资收益21 099美元(210 989×10％)。

Pam公司采用权益法处理其对Sun公司的长期股权投资，分录如下所示：

借：现金（＋A）	36 000	
贷：长期股权投资——Sun公司（－A）		36 000

记录2017年Sun公司40 000美元股利的90％。

借：长期股权投资——Sun公司（＋A）	69 890	
贷：投资收益——Sun公司（R，＋SE）		69 890

记录投资收益，计算方法为：Pam公司净利润189 890美元－Pam公司的单独净利润120 000美元＝69 890美元。另一种计算方法是：用合并基础上Sun公司净利润的90％(101 099美元×90％）减去合并基础上Pam公司净利润的10％(210 989美元×10％)，结果为69 890美元。

借：长期股权投资——Sun公司（＋A）	6 000	
贷：股利（＋SE）		6 000

抵销母公司支付给Sun公司的股利，并调整"长期股权投资——Sun公司"账户。

在权益法下，2017年12月31日Pam公司的"长期股权投资——Sun公司"账户余额为492 198美元。计算过程如下：

长期股权投资——Sun公司，2016年12月31日	＄452 308
加：投资收益——Sun公司	69 890
加：支付给Sun公司的股利	6 000
减：从Sun公司收到的股利	－36 000
长期股权投资——Sun公司，2017年12月31日	＄492 198

图表9-8为Pam公司及其子公司2017年度的合并工作底稿。假设Sun公司采用成本法处理其对Pam公司的长期股权投资，Pam公司采用权益法处理其对Sun公司的长期股权投资，那么母公司净利润和合并净利润相同，为189 890美元。母公司的股本及留存收益金额分别等于相应的合并报表上的金额。图表9-8中的工作底稿调整程序与本章前面部分相同。

图表 9－8　Pam 公司及其子公司 2017 年度合并工作底稿

	Pam 公司	Sun 公司（90%）	调整与抵销 借	调整与抵销 贷	合并财务报表
利润表					
营业收入	\$ 280 000	\$ 200 000			\$ 480 000
投资收益——Sun 公司	69 890		69 890[b]		
股利收入		6 000	6 000[b]		
营业成本及费用	(160 000)	(120 000)			(280 000)
少数股东损益			10 110[d]		(10 110)
归属于母公司的净利润	**\$ 189 890**	**\$ 86 000**			**\$ 189 890**
留存收益表					
留存收益——Pam 公司	\$ 512 308				\$ 512 308
留存收益——Sun 公司		260 000	260 000[c]		
归属于母公司的净利润	**189 890**	**86 000**			**189 890**
股利	(54 000)	(40 000)		36 000[b] 4 000[d]	(54 000)
12 月 31 日留存收益	**\$ 648 198**	**\$ 306 000**			**\$ 648 198**
资产负债表					
其他资产	\$ 1 056 000	\$ 566 000			\$ 1 622 000
长期股权投资——Sun 公司（90%）	492 198		140 000[a]	39 890[b] 592 308[c]	
长期股权投资——Pam 公司（10%）		140 000		140 000[a]	
	\$ 1 548 198	\$ 706 000			\$ 1 622 000
股本——Pam 公司	\$ 900 000				\$ 900 000
股本——Sun 公司		\$ 400 000	400 000[c]		
留存收益	**648 198**	**306 000**			**648 198**
	\$ 1 548 198	\$ 706 000			
少数股东权益				67 692[c] 6 110[d]	73 802
			886 000	886 000	\$ 1 622 000

一旦确定净资产有所增加，可以利用联立方程将净资产增加数分配至合并留存收益和少数股东权益。Pam 公司和 Sun 公司的有关计算如下所示：

P＝合并基础上 Sun 公司收购 Pam 公司股权以来 Pam 公司净资产的增加数

S＝合并基础上 Pam 公司收购 Sun 公司股权以来 Sun 公司净资产的增加数

基本方程：

$$P = 196\,000 + 90\%S$$

$$S = 106\,000 + 10\%P$$

代入：

$$P = 196\,000 + 90\% \times (106\,000 + 10\%P)$$

$$P = 196\,000 + 95\,400 + 0.09P$$

$$0.91P = 291\,400$$

$$P = \underline{\underline{320\,220}}$$

S＝106 000＋10％×320 220

S＝138 022

通过以上的计算结果（仍包含相互持有的金额），可以将 302 000 美元的净资产增加数分配至合并留存收益和少数股东权益：

Pam 公司的留存收益增加数（或合并留存收益的增加数）＝＄320 220×90％	＄288 198
少数股东权益的留存收益增加数＝＄138 022×10％	13 802
净资产总增加数	＄302 000

合并时 Pam 公司的留存收益为 400 000 美元，但由于其 10％股票的推定赎回，留存收益的金额调至 360 000 美元。因此，2017 年 12 月 31 日的合并留存收益的正确数额为 648 198 美元（360 000＋288 198）。这为检验图表 9－8 中 648 198 美元的合并留存收益提供了一种简便方法。

2016 年 1 月 1 日 Sun 公司的少数股东权益为 60 000 美元（600 000×10％）。2017 年 12 月 31 日少数股东权益为 73 802 美元（60 000＋13 802）。这进一步验证了图表 9－8 合并工作底稿中73 802美元的少数股东权益。

9.5 子公司相互持股

附属结构内部持有的母公司股票并未发行在外，因此既不能作为发行在外股票列示在权益法下的母公司报表中，也不能列示在合并财务报表中。如前所述，通常可以采用公认的两种方法来抵消相互持有母公司股票的影响，即库存股法和传统法。在本节中，由于子公司之间相互持股，库存股法不再适用。

下图为 Pal，Set，Ton 三家公司的结构图。Pal 公司直接持有 Set 公司 80％的股权，Set 公司持有 Ton 公司 70％的股权，Ton 公司持有 Set 公司 10％的股权。Set 公司存在 10％少数股东权益，Ton 公司存在 30％少数股东权益。

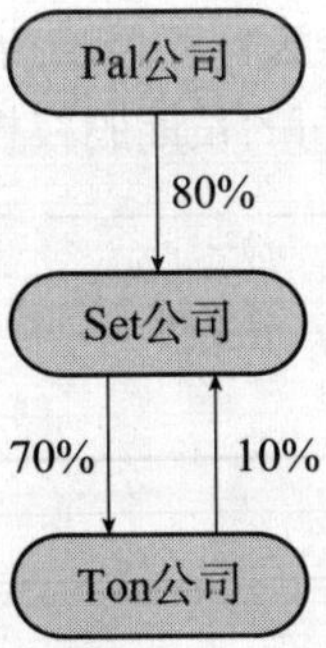

Pal，Set，Ton 三家公司的股权收购活动如下所示：

1. 2016 年 1 月 2 日，Pal 公司以 260 000 美元的价格购得 Set 公司 80％的股权。当日 Set 公司的股东权益包括股本 200 000 美元，留存收益 100 000 美元（内含商誉总额 25 000 美元）。

2. 2017 年 1 月 3 日，Set 公司以 112 000 美元的价格购得 Ton 公司 70％的股权。当日 Ton 公司的股东权益包括股本 100 000 美元，留存收益 50 000 美元（内含商誉总额 10 000 美元）。

3. 2017 年 12 月 31 日，Ton 公司以 40 000 美元的价格购得 Set 公司 10％的股权。当日 Set 公司的股东权益包括股本 200 000 美元，留存收益 200 000 美元（无商誉）。

□ 相互持股前的会计处理

假设在合并日，与上述长期股权投资有关的净资产账面价值等于其公允价值，并将投资成本与所获净资产的差额分摊至商誉。2017 年 12 月 31 日 Pal，Set，Ton 三家公司结账后的试算表如下所示（单位：千美元）：

	Pal 公司	Set 公司	Ton 公司
现金	$ 64	$ 42	$ 20
其他流动资产	200	85	80
固定资产净值	500	240	110
长期股权投资——Set 公司（80%）	340	—	—
长期股权投资——Ton 公司（70%）	—	133	—
长期股权投资——Set 公司（10%）	—	—	40
	$1 104	$500	$250
负债	$ 200	$100	$ 70
股本	500	200	100
留存收益	404	200	80
	$1 104	$500	$250

2017 年 12 月 31 日，Pal 公司对 Set 公司的长期股权投资余额为 340 000 美元：

成本	$260 000
加：Set 公司 40 000 美元净利润的 80%－2016 年股利	32 000
Set 公司 60 000 美元净利润的 80%－2017 年股利	48 000
	$340 000

2017 年 12 月 31 日，Ton 公司对 Set 公司 10%股权的长期股权投资余额为当日的投资成本 40 000 美元。尽管母公司对 Set 公司拥有绝对的控制权使得 Ton 公司可以采用权益法核算其对 Set 公司 10%股权的投资，但是我们仍假定 Ton 公司采用成本法核算该项投资。

2017 年 12 月 31 日 Set 公司对 Ton 公司的长期股权投资余额为 133 000 美元，计算过程列示如下：

2017 年 1 月 3 日对 Ton 公司的长期股权投资——成本	$112 000
加：Ton 公司 300 000 美元净利润的 70%－2017 年股利	21 000
	$133 000

□ 子公司相互持股的会计处理

2018 年，三家公司的单独净利润及股利如下所示（单位：千美元）：

	Pal 公司	Set 公司	Ton 公司	合计
单独净利润	$112	$51	$40	$203
宣告发放的股利	50	30	20	100

下面使用传统法分配三家公司合计净利润。

利润分配的计算 利润分配的计算过程如下所示：

P＝Pal 公司单独净利润＋80％S
S＝Set 公司单独净利润＋70％U
U＝Ton 公司单独净利润＋10％S
P＝112 000＋80％S
S＝51 000＋70％U
U＝40 000＋10％S

求解 S（四舍五入后保留至个位）：

S＝51 000＋70％×(40 000＋10％S)＝79 000＋0. 07S
0. 93S＝79 000
S＝84 946
U＝40 000＋10％×84 946
U＝48 495
P＝112 000＋80％×84 946
P＝179 957

将合计净利润分配如下：

合计净利润	$179 957
Set 公司少数股东损益（$84 946×10％）	8 495
Ton 公司少数股东损益（$48 495×30％）	14 548
单独净利润合计	$203 000

长期股权投资余额的计算　2018 年 12 月 31 日长期股权投资余额汇总如下：

	Pal 公司（权益法）	Set 公司（权益法）	Ton 公司（成本法）*
长期股权投资余额（2017 年 12 月 31 日）	$340 000	$133 000	$40 000
加：投资收益			
Pal 公司（$84 946×80％）	67 957	—	—
Set 公司（$48 495×70％）	—	33 946	—
减：收到的股利			
Pal 公司（$30 000×80％）	(24 000)	—	—
Set 公司（$20 000×70％）	—	(14 000)	—
长期股权投资余额（2018 年 12 月 31 日）	$383 957	$152 946	$40 000

注：* 由于 Ton 公司采用成本法核算其对 Set 公司 10％股权的长期股权投资，因此其取得的 3 000 美元股利收入并不影响长期股权投资。

合并工作底稿——权益法　图表 9-9 的合并工作底稿中列示了多个投资收益项目及其余额。Pal 公司、Set 公司及 Ton 公司的单独财务报表分别列示于合并工作底稿的前三栏。合并工作底稿分录 a，b，c 分别抵销了投资收益（包括 Ton 公司取得的股利收入）及公司间股利，并将长期股权投资调整至期初余额。工作底稿分录 d 抵销了对应的权益及 Set 公司对 Ton 公司的长期股权投资，并列示了 Set 公司对 Ton 公司投资的期初商誉 10 000 美元及 Ton 公司的期初少数股东权益 57 000 美元（190 000×30％）。分录 e 抵销了对应的权益及对 Set 公司的长期股权投资（包括 Pal 公司持有的 80％的股权和 Ton 公司持有的 10％的股权），并列示了 Pal 公司投资 Set 公司时的期初商誉 25 000 美元以及 Set 公司的期初少数股东权益

45 000美元。虽然“长期股权投资——Set 公司”账户有两个，并做了两笔抵销分录，但是较为方便的做法是为每一主体（此例为 Set 公司）编制一笔分录，而不是为每一个长期股权投资编制一笔分录。

图表 9－9　Pal 公司及其子公司 2018 年度合并工作底稿

	Pal 公司	Set 公司	Ton 公司	调整与抵销		合并财务报表
				借	贷	
利润表						
营业收入	$ 412 000	$ 161 000	$ 100 000			$ 673 000
投资收益——Set 公司（80%）	67 957			67 957[c]		
投资收益——Ton 公司（70%）		33 946		33 946[b]		
股利收入（10%）			3 000	3 000[a]		
营业成本	(220 000)	(70 000)	(40 000)			(330 000)
营业费用	(80 000)	(40 000)	(20 000)			(140 000)
少数股东损益——Set 公司				8 495[f]		(8 495)
少数股东损益——Ton 公司				14 548[g]		(14 548)
归属于母公司的净利润	**$ 179 957**	**$ 84 946**	**$ 43 000**			**$ 179 957**
留存收益表						
留存收益——Pal 公司	$ 404 000					$ 404 000
留存收益——Set 公司		200 000		200 000[e]		
留存收益——Ton 公司			80 000	80 000[d]		
归属于母公司的净利润	**179 957**	**84 946**	**43 000**			**179 957**
股利	(50 000)	(30 000)	(20 000)		3 000[a]	
					14 000[b]	
					24 000[c]	
					3 000[f]	
					6 000[g]	(50 000)
12 月 31 日留存收益	**$ 533 957**	**$ 254 946**	**$ 103 000**			**$ 533 957**
资产负债表						
现金	$ 60 000	$ 33 000	$ 43 000			$ 136 000
其他流动资产	250 000	80 000	70 000			400 000
固定资产净值	550 000	300 000	130 000			980 000
长期股权投资——Set 公司（80%）	383 957				43 957[c]	
					340 000[e]	
长期股权投资——Ton 公司（70%）		152 946			19 946[b]	
					133 000[d]	
长期股权投资——Set 公司（10%）			40 000		40 000[e]	
商誉——Pal 公司				25 000[e]		25 000
商誉——Set 公司				10 000[d]		10 000
	$ 1 243 957	$ 565 946	$ 283 000			$ 1 551 000
负债	$ 210 000	$ 111 000	$ 80 000			$ 401 000
股本——Pal 公司	500 000					500 000
股本——Set 公司		200 000		200 000[e]		
股本——Ton 公司			100 000	100 000[d]		
留存收益	**533 957**	**254 946**	**103 000**			**533 957**
	$ 1 243 957	$ 565 946	$ 283 000			
少数股东权益——Ton 公司（1 月 1 日）					57 000[d]	116 043
少数股东权益——Set 公司（1 月 1 日）					45 000[e]	
少数股东权益——Set 公司（12 月 31 日）					5 495[f]	
少数股东权益——Ton 公司（12 月 31 日）					8 548[g]	
				742 946	742 946	$ 1 551 000

由于 Pal 公司采用单行合并处理对 Set 公司的长期股权投资，因此 2018 年度的合并净利润 179 957 美

元及2018年12月31日的合并留存收益533 957美元与Pal公司财务报表上的净利润及留存收益金额相等。少数股东损益由前述的联立方程确定。

总结

公司可以通过直接或间接持有另一公司有表决权股票而控制该公司。间接持股使投资方能通过其直接拥有的被投资方对其非直接拥有的被投资方的经营实施控制或产生重大影响。编制涉及间接持股的合并财务报表时，主要问题在于如何在控股股东与少数股东之间分配净利润及股东权益。分配方法有好几种，列表法可能是其中最好的一种。因为该方法简便且分步列示了分配过程。

当母子公司相互持股时，从合并主体角度看，相互持有的股票并未发行在外。通过库存股法或传统法，可以在合并财务报表中抵消持有母公司股票的影响。采用库存股法时，应从合并股东权益中减去以成本为计价基础的对母公司的长期股权投资。在传统法下，对母公司的长期股权投资被视作推定赎回，应调整母公司对子公司的长期股权投资及母公司权益，以反映单行合并，进而将子公司对母公司的长期股权投资与母公司对子公司的长期股权投资相互抵销。

子公司相互持股时，应采用传统法来抵销对应的长期股权投资及权益。对于子公司相互持股，库存股法不再适用，因为合并财务报表仅列示母公司的股本及留存收益。在传统法下，可以通过联立方程法在相互持股公司间分配净利润及股东权益。

思考题

（第1～7题与间接持股有关，第8～15题与相互持股有关。）

1. 什么是对子公司的间接持股？

2. P公司拥有S公司60%的股权，S公司拥有T公司40%的股权，T公司应该被合并吗？如果不合并，T公司应如何反映在P公司及其子公司的合并报表上？

3. 区分间接持股附属结构与相互持股附属结构。

4. 母公司拥有子公司A 70%的有表决权股票，子公司A拥有子公司B 70%的股权，合并主体持有的子公司B的股权是否超过了50%？子公司B是否应该包括在母公司及其子公司的合并报表中？请解释。

5. Pat公司拥有Sam公司80%的股权，Sam公司拥有Stan公司70%的股权。Pat公司、Sam公司及Stan公司的净利润分别为200 000美元、160 000美元、100 000美元。用两种不同的方法计算合并净利润及少数股东损益。

6. 在间接持股附属结构中，使用列表法分配子公司的净利润给控股股东及少数股东时，为何必须从附属结构最底层子公司开始？

7. P公司拥有S1公司80%的股权，S1公司拥有S2公司70%的股权。P公司、S1公司及S2公司2016年度的净利润分别为20 000美元、10 000美元和5 000美元。2016年，S1公司向P公司出售土地，获利1 000美元。计算权益法下S1公司的净利润。讨论是否应就未实现净利润调整S1公司的“长期股权投资——S2公司”账户。

8. 假如母公司拥有子公司80%的有表决权股票，且子公司拥有母公司20%的股票，这属于哪一种附属结构？请解释。

9. 如何使用库存股法抵消相互持股的影响？

10. 库存股法与传统法都适用于所有的相互持股类型吗？请解释。

11. 在库存股法下，相互持股的子公司按成本基础记录其对母公司的长期股权投资。子公司收到的母公司股利在权益法下包含在母公司的投资收益中吗?

12. 叙述母公司股票推定赎回的概念。当母公司的股票被视为推定赎回时，母公司是否应该调整其权益?

13. P公司的净利润为100 000美元，S公司的净利润为40 000美元，P公司持有S公司80%的股权，S公司持有P公司10%的股权。合并净利润的金额为多少?

14. 在附属结构中，父-子-孙结构与母子公司相互持股结构的合并程序有何不同?

15. 若附属结构中所有公司均采用权益法处理其长期股权投资，如何不使用联立方程法确定少数股东权益?

练习题

（E9-1至E9-8与间接持股有关，E9-9至E9-13与相互持股有关。）

E9-1 计算合并净利润

2016年1月1日，Pop公司以账面价值（等于公允价值）购得Son公司60%的股权。当日，Son公司持有Tip公司60%的股权（以等于公允价值的账面价值收购），还持有Win公司15%的股权。2016年度四家公司的单独净利润和股利如下所示（单独净利润不包括投资收益和股利收入。单位：千美元）：

	单独净利润	股利
Pop公司	$3 200	$1 200
Son公司	2 000	800
Tip公司	800	400
Win公司	1 200	400

要求：计算归属于母公司的净利润和少数股东损益。

E9-2 分配投资收益和损失

Pam公司拥有Sun公司60%的股权和Tim公司80%的股权。Tim公司拥有Sun公司20%的股权。2016年度三家公司的单独净利润和亏损数据（不包括投资收益）如下所示：

Pam公司	800 000美元单独净利润
Sun公司	300 000美元单独净利润
Tim公司	400 000美元单独净损失

2016年度的净利润中不考虑合并价差及未实现净利润。

要求：计算2016年度归属于母公司的净利润。

E9-3 编制利润分配表（包括销售土地的未实现利得）

Place公司及其子公司的附属结构如下所示：

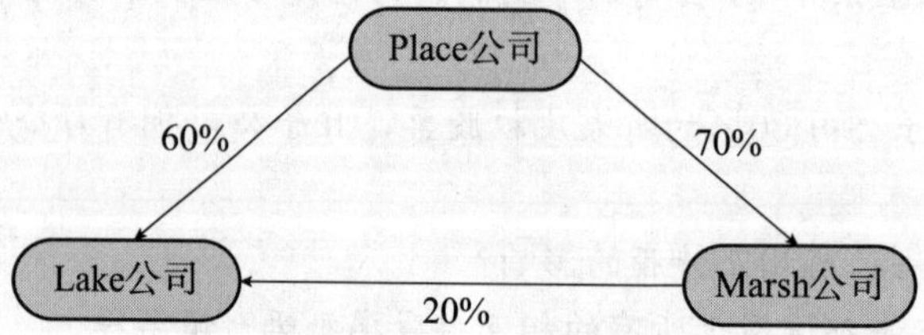

2016年度上述各公司的单独净利润如下所示：

Place公司	400 000美元
Lake公司	160 000美元
Marsh公司	140 000美元

Lake公司的净利润中包括2016年度出售土地给Marsh公司产生的未实现利得40 000美元。

要求： 编制并列示母子公司间的利润分配表，并计算2016年度归属于母公司的净利润和少数股东损益。

E9-4 列等式计算来自子公司的投资收益、少数股东损益与合并净利润

Pin公司及其子公司的附属结构如下所示：

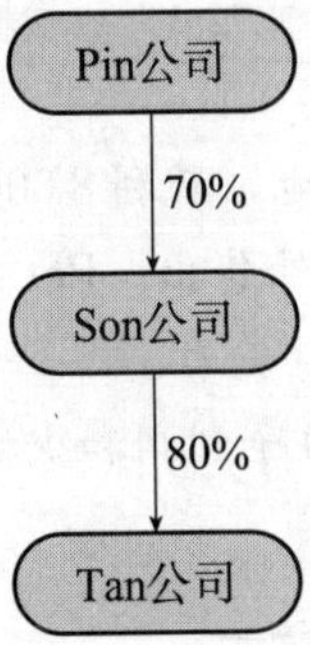

2016年度Pin公司、Son公司和Tan公司的单独净利润为360 000美元、160 000美元和100 000美元。

1. 单行合并时，2016年度Pin公司来自Son公司的投资收益的计算公式为：

a. 160 000×70%
b. (160 000×70%)+(100 000×80%)
c. (160 000×70%)+(100 000×56%)
d. 70%×(160 000+100 000)

2. 2016年度Pin公司及其子公司的少数股东损益的计算公式为：

a. 30%×160 000
b. (30%×160 000)+(20%×100 000)
c. (30%×160 000)+(24%×100 000)
d. (30%×160 000)+(44%×100 000)

3. 合并净利润的计算公式为：

a. 620 000−(160 000×30%)
b. 620 000−(160 000×30%)−(100 000×20%)
c. 620 000−(160 000×30%)−(100 000×20%)−(100 000×30%×90%)
d. 620 000−(160 000×30%)−(100 000×44%)

E9-5 编制利润分配表

Pal公司分别拥有Sal公司和Tea公司80%的有表决权股票。Sal公司拥有Won公司60%的有表决权股票及Tea公司10%的有表决权股票。Tea公司拥有Val公司70%的有表决权股票及Won公司10%的有表决权股票。

上述各公司2016年度的单独净利润如下所示：

Pal公司	\$50 000
Sal公司	\$30 000
Tea公司	\$35 000
Won公司	(\$20 000)
Val公司	\$40 000

上述公司单独净利润中唯一一笔集团内部未实现净利润为5 000美元，是由Pal公司自Tea公司购货产生的，且2016年12月31日该批产品仍为Pal公司的存货。

要求：计算归属于母公司的净利润和少数股东损益。

E9-6 计算归属于母公司的净利润和少数股东损益

Pet公司拥有Man公司90%的股票及Nun公司70%的股票。Man公司拥有Oak公司70%的股票及Nun公司10%的股票。Nun公司拥有Oak公司20%的股票。

上述公司2016年度的单独净利润如下所示：

Pet公司	$130 000
Man公司	$ 36 000
Nun公司	$ 56 000
Oak公司	$ 18 000

2016年Man公司向Nun公司出售土地，获利8 000美元，Oak公司向Pet公司出售存货，获利16 000美元，截至期末该批存货仍有一半尚未对外售出。Pet公司以30 000美元购买Nun公司发行的债券，该债券2016年12月31日的账面价值为34 000美元。

要求：计算2016年度归属于母公司的净利润和少数股东损益。

E9-7 不存在集团内部交易

一组相互关联的公司的附属结构如下所示：

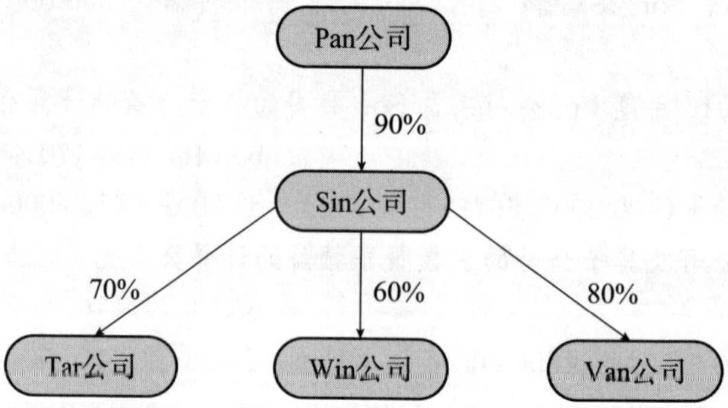

2016年，这些长期股权投资的公允价值与账面价值相等，无未实现或推定利润或损失。

2009年度上述公司的单独净利润及股利为：

	单独净利润（损失）	股利
Pan公司	$1 240 000	$400 000
Sin公司	350 000	200 000
Tar公司	400 000	160 000
Win公司	(100 000)	—
Van公司	240 000	120 000

1. 2016年度Tar公司净利润中属于直接少数股东的部分为多少美元？

a. 120 000　　b. 148 000

c. 252 000　　d. 280 000

2. 2016年度Van公司净利润中属于直接少数股东的部分为多少美元？

a. 48 000　　b. 96 000

c. 110 400　　d. 144 000

3. 应列示在合并利润表中的少数股东损益总额为多少美元?

a. 244 200　　b. 210 200

c. 204 200　　d. 76 200

4. 2016年度Pan公司及其子公司归属于母公司的净利润为多少美元?

a. 1 925 800　　b. 1 881 800

c. 1 240 000　　d. 685 800

5. Pan公司的“长期股权投资——Sin公司”账户净增加额为多少美元?

a. 762 000　　b. 685 800

c. 625 800　　d. 505 800

E9-8 在净利润中修正未实现净利润

Pat公司拥有Sam公司80%的股权及Ten公司70%的股权。Ten公司拥有Sam公司10%的股权。收购时，这些投资的公允价值与账面价值相等。

2016年度这些公司的净利润如下所示：

Pat公司	240 000美元
Sam公司	80 000美元
Ten公司	40 000美元

2016年12月31日，Pat公司的存货中包括2016年从Sam公司购买的商品，其中包含10 000美元的未实现净利润。Sam公司的土地项目显示，其2016年从Ten公司购买的土地中含有15 000美元的未实现净利润。这些未实现净利润尚未从净利润中抵销，除与未实现净利润有关的调整之外，计算净利润时正确地运用了权益法。

1. 2016年度Pat公司、Sam公司及Ten公司的单独净利润分别为多少美元?

a. 240 000，80 000，32 000　　b. 148 000，80 000，32 000

c. 148 000，72 000，40 000　　d. 240 000，72 000，40 000

2. 2016年度Pat公司、Sam公司及Ten公司的单独已实现净利润分别为多少美元?

a. 138 000，80 000，25 000　　b. 138 000，70 000，25 000

c. 123 000，80 000，17 000　　d. 148 000，70 000，17 000

3. 2016年度Pat公司及其子公司归属于母公司的净利润分别为多少美元?

a. 220 800　　b. 215 900

c. 214 400　　d. 212 400

4. 2016年度Pat公司及其子公司的合并利润表中的少数股东损益为多少美元?

a. 23 600　　b. 21 200

c. 19 100　　d. 14 200

E9-9 计算合并净利润（传统法，无复杂情况）

Pan公司拥有Sol公司80%的股权，Sol公司拥有Pan公司30%的股权，这两项投资的公允价值均与账面价值相等。2016年度两家公司的单独净利润（不包括投资收益）为：

Pan公司	6 000 000美元
Sol公司	3 000 000美元

要求：使用传统法（联立方程式）计算2016年度归属于母公司的净利润。

E9-10 计算（子公司相互持股，无未实现净利润）

三家公司的内部投资比例及2016年度的单独净利润如下所示：

	对 Sad 公司的投资比例	对 Two 公司的投资比例	单独净利润
Pad 公司	70%	—	$ 400 000
Sad 公司	—	80%	240 000
Two 公司	10%	—	160 000

要求：计算 2016 年度归属于母公司的净利润和少数股东损益。

E9-11 【基于 AICPA】母子公司相互持股

Pin 公司拥有 Son 公司 80%的股权及 Tin 公司 70%的股权。Son 公司拥有 Tin 公司 15%的股权。Tin 公司拥有 Pin 公司 25%的股权，如下图所示：

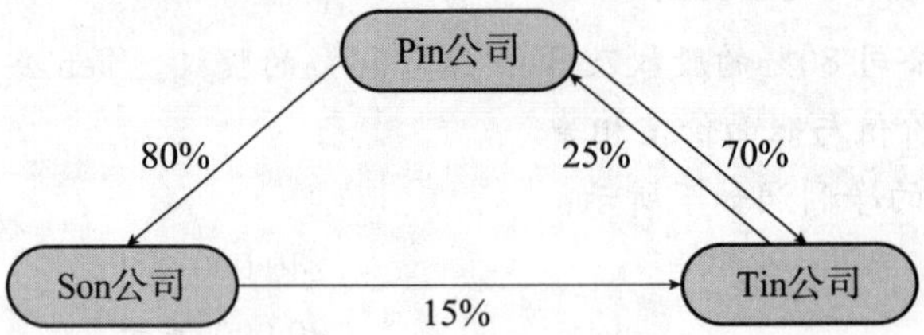

调整集团内部投资收益前的各公司净利润如下所示：

Pin 公司	190 000 美元
Son 公司	170 000 美元
Tin 公司	230 000 美元

各符号的含义为：

A=Pin 公司的合并净利润，即其单独净利润加上其在 Son 公司及 Tin 公司合并净利润中的份额。

B=Son 公司的合并净利润，即其单独净利润加上其在 Tin 公司合并净利润中的份额。

C=Tin 公司的合并净利润，即其单独净利润加上其在 Pin 公司合并净利润中的份额。

1. 联立方程式中，计算 A 的方程式为：

a. A=75%×(190 000+80%B+70%C)

b. A=190 000+80%B+70%C

c. A=75%×190 000+80%×170 000+70%×230 000

d. A=75%×190 000+80%B+70%C

2. 联立方程式中，计算 B 的方程式为：

a. B=170 000+15%C+75%A　　b. B=170 000+15%C

c. B=20%×170 000+15%×230 000　　d. B=20%×170 000+15%C

3. 合并净利润中，Tin 公司少数股东损益为：

a. 15%×230 000　　b. 230 000+25%A

c. 15%×230 000+25%A　　d. 15%C

4. 合并净利润中，Son 公司少数股东损益为多少美元？

a. 34 316　　b. 25 500

c. 45 755　　d. 30 675

E9-12 母子公司相互持股

Pet 公司持有 Sod 公司 90%的股权，Sod 公司持有 Pet 公司 15%的股权，两者收购时的公允价值均与账面价值相等。2016 年度母子公司的单独净利润及股利如下所示：

	单独净利润	股利
Pet公司	$100 000	$50 000
Sod公司	60 000	30 000

1. 如果使用库存股法，2016年度Pet公司的收入和归属于母公司的净利润的计算公式为：

a. 100 000+(90%×60 000)

b. 100 000+(90%×67 500)

c. 100 000+(90%×67 500)−(90%×30 000)

d. (100 000+60 000)−(10%×67500)

2. 若使用传统法，合并基础上Pet公司的利润P=100 000+90%S，Sod公司的利润S=60 000+15%P。根据以上等式，归属于母公司的净利润为：

a. P　　b. 85%P

c. P−10%S　　d. P+S−15%S

E9-13 计算（库存股法与传统法）

2015年1月2日，Pug公司以238 000美元的价格购得Sat公司70%的股权，当日Sat公司的股东权益包括股本200 000美元以及留存收益50 000美元。合并价差分10年进行摊销，每年9 000美元。2015年，对于其对Sat公司的长期股权投资，Pug公司的会计处理如下所示：

投资成本（2015年1月2日）	$238 000
投资收益——Sat公司［(40 000−9 000)×70%］	21 700
股利——Sat公司（20 000×70%）	(14 000)
长期股权投资余额（2015年12月31日）	$245 700

2016年1月3日，Sat公司以60 000美元的价格购得Pug公司10%的股权（公允价值等于账面价值）。2016年集团不存在内部交易。当年净利润及分配的股利如下所示：

	Pug公司	Sat公司
单独净利润	$120 000	$50 000
股利	60 000	30 000

要求：

1. 假设Sat公司采用库存股法处理其对Pug公司的长期股权投资，计算2016年12月31日Pug公司的"长期股权投资——Sat公司"账户余额。

2. 假设Sat公司采用传统法处理其对Pug公司的长期股权投资，计算归属于母公司的净利润和少数股东损益。同时计算Pug公司来自Sat公司的投资收益及2016年12月31日Pug公司的"长期股权投资——Sat公司"账户余额。

综合题

（P9-1至P9-3与间接持股有关，P9-4至P9-7与相互持股有关。）

P9-1 分配利润表（包括未实现净利润与商誉）

Pad公司及其子公司的附属结构如下所示：

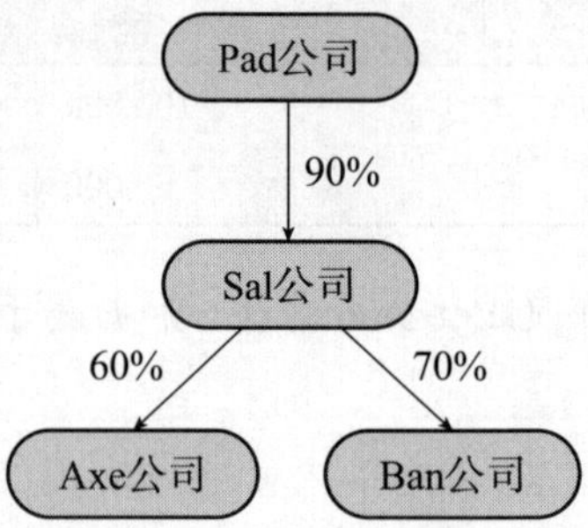

2016 年度各公司单独净利润和股利如下所示（单位：千美元）

	Pad 公司	Sal 公司	Axe 公司	Ban 公司
单独净利润（损失）	$500	$300	$150	$(20)
股利	200	140	50	—

其他信息：

1. 2016 年 Axe 公司向 Sal 公司出售土地，获利 20 000 美元，截至期末 Sal 公司仍持有该土地。

2. Sal 公司摊销 Axe 公司之前未记录的专利权，每年的摊销额为 12 000 美元（总摊销额为 20 000 美元）。

3. Pad 公司摊销并购 Sal 公司时获得的未记录的专利权，账面价值为 360 000 美元，剩余使用年限为 9 年。

要求：编表计算 2016 年度各个子公司归属于母公司的净利润和少数股东损益。

P9－2 编制分录，计算及总结财务状况（存在未实现净利润）

Pot 公司及其拥有 80%股权的子公司 Sea 公司 2016 年 12 月 31 日的资产及权益信息汇总如下（单位：千美元）：

	Pot 公司	Sea 公司
资产	$3 200	$1 400
长期股权投资——Sea 公司（80%）	800	—
资产总额	4 000	1 400
负债	$ 600	$ 400
股本	2 400	800
留存收益	1 000	200
权益总额	$4 000	$1 400

2017 年 1 月 2 日，Sea 公司以 588 000 美元的价格购得 Toy 公司 70%的股权。当日，Toy 公司的净资产按其公允价值记录为 800 000 美元。2016 年 12 月 31 日，Toy 公司的股东权益包括股本 600 000 美元和留存收益 200 000 美元。

2017 年度三家公司的经营信息如下所示（单位：千美元）：

	单独净利润	股利	单独净利润中包含的未实现净利润
Pot 公司	$600	$200	$40
Sea 公司	200	120	—
Toy 公司	120	40	20

Pot 公司 40 000 美元的未实现净利润是由向 Toy 公司出售土地引起的。Toy 公司的未实现净利润是由

向 Sea 公司出售存货引起的，截至 2017 年 12 月 31 日，Sea 公司仍持有该批存货。

要求：

1. 编制 Pot 公司及 Sea 公司 2017 年在各自账上按权益基础处理长期股权投资的所有会计分录。公允价值与账面价值的差额记入商誉。

2. 计算 2017 年度 Pot 公司和 Sea 公司的净利润以及少数股东损益总额。

3. 编表列示 2017 年 12 月 31 日 Pot 公司、Sea 公司及 Toy 公司的资产和权益，假设 Pot 公司、Sea 公司及 Toy 公司的负债分别为 600 000 美元、400 000 美元和 200 000 美元。

P9-3　财务报表工作底稿（存在商誉和未实现净利润）

Pen 公司及其子公司 Sir 公司和 Tip 公司 2016 年的比较财务报表如下所示（单位：千美元）：

	Pen 公司	Sir 公司	Tip 公司
利润表和留存收益表			
营业收入	$500	$300	$100
投资收益——Sir 公司	72	—	—
投资收益——Tip 公司	12.5	10	—
营业成本	(240)	(150)	(60)
其他费用	(160)	(70)	(15)
净利润	184.5	90	25
加：1 月 1 日留存收益	115.5	160	45
减：股利	(80)	(40)	(10)
12 月 31 日留存收益	$220	$210	$ 60
资产负债表			
现金	$ 67	$ 36	$ 10
应收账款净额	70	50	20
存货	110	75	35
固定资产净值	140	425	115
长期股权投资——Sir 公司（80%）	508	—	—
长期股权投资——Tip 公司（50%）	95	—	—
长期股权投资——Tip 公司（40%）		74	—
资产总额	$990	$660	$180
应付账款	70	40	15
其他负债	100	10	5
股本	600	400	100
留存收益	220	210	60
权益总额	$990	$660	$180

其他信息：

1. Pen 公司 2014 年 1 月 2 日以 420 000 美元的价格购得 Sir 公司 80%的股权。当日，Sir 公司的股东权益包括股本 400 000 美元及留存收益 100 000 美元。成本超过账面价值的部分与一台设备有关。该设备自 2014 年 1 月 1 日起剩余使用年限为 4 年。

2. Pen 公司 2014 年 7 月 1 日以 75 000 美元的价格购得 Tip 公司 50%的股权。当日，Tip 公司的股东权益包括股本 100 000 美元及留存收益 20 000 美元。Sir 公司 2015 年 12 月 31 日以 68 000 美元的价格购得 Tip 公司 40%的股权。当日，Tip 公司的股东权益包括股本 100 000 美元及留存收益 45 000 美元。公允价值与账面价值的差额记入商誉。

3. 虽然 Pen 公司和 Sir 公司都使用权益法处理其长期股权投资，但并未将该方法用于集团内部交易利润和公允价值与账面价值的差额。

4. 2015年12月31日，Sir公司的存货中包括自Pen公司购得的商品，其中包含未实现净利润8 000美元，该存货于2016年全部对外售出。

5. 2016年，Tip公司以50 000美元的价格向Sir公司出售成本为30 000美元的商品。截至2016年12月31日，所有这些商品仍为Sir公司的存货，且Sir公司尚欠Tip公司10 000美元的货款。

要求：编制2016年度的合并工作底稿。

P9－4　子公司相互持股的计算

Par公司、Sit公司和Tot公司的相互持股比例及单独净利润如下所示：

	对Sit公司的投资比例	对Tot公司的投资比例	本年度单独净利润
Par公司	80%	50%	$400 000
Sit公司	—	20%	200 000
Tot公司	10%	—	100 000

要求：

1. 假定没有合并价差及未实现净利润，计算合并净利润中归属于母公司的净利润和少数股东损益。

2. 假定Tot公司出售给Sit公司的存货中包含20 000美元的未实现净利润，Par公司向Sit公司出售土地取得40 000美元的利得，计算归属于母公司的净利润和少数股东损益。

P9－5　财务报表工作底稿（库存股法）

2014年1月2日，Pin公司以360 000美元的价格购得Sun公司90%的股权。当日Sun公司的股东权益包括股本200 000美元和留存收益150 000美元。2015年Sun公司以80 000美元的价格购得Pin公司10%的股权。公允价值超过账面价值的部分记入商誉。

2018年的比较财务报表如下所示（单位：千美元）：

	Pin公司	Sun公司
利润表和留存收益表		
营业收入	$400	$100
投资收益——Sun公司	27	—
股利收入	—	10
营业成本	(200)	(50)
营业费用	(50)	(30)
净利润	177	30
加：1月1日留存收益	300	200
减：股利	(100)	(20)
12月31日留存收益	$377	$210
资产负债表		
其他资产	$486	$420
长期股权投资——Sun公司（90%）	414	—
长期股权投资——Pin公司（10%）	—	80
资产总额	$900	$500
负债	123	90
股本	400	200
留存收益	377	210
权益总额	$900	$500

要求：使用库存股法编制合并工作底稿。

P9 - 6　第二年合并工作底稿（传统法）

2016 年 1 月 1 日，Par 公司以现金 180 000 美元购得 Sip 公司 80%的股权。当日 Sip 公司的股东权益包括股本 50 000 美元和留存收益 150 000 美元。公允价值与账面价值的差额记入商誉，分 5 年进行摊销。2016 年 1 月 2 日，Sip 公司以 100 000 美元的价格购得 Par 公司 20%的股权。

2017 年的比较财务报表汇总如下：

	Par 公司	Sip 公司
利润表和留存收益表		
营业收入	$ 140 000	$ 100 000
投资收益——Sip 公司	28 000	—
股利收入	—	4 000
销售土地利得	—	3 000
营业费用	(80 000)	(60 000)
净利润	88 000	47 000
加：1 月 1 日留存收益	405710	180 000
减：股利	(16 000)	(20 000)
12 月 31 日留存收益	$ 477 710	$ 207 000
资产负债表		
其他资产	448 000	157 000
长期股权投资——Sip 公司（80%）	109 710	—
长期股权投资——Par 公司（20%）	—	100 000
资产总额	$ 557 710	$ 257 000
股本	80 000	50 000
留存收益	477 710	207 000
权益总额	$ 557 710	$ 257 000

其他信息：

1. 2017 年度 Par 公司的单独净利润和股利分别为 60 000 美元和 20 000 美元，2017 年度 Sip 公司的单独净利润和股利分别为 40 000 美元和 20 000 美元。

2. 2017 年 1 月 3 日，Sip 公司将其在 2016 年 1 月 3 日从 Par 公司以 4 000 美元的价格购得的土地以 7 000美元的价格对外售出。Par 公司取得该土地的初始成本为 2 000 美元。

要求：使用传统法编制 2017 年度 Par 公司及其子公司的合并工作底稿分录和合并工作底稿。

P9 - 7　计算与分录（母子公司相互持股）

2016 年 1 月 1 日，Pop 公司以 170 000 美元的价格购得 Son 公司 80%的股权。当日 Son 公司的股东权益为 200 000 美元。公允价值超过账面价值的部分记入商誉。

2017 年 12 月 31 日，Pop 公司的"长期股权投资——Son 公司"账户余额为 208 000 美元，且两公司的股东权益如下所示：

	Pop 公司	Son 公司
股木	$ 600 000	$ 150 000
留存收益	200 000	100 000
合计	$ 800 000	$ 250 000

2018年1月2日，Son公司以80 000美元的价格购得Pop公司10%的股权。2018年度两公司的单独净利润与股利如下所示：

	Pop公司	Son公司
单独净利润	$100 000	$40 000
股利	50 000	20 000

要求：

1. 计算传统法下2018年度归属于母公司的净利润和少数股东损益。
2. 编制权益法（传统法）下，2018年Pop公司处理其对Son公司的长期股权投资的会计分录。
3. 编制权益法（传统法）下，Son公司处理其对Pop公司的长期股权投资的会计分录。
4. 计算2018年度Pop公司和Son公司的净利润。
5. 计算2018年12月31日Pop公司和Son公司的长期股权投资余额。
6. 计算2018年12月31日Pop公司和Son公司的股东权益总额。
7. 计算2018年12月31日Son公司的少数股东权益。
8. 编制2018年12月31日Pop公司及Son公司合并财务报表所需的调整与抵销分录。

专业研究任务

参考FASB ASC，回答以下问题，将适当的参考内容包含在你的答案里。

PR 9-1 Par公司采用权益法处理其持有的Sox公司30%的股权。Sox公司需要资金，因此决定对外发行10 000股普通股。发行股票之后，Par公司的持股比例降至25%。请问股票发行是如何影响Par公司财务报表的？

PR 9-2 Pop公司持有Son公司80%的股权，在2016年末合并财务报表中将Son公司作为子公司进行列报。2017年3月1日，Pop公司对外公布了财务报表。2017年5月，Son公司发生爆炸，此次事件严重破坏了该公司最主要的制造业务。修复成本需要Son公司增发股票，这将会导致Pop公司的持股比例降至60%。Pop公司是否需要因该事件重述2016年12月31日的财务报表？

第 10 章

子公司优先股、合并每股收益以及合并所得税

学习目标

1. 掌握合并有优先股的子公司时合并程序的修改。
2. 掌握合并主体的基本每股收益和稀释每股收益的计算。
3. 理解合并主体所得税会计的复杂性。

本章包括与合并有关的另外三个专题：资本结构中有优先股的子公司的合并、合并后每股收益的计算以及合并主体所得税的会计处理。这些内容较为烦琐且技术性强，因此本章示例通常会基于一些简化的假设，以最大限度简化细节，突出重要的概念及其相互关系。本章假定读者在这三个领域已具备中级会计学的知识。

10.1 子公司有发行在外的优先股

许多现代公司的资本结构通常都比较复杂，比如拥有母公司发行的、子公司发行的，或者两者共同发行的各类优先股。例如，陶氏化学公司在其 2014 年年报中披露其有发行在外的 40 亿美元优先股以及 31 亿美元普通股（p. 70）。美国银行在 2014 年资产负债表中披露 193.09 亿美元优先股（p. 143），其财务报表第 13 号审阅报告表明其有 20 种不同类型的优先股（p. 221）。

子公司资本结构中有优先股会使合并过程复杂化，但不会改变合并的基本程序。当被投资方有发行在外的优先股时，权益法下母公司或投资方的会计处理会受影响。合并程序复杂化是由于在被投资方优先股和普通股之间分配权益和收益时，必须优先考虑优先股股东的合同权利。

大多数优先股是累积的、非参与的且无表决权的。此外在清算期间，优先股享有优先权，并且通常以高于票面价值或清算价值的价格被赎回。在对有发行在外的优先股的被投资方的净利润进行分配时，首先依据优先股合同分配给优先股股东，然后将剩余部分分配给普通股股东。类似地，在分配被投资方的股东权益时，首先依据优先股合同分配给优先股股东，然后将剩余部分分配给普通股股东。

当优先股有赎回价格时，应以此将被投资方权益分配给优先股股东。在没有赎回条款的情况下，应根据股票票面价格加上清算溢价来计算应分配给优先股股东的权益。此外，对于累积优先股，分配给优先股股东权益中必须包括往年未支付的股利。对于非参与优先股，应依据优先股利率或金额将收益分配给优先股股东。如果优先股是累积的、非参与的，那么不论董事是仅宣告发放当年股利、宣告发放当年股利加上往年未支付的股利还是未宣告发放股利，当年分配给优先股股东的收益均是其当年的股利需求。而对于非累积的、非参与的优先股，只有当董事宣告发放股利时才为其分配收益，且分配金额不超过宣告发放的股利金额。

母公司以外的公司持有子公司的优先股

假定 2017 年 1 月 1 日 Pop 公司以 396 000 美元购买了 Son 公司 90%发行在外的普通股。Son 公司 2016 年 12 月 31 日的股东权益情况如下所示（单位：千美元）：

累积非参与优先股股本，每股股利 \$10，每股面值 \$100，且每股赎回价格 \$105	\$100
普通股股本，每股面值 \$10	200
资本公积	40
留存收益	160
股东权益总额	\$500

截至 2017 年 1 月 1 日，该公司没有积欠优先股股利。Son 公司 2017 年度宣告净利润为 50 000 美元，并发放股利 30 000 美元（其中普通股股利 20 000 美元，优先股股利 10 000 美元）。当 Pop 公司取得其股权时，Son 公司的资产和负债以公允价值计量。因此，投资成本的公允价值高于账面价值的差额均为商誉。

通过对比为 Son 公司 90%权益支付的价格与所获股权的账面价值，我们将 Son 公司 2016 年 12 月 31 日的权益分为优先股股东权益和普通股股东权益（单位：千美元）：

Son 公司股东权益	$ 500
减：优先股股东权益（1 000 股×每股赎回价格 $ 105）	105
普通股股东权益	$ 395

我们通过比较获取 Son 公司 90%的普通股所支付的价格与实际获得的账面价值（以及公允价值）来确定商誉。内含公允价值总额为 440 000 美元（396 000÷90%），计算过程为（单位：千美元）：

公允价值	$ 440
减：账面价值	395
商誉	$ 45

Son 公司 2017 年度的净利润共计 50 000 美元。其中，10 000 美元分配给优先股股东（1 000 股×每股股利 10 美元），40 000 美元分配给普通股股东。2017 年 Pop 公司对其持有的对 Son 公司的长期股权投资的会计处理如下所示：

1 月 1 日

借：长期股权投资——Son 公司普通股（＋A）	396 000	
贷：现金（－A）		396 000

记录获得 Son 公司 90%的普通股。

2017 年

借：现金（＋A）	18 000	
贷：长期股权投资——Son 公司普通股（－A）		18 000

因收到股利减少对 Son 公司的长期股权投资（20 000 美元×90%）。

12 月 31 日

借：长期股权投资——Son 公司普通股（＋A）	36 000	
贷：投资收益——Son 公司（R，＋SE）		36 000

记录来自 Son 公司的投资收益。

2017 年 12 月 31 日，Son 公司所有者权益共计 520 000 美元。在编制 2017 年合并财务报表时（见图表 10－1），我们将其分为优先股股东权益和普通股股东权益，具体如下所示（单位：千美元）：

股东权益总额	$ 520
减：优先股股东权益（1 000 股×每股赎回价格 $ 105）	105
普通股股东权益	$ 415

优先股中的少数股东权益　2017 年 12 月 31 日，Son 公司的少数股东权益包含 100%的优先股股东权益，10%的普通股股东权益和内含商誉的 10%，即 146 500 美元［(105 000 美元×100%)＋(415 000 美元×10%)］加 45 000 美元×10%。同样，2017 年度少数股东损益包含优先股股东损益的 100%和普通股股东损益的 10%，即 14 000 美元［(10 000 美元×100%)＋(40 000 美元×10%)］。这些信息反映在图表 10－1 Pop 公司与子公司的合并工作底稿中。

除了工作底稿分录 a 和 e 外，其余工作底稿分录均与前面章节一致，日记账中分录 a 如下所示：

a	借：优先股股本——Son 公司（−SE）	100 000
	留存收益——Son 公司（−SE）	5 000
	贷：少数股东权益——优先股（+SE）	105 000

分录 a 将优先股股东权益重新划分为少数股东权益。期初优先股股东权益为 105 000 美元，比其账面价值 100 000 美元高，差额 5 000 美元记入 Son 公司留存收益的借方，因为优先股股东对 Son 公司留存收益中的 5 000 美元赎回溢价有优先求索权。

图表 10-1 Pop 公司与子公司 2017 年度合并工作底稿 单位：千美元

	Pop 公司	90%Son 公司	调整与抵销 借	调整与抵销 贷	合并财务报表
利润表					
营业收入	$ 618	$ 300			$ 918
投资收益——Son 公司（普通股）	36		36[b]		
营业成本及费用	(450)	(250)			(700)
少数股东损益——普通股（$40×10%）			4[d]		(4)
少数股东损益——优先股（$10×100%）			10[e]		(10)
归属于母公司的净利润	**$ 204**	**$ 50**			**$ 204**
留存收益表					
留存收益——Pop 公司	$ 300				$ 300
留存收益——Son 公司		$ 160	5[a]		
			155[c]		
归属于母公司的净利润	**204**	**50**			**204**
股利——普通股	(100)	(20)		18[b]	(100)
				2[d]	
股利——优先股		(10)		10[e]	
12 月 31 日留存收益	**$ 404**	**$ 180**			**$ 404**
资产负债表					
其他资产	$ 1 290	$ 600			$ 1 890
长期股权投资——Son 公司（普通股）				18[b]	
	414			396[c]	
商誉			45[c]		45
	$ 1 704	$ 600			$ 1 935
负债	$ 200	$ 80			$ 280
优先股股本——Son 公司		100	100[a]		
普通股股本	1 000	200	200[c]		1 000
资本公积	100	40	40[c]		100
留存收益	**404**	**180**			**404**
	$ 1 704	$ 600			
少数股东权益（12 月 31 日）					151
少数股东权益：优先股（1 月 1 日）				105[a]	
少数股东权益：普通股（1 月 1 日）				44[c]	
少数股东权益：普通股（12 月 31 日）				2[d]	
			595	595	$ 1935

图表 10-1 的合并利润表中，少数股东损益分为优先股（10 000 美元）和普通股（4 000 美元），作为

利润减项列示。这有助于工作底稿的编制，但根据工作底稿编制的合并利润表应照常将少数股东损益作为单独一项列示。此外，如图表10-1所示，2017年12月31日合并资产负债表中的少数股东权益以单一总额151 000美元列示。虽然在编制合并工作底稿时会将这一科目分为优先股和普通股，但这并不会体现在合并财务报表中。原因在于我们在合并过程中抵销了所有子公司的权益数额。① 合并财务报表主要服务于母公司的股东和债权人，并不期望少数股东能够从合并财务报表的信息中显著受益。

□ 母公司持有子公司的优先股

从合并主体的视角看，母公司购买子公司发行在外的优先股导致所购股票被赎回。由于该股票的账面价值不再作为少数股东权益项目出现在合并资产负债表中，所以这一赎回实际上被视为“推定赎回”，然而它也是实质赎回，因为在母公司财务报表中仍将其列示为对优先股的投资；在子公司财务报表中仍将其作为发行在外的优先股股东权益进行列示。

在合并财务报表中，通常将母公司购买子公司的优先股的推定赎回视为实际赎回来列报。更确切地说，我们将母公司持有优先股的相关权益与对应的优先股投资相抵销，并将差额记在“资本公积”的借方或贷方，而不是在合并资产负债表中报告。② 在单行合并下，母公司股东权益与合并股东权益相等。因此，可比性会计原则要求母公司将其对子公司优先股的投资调整为收购时的账面价值，并将实际投资成本与潜在账面价值之间的差额记在“资本公积”的借方或贷方。优先股投资以账面价值为基础进行计量，而不是采用成本法或权益法来计量。

子公司优先股的推定赎回　2018年，Son公司发生净亏损40 000美元，且未支付股利。2017年12月31日到2018年12月31日，Son公司股东权益由520 000美元减至480 000美元；Pop公司对Son公司90%普通股的长期股权投资由414 000美元减至369 000美元。

Pop公司对Son公司普通股的投资减少45 000美元的过程如下所示③：

Son公司净亏损	$40 000
加：优先股股利（1 000股×每股股利$10）	10 000
普通股亏损	50 000
Pop公司持股比例	×90%
2018年来自Son公司的投资亏损	$45 000

检验2018年12月31日对Son公司普通股的长期股权投资为369 000美元的计算过程如下所示：

Son公司股东权益（2018年12月31日）	$480 000
减：优先股股东权益［1 000股×（每股赎回价格$105＋积欠的每股股利$10）］	115 000
普通股股东权益（2018年12月31日）	365 000
Pop公司持股比例	×90%
在Son公司普通股股东权益中享有的份额	328 500
加：商誉（$45 000×90%）	40 500
对Son公司普通股的长期股权投资（2018年12月31日）	$369 000

2019年1月1日，Pop公司对Son公司优先股价格的下跌做出反应，以每股100美元的价格购入800

① 子公司优先股中的少数股东权益有时会被报告为合并主体发行在外的股票，并注明发行公司名称。这种报告惯例通常仅限于受监管公司使用。

② 当资本公积不足以抵销购买价格高于账面价值的部分时，应相应冲减母公司的留存收益。

③ 公认会计原则要求不论是否宣告发放累积优先股的股利，在计算普通股收益时都要将其扣除（ASC 323-10-35）。

股（80%的权益）该优先股。Pop 公司的实际支付价格 80 000 美元低于推定赎回优先股的账面价值92 000 美元（115 000 美元×80%）。因此，Pop 公司对 Son 公司优先股的长期股权投资记录如下：

借：长期股权投资——Son 公司（优先股）(+A)	80 000
贷：现金（−A）	80 000

记录购买 Son 公司 80%的优先股。

借：长期股权投资——Son 公司（优先股）(+A)	12 000
贷：资本公积（+SE）	12 000

为反映股票的推定赎回调整资本公积。

Son 公司宣告 2019 年度净利润为 20 000 美元，但未发放股利。Pop 公司对其长期股权投资的会计处理如下所示：

借：长期股权投资——Son 公司（优先股）(+A)	8 000
贷：投资收益——Son 公司（优先股）(R，+SE)	8 000

记录 Son 公司优先股积欠股利增加额 10 000 美元的 80%。

借：长期股权投资——Son 公司（普通股）(+A)	9 000
贷：投资收益——Son 公司（普通股）(R，+SE)	9 000

记录来自 Son 公司普通股的投资收益［(净利润 20 000 美元−优先股收益 10 000 美元)×90%］。

2019 年底，Son 公司优先股和普通股股东权益以及 Pop 公司长期股权投资余额汇总如下所示：

Son 公司股东权益（2019 年 12 月 31 日）	
所有者权益总额（1 月 1 日＄480 000+净利润＄20 000）	＄500 000
减：优先股股东权益［1 000 股×(每股赎回价＄105+每股股利欠款＄20)］	125 000
普通股股东权益	＄375 000
Pop 公司长期股权投资（2019 年 12 月 31 日）	
长期股权投资——Son 公司（优先股）(优先股股东权益＄125 000×持股比例 80%)	＄100 000
长期股权投资——Son 公司（普通股）(普通股股东权益＄375 000×90%+商誉＄45 000×90%)	＄378 000

2019 年的相关财务信息在 Pop 公司与 Son 公司的合并工作底稿（图表 10－2）中均有反映。

除了“长期股权投资——Son 公司（优先股）”的相关账户，2019 年工作底稿中的分录与 2017 年的工作底稿分录（图表 10－1）相似。优先股股东权益与长期股权投资的抵销程序与普通股相同。首先，将 Pop 公司因持有 Son 公司优先股而获得的投资收益与对 Son 公司优先股的长期股权投资相抵销。通过工作底稿分录 a 将 2019 年 1 月 1 日“长期股权投资——Son 公司（优先股）”账户余额调至 92 000 美元。然后，通过工作底稿分录 b 将 2019 年 1 月 1 日对 Son 公司优先股的长期股权投资与 Son 公司优先股股东权益相抵销，同时得到 2019 年初的优先股少数股东权益数额。日记账中分录 a 和 b 为：

a	**借：投资收益——Son 公司（优先股）(−R，−SE)**	**8 000**
	**　贷：长期股权投资——Son 公司（优先股）(−A)**	**8 000**
b	**借：优先股股本——Son 公司（−SE）**	**100 000**
	**　　留存收益——Son 公司（−SE）**	**15 000**
	**　贷：长期股权投资——Son 公司（优先股）(−A)**	**92 000**
	**　　少数股东权益——Son 公司（优先股）(+SE)**	**23 000**

图表 10－1 与图表 10－2 的区别仅在于图表 10－2 中有关对 Son 公司优先股的长期股权投资的分录。分录 c 到 e 与仅持有普通股的合并类似。分录 f 记录了优先股的少数股东权益。

图表 10－2 所示的工作底稿显示，Pop 公司的净利润与归属于母公司的净利润相等，所有者权益与合并所有者权益相等。这是由于母公司的会计分录将对优先股的长期股权投资调整到购买日所获权益的账面价值，并记录了累积优先股的积欠股利。

图表 10－2　Pop 公司与子公司 2019 年度合并工作底稿　　单位：千美元

	Pop 公司	Son 公司（90%）	调整与抵销 借	调整与抵销 贷	合并财务报表
利润表					
营业收入	$ 690	$280			$ 970
投资收益——Son 公司（普通股）	9		9[c]		
投资收益——Son 公司（优先股）	8		8[a]		
营业成本及费用	(583)	(260)			(843)
少数股东损益——普通股（$10×10%）			1[e]		(1)
少数股东损益——优先股（$10×20%）			2[f]		(2)
归属于母公司的净利润	**$ 124**	**$ 20**			**$ 124**
留存收益表					
留存收益——Pop 公司	$ 458				$ 458
留存收益——Son 公司		$140	15[b] 125[d]		
归属于母公司的净利润	**124**	**20**			**124**
股利——普通股	(70)	—			(70)
12 月 31 日留存收益	**$ 512**	**$160**			**$ 512**
资产负债表					
其他资产	$1 334	$600			$1 934
长期股权投资——Son 公司（普通股）	378			9[c] 396[d]	
长期股权投资——Son 公司（优先股）	100			8[a] 92[b]	
商誉（普通股）			45[d]		45
	$1 812	$600			$1 979
负债	$ 188	$100			$ 288
优先股股本——Son 公司		100	100[b]		
普通股股本	1 000	200	200[d]		1 000
资本公积	112	40	40[d]		112
留存收益	**512**	**160**			**512**
	$1 812	$600			
少数股东权益：优先股（1 月 1 日）				23[b]	
少数股东权益：普通股（1 月 1 日）				41[d]	
少数股东权益：普通股（12 月 31 日）				1[e]	
少数股东权益：优先股（12 月 31 日）				2[f]	67
			545	545	**$1 979**

以成本为计量基础的优先股投资　如果在 Pop 公司购买优先股时不将其记录为推定赎回，那么 2019 年“长期股权投资——Son 公司（优先股）”账户余额将保持为 80 000 美元的投资成本，不再确认优先股收益。此时，合并工作底稿中抵销母公司的优先股投资与子公司优先股股东权益的分录为：

借：留存收益——Son 公司（－SE）	15 000	
优先股股本——Son 公司（－SE）	100 000	
贷：长期股权投资——Son 公司（优先股）（－A）		80 000
少数股东权益——Son 公司（优先股）（＋SE）		23 000
资本公积——Pop 公司（＋SE）		12 000

抵销对应的优先股股东权益和长期股权投资，确认期初少数股东权益（20%×优先股初始账面价值 115 000 美元），并依据优先股购买价格与所获账面价值的差额调整资本公积。

成本法与推定赎回的比较　无论母公司账面上是将对优先股的投资维持在初始投资成本，还是调整到账面价值，所编制的合并财务报表都一样。但是，通过为推定赎回子公司优先股而调整母公司的资本公积，可以避免未来在合并过程中对实收资本的调整。每次在成本法下合并母子公司的财务报表时，都需要编制工作底稿分录调整资本公积。

10.2 母公司每股收益与合并每股收益

公认会计原则要求公司计算并公布基本每股收益（EPS）和稀释每股收益（适用时）。合并主体要公布合并每股收益。例如，好时公司 2014 年度合并利润表宣告的内容如下所示：

好时公司①	
基本每股净利润——B 类普通股	$3.77
稀释每股净利润——B 类普通股	$3.52
基本每股净利润——普通股	$3.91
稀释每股净利润——普通股	$3.54

报表附注 14“每股收益”阐述了详细的计算过程（p. 83）。

可口可乐公司在 2014 年财务报告（p. 73）的利润表中披露基本每股收益为 1.62 美元，稀释每股收益为 1.60 美元，均是合并后金额。

权益法下母公司的净利润和每股收益分别等于合并后归属于母公司的净利润和基本每股收益。然而，母公司净利润与合并净利润（即单行合并与合并）计算上的差异不会影响每股收益的计算。母公司每股收益的计算与合并基本每股收益的计算相同。对被投资方有重大影响的股东的每股收益的计算与母公司相同。②

母公司计算合并稀释每股收益的程序取决于子公司的资本结构。如果子公司没有潜在稀释性证券，那么合并每股收益的计算步骤与单独主体每股收益的计算步骤相同。但是，当子公司有发行在外的潜在稀释性证券时，在计算母公司（或合并）稀释每股收益时需要考虑潜在稀释性证券。

合并主体的基本每股收益的计算方法与单独主体一样（假定采用权益法）。为了获得合并稀释每股收益，对母公司每股收益计算的调整取决于子公司潜在稀释性证券是否可转换为子公司或母公司的普通股。如果可转换为子公司普通股，则将潜在稀释性证券反映在子公司每股收益的计算中，以用于确定母公司（或合并）每股收益。如果子公司的稀释性证券可转换为母公司普通股，则直接将其看作母公司的稀释性证券，并将其包含在母公司（或合并）每股收益的计算中（ASC 26-10-55）。在接下来的这个案例中，计算母公司每股收益时不需要计算子公司的每股收益。

---

① Proxy Statement and 2014 Annual Report to Stockholder（Part 1，Item 6，P 16）© 2015 Hersheys Food Corporation.

② 公认会计原则对子公司每股收益的规定同样适用于权益法下的长期股权投资。

图表 10-3 汇总了上述情况中计算稀释每股收益的一般格式。图表 10-3 的第 1 栏列示了子公司没有潜在稀释性证券时母公司稀释每股收益的计算过程。此时，如果母公司能够正确使用权益法，则每股收益的计算与无关联主体相同，且纳入母公司收益中的子公司收益不必调整。

图表 10-3　母公司及合并稀释每股收益的计算

	无发行在外的潜在稀释性证券的子公司	具有可转换为子公司股票的潜在稀释性证券的子公司	具有可转换为母公司股票的潜在稀释性证券的子公司
分子单位：美元（$）			
母公司普通股股东的收益	$$$	$$$	$$$
加：母公司稀释性证券的调整	+$	+$	+$
加：可转换为母公司普通股的子公司潜在稀释性证券的调整	NA	NA	+$
替代计算（一定会引起净减少）			
减：子公司已实现净利润中母公司的权益份额	NA	-$	NA
加：子公司稀释收益中母公司的权益份额	NA	+$	NA
母公司稀释收益=a	$$$	$$$	$$$
分母单位：股数（Y）			
母公司发行在外的普通股	YYY	YYY	YYY
加：母公司潜在稀释性证券股数	+Y	+Y	+Y
加：可转换为母公司普通股的子公司潜在稀释性证券股数	NA	NA	+Y
母公司普通股和约当普通股股数=b	YYY	YYY	YYY
母公司及合并稀释每股收益	a/b	a/b	a/b

注：NA（Not Applicable）指不适用。

□ 子公司稀释性证券可转换为子公司股票

图表 10-3 第 2 栏汇总了当子公司潜在稀释性证券可转换为子公司普通股时母公司每股收益的计算。母公司股票的稀释收益（计算每股收益的分子）是通过扣除母公司在**子公司已实现净利润中的权益份额**（equity in subsidiary realized income），并以母公司在子公司稀释收益中的权益份额替代权益的方式加以调整的。

母公司在子公司已实现净利润中的权益份额是指，母公司在子公司列报的净利润中按其持股比例应享有的份额。这部分收益根据集团内部因逆流交易和子公司的推定损益获得的利润进行调整。这一调整以子公司每股收益的计算为基础，目的是抵销母公司稀释收益中的潜在稀释部分。我们用这种方法计算子公司的每股收益，仅仅是为了计算母公司的每股收益，不一定要与子公司拟对外宣告的金额相同。

注意，图表 10-3 第 2 栏的"子公司已实现净利润中母公司的权益份额"与"母公司来自子公司的投资收益"不同。后者考虑了各种估值差额的摊销以及所有集团内部交易对收益的影响。母公司的投资估值差额、顺流交易的未实现利润以及分配给母公司的推定损益不影响子公司所有者的权益，因此将这些项目都排除在替代计算之外。

母公司的稀释收益是根据子公司的稀释每股收益确定的（见图表 10-3 第 2 栏）。因此，计算母公司每股收益的第一步就是计算子公司的每股收益（以子公司已实现收益为基础）。在计算子公司稀释收益时，应消除子公司未实现净利润的影响，同时将子公司的推定损益包括在内。通过将"子公司已实现净利润中母公司的权益份额"替换为"子公司稀释收益中母公司的权益份额"，将子公司每股收益的计算结果反映在母公司每股收益中。将母公司持有子公司的股票数与子公司的稀释每股收益相乘，从而确定子公司稀释收益中母公司的权益份额。为了计算每股收益，该替换将子公司已实现收益同时分配给子公司普通股股东和潜在稀释性证券的持有者，而不只是分配给子公司的普通股股东。

□ 子公司稀释性证券可转换为母公司股票

图表 10-3 的前两栏中母公司普通股股数（每股收益的分母）相等，但因第 3 栏中子公司证券可转换为母公司普通股，母公司普通股股数有所增加。当子公司的潜在稀释性证券属于母公司而非子公司时，这一调整是必要的。当子公司的潜在稀释性证券可转换为母公司普通股时，计算母公司稀释收益时，必须加上归属于这些股票的净利润。因此，图表 10-3 的第 3 栏中包含了“可转换为母公司普通股的子公司潜在稀释性证券的调整”项。这一项在子公司没有潜在稀释性证券（第 1 栏）或子公司的潜在稀释性证券可转换为子公司普通股（第 2 栏）时均不适用。

10.3 子公司有可转换优先股

2016 年 1 月 1 日，Pop 公司以 328 000 美元现金购买 Son 公司 90%发行在外的有表决权普通股。当日两公司的股东权益构成如下所示（单位：千美元）：

	Pop 公司	Son 公司
普通股股本，每股面值＄5，发行且流通在外 200 000 股	＄1 000	
普通股股本，每股面值＄10，发行在外 200 000 股		＄200
10%累积可转换优先股股本，面值＄100，发行在外 1 000 股		100
留存收益	500	120
股东权益总额	＄1 500	＄420

2016 年度 Son 公司宣告净利润为 50 000 美元，并支付股利 25 000 美元，其中优先股股利 10 000 美元，普通股股利 15 000 美元。Pop 公司 2016 年度获得净利润 186 000 美元，确认过程如下所示：

Pop 公司经营净利润	＄150 000
来自 Son 公司的投资收益	36 000
[(净利润 50 000 美元－优先股收益 10 000 美元)×90%]	
Pop 公司净利润	＄186 000

□ 子公司优先股可转换为子公司普通股

假定 Son 公司的优先股可转换为 12 000 股普通股，且 Son 公司和 Pop 公司均没有其他发行在外的潜在稀释性证券。Son 公司已实现净利润为 40 000 美元，稀释每股收益为 1.562 5 美元［净利润50 000美元÷(普通股 20 000 股＋稀释股 12 000 股)］，Pop 公司的稀释每股收益为 0.89 美元，具体计算过程如下所示：

Pop 公司净利润（与普通股收益相等）	＄186 000
减去 Pop 公司在 Son 公司已实现利润中的权益份额（＄40 000×90%）	(36 000)
加上 Pop 公司在 Son 公司稀释收益中的权益份额	
(Son 公司股票 18 000 股×Son 公司稀释每股收益＄1.562 5)	28 125
Pop 公司稀释收益＝a	＄178 125
Pop 公司发行在外的股票＝b	200 000
Pop 公司稀释每股收益＝a÷b	＄　0.89

反映在 Pop 公司稀释收益中的潜在稀释性收益有 7 875 美元，是由将 Pop 公司在 Son 公司已实现利润

中的权益份额替换为 Pop 公司在 Son 公司稀释收益中的权益份额所致。注意，Pop 公司在 Son 公司已实现利润中的权益份额为 36 000 美元，与 Pop 公司从 Son 公司获取的投资收益相等。

□ 子公司优先股可转换为母公司普通股

假定 Son 公司的优先股可转换为 24 000 股 Pop 公司普通股，且 Son 公司和 Pop 公司均没有其他发行在外的潜在稀释性证券。优先股并不是 Son 公司的稀释性有价证券，所以 Son 公司的稀释每股权益（之前并未用于 Pop 公司每股收益的计算）为 2 美元（普通股收益 40 000 美元÷发行在外的普通股 20 000 股）。Pop 公司稀释每股收益的计算过程如下所示：

Pop 公司净利润（与普通股收益相等）	$ 186 000
加：假定转换后 Son 公司优先股收益（90%）	9 000
Pop 公司稀释收益＝a	$ 195 000
Pop 公司发行在外的股数	200 000
加：假定转换后 Son 公司优先股股数	24 000
Pop 公司的普通股和约当普通股股数＝b	224 000
Pop 公司稀释每股收益＝a÷b	$ 0.87

由于优先股转换为普通股后 Son 公司不再发放优先股股利，所以将优先股收益加到 Pop 公司净利润中。

10.4　子公司有期权与可转换债券

Pad 公司 2016 年度的经营净利润为 1 500 000 美元，从 Syd 公司获得的投资收益为 300 000 美元。Syd 公司是 Pad 公司控股 80%的子公司。2016 年度 Pad 公司从 Syd 公司获得的投资收益 300 000 美元等于 2016 年度 Syd 公司净利润 450 000 美元的 80%，减去从 Syd 公司购买的 50 000 美元土地未实现收益的 80%，再减去 Syd 公司公允价值高于账面价值部分的摊销额 20 000 美元。多余的部分被分摊至之前未被确认的专利。假定所得税税率为 34%。两公司 2016 年发行在外的有价证券如下所示：

Pad 公司：　普通股，1 000 000 股

Syd 公司：　普通股，400 000 股

期权，以每股 10 美元的价格购买 60 000 股普通股（平均市场价格为每股 15 美元）

可转换债券，面值 1 000 000 美元，票面利率 7%，可转换为 80 000 股普通股

□ 可转换为子公司普通股的期权与债券

假定期权可行使，且债券可转为 Syd 公司的普通股。图表 10－4 列示了 Syd 公司稀释每股收益的计算过程。在对期权和认股权证使用库存股法时，当市场价格高于期权的行权价时，期权对每股收益有稀释作用。如果 Syd 公司期权的持有者行使了以每股 10 美元的价格购买 60 000 股 Syd 公司普通股的权利，那么 Syd 公司将获得现金 600 000 美元。我们假设库存股法下，Syd 公司用此现金赎回股票 40 000 股（600 000 美元÷平均市场价格每股 15 美元）。对库存股的行权和赎回的假设使得 Syd 公司在计算每股收益时，要增加 2 000 股发行在外的普通股。

图表 10-4 子公司稀释每股收益的计算过程

	Syd 公司稀释每股收益
Syd 公司普通股收益	$ 450 000
减：销售土地未实现利润	(50 000)
加：假定子公司债券转换为子公司普通股减少的税后利息（$ 1 000 000×7%×假定的税后净额影响 66%）	46 200
Syd 公司调整后收益＝a	$ 446 200
Syd 公司发行在外的普通股股数	400 000
假定行使期权而增加的股数［60 000 股－（因行权获得的 $ 600 000÷市场价格 $ 15）］	20 000
假定可转换债券转换为子公司股票而增加的股数	80 000
Syd 公司调整后股数＝b	500 000
Syd 公司稀释每股收益＝a÷b	$ 0.89

计算 Syd 公司的稀释每股收益时必须考虑可转换债券的影响。在假设转换法下，应在计算 Syd 公司稀释收益时加上因可转换债券转换而减少的税后利息费用 46 200 美元，在计算 Syd 公司稀释普通股股数时加上因可转换债券转换而增加的 80 000 股股票。

在计算 Pad 公司稀释每股收益时会用到 Syd 公司的稀释每股收益 0.89 美元。Pad 公司的稀释每股收益的计算过程如图表 10-5 所示。

图表 10-5 母公司稀释每股收益的计算过程——与子公司股数相关的稀释

	Pad 公司稀释每股收益
Pad 公司普通股收益	$ 1 800 000
减：Pad 公司在 Syd 公司已实现利润中的权益份额［（$ 450 000－未实现利润 $ 50 000）×80%］	$ (320 000)
加：Pad 公司在 Syd 公司稀释每股收益中的权益份额（320 000 股×Syd 公司稀释每股收益 $ 0.89）	284 800
Pad 公司调整后收益＝a	$ 1 764 800
Pad 公司发行在外的普通股股数＝b	1 000 000
Pad 公司稀释每股收益＝a÷b	$ 1.76

在计算 Pad 公司的稀释收益时，用 Syd 公司稀释收益中 Pad 公司的权益份额（284 800 美元）来替换 Syd 公司已实现利润中 Pad 公司的权益份额（320 000 美元）。这一替换使 Pad 公司稀释收益减少了 35 200 美元。此稀释是由于将 Syd 公司已实现利润 400 000 美元加上可转换债券税后利息影响数 46 200 美元重新分配给 Syd 公司普通股、期权及可转换债券的持有者，而不只是分配给普通股股东所致。

□ 可转换为母公司普通股的期权与债券

假定 Syd 公司的期权可用来购买 Pad 公司的普通股 60 000 股（正如前面所讨论的，库存股法下新增股票 20 000 股），Syd 公司的债券可以转换为 Pad 公司的普通股 80 000 股，Pad 公司稀释每股收益的计算过程详见图表 10-6。在这些假定下，在计算 Pad 公司稀释每股收益时并不需要先计算 Syd 公司的稀释每股收益。原因在于，只有当子公司的稀释性有价证券可转换为子公司股票时，我们才会在替代计算时用到子公司每股收益。这个案例假设子公司的稀释性有价证券可转换为母公司普通股，因此只需要用到母公司每股收益。

图表 10－6　母公司稀释每股收益的计算过程——与母公司股数相关的稀释

	Pad 公司稀释每股收益
Pad 公司普通股收益	$ 1 800 000
加：假定子公司债券转换为母公司普通股减少的税后利息（$ 1 000 000×7%×假定的税后净额影响 66%）	46 200
Pad 公司调整后收益＝a	$ 1 846 200
Pad 公司发行在外的普通股股数	1 000 000
假定行使期权而增加的股数［60 000 股－(因行权获得的 $ 600 000÷市场价格 $ 15)］	20 000
假定可转换债券转换为母公司股票而增加的股数	80 000
Pad 公司调整后股数＝b	1 100 000
Pad 公司稀释每股收益＝a÷b	$ 1.68

10.5 合并主体的所得税

在阐述合并主体的所得税问题时，本节首先讨论了哪些公司会递交综合纳税申报表、递交综合纳税申报表的优势和劣势以及所得税的会计公告情况。还讨论了合并纳税申报与分别纳税申报的暂时性差异，并列举了母公司和子公司分别纳税申报时所得税的分配程序。然后，分四种情况对母子公司分别纳税申报与合并纳税申报的合并程序进行比较。最后一部分讨论了收购所得的资产与负债的计税基础。

一些合并主体编制综合所得税申报表，并依据合并应纳税所得额纳税。另一些主体则为各子公司准备所得税申报表，并按单独纳税申报表中的应纳税所得额纳税。合并主体递交综合纳税申报表的权利是由美国国内税收法（USIRC）1501～1504 节对子公司的分类决定的。当母公司持有所有类别股票的 80%以上及每个可包含公司所有已发行股票总价值的 80%以上时，就出现了集团。这个母公司必须满足至少对一家公司直接持股 80%的要求（USIRC 1504［a]）。

如果合并主体是一个集团，那么该主体可能会选择合并纳税申报。其他的合并主体必须为每个子公司分别缴纳所得税。

家得宝（Home Depot）公司 2014 年合并财务报表的附注 1 讨论了其申报纳税身份，具体如下所示：

> 本公司及符合条件的子公司以合并纳税的方式申报联邦所得税。非美国子公司和某些美国子公司是出于财务报告的目的合并的，它们不具有包含在公司的美国联邦合并纳税表中的资格。这些主体已分别确定各自的递延所得税，本公司倾向于再投资其非美国子公司的所有未汇入收益，并无限期推迟利润汇回国内的时间。所以后附的合并利润表中并没有记录这些收益的美国递延所得税。①

□ 合并纳税申报的优势

合并纳税申报的主要优势有：

（1）某个子公司的亏损可以与集团内其他公司的收益相抵。但是，收购子公司时的亏损只能与该子公司的应纳税所得额相抵。

（2）集团内部的股利不包含在应纳税所得额内。

---

① From 2014 Annual Report（P38）©2015 Home Depot，Inc.

（3）集团内部的未实现利润需要从收益中扣除（未实现损失要延期到实现为止）。

在税前扣除集团内部的股利并不是合并纳税申报的一个特有优势。因为当一个合并主体被归类为集团时，即使该主体并没有选择合并纳税申报，该集团内部的股利也允许100%扣除。此外，对于从持股20%～80%的国内企业获得的股利收入，80%可以税前扣除；对于从持股比例低于20%的国内企业获得的股利收入，70%可以税前扣除。

□ 合并纳税申报的缺点

相对于分别纳税申报的主体，合并纳税申报的合并主体失去了一些弹性。例如，合并纳税申报中的每家子公司的纳税年度都必须与母公司一致。分别纳税申报时则可以使用不同的纳税年度。选择合并纳税申报的主体应每年提交一份合并主体的报表。会计主体一旦选择合并纳税申报，就不得随意变更。这类合并主体很难从美国国税局获得停止合并纳税申报的许可。此外，停止合并纳税申报的公司五年内不允许再次参与集团的合并申报。

10.6 所得税分摊

公认会计原则（ASC 740-10-05）中所得税会计的目标是确认本年度应缴或可退回的税额，并依据财务报表或纳税申报表中已确认的事件对未来税收的影响确认递延所得税负债和递延所得税资产。

为了与对未来所得税没有影响的事件区分开，将对未来税收产生影响的事件称为**暂时性差异**（temporary differences），如政府公债利息收入。在衡量某一会计期间的收益时，必须考虑暂时性差异产生的纳税影响。无论附属公司是分别纳税申报还是合并纳税申报，这些会计或所得税差异都是相同的，另一些则依据申报方式而有所不同。例如，分别纳税申报时，集团内部交易产生的未实现或推定损益即暂时性差异，因为每一个主体都按照其单独申报的利润进行纳税；然而在合并纳税申报时，由于在合并工作底稿和综合纳税申报表中均反映了未实现的集团内部利润的调整，因此这些项目不再是暂时性差异。

无论母公司是分别纳税还是合并纳税，收到的集团内部成员股利都可以免税。但当期从非集团内部的其他公司获得的股利不能免税，而是按照80%的比例进行税前扣除。

□ 暂时性差异：来自子公司与股权被投资方的未分配利润

权益法下，当投资方拥有被投资方20%～50%的有表决权股份时，会计处理方法与被投资方为其子公司时一致。对于权益性被投资公司和非集团成员的子公司发放的股利（已分配利润），投资公司应在收到股利的当期缴纳所得税。公认会计原则还要求投资方按其在被投资方未分配利润中所占份额计算，并列示递延所得税。也就是说，当投资方在被投资方收益中的权益份额超过其收到的股利时，就会产生暂时性差异。

根据先前的公认会计原则（ASC 740-30-25），通过表明子公司的未分配利润已被无限期投资，母公司或投资方可以规避所有的未分配利润都将转移至母公司的常规推定。现行的公认会计原则（ASC 740-10-05）为排除例外情况修订了之前的标准。新原则要求，除非明确规定了可以免税的投资手段，否则母公司或投资方应将其国内子公司的未分配利润确认为暂时性差异。国外子公司和国外合资企业的未分配利润仍然是例外。

在考虑与股权被投资方的投资收益有关的暂时性差异的税收影响时，由于投资收益已包含在投资方的税前利润即税前的基础中，单行合并不再适用。如果被投资方的未分配利润是唯一的暂时性差异，那么母公司或股权投资方可以通过借记“所得税费用”，贷记“递延所得税负债”，为其享有的未分配利润的权益份额缴纳所得税。当然，与未分配利润有关的暂时性差异仅仅是造成合并所得税影响的可能差异中的一种。

□ 对已分配利润与未分配利润的会计处理

假定 Pop 公司拥有 Son 公司 30%的股权，且 Son 公司为一家国内公司。当前年度 Son 公司宣告净利润为 1 200 000 美元，并支付股利 400 000 美元。该公司适用的所得税税率为 34%（本例单一法定适用税率）。对 Pop 公司在 Son 公司已分配和未分配利润中的权益份额的分析如下所示：

已分配利润的份额（股利）（$400 000×30%）	$120 000
未分配利润的份额（留存收益的增加）（$800 000×30%）	240 000
在 Son 公司利润中的权益份额（$1 200 000×30%）	$360 000

由于 Son 公司是一家国内公司且符合 80%股利所得免税的规定，Pop 公司当期仅就 120 000 美元股利的 20%进行纳税。该所得税费用等于 Pop 公司从 Son 公司获得的投资收益产生的所得税负债。当期的所得税负债为 8 160 美元（收到的股利 120 000 美元×应税比例 20%×税率 34%）。

当期 Pop 公司在 Son 公司未分配利润中的份额不存在应交所得税，但是会计准则要求，必须确认因这一暂时性差异而产生的所得税，视同当期已收到的利润所对应的股利。假定未分配利润为唯一的暂时性差异，Pop 公司对其在 Son 公司未分配利润中的权益份额产生的所得税做出如下分录：

12 月 31 日

借：所得税费用（E，－SE）	16 320	
贷：递延所得税负债（＋L）		16 320

记录 Son 公司的未分配利润产生的所得税（240 000 美元×应税比例 20%×税率 34%）。

对未分配利润所得税的处理步骤同样适用于母公司或投资方，但由于集团应纳税所得额中的股利可以 100%免税，所以对从集团内部成员获得的股利并不适用。

□ 集团内部交易产生的未实现利得与损失

当公司分别纳税申报时，集团内部交易形成的未实现损益及推定利得和损失会引发暂时性差异，可能会影响递延所得税的计算（当公司合并纳税申报时，这种情况不存在）。就未实现利得来说，销售主体的分别纳税申报表中包含这项利得，该主体也应为这项交易缴纳所得税。由于我们在合并过程中会排除未实现利得，所以要将与利得有关的所得税递延。对未实现损失的处理与此相同。

在计算销售子公司的所得税费用时，要将集团内部交易形成的利得和损失的暂时性差异的税收影响计算在内。在这种方法下，合并所得税费用等于合并主体的合并所得税费用，并按毛额剔除集团内部的利润项目。同样，这种方法允许母公司或投资方依据总利润而不是净税额来抵销集团内部的利润（当母公司或投资方以税后净额为基础抵销集团内部的利润时，需要以合并为基础，编写合并工作底稿会计分录，将子公司的所得税费用合并到合并所得税费用中，并调整递延所得税资产或递延所得税负债的金额）。

假定 Pam 公司以 400 000 美元的价格将成本为 200 000 美元的商品卖给其控股 75%的子公司 Sun 公

司。年底时 Sun 公司仍持有该商品的 70%。适用税率为 34%，且本年度 Pam 公司因该交易缴纳了68 000 美元所得税。由于 Sun 公司是 Pam 公司控股 75%的子公司，所以两公司要提交单独纳税申报表（同样假定集团内部交易是唯一的暂时性差异，单一法定适用税率为 34%）。相关的合并和单行合并分录如下所示：

合并工作底稿分录——销售年度

借：营业收入（−R，−SE）	**400 000**	
贷：营业成本（−E，+SE）		**400 000**

抵销集团内部销售的收入和成本。

借：营业成本（E，−SE）	**140 000**	
贷：存货（−A）		**140 000**

抵销集团内部存货中仍留存的商品产生的未实现利润［(400 000 美元−200 000 美元）×70%］。

Pam 公司单行合并分录——销售年度

借：投资收益——Sun 公司（−R，−SE）	140 000	
贷：长期股权投资——Sun 公司（−A）		140 000

抵销向 Sun 销售商品产生的未实现利润（140 000 美元未实现利润×100%）。

如果 Sun 公司在下一年度将商品全部卖出，那么当年的合并和单行合并分录为：

合并工作底稿分录——实现年度

借：长期股权投资——Sun 公司（+A）	**140 000**	
贷：营业成本（−E，+SE）		**140 000**

确认先前存货的递延利润，并调整 Pam 公司对 Sun 公司的初始投资以反映该业务已实现。

Pam 公司单行合并分录——实现年度

借：长期股权投资——Sun 公司（+A）	140 000	
贷：投资收益——Sun 公司（R，+SE）		140 000

复原前期集团内部销售的递延利润。

如果本次交易是 Sun 公司向 Pam 公司销售的顺流交易，那么集团内部交易利润产生的 68 000 美元税费应由 Sun 公司支付，且 Sun 公司应将该账户的 47 600 美元（140 000 美元×34%）记为本年度的递延所得税资产，而不是所得税费用。合并工作底稿分录抵销本年集团内销售产生的利润 140 000 美元，与逆流交易示例的金额一样。销售年度的少数股东损益将减至 35 000 美元（未实现收益 140 000 美元×25%）。此外，本年度 Pam 公司账上抵销未实现利润影响的单行合并分录的金额应为 105 000 美元（140 000美元×75%），而不是逆流交易示例中的 140 000 美元。

10.7 具有集团内部收益的分别纳税申报

本节为分别纳税申报的母公司与其子公司的所得税分配提供了一个延伸示例。2016 年 1 月 1 日，Son 公司的股东权益包含股本 300 000 美元和留存收益 200 000 美元。当日 Pop 公司支付 375 000 美元现金获得了 Son 公司 75%的股权。当 Pop 公司取得 Son 公司的权益时，Pop 公司有 10 200 美元的递延所得税负债。其中包含 30 000 美元的税收或账面折旧差异，将在 2017—2020 年间每年等额转回（7 500 美元）。

2016 年 1 月 8 日，Pop 公司向 Son 公司销售设备，获得收益 20 000 美元。Son 公司对该设备采用直线法计提折旧，折旧年限为 5 年。2016 年两公司的收益和留存收益数据对比如下：

	Pop 公司	Son 公司
营业收入	$ 3 800 000	$ 300 000
销售设备利得	20 000	—
投资收益——Son 公司	23600	—
营业成本	(200 000)	(180 000)
营业费用	(100 000)	(40 000)
所得税费用	(31 253)	(27 200)
净利润	92 347	52 800
加：1 月 1 日留存收益	357 653	200 000
减：股利（12 月）	(50 000)	(28 000)
12 月 31 日留存收益	$ 400 000	$ 224 800

公认会计原则（ASC 740－10－05）要求 Pop 公司列示其在 Son 公司 24 800 美元留存收益（净利润 52 800美元－股利 28 000 美元）中的权益份额的所得税。从 Son 公司获得的股利符合已获得股利 80%免税的要求。假定 Pop 公司和 Son 公司均适用单一所得税税率 34%，因此 Pop 公司计算的与 Son 公司未分配利润有关的递延所得税为 1 265 美元 [(24 800 美元×持股比例 75%×应税比例 20%)×税率 34%＝3 720 美元×税率 34%]。

□ 单行合并

2016 年 Pop 公司为处理对 Son 公司的长期股权投资而编制的日记账会计分录如下所示：

1 月 1 日

借：长期股权投资——Son 公司（＋A）	375 000	
贷：现金（－A）		375 000

记录购买 Son 公司 75%的股东权益。

12 月

借：现金（＋A）	21 000	
贷：长期股权投资——Son 公司（－A）		21 000

记录从 Son 公司取得的股利（28 000 美元×75%）。

12 月 31 日

借：长期股权投资——Son 公司（＋A）	23 600	
贷：投资收益——Son 公司（R，＋SE）		23 600

记录从 Son 公司取得的投资收益，计算过程如下所示：

Pop 公司在 Son 公司净利润中的权益份额（52 800 美元×75%）	$ 39 600
减：销售设备产生的未实现利润	(20 000)
加：分期确认收益（20 000 美元÷5 年）	4 000
投资收益——Son 公司	$ 23 600

注意，在计算从 Son 公司取得的投资收益时，Pop 公司是在 Son 公司税后利润的基础上按其享有的份额计算的。

2016 年 12 月 31 日，Pop 公司的“长期股权投资——Son 公司”账户余额为 377 600 美元（期初余额 375 000 美元＋来自 Son 公司的投资收益 23 600 美元－股利 21 000 美元），Pop 公司在 Son 公司权益中的份额为 393 600 美元（524 800 美元×75%），差额 16 000 美元（377 600 美元－393 600 美元）是设备的顺流交易产生的未实现利润。

□ 基于分别纳税申报的所得税费用

Son公司的所得税费用为27 200美元，仅仅是该公司税前利润80 000美元的34%。Pop公司的所得税费用为31 253美元，需要进一步分析才能得出。依照公认会计原则（ASC 740-10-05），计算Pop公司所得税费用的过程如下所示：

Pop公司营业利润的应纳税额［（营业收入380 000美元－营业成本200 000美元－销售费用100 000美元）×34%］	$27 200
销售设备利得的应纳税额（20 000美元×34%）	6 800
收到的股利的应纳税额［（21 000美元×应税比例20%）×34%］	1 428
当期应纳所得税	35 428
减：递延所得税负债的减少额［（年末设备的未实现收益16 000美元－Son公司未分配利润应税份额3 720美元）×34%］	($4 175)
所得税费用	$31 253

图表10-7为检验Pop公司所得税费用的计算提供了明细表。由于该公司适用单一税率34%，所以明细表法并非必要，但可能有益。在明细表中未来股利等于3 720美元［（净利润52 800美元－股利28 000美元）×持股比例75%×应税比例20%］。当2021年分配股利时，未来股利将会被转回。

Pop公司仅拥有Son公司75%的权益，所以两公司必须分别纳税申报，Pop公司还需为其销售设备给Son公司取得的集团内部收益20 000美元缴纳所得税。Pop公司从Son公司获得的股利也应缴纳所得税，该股利的80%可以税前扣除。在计算Pop公司的所得税费用时，将收到的股利和未分配收益都乘以20%，以适用股利的80%免税政策，而不需要先计算免税额再从已分配股利和应享有的未分配利润中扣除。

图表10-7　2016年12月31日递延所得税负债表

暂时性差异	2016年	2017年	2018年	2019年	2020年	未来
折旧费用		$7 500	$7 500	$7 500	$7 500	
销售设备利得	$20 000					
分期确认额	(4 000)	(4 000)	(4 000)	(4 000)	(4 000)	
未来股利	(3 720)	—	—	—	—	$3 720
未来应税额		3 500	3 500	3 500	3 500	3 720
适用税率		×34%	×34%	×34%	×34%	×34%
递延所得税负债		$1 190	$1 190	$1 190	$1 190	$1 265

由于不存在暂时性差异，Son公司的所得税费用27 200美元等于其单独纳税申报表上的所得税负债。Pop公司的所得税费用31 253美元等于当期应纳税额35 428美元减去当年递延所得税负债的减少额4 175美元。12月31日Pop公司的递延所得税负债余额为6 025美元（期初余额10 200美元－当年减少额4 175美元）。Son公司和Pop公司对各自所得税费用的记录如下所示：

Son公司账上——2016年12月31日

借：所得税费用（E，－SE）	27 200	
贷：本期应交所得税（＋L）		27 200

增加2016年应交所得税。

Pop 公司账上——2016 年 12 月 31 日

借：所得税费用（E，－SE）	31 253	
递延所得税负债（－L）	4 175	
贷：本期应交所得税（＋L）		35 428

增加 2016 年应交所得税。

□ 合并工作底稿

图表 10－8 为 Pop 公司及其子公司的合并工作底稿。除了考虑所得税，其余的工作底稿分录与前面章节相同。可以看出，Pop 公司的所得税费用加上 Son 公司的所得税费用等于合并所得税费用 58 453 美元。

图表 10－8　Pop 公司与子公司 2016 年度合并工作底稿

	Pop 公司	75%Son 公司	调整与抵销 借	调整与抵销 贷	合并财务报表
利润表					
营业收入	$ 380 000	$ 300 000			$ 680 000
销售设备利得	20 000		20 000[a]		
投资收益——Son 公司	23 600		23 600[c]		
营业成本	(200 000)	(180 000)			(380 000)
营业费用	(100 000)	(40 000)		4 000[b]	(136 000)
所得税费用	(31 253)	(27 200)			(58 453)
少数股东损益			13 200[e]		(13 200)
归属于母公司的净利润	**$ 92 347**	**$ 52 800**			**$ 92 347**
留存收益表					
留存收益——Pop 公司	$ 357 653				$ 357 653
留存收益——Son 公司		$ 200 000	200 000[d]		
归属于母公司的净利润	**92 347**	**52 800**			**92 347**
股利	(50 000)	(28 000)		21 000[c] 7 000[e]	(50 000)
12 月 31 日留存收益	**$ 400 000**	**$ 224 800**			**$ 400 000**
资产负债表					
其他资产	$ 362 400	$ 432 000			$ 794 400
设备	120 000	200 000		20 000[a]	300 000
累计折旧	(60 000)	(50 000)	4 000[b]		(106 000)
长期股权投资——Son 公司	377 600			2 600[c] 375 000[d]	
	$ 800 000	$ 582 000			$ 988 400
递延所得税负债	$ 6 025				$ 6 025
应交所得税	35 428	$ 27 200			62 628
其他负债	58 547	30 000			88 547
股本	300 000	300 000	300 000[d]		300 000
留存收益	**400 000**	**224 800**			**400 000**
	$ 800 000	$ 582 000			
少数股东权益				125 000[d] 6 200[e]	131 200
			560 800	560 800	$ 988 400

Pop公司为集团内销售设备产生的20 000美元收益缴纳了所得税。合并财务报表并未确认该项收益，因此存在暂时性差异，应对所得税进行分摊。

□ 2017年工作底稿分录

2017年，用于抵销集团内部交易产生的未实现利润的工作底稿分录如下所示：

借：长期股权投资——Son公司（+A）	16 000	
累计折旧（+A）	8 000	
贷：设备（−A）		20 000
折旧费用（−E，+SE）		4 000

抵销顺流交易设备产生的未实现利润。

在对2017年递延所得税资产和递延所得税负债发生的变化进行调整之后，2017年的所得税费用将与当期应交所得税相当。

10.8 合并纳税申报和分别纳税申报对合并程序的影响

本节对合并纳税申报和分别纳税申报下母公司与子公司的合并程序进行了比较。根据公认会计原则（ASC 740－10－05），两种情况下的所得税费用和来自子公司的投资收益分别相等。当企业合并纳税申报时，需在母公司及其子公司之间分摊应纳税额。

□ 合并所得税在附属公司之间的分摊

合并纳税申报时，集团内的子公司必须在其单独财务报表中披露当期和递延的所得税费用，以及所有与子公司相关的所得税项目的余额。尽管公认会计原则提供了多种在子公司之间分摊合并所得税的方法，企业必须披露其采用的方法。

目前，常用的在子公司之间分摊合并所得税的方法有如下四种：

- **单独纳税法**。每一家子公司均按单独纳税申报计算所得税。
- **协议分摊法**。依据母公司与子公司的协议分摊所得税。
- **差别分摊法**。分别计算包含与不包含子公司税前收益的集团所得税，两者的差额即子公司的所得税费用。
- **比例分摊法**。依据各子公司税前利润占合并税前利润的比例，分摊合并所得税费用。

本书举例均采用比例分摊法。

□ 合并纳税申报与分别纳税申报案例的背景资料

下面关于Pal公司与其拥有90%所有权的子公司Sal公司的各个案例，将对合并纳税申报和分别纳税申报的合并程序进行比较，并分别举例说明集团内部顺流交易与逆流交易产生的利润对所得税的影响。

2016年1月1日，Sal公司有股本300 000美元和留存收益100 000美元，Pal公司以432 000美元的价格购买了Sal公司90%发行在外的有表决权股票。432 000美元的购买价格表明Sal公司的公允价值为480 000美元（432 000美元÷90%）。Sal公司账面价值为400 000美元，因此商誉应为80 000美元。无论是编制财务报告还是计算所得税，商誉均不得摊销。其他资料如下所示：

（1）各年度均适用单一所得税税率34%。

（2）Pal公司和Sal公司组成了集团，其股利收入可以100%税前扣除。

（3）2016年Sal公司支付股利20 000美元。

（4）集团内部交易的营业收入为40 000美元，包括2016年末的未实现利润10 000美元。

（5）两个公司的税前营业利润如下所示：

	Pal公司	Sal公司
营业收入	$900 000	$500 000
营业成本	(500 000)	(350 000)
营业费用	(250 000)	(100 000)
税前营业利润	$150 000	$ 50 000

案例1和案例2举例说明了当年发生并在以后年度转回的顺流交易未实现利润产生的暂时性差异。案例3和案例4除了假设逆流交易为唯一的暂时性差异外，均与案例1和案例2相同。

案例1：顺流交易时的合并纳税申报

假定进行合并纳税申报，且集团内部的交易为顺流交易。合并申报所得税的计税基础为营业利润合计数200 000美元（Pal公司的营业利润150 000美元＋Sal公司的营业利润50 000美元）减去未实现利润10 000美元。合并所得税费用为64 600美元（190 000美元×34%）。由于未实现利润已在合并工作底稿和合并纳税申报表中抵销，所得税费用64 600美元等于合并所得税负债64 600美元。此外，Pal公司从Sal公司获得的股利18 000美元免税。

依据Pal公司与Sal公司各自的收益占合并应纳税所得额190 000美元的比例，将合并所得税负债64 600美元在两家公司之间分摊。由于本例中的集团内部交易为顺流交易，所以分摊过程如下所示：

$$\text{Pal公司应交所得税}=\frac{150\,000-10\,000}{190\,000}\times 64\,600=47\,600(\text{美元})$$

$$\text{Sal公司应交所得税}=\frac{50\,000}{190\,000}\times 64\,600=17\,000(\text{美元})$$

对于以上分摊，Pal公司和Sal公司的记录如下所示：

Pal公司账上——12月31日

借：所得税费用（E，－SE）	47 600	
贷：本期应交所得税（＋L）		47 600

记录分摊的合并所得税负债。

Sal公司账上——12月31日

借：所得税费用（E，－SE）	17 000	
贷：本期应交所得税（＋L）		17 000

记录分摊的合并所得税负债。

将分摊的合并所得税负债入账后，Sal公司的净利润为33 000美元（50 000美元－所得税17 000美元），Pal公司对从Sal公司取得的投资收益记录如下：

12月31日

借：长期股权投资——Sal公司（＋A）	19 700	
贷：投资收益——Sal公司（R，＋SE）		19 700

记录从Sal公司获得的投资收益，计算过程如下：

在Sal公司净利润中的份额（33 000美元×90%）	$29 700
减：存货中的未实现利润	(10 000)
投资收益——Sal公司	$19 700

由于本例中的销货为顺流交易，且在合并纳税申报时未实现利润免税，因此可以全额扣除存货中的未实现利润。图表10-9为Pal公司与Sal公司的合并工作底稿。

图表10-9 Pal公司与子公司2016年度合并工作底稿

单位：千美元

	Pal公司	Sal公司	调整与抵销		合并财务报表
			借	贷	
利润表					
营业收入	$900	$500	40[a]		$1 360
投资收益——Sal公司	19.7		19.7[c]		
营业成本	(500)	(350)	10[b]	40[a]	(820)
营业费用（不包含所得税）	(250)	(100)			(350)
所得税费用	(47.6)	(17)			(64.6)
少数股东损益			3.3[e]		(3.3)
归属于母公司的净利润	**$122.1**	**$ 33**			**$ 122.1**
留存收益表					
留存收益——Pal公司	$352.9				$ 352.9
留存收益——Sal公司		$100	100[d]		
归属于母公司的净利润	**122.1**	**33**			**122.1**
股利	(80)	(20)		18[c] 2[e]	(80)
12月31日留存收益	**$395**	**$113**			**$ 395**
资产负债表					
存货	$183.3	$ 80		10[b]	$ 253.3
其他资产	378	520			898
长期股权投资——Sal公司	433.7			1.7[c] 432[d]	
商誉			80[d]		80
	$995	$600			$1 231.3
应交所得税	$47.6	$ 17			$ 64.6
其他负债	152.4	170			322.4
股本	400	300	300[d]		400
留存收益	**395**	**113**			**395**
	$995	$600			
少数股东权益				48[d] 1.3[e]	49.3
			553	553	$1 231.3

以一般日记账形式记录的相关工作底稿分录为：

a 借：营业收入（－R，－SE）	**40 000**	
贷：营业成本（－E，＋SE）		**40 000**

抵销集团内部的营业收入与营业成本。

b 借：营业成本（E，－SE）	10 000	
贷：存货（－A）		10 000
抵销集团内部顺流交易产生的利润。		
c 借：投资收益——Sal公司（－R，－SE）	19 700	
贷：长期股权投资——Sal公司（－A）		1 700
股利（＋SE）		18 000
抵销投资收益与股利，并将“长期股权投资——Sal公司”账户调整至期初余额。		
d 借：股本——Sal公司（－SE）	300 000	
留存收益——Sal公司（－SE）	100 000	
商誉（＋A）	80 000	
贷：长期股权投资——Sal公司（－A）		432 000
期初少数股东权益（＋SE）		48 000
抵销对应的长期股权投资期初金额与权益金额，记录期初商誉和少数股东权益。		
e 借：少数股东损益（－SE）	3 300	
贷：股利（＋SE）		2 000
少数股东权益（＋SE）		1 300
记录子公司的少数股东损益和收到的股利。		

案例2：顺流交易时的分别纳税申报

假定集团内部的销售为顺流交易，且两公司分别申报纳税。Sal公司应交所得税17 000美元，并宣告其净利润为33 000美元。Pal公司记录其从Sal公司取得的投资收益为19 700美元，计算过程如下所示：

在Sal公司净利润中的份额（$33 000×90%）	$29 700
减：未实现利润	(10 000)
投资收益——Sal公司	$19 700

Pal公司当期应缴纳的所得税为其营业利润150 000美元的34%，即51 000美元。该公司的所得税费用为47 600美元，计算过程如下所示：

当期应交所得税	$51 000
减：因暂时性差异而增加的递延所得税资产（未实现利润$10 000×税率34%）	(3 400)
所得税费用	$47 600

具体内容详见图表10-10中的合并工作底稿。

合并资产负债表中本期应交所得税为68 000美元（Pal公司51 000美元＋Sal公司17 000美元）。合并所得税费用（64 600美元）与本期应交所得税（68 000美元）之间的差额源于10 000美元未实现利润产生的3 400美元递延所得税资产。合并利润表中的所得税费用为64 600美元，其独立计算过程如下所示：

税前合并收益与少数股东损益 （营业收入$1 360 000－营业成本$820 000－营业费用$350 000）	$190 000
税率	×34%
所得税费用	$64 600

通过对比图表10－9和图表10－10可以发现，无论公司选择合并纳税申报还是分别纳税申报，所得税费用和来自子公司的投资收益分别相等。但本期应交所得税和递延所得税资产存在差异。

图表10－10 Pal公司与子公司2016年度合并工作底稿

单位：千美元

	Pal公司	Sal公司	调整与抵销		合并财务报表
			借	贷	
利润表					
营业收入	\$900	\$500	40[a]		\$1 360
投资收益——Sal公司	19.7		19.7[c]		
营业成本	(500)	(350)	10[b]	40[a]	(820)
营业费用（不包含所得税）	(250)	(100)			(350)
所得税费用	(47.6)	(17)			(64.6)
少数股东损益			3.3[e]		(3.3)
归属于母公司的净利润	**\$122.1**	**\$33**			**\$122.1**
留存收益表					
留存收益——Pal公司	\$352.9				\$352.9
留存收益——Sal公司		\$100	100[d]		
归属于母公司的净利润	**122.1**	**33**			**122.1**
股利				18[c]	
	(80)	(20)		2[e]	(80)
12月31日留存收益	**\$395**	**\$113**			**\$395**
资产负债表					
存货	\$183.3	\$80		10[b]	\$253.3
递延所得税资产	3.4				3.4
其他资产	378	520			898
长期股权投资——Sal公司	433.7			1.7[c]	
				432[d]	
商誉			80[d]		80
	\$998.4	\$600			\$1 234.7
应交所得税	\$51	\$17			\$68
其他负债	152.4	170			322.4
股本	400	300	300[d]		400
留存收益	**395**	**113**			**395**
	\$998.4	\$600			
少数股东权益				48[d]	
				1.3[e]	49.3
			553	553	\$1 234.7

当合并纳税申报时，由于集团内部未实现利润免税，所得税费用等于本期应交所得税。无论公司递交分别纳税申报表还是综合纳税申报表，其合并所得税费用均一样。然而，当公司提交分别纳税申报表时，Pal公司的所得税费用为本期应交所得税51 000美元减去与10 000美元暂时性差异相关的递延所得税资产3 400美元。

案例3：逆流交易时的合并纳税申报

假定集团内部的销售为逆流交易（即Sal公司向Pal公司销售商品）。如果递交综合纳税申报表，合并所得税费用为 64 600 美元，与顺流交易时一样，但由于合并应纳税所得额中扣除了 Sal 公司税前收益 50 000美元中的 10 000 美元，分摊给 Pal 公司和 Sal 公司的所得税费用会与顺流交易时不同。具体分摊如下：

$$\text{Pal 公司应交所得税}=\frac{150\,000}{190\,000}\times 64\,600=51\,000(\text{美元})$$

$$\text{Sal 公司应交所得税}=\frac{50\,000-10\,000}{190\,000}\times 64\,600=13\,600(\text{美元})$$

各公司单独的记录如下所示：

Pal 公司账上——12 月 31 日

借：所得税费用（E，－SE）	51 000	
贷：本期应交所得税（＋L）		51 000
记录分摊的合并所得税负债。		

Sal 公司账上——12 月 31 日

借：所得税费用（E，－SE）	13 600	
贷：本期应交所得税（＋L）		136 000
记录分摊的合并所得税负债。		

Sal 公司的净利润为 36 400 美元（税前收益 50 000 美元－所得税费用 13 600 美元），Pal 公司从 Sal 公司取得的投资收益如下所示：

在 Sal 公司净利润中的份额（\$36 400×90%）	\$32 760
减：逆流交易产生的未实现利润（\$10 000×90%）	(9 000)
投资收益——Sal 公司	\$23 760

图表 10－11 阐释了逆流交易案例的合并工作底稿。少数股东损益为 2 640 美元，即 Sal 公司已实现收益 26 400 美元（净利润 36 400 美元－未实现利润 10 000 美元）的 10%。合并所得税费用为 64 600 美元，与顺流交易案例相同。但合并净利润增加了 660 美元，这是因为未实现利润 10 000 美元和相关的所得税分摊影响额 3 400 美元被记录在子公司账上。因此与顺流交易时相比，少数股东权益减少了 660 美元，归属于母公司的权益增加了 660 美元（为 122 760 美元而不是图表 10－9 和图表 10－10 中的 122 100 美元）。由于合并纳税申报时未实现利润免税，所以图表 10－11 在计算少数股东损益时全额抵销了 10 000 美元的未实现利润。

图表 10－11　Pal 公司与子公司 2016 年度合并工作底稿　　单位：千美元

	Pal 公司	Sal 公司	调整与抵销 借	调整与抵销 贷	合并财务报表
利润表					
营业收入	\$900	\$500	40[a]		\$1 360
投资收益——Sal 公司	23.76		23.76[c]		
营业成本	(500)	(350)	10[b]	40[a]	(820)
营业费用（不包含所得税）	(250)	(100)			(350)
所得税费用	(51)	(13.6)			(64.6)
少数股东损益			2.64[e]		(2.64)
归属于母公司的净利润	**\$122.76**	**\$ 36.4**			**\$ 122.76**

续表

	Pal公司	Sal公司	调整与抵销 借	调整与抵销 贷	合并财务报表
留存收益表					
留存收益——Pal公司	$352.9				$ 352.9
留存收益——Sal公司		$100	100[d]		
归属于母公司的净利润	**122.76**	**36.4**			**122.76**
股利	(80)	(20)		18[c] 2[e]	(80)
12月31日留存收益	**$395.66**	**$116.4**			**$ 395.66**
资产负债表					
存货	$183.3	$ 80		10[b]	$ 253.3
其他资产	378	520			898
长期股权投资——Sal公司	437.76			5.76[c] 432[d]	
商誉			80[d]		80
	$999.06	$600			$1 231.3
应交所得税	$ 51	$ 13.6			$ 64.6
其他负债	152.4	170			322.4
股本	400	300	300[d]		400
留存收益	**395.66**	**116.4**			**395.66**
	$999.06	$600			
少数股东权益				48[d] 0.64[e]	48.64
			556.4	556.4	$1 231.3

案例4：逆流交易时的分别纳税申报

假定集团内部的销售为逆流交易，且公司递交分别纳税申报表。由于Sal公司税前利润为50 000美元，其中包含10 000美元的未实现利润，所以以此为基础计算的该公司单独纳税申报表上的本期应交所得税为17 000美元。Sal公司的所得税费用仅为13 600美元，计算过程如下所示：

当期应交所得税	$17 000
减：因暂时性差异而增加的递延所得税资产（未实现利润$10 000×税率34%）	(3400)
所得税费用	$13 600

Sal公司的净利润为36 400美元，与案例3相同，Pal公司从Sal公司取得的投资收益为23 760美元，计算过程如下所示：

Pal公司在Sal公司净利润中的份额（$36 400×90%）	$32 760
减：逆流交易产生的未实现利润（$10 000×90%）	(9 000)
投资收益——Sal公司	$23 760

图表10－12为存在逆流交易产生的存货未实现利润并进行分别纳税申报时的工作底稿。

图表 10-12　Pal 公司与子公司 2016 年度合并工作底稿　　单位：千美元

	Pal 公司	Sal 公司	调整与抵销 借	调整与抵销 贷	合并财务报表
利润表					
营业收入	$ 900	$ 500	40[a]		$ 1 360
投资收益——Sal 公司	23.76		23.76[c]		
营业成本	(500)	(350)	10[b]	40[a]	(820)
营业费用（不包含所得税）	(250)	(100)			(350)
所得税费用	(51)	(13.6)			(64.6)
少数股东损益			2.64[e]		(2.64)
归属于母公司的净利润	**$ 122.76**	**$ 36.4**			**$ 122.76**
留存收益表					
留存收益——Pal 公司	$ 352.9				$ 352.9
留存收益——Sal 公司		$ 100	100[d]		
归属于母公司的净利润	**122.76**	**36.4**			**122.76**
股利	(80)	(20)		18[c] 2[e]	(80)
12 月 31 日留存收益	**$ 395.66**	**$ 116.4**			**$ 395.66**
资产负债表					
存货	$ 183.3	$ 80		10[b]	$ 253.3
递延所得税资产		3.4			3.4
其他资产	378	520			898
长期股权投资——Sal 公司	437.76			5.76[c] 432[d]	
商誉			80[d]		80
	$ 999.06	$ 603.4			$ 1 234.7
应交所得税	$ 51	$ 17			$ 68
其他负债	152.4	170			322.4
股本	400	300	300[d]		400
留存收益	**395.66**	**116.4**			**395.66**
	$ 999.06	$ 603.4			
少数股东权益				48[d] 0.64[e]	48.64
			556.4	556.4	$ 1 234.7

通过比较图表 10-11 与图表 10-12 可以发现，无论公司是分别纳税申报还是合并纳税申报，所得税费用和来自子公司的投资收益分别相等。但本期应交所得税和递延所得税资产两个项目有差异。当公司分别纳税申报时，合并所得税费用为：

	Pal 公司	Sal 公司	合并
本期应交所得税	$ 51 000	$ 17 000	$ 68 000
递延所得税资产	—	(3 400)	(3 400)
所得税费用	$ 51 000	$ 13 600	$ 64 600

因此，合并利润表中所得税费用为 64 600 美元，合并资产负债表中本期应交所得税负债为 68 000 美元，本期递延所得税资产为 3 400 美元。

10.9 企业合并

出于对所得税的考虑，企业改组指根据国内税收法368节的规定可以免税的企业重组或合并。改组交易包括吸收合并、资本重组和公司分立。国内税收法对改组的认定做了具体的规定，未能满足其中任何一条均不能称之为改组，也就不能免税。该法规列举了七种类型的改组，现只介绍其中三种：

- **吸收合并或新设合并**。吸收合并是指一家公司主要通过收购另一家公司股票的方式（也要考虑其他情况）兼并另一家公司。被兼并公司解散，其资产和负债由兼并方接管。新设合并是指两个或两个以上公司合并为一家新的公司，且原公司均解散。
- **股权收购**。若一家公司以其任意有表决权股权（不考虑其他情况）交换另一家公司股权，且交易完成后能立即对第二家公司实施控制，即为改组。这里的控制指拥有该公司至少80%的表决权和至少80%的其他所有类型股票。
- **资产收购**。若一家公司以其任意有表决权股权（一般没有其他情况）交换另一家公司几乎全部的资产，则属于改组。即使存在负债假设，该类型交易依然为免税改组。

以上介绍比较简略且没有技术性。关键是税法下股权交易成为免税改组的条件与会计准则下权益结合企业合并获得免税资格的条件并不相同。购买式企业合并不一定免税，且构造能够满足买卖双方目标的交易形式是企业合并协商过程中的重要部分。正如预期一般，企业通常会选择免税形式合并。

在应税的企业合并中，购买方需要对被兼并公司的资产和负债进行重新估值，以反映其取得的公允价值。出售方按所收到对价的公允价值与所售资产或股票的计税基础的差额确认损益。在免税改组中，新并入的资产和负债无须重新估价，其计税基础保持不变。

1993年《收入确认法》允许商誉（公认会计原则（ASC 350－20－35）已经不允许摊销商誉）和其他无形资产（197节“无形资产”）摊销抵税。只有当购买交易中卖方已缴税（已确认损益）时才允许抵销。[①] 1993年《收入确认法》197节中的无形资产均要在15年内摊销完毕，不考虑该无形资产的寿命。

□ 收购

公认会计原则（ASC 740－10－05）规定，在购买式合并中，企业应依据其取得资产和负债的账面价值（计税基础）与其指定价值（商誉与杠杆租赁除外）的差额确认递延所得税负债或递延所得税资产。换言之，企业以获得的资产和负债的公允价值入账，以相关的税收影响确认递延所得税资产或递延所得税负债。

只有当资产的计税基础不像账面价值那样调整至公允价值时，计税基础与账面价值之间才会出现差异。当出于纳税考虑而上调资产的账面价值时，上调后的账面价值与计税基础之间的唯一差异在被收购公司账上记录为递延所得税资产或递延所得税负债（购买日被收购公司账上资产的账面价值与计税基础的初始差额）。

下面以Pat公司和Sad公司的免税合并为例，计算由账面价值与公允价值的差异引起的递延所得税负债，进而计算商誉。2016年1月1日，Pat公司以400 000美元购得Sad公司发行在外有表决权股票的60%。当日，Sad公司的所有者权益包含股本300 000美元、留存收益200 000美元。除了建筑物和土地，Sad公司资产和负债的账面价值等于公允价值。建筑物的账面价值为80 000美元，公允价值为120 000美元，剩余使用年限为8年。土地的账面价值为50 000美元，公允价值为150 000美元。所有商誉均不允许

① 公司的负债可能已假定，也可能未假定。

摊销。两公司共同适用 34%的税率，并符合 80%的股利免税规定。

收购成本超过账面价值 100 000 美元［成本 400 000 美元－(净资产的账面价值 500 000 美元×持股比例 60%)］，具体计算过程如下所示：

	账面价值	税前公允价值	差额	Pat 公司持股比例 60%×差额
建筑物	$ 80 000	$ 120 000	$ 40 000	$ 24 000
土地	50 000	150 000	100 000	60 000
资产重估（总额）				84 000
减：重估的递延所得税（$ 84 000×34%）				(28 560)
资产重估的净差额				55 440
商誉				44 560
成本超过账面价值的金额				$ 100 000

分摊至建筑物的合并价差 24 000 美元和相关的递延所得税负债 8 160 美元（24 000 美元×34%）将在建筑物剩余 8 年使用年限中分别按每年 3 000 美元和 1 020 美元进行摊销。因此，合并净利润每年将在税后基础上减少 1 980 美元。土地的重估价值 60 000 美元和相关的递延所得税负债 20 400 美元并不进行摊销，在土地对外出售之前均保持不变。

由于同时计算剩余账户、商誉以及与这一剩余账户有关的递延所得税负债较为困难，公认会计原则（ASC 805－740－45）规定不需要计算商誉的递延所得税负债（当商誉不能税前扣除时）。同时，FASB 认为这一计算不能提供太多的增量信息。

□ 权益法下收购的会计处理

2016 年度，Sad 公司获得净利润 100 000 美元，并支付股利 40 000 美元。Pat 公司在其账上记录对 Sad 公司的投资，会计分录如下所示：

借：长期股权投资——Sad 公司（＋A）	400 000	
贷：现金（－A）		400 000

记录购得 Sad 公司 60%的股权。

借：现金（＋A）	24 000	
贷：长期股权投资——Sad 公司（－A）		24 000

记录从 Sad 公司获得的股利（40 000 美元×60%）。注意，Pat 公司必须确认其在 Sad 公司当期未分配利润 60 000 美元中份额的所得税（36 000 美元×应税比例 20%×税率 34%＝递延所得税 2 448 美元）。

借：长期股权投资——Sad 公司（＋A）	58 020	
贷：投资收益——Sad 公司（R，＋SE）		58 020

记录从 Sad 公司取得的投资收益以及与建筑物递延所得税负债有关的摊销，具体计算过程如下所示：

在 Sad 公司净利润中享有的份额（100 000 美元×60%）	$ 60 000
减：分摊给建筑物的合并价差的折旧额	(3 000)
加：与建筑物有关的递延所得税摊销额	1 020
来自 Sad 公司的投资收益	$ 58 020

2016年12月31日，Sad公司的股东权益包含股本300 000美元以及留存收益260 000美元。当日，Pat公司的“长期股权投资——Sad公司”账户余额为434 020美元。对长期股权投资余额的分析如下所示：

	2016年1月1日	2016年变动额	2016年12月31日
长期股权投资账面价值	$300 000	$36 000	$336 000
未分摊合并价差：			
建筑物	24 000	(3 000)	21 000
土地	60 000		60 000
递延所得税	(28 560)	1 020	(27 540)
商誉	44 560		44 560
长期股权投资余额	$400 000	$34 020	$434 020

□ 工作底稿分录

2016年12月31日Pat公司编制合并工作底稿时，“长期股权投资——Sad公司”账户余额为434 020美元（初始投资成本400 000美元＋来自Sad公司的投资收益58 020美元－股利24 000美元）。普通日记账形式的工作底稿分录如下所示：

		借	贷
a	**借：投资收益——Sad公司（－R，－SE）**	**58 020**	
	贷：股利（＋SE）		**24 000**
	长期股权投资——Sad公司（－A）		**34 020**
	抵销来自Sad公司的投资收益和股利，并调整长期股权投资至期初余额。		
b	**借：股本——Sad公司（－SE）**	**300 000**	
	留存收益——Sad公司（－SE）	**200 000**	
	建筑物（＋A）	**24 000**	
	土地（＋A）	**60 000**	
	商誉（＋A）	**44 560**	
	贷：长期股权投资——Sad公司（－A）		**400 000**
	重估价值的递延所得税（＋L）		**28 560**
	期初少数股东权益（＋SE）		**200 000**
	抵销相对应的长期股权投资与股东权益，记录期初少数股东权益和期初合并价差，并记录重估价值的递延所得税。		
c	**借：折旧费用（E，－SE）**	**3 000**	
	贷：累计折旧——建筑物（－A）		**3 000**
	记录分摊给建筑物的合并价差部分的折旧。		
d	**借：重估价值的递延所得税（－L）**	**1 020**	
	贷：所得税费用（－E，＋SE）		**1 020**
	记录递延所得税的摊销额。		
e	**借：少数股东损益（－SE）**	**40 000**	
	贷：股利（＋SE）		**16 000**
	少数股东权益（＋E）		**24 000**
	记录少数股东在子公司净利润和股利中享有的份额。		

□ 所得税的不确定性

2006年6月，FASB发布了公认会计原则，明确了对财务报表中不确定情况下所得税确认的会计处理原则。公认会计原则规定了纳税申报时税务状况的确认和计量方法。

税务状况评估分为两个步骤。第一步是确认，由报告主体来判断其纳税状况在经过核查后是否多半可能依然成立。报告主体需假定相应的税务机关会来核查其税务状况。第二步是计量，即在税务状况满足确认标准后确定应在财务报表中列示的金额。依据公认会计原则（ASC 740-30-7）：

> 如果一种税务状况符合很可能确认阈值，则应在最初以及随后将其视为最大的税收优惠数额，即在税务局对所有相关信息都有充分的了解后有大于50%的可能实现的数额。计量这一税务状况时，应考虑利用报告日可得的事实、情况和信息在结算时可能实现的结果的数额和可能性。①

图表10-13提供了一个展示计量过程的例子。

图表10-13 示例：用与清算法有关的信息进行计量

本例演示了一种用第740-10-30-7段计量要求来确定符合第740-10-25-6段确认要求的税务状况。本例中的计量以与清算有关的信息为基础。

在将本次级主题的确认标准应用于税务状况时，公司认为某一可能带来100美元收益的税务状况满足确认标准，应对其进行计量。该主体考虑了预计可能的金额和结果发生的可能性，具体如下所示：

可能的估计结果	独立发生可能性（%）	累计发生可能性（%）
$100	5	5
80	25	30
60	25	55
50	20	75
40	10	85
20	10	95
0	5	100

所有清算后实现的可能性超过50%的收益的最大值为60美元，因此该主体在财务报表中确认了60美元的税收收益。②

资料来源：财务会计准则委员会会计准则汇编740-10-55-102-104.

自2006年公认会计原则修订以来，越来越多的公司被要求调整和报告其确认的递延所得税资产的备抵计价。例如，好时公司在2014年年报的附注4（p.66）中报告了14 722.3万美元备抵计价。附注4还报告了好时公司联邦、州和国际所得税的详细情况。通用电气在年报附注4中披露了20.15亿美元备抵计价，以及因通用电气信贷公司而得的8.8亿美元备抵计价（p.185）。可口可乐公司在2014年年报的附注14（p.118）中报告了6.49亿美元的备抵计价。

10.10 所得税在财务报表中的披露

历史上公认会计原则将资产负债表中的递延所得税资产和递延所得税负债分为流动项目和非流动项

① FASB ASC 740-30-7. Originally Financial Accounting Standard Board Interpretation No. 48. "Accounting for Uncertainty in Income Taxes: An interpretation of FASB Statement No. 109." Norwalk, CT © 2006 Financial Accounting Standard Board.

② ASC 710-10-55-102-104 ©Anthony H Joseph.

目，分类依据为财务报告中资产和负债的分类。若递延项目与财务报告中的资产和负债无关，则分类依据暂时性差异的转回日期。财务报告期间始于2016年12月15日后的，公认会计原则不再将递延所得税资产和递延所得税负债分为流动项目和非流动项目，所有账户均被归类为非流动项目。企业仅需报告非流动递延所得税负债或递延所得税资产科目的净额（ASC 740-10-45-4）。

重大的所得税费用或收益应在财务报表或报表附注中予以披露。公认会计原则还规定，分摊至持续经营、中止经营以及前期调整项目的所得税费用和所得税收益均应予以披露。

好时公司2014年年报就是一个很好的按规定披露所得税信息的例子。附注7详细描述了当年的所得税计算过程。

总结

当子公司或被投资方的资本结构中有发行在外的优先股时，被投资方的股东权益和收益必须依据优先股合同先分配给优先股股东，然后再分配给普通股股东。若母公司未持有子公司的优先股，则优先股股利和优先股股东权益包含在少数股东权益中。就合并主体而言，在合并报表中任何母公司持有的子公司优先股均视为已被赎回。

合并每股收益和母公司每股收益的结果相同，而且母公司每股收益的计算方法同样适用于权益法下投资方的会计处理。母公司或投资方关系并不会影响每股收益的计算，但子公司或被投资方存在发行在外的潜在稀释性证券除外。当子公司拥有发行在外的潜在稀释性证券时，对母公司每股收益计算时的调整取决于子公司潜在稀释性证券可转换为子公司普通股还是母公司普通股。

合并主体被认定为集团时可以选择提交综合纳税申报表。所有其他的合并主体应提交单独纳税申报表。在确定应税收益时，集团内部成员公司间的股利收入可以在税前扣除。选择合并纳税申报的集团的未实现利润可以免税，也可以以一个成员公司的亏损抵销另一成员公司的收益。

当权益被投资方和子公司为非集团成员时，投资方应按其所获股利的应税比例计算当期应交所得税，并就其在被投资方当期未分配利润中的份额确认递延所得税。

当公司选择分别纳税申报时，集团内部交易产生的未实现损益及推定损益会引起暂时性差异，这一暂时性差异又将影响递延所得税的计算。

根据国内税收法，出于会计目的对另一家公司的收购可能是应税合并，也可能是免税改组。在免税企业合并中，购买成本与账面价值的差额按购买时的公允价值分摊至所获得的资产和负债，并就相关的税收影响记录递延所得税资产和递延所得税负债。

思考题

1. Son公司拥有发行在外的100 000股面值10美元的普通股以及5 000股面值100美元、利率10%的累积优先股。Son公司当年的净利润为300 000美元，会计期末股东权益如下所示：

10%累积优先股股本，每股面值$100	$ 500 000
普通股股本，每股面值$10	1 000 000
资本公积	600 000
留存收益	400 000
股东权益总额	$2 500 000

Pop公司几年前以账面价值收购了Son公司60%发行在外的普通股。试计算Pop公司当年的投资收

益及其年末“长期股权投资——Son 公司”账户余额。

2. 参考第 1 题，假设 Son 公司当年发放了两年的优先股股利，是否会影响 Pop 公司当年投资收益的计算？若影响，请重新计算 Pop 公司的投资收益。

3. 在下列各种情况下，子公司的优先股将如何列示在合并资产负债表中？

a. 子公司优先股 100%被母公司持有。

b. 子公司优先股 50%被母公司持有，另外 50%被外部投资者持有。

c. 子公司优先股 100%被外部投资者持有。

4. 试述母公司持有子公司 80%发行在外的优先股和普通股时，少数股东权益的计算方法。

5. 试述合并每股收益与母公司每股收益的差异。

6. 对未合并子公司及拥有 20%～50%股权的被投资方的投资是否影响投资方每股收益计算的性质？

7. 在什么情况下计算母公司每股收益使用的方法与计算无权益投资公司的每股收益相同？

8. 在计算母公司（和合并）每股收益前，可能需要先计算子公司及权益被投资方的每股收益。在什么情况下，计算母公司每股收益需使用子公司的每股收益？

9. 子公司的潜在稀释性证券可能转换为母公司普通股或子公司普通股。试述这些情况如何影响母公司每股收益的计算过程。

10. 在计算母公司稀释收益时，需要将母公司在子公司已实现收益中的权益份额替换为母公司在子公司稀释收益中的权益份额。这一替换计算是否涉及包含在母公司来自子公司投资收益中的未实现利润？

11. 所有合并主体都必须合并纳税申报吗？试着进行讨论。

12. 在国内税收法中被归类为集团的合并主体可以选择分别纳税申报吗？

13. 合并纳税申报的主要优点是什么？

14. 公司自其国内子公司收到的股利可部分或全部免除联邦所得税。何时扣除全部股利？

15. 试述采用权益法引起的暂时性差异的所得税影响的性质。

16. 母公司和投资者是否要调整长期股权投资及投资收益来反映子公司未分配利润的所得税？试着进行解释。

17. 对合并主体而言，未实现及推定损益何时会产生暂时性差异？

练习题

E10-1　【基于 AICPA】优先股和所得税

1. ［优先股］2017 年，Pop 公司拥有 Son 公司 20%的优先股和 80%的普通股。2017 年 12 月 31 日 Son 公司发行在外的股票情况如下所示：

10%累积优先股股本	$ 400 000
普通股股本	2 800 000

Son 公司宣告 2017 年度净利润为 240 000 美元。2017 年 12 月 31 日 Pop 公司应记录的在 Son 公司收益中的权益为多少美元？

a. 168 000　　b. 192 000

c. 193 600　　d. 200 000

2. ［所得税］Pop 公司采用权益法处理对 Son 公司 25%股权的长期股权投资。2016 年，Pop 公司从 Son 公司收到股利 60 000 美元，并记录在 Son 公司收益中应享有的权益 360 000 美元。其他信息如下所示：

● 收到的Son公司股利满足80%的股利免税规定。

● 不存在其他暂时性差异。

● 2016年及以后年度适用的所得税税率为30%。

Pop公司2016年12月31日的资产负债表中应列示的递延所得税负债金额为多少美元?

a. 18 000　　b. 21 600

c. 90 000　　d. 108 000

3. [所得税] 2016年，Pop公司从Son公司取得股利600 000美元，Pop公司拥有Son公司80%的股权。Pop公司在其2016年综合纳税申报表上列示的股利净额为多少美元?

a. 600 000　　b. 480 000

c. 420 000　　d. 0

4. [所得税] Pop公司与Son公司合并纳税申报。2016年1月，Pop公司将其账面价值120 000美元、公允价值150 000美元的土地以200 000美元的价格出售给Son公司。Son公司于2017年12月以250 000美元的价格将该土地售出。2016年和2017年纳税申报表中，合并纳税申报时此交易的利得为多少?

	2017	2016
a	$ 50 000	$ 80 000
b	$ 100 000	0
c	$ 100 000	$ 50 000
d	$ 130 000	0

E10-2 【优先股】存在积欠股利的子公司优先股

2016年12月31日，Sun公司的股东权益信息如下所示（单位：千美元）：

10%累积优先股股本，每股面值$100，每股赎回价格$105，发行在外20 000股，积欠一年股利	$2 000
发行在外的200 000股普通股股本，每股面值$10	2 000
资本公积	4 000
留存收益	8 000
所有者权益总额	$16 000

2017年1月1日，Pam公司以每股90美元的价格购入Sun公司90%的普通股。当日Sun公司的资产和负债均以公允价值入账，合并价差记入商誉且不摊销。2017年度Sun公司列报的净利润为2 400 000美元，并宣告发放股利1 200 000美元。

要求：计算下列各项：

1. Pam公司对Sun公司投资的合并价差。
2. 2017年度Pam公司从Sun公司取得的投资收益。
3. 2017年12月31日Pam公司“长期股权投资——Sun公司”账户余额。
4. 2017年12月31日Sun公司少数股东权益总额。

E10-3 【优先股】商誉和投资收益——子公司优先股

2015年12月31日Son公司的股东权益信息如下所示（单位：千美元）：

12%累积非参与优先股股本，每股面值$100，每股赎回价格$105	$1 200

普通股股本，每股面值$10	2 000
资本公积	280
留存收益	1 520
股本权益总额	$5 000

2016年1月2日Pop公司以3 072 000美元的价格收购Son公司80%的普通股。2016年度Son公司列报的净亏损为200 000美元，未发放股利。2017年度Son公司列报的净利润为1 000 000美元，宣告发放股利688 000美元。合并价差均记入商誉。

要求：

1. 计算Pop公司对Son公司投资的合并价差。
2. 计算2016年度Pop公司来自Son公司的投资收益（或亏损）。
3. 计算2017年度Pop公司来自Son公司的投资收益（或亏损）。
4. 计算2017年12月31日Pop公司“长期股权投资——Son公司”账户余额。

E10-4　【优先股】投资成本和净利润——子公司优先股

2016年12月31日Pam公司收购Sun公司80%的普通股，收购股权的公允价值等于其账面价值。Pam公司和Sun公司的净利润分别为6 000 000美元和1 000 000美元。2017年Pam公司和Sun公司分别宣告发放股利2 000 000美元和600 000美元。

Sun公司的股东权益信息如下所示（单位：千美元）：

	2016年12月31日	2017年12月31日
12%累积优先股股本，每股面值$100，每股赎回价格$105	$2 000	$2 000
普通股股本，每股面值$10	4 000	4 000
资本公积	600	600
留存收益	1 400	1 800
所有者权益总额	$8 000	$8 400

要求：

1. 计算2016年12月31日Pam公司对Sun公司长期股权投资的成本（假设当天Sun公司已积欠了一年的优先股股利）。
2. 计算2017年度Pam公司的净利润和少数股东损益。
3. 计算2017年12月31日Pam公司对Sun公司长期股权投资的账面价值。

E10-5　【优先股】日记账分录——母公司同时拥有子公司的普通股和优先股

2016年12月31日Son公司的股东权益信息如下所示（单位：千美元）：

15%累积非参与优先股股本，每股面值$100，积欠一年股利	$1 000
普通股股本，每股面值$10	2 000
资本公积	200
留存收益	300
股东权益总额	$3 500

2017年1月1日，Pop公司以600 000美元的价格收购Son公司50%的优先股，以2 000 000美元的价格收购Son公司80%的普通股。Son公司2017年度列报的净利润为400 000美元，发放股利300 000美元。

要求：

1. 编制Pop公司对Son公司50%优先股投资的会计分录。

2. 计算Pop公司对Son公司80%普通股投资的合并价差（假定合并价差记入商誉）。

3. 计算2017年度Pop公司来自Son公司优先股的投资收益。

4. 计算2017年度Pop公司来自Son公司普通股的投资收益。

5. 计算2017年12月31日Pop公司与子公司合并资产负债表中的少数股东权益。

E10-6 【优先股】优先股和普通股的合并价差

2017年1月1日，Pam公司以6 500 000美元的价格买入Sun公司60%发行在外的优先股，并以35 000 000美元的价格买入该公司70%发行在外的普通股。2016年12月31日Sun公司股东权益信息如下所示（单位：千美元）：

10%累积优先股股本，每股面值＄100，每股赎回价格＄105	＄10 000
发行在外100 000股，积欠一年股利	
普通股股本，每股面值＄10	30 000
资本公积	5 000
留存收益	15 000
股东权益总额	＄60 000

要求：

1. 计算Pam公司对Sun公司长期股权投资的合并价差。

2. 除去个人偏见，假定优先股投资的合并价差为－400 000美元。若从合并角度将优先股投资视作推定赎回，试述对优先股合并价差的会计处理。

E10-7 【每股收益】基础题

1. 某母公司及其100%控股的子公司仅拥有发行在外的普通股（母公司10 000股，子公司3 000股），均不存在潜在稀释性证券。计算母子公司合并每股收益的公式为：

a. （母公司净利润＋子公司净利润）÷13 000股　　b. （母公司净利润＋子公司净利润）÷10 000股

c. 母公司净利润÷13 000股　　d. 子公司净利润÷10 000股

2. 母公司拥有子公司90%的股权，且子公司不存在发行在外的潜在稀释性证券。计算合并每股收益时：

a. 分母等于子公司普通股加上母公司普通股及约当普通股

b. 要加总母公司和子公司的每股收益

c. 无须计算子公司每股收益

d. 需要用子公司的每股收益计算基本每股收益

3. 在计算母公司稀释每股收益时，可能需要减去母公司在子公司已实现收益中的权益份额，并用母公司在子公司稀释收益中的权益份额替换。替换计算中的减项受到以下什么因素的影响：

a. 购买母公司债券的推定收益　　b. 投资子公司产生的商誉的当年摊销额

c. 顺流交易产生的未实现利润　　d. 逆流交易产生的未实现利润

E10-8 【每股收益】包含商誉、少数股东权益和认股权证的合并每股收益

Pop公司2016年度净利润为316 000美元，其中包含来自Son公司的投资收益160 000美元。Pop公司拥有Son公司80%的股权。来自Son公司的投资收益为Pop公司在Son公司收益中的176 000美元权益份额减去商誉摊销额16 000美元。2016年，Pop公司拥有300 000股发行在外且每股面值为10美元的普通股，Son公司拥有50 000股发行在外且每股面值为10美元的普通股。此外，Son公司有10 000份发行在外的认股权证，该认股权证允许投资者以每股10美元的价格认购10 000股Son公司普通股。2016年Son公司普通股的平均市场价格为每股20美元。

1. 为计算Pop公司（和合并）稀释每股收益，Son公司稀释收益为多少美元？

a. 220 000　　b. 200 000

c. 176 000　　d. 160 000

2. 为计算Pop公司（和合并）稀释每股收益，Son公司发行在外的普通股和约当普通股为多少股？

a. 60 000　　b. 56 000

c. 55 000　　d. 50 000

3. 为计算Pop公司（和合并）稀释每股收益，假定Son公司稀释每股收益为4美元。Pop公司（和合并）稀释收益为多少美元？

a. 316 000　　b. 300 000

c. 156 000　　d. 140 000

4. 如果Son公司2016年稀释每股收益为4美元，Pop公司（和合并）稀释每股收益为多少美元？

a. 1.64　　b. 1.59

c. 1.04　　d. 1.00

E10-9　【每股收益】合并基本每股收益和合并稀释每股收益

以下为2016年12月31日Pam公司及其拥有80%股权的子公司Sun公司的有关资料：

	Pam公司	Sun公司
发行在外普通股股数	8 000股	5 000股
以每股$9的价格购买Sun公司1 000份普通股的认股权证（平均市价每股$15）		1 000份认股权证
净利润（包含来自Sun公司的投资收益）	$20 000	$18 000
来自Sun公司的投资收益（$14 400－成本高于账面价值的合并价差摊销额$2 400）	$12 000	

要求：计算合并每股收益（基本及稀释）。

E10-10　【每股收益】包含逆流交易产生的未实现利润的合并每股收益

2016年度Pop公司及其拥有80%股权的子公司Son公司的利润表如下所示：

	Pop公司	Son公司
营业收入	$1 270 000	$740 000
投资收益——Son公司（见注释）	13 920	—
营业成本	(700 000)	(470 000)
营业费用	(462 000)	(230 000)
税前利润	121 920	40 000
所得税	(41 453)	(13 600)
净利润	$　80 467	$ 26 400

注：来自Son公司的投资收益的计算过程为：Son公司净利润26 400美元×80%－商誉摊销额2 000美元－Son公司存货中的未实现利润5 200美元。

Pop公司2016年有发行在外的普通股10 000股和每股面值10美元的10%累积优先股1 200股。Son公司2016年有发行在外的普通股20 000股和可以按每股24美元的价格认购5 000股Son公司普通股的认股权证。Son公司普通股的平均市价为每股30美元。

要求：计算Pop公司（和合并）基本每股收益和稀释每股收益。

E10-11 【每股收益】存在商誉和认股权证的子公司每股收益和合并每股收益

Pow公司拥有Soy公司80%的股权。Pow公司没有发行在外的约当普通股和其他潜在稀释性证券，该公司2016年每股收益的计算公式如下所示：

$$\frac{\text{单独收益 1 000 000 美元十来自 Soy 公司的投资收益 480 000 美元}}{\text{Pow 公司发行在外的普通股 1 000 000 股}}=1.48(\text{美元})$$

Pow公司来自Soy公司的投资收益检验无误，即以Soy公司净利润630 000美元的80%减去商誉摊销额24 000美元。然而，由于没有考虑Soy公司发行在外的认股权证，Pow公司每股权益的计算是错误的。该认股权证允许其持有者以每股24美元的价格认购Soy公司的普通股10 000股。Soy公司2016年普通股的平均市价为每股40美元。

要求：

1. 计算用以确定合并每股收益的Soy公司稀释每股收益。
2. 计算2016年的合并每股收益（基本及稀释）。

E10-12 【所得税】基础题

1. 当期集团内部交易利润的所得税应何时缴纳：

a. 逆流交易产生利润时　　b. 公司单独纳税申报时

c. 公司合并纳税申报时　　d. 附属公司被视为合并子公司时

2. 合并主体有权采用合并纳税申报的条件是：

a. 集团成员公司的所有表决权被共同母公司拥有

b. 集团成员公司的90%表决权被共同母公司拥有

c. 被归类为集团

d. 直接或间接拥有集团成员公司发行在外的大多数股权

3. 出于应税考虑将附属公司归为集团时，该集团：

a. 应从应税利润中扣除集团内部交易的未实现利润　　b. 必须合并申报纳税

c. 可以分别申报纳税　　d. 可以缴纳较低的所得税

4. 集团内部交易的未实现利润产生的递延所得税应何时记录？

a. 合并纳税申报时　　b. 分别纳税申报时

c. 逆流交易产生未实现利润时　　d. 合并主体是集团时

E10-13 【所得税】企业合并的资产分摊，对权益投资方的税收影响

1. 免税改组中Pop公司收购Son公司100%的股权时，Son公司设备的公允价值为12 000 000美元，账面价值和计税基础为8 000 000美元。如果Pop公司适用34%的税率，那么分摊给设备和递延所得税的购买价格分别为多少美元？

a. 8 000 000和0　　b. 10 640 000和1 360 000

c. 12 000 000和1 360 000　　d. 12 000 000和4 080 000

2. Pop公司适用34%的所得税税率。该公司当年从其拥有30%权益的国内被投资方收到股利400 000美元，列报在被投资方收益中的权益份额1 000 000美元。Pop公司当年应计入所得税费用的投资的所得税为多少美元？

a. 27 200　　b. 40 800

c. 68 000　　d. 136 000

3. 2016年度Pop公司列报从其拥有30%权益的子公司Son公司取得投资收益120 000美元，并从

Son 公司取得股利 60 000 美元。Pop 公司适用 34%的所得税税率，从 Son 公司取得的股利可以享受 80%的股利免税政策。基于以上资料，Pop 公司应该：

a. 列报来自 Son 公司的投资收益 115 920 美元

b. 在 2016 年增记“长期股权投资——Son 公司”账户 55 920 美元

c. 在 2016 年贷记“递延所得税”4 080 美元

d. 在 2016 年借记“递延所得税”4 080 美元

4. Pop 公司拥有国内的 Son 公司 35%的表决权。2016 年度 Son 公司列报的净利润为 200 000 美元，发放股利 100 000 美元。Pop 公司适用 34%的所得税税率。关于对 Son 公司的长期股权投资，Pop 公司应记录的当期应交所得税和递延所得税分别为多少美元？

a. 34 000 和 0　　b. 11 900 和 11 900

c. 6 800 和 6 800　　d. 2 380 和 2 380

5. 出于纳税考虑，Pop 公司及其拥有 100%股权的国内子公司 Son 公司被归类为集团。当年，Son 公司发放现金股利 160 000 美元。假定适用税率为 34%，Pop 公司和 Son 公司的合并利润表中应披露的股利的所得税费用为多少美元？

a. 0　　b. 54 400

c. 10 880　　d. 5 440

E10-14 【所得税】比较单独和合并纳税申报

2016 年，Pam 公司及其 100%控股的子公司 Sun 公司的税前利润如下所示（单位：千美元）：

	Pam 公司	Sun 公司
营业收入	$4 000	$2 000
销售土地利得	800	—
收入总额	4 800	2 000
营业成本	2 000	1 200
毛利	2 800	800
营业费用	1 600	400
税前利润	$1 200	$ 400

2016 年唯一的集团内部交易为向 Sun 公司销售土地且获得利得。假定适用税率为 34%。该土地在年末尚未出售。

要求：

1. 如果单独纳税申报，合并利润表中的所得税费用应该为多少？

2. 计算合并纳税申报时的合并所得税费用。

3. 若单独纳税申报，当期应交所得税为多少？若合并纳税申报呢？

E10-15 【所得税】合并利润表（顺流交易设备利得）

2016 年，Pop 公司及其拥有 70%股权的子公司 Son 公司的税前利润如下所示（单位：千美元）：

	Pop 公司	Son 公司
营业收入	$8 000	$4 000
销售十地利得	200	—
营业成本	(5 000)	(2 000)
其他费用	(1 800)	(1 200)
税前利润	$1 400	$ 800

2016年Pop公司从Son公司取得股利280 000美元。Pop公司对Son公司的长期股权投资产生的商誉每年摊销50 000美元（记账和纳税年限相同）。

2016年1月1日，Pop公司向Son公司出售设备，利得为200 000美元。Son公司每年对设备计提20%的折旧。两公司均适用单一税率34%。

要求：编制2016年度Pop公司及其子公司的合并利润表（假定2016年1月1日无递延所得税余额）。

E10-16 【所得税】单独纳税申报和合并纳税申报时未实现利润的日记账分录

Pam公司拥有Sun公司100%的股权。当年Pam公司以400 000美元的价格将成本为200 000美元的商品出售给Sun公司。适用的所得税税率为34%，Sun公司在年末有80%的商品尚未对外出售。

要求：

1. 编制单独纳税申报和合并纳税申报时与未实现利润有关的可比较的单行合并分录。

2. 编制单独纳税申报和合并纳税申报时，与集团内部销售交易和所得税影响有关的一般日记账形式的可比较的合并工作底稿分录。

E10-17 【所得税】单独纳税申报时逆流交易产生的未实现利润的日记账分录

Pop公司拥有Son公司80%的股权。Son公司2016年12月31日将账面价值600 000美元的设备以1 000 000美元的价格出售给Pop公司。两公司分别申报纳税，适用所得税税率均为34%。

要求：

1. 编制Pop公司抵销集团内部交易影响的单行合并分录。

2. 编制一般日记账形式的工作底稿分录以抵销未分配利润。

3. 假定Son公司列报的净利润为3 200 000美元，且设备销售为两公司唯一的关联方交易。试问合并收益总额中少数股东权益占多少？

E10-18 【所得税】备抵计价

Pam公司收购Sun公司时确认递延所得税资产（收益）1 000 000美元。Pam公司认为这符合税收确认条件，因此应予以记录。Pam公司认为可能的金额和概率如下所示：

可能的估计结果	发生的可能性（%）
$1 000 000	10
800 000	25
600 000	25
400 000	20
200 000	10
0	10

要求：计算Pam公司应确认的税收收益。

E10-19 【所得税】备抵计价

Pop公司收购Son公司时确认递延所得税资产（收益）150 000美元。Pop公司认为这符合税收确认条件，因此应予以记录。Pop公司认为可能的金额和概率如下所示：

可能的估计结果	发生的可能性（%）
$150 000	50
125 000	20
100 000	10
50 000	10
0	10

要求：计算Pop公司应确认的税收收益。

综合题

P10－1　【优先股】普通股（子公司优先股）投资

2016年1月1日，Pam公司以7 200 000美元的价格购入Sun公司发行在外的有表决权股票360 000股。当时Sun公司的股东权益信息如下所示（单位：千美元）：

10%累积优先股股本，每股面值\$100，清算价格\$105，发行且流通在外20 000股，积欠一年股利	\$2 000
普通股股本，每股面值\$10，发行且流通在外400 000股	4 000
资本公积	1 000
留存收益	1 300
股东权益总额	\$8 300

2016年度Sun公司列示净利润为1 000 000美元，并宣告发放股利800 000美元。所有合并价差记入商誉且不摊销。

要求：计算下列各项：

1. Pam公司收购Sun公司产生的商誉。
2. 2016年度Pam公司从Sun公司取得的投资收益。
3. 2016年度少数股东损益。
4. 2016年12月31日Sun公司少数股东权益。
5. 2016年12月31日Pam公司的"长期股权投资——Sun公司"账户余额。

P10－2　【优先股】合并分录——年中优先股和普通股投资

2016年7月1日，Pop公司以175 000美元的价格收购Son公司80%的优先股，并以630 000美元的价格收购Son公司90%的普通股。2016年12月31日Son公司的股东权益信息如下所示（单位：千美元）：

股东权益	
9%累积非参与优先股股本，每股面值\$100，赎回价格\$105	\$200
普通股股本，每股面值\$10	500
资本公积（高于面值部分）	40
留存收益	160
股东权益总额	\$900

Son公司2015年度的净利润为24 000美元，2016年度的净利润为46 000美元，但两年均未宣告发放股利。假定Son公司全年按比例确认应付优先股股利，且2016年7月1日Son公司的净资产以公允价值记录。

要求：

1. 在单行合并的基础上计算2016年12月31日Pop公司对Son公司优先股和普通股的长期股权投资余额。

2. 编制2016年12月31日Pop公司和Son公司合并资产负债表中的工作底稿分录。

P10－3　【优先股】合并工作底稿（子公司优先股，权益法，年中购买）

Pam公司及Sun公司2016年的财务报表汇总如下（单位：千美元）：

	Pam 公司	Sun 公司
利润表和留存收益表		
营业收入	$ 1 233	$ 700
投资收益——Sun 公司	68	—
营业成本	(610)	(400)
其他费用	(390)	(210)
净利润	301	90
加：1 月 1 日留存收益	501	200
减：股利	(200)	(50)
12 月 31 日留存收益	$ 602	$ 240
资产负债表		
现金	$ 191	$ 50
其他流动资产	200	300
固定资产净值	900	600
长期股权投资——Sun 公司	711	—
资产总额	$ 2 002	$ 950
流动负债	$ 200	$ 60
优先股股本，每股面值 $ 10	—	100
普通股股本	1 200	500
资本公积	—	50
留存收益	602	240
权益总额	$ 2 002	$ 950

2016 年 12 月 31 日，Pam 公司拥有 Sun 公司发行在外的有表决权股票 90 000 股。这些股票是分两批购入的，具体如下所示：

	日期	股数	购买价格
第一批	2015 年 1 月 1 日	70 000	$ 490 000
第二批	2016 年 4 月 1 日	20 000	152 000

2014—2016 年 Sun 公司的股东权益信息如下所示：

	12 月 31 日		
	2014 年	2015 年	2016 年
10%累积优先股股本，每股面值 $ 100，未积欠股利	$ 100	$ 100	$ 100
普通股股本，每股面值 $ 5	500	500	500
资本公积	50	50	50
留存收益	150	200	240
股东权益总额	$ 800	$ 850	$ 890

2016 年度 Sun 公司净利润 90 000 美元，为全年均衡获得，每季股利 12 500 美元，宣告发放股利日期分别为 3 月 15 日、6 月 15 日、9 月 15 日以及 12 月 15 日（每季股利 12 500 美元中包含普通股和优先股的股利）。2016 年 12 月 31 日无集团内部的应付和应收款项，除股利外不存在其他关联方交易。

要求：编制 Pam 公司及其子公司 2016 年度的合并工作底稿。

P10-4　【优先股】合并工作底稿（子公司优先股，存货顺流交易，土地逆流交易，子公司债券）

2015 年 1 月 1 日，Pop 公司以 240 000 美元的价格购买 Son 公司 80%的普通股。当日 Son 公司股东权益包含普通股 200 000 美元、优先股 100 000 美元以及留存收益 25 000 美元。合并价差为商誉。

Pop 公司向 Son 公司销售存货的收入分别为 2015 年 50 000 美元、2016 年 60 000 美元。这些存货的成本为 Pop 公司出售给 Son 公司商品的价格的 60%。Son 公司 2015 年 12 月 31 日和 2016 年 12 月 31 日分别留有该存货 30 000 美元和 40 000 美元。2015 年 12 月 31 日和 2016 年 12 月 31 日集团内部应收、应付款项分别为10 000美元和 5 000 美元。

2015 年，Son 公司以 20 000 美元向 Pop 公司出售成本为 10 000 美元的土地。2016 年，Pop 公司将该土地卖给合并主体以外的公司，售价为 30 000 美元。

2016 年 7 月 1 日，Pop 公司在公开市场以 91 000 美元购入 Son 公司的所有债券。这些公司债券以面值发行，付息日为每年 6 月 30 日和 12 月 31 日，到期日为 2019 年 6 月 30 日。

2015 年及 2016 年，Son 公司均宣告并发放股利：每年累积优先股股利 10 000 美元，普通股股利 10 000美元。

2016 年 12 月 31 日 Pop 公司与 Son 公司的财务报表汇总如下（单位：千美元）：

	Pop 公司	Son 公司
利润表和留存收益表		
营业收入	$ 900	$ 300
销售土地利得	10	—
利息收入	6.5	—
投资收益——Sun 公司	50	—
营业成本	(600)	(140)
营业费用	(208.5)	(90)
利息费用	—	(10)
净利润	158	60
加：1 月 1 日留存收益	132	50
减：股利	(100)	(20)
12 月 31 日留存收益	$ 190	$ 90
资产负债表		
现金	$ 5.5	$ 15
应收账款	26	20
存货	80	60
其他流动资产	100	5
土地	160	30
固定资产净值	268	420
长期债权投资——Sun 公司	92.5	—
长期股权投资——Sun 公司	282	—
资产总额	$ 1 014	$ 550
应付账款	$ 24	$ 15
应付债券（10%）	—	100
其他负债	100	45
优先股股本，每股面值 $ 10	—	100
普通股股本	700	200
留存收益	190	90
权益总额	$ 1 014	$ 550

要求：编制 2016 年度 Pop 公司及其子公司的合并工作底稿。

P10-5 【每股收益】计算包含可转换债券的每股收益

Pam公司2016年度的营业净利润为108 000美元，来自拥有70%股权的子公司Sun公司的投资收益为42 000美元。Sun公司的净利润为60 000美元，等于营业利润66 000美元减去发行在外的利率10%的可转换债券的税后利息6 000美元。2016年，Pam公司发行在外的普通股有100 000股，Sun公司有50 000股。

要求：

1. 假定Sun公司可转换债券可转换为10 000股Sun公司普通股，计算2016年Sun公司的稀释每股收益。

2. 假定Sun公司可转换债券可转换为10 000股Pam公司普通股，计算2016年Pam公司的稀释每股收益。

P10-6 【每股收益】计算基本每股收益和稀释每股收益（期权，优先股）

Pop公司拥有Son公司80%的权益。2016年，Pop公司拥有发行在外的普通股20 000股。Son公司发行在外的证券如下所示：

- 普通股10 000股；
- 有发行在外的期权，该期权允许持有者以每股15美元的价格购买Son公司普通股2 000股；
- 有每股面值100美元、利率10%的可转换优先股1 000股，可转换为Son公司3 000股普通股。

2016年两公司的收益情况如下所示：

	Pop公司	Son公司
单独净利润	\$120 000	\$55 000
投资收益——Son公司（普通股收益\$45 000×80%－\$6 000商誉摊销额）	30 000	—
	\$150 000	\$55 000

要求：假定Son公司普通股的平均市价为每股30美元，计算2016年Pop公司及其子公司的基本每股收益和稀释每股收益。

P10-7 【每股收益】可转换优先股和商誉摊销

Pam公司拥有Sun公司80%的发行在外普通股，是2016年以超过设备账面价值40 000美元的价格收购的。该超额源于设备价值的低估。此设备剩余使用年限为8年。两公司2017年发行在外的证券如下所示：

	Pam公司	Sun公司
普通股股本，每股面值\$5	20 000股	—
普通股股本，每股面值\$10	—	6 000股
14%累积可转换优先股，每股面值\$100	—	1 000股

Sun公司2017年度的净利润为50 000美元，Pam公司的净利润中包含自身收益70 000美元和来自Sun公司的投资收益23 800美元。

要求：

1. 假定优先股可转换为4 000股Sun公司普通股，计算基本每股收益和稀释每股收益。

2. 假定优先股可转换为5 000股Pam公司普通股，计算基本每股收益和稀释每股收益。

P10-8 【每股收益】计算合并每股收益，子公司存在稀释性证券

Son公司发行在外的股票共计50 000股，Pop公司拥有其中的40 000股。2016年度Pop公司对Son

公司的投资收益如下所示：

在 Son 公司净利润中享有的份额（500 000 美元×80%）	$ 400 000
商誉摊销额	(50 000)
未实现利润——顺流交易	(40 000)
未实现利润——逆流交易（60 000 美元×80%）	(48 000)
投资收益——Son 公司	$ 262 000

Pop 公司 2016 年度净利润为 1 262 000 美元，包含 Pop 公司自身收益 1 000 000 美元和来自 Son 公司的投资收益 262 000 美元。Pop 公司有发行在外的普通股 100 000 股，但不存在约当普通股和其他潜在稀释性证券。

Son 公司有利率 10%、面值 100 000 美元的发行在外的可转换债券，该债券可转换为 10 000 股 Son 公司普通股。债券的税后利息净额为 6 400 美元。为计算合并每股收益，Son 公司的稀释每股收益计算如下：

净利润	$ 500 000
加：可转换债券的税后利息	6 400
减：逆流交易产生的未实现利润	(60 000)
a　稀释收益	$ 446 400
发行在外的普通股股数	50 000
可转换债券转换的股数	10 000
b　普通股及约当普通股股数	60 000
稀释每股收益（a÷b）	$ 7.44

要求：计算 2016 年 Pop 公司及合并的稀释每股收益。

P10－9　【每股收益】计算（子公司优先股和认股权证）

Pam 公司 2016 年度的净利润包含下列各项：

单独净利润		$ 320 000
投资收益——Son 公司		
普通股收益的 80%	$ 160 000	
减：商誉摊销额	(4 000)	
减：出售设备给 Sun 公司产生的未实现利润	(10 000)	
减：购入 Sun 公司土地产生的未实现利润的 80%	(16 000)	130 000
净利润		$ 450 000

其他信息：

1. 2016 年，Pam 公司有 100 000 股普通股，Sun 公司有 50 000 股普通股和 10 000 股发行在外的利率为 10%的累积可转换优先股。优先股可转换为 30 000 股 Sun 公司股票。

2. Sun 公司有发行在外的认股权证，该认股权证允许持有者以每股 15 美元的价格购买 10 000 股 Sun 公司股票（平均市价为每股 20 美元）。

3. Sun 公司 2016 年度列示净利润 300 000 美元，分配给优先股股东 100 000 美元、普通股股东 200 000 美元。

4. 2016 年 Pam 公司拥有 Sun 公司 40 000 股股票。

要求：计算 Pam 公司（及合并）基本每股收益和稀释每股收益。

P10－10　【所得税】比较利润表（合并和分别纳税申报）

Pop 公司及其 100%控股的子公司 Son 公司属于一个集团，两家公司的税前利润如下所示（单位：千美元）：

	Pop公司	Son公司
营业收入	$9 600	$5 600
销售土地利得	400	—
营业成本	(4 800)	(2 400)
营业费用	(2 800)	(2 000)
税前利润	$2 400	$1 200

Pop公司列报了当年向Son公司销售土地的利得，适用单一所得税税率34%。该土地在年末仍未被出售。

要求：根据以下假设，分别编制Pop公司的利润表。

假设：(1) 单独纳税申报；(2) 合并纳税申报（注意：采用单行合并及权益法）。

P10-11　【所得税】合并利润表（逆流交易）

2016年1月2日Pam公司支付1 155 000美元现金购入Sun公司70%发行在外的普通股。当日Sun公司所有者权益包含普通股1 000 000美元，留存收益600 000美元。超出的公允价值记入商誉。

2016年12月，Sun公司向Pam公司出售存货，取得毛利100 000美元（售价240 000美元，成本140 000美元），所有这些项目被记入Pam公司2016年12月31日的存货中。

Sun公司2016年发放股利100 000美元，适用80%的股利免税规定。两家公司均适用34%的所得税税率。

Pam公司和Sun公司2016年各自的税前收益如下所示（单位：千美元）：

	Pam公司	Sun公司
营业收入	$8 000	$2 000
营业成本	(4 000)	(1 100)
营业费用	(3 000)	(500)
税前利润	$1 000	$400

要求：

1. 计算Pam公司和Sun公司2016年当期应交所得税和所得税费用。
2. 计算2016年度Pam公司从Sun公司取得的投资收益。
3. 编制Pam公司和Sun公司2016年度的合并利润表工作底稿。

P10-12　【所得税】合并利润表（顺流交易）

Pop公司及其控股70%的子公司Son公司2016年的应税所得额如下所示（单位：千美元）：

	Pop公司	Son公司
营业收入	$1 000	$600
股利——Son公司	56	—
收入总额	1 056	600
营业成本	500	240
营业费用	156	160
扣除总额	656	400
应税所得额	$ 400	$200

其他信息：

1. 2015年12月31日，Pop公司以与账面价值相等的公允价值收购了Son公司的权益。
2. Son公司2016年支付股利80 000美元。

3. 2016 年 Pop 公司向 Son 公司销售商品 180 000 美元，年末该销售产生的未实现利润为 20 000 美元。

4. 适用单一的所得税税率 34%。

5. Pop 公司适用 80%的股利免税规定。

要求：编制 Pop 公司及其子公司 2016 年度的合并利润表。

P10-13　【所得税】重新编制工作底稿（单独利润表和合并利润表）

2016 年 1 月 1 日 Pam 公司以 900 000 美元的价格收购 Sun 公司 90%的股权，该交易应纳税。当日 Sun 公司有股本 500 000 美元和留存收益 400 000 美元。成本高于账面价值的 100 000 美元记入商誉。出于纳税考虑，Pam 公司和 Sun 公司属于同一集团。

2016 年，Pam 公司向 Sun 公司出售土地，获得利润 20 000 美元。Sun 公司仍持有该土地。Sun 公司支付了 50 000 美元股利。两家公司均适用 34%的所得税税率。两家公司的单独利润表和合并利润表汇总如下：

	Pam 公司	Sun 公司	合并
营业收入	$ 800 000	$ 200 000	$ 1 000 000
销售土地利得	20 000	—	—
投资收益——Sun 公司	36 430	—	—
营业成本	(400 000)	(75 000)	(475 000)
其他费用	(150 000)	(30 000)	(180 000)
所得税费用	(85 000)	(32 300)	(117 300)
少数股东损益	—	—	(6 270)
净利润	$ 221 430	$ 62 700	$ 221 430

要求：重新编制 2016 年 Pam 公司及其子公司合并财务报表中的所有工作底稿分录。

P10-14　【所得税】应税并购中成本超过所获账面价值的差额的分摊

2016 年 1 月 1 日 Pop 公司以 280 000 美元现金收购 Son 公司全部股权。当日 Son 公司资产和负债的账面价值与公允价值如下所示（单位：千美元）：

	账面价值（计税基础）	公允价值
流动资产	$ 100	$ 100
土地	20	60
建筑物净值	80	110
设备净值	60	70
资产总额	$ 260	$ 340
负债	$ 90	$ 90
股本	150	
留存收益	20	
权益总额	$ 260	

自合并日起，Son 公司建筑物的剩余使用年限为 10 年，设备的剩余使用年限为 2 年。2016 年度 Son 公司净利润为 50 000 美元，发放股利 20 000 美元。Pop 公司和 Son 公司均适用 34%的所得税税率。

要求：

1. 编表将 2016 年 1 月 1 日成本超过所获账面价值的差额分摊至 Son 公司的资产、负债、递延所得税和商誉（假定该并购为应税交易）。

2. 编表将 2016 年 1 月 ' 日成本超过所获账面价值的差额分摊至 Son 公司的资产、负债、递延所得税和商誉（假定该并购为免税以组）。

3. 计算以上两种情况下，Pop 公司 2016 年度从 Son 公司取得的投资收益。

P10-15 【所得税】合并利润表（集团内部销售设备且分别纳税申报）

2016 年度 Pop 公司及其拥有 70%股权的子公司 Son 公司的税前营业利润如下所示（单位：千美元）：

	Pop 公司	Son 公司
营业收入	\$8 000	\$4 000
销售设备利得	500	—
营业成本	(5 000)	(2 000)
其他费用	(2 100)	(1 200)
税前利润（扣除 Pop 公司来自 Son 公司的投资收益）	\$1 400	\$ 800

其他信息：

1. 2016 年 Pop 公司收到 Son 公司股利 280 000 美元。
2. Pop 公司对 Son 公司投资产生的商誉不得摊销。
3. 2016 年 1 月 1 日 Pop 公司销售设备给 Son 公司，利得为 500 000 美元。Son 公司对该设备每年计提 20%的折旧。
4. 适用单一的所得税税率 34%。
5. Pop 公司对来自 Son 公司的未实现收益缴纳所得税。

要求：

1. 计算 Pop 公司和 Son 公司各自的所得税费用。
2. 计算权益法下 Pop 公司来自 Son 公司的投资收益。
3. 编制 2016 年度 Pop 公司及其子公司的合并利润表。

P10-16 【所得税】计算（存在商誉、存货顺流交易和土地逆流交易的分别纳税申报）

2016 年 1 月 3 日，Pam 公司以高于账面价值及公允价值 120 000 美元的价格购买 Sun 公司 90%的股权。该合并价差记入商誉。2016 年，Pam 公司向 Sun 公司销售商品 100 000 美元，年末该项销售仍留有 15 000 美元的未实现利润。Sun 公司当年向 Pam 公司销售土地，利得为 30 000 美元。

其他信息：

1. 出于纳税考虑，两家公司是一个集团。
2. 2016 年度 Sun 公司宣告并发放股利 100 000 美元。
3. Pam 公司与 Sun 公司分别纳税申报，均适用 34%的所得税税率。
4. Pam 公司采用正确的权益法记录对 Sun 公司的投资。
5. 税前利润不包括 Pam 公司来自 Sun 公司的投资收益，如下所示（单位：千美元）：

	Pam 公司	Sun 公司
营业收入	\$3 815	\$2 000
销售土地利得	—	30
营业成本	(2 200)	(1 200)
其他费用	(1 000)	(400)
税前利润	\$ 615	\$ 430

要求： 计算下列各项：

1. Sun 公司净利润。
2. Pam 公司来自 Sun 公司的投资收益。
3. Pam 公司净利润。

专业研究任务

参考 FASB 会计准则回答问题，将适当的参考内容包含在你的答案里。

PR 10－1 你的首席执行官叫你到他的办公室讨论他周末阅读的一篇文章，该文章指出，FASB 更改了递延税款的会计处理方式，将所有递延税资产和负债都视为非流动项目。文章还指出，这将使公司省钱，并将自 2016 年 12 月 15 日起执行数年。你的首席执行官不太了解会计，更不了解递延税，但他想要降低成本，所以询问是否有可能立即采用新规则。你认为可以吗？

PR 10－2 在编制合并财务报表时，与每股收益计算相关的要求披露有哪些？

第 11 章

合并理论、下推会计和公司合营

学习目标

1. 掌握母公司理论和当代或主体理论下各种合并方法的原理。
2. 掌握运用下推会计将子公司资产和负债调整至公允价值的方法。
3. 掌握合营企业与非合营企业的会计处理方法。
4. 掌握确认可变利益主体的方法。
5. 掌握合并可变利益主体的方法。

本书前几章讲述了如何编制合并财务报表，并就相关理论进行了阐释。前面几章讨论的概念和程序反映了合并报表的**当代理论**（contemporary theory）。当代理论由会计实务演变而来，本质上是一种编制合并财务报表的主体理论方法。

传统理论（traditional theory），2001 年前适用的编制合并财务报表的公认会计原则（ASC 810－10），既反映了母公司理论也反映了主体理论。**母公司理论**（parent-company theory）假设合并财务报表是母公司财务报表的延伸，应从母公司股东的角度来编制。母公司理论认为，合并报表是为了母公司股东的利益而编制的，并不期望少数股东能从合并报表提供的信息中显著获益。母公司理论下合并净利润衡量的是归属于母公司所有者的收益。

当母公司对子公司持股比例小于 100%时，母公司理论下的会计程序会出现一些问题，且存在不确定性。例如从母公司股东的视角来看，少数股东权益是一项负债。类似地，从控股股东的视角来看，少数股东损益被视为一项费用。但无论是控股股东权益还是少数股东权益，均不符合任何公认的负债概念。归属于股东的收益也不符合费用的确认条件。

主体理论（entity theory）代表另一种合并观点。该理论由莫里斯·穆尼茨（Maurice Moonitz）教授提出，1944 年由美国会计学会（American Accounting Association）以“合并财务报表的主体理论”为标题发布。主体理论的主要观点是，合并财务报表从整个经济主体的视角出发，由主体控制的所有资源应具有计价一致性。主体理论认为少数股东损益是合并主体收益的一项分配，少数股东权益为合并股东权益的一部分。

主体理论要求子公司的收益和股东权益必须从全体股东的角度来确定，这样总额才能统一分配给控股股东和少数股东，因此主体理论以母公司购买其控制性权益的价格为基础计算子公司的公允价值总额。子公司公允价值总额超过其净资产账面价值的部分，100%分摊给可辨认净资产和商誉。通过这种方式，主体理论下子公司资产（包含商誉）和负债均以公允价值合并。这同时适用于少数股东权益和控股股东权益。

11.1　合并理论比较

图表 11－1 比较了母公司理论和当代或主体理论的基本差异。母公司理论从母公司股东角度出发，主体理论则强调整个合并主体。对比而言，传统理论认为合并财务报表的主要使用者是母公司的股东及其债权人，但它假定合并财务报表的目的是报告单个经济主体的财务状况及经营成果。因此，传统理论的观点（ASC 810－10－65）是母公司理论和当代或主体理论的折中。本文讨论的重点是母公司理论和当代或主体理论的比较。

图表 11-1　合并理论的比较

	母公司理论	当代或主体理论
合并财务报表的基本目标及使用者	合并报表是母公司报表的延伸，从母公司股东的角度出发为其利益而编制。	合并报表是从整个合并主体的角度编制的，旨在为合并主体的所有权益拥有者提供信息。
合并净利润	合并净利润为归属于母公司的利润。	合并净利润总额为合并主体所有权益拥有者的收益。
少数股东损益	基于子公司是一个独立的法律主体，从母公司股东的角度来看，少数股东损益是一项费用。	少数股东损益是合并净利润总额分配给少数股东的部分。
少数股东权益	基于子公司是一个独立的法律主体，从母公司股东的角度来看，少数股东权益是一项负债。	少数股东权益是合并股东权益的一部分，与控股股东权益的列报一致。
子公司净资产的合并	母公司在子公司净资产中的份额按母公司为此权益支付的价格进行合并。少数股东损益按账面价值合并。	子公司的所有净资产均按公允价值合并，公允价值以母公司为其权益支付的价格为基础计算。因此，控股股东权益和少数股东权益对应的净资产的计价是一致的。
集团内部交易产生的未实现损益	顺流交易时，可从合并净利润中100%抵销；逆流交易时，仅抵销母公司享有的份额。	在确定合并净利润的总额时100%抵销，逆流交易时将抵销金额在控股股东权益和少数股东权益间分配。
债务赎回的推定损益	赎回母公司债券时，推定利得和损失可以100%抵销；赎回子公司债券时，只确认母公司享有的份额。	在合并净利润中100%确认，并在赎回子公司债券时，将推定损益分配给控股股东权益和少数股东权益。

□ 收益的报告

母公司理论认为，合并净利润用来衡量归属于母公司的净利润。但主体理论计算所有权益持有者的收益，并称之为“合并净利润总额”，然后将合并净利润总额分配给少数股东，并在利润表中进行相应的披露。

当前的公认会计原则（ASC 805-10-65）规定，子公司的少数股东权益应在合并资产负债表中标明，并作为股东权益中单独一项列示。在计算归属于母公司的净利润时，归属于少数股东的净利润不作为费用或损失，而是作为合并净利润的减项。合并利润表应同时披露归属于控股股东权益和少数股东权益的合并净利润。

□ 资产计价

母公司理论与主体理论最大的区别在于对子公司净资产的计价。母公司理论下，子公司最初的资产以账面价值，加上公允价值高于账面价值的金额中母公司所占的份额进行合并。换言之，子公司资产的重新计价仅限于母公司获得的净资产（包含商誉）份额。子公司净资产中的少数股东权益以账面价值进行合并。虽然从母公司的角度来看，此方法反映了成本计价原则，但却导致合并财务报表中控股股东权益与少数股东权益计量的不一致，并导致资产负债表中的金额既不反映历史成本，也不反映公允价值。

主体理论下，子公司的资产和负债均以公允价值进行合并，保证了这些净资产中控股股东权益与少数股东权益计量的一致性。然而，该一致性是通过按母公司为其控制性权益支付的价格估算子公司的总价值来实现的。从概念上讲，当母公司以现金获得子公司几乎全部股权时，这种计价方法是比较合理的。但是，当母公司以非现金资产或通过股权交换获得子公司流通在外股份的略多份额时，这种计价方法就不太合适。投资方可能更愿意为获取被投资方的控制权支付溢价（持股比例超过 50%的投资），而不愿意以相同的溢价购买剩余股权。

主体理论下，母公司购得股权后估算子公司总价值还存在一些其他问题。一旦母公司能够对子公司行使绝对的控制权，少数股东权益就不再代表通常意义上的权益所有权。通常情况下，企业合并后子公司股票将被“摘牌”，母公司成为少数股东权益的唯一购买方。这种情况下，少数股东将任由母公司摆布，这意味着少数股东股权不具有与控股股东股权相同的权益特征。

□ 未实现损益

母公司理论和主体理论在处理集团内部交易产生的利得和损失时也存在一些差异（见图表 11－1）。虽然二者均认为顺流交易产生的利得和损失应 100%抵销，但母公司理论和主体理论对逆流交易产生的利得和损失的处理方法并不相同。母公司理论认为，逆流交易产生的未实现损益的抵销仅限于母公司对子公司的持股比例。与少数股东权益有关的未实现损益部分不得抵销，而且母公司理论认为该部分损益已由少数股东实现。

主体理论认为，在计算合并净利润时，所有未实现损益均应抵销。但是在逆流交易中，抵销金额按照控股股东和少数股东的持股比例进行分配。

公认会计原则（ASC 810－45－1）规定所有的未实现损益均需抵销，但是逆流交易中集团内部利润或亏损可以在控股股东和少数股东间按比例分配。由此推知，将未实现利得和损失全部分配给控股股东权益的做法也是可取的。本书的前几章并未使用后一种方法，因为就合并目的而言，该方法存在内部矛盾，而且似乎不符合权益法会计处理的规定。如果逆流交易产生的未实现损益没有在控股股东权益和少数股东权益间进行分配，则母公司的净利润和股东权益将与合并净利润和合并股东权益中归属于母公司的份额不等，除非运用权益法产生了同样的不一致。

□ 推定损益

在上述两种理论下，集团内部债务赎回产生的推定损益的会计处理与未实现损益的会计处理类似（见图表 11－1）。

□ 合并股东权益

当前公认会计原则在报告合并股东权益方面不同于纯主体理论。主体理论认为，控股股东权益与少数股东权益均为合并权益的一部分。此外，主体理论还要求报告所有权益的组成部分，比如，控股股东与少数股东按各自的权益份额分配实收资本和留存收益。公认会计原则（ASC 805－10－65）规定，少数股东权益应汇总后单独列示在合并股东权益中。

11.2 母公司理论与主体理论下的合并案例

通过分析数据型案例可以更好地理解各种合并理论间的差异。以下内容是 Pop 公司 2016 年 1 月 1 日收购Son公司的案例。假定Pop公司2016年1月1日用198 000美元现金收购了Son公司90%的股权。收购前两家公司的比较资产负债表如下所示（单位：千美元）：

	Pop公司		Son公司	
	账面价值	公允价值	账面价值	公允价值
现金	$ 220	$ 220	$ 5	$ 5
应收账款净额	80	80	30	35
存货	90	100	40	50
其他流动资产	20	20	10	10
固定资产净值	220	300	60	80
资产总额	$ 630	$ 720	$ 145	$ 180
负债	$ 80	$ 80	$ 25	$ 25
股本，每股面值$10	400		100	
留存收益	150		20	
权益总额	$ 630		$ 145	

Pop公司购买Son公司90%股权的价格为198 000美元，表明Son公司的净资产为220 000美元（198 000美元÷90%）。主体理论认为，应依据220 000美元的内含价值对子公司的资产和负债进行重新估价，并在合并报表中列示。而母公司理论认为，合并财务报表不反映子公司的内含价值，因此仅应对子公司净资产的90%进行重新估价。尽管理论不同并不影响权益法下母公司的会计处理程序，但在不同理论下计算的合并资产、负债和少数股东权益金额的确不同。

主体理论 在上述Pop公司与Son公司的案例中，依据主体理论，Son公司净资产的内含价值超过其账面价值120 000美元的差额为100 000美元，这一金额被分为净资产和商誉，如下所示（单位：千美元）：

	公允价值		账面价值		公允价值超出额
应收账款净额	$35	−	$30	=	$ 5
存货	50	−	40	=	10
固定资产净值	80	−	60	=	20
商誉（余额）					65
内含公允价值超过账面价值的总额					$100

母公司理论 母公司理论认为，分摊给可辨认净资产及商誉的金额应为前述金额的90%：

应收账款净额	$5 000×90%＝$ 4 500
存货	10 000×90%＝ 9 000
固定资产净值	20 000×90%＝ 18 000
商誉（余额）	65 000×90%＝ 58 500
内含公允价值超过账面价值的总额	$90 000

商誉 在两种理论下，商誉都能够单独确认。主体理论认为，65 000美元商誉等于Son公司净资产的内含价值超过其可辨认净资产的公允价值的部分（220 000−155 000）。母公司理论认为，58 500美元商誉等于投资成本减去Son公司可辨认净资产公允价值的90%（198 000−139 500）。主体理论下多分摊给可辨认净资产和商誉的10 000美元（100 000−90 000）记入合并资产负债表的少数股东权益。

□ 购买日的合并

图表 11－2 对比了母公司理论和主体理论下 Pop 公司与 Son 公司的合并资产负债表工作底稿。图表 11－2 中的比较工作底稿首先给出了各公司的资产负债表，然后使用已有的程序进行合并。虽然在母公司理论下可以修改工作底稿，以在负债中反映少数股东权益，但这一修改并不是必要的。即使不改变工作底稿程序，这种分类上的差异也能在合并报表中有所反映。

图表 11－2 Pop 公司及其子公司 2016 年度合并资产负债表工作底稿 单位：千美元

	Pop 公司	90%Son 公司	调整与抵销 借	调整与抵销 贷	合并财务报表
母公司理论					
资产					
现金	$ 22	$ 5			$ 27
应收账款净额	80	30	4.5[b]		114.5
存货	90	40	9[b]		139
其他流动资产	20	10			30
固定资产净值	220	60	18[b]		298
长期股权投资——Son 公司	198			198[a]	
商誉			58.5[b]		58.5
未分摊合并价差			90[a]	90[b]	
资产总额	$ 630	$ 145			$ 667
负债和权益					
负债	$ 80	$ 25			$ 105
股本	400	100	100[a]		400
留存收益	150	20	20[a]		150
少数股东权益				12[a]	12
权益总额	$ 630	$ 145	300	300	$ 667
主体理论					
资产					
现金	$ 22	$ 5			$ 27
应收账款净额	80	30	5[b]		115
存货	90	40	10[b]		140
其他流动资产	20	10			30
固定资产净值	220	60	20[b]		300
长期股权投资——Son 公司	198			198[a]	
商誉			65[b]		65
未分摊合并价差			100[a]	100[b]	
资产总额	$ 630	$ 145			$ 677
负债和权益					
负债	$ 80	$ 25			$ 105
股本	400	100	100[a]		400
留存收益	150	20	20[a]		150
少数股东权益				22[a]	22
负债和权益总额	$ 630	$ 145	320	320	$ 677

母公司理论将可辨认净资产的公允价值高于账面价值的差额的90%分摊至可辨认净资产和负债，将净资产的投资成本高于净资产公允价值的58 500美元分摊至商誉。母公司理论下的少数股东权益12 000美元等于购买日Son公司净资产账面价值120 000美元的10%。

主体理论将公允价值高于账面价值的差额全部记入可辨认净资产，并将可辨认净资产的内含公允价值总额高于公允价值的部分记入商誉。少数股东权益22 000美元等于Son公司净资产内含公允价值的10%。

母公司理论下，合并资产由合并资产的账面价值之和与Son公司资产的公允价值高于账面价值差额的90%组成。主体理论下，合并资产包含Pop公司资产的账面价值以及Son公司资产的公允价值。尽管主体理论下Son公司的所有资产均以公允价值合并，但由于在购买日母公司的资产没有重新估值，两种理论下的合并资产总额并不能反映其公允价值。

购买日后的合并

考察Pop公司和Son公司2016年的经营情况有助于进一步理解母公司理论与主体理论的差异。做如下假定：

1. Son公司2016年度的净利润和股利分别为35 000美元和10 000美元。
2. 2016年1月1日Son公司应收账款和存货的公允价值高于其账面价值的差额于2016年实现。
3. Son公司固定资产的折旧年限为20年，采用直线折旧法（即年折旧率为5%）。

权益法 基于上述假设，Pop公司记录的2016年度来自Son公司的投资收益为17 100美元，权益法下计算如下：

在Son公司净利润中的份额（35 000美元×90%）	$31 500
减：分摊至应收账款的差额中的已实现部分（5 000美元×90%）	(4 500)
分摊至存货的差额中的已实现部分（10 000美元×90%）	(9 000)
分摊至固定资产的差额中的折旧部分［(20 000美元×90%)÷20年］	(900)
投资收益——Son公司（2016年）	$17 100

权益法下，2016年12月31日Pop公司的“长期股权投资——Son公司”账户余额为206 100美元。该余额等于长期股权投资的成本198 000美元，加上2016年的投资收益17 100美元，减去2016年收到的Son公司股利9 000美元。权益法下的会计处理不受合并报表采用的合并理论影响。因此，无论采用哪种合并理论，Pop公司和Son公司2016年12月31日的财务报表均相同。

合并程序 母公司理论下的合并净利润与主体理论下分配给母公司的利润一样。因此，母公司理论和主体理论的差异仅限于母公司和子公司财务报表的合并方式以及合并财务报表中公司财务状况、经营成果的列报方式。图表11-3和图表11-4分别为Pop公司及其子公司在母公司理论和主体理论下的合并工作底稿，均反映了上述差异。同样，工作底稿程序并没有为了反映财务报表中分类的差异而被修改。图表11-5和图表11-6列示了在工作底稿的基础上编制的Pop公司及其子公司的财务报表，并展示了上述列报的差异。

通过对比图表11-3母公司理论下的合并工作底稿与图表11-4主体理论下的合并工作底稿可以发现，两份工作底稿的调整与抵销分录有相同的借方和贷方项目，除分录a外，其他分录的金额均不相同。在两种合并理论下，基于权益法对子公司的会计处理一样。因此在两种理论下，为抵销投资收益、集团内部股利及将长期股权投资调整至期初余额而编制的分录（分录a）完全相同。

图表11-3中母公司理论下的剩余调整与抵销分录与前面章节中依据当代理论编制的分录不同。分录b抵销了对应的子公司权益和投资，按账面价值确认了期初少数股东权益（120 000×10%），并记录

了未分摊合并价差。之后，分录 c 对长期股权投资成本高于所获账面价值的差额进行分摊：营业成本 9 000美元（2016 年实现的被低估存货项目），营业费用 4 500 美元（2016 年实现的被低估应收款项），以及商誉58 500美元。分录 d 和 e 分别反映了分摊至固定资产的合并价差的当期折旧（18 000×5%）和子公司的收益与股利中的少数股东权益。少数股东损益为 3 500 美元，是 Son 公司列报的净利润 35 000 美元的 10%。

图表 11-3　Pop 公司与子公司 2016 年度合并工作底稿——母公司理论　　单位：千美元

	Pop 公司	90%Son 公司	调整与抵销		合并财务报表
			借	贷	
利润表					
营业收入	$600	$200			$800
投资收益——Son 公司	17.1		17.1[a]		
营业成本	(300)	(120)	9[c]		(429)
营业费用	(211.25)	(45)	4.5[c]		(261.65)
			0.9[d]		
少数股东损益（$35×100%）			3.5[e]		(3.5)
归属于母公司的净利润	**$105.85**	**$ 35**			**$105.85**
留存收益表					
留存收益	$150	$ 20	20[b]		$150
归属于母公司的净利润	**105.85**	**35**			**105.85**
股利	(80)	(10)		9[a]	(80)
				1[e]	
12 月 31 日留存收益	**$175.85**	**$ 45**			**$175.85**
资产负债表					
现金	$ 29.75	$ 13			$ 42.75
应收账款净额	90	32			122
存货	100	48			148
其他流动资产	30	17			47
固定资产净值	200	57	18[c]	0.9[d]	274.1
长期股权投资——Son 公司	206.1			8.1[a]	
				198[b]	
商誉			58.5[c]		58.5
未分摊合并价差			90[b]	90[c]	
	$655.85	$167			$692.35
负债	$ 80	$ 22			$102
股本	400	100	100[b]		400
留存收益	**175.85**	**45**			**175.85**
	$655.85	$167			
少数股东权益				12[b]	
				2.5[e]	14.5
			321.5	321.5	$692.35

图表 11-4　Pop 公司与子公司 2016 年度合并工作底稿——主体理论　　单位：千美元

	Pop 公司	90%Son 公司	调整与抵销		合并财务报表
			借	贷	
利润表					
营业收入	$600	$200			$800
投资收益——Son 公司	17.1		17.1[a]		
营业成本	(300)	(120)	10[c]		(430)
营业费用	(211.25)	(45)	5[c]		(262.25)
			1[d]		
少数股东损益*			1.9[e]		(1.9)
归属于母公司的净利润	**$105.85**	**$ 35**			**$105.85**
留存收益表					
留存收益	$150	$ 20	20[b]		$150
归属于母公司的净利润	**105.85**	**35**			**105.85**
股利	(80)	(10)		9[a]	(80)
				1[e]	
12 月 31 日留存收益	**$175.85**	**$ 45**			**$175.85**
资产负债表					
现金	$ 29.75	$ 13			$ 42.75
应收账款净额	90	32			122
存货	100	48			148
其他流动资产	30	17			47
固定资产净值	200	57	20[c]	1[d]	276
长期股权投资——Son 公司	206.1			8.1[a]	
				198[b]	
商誉			65[c]		65
未分摊合并价差			100[b]	100[c]	
	$655.85	$167			$700.75
负债	$ 80	$ 22			$102
股本	400	100	100[b]		400
留存收益	**175.85**	**45**			**175.85**
	$655.85	$167			
少数股东权益				22[b]	
				0.9[e]	22.9
			340	340	$700.75

注：＊少数股东损益＝(35－16)×10％

图表 11-5　Pop 公司与子公司 2016 年度合并利润表　　单位：千美元

母公司理论		
营业收入		$800.00
减：营业成本	$429.00	
营业费用	261.65	
少数股东损益	3.50	
费用总额		694.15
合并净利润		$105.85
主体理论		
营业收入		$800.00

减：营业成本	$ 430.00	
营业费用	262.25	
费用总额		692.25
合并净利润总额		$ 107.75
分配给：少数股东	$　1.90	
控股股东	$ 105.85	

图表 11-6　2016 年 12 月 31 日 Pop 公司与子公司的合并资产负债表　　单位：千美元

	母公司理论	主体理论
资产		
现金	$　42.75	$ 42.75
应收账款净额	122.00	122.00
存货	148.00	148.00
其他流动资产	47.00	47.00
流动资产总额	359.75	359.75
固定资产净值	274.10	276.00
商誉	58.50	65.00
非流动资产总额	332.60	341.00
资产总额	$ 692.35	$ 700.75
负债和权益		
负债	$ 102.00	$ 102.00
少数股东权益	14.50	—
负债总额	116.50	102.00
股本	400.00	400.00
留存收益	175.85	175.85
少数股东权益	—	22.90
权益总额	575.85	598.75
负债和权益总额	$ 692.35	$ 700.75

图表 11-4 中主体理论下的分录 b、分录 c、分录 d 和分录 e，除了与少数股东权益有关的数额外，均与母公司理论下对应项目的分录相同。主体理论下少数股东权益的期初余额为 22 000 美元，等于 Son 公司 2016 年 1 月 1 日内含价值总额 220 000 美元的 10%。该金额比母公司理论下少数股东权益期初余额 12 000美元多 10 000 美元。这 10 000 美元的差异是由于主体理论下对购买日 Son 公司净资产公允价值超过其账面价值的差额 100%进行分摊。换言之，主体理论下的分录 b 相当于母公司理论下的分录 b 加上分摊至少数股东权益后的未分摊合并价差 10 000 美元：

b　借：未分摊合并价差（+A）	**100 000**	
股本（−SE）	**100 000**	
1 月 1 日留存收益（−SE）	**20 000**	
贷：长期股权投资——Son 公司（−A）		**198 000**
1 月 1 日少数股东权益（+SE）		**22 000**

抵销相对应的长期股权投资和权益余额，并记录少数股东权益期初金额和未分摊合并价差。

主体理论下的分录 c 相当于母公司理论下的分录 c 加上合并价差：

c 借：营业成本（E，－SE）	10 000
营业费用（E，－SE）	5 000
固定资产（＋A）	20 000
商誉（＋A）	65 000
贷：未分摊合并价差（－A）	100 000

将未分摊合并价差分摊至可辨认净资产和商誉。

工作底稿分录 d 记录的是分摊至固定资产的合并价差的折旧额，主体理论下其金额为 1 000 美元，而母公司理论下其金额为 900 美元。100 美元的差额等于 5%的折旧率乘以主体理论下多分摊至固定资产的合并价差 2 000 美元。

主体理论下少数股东损益为 1 900 美元，等于 Son 公司收益 35 000 美元的 10%减去内含公允价值与账面价值的差额 100 000 美元的摊销额 16 000 美元的 10%。少数股东损益也可按如下步骤计算：

在 Son 公司净利润中的份额（$35 000×10%）	$3 500
减：分摊至应收账款的合并价差的已实现部分的营业费用（$5 000×10%）	(500)
分摊至存货的合并价差的已实现部分的营业成本（$10 000×10%）	(1 000)
分摊至固定资产的合并价差的折旧（$20 000÷20 年×10%）	(100)
少数股东损益	$1 900

比较合并利润表 主体理论下，计算合并净利润总额时减去的其他费用汇总如下：

	母公司理论	主体理论
营业费用（应收账款部分）	$4 500	$5 000
营业成本（存货部分）	9 000	10 000
营业费用（折旧部分）	900	1 000
	$14 400	$16 000

主体理论下多出的 1 600 美元费用（16 000－14 400）恰好被少数股东损益的降低额（3 500－1 900）所抵销。因此，即使两种理论下合并利润表列报的金额及其披露方式不同，但归属于母公司的利润相同。上述差异可从图表 11－5 中看出。该表比较了母公司理论和主体理论下 Pop 公司及其子公司的合并利润表。依据主体理论，列示的“合并净利润总额”的最终金额为107 750美元，并在少数股东和控股股东间进行分配。

比较合并资产负债表 图表 11－6 列示了两种理论下 Pop 公司及其子公司 2016 年 12 月 31 日的比较资产负债表。主体理论下资产总额大于母公司理论下的金额，差额为 8 400 美元（700 750－692 350），是 Son 公司净资产的内含公允价值高于其账面价值的未分摊合并价差。其中有 6 500 美元与商誉有关（65 000－58 500），1 900 美元与固定资产有关（276 000－274 100）。

主体理论下负债与权益总额较大。母公司理论下少数股东权益被归类为一项负债，因此负债金额比主体理论下的负债金额高出 14 500 美元。由于主体理论将少数股东权益归为股东权益的一部分，所以主体理论下的股东权益较大，比母公司理论下的股东权益高出 22 900 美元。

关于少数股东权益的其他观点 一些会计人员认为不应在合并财务报表中将少数股东权益作为单行项目进行列示。关于将少数股东权益从合并利润表中去掉的一项建议是，将合并净利润总额作为合并利润表的最后一项进行列示，并在脚注分别披露控股股东权益和少数股东权益。对合并资产负债表的处理方法与此一致，将合并权益总额作为单行项目列示，并在脚注分别披露控股股东权益和少数股东权益。

其他关于不应将少数股东权益在合并财务报表中列示的建议是，当对子公司的持股比例低于 100%

时，应仅合并控股股东享有的收入、费用、资产和负债份额。这就是本章后续部分在介绍合营企业时要讨论的比例合并法。

11.3　下推会计与其他基本观点

根据本章第一部分介绍的理论，应通过合并母公司及其子公司财务报表的工作底稿分录，将合并价差分摊至各可辨认资产、负债及商誉。子公司的账面记录不受母公司购买其股权所支付的价格影响。

某些情况下，SEC 要求被收购子公司的资产和负债的公允价值在其单独财务报表中披露。而依据公认会计原则（ASC 810－10－25），该公允价值以母公司账面记录的公允价值为基础。换言之，该公允价值被“下推”到子公司报表。SEC① 要求，当子公司实质上全部为母公司拥有（通常为 90%），且不存在大量流通在外的债券或优先股时，向 SEC 报送的报表应采用下推会计。

SEC 认为，当母公司控制了一个主体的所有权形式时，无论该主体继续存在还是被母公司吸收合并，被购买的资产和负债都应采用相同的计价基础。然而，当一个子公司存在流通在外的公开证券或优先股，或存在重要的少数股东权益时，母公司可能控制不了子公司的所有权形式。SEC 鼓励企业在这些情况下采用下推会计，但未做硬性规定。

在 AICPA 发布的“下推会计”一文中下推会计被定义为：

> 一个会计主体在其单独的财务报表中，依据购买该主体有表决权股票的交易，重新确立会计和报告基础，导致该主体流通在外的有表决权股票的所有权发生重大变更。②

如果在合并时不采用下推会计，则需要在合并工作底稿中将合并价差分摊至可辨认净资产和商誉。如果子公司根据下推会计在其单独财务报表中记录了分摊的公允价值，合并程序将大为简化。

关于下推会计的争议点仅在于子公司的报表是为少数股东权益、债权人及其他利益相关方编制的。下推会计的批评者认为，依据历史成本原则，将母公司或投资方与子公司的原有股东之间的交易作为报告子公司资产和负债新的会计基础是不合理的。子公司并未参与该交易——它未获得新的资金，也未出售资产。下推会计的支持者则认为，新的所有者支付的价格为计量子公司的资产、负债和经营成果提供了最相关的依据。

尽管在实务中通常按照一定比例重估子公司资产的价值，但下推会计并未在其支持者中得到一致应用。持股比例达到多少时会构成重要的少数股东权益，从而不宜再采用下推会计？如果所有权的变动比例低于 100%，仍应按比例基础进行分配吗？这些问题亟须得到权威性的回答。

当代的公认会计原则允许公司在收购时采用下推会计。

假设 Pop 公司购买了 Son 公司 90%的股权，下面利用 Pop 公司与 Son 公司的例子来同时说明比例分配法（母公司理论的观点）和 100%分配法（主体理论的观点），需要按 90%股权的购买价格来估算子公司的整体市价。

□ 购买年度的下推程序

如前所述，Pop 公司 2016 年 1 月 1 日用 198 000 美元现金购买了 Son 公司 90%的股权。如果使用下推

---

① SEC 第 54 号 SAB，1983 年。有关 SEC 立场的更详细分类见第 73 号 SAB，1987 年。

② FASB ASC 810－10－45－1. Originally ‘Statement of Financial Accounting Standards No. 160.’ “Noncontrolling Interests.” Norwalk, CT ©2007 Financial Accounting Standards Board.

会计并仅对 Son 公司 90%的可辨认净资产重新估值（母公司理论），则公允价值和账面价值的差额90 000美元的分摊过程如下所示（单位：千美元）：

	账面价值	下推调整额	下推后账面价值
现金	$ 5	—	$ 5
应收账款净额	30	$ 4.5	34.5
存货	40	9	49
其他流动资产	10	—	10
固定资产净值	60	18	78
商誉	—	58.5	58.5
	$ 145	$ 90	$ 235
负债	$ 25	—	$ 25
股本	100	—	100
留存收益	20	$ (20)	—
下推资本	—	110	110
	$ 145	$ 90	$ 235

记录 Son 公司账上下推调整的会计分录如下所示：

借：应收账款（+A）	4 500	
存货（+A）	9 000	
固定资产（+A）	18 000	
商誉（+A）	58 500	
留存收益（−SE）	20 000	
贷：下推资本（+SE）		110 000

如果在主体理论下按照 Son 公司 90%股权的购买价格估算出其总体价值为 220 000 美元（投资成本 198 000÷90%），则将 100 000 美元的差额下推至 Son 公司账上的具体情况如下所示（单位：千美元）：

	账面价值	下推调整额	下推后账面价值
现金	$ 5	—	$ 5
应收账款净额	30	$ 5	35
存货	40	10	50
其他流动资产	10	—	10
固定资产净值	60	20	80
商誉	—	65	65
	$ 145	$ 100	$ 245
负债	$ 25	—	$ 25
股本	100	—	100
留存收益	20	$ (20)	—
下推资本	—	120	120
	$ 145	$ 100	$ 245

记录 Son 公司账上 100%下推调整的会计分录如下所示：

借：应收账款（＋A）　5 000
　　存货（＋A）　10 000
　　固定资产（＋A）　20 000
　　商誉（＋A）　65 000
　　留存收益（－SE）　20 000
　贷：下推资本（＋SE）　120 000

可以发现，无论公允价值与账面价值差额的下推比例是 90％还是 100％，子公司留存收益余额均会转至下推资本。这是下推会计应用的基础，要求被并购主体有新的会计和报告基础。“下推资本”是一个资本公积账户。该账户包含基于收购价格对子公司可辨认净资产以及商誉的重新计价金额，以及下推会计中新主体概念下被抵销的子公司留存收益余额。

图表 11－7 的合并资产负债表工作底稿举例说明了下推调整的结果。前半部分的资产负债表工作底稿反映了母公司理论下 90％的下推调整；后半部分反映了主体理论下 100％的下推调整。子公司的单独资产负债表采用了下推会计，使得合并程序大为简化。因为采用下推会计时不需要通过工作底稿分配未分摊公允价值。然而，图表 11－7 下推会计下的合并资产负债表金额与图表 11－2 相同，图表 11－2 中的子公司资产负债表是以历史成本为基础计量的。

图表 11－7　2016 年 1 月 1 日 Pop 公司及其子公司合并资产负债表工作底稿　单位：千美元

	Pop 公司	90％Son 公司	调整与抵销		合并财务报表
			借	贷	
母公司理论					
资产					
现金	$ 22	$ 5			$ 27
应收账款净额	80	34.5			114.5
存货	90	49			139
其他流动资产	20	10			30
固定资产净值	220	78			298
长期股权投资——Son 公司	198			198[a]	
商誉		58.5			58.5
资产总额	$ 630	$ 235			$ 667
负债和权益					
负债	$ 80	$ 25			$ 105
股本	400	100	100[a]		400
留存收益	150	0			150
下推资本——Son 公司		110	110[a]		
少数股东权益				12[a]	12
权益总额	$ 630	$ 235	210	210	$ 667
主体理论					
资产					
现金	$ 22	$ 5			$ 27
应收账款净额	80	35			115
存货	90	50			140
其他流动资产	20	10			30
固定资产净值	220	80			300
长期股权投资——Son 公司	198			198[a]	

续表

	Pop公司	90%Son公司	调整与抵销 借	调整与抵销 贷	合并财务报表
商誉		65			65
资产总额	$ 630	$ 245			$ 677
负债和权益					
负债	$ 80	$ 25			$ 105
股本	400	100	100[a]		400
留存收益	150	0			150
下推资本——Son公司		120	120[a]		
少数股东权益				22[a]	22
负债和权益总额	$ 630	$ 245	220	220	$ 677

□ 购买后年度的下推程序

图表11-8、图表11-9举例说明了下推会计下Pop公司与Son公司2016年12月31日的合并财务报表。图表11-8反映母公司理论下90%的下推调整，图表11-9反映主体理论下100%的下推调整。相对于图表11-3和图表11-4的工作底稿，这两张表中的合并程序大为简化。

图表11-8　Pop公司与子公司2016年度合并工作底稿——母公司理论　单位：千美元

	Pop公司	90%Son公司	调整与抵销 借	调整与抵销 贷	合并财务报表
利润表					
营业收入	$ 600	$ 200			$ 800
投资收益——Son公司	17.1		17.1[a]		
营业成本	(300)	(129)			(429)
营业费用	(211.25)	(50.4)			(261.65)
少数股东损益（$35×100%）			3.5[c]		(3.5)
归属于母公司的净利润	**$ 105.85**	**$ 20.6**			**$ 105.85**
留存收益表					
留存收益	$ 150	0			$ 150
归属于母公司的净利润	**105.85**	**20.6**			**105.85**
股利	(80)	(10)		9[a] 1[c]	(80)
12月31日留存收益	**$ 175.85**	**$ 10.6**			**$ 175.85**
资产负债表					
现金	$ 29.75	$ 13			$ 42.75
应收账款净额	90	32			122
存货	100	48			148
其他流动资产	30	17			47
固定资产净值	200	74.1			274.1
长期股权投资——Son公司	206.1			8.1[a] 198[b]	
商誉		58.5			58.5
	$ 655.85	$ 242.6			$ 692.35

续表

	Pop 公司	90%Son 公司	调整与抵销		合并财务报表
			借	贷	
负债	$ 80	$ 22			$ 102
股本	400	100	100[b]		400
留存收益	**175.85**	**10.6**			**175.85**
下推资本——Son 公司		110	110[b]		
	$ 655.85	$ 242.6			
少数股东权益				12[b]	
				2.5[c]	14.5
			230.6	230.6	$ 692.35

图表 11-9　Pop 公司与子公司 2016 年度合并工作底稿——主体理论　　单位：千美元

	Pop 公司	90%Son 公司	调整与抵销		合并财务报表
			借	贷	
利润表					
营业收入	$ 600	$ 200			$ 800
投资收益——Son 公司	17.1		17.1[a]		
营业成本	(300)	(130)			(430)
营业费用	(211.25)	(51)			(262.25)
少数股东损益*			1.9[c]		(1.9)
归属于母公司的净利润	**$ 105.85**	**$ 19**			**$ 105.85**
留存收益表					
留存收益	$ 150	0			$ 150
归属于母公司的净利润	**105.85**	**19**			**105.85**
股利	(80)	(10)		9[a]	(80)
				1[c]	
12 月 31 日留存收益	**$ 175.85**	**$ 9**			**$ 175.85**
资产负债表					
现金	$ 29.75	$ 13			$ 42.75
应收账款净额	90	32			122
存货	100	48			148
其他流动资产	30	17			47
固定资产净值	200	76			276
长期股权投资——Son 公司	206.1			8.1[a]	
				198[b]	
商誉		65			65
	$ 655.85	$ 251			$ 700.75
负债	$ 80	$ 22			$ 102
股本	400	100	100[b]		400
留存收益	**175.85**	**9**			**175.85**
下推资本——Son 公司		120	120[b]		
	$ 655.85	$ 251			
少数股东权益				22[b]	
				0.9[c]	22.9
			239	239	$ 700.75

注：＊少数股东损益＝19×10％

在图表11－9（主体理论）的合并工作底稿中，少数股东损益为1 900美元，等于下推会计下子公司净利润19 000美元的10%。类似地，2016年12月31日少数股东权益为22 900美元，等于当日Son公司股东权益229 000美元的10%。这些少数股东权益项目是在标准的合并程序下确定的。与此不同的是，在图表11－8（母公司理论）中，2016年度的少数股东损益为3 500美元，2016年12月31日的少数股东权益为14 500美元，与90%下推会计下Son公司单独利润表中的净利润20 600美元及单独资产负债表中的股东权益220 600美元并无直接联系。产生这一问题的原因是，在持股比例低于100%的子公司中使用下推会计时，只有母公司持有的那一部分权益下推到了子公司账面。图表11－8中的少数股东权益金额可以直接通过图表11－3中Son公司以成本为基础的单独报表确定。由于并不期望少数股东能够从合并财务报表中获得重要信息，所以主体理论下的100%下推方法可能更为合理，尤其是当集团中存在多个不完全拥有的子公司时。

□ 杠杆收购

在**杠杆收购**（leveraged buyout）中，投资集团（通常包括公司管理层、投资银行以及金融机构）利用极少的权益资本和大量的负债从公众股东手中收购目标公司（A公司）。通常情况下，在投资集团的收购资金中自有资金占10%，其余通过举债筹集。投资公司可能会为收购A公司而设立一家控股公司。

投资集团通常将A公司的原有资产作为杠杆收购债务融资的部分担保，并通过A公司自身的经营和（或）出售其资产来偿还债务。因为该贷款是以A公司的资产做担保的，发放贷款的银行会要求A公司在其财务报表中披露该项负债。

实际经常发生这样的情况，若被收购公司的原股东因出售股票而获得高溢价，并且被收购公司的资产和负债以账面价值而非公允价值结转至新公司（被收购后的A公司），则杠杆收购产生的负债会使得新公司的财务状况看起来比真实情况更糟糕。杠杆收购的普遍性是许多会计人员赞成改用下推会计来处理包含杠杆收购在内的公司收购的原因之一。因为下推会计允许被收购公司在其财务报表中调增资产以反映收购价格。

20世纪八九十年代，美国掀起了杠杆收购的浪潮。Kohlberg Kravis Roberts and Company（KKR）曾经是重要的收购方。1986年，KKR分别用62.5亿美元和42.4亿美元收购了Beatrice Foods和Safeway Stores。1989年，KKR又用247.2亿美元收购了RJR Nabisco。1986年，Macy Acquisitions Corporation成立，对R. H. Macy &Company进行价值35亿美元的杠杆收购。近年来，由于美国和世界信贷市场的问题，杠杆收购活动逐渐降温。

收购的结构影响新主体的会计基础。例如，控股公司可以用来收购A公司的净资产，也可以用来收购A公司的股权，或者投资集团不通过控股公司收购A公司。如果公司的控制权发生变动，由于新主体有了新的控股股东且类似于一项收购，那么新主体的会计基础普遍会发生变更。

□ 另一种会计基础

公司曾通过各种方法构造企业合并以避免产生商誉。一家公司收购了另一家公司（目标公司）的控制性权益，同时目标公司向母公司增发股票以换取母公司持有的某一子公司股权。本质上，母公司出售给目标公司的子公司股权是收购目标公司的价格的一部分。这种交易形式被认为是同一控制下的企业合并，因此不属于企业收购，应采用历史成本进行会计处理：

• 对于转移子公司股权给目标公司的交易，母公司应将其作为收购进行会计处理。这种做法现在与公认会计原则（ASC 810－10－25）一致。获得目标公司的控制权与将子公司转让给目标公司不能分割，应视为同一笔交易.

- 母公司对该交易进行会计处理时，应视为子公司部分股权的出售（出售给目标公司的少数股东）和目标公司部分股权的收购。母公司应确认出售子公司部分股权的损益。
- 母公司应按其所获目标公司的股权比例增加目标公司的资产和负债，并按出售子公司的股权比例增加子公司的资产和负债。

这种企业合并形式并不能避免对收购进行会计处理以及商誉的产生。允许商誉税前扣除使得 1993 年以来企业想方设法避免商誉的压力减小。公认会计原则（ASC 350－20－35）规定商誉不再进行摊销，使得公司无须再为避免商誉而构造企业合并。

11.4　合营企业

合营是合伙的一种形式，起源于希腊和罗马的远洋贸易活动。合营的目的是联合管理参与者与资本投入者以完成某项特定的贸易活动。当前，合营存在多种形式，如合伙企业和公司合营、国内合营和国外合营、临时合营和长期合营。

一种常见的临时合营是投资银行为购买公司发行的证券并在公开市场出售而构造的辛迪加形式。这种合营企业使得多个参与者能够共同分摊某一事项的风险和收益，对于单个投资者来说，这一事项的规模或风险也许过于重大。该形式也使得合营能够联合技术、市场、人力资源，从而提高所有参与者的潜在收益。合营企业普遍存在的其他领域包括土地销售、石油勘探与开采以及大型建筑项目。

合营企业组织形式的新领域和新用法不断涌现。例如，几乎所有大型电信公司都使用合营企业来扩大规模并获取资本。这些合营企业筹集资金以便在个人电信服务许可证价值数十亿美元的拍卖中竞标，建立全国无线电话通信网络。这些合营企业的一个明显优点是能避免昂贵的收购成本。

美国公司间的合营相当普遍。一个历史悠久且广为人知的例子是道康宁公司（Dow Corning Corporation），它是由陶氏化学公司和康宁公司（Corning Incorporated）共同组建的合营企业。由于能够在投资者之间分散风险，合营成为石油、天然气、化工和国际投资等领域一种富有吸引力的企业形式。股东只需承担有限责任使得公司形式的合营尤其受欢迎。合营在制药行业也很普遍。

□ 合营的性质

合营企业（joint venture）是由少数投资者（**合营方**（ventures））拥有、经营并共同控制的企业主体，从事具体的能为所有投资者带来收益的商业活动。通常，所有合营方都参与合营企业的管理，以及制定那些需要所有合营者同意而不论其持股比例多少的重要决策。合营企业中不同合营者的持股比例差别较大，股权结构经常是不均等的。

□ 合营企业的组织结构

合营企业可以以公司、合伙或不分权益的形式存在。这些形式在 AICPA 的公告“对房地产合营企业投资的会计处理”（SOP 78－9）中表述如下：

合营公司　该公司由少数投资者拥有、经营并从事使各方共同受益的投机活动或项目。

普通合伙　组织中各合伙人承担无限责任。

有限合伙（limited partnership）　一个或一个以上的普通合伙人承担无限责任，一个或一个以上的合伙人承担有限责任。有限合伙企业通常由普通合伙人经营，可能会受到某些合伙协议条款的限制。

不分权益企业　一种所有权安排，其中两个或两个以上的投资方共同拥有财产，各方的权利以各自的权益为限。①

合营企业的组织结构不同，对合营企业投资方财务报告的要求也不同。

□ 合营公司的会计处理

根据公认会计原则（ASC 323－10－15）的规定，能够参与合营公司整体管理的投资者应将其投资列报为权益性投资（单行合并）。对合营公司施加重大影响的方法与大多数的普通股投资有很大区别，因为每一个合营方都必须对每一项重大的合营企业决策进行表决，所以无论持股比例多少均能对合营企业产生重大影响。尽管如此，不论合营方是出于什么原因不能对合营企业实施重大影响，该合营方均应采用成本法计量其对合营企业的投资。

当投资方对合营公司普通股的投资超过合营方流通在外股权的50%时，该项投资即为一项对子公司的投资，适用母子公司的会计处理方法和报告要求。当合营公司被另一主体拥有50%以上股权时，即使它在公布的财务报表中仍被称为合营企业，也不再被认为是合营企业。公认会计原则（ASC 323－10－15）对合营公司的描述如下：

> 由一个小的主体集团（合营企业）拥有并经营的公司，作为一个单独和特定的企业或项目，其目的是使集团成员共同获利，政府也可能是集团中的一员。合营公司的目的通常是在开拓新市场、产品或技术时共同承担风险，共享收益；将互补的技术结合起来；整合资源开发产品或其他设备。合营公司中通常会存在能够使每一合营方直接或间接地参与公司整体管理的机制。由此，各合营方存在共同的利益或相互关联，而不再是被动的投资者。当被投资主体为某一合营方的子公司时，它就不再是合营公司。合营公司的所有权极少变更，其股票通常不公开交易。然而，当公司的少数权益被公众持有时，其仍可能是合营公司。②

注意，依据公认会计原则（ASC 323－10－15），合营企业的子公司（持股比例高于50%）不是一家合营企业。此时应依据公认会计原则（ASC 840－10－45）的规定对其进行合并。

公认会计原则要求，合营公司普通股的投资者应在合并财务报表中采用权益法对该项投资进行会计处理。权益法最能反映投资者对合营公司投资的本质。

采用权益法处理对合营企业普通股的投资或其他投资，对合营企业投资方的财务状况和经营成果可能非常重要。如果是这样，那么投资方有必要在其单独财务报表中汇总并列示被投资公司的资产、负债和经营情况。按照规定，投资方应逐项披露对其财务状况或经营成果有重要影响的对合营企业的投资。或者，当单项投资并不重要而组合后变得重要时汇总披露。

□ 非合营公司的会计处理

公认会计原则（ASC 322－10－15）还阐释了许多适用于非合营公司主体的会计处理方法。例如，合

① Statement of Position on 78－9 Accounting for Investments in Real Estate Ventures，©AICPA.

② From Statement of Position on 78－9 Accounting for Investments in Real Estate Ventures December，Proposal to the Financial Accounting Standards Board Issued by Accounting Standards Division ©1978 American Institute of Certified Public Accounting.

伙投资方计提的合伙损益通常反映在合伙方的财务报表中。核算合伙权益时，抵销合伙企业内部交易利润并记录投资方应计利润产生的递延所得税负债也是合理的。

前述在合伙企业中适用的公认会计原则同样可以应用于不分权益的合营企业。在不分权益的合营企业中，投资方对每项资产均拥有不可分割的权益，并对每项负债承担相应比例的义务。然而，这些方法不适用于某些有惯例的行业。例如，在已形成惯例的石油和天然气行业，合营企业投资方在各自的财务报表中报告其应享有的合营企业资产、负债、收入和费用的份额。这种报告程序称为**比例合并**（pro rata or proportionate consolidation）。

另外，SEC（ASC 323-10-15）建议，投资方联合控制下的房地产合营企业中的不可分割权益不应采用比例合并法进行会计处理。若合营企业有关融资、扩张或财产出售的决策需要两个或两个以上的投资方同时批准，就属于联合控制。1979 年 AICPA 在其发布的一篇题为“合营会计”的文章中建议，因为合营企业的债务是分开而非联合的，所以不属于联合控制，要求采用比例合并法。

□ 单行合并和比例合并

下面举例说明非合营公司可选择的报告方法。假设 Pam 公司持有商业合营企业 Sun 公司 50%的不可分割权益。图表 11-10 为两种假设下（会计处理采用权益法和比例合并法）的比较财务报表。第一栏概括了 Pam 公司的利润表和资产负债表，假定 Pam 公司采用权益法处理其对 Sun 公司的长期股权投资，且 Sun 公司为一家未合并的合营企业。第二栏列示了 Sun 公司的利润表和资产负债表。第三栏列示了 Pam 公司按其持股比例（50%）合并 Sun 公司的资产、负债、收入和费用（来自第二栏）后的数额；换言之，第三栏为比例合并。

图表 11-10　权益法与比例合并法的比较

单位：千美元

	权益法——Pam 公司	Sun 公司（非合营）	比例合并——Pam 公司和 Sun 公司
利润表			
收入			
营业收入	$2 000	$ 500	$2 250
投资收益——Sun 公司	100	—	—
收入总额	2 100	500	2 250
费用			
营业成本	1 200	200	1 300
其他费用	400	100	450
费用总额	1 600	300	1 750
净利润	$ 500	$ 200	$ 500
资产负债表			
现金	$200	$50	$ 225
应收账款	300	150	375
存货	400	300	550
固定资产	800	800	1 200
长期股权投资——Sun 公司	500	—	—
资产总额	$2 200	$1 300	$2 350
应付账款	$ 400	$ 200	$ 500
其他负债	500	100	550
股本	1 000	—	1 000
留存收益	300	—	300
合营资本	—	1 000	—
权益总额	$2 200	$1 300	$2 350

注意，在比例合并中，Sun公司1 000 000美元的合营资本与对Sun公司的长期股权投资500 000美元、来自Sun公司的投资收益100 000美元以及Sun公司50%的资产、负债、收入和费用账户余额相抵销。

11.5 可变利益主体的会计处理

基于各种正当的商业理由，公司创造了特殊目的主体。例如，公司单独核算员工福利计划（养老金和其他退休福利计划），并且不把与此有关的会计处理列入合并报表。公认会计原则（ASC 860-10-05）针对这些计划的会计处理和披露做了相关规定。

公认会计原则要求将这些特殊目的主体作为表外项目列示。公司记录与这些主体的交易，但不会将这些主体纳入合并财务报表中。例如，发起人会记录支付的养老金数额，但这项基金的资产和负债不会记入合并资产负债表的资产和负债总额中，仅在资产负债表中报告该基金的净资产或负债。

但是，安然公司将特殊目的主体排除在合并财务报表之外，向投资者展示了有关公司财务状况和商业风险的假象。SEC指出，在安然公司财务报告欺诈案中，许多特殊目的主体设立的目的是误导投资者，而不是出于合法的商业目的。本书将对安然涉嫌欺诈的讨论留给审计、经济法和商业道德等其他课程。本节主要是举例介绍有关特殊目的主体的会计处理问题。

2003年公认会计原则（ASC 860-10-60）解决了已发现的滥用特殊目的主体的问题，并不断通过修订和阐明逐步完善该标准。FASB和IASB也继续致力于制定关于这些主体的合并政策。

FASB创造了**"可变利益主体"**（variable interest entities，VIEs）这一术语，以定义那些需要合并的特殊目的主体。有几个主要问题和概念需要明确。首先，该合并主体满足纳入合并财务报表的条件吗？其次，如果需要合并，如何确定可变利益主体的合并金额？先前的合并原则是依据表决权或有表决权股份的持股比例来解决上述两个问题的。目前的公认会计原则试图识别那些取得财务控制权是因为合同和财务安排而非表决权权益的主体。回忆你的孩提时代，在法律上你的父母并不"拥有"你，但很明显他们能从财务上控制你的活动。公认会计原则现在将那些如果没有额外的财务援助，权益投资者就无法对该主体的商业风险和活动提供融资的公司也包含在可变利益主体内。

这一变化不仅仅适用于安然公司。许多公司都需要合并其可变利益主体，甚至包括迪士尼公司。迪士尼公司在2012年年报的附注6（p. 83）中披露，尽管其拥有的巴黎迪士尼乐园、香港迪士尼乐园和上海迪士尼乐园的权益有一部分少于50%，但仍然将这些权益作为合并可变利益主体进行报告。附注6还提供了截至2012年9月29日，合并这些主体前后的合并资产负债表和利润表的汇总金额。其中有几个项目值得注意，合并净利润未受合并的影响，资产总额由72 924美元增加至74 898美元，主要是因为合并后固定资产增加。

□ 可变利益主体的确认

可变利益主体必须由其主要受益方合并。什么是可变利益？什么是可变利益主体？这里仅对目前公认会计原则（ASC 810-10-15）中涉及的概念进行介绍，而不是讲解全部的细节。这是一个复杂的话题，可变利益主体的确认需要相当多的判断。

公认会计原则（ASC 810-10-15）指出："可变利益是指在法律主体的合同、所有权或者其他金钱上的权益，这些权益会随主体中除可变利益外的净资产的公允价值的变化而变化。”① 例如，风险权益投资是一种可变利益。

该解释涵盖了所有企业形式中的可变利益主体。因此，可变利益主体可能是一家公司、合伙企业、有限责任公司或者信托协议。一个潜在的可变利益主体必须是可分离主体，而不是另一个主体的子公司、分支机构或部门。某些主体是特别排除在外的，例如养老金计划，因为它们由其他报告准则规范。公认会计原则还定义了需要合并的可变利益主体。“如果没有任何投资方（包括权益投资者在内）提供额外的财务支持，总的风险权益投资并不足以支持该主体所从事的活动。”② 例如，一家公司可能只拥有某个主体最低的表决权权益，但是合同规定，如果该主体未来的经营出现亏损，公司需要提供额外的财务支持。

“可变利益是指那些需要承担可变利益主体部分预期损失或者能够取得其部分预期剩余收益的投资或者其他权益。”③

> 可变利益主体的预期损失是指除可变利益外的净资产的公允价值的预期减值变化。可变利益主体的预期剩余收益是指除可变利益外的净资产的公允价值的预期增值变化。净资产的公允价值的预期变化数包括该主体经营活动的成果所引起的预期变化（ASC 810－10－15－14）。

依据公认会计原则提供的通用指南，当风险权益投资不足主体总资产的 10%时，可以认定如果没有投资者额外的后续财务支持，该主体不足以为其经营活动提供资金。公认会计原则还描述了一些即使有更高的权益投资比例，也不足以证明该主体财务独立的情况。

确认了可变利益主体后，需要按要求合并这些主体，公认会计原则对如何确认需要合并可变利益主体的公司也做出了规定。公认会计原则用**主要受益人**（primary beneficiary）一词指代需要合并可变利益主体的公司。主要受益人可能只有一个，也可能一个都没有（该情况下特殊目的主体不是可变利益主体）。

> 公认会计原则要求所有持有可变利益主体的重要权益的企业进行相应的披露。主要受益人必须披露：
>
> a. 可变利益主体的性质、目的、规模及其从事的活动。
>
> b. 为可变利益主体债务做抵押担保的合并资产的账面金额和类别。
>
> c. 如果合并可变利益主体的债权人（或受益权益持有人）对主要受益人的综合授信没有追索权，则视为无追索权。
>
> 非主要受益人的其他企业需要披露：
>
> a. 参与可变利益主体的性质及开始的时间。
>
> b. 可变利益主体的性质、目的、规模及其从事的活动。
>
> c. 由于参与可变利益主体公司需要承受的最大损失。④

其他企业（非主要受益人）在处理其对可变利益主体的投资时采用成本法或权益法。

当前公认会计原则定义的主要受益人必须同时具有以下两个特征。第一是经济实力。该主体是否有能力指导可变利益主体的经营活动——该活动对可变利益主体的经营业绩有显著影响？第二个特征为法律义务。该主体是否有义务承担可变利益主体的亏损，是否有权利从可变利益主体获得重大利益？如果有一个特征不符或两个特征均不满足，那么该报告主体不是主要受益人。

---

①② FASB ASC 810. Originally Statement of Financial Accounting Standards No. 160. “Noncontrolling Interests.” Norwalk, CT ©2007 Financial Accounting Standards Board.

③ Statement of Financial Accounting Standards No. 167. Amendments to FASB Interpretation No. 46 (R), ©FASB.

④ SUMMARY OF INTERPRETATION NO. 46, ©FASB.

下面举一个简单的例子。十家独立的公司——Melanie，Troy，Matthew，Emily，Megan，Danielle，Ryan，Corinne，Tricia 和 Lisa 公司——决定联合它们的财务资源成立一家新的投资于海上油井租赁的合营企业速富公司（GetRichQuick Corporation）。新公司不打算公开发行股票。假如这项投资能够获得成功，速富公司将向投资者提供丰厚的回报，但是这项投资也存在风险。每个投资者将投资 100 万美元并得到速富公司 10%的有表决权普通股。另外，每个投资者将在新公司的董事会中派驻一名董事。所有投资者都同意 Corinne 公司对新公司所有的经营决策有表决权。在这项商业计划中，速富公司将另外举债2 000 万美元为获取租赁权以及后续的勘探、研究和开发提供资金支持。如果合营企业没能成功，Corinne 公司同意负担 75%的损失。尽管 Corinne 公司认为这种风险很小，但是海上油井租赁业务将会产生重大的环境负债，这一负债会远远超过初始的 1 000 万美元权益资本。由于 Corinne 公司慷慨地承担了大部分风险，投资者同意 Corinne 公司获得速富公司未来利润的 28%，其余的 9 家公司各获得 8%。

投资者应该怎样处理其对速富公司的投资呢？乍看起来，依据当前公认会计原则的规定，十家投资公司似乎都应该采用成本法进行会计处理。没有一家公司对新合营公司有重大影响或拥有控制性表决权。假定投资者依据公认会计原则的规定将速富公司确认为可变利益主体。其中一家公司将被要求对速富公司进行合并。

Corinne 公司在合同中做出的承诺使其成为主要受益人。Corinne 公司的表决权使其能引导可变利益主体的经济活动。同时 Corinne 公司有承担可变利益主体经营风险的义务和分享其收益的权利。因为两个特征都满足，所以 Corinne 公司是主要受益人，需要对速富公司进行合并。其余九家公司不合并速富公司，但由于速富公司已经被确认为一个可变利益主体，它们将按照公认会计原则的规定对此进行披露（由于可变利益主体的股票不会公开交易，所以权益法并不适用）。

□ 可变利益主体的合并

现在考虑第二个问题：合并会受到什么影响？可变利益主体的合并准则原则上与其他的合并准则一致。在成为主要受益人当天，主要受益人将在可变利益主体资产、负债和少数股东权益的公允价值基础上对其进行计量和合并。如果主要受益人将其资产转移至可变利益主体，应按账面价值记录该项交易（即资产转移时不确认利得和损失）。因此，主要受益人对可变利益主体初始价值的计量与公认会计原则的规定一致。

运用公允价值进行初始计量和合并后，主要受益人将按照正常的合并规则对可变利益主体进行后续的会计处理。因此，主要受益人将按照有表决权权益比例在控股股东权益和少数股东权益之间分配未来收益。所有集团内部交易和账户余额都必须抵销。所有基于主要受益人和可变利益主体之间的费用而产生的收入和支出必须与可变利益主体的净利润相抵销。任何此类费用都不应分配给少数股东权益。

对许多公司来说，估计可变利益主体资产的公允价值并不容易。通常，可变利益主体对某些特殊资产投资的公允市场价值并不能通过简单观察股票市场的现时交易价值得到。公司可能常常需要将与可变利益主体经营有关的未来期望现金流量作为估计其公允价值的一种方法。

陶氏化学公司 2014 年年报为我们了解可变利益主体的公司合并政策提供了一个很好的示例。附注 19 指出，陶氏公司持有八家合营公司的可变利益，且陶氏公司均为主要受益人。陶氏公司在其财务报表中合并了这八家公司。由其他合营方控制的权益在合并财务报表中均作为少数股东权益列示。

陶氏公司在另一家合营企业拥有可变利益，其合作伙伴为主要受益人。陶氏公司报告称，这是一项“非合并附属公司投资”，采用权益法对其进行会计处理。该可变利益主体没有被合并。①

① 基于 The Dow Chemical Company 2014 Annual Report ©Anthony H Joseph。

总结

本章介绍了几种不同的母子公司财务报表合并理论，对下推会计下子公司单独财务报表中资产和负债的"新的会计基础"进行了分析，并举例说明了合营企业的会计处理。

本章把当代合并实务（例如当代的公认会计原则）中的概念和程序与母公司理论下的会计实务相区分。图表 11-1 比较了这三种理论的基本差异。当子公司为全资子公司时，几乎所有的差异都不复存在。

下推会计下，企业收购中的合并价差记录在子公司的账上。在企业收购中，当被收购公司全部或实质上全部的股权转手时，SEC 通常要求使用下推会计。公认会计原则给企业在并购中是否采用下推会计提供了选择权，某些收购通过构造能避免采用下推会计。

合营企业是少数投资者为了共同的利益而拥有、经营并共同控制的企业主体。合营投资方通常会参与合营企业的管理，通常每一投资方都能对被投资合营企业施加重大影响。在权益法下，投资方按照单行合并处理其对合营公司的投资。类似地，投资者采用单行合并或比例合并处理其对非合营公司（合伙或不分权益）的投资，具体视合营企业所在行业的特殊会计实务而定。

基于各种特殊商业目的，公司会与其他公司合作创建主体或者关系。通常情况下，尽管投资者无法通过持有重要权益而控制表决权，但这些主体的构造使投资者能够对其实施有效的经济控制。公认会计原则意识到了这种情况，并要求主要受益投资者合并可变利益主体。

思考题

1. 比较合并财务报表的母公司理论以及主体理论。

2. 主体理论下，子公司的价值总额依据母公司为其控制权支付的价格来计算。这种计价方法在实务中或概念上存在什么问题吗？

3. 假设 Pop 公司用 6 000 000 美元收购 Son 公司 60%的有表决权普通股，且在完成合并后编制了合并资产负债表。若采用母公司理论，合并资产总额等于其公允价值吗？若采用主体理论呢？

4. 请说明在哪些情况下，母公司理论下的合并净利润等于主体理论下控股股东的净利润。

5. 如果对来自子公司的投资收益采用权益法处理，并且报表按主体理论进行合并，合并净利润等于母公司净利润吗？

6. 下推会计能够使合并过程简化到什么程度？

7. 什么是合营企业？它是如何组织的？

8. 合营企业投资方采用什么方法核算和报告其对合营企业的投资？

练习题

E11-1　母公司理论及主体理论

1. 哪一种理论将少数股东损益作为费用，将少数股东权益作为负债：

a. 母公司理论　　b. 主体理论

c. 传统理论　　d. 以上均不是

2. 在何种情况下，主体理论下的合并财务报表金额与分类和母公司理论下相同：

a. 所有子公司均以账面价值获得

b. 仅合并100%拥有的子公司

c. 无集团内部交易

d. 所有子公司均以账面价值获得，且无集团内部交易

3. 当所获子公司资产和负债的公允价值均记录在该子公司的账上时（下推会计），子公司的留存收益：

a. 按下推资本与为获取子公司产生的商誉之间的差额调整

b. 贷记下推资本的金额

c. 全额转入下推资本

d. 贷记企业估算价值总额与所获权益的购买价格之间的差额

4. 下列哪一种理论下合并财务报表中的资产最具有一致性：

a. 传统理论　　b. 母公司理论

c. 主体理论　　d. 以上均不是

E11-2　合营企业

1. 下列哪一项不属于合营企业的组织形式：

a. 公司　　b. 个人独资

c. 合伙　　d. 不可分割权益

2. 下列哪一种情况下应对合营企业的投资采用权益法处理：

a. 不能对合营企业实施重大影响　　b. 能参与合营企业的全面管理

c. 拥有合营企业50%以上权益　　d. 以上均是

3. 合营企业的投资者最不可能：

a. 积极参与管理　　b. 实施重大影响

c. 赞成合营企业的每一项重大决策　　d. 按比例拥有合营资产

4. 对合营公司的投资比例至少为多少时，投资方应采用权益法处理该项投资：

a. 10%　　b. 20%

c. 50%　　d. 以上均不是

5. Far公司、Get公司和Hog公司分别拥有Pod公司60%、25%和15%的普通股，Pod公司是一家批发水果和蔬菜的合营公司。哪些公司应采用权益法处理该项投资：

a. Far公司、Get公司和Hog公司　　b. Far公司和Get公司

c. Get公司和Hog公司　　d. Far公司和Hog公司

E11-3　母公司理论和主体理论

1. Pet公司2016年12月31日以1 440 000美元的价格取得Sit公司80%的股权。当日Sit公司净资产的账面价值与公允价值均为1 600 000美元。在主体理论下，收购时的少数股东权益为多少美元？

a. 288 000　　b. 320 000

c. 360 000　　d. 400 000

2. 2016年12月31日Sat公司向其母公司Pan公司出售存货，且2016年Pan公司购自Sat公司的存货的毛利为100 000美元。若Sat公司为Pan公司拥有80%股权的子公司，那么在什么理论下，编制Pan公司及Sat公司的合并财务报表时抵销的未实现存货利润为80 000美元：

a. 母公司理论　　b. 主体理论

c. 传统理论　　d. 权益法

3. 母公司采用合并主体理论编制合并财务报表时，权益法下计算的来自拥有90%股权的子公司的投

资收益如下所示：

在子公司利润中的份额（400 000 美元×90%）	$ 360 000
专利权摊销额（140 000 美元÷10 年×90%）	(12 600)
来自子公司的投资收益	$ 347 400

根据以上资料，少数股东损益为多少美元？

a. 40 000　　b. 38 600

c. 36 000　　d. 34 600

4. Pad 公司 2016 年 1 月 1 日收购 Sun 公司 80%的股权。当日 Sun 公司的所有者权益为1 680 000美元，Sun 公司资产和负债的账面价值与公允价值相等。

2016 年 12 月 31 日，Pad 公司及其子公司的合并资产负债表中披露的未摊销专利权为 108 000 美元，并注明该专利权摊销年限为 10 年。

如果采用合并主体理论，购买 Sun 公司 80%股权的价格为多少美元？

a. 1 440 000　　b. 1 464 000

c. 1 494 000　　d. 1 800 000

E11-4　计算（母公司理论和主体理论）

2015 年 12 月 31 日，Pop 公司和 Son 公司的资产负债表信息汇总如下（单位：千美元）：

	Pop 公司账面价值	Son 公司账面价值	Son 公司公允价值
流动资产	$ 520	$ 50	$ 90
固定资产净值	480	250	360
	$ 1 000	$ 300	$ 450
流动负债	$ 80	$ 40	$ 50
股本	800	200	
留存收益	120	60	
	$ 1 000	$ 300	

2016 年 1 月 2 日，Pop 公司以 500 000 美元现金购买了 Son 公司 80%流通在外的股票。

要求：

1. 计算母公司理论下和主体理论下企业合并形成的商誉。
2. 计算母公司理论下和主体理论下 2016 年 1 月 2 日的少数股东权益。
3. 计算母公司理论下和主体理论下 2016 年 1 月 2 日编制的合并资产负债表中的资产总额。

E11-5　母公司理论和主体理论下的计算（公允价值和账面价值的差额）

2017 年 1 月 1 日，Pam 公司向 Sun 公司支付 600 000 美元获得其 80%的股权。当日 Sun 公司净资产的账面价值为 550 000 美元，公允价值为 700 000 美元。二者差额 150 000 美元是由于一项设备的价值被低估，该设备的剩余使用年限为 5 年。所有商誉均不得摊销。

Pam 公司和 Sun 公司 2017 年度各自的收益分别为 1 000 000 美元和 100 000 美元。

要求：

1. 计算母公司理论和主体理论下的合并净利润和少数股东损益。
2. 计算母公司理论和主体理论下 2017 年 12 月 31 日的商誉。

E11-6　母公司理论和主体理论下的计算（年中并购）

2017 年 7 月 1 日，Pop 公司以 900 000 美元购买 Son 公司 36 000 股普通股时，Son 公司资产和负债的账面价值与公允价值相等。当日 Son 公司的可辨认净资产为 855 000 美元，其所有者权益包含面值为每股

10 美元的普通股 400 000 美元和留存收益 455 000 美元。

2017 年度 Son 公司的净利润 40 000 美元，为年内均衡获得，未宣告发放股利。

要求：

1. 计算主体理论下 2017 年 7 月 1 日 Son 公司净资产的总价值。
2. 计算主体理论和母公司理论下 2017 年 7 月 1 日 Pop 公司及其子公司合并资产负债表中的商誉。
3. 计算权益法下 2017 年度 Pop 公司来自 Son 公司的投资收益。
4. 计算主体理论下 2017 年 12 月 31 日合并资产负债表中 Son 公司的少数股东权益。

E11-7 母公司理论和主体理论下的计算（逆流交易）

2016 年 1 月 1 日，Pam 公司收购了 Sun 公司 80%的股权，其账面价值与公允价值相等。当年，Sun 公司向 Pam 公司销售存货共计 50 000 美元，2016 年 12 月 31 日未实现利润的金额为 15 000 美元。2016 年度 Pam 公司和 Sun 公司各自的收益分别为 250 000 美元和 150 000 美元。

要求：

1. 计算母公司理论下 Pam 公司及其子公司的合并净利润
2. 计算合并主体理论下 Pam 公司及 Sun 公司的合并收益总额、归属于控股股东的净利润和少数股东损益。

E11-8 在母公司理论和主体理论下计算合并净利润（逆流交易和顺流交易）

Pop 公司在数年前以账面价值收购了 Son 公司 80%的股权。

Pop 公司和 Son 公司 2016 年度的净利润分别为 120 000 美元和 60 000 美元。Pop 公司及 Son 公司 2016 年的所有交易情况如下所示：

1. Pop 公司以 60 000 美元的价格向 Son 公司出售存货。Pop 公司取得该批存货的成本为 30 000 美元，2016 年 12 月 31 日 Son 公司仍持有该批存货的一半，即 30 000 美元。

2. Son 公司 2016 年将成本为 70 000 美元的土地以 96 000 美元的价格出售给 Pop 公司。2016 年 12 月 31 日 Pop 公司仍持有该土地。

3. 2016 年 Son 公司向 Pop 公司支付股利 24 000 美元。

要求：计算在下列理论下 Pop 公司及其子公司的合并净利润：

1. 母公司理论。
2. 主体理论。

E11-9 下推会计的日记账分录

2016 年 1 月 1 日，Pam 公司以 1 260 000 美元的价格收购 Sun 公司 90%的股权。当日 Sun 公司的资产和权益的账面价值与公允价值如下所示（单位：千美元）：

	账面价值	公允价值
现金	$ 100	$ 100
应收账款净额	150	150
存货	250	300
土地	150	400
建筑物净值	350	500
设备净值	400	300
	$1 400	$1 750
应付账款	$ 275	$ 275
其他负债	225	275
股本	500	
留存收益	400	
	$1 400	

要求：

1. 在母公司理论下，在 Sun 公司账上编制日记账分录，将购买价格中反映的价值下推。
2. 在主体理论下，在 Sun 公司账上编制日记账分录，将购买价格中反映的价值下推。

E11-10　合营公司投资收益的确定

Sun 公司是一家由 5 个投资方共同控制和经营的合营公司，其中 4 家公司分别拥有其 15%的股权，另一家拥有其 40%的股权。5 个合营方均积极参与合营公司的管理。土地的出售以及其他重要的投资决策需要每一个合营方的同意。2016 年 1 月 1 日，所有合营方以每股 15 美元的价格出资，且自该日起股权未发生变动。2017 年度，Sun 公司的净利润为 500 000 美元，支付股利 100 000 美元。2017 年 12 月 31 日，Sun 公司的所有者权益如下所示（单位：千美元）：

Sun 公司的所有者权益（2017 年 12 月 31 日）	
普通股股本，每股面值 $ 10，核准发行且流通在外 500 000 股	$ 5 000
资本公积	2 500
实收资本总额	7 500
留存收益	1 000
所有者权益总额	$ 8 500

要求： 确定持股比例为 40%的投资方及任意一个持股比例为 15%的投资方 2017 年度的投资收益及 2017 年 12 月 31 日长期股权投资余额。

E11-11　初始计量日后可变利益主体的会计处理

Pop 公司是一家可变利益主体的主要受益人，只拥有可变利益主体发行在外的有表决权股份的 10%。在合并后的第一年，可变利益主体取得净利润 2 000 000 美元。收益中有 Pop 公司支付的服务费160 000美元。合并利润表中的少数股东损益是多少？

E11-12　可变利益主体的列报和披露要求

Pam 股份有限公司拥有 Sun 公司的股权。Pam 公司将 Sun 公司确认为可变利益主体，并通过签订合同成为 Sun 公司的主要受益人。Den 公司也在 Sun 公司享有重要的财务权益。对 Pam 公司和 Den 公司这项投资的财务报告和披露要求各是怎样的？

E11-13　确定可变利益主体的主要受益人

Pop 公司和 Son 公司共同参与一家确认为可变利益主体的企业的经营。按照合同安排，Pop 公司和 Son 公司对该主体的预期剩余收益享有同等的索取权。但对于该主体的预期损失，Son 公司将承担 70%而 Pop 公司只承担 30%。Son 公司作为首席执行官，对经营和财务活动有最终决策权。哪一个投资方为主要受益人？

综合题

P11-1　合并资产负债表（母公司理论和主体理论）

2017 年 12 月 31 日，Pop 公司及其拥有 80%股权的子公司调整后的试算平衡表如下所示（单位：千美元）：

	Pop公司	Son公司
现金	$ 64	$ 40
应付账款净额	240	360
存货	600	300
固定资产净值	2 400	1 500
长期股权投资——Son公司	1 504	—
营业成本	2 600	1 200
折旧费用	450	150
其他费用	542	350
股利	400	100
	$8 800	$4 000
应付账款	$ 408	$ 200
其他负债	600	400
股本	2 000	1 000
留存收益	1 600	400
营业收入	4 000	2 000
投资收益——Son公司	192	—
	$8 800	$4 000

2016年1月1日，Pop公司以1 280 000美元的价格获得Son公司的股权。当日Son公司所有者权益包含股本1 000 000美元和留存收益200 000美元。合并价差是由于固定资产被低估200 000美元以及未记录专利权。该项固定资产的剩余使用年限为5年，专利权摊销期限为10年。Pop公司采用单行合并处理其对Son公司的长期股权投资。

要求：编制母公司理论和主体理论下2017年12月31日Pop公司及Son公司的比较合并资产负债表。

P11-2 主体理论下的合并资产负债表和利润表

2016年1月3日，Pam公司以640 000美元的价格收购Sun公司80%的股权。当日Sun公司的所有者权益包含股本400 000美元和留存收益280 000美元。合并价差是由于固定资产的价值被低估，该项固定资产的剩余使用年限为6年。合并后，Sun公司出售剩余使用年限为10年的设备给Pam公司，并获利20 000美元。

2016年12月31日，Pop公司及Sun公司调整后的试算平衡表如下所示（单位：千美元）：

	Pam公司	Sun公司
流动资产	$ 606.4	$ 360
固定资产	1 600	800
长期股权投资——Sun公司	673.6	—
营业成本	1 000	520
折旧费用	200	100
其他费用	240	80
股利	200	40
	$4 520	$1 900
累计折旧	$ 600	$ 200
负债	400	200
股本	1 200	400
留存收益	654.4	280
营业收入	1 600	800
销售固定资产利得	—	20
投资收益——Sun公司	65.6	—
	$4 520	$1 900

要求：

1. 根据主体理论编制 2016 年度的合并利润表。
2. 根据主体理论编制 2016 年 12 月 31 日的合并资产负债表。

P11-3 计算（母公司理论和主体理论）

Pop 公司 2017 年 1 月 2 日用 1 190 000 美元现金购得 Son 公司 70%的流通在外的有表决权股票。当日，Son 公司的股东权益包含每股面值 10 美元的普通股 1 000 000 美元和留存收益 500 000 美元。当日 Son 公司资产及负债的账面价值均等于其公允价值。

2017 年度 Pop 公司的净利润为 600 000 美元，支付股利 300 000 美元。Son 公司 2017 年度的净利润为 180 000 美元，支付股利 100 000 美元。2017 年 12 月 31 日，Pop 公司与 Son 公司的所有者权益如下所示（单位：千美元）：

	Pop 公司	Son 公司
普通股股本，每股面值 $10	$2 800	$1 000
留存收益	900	580
所有者权益总额	$3 700	$1 580

2017 年 Pop 公司与 Son 公司未发生集团内部交易。Pop 公司采用权益法处理其对 Son 公司的长期股权投资。

要求：

1. 假设 Pop 公司采用母公司理论编制 2017 年的合并财务报表，试计算下列金额：

a. 2017 年度 Pop 公司来自 Son 公司的投资收益

b. 2017 年度 12 月 31 日合并资产负债表中商誉的金额

c. 2017 年度的合并净利润

d. 2017 年度的少数股东损益

e. 2017 年 12 月 31 日的少数股东权益

2. 假设 Pop 公司采用主体理论编制 2017 年的合并财务报表，试计算下列金额：

a. 2017 年度 Pop 公司来自 Son 公司的投资收益

b. 2017 年度 12 月 31 日合并资产负债表中商誉的金额

c. 2017 年度的合并净利润

d. 2017 年度的少数股东损益

e. 2017 年 12 月 31 日的少数股东权益

P11-4 其他理论下的比较合并报表

2016 年 12 月 31 日，Sun 公司净资产的公允价值等于其账面价值，均为 2 400 000 美元，Pam 公司用 2 240 000美元收购 Sun 公司 80%的股权。2017 年 12 月 31 日，两家公司的比较调整后试算平衡表如下所示（单位：千美元）：

	Pam 公司	Sun 公司
现金	$ 408	$ 700
应收账款	900	300
存货	1 600	400
土地	2 000	800
建筑物	9 000	2 000
长期股权投资——Sun 公司	2 400	—

续表

	Pam 公司	Sun 公司
营业成本	3 750	2 000
营业费用	1 500	500
股利	1 200	300
借方合计	$22 758	$7 000
累计折旧	$ 2 000	$ 600
应付账款	1 758	1 000
股本	8 000	2 000
留存收益	3 600	400
营业收入	7 000	3 000
投资收益——Sun 公司	400	—
贷方合计	$22 758	$7 000

其他信息：

2017 年，Sun 公司将成本为 150 000 美元的存货以 230 000 美元的价格出售给 Pam 公司。这些存货的一半在 2017 年 12 月 31 日仍未出售。

要求： 基于以下各理论，编制 Pam 公司及其子公司 2017 年的比较合并财务报表。

1. 母公司理论。
2. 主体理论。

P11-5　主体理论下的比较资产负债表

Pop 公司及其拥有 80%股权的子公司 Son 公司 2017 年 12 月 31 日的资产负债表汇总如下（单位：千美元）：

	Pop 公司	Son 公司
资产		
现金	$100	$ 40
应收账款净额	150	70
存货	220	60
固定资产净值	430	170
投资收益——Son 公司	288	—
资产总额	$1 188	$340
负债和所有者权益		
应付账款	$160	$ 30
其他负债	40	10
负债总额	200	40
股本	600	200
留存收益	388	100
所有者权益	988	300
负债和所有者权益总额	$1 188	340

其他信息：

1. Pop 公司 2016 年 1 月 1 日用 256 000 美元获得 Son 公司 80%的股权。当日 Son 公司股本为200 000 美元，留存收益为 20 000 美元。

2. 2017 年 12 月 31 日，Pop 公司的存货中包含 Son 公司已记录的毛利为 40 000 美元的项目。

要求： 在主体理论下，编制 Pop 公司及其子公司 2017 年 12 月 31 日的合并资产负债表。

P11-6　【基于 AICPA】单独及合并财务报表——主体理论

P 公司与 S 公司当年的单独及合并资产负债表以及利润表如下所示，采用的是主体理论。

年末 P 公司与 S 公司单独及合并资产负债表　　单位：千美元

	P 公司	S 公司	合并后
资产			
现金及应收账款	$ 35	$ 108	$ 97.4
存货	40	90	122
固定资产净值	460	140	600
专利权	—	—	30
长期股权投资——S 公司	245	—	—
长期债券投资——P 公司	—	103	—
资产总额	$ 780	$ 441	$ 849.4
负债和所有者权益			
应付账款	$ 70	$ 23	$ 53
应付股利	10	8	12.4
抵押债券（5%）	200	50	150
股本	300	200	300
留存收益	200	160	217
少数股东权益	—	—	117
负债和所有者权益总额	$ 780	$ 441	$ 849.4

年度 P 公司与 S 公司单独及合并利润表　　单位：千美元

	P 公司	S 公司	合并后
营业收入	$ 600	$ 400	$ 760
营业成本	(360)	(280)	(403)
毛利	240	120	357
营业费用	(130)	(54)	(189)
营业利润	110	66	168
利息收入	1.8	5	1.8
股利收入	11.2	—	—
	123	71	169.8
利息费用	(10)	(3)	(8)
所得税准备	(56)	(34)	(90)
非经常性损失	—	—	(3)
少数股东损益	—	—	(60.1)
净利润	$ 57	$ 34	$ 8.7
股利	(20)	(16)	(24.8)
转入留存收益	$ 37	$ 18	$ (16.1)

其他信息：

1. P 公司数年前购得 S 公司的股权。

2. P 公司将产品出售给 S 公司以进一步加工，同时向无关联的外部公司销售产品。S 公司年初及年底的存货均包含集团内部交易产生的利润。

3. 年初，S 公司购买 P 公司到期价值 100 000 美元的公司债券。S 公司将该债券作为可供出售证券持有，并以公允价值记录。当年，债券的公允价值未发生变化。S 公司同意在将此公司债券在公开市场出售以前，P 公司可以选择以 S 公司原取得成本收回债券。

要求：根据以上资料，回答下列问题：

1. P公司是以成本法为基础还是以权益法为基础记录其对S公司的长期股权投资？请说明依据。

2. 如果S公司普通股的票面价值为每股100美元，则P公司拥有多少股？股数是如何确定的？

3. 当P公司取得S公司的股权时，S公司的资产及负债均以公允价值入账。30 000美元的专利权表示年末的未摊销专利权。在主体理论下，未记录的专利权为50 000美元，分10年进行摊销。在P公司取得S公司的股权时，S公司的留存收益为多少？

4. 合并利润表上列示的非经常性损失的性质是什么？编制产生该数据的合并分录并进行解释。

5. P公司销货给S公司的年度集团内部营业收入金额为多少？

6. 除集团内部债券外，还有其他集团内部债务吗？确认所有的该类债务，判断在每一情形下哪一个公司为债权公司，哪一个公司为债务公司，并说明理由。

7. 说明两家公司合并销售商品成本与单独销售商品成本之和的差异。编表对二者进行调整。列示S公司期初及期末存货中的集团内部利润，并说明集团内部利润的金额是如何确定的（提示：可通过编制适当的销售商品成本T形账户来解答本题）。

8. 解释合并净利润总额中的少数股东损益8 700美元是如何确定的。

9. 解释资产负债表中的少数股东权益总额117 000美元是如何确定的。

10. 以P公司年末的200 000美元留存收益余额为起点，编表得到年末的合并留存收益余额217 000美元。

P11－7 下推会计、子公司资产负债表和投资收益的日记账分录

Pam公司2017年1月1日用960 000美元现金购得Sun公司100%的股权。当日，Sun公司的所有者权益包含股本400 000美元和留存收益160 000美元。Sun公司2016年12月31日的资产负债表汇总如下（单位：千美元）：

	账面价值	公允价值
现金	$ 60	$ 60
应收账款净额	140	140
存货	120	160
土地	100	150
建筑物净值	200	380
设备净值	180	150
资产总额	$800	$1 040
应付账款	$100	$ 100
其他负债	140	$ 120
股本	400	
留存收益	160	
权益总额	$800	

Pam公司采用权益法处理其对Sun公司的长期股权投资。收购时，Sun公司资产的公允价值与账面价值的差额及摊销期限如下所示：

$40 000	被低估的存货（2017年售出）
50 000	被低估的土地
180 000	被低估的建筑物（剩余使用年限为10年）
(30 000)	被高估的设备（剩余使用年限为5年）
20 000	其他负债（还有2年到期）
140 000	商誉

要求：

1. 在Sun公司账上编制日记账分录以下推购买价格中反映的价值。

2. 编制Sun公司2017年1月1日的资产负债表。

3. 根据新的下推会计制度，Sun公司2017年度的净利润为180 000美元，2017年度Pam公司来自Sun公司的投资收益为多少？

P11-8　下推会计的日记账分录和计算

2016年1月1日Pop公司以3 000 000美元的价格购得Son公司80%的股权。当日，Son公司资产和负债的账面价值和公允价值分别列示如下（单位：千美元）：

	账面价值	公允价值
现金	$ 300	$ 300
应收账款净额	600	600
存货	800	2 400
土地	200	200
建筑物净值	600	600
设备净值	1 000	500
	$3 500	$4 600
应付账款	$ 500	$ 500
长期负债	1 000	1 000
股本，每股面值$1	800	
留存收益	1 200	
	$3 500	

要求：

1. 根据母公司理论，在Son公司账上编制分录以下推80%的购买价格中反映的价值。
2. 根据主体理论，在Son公司账上编制分录以下推100%的购买价格中反映的价值。
3. 计算母公司理论下，2016年1月1日Son公司的少数股东权益。
4. 计算主体理论下，2016年1月1日Son公司的少数股东权益。

P11-9　并购时下推会计的日记账分录和比较资产负债表

Pam公司2017年1月1日用180 000美元现金购得Sun公司90%的股权。当日，Sun公司所有者权益包括股本100 000美元和留存收益20 000美元。Sun公司2016年12月31日包含账面价值和公允价值的资产负债表如下所示（单位：千美元）：

	账面价值	公允价值
现金	$ 20	$ 20
应收账款净额	50	50
存货	40	30
土地	15	15
建筑物净值	30	50
设备净值	70	100
资产总额	$225	$265
应付账款	$ 45	$ 45
其他负债	60	60
股本	100	
留存收益	20	
权益总额	$225	

其他信息：

1. 收购时合并价差的摊销期限如下所示：

被高估的存货（2017 年售出）	$ 10 000
被低估的建筑物（剩余使用年限为 10 年）	20 000
被低估的设备（剩余使用年限为 5 年）	30 000
商誉	剩余金额

2. Pam 公司采用权益法处理其对 Sun 公司的长期股权投资。

要求：

1. 在母公司理论下，将购买价格下推并编制 Sun 公司账上的分录。
2. 在主体理论下，将购买价格下推并编制 Sun 公司账上的分录。
3. 在前两种方法下，分别编制 Sun 公司 2017 年 1 月 1 日的比较资产负债表。

P11－10 下推会计下企业合并 1 年后的合并工作底稿（假设拥有 90%和 100%的股权）

本题仍使用 P11－9 的资料及其假设，以下是企业合并 1 年后 Pam 公司及 Sun 公司的财务报表。注意，Sun 公司的报表首先展示采用 90%下推会计的情形，然后是采用 100%下推会计的情形。

2017 年 12 月 31 日，Sun 公司邮寄一张支票给 Pam 公司以付清 8 000 美元的应付账款。Pam 公司 2018 年收到该支票，这 8 000 美元包含在 Pam 公司 2017 年 12 月 31 日的应收账款项目内。

Pam 公司及 Sun 公司 2017 年度采用下推会计的比较财务报表 单位：千美元

	基本会计 Pam 公司	下推 90%Sun 公司	下推 100%Sun 公司
利润表			
营业收入	$ 310.8	$ 110	$ 110
投资收益——Sun 公司	37.8	—	—
营业成本	(140)	(33)	(32)
折旧费用	(29)	(24.2)	(25)
其他营业费用	(45)	(11)	(11)
净利润	$ 134.6	$ 41.8	$ 42
留存收益表			
1 月 1 日留存收益	$ 147	$ —	$ —
加：净利润	134.6	41.8	42
减：股利	(60)	(10)	(10)
12 月 31 日留存收益	$ 221.6	$ 31.8	$ 32
资产负债表			
现金	$ 63.8	$ 27	$ 27
应收账款	90	40	40
应收股利	9	—	—
存货	20	35	35
土地	40	15	15
建筑物净值	140	43.2	45
设备净值	165	77.6	80
长期股权投资——Sun 公司	208.8	—	—
商誉	—	36	40
资产总额	$ 736.6	$ 273.8	$ 282
应付账款	$ 125	$ 20	$ 20
应付股利	15	10	10
其他负债	75	20	20
股本	300	100	100
下推资本	—	92	100
留存收益	221.6	31.8	32
权益总额	$ 736.6	$ 273.8	$ 282

要求：

1. 采用 90%下推会计，编制 Pam 公司及其子公司 2017 年度的合并工作底稿。
2. 采用 100%下推会计，编制 Pam 公司及其子公司 2017 年度的合并工作底稿。

P11 - 11　比例合并工作底稿（合营企业）

Pop 公司拥有 Son 公司 40%的股权。Son 公司为不分权益的合营企业。Pop 公司在其财务报表中采用权益法处理对 Son 公司的长期股权投资，但在对外报告时采用比例合并法。

2016 年 Pop 公司及 Son 公司的单独财务报表列示如下（单位：千美元）：

	Pop 公司	Son 公司
利润表和留存收益表		
营业收入	$ 800	$ 300
投资收益——Son 公司	20	—
营业成本	(400)	(150)
折旧费用	(100)	(40)
其他费用	(120)	(60)
净利润	200	50
1 月 1 日留存收益	300	—
1 月 1 日合营权益	—	250
股利	(100)	—
12 月 31 日留存收益/合营权益	$ 400	$ 300
资产负债表		
现金	$ 100	$ 50
应收账款净额	130	30
存货	110	40
土地	140	60
建筑物净值	200	100
设备净值	300	180
长期股权投资——Son 公司	120	—
资产总额	$ 1 100	$ 460
应付账款	$ 120	$ 100
其他负债	80	60
普通股股本，每股面值 $ 10	500	—
留存收益	400	—
合营权益	—	300
权益总额	$ 1 100	$ 460

要求： 编制 Pop 公司及 Son 公司 2016 年采用比例合并的财务报表的工作底稿。

专业研究任务

参考 FASB 会计准则回答问题，将适当的参考内容包含在你的答案里。

PR 11 - 1　本章提到，被收购的公司可以选择使用下推会计。那么因收购确认的商誉是否也应反映在被收购方的财务报表中？

PR 11 - 2　浮动利率主体需要披露哪些内容？这些披露要求仅适用于将要合并的可变利益主体吗？

第 12 章

衍生工具与外币交易：概念与常见交易

- 12.1　衍生工具
- 12.2　外汇：概念与定义
- 12.3　远期合约以外的外币交易

学习目标

1. 理解衍生工具的概念和衍生工具能够降低的风险类型。
2. 理解期权、期货、远期和互换的结构、收益和成本。
3. 理解与外汇汇率相关的重要概念，例如直接标价法和间接标价法，浮动汇率、固定汇率和多重汇率，即期汇率、现行汇率和历史汇率。
4. 掌握应收账款或应付账款标价和计量的差别。
5. 掌握外币销售或应收款项和采购或应付款项在初始交易日、期末以及结算日的计量。

本章介绍衍生工具和外币交易的经济特征以及企业如何管理其面临的风险。下一章将介绍套期会计，包括用于规避风险的衍生工具的会计处理。我们首先介绍风险的相关概念，以及企业如何使用衍生工具来管理风险，然后阐述不同类型的衍生工具，最后讨论与外币相关的概念和交易。

12.1 衍生工具

□ 概念

衍生工具（derivative）是一系列金融证券的总称，共同特征是衍生合约对投资者的价值与基础资产（或标的资产）的价格、利率或其他变量的变动直接相关。利用衍生工具有助于企业规避由于价格或利率变动而面临的风险。实际上，合约一方认为的合约标的物价格或利率的未来变动方向将与另一方期望的相反。企业通过衍生工具或套期合约来控制利率或价格变动产生的风险。套期合约的合约结构及其相应的会计处理根据管理的风险类型而变动。

利率、商品价格、外汇汇率和股票价格是企业最常进行套期保值的风险类型。例如，星巴克面临包括利率波动、商品价格浮动以及外币变动在内的一系列风险。星巴克基于未来利率和价格预测未来的现金流和收益，通过签订衍生工具合约来管理未来不确定后果的风险。① 通过签署不同类型的协议，星巴克对外汇、利率以及商品价格进行锁定，降低了这些因素的变化对现金流和收益的影响。

2014年，经营服饰和鞋的企业 Wolverine Worldwide 进行了利率互换的套期活动。这个衍生工具实际上将525 200 000美元的浮动利率贷款中的405 400 000美元从可变利率贷款转换为固定利率贷款。通常情况下，公司会与金融机构进行利率互换协议的谈判。同星巴克一样，Wolverine Worldwide 也通过签订此类合约降低未来现金流和收益的波动风险。

签订衍生工具合约可以降低公司面临的各种不稳定性，包括现金流，资产和负债的市价，以及用于购买、出售或投资的商品和金融工具的价格波动的收益。典型的衍生工具包括期权合约、远期合约、期货合约和互换合约。

□ 套期交易

套期（hedge，又称对冲）是用来描述现有头寸和衍生工具合约的组合交易的术语，旨在通过单独维持现有头寸来管理公司面临的风险。多数企业通过使用一系列基础类型的衍生工具进行套期，包括远期合

① Starbucks' fiscal 2015 annual report.

约、期货合约、期权合约和互换合约。

远期合约（forward contracts）是交易双方事先确定好商品或外币的交易价格、数量和交付时间的合约。这种合约可能会产生货物或货币的真实交易，但也可能采用净额结算。

净额结算（net settlement）是一种允许使用货币支付以使交易双方实现与发生商品交易时同等的经济效果的结算方式。例如，假定 Big Oil 公司为降低未来油价波动的风险而与投机商签订合约，约定三个月后以 100 美元/桶的价格购进原油 10 000 桶。三个月后履约时，公开交易市场上原油的价格是 110 美元/桶。但由于 Big Oil 公司已锁定 100 美元/桶的价格，投机商可以选择两种结算方式：以 100 美元/桶的价格交割 10 000 桶或者进行净额结算。如果选择净额结算，投机商不需要交割 10 000 桶原油，而是向 Big Oil 公司支付 100 000 美元［(110－100)×10 000］。Big Oil 公司随后便可以 110 美元/桶的价格在公开市场上购进原油（其中 100 美元来源于 Big Oil 公司本身，10 美元来源于投机商）。如果 Big Oil 公司和投机商进行了真正的原油交易，那么他们彼时所处的经济状况与现在完全相同。公司以类似的方式设计许多衍生工具的交易：衍生工具的价值模仿真实交易，然后以现金结算差额。

期货合约（future contracts）与远期合约在合约特征上非常相似，只不过标准化的特点使得期货合约更容易在市场上进行交易。期货合约的标准化特征体现在，交割时间、交割商品的具体数量和品种以及交割地点不是由交易双方协商决定的，而是由期货交易所规定。交易所可以为参与交易的清算公司提供担保，清算公司又为其代理的交易者提供担保。

交易双方要想轧平期货头寸，只需购买或出售一个等同的相反方向的合约。交易所随后会抵消两个头寸，使得最终的净头寸变为 0，并不需要进行真实的商品交割。每个交易日结束后，交易所都要计算各期货头寸的收益或损失，结算它们的账户。本质上，交易所会根据活跃市场中的报价来进行结算。

期货合约的成本要比远期合约的成本低一些。因为在期货合约中由交易所或结算所担保履约或履行合约条款。而在远期合约中，交易双方必须考虑对方不履行合约的可能性，因为此时是一方直接与另一方签订合约，一旦到期时一方不履行合约，那么另一方就会承担它本想通过套期保值来规避的全部风险，期货合约则不存在这个问题。但是远期合约也有它的优点，它可以根据企业想要交易的实际货物的品种和数量进行“量身定制”。当标的商品是货币时，这一优点并不重要。但当交割的商品是石油、铜或银时，这一点就很重要。

远期合约的交易双方可以就交易商品的数量、价格、质量以及交易时间进行协商确定。然而在期货合约中，每手合约的数量、交易日期和产品类型都由交易所统一规定，且期货交易价格根据市场确定。

例如，假设金属银的期货合约的每手交易单位为 25 000 盎司，最终交易日为 2016 年 1 月 6 日。如果想要对未来购买 110 000 盎司银的风险进行套期，那么或者少规避 10 000 盎司的风险（购买 4 手合约共计 100 000盎司），或者多规避 15 000 盎司的风险（购买 5 手合约共计 125 000 盎司）。不管选择哪种方式，总有一部分套期无效。而在远期合约中，双方可以协商确切的交易数量，交易时间也可以商定。

期权合约（options）是另一种规避衍生工具风险的合约。期权分为看涨期权（又称买入期权）和看跌期权（又称卖出期权）。前者赋予合约持有人买入标的物的权利，后者赋予合约持有人卖出标的物的权利。期权合约的持有人只拥有上述权利，并不因之负有以事先约定好的价格和数量买入或卖出标的物的义务。如果期权持有者（又称买方、多头）决定行使买入或卖出的权利，那么期权的设计方或出售人（又称卖方、空头）便要履行义务。期权持有者拥有履行期权的权利，但不负有必须履行的义务，并且只有在该方要求行权的情况下，对方才需要履行义务。

期权可以针对权益证券、商品、外币以及利率等进行交易。期权的价格可以基于一系列的定价模型予以确定。最常见的是 Black-Scholes 期权定价模型。该模型使用概率参数，如标的资产的波动性（对于股票期权来说便是股票价格的历史波动性），标的物的当前价格水平（对于股票期权来说便是股票目前的市场价值），到期时间以及期权的履约价，来确定期权的价格。如果履约的可能性很大，那么期权的价格便较高。根据行权日期可以将期权分为美式期权和欧式期权。欧式期权规定持有人只能在到期日行使合约约定的权利，而美式期权允许持有人在到期日前任意一天行使权利。除了这一点不同之外，二者是非常相似的。另外，美式期权由于其行权余地更大因此价格相对较高。

公司通常会为了控制价格频繁变化带来的风险而购入期权。例如，一家公司以特定价格购入以汽油为标的物的期权。假定该期权的成本为 1 000 美元，行权时公司可以 1.00 美元/加仑的价格购买 100 000 加仑汽油。若当公司需要汽油时，汽油的市场价格为 1.10 美元/加仑，那么此时便可行权，即以 1.00 美元/加仑的价格购买汽油，此时购买汽油的总成本是 101 000 美元（1 000＋1.00×100 000）。然而，如果市场价格为 0.90 美元/加仑，那么公司会任由期权到期而不行权，因为此时以市价购买汽油更便宜。但是公司仍然产生了 1 000 美元的汽油期权合约费用。

互换合约（swaps）是交易双方商定交换产生持续的现金流量的合约。最常见的互换是利率互换。互换可以根据价格或利率的潜在价格或真实价格进行设计。最常见的互换是像前文的 Wolverine Worldwide 例子那样锁定负债的固定利率。与远期合约类似，互换可根据特定事项进行协商，尽管互换也有标准化的类型。一家有可变利率贷款的公司或许想要规避未来利率升高导致的利息增加的风险，那么它可能会选择支付固定利率、收取浮动利率的互换。如果公司有利率为 8%的 1 000 000 美元贷款，考虑到未来利率的波动，它可能会进行一种互换，在该互换下，公司会根据最初 8%的利率和波动的利率收取（支付）利息增加额（利息减少额）。

日期	可变利率	支付的利息	互换支付（收到）的利息净额	利息支付净额
起始	8%			
时期 1	7%	$70 000	$10 000	$80 000
时期 2	8%	$80 000	0	$80 000
时期 3	9%	$90 000	($10 000)	$80 000

进行互换的公司必须向互换对方支付费用或溢价。大多数情况下利率互换的交易对方是大型银行，理想情况下大型银行起抵消作用，并在利率套期活动中主要充当做市商的角色。

□ 衍生工具使用范例

为更好地理解衍生工具的经济实质，我们阐述同时使用远期合约和期权合约对收益的影响。回顾前述内容，远期合约和期货合约比较相似，带来的经济效应也类似，因此不再专门针对期货合约进行讨论。

远期合约　假定 Gre 公司为一家采铜公司，将在接下来的四个季度内采掘并出售 2 000 000 磅的铜。Gre 公司的预计固定生产成本为 2 400 000 美元，变动成本为 0.80 美元/磅。根据这些数据，公司要想弥补 4 000 000 美元（2 400 000 美元固定成本＋1 600 000 美元变动成本）的成本达到收支平衡点，需要每一磅的销售价格为 2 美元。

下表为不同销售价格下公司的盈亏情况：

每磅售价	盈利（亏损）
$2.20	$400 000
$2.10	$200 000
$2.00	—
$1.90	($200 000)
$1.80	($400 000)

现在Gre公司决定与Bro公司签订远期合约，约定一年后以2.20美元/磅的价格向Bro公司销售2 000 000磅的铜。

Gre公司为何要这样做？假如它对项目成本的估计是正确的，那么2.20美元/磅的售价可以盈利。此时，售价波动的风险就转移给了Bro公司。Bro公司或许只是投机商，希望售价最终可以高于2.20美元进而获利。另外，Bro公司也可能需要铜用于自身生产，并且出于和Gre公司控制收入风险一样的目的，对自己的成本风险进行控制。

很明显，Gre公司放弃了获取更大利润的可能性。它采取这种方式进行风险控制还有其他的原因。首先，Gre公司可能需要借款来为经营进行融资，通过对销售收入风险进行控制，公司更容易找到借款人并且争取到更低的借款利率。其次，税收也是进行风险规避的一个因素。损失可以抵扣利润，但如果没有足够的利润用来抵扣，那么这些损失必须递延到以后的会计年度。因此，考虑到货币的时间价值，损失的税收收益小于利润的税收成本。由于收益和损失不等，公司可能愿意放弃一些利润来避免损失。其他原因还包括规避破产风险，以及维持对管理层的激励等。

下表列示了在不考虑税收的情况下，与Gre公司卖空自身的商品相比，未进行套期情况下的经济利润：

每磅市价	每磅远期售价	未套期利得（损失）	远期合约的利得（损失）	套期下的净收益
$2.40	$2.20	$800 000	($400 000)	$400 000
$2.20	$2.20	$400 000	—	$400 000
$2.00	$2.20	—	$400 000	$400 000
$1.80	$2.20	($400 000)	$800 000	$400 000

上表最后一列可分解为每个对应价格不签订合约时的收益或损失和签订远期合约时的收益或损失。倒数第二列是根据合约结算日的每磅市价与远期合约规定的售价之间的差异再乘以2 000 000磅得出的。例如，如果市价为2.40美元/磅，而合约规定每磅售价为2.20美元，那么Gre公司将会产生0.2美元/磅，也就是总共400 000美元与远期合约有关的损失。如果没有套期，公司可以以2.40美元/磅的价格进行销售，进而产生800 000美元的收益。因此进行该套期活动的净收益为400 000美元。

这个示例阐释了签订远期合约带来的收益或损失会与未进行套期时的收益或损失反方向变动，进而降低任何价格水平下的波动风险，这是一个有效的套期保值活动。需要注意的是，不论每磅市价为多少，套期下的净收益都是400 000美元。

下一章我们会讨论远期合约一些特定时点的会计处理。我们将会清晰地看到该项活动产生的经济影响。

期权合约 Gre公司控制风险的另一种方式是期权。期权可看作是一种保险。如果个人购买了房屋险，保险公司会因偷盗、火灾等意外事件的发生赔偿房屋所有人的损失。当然，这并不是无偿的，房屋所有人支付给保险公司的保险费用数额取决于发生损失的风险。例如，侵犯个人财产安全案件高发地区的保险费用要比非高发地区的保险费用高，因为保险公司进行赔偿的风险更大。

类似地，Gre公司可以买入看跌期权。看跌期权要求期权卖方以固定价格买入一项资产，而买方拥有在市场上卖出这项资产的选择权，如果市场价格在行权日更高，就会选择在市场上卖出。假设Gre公司拥有行权的权利并且与卖方约定行权日铜的行权价格为2.30美元/磅。若行权当日铜的市场价格低于2.30美元/磅，那么Gre公司将会行权；若高于2.30美元/磅，则会任由期权过期。通过这种方式，Gre公司就将价格降低的风险转移至卖方手中。但是若市价最终高于2.30美元/磅，公司可以通过直接在市场上进行交易获利。

为保证期权的卖方愿意设立期权，必须给卖方一定数额的补偿。买方会使用一些定价模型来确定期权的价格。Black-Scholes 期权定价模型使用概率参数，如标的物的波动性（此例中是铜的历史价格的波动性）、标的物的当前价格水平（此例中是铜目前的市场价格）和到期时间来确定期权的价格。如果履约的可能性很大，那么期权的价格会较高。

假定 Gre 公司的总成本仍为 4 000 000 美元，保本价为 2.00 美元/磅。我们进一步假定期权的价格为 0.05 美元/磅并且行权价格为 2.30 美元/磅。如果行权日铜的价格等于或高于 2.30 美元/磅，那么公司不会行权。比如，价格为 2.40 美元/磅，那么公司便会直接在市场上出售铜。但与之前讲过的远期合约不同，这不是一项没有成本的交易。由于期权价格为 0.05 美元/磅，将这一成本考虑在内后公司只能获得 2.35 美元/磅的利润。Gre 公司的利润低于其未进行套期时的利润。

和远期合约一样，下面用表格说明不同市价对期权利润的影响：

每磅市价	行权价	是否行权	未签订期权的盈利（亏损）	行权收益	期权价格	净收益/（损失）
\$2.45	\$2.30	否	\$900 000		\$100 000	\$800 000
\$2.35	\$2.30	否	\$700 000		\$100 000	\$600 000
\$2.30	\$2.30	否	\$600 000		\$100 000	\$500 000
\$2.25	\$2.30	是	\$500 000	\$100 000	\$100 000	\$500 000
\$2.15	\$2.30	是	\$300 000	\$300 000	\$100 000	\$500 000

根据上面的表格我们能够清晰地看出行权对收益的影响。如果事先没有购买期权，企业的盈利状况会有很大波动，当市价低于 2.00 美元/磅时企业会亏损。但是，购买期权后市价的波动对收益的影响明显降低。在市价低于 2.30 美元/磅时，公司的净收益都不低于 500 000 美元。与远期合约不同，期权合约维持了价格升高时更高的收益。当价格达到 2.45 美元/磅时，公司会有 800 000 美元的净收益。

下一章我们将对 Gre 公司的状况进行会计处理。公认会计原则（ASC 815）致力于反映套期关系的经济实质。很明显，目的是关键。Gre 公司购买期权的本质就是为了降低风险，而卖方或许是为了投机。从双方视角来看，它们的会计处理一样吗？答案当然是否定的。

12.2 外汇：概念与定义

美国企业的境外经营活动由来已久。2015 年，美国出口货物及服务总额达到 2 230 万亿美元，进口货物及服务总额达到 2 762 万亿美元。[①] 1996 年以来进出口量年均增长率为 6%。贸易全球化仍在持续，我们能够预期贸易额还会持续增长。

美国企业的国际分支机构及子公司业务对其经营业绩的影响重大。2014 年度可口可乐公司 59%的营业收入和 80%的营业利润均来自境外经营活动。同年，苹果公司 51%的销售净额和 55%的营业利润来自欧洲、日本以及亚太地区。

这一节我们讨论外币的概念。第 13 章将阐述基于外币风险的套期保值活动，第 14 章将阐述外币报表折算问题。

货币是价值的标准、交换的媒介以及经济交易的度量单位。不同国家的货币执行前两个功能的效率不

① U.S. Department of Commerce, Bureau of Economic Analysis. *U.S. International Trade in Goods and Services Report*, February 5, 2016.

同，但基本上所有的货币都为各国的经济活动和资源提供了度量单位。

需要在财务报告中反映的经济交易必须用货币计量。通常情况下，用来记录交易的发生和结算的货币是一致的。例如，一家芝加哥的比萨饼店用美元购买原材料，并用美元支付所有员工工资和其他费用。该店从客户那里收到美元，假如应收或应付款项增加，就需要通过收到或支付美元来进行结算。当应收或应付款项需要以某种货币结算时，就要以该种货币**标价**（denominated）。应收或应付款项以其入账时的货币进行计量。在这个例子中，比萨饼店的应收和应付款项均以美元进行标价和计量。

如果不同国家的商业主体之间进行交易，应收和应付款项以销售主体或购买主体中一方的当地货币标价。[①] 例如，一家美国公司将货物销售给英国公司，不管该项交易以哪种货币标价，美国公司都会以美元计量应收账款和销售收入，而英国公司会以英镑计量应付账款和销售成本。

如果该项交易以英镑进行标价，为了记录该交易，美国公司需要确定以多少美元表示这项交易。同样，如果该项交易以美元进行标价，那么英国公司也需要确定英镑的数额。为了以各自的货币表示同一交易，跨国公司需要依赖世界货币市场上不断达成一致的外汇汇率。汇率是其他货币与本国货币之间的兑换价格。

□ 汇率的直接标价法和间接标价法

汇率（exchange rate）是指特定时间 1 单位的某种货币可以兑换多少单位其他货币，汇率的表示方法分为直接标价法或间接标价法。假设 1.41 单位的美元可以兑换 1 单位的英镑。

直接标价法（direct quotation）（1 单位外币可兑换的美元数）：

$1.41/1=1.41 美元

间接标价法（indirect quotation）（1 美元可兑换的外币数）：

1/$1.41=0.709 英镑

第一种方法是直接标价法（从美国视角），因为汇率以美元表示：1.41 美元等于 1 英镑（1 单位外币）。第二种方法是间接标价法（从美国视角），因为汇率以英镑（外币）表示：0.709 英镑等于 1 美元。直接标价和间接标价互为倒数。

□ 浮动、固定和多重汇率

政府可以确定一个固定汇率，汇率也可以随外汇市场的变化进行波动。**官方汇率**（official exchange rates），或者说是**固定汇率**（fixed exchange rates），由政府制定并且不会随外汇市场的变化而变化。**自由汇率**（free exchange rates），或者说是**浮动汇率**（floating exchange rates），是基于外汇市场的供求关系和其他因素的变化反映价格波动的汇率。

浮动汇率 理论上外币的价值应该能够反映它在国际市场上的购买力。例如，一个国家的通货膨胀率升高就意味着该国家货币购买力的下降，相对于其他货币该国货币的价值会减少。表述这种货币价值变动的术语叫作“走弱”。当购买 1 单位的其他货币需要更多的该种货币时，就称该种货币相对于其他货币价值下跌或是走弱。

贸易顺差（出口额大于进口额）通常会导致该国货币的需求增加，因为出口贸易必须以出口国的货币进行结算。出口国的货币价值相对于进口国便会增加，或者称为“走强”。当购买 1 单位的其他货币需要

① 有时以第三国的货币计价，第三国的货币比买方或卖方的货币更加稳定。

较少的该种货币时，就称该种货币相对于其他货币价值走强。

贸易逆差（进口额大于出口额）会导致该国货币价值下降或是走弱。尽管通货膨胀和贸易地位（顺差或是逆差）通常是导致浮动汇率波动的原因，但其他因素有时影响力更大。国家之间利率水平的差别会影响投资者在国际证券市场上的证券交易，进而影响一国货币的供求关系。利用货币市场的走势进行的投机活动也会影响汇率。

美国政府为了降低贸易逆差会不时要求其他国家或地区（韩国）在与美元的对抗中保持它们货币价值的走强趋势。相对于其他货币，美元的下跌会使得美国进口货物的成本增加，进而导致进口贸易的减少。同样，当美元相对于其他货币走弱时，美国产品在国际市场上能够以更少的其他货币出售。但即使如此，美元的走弱基本不会缓解美国消费者对进口产品的需求，汇率的变化对贸易逆差的影响也很小。其他原因如利率水平以及税率也会影响一国的贸易平衡状态。

下面我们给出一国货币相对于其他货币价值走强或走弱的例子。初始假定 1 英镑可以兑换 1.50 美元，以间接标价法表示为：1 美元可以兑换 0.666 7 英镑。

如果美元相对于英镑走弱，就意味着从美元的角度来说，每单位英镑更“贵”了。如果美元价值贬低 10%，每 1 英镑现在便值 1.65 美元，意味着兑换 1 美元花费的英镑更少了，仅需要 0.606 1 英镑。

如果美元相对于英镑走强，就意味着从美元的角度来说，每单位英镑更“便宜”了。如果美元价值上升 10%，每 1 英镑现在便值 1.35 美元。以间接标价法表示，1 美元现在可兑换 0.740 7 英镑。

固定和多重汇率　当汇率处于固定状态时，政府可以根据不同交易类型设定不同利率水平。例如，可以为进口交易（或某些进口交易）设定优惠利率而为出口交易（或某些出口交易）设定惩罚利率以保证国家经济目标的实现，这种利率称为**多重汇率**（multiple exchange rates）。

□ 即期、现行和历史汇率

即期汇率、现行汇率以及历史汇率通常被用来对境外交易（除远期合约外）进行账务处理。即期汇率是市场术语，而现行汇率和历史汇率是会计术语。它们的定义如下所示：

即期汇率（spot rate）——被交换货币即期交割的汇率。

现行汇率（current rate）——资产负债表日或交易日货币的兑换汇率。

历史汇率（historical rate）——特定交易或事件发生日的实际汇率。

即期汇率、现行汇率或历史汇率是固定汇率还是浮动汇率取决于特定的货币。美国和采用固定汇率国家间的对外交易使用的即期汇率，通常只因政府行为在该国变动（该国外币的黑市交易除外）。例如，阿根廷政府可以控制布宜诺斯艾利斯的汇率，但不能控制纽约的汇率。与采取浮动汇率的国家进行对外交易，即期汇率在一天之内可能会发生多次变化，这取决于影响货币市场的因素。但每一笔给定的交易只能有一个即期汇率。

外币交易的现行汇率是在交易日或资产负债表日对以外币标价的金额进行即期结算的实际即期汇率。历史汇率是在特定交易或事件发生日的实际即期汇率。

□ 外汇标价[①]

美国主要银行通过维持为美国与非美国公司提供银行转账服务以及货币兑换服务的部门来促进国际贸易。下表展示了 2016 年 3 月 23 日银行间的汇兑汇率。

---

① © 2016 Bloomberg L. P.

	等值美元	与 1 美元等值的外币
英国（英镑）	$1.409 6	0.709 4 英镑
加拿大（加拿大元）	$0.757 4	1.320 3 加拿大元
欧盟（欧元）	$1.116 7	0.895 5 欧元
日本（日元）	$0.008 9	112.730 0 日元
墨西哥（比索）	$0.057 0	17.553 6 比索

2016 年 3 月 23 日北美东部标准时间下午 4 点，一家美国公司支付 1 409 600 美元可以购买价格为 1 000 000 英镑的英国货物或结算标价 1 000 000 英镑的应付账款。同一时间，757 400 美元可以购买标价 1 000 000 加拿大元的货物。

提供外汇兑换服务的美国银行会因其提供的服务而获利。收益来源于它们从美国企业收到的金额和它们为外币支付的金额之间的差额。例如，当英镑兑换美元的汇率是 1.41 时，一家从事外币交易的银行决定以 1.42 美元的价格出售英镑或是以 1.40 美元的价格购买英镑。这样，一家公司从该银行购买 1 000 000 英镑需要支付 1 420 000 美元，或出售给该银行 1 000 000 英镑可以得到 1 400 000 美元。银行从中得到了 10 000 美元的收益。

12.3 远期合约以外的外币交易

发生在一个国家之内以当地货币计量和报告的交易称为**本地交易**（local transactions）。英国子公司的交易以英镑记录，财务报表也要以英镑进行编制。但是，该公司的财务报表在与美国母公司合并之前必须折算成美元。有关外币报表折算的问题将在第 14 章进行讲解。

关于外币交易的讨论我们都是在功能货币和当地货币是美元的前提下进行的。一个主体的功能货币是主体在其从事经营活动的主要经济环境中使用的货币。通常来说，经营活动中收到或用于支付的主要货币是功能货币。第 14 章对功能货币会有更深入的解释。**对外交易**（foreign transactions）是发生在同一国家或不同国家的企业之间的交易，而**外币交易**（foreign currency transactions）是交易条款以功能货币以外的货币列报（标价）的交易。因此，对外交易不等同于外币交易。

最常见的对外交易类型是产品、服务的进口及出口，除非其交易条款以主体的功能货币以外的外币标价，否则它们不是外币交易。一家美国公司对加拿大公司的出口销售，只有当发票以加拿大元标价时，从美国公司的角度看这项交易才属于外币交易。如果交易以外币进行标价，那么需要对该项交易进行折算，以主体的功能货币标价的交易则不需要。

□ FASB 的要求

目前的公认会计原则（ASC 830）只适用于外币交易和外币财务报表业务，对衍生工具以外的外币交易做了如下规定：

1. 在交易确认当日，由此交易产生的各项资产、负债、收入、费用、利得以及损失都应当通过交易当日的实际即期汇率以主体的功能货币计量和报告。

2. 在每个资产负债表日应对以主体的功能货币以外的货币标价的账户余额予以调整，以反映现行汇率。①

① FASB ASC 830. Originally 'Foreign Currency Matters.' Norwalk, CT: Financial Accounting Standards Board, 2015.

即期汇率的折算　对外币交易的第一个要求便是根据交易日的有效即期汇率折算成美元。交易产生的每项资产、负债、收入、费用、利得和损失，在进行记录之前都要进行折算，将计量单位从外币转换成美元。

假定一家美国企业从加拿大进口了一批货物，交易当日的即期汇率为0.7。发票上写明该美国企业要在30天之内向对方支付10 000加拿大元（注意：此处的汇率采用直接标价法，也就是1单位外币相当于多少美元）。该美国企业对此项交易做如下记录：

借：库存商品（+A）	7 000	
贷：应付账款（fc）（+L）		7 000
［10 000加拿大元×0.7（即期汇率）］		

除了外币注释（fc）之外，分录还是按照通常的方式记录；注释是为了说明该应付账款以外币标价。存货以美元计量，外币汇率变动时，存货不进行后续调整。

如果在应付账款结算时即期汇率为0.69，则会计分录如下所示：

借：应付账款（fc）（+L）	7 000	
贷：汇兑收益（+Ga，+SE）		100
现金（−A）		6 900
［支付的现金=10 000加拿大元×0.69（即期汇率）］		

产生了100美元的汇兑损益是因为7 000美元的负债最终以6 900美元结算。该项收益反映了最初交易日与结算日的汇率变动。如果结算日的汇率是0.72，那么就会产生200美元的汇兑损失。

图表12-1说明了对外交易以主体的功能货币（美元）标价与采用外币标价的会计差异。要记住外币交易必须以外币标价。当美国公司的销售或采购交易的票据以美元标价时，无须进行折算。

图表12-1　销售和采购交易分别以美元和英镑标价的比较

销售交易		
假定：美国食品公司以16 500美元（或10 000英镑）的价格将货物销售给伦敦工业公司，当时汇率为1.65，结算货款时汇率是1.64。不考虑销售成本。		
若以美元标价		
（销售日）		
借：应收账款（+A）	16 500	
贷：营业收入（+R，+SE）		16 500
记录自伦敦工业公司取得的营业收入；发票金额为16 500美元。		
（结算日）		
借：现金（+A）	16 500	
贷：应收账款（−A）		16 500
记录从伦敦工业公司全额收回货款。		
若以英镑标价		
借：应收账款（fc）（+A）	16 500	
贷：营业收入（+R，+SE）		16 500
记录自伦敦工业公司取得的营业收入；发票金额为10 000英镑（£10 000×1.65=$16 500）。		
借：现金（fc）（+A）	16 400	
汇兑损失（+Lo，−SE）	100	
贷：应收账款（fc）（−A）		16 500
记录从伦敦工业公司全额收回货款（£10 000×1.64=$16 400）。		
采购交易		
假定：美国食品公司从伦敦工业公司购得8 250美元（或5 000英镑）的货物，当时汇率为1.65，支付货款时汇率为1.67。		

若以美元标价		
（购买日）		
借：库存商品（＋A）	8 250	
贷：应付账款（＋L）		8 250
记录从伦敦工业公司购得商品；账单为 8 250 美元。		
（结算日）		
借：应付账款（－L）	8 250	
贷：现金（－A）		8 250
记录向伦敦工业公司支付货款。		
若以英镑标价		
借：库存商品（＋A）	8 250	
贷：应付账款（fc）（＋L）		8 250
记录从伦敦工业公司购得商品；账单为 5 000 英镑（£5 000×1.65＝$8 250）。		
借：应付账款（fc）（－L）	8 250	
汇兑损失（＋Lo，－SE）	100	
贷：现金（fc）（－A）		8 350
记录向伦敦工业公司支付货款（£5 000×1.67＝$8 350）。		

只有当应收或应付账款以外币标价时才会产生潜在的汇兑损益。在交易最初发生日进行记录不会产生折算损益。

资产负债表日的调整 外币交易产生的汇兑损益不能递延至外币最终转换成美元或相关应收应付款项再进行结算。汇兑损益的数额要进行调整以反映资产负债表日的现行汇率，并且由调整产生的汇兑损益都会包括在当年的利润中。

□ 以外币标价的采购活动

美国公司 ATC 2016 年 12 月 1 日从巴黎公司购入价值 10 000 欧元的货物，当日的即期汇率为 0.660 0。ATC 公司 2016 年 12 月 31 日结账时的即期汇率为 0.655 0。2017 年 1 月 30 日清偿欠款时的当日汇率为 0.665 0。以上有关交易事项的会计分录如下所示：

2016 年 12 月 1 日		
借：库存商品（＋A）	6 600	
贷：应付账款（fc）（＋L）		6 600
记录从巴黎公司购得货物（€10 000×0.660 0）。		
2016 年 12 月 31 日		
借：应付账款（fc）（－L）	50	
贷：汇兑收益（＋Ga，＋SE）		50
记录根据汇率变动对应付账款进行调整［€10 000×（0.655 0－0.660 0）］。		
2017 年 1 月 31 日		
借：应付账款（fc）（－L）	6 550	
汇兑损失（＋Lo，－SE）	100	
贷：现金（fc）（－A）		6 650
记录向巴黎公司支付货款（€10 000×0.665 0）。		

日期	即期汇率	库存	应付账款（10 000欧元）	收益（损失）
2016年12月1日（初始交易日）	$0.660 0	$6 600	$6 600	—
2016年12月31日（资产负债表日）	$0.655 0	$6 600	$6 550	$ 50
2017年1月30日（结算日）	$0.665 0	$6 600	$6 650	($100)
合计				($ 50)

上述示例说明，ATC公司2016年12月1日产生了6 600美元的负债。12月31日，负债经过调整反映了现行汇率的变化，并且在2016年度的利润表中产生了50美元的汇兑收益。这汇兑收益是10 000欧元同12月1日与31日的即期汇率之间的差额相乘的结果。2017年1月30日对负债进行结算时，即期汇率变为0.665 0，ATC公司产生了100美元的汇兑损失。汇兑损益总额（此处表现为损失）为50美元[€10 000×(0.665 0－0.660 0)]，但是这项损失要分别报告为2016年度的汇兑收益50美元和2017年度的汇兑损失100美元。

总之，以外币标价的采购交易要根据采购当日的即期汇率以美元进行计量。

如果资产负债表日在结算日之前，应付账款必须重新计量以反映财务报表日的即期汇率。美元增值会产生汇兑收益，因为相对负债最初记录时，一美元能够兑换更多的欧元。美元贬值会产生汇兑损失，因为相对负债最初记录时，一美元能够兑换的欧元有所减少。

根据结算当日的即期汇率结算负债也会产生收益（当负债小于前一资产负债表日余额时）或损失（与最近的资产负债表日相比负债增加）。通常情况下，公司会同银行一起处理这种转换。银行以美元（包括交易费用）的形式从公司账户中收取账款，然后转换成外币转入收款人的账户。

□ 以外币标价的销售活动

2016年12月15日，ATC公司销售给罗马企业20 000欧元的货物，当日汇率为0.662 5（不考虑销售成本）。ATC公司于2016年12月31日结账，当日即期汇率为0.655 0；于2017年1月15日收回货款，当日汇率为0.670 0。ATC公司将欧元一直持有至1月20日才转换成美元，当日的即期汇率为0.672 5。这些事项的会计分录如下所示：

2016年12月15日

借：应收账款（fc）（＋A）	13 250	
贷：营业收入（＋R，＋SE）		13 250

记录向罗马公司销售的收入（€20 000×0.662 5）。

2016年12月31日

借：汇兑损失（＋Lo，－SE）	150	
贷：应收账款（fc）（－A）		150

记录根据汇率变动对应收账户的调整[€20 000×(0.655 0－0.662 5)]。

2017年1月15日

借：现金（fc）（＋A）	13 400	
贷：应收账款（fc）（－A）		13 100
汇兑收益（＋Ga，＋SE）		300

记录从罗马公司收回货款（€20 000×0.670 0）和汇率收益[€20 000×(0.670 0－0.655 0)]。

2017 年 1 月 20 日

借：现金（＋A） 13 450

贷：汇兑收益（＋Ga，＋SE） 50

现金（－A） 13 400

记录从欧元转换成美元（€ 20 000×0. 672 5）。

日期	即期汇率	应收账款（20 000 欧元）	收入	收益（损失）
2016 年 12 月 15 日（初始交易日）	$ 0. 662 5	$ 13 250	$ 13 250	—
2016 年 12 月 31 日*（资产负债表日）	$ 0. 655 0	$ 13 100	无变化	($ 150)
2017 年 1 月 15 日（结算日）	$ 0. 670 0	$ 13 400	无变化	$ 300
2017 年 1 月 29 日（欧元转换为美元）	$ 0. 672 5		无变化	$ 50
合计				$ 200

注：* 收入在年底会转入留存收益中。“无变化”是为了说明后续收入不需要调整。因为收入数额一开始确认计量后就被锁定。

总之，以外币标价的销售活动要根据采购当日的即期汇率以美元进行计量。

如果资产负债表日在结算日之前，应收账款必须重新计量以反映财务报表日汇率的变化。美元贬值会产生汇兑收益，因为相对最初交易日而言，外币货款价值的美元更多。美元增值会产生汇兑损失，因为相对最初交易日而言，外币货款价值的美元有所减少。

当收到应收账款时，根据结算当日的即期汇率进行结算会产生收益或损失。如果公司在收到外币货款后出于投机的目的将外币持有一段时间而不是立刻转换成美元，那么在每个资产负债表日都需要确认计量相关的损益，一直到将外币转换成美元。

下表列示了汇率发生变化时相关账户的变化情况。直接标价法（与单位外币等值的美元）下汇率变化对以外币标价的应收应付款项的影响如下所示：

即期汇率变动	美元相对于外币的变化	对以外币标价账户的影响
增加	美元贬值	应收账款增加——收益
增加	美元贬值	应付账款增加——损失
下降	美元增值	应收账款减少——损失
下降	美元增值	应付账款减少——收益

□ 国际会计准则

IFRS（IASC IAS 21）说明了如何在财务报表中对外币交易和境外经营进行列报。类似于公认会计原则（ASC 830），IFRS 要求主体根据初始交易日当天的汇率进行记录。在以后的每个资产负债表日，外币账户（例如以外币标价的应收应付账款）都要调整至资产负债表日当天的汇率。另外，初始交易日与年末汇率之间的差额导致的资产或负债产生的损益也要记录在当年的利润表中。

总结

衍生工具广泛用于管理不同类型的风险。由于分散风险的灵活性和低成本的特征，衍生工具已然成为套期保值活动的主要工具。本章介绍了衍生工具的类型和使用方法，第 13 章会进一步讲解衍生工具会计和套期保值会计。

国际会计是有关外币交易和境外经营的会计。一个主体的功能货币是主体在其从事经营活动的主要经济环境中使用的货币。外币交易要求交易以主体的功能货币以外的货币标价。

外币交易（除远期合约外）要以交易当日的有效即期汇率采用美元进行计量和报告。交易日和结算日之间汇率的变动会产生收益或损失，并反映在当期的利润中。资产负债表日，除以功能货币标价的账户之外的任何外币余额账户都要进行调整以反映现行汇率，由此产生的收益或损失记入利润表中。

思考题

1. 定义衍生工具，列举几个降低风险的衍生工具合约的例子。
2. 解释远期合约和期货合约的差别，分别说明它们的潜在成本和优点。
3. 解释期权和互换的差别，分别说明它们的潜在成本和优点。
4. 什么是“净额结算”？
5. 区分特定货币下的计量和标价。
6. 假定1欧元可以兑换1.29美元，分别用直接标价法和间接标价法表示它们的汇率。
7. 官方汇率和浮动汇率的区别是什么？美国有浮动汇率吗？
8. 外币交易中的即期汇率是什么？即期汇率可以是历史汇率吗？可以是浮动汇率吗？分别进行讨论。
9. 假设一家美国公司从日本进口了一批电子设备，该交易以美元标价。它是外币交易吗？是对外交易吗？分别解释这两个概念以及它们的应用情形。
10. 以外币标价的资产和负债在交易日如何进行计量和报告？在资产负债表日呢？
11. 评价以下论述：汇兑损失产生于进口交易，汇兑收益产生于出口交易。
12. 什么时候需要在财务报告中反映汇兑损益？
13. 一家美国公司从英国进口了一批价值1 000英镑的货物，当日汇率为1.45。资产负债表日现行汇率是1.47，货款结算时汇率是1.46。该公司购买和结算时记入利润表的收益或损失分别是多少？

练习题

E12－1

1. 远期合约的特点是什么？
   a. 在交易所交易　　b. 与对方协商交易
   c. 覆盖未来支付的现金流　　d. 必须每日结算
2. 互换的特点是什么？
   a. 在交易所交易　　b. 只能以利率为基础
   c. 覆盖未来支付的现金流　　d. 必须每日结算
3. 期货合约的特点是什么？
   a. 持有人拥有买入或卖出的权利但没有义务　　b. 与对方协商交易
   c. 覆盖未来支付的现金流　　d. 必须每日结算
4. 期权的特点是什么？
   a. 持有人拥有买入或卖出的权利但没有义务　　b. 与对方协商交易
   c. 覆盖未来支付的现金流　　d. 必须每日结算

E12-2

1. 下列关于卖出期权的卖方的说法哪项是正确的？

a. 有买入标的物的权利　　b. 有卖出标的物的权利

c. 有买入标的物的义务　　d. 有卖出标的物的义务

2. 下列关于买入期权的买方的说法哪项是正确的？

a. 有买入标的物的权利　　b. 有卖出标的物的权利

c. 有买入标的物的义务　　d. 有卖出标的物的义务

3. 下列关于买入期权的卖方的说法哪项是正确的？

a. 有买入标的物的权利　　b. 有卖出标的物的权利

c. 有买入标的物的义务　　d. 有卖出标的物的义务

4. 下列关于卖出期权的买方的说法哪项是正确的？

a. 有买入标的物的权利　　b. 有卖出标的物的权利

c. 有买入标的物的义务　　d. 有卖出标的物的义务

E12-3 报价惯例，计量和标价

1. 若1.5625美元可以兑换1英镑，汇率以直接和间接标价法表示分别为：

a. 1.5625美元和1英镑　　b. 1.5625美元和0.64英镑

c. 1.00美元和1.5625英镑　　d. 1.00美元和0.64英镑

2. 一家美国企业从一家加拿大企业购进一批商品，货款期限为60天，以加拿大元标价。在何种情况下，这项交易在结算时需要报告汇兑损益？

a. 交易以美元记录　　b. 交易以美元计量

c. 没有利用远期合约进行套期保值　　d. 在汇率变化后结算

3. 以外币标价的应收和应付账款账户产生的汇兑损益：

a. 累计至结算时进行报告　　b. 进行递延处理并作为对交易价格的调整

c. 作为对权益的调整进行报告　　d. 在汇率变化当期进行确认

E12-4　外币标价采购交易的会计处理

2016年11月1日，美国Zip公司从日本Tas公司购入一批价格为10000000日元的商品，即期汇率为0.0075。结算日为2016年12月1日，即期汇率为0.0076。

要求：

1. 在2016年11月1日和12月1日之间美元相对于日元是贬值还是增值了？请解释。

2. 2016年11月1日，Zip公司确认的对Tas公司的应付账款金额是多少？

3. 2016年12月1日Zip公司向Tas公司支付10000000日元货款。为Zip公司编制日记账分录。

4. 如果Zip公司11月1日选择对其净负债头寸进行套期保值，那么该公司是应该签订远期合约购买日元还是出售日元，请解释。

E12-5　外币标价采购交易下一年度进行结算的会计处理

2016年12月16日，美国的Ava公司从Wig公司购入价格为40000欧元的商品。货款于2017年1月15日结清。相关汇率如下所示：

2016年12月16日	\$1.20
2016年12月31日	\$1.25
2017年1月15日	\$1.24

要求：为 Ava 公司编制交易日 12 月 16 日、资产负债表日 12 月 31 日以及结算日 1 月 15 日的会计分录。

E12-6　外币标价销售交易下一年度进行结算的会计处理

2016 年 11 月 16 日，美国的 Wik 公司向加拿大的 Can 公司销售价格为 90 000 加拿大元的商品。货款于 2017 年 2 月 14 日付清。相关汇率如下所示：

2016 年 11 月 16 日	$0.80
2016 年 12 月 31 日	$0.84
2017 年 2 月 14 日	$0.83

要求：计算 Wik 公司 2016 年度和 2017 年度应记入利润表的与向 Can 公司销售商品有关的汇兑损益。

E12-7　外币标价销售交易的会计处理

2016 年 5 月 1 日，美国 Dot 公司向英国 Roa 公司销售价格为 200 000 英镑的商品，即期汇率为 0.700 0。结算日为 2016 年 5 月 30 日，即期汇率为 0.705 0。

要求：（不考虑商品成本）为 Dot 公司编制 5 月 1 日销售商品以及 5 月 30 日结算日的会计分录。

E12-8　【基于 AICPA】多种外币标价的交易

1. 2016 年 9 月 1 日，Ban 公司收到来自外国顾客的价值 300 000 欧元的电子产品订单，价值相当于 400 000 美元。Ban 公司 2016 年 10 月 15 日将设备装船，并开具了 300 000 欧元发票，当日相当于420 000 美元。Ban 公司 2016 年 11 月 16 日收到了对方 300 000 欧元的汇款，并将其兑换为 415 000 美元。在 Ban 公司 2016 年度利润表中应当报告多少汇兑损益？

2. 2016 年 9 月 22 日，Yup 公司自一家外国独资公司购入 10 000 欧元的货物，当日汇率为 1.20。Yup 公司于 2017 年 3 月 20 日全额支付货款，当日汇率为 1.30。2016 年 12 月 31 日汇率为 1.24。在 Yup 公司 2016 年度利润表中应当报告多少汇兑损益？

3. 2016 年 7 月 1 日，Cle 公司通过签发有息票据的方式向一家外国公司借入 1 680 000 比索，票据于 2017 年 7 月 1 日到期，以比索标价。不同日期相当于票据价值的美元金额如下所示：

2016 年 7 月 1 日	$210 000
2016 年 12 月 31 日	240 000
2017 年 7 月 1 日	280 000

在 Cle 公司 2017 年度利润表中应当报告多少汇兑损益？

4. 2016 年 7 月 1 日，Set 公司借给一家外国企业 120 000 美元，收到一张有息票据，该票据以债务人的货币标价，等价于 840 000 比索，到期日为 2017 年 7 月 1 日，在 Set 公司 2016 年 12 月 31 日的资产负债表中列示为 140 000 美元的应收款项。到期日汇率为 1 美元兑换 8 比索。在 Set 公司 2017 年度利润表中应当报告多少汇兑损益？

E12-9　多种外币标价的交易下一年度进行结算

Meo 公司从一些加拿大公司进口货物并且向其他加拿大公司销售其产品。2016 年 12 月 31 日未经调整的以加拿大元标价的账户如下所示：

2016 年 12 月 16 日向 Cav 公司赊销货物，账单金额为 150 000 加拿大元。结算日为 2017 年 1 月 15 日。	$103 500
2016 年 12 月 2 日从 Fot 公司采购货物，账单金额为 275 000 加拿大元。结算日为 2017 年 1 月 30 日。	$195 250

特定日期的汇率如下所示：

2016 年 12 月 31 日	$0.680

2017年1月15日	$0.675
2017年1月30日	$0.685

要求：

1. 根据这两项交易确定应记入2016年度利润表的汇兑损益净额。

2. 确定由于两项交易的结算而应记入2017年度利润表的汇兑损益净额。

E12-10 多种外币标价的交易下一年度进行结算

2016年12月ATV公司有两项外币交易：

12月12日	从日本的Tok公司购得价值50 000 000日元的电子产品，当日汇率为0.007 50。要求2017年1月11日付款。
12月15日	向BPL公司销售价值40 000英镑的货物，当日汇率为1.65。发票以英镑标价并于2017年1月14日到期。

要求：

1. 编制日记账分录记录上述交易。不考虑销售成本。

2. 编制2016年12月31日的调整日记账分录，假设美元对日元和英镑的汇率分别为0.007 60和1.60。

3. 编制2017年1月11日与Tok公司的结算日记账分录，当日汇率为0.007 65；编制2017年1月14日与BPL公司的结算日记账分录，当日汇率为1.63。

综合题

P12-1 衍生工具的经济特征

2016年6月1日，TCO公司与XYZ公司签订了一份远期合约，约定在2016年12月31日以2.40美元/加仑的价格购买汽油100 000加仑。合约成立日汽油价格为2.45美元/加仑，2016年12月31日价格为2.48美元/加仑。合约允许净额结算。

要求：计算该远期合约的结算净额。

P12-2 衍生工具的经济特征

2016年7月1日，Sue公司与Ann公司签订了一份远期合约以锁定小麦的价格。Sue公司预计2017年3月向市场销售小麦300 000蒲式耳。Ann公司同意未来以5.20美元/蒲式耳的价格购买小麦，Sue公司生产小麦的成本为4.90美元/蒲式耳。合约允许净额结算。

要求：假设到期日市场价格分别为5.00美元/蒲式耳、5.10美元/蒲式耳、5.20美元/蒲式耳、5.30美元/蒲式耳和5.40美元/蒲式耳，计算该项交易产生的经济收益并编制和前述Gre公司类似的表格。

P12-3 衍生工具的经济特征

假设和P12-2信息相同，但是Sue公司并未购买远期合约，而是购买了看跌期权，约定以5.20美元/蒲式耳的价格销售300 000蒲式耳小麦。期权价格为0.05美元/蒲式耳。

要求：假设到期日市场价格分别为5.00美元/蒲式耳、5.10美元/蒲式耳、5.20美元/蒲式耳、5.30美元/蒲式耳和5.40美元/蒲式耳，计算该项交易产生的经济收益并编制和前述Gre公司类似的表格。

P12-4 外币标价的应收应付账款的会计处理——多重年度

美国的Lin公司2016年12月31日在做调整分录之前有81 300美元的应收账款和38 900美元的应付账款。有关账户的具体信息如下所示：

应收账款	
以美元标价	$ 28 500
以克朗标价（2 000 克朗）	11 800
以英镑标价（25 000 英镑）	41 000
合计	$ 81 300
应付账款	
以美元标价	$ 6 850
以加拿大元标价（10 000 加拿大元）	7 600
以英镑标价（15 000 英镑）	24 450
合计	$ 38 900

2016 年 12 月 31 日克朗、英镑、加拿大元的现行汇率分别为 0.52，1.65，0.70。

要求：

1. 根据年末汇率变动调整确定应记入 2016 年度利润表的汇兑损益净额。
2. 确定最终应记入 2016 年 12 月 31 日资产负债表的应收、应付账款的数额。
3. 编制 2017 年应收账款收回时的日记账。假定美元对克朗和英镑的即期汇率分别为 0.55 和 1.63。
4. 编制 2017 年应付账款结算时的日记账。假定美元对加拿大元和英镑的即期汇率分别为 0.69 和 1.62。

P12-5　外币标价的应收应付账款——多重年度

纽约的 Sho 公司是一家国际珠宝零售商，经营各种进出口贸易。2016 年 12 月 31 日 Sho 公司调整前的外币标价应收应付账款信息如下所示：

外币类型	外币金额	交易日汇率	美元金额	2016 年 12 月 31 日的汇率
以外币标价的应收账款				
英镑	100 000	$ 1.650 0	$ 165 000	$ 1.660 0
欧元	250 000	$ 0.660 0	165 000	$ 0.670 0
克朗	160 000	$ 0.660 0	105 600	$ 0.640 0
日元	2 000 000	$ 0.007 5	15 000	$ 0.007 6
			$ 450 600	

外币类型	外币金额	交易日汇率	美元金额	2016 年 12 月 31 日的汇率
以外币标价的应付账款				
加拿大元	150 000	$ 0.700 0	$ 105 000	$ 0.690 0
比索	220 000	$ 0.130 0	28 600	$ 0.135 0
日元	4 500 000	$ 0.007 4	33 300	$ 0.007 6
			$ 166 900	

要求：

1. 确定 2016 年 12 月 31 日资产负债表应报告的应收应付账款的数额。
2. 计算应记入 2016 年度利润表中的每项应收应付账款产生的汇兑收益或损失。
3. 销售业务发生时，假定 Sho 公司决定对以欧元标价的交易进行套期保值。公司为了日后的交割应该买入欧元还是卖出欧元？买入或卖出的金额是多少？

专业研究任务

参考 FASB ASC 回答以下问题，将适当的参考内容包含在你的答案里。

PR12-1　定义衍生工具的最基本特征是什么？ASC 为完整地定义衍生工具用了多少段落？

第 13 章

衍生工具和套期会计

学习目标

1. 掌握非套期保值衍生工具的会计处理。
2. 理解现金流量套期的定义及其适用情形。
3. 理解公允价值套期的定义及其适用情形。
4. 掌握现金流量套期和公允价值套期从开始设立到结算现金的会计处理。
5. 理解为对现存以外币标价的应收应付账款进行套期而设立的特殊衍生工具。
6. 理解衍生工具的附注披露要求。
7. 理解 IASB 有关衍生工具会计处理的规定。

13.1 衍生工具和套期活动的会计处理

有证据表明衍生工具的使用已超过 2 500 年。① 然而直到最近，FASB 才开始思考如何进行衍生工具和套期活动的会计处理。FASB 将金融工具会计主题列入 1986 年的议程。20 世纪 80 年代后期和 90 年代前期，我们看到在实现对所有种类金融工具进行会计处理目标的过程中取得了许多进展。直到现在甚至将来，FASB 不断完善衍生工具和套期活动会计处理（ASC 815）、公允价值计量（ASC 820）以及金融工具（ASC 825）的一系列内容。

非套期保值衍生工具

一家公司可能会出于投资或投机的目的持有衍生工具，也可能会为进行套期而持有衍生工具，但不将其确认为专门的套期会计。一家公司持有的符合所有套期会计准则的所有衍生工具，都如同独立资产或负债一样，使用公允价值计量。这些合约在初始确认时及后来的每个资产负债表日都要以公允价值计量，每个会计期间也要确认未实现的公允价值变动损益。如果一家公司想要利用衍生工具或衍生工具池来进行套期，它们就要符合相关套期的认定标准。接下来我们会介绍对套期衍生工具进行会计处理的方法。

套期会计

公认会计原则的目标是明确用来规避风险的衍生工具的会计处理方法以使财务报表能够反映公司在降低风险方面的有效性。对于反映金融工具合约有效性的财务报表而言，被套期项目和套期工具公允价值的变化必须在相同的期间确定，以使投资者能够清楚地评估这项策略的有效性。套期活动的会计处理是指用于记录被套期项目价值变动以及同一会计期间套期工具价值变动的会计处理。

公认会计原则（ASC 815 - 10 - 15 - 83）列示了三个关于衍生工具的大致特征：

1. 包含一项或多项基础资产（标的资产），一个或多个名义金额或支付条款，或两者兼而有之。

2. 不需要初始净投资，或其初始净投资远小于其他类型合约所需的初始净投资，这些合约预期会对市场因素的变化产生类似的反应。

① 米利都的泰勒斯购买橄榄油期权的故事经常作为使用金融衍生工具的第一个例子。

3. 要求或允许使用净额结算，从而可以通过合约外的工具进行净额结算，或者通过资产交割进行计算，这时应使接受资产的一方取得与净额结算实质上相同的效果。①

ASC 815 号准则的特定要求是基于以下四项基本决议：

■ 衍生工具代表的权利和义务符合资产和负债的定义并且需要在财务报表中列示。每期期末，衍生工具合约的价值作为资产或负债入账。

■ 公允价值是金融工具最相关的计量属性，并且是衍生工具唯一相关的计量属性，衍生工具应当以公允价值计量。应根据由套期风险的波动和有效套期活动的进行带来的被套期项目公允价值的变动调整其账面价值。

■ 只有资产或负债项目才应该按照这种方式在财务报表中列报。

■ 只有对通过检验的项目才实施为套期项目设计的特殊会计处理。检验的一个方面是评估被套期项目在套期期限内对公允价值或现金流量变动风险进行对冲的有效性。

对于被套期项目和为套期设计的衍生工具要采用套期会计，必须准备包含下列内容的正式书面文件：

■ 被套期项目和套期工具的关系。

■ 风险管理目标以及企业要通过套期实现的战略，包括识别下列各项内容：
套期工具；
被套期项目；
要规避的风险的特性；
对于公允价值套期，如何评价套期工具抵消被套期项目公允价值变动风险的有效性；
对于现金流量套期，如何评价套期工具抵消被套期交易现金流量变动风险的有效性。

为了满足套期会计的要求，管理层必须说明衍生工具在降低可识别风险方面是有效的。

□ 套期有效性

一旦某种风险能够被套期活动识别并降低，就必须评估该套期在抵销被套期项目收益或损失时的有效性。评估过程自套期实施时开始，贯穿套期的整个过程。

为使套期行为满足套期会计处理规则的要求，衍生工具在抵销被套期项目收益或损失方面必须被认定是高度有效的。ASC 815 号准则要求，通常情况下采用统计或数值试验来检验套期的有效性，除非存在特殊例外情况。企业必须选择一种方法论来评估套期的有效性。两种常用的方法是主要条款分析和统计分析。

主要条款分析要分析基础变量的实质、套期工具和被套期项目的名义金额、套期工具的交割日、被套期项目的结算日。如果套期工具和被套期项目的主要条款都是一致的，那么就能认为套期是有效的。例如，第 12 章中提到的 Gre 公司签订的铜远期合约信息如下所示：

	铜	远期合约条款
数量	2 000 000 英镑	2 000 000 英镑
基础资产	铜	
被套期项目		铜

由于主要条款能够精确匹配，因此这个案例可以被认定是高度有效套期，可以使用套期会计。

然而在现实世界中，试图为一个不稳定基础资产构建套期常常非常复杂。关于为何对某些风险进行套

① FASB ASC 815. Originally ‘Derivatives and Hedging’. Norwalk, CT: Financial Accounting Standards Board, 2016.

期比较困难，我们以具有代表性的航空业为例进行说明。所有航空公司都面临着飞行燃料价格上升的风险。一些公司选择接受由飞行成本增加带来的现金流量和利润减少的可能性。2015 年末，美国航空公司选择不进行套期，它们预测飞行燃料价格每增加 1 美分就会导致成本增加 4 400 万美元。考虑到其 2015 年度的收入净额是 761 000 万美元，几百万美元看起来是很大的风险。同一时间，西南航空公司选择对它们预测的飞行燃料费用进行套期。在其报表附注中对套期工具的披露清晰地说明了对风险进行规避并不是一个简单直接的任务：

> 公司试图以最低的成本获得飞行燃料，并且通过套期活动降低经营成本波动性带来的风险。尽管公司可能会在短期内定期签订有关航空燃料的衍生工具合约，但由于航空燃料并没有广泛采用期货合约，所以在未来约 24 个月的时间范围内，公司直接对航空燃料进行套期的机会有限，不过公司还是找到了其他产品作为衍生工具的基础资产，例如西得克萨斯中质原油、布兰特原油以及一些精炼产品如加热油和无铅汽油，在降低航空燃料价格的波动性方面都是很有用的。①

由于西南航空公司采用航空燃料以外的商品来对航空燃料的价格进行套期，它们需要使用统计方法测定该套期的有效性。统计中的相关分析或回归分析可以说明航空燃料的价格与加热油或原油价格在一段时间内的关系。ASC 815 号准则并没有明确规定一个特定参照的相关系数或拟合优度。但是介于 80%～125%之间的现金流量补偿被认为是高效的套期活动。除了初始套期有效性评估以外，还要对套期有效性进行持续评估。统计方法同样可以用来对套期有效性进行持续评估。如果套期工具不符合高度有效套期的认定，那么无论管理层何时确认其试图套期项目的收益和损失，套期工具在每年末都要以市场的公允价值进行计量，抵消被套期项目的公允价值变动，发生时才予以记录。

□ 套期会计的类型

如果衍生工具和相关的被套期项目符合高度有效套期的条件，则必须使用以下三种方法之一进行会计处理：

公允价值套期（fair value hedge）。此项套期下被套期项目是企业已确认资产、负债的头寸或确定的采购、销售承诺。此时，每季末或每年末都要根据公允价值对套期工具和被套期项目进行计量。这些项目产生的收益或损失要计入当期损益。套期针对的风险源于资产或负债公允价值的变动。

现金流量套期（cash flow hedge）。此项套期是对现金流量风险敞口进行的套期，与企业已确认的资产和负债（例如浮动利率金融工具）或预期的采购、销售交易有关。每年末根据套期工具的公允价值将其确认为一项资产或负债。将套期取得的收益或损失的有效部分递延至预期交易实现。该收益或损失作为累计其他综合收益的一部分列示在资产负债表的股东权益部分。

境外经营净投资套期（hedge of net investment in a foreign subsidiary）。这一部分将在第 14 章予以讲述。

公认会计原则允许将现金流量套期用于对某些现存以外币标价的应收或应付款项的套期活动进行会计处理。我们将在第 14 章讨论。

现金流量套期　我们使用第 12 章 Gre 公司签订的铜远期合约的例子来探究如何对套期进行会计处理。如前所述，Gre 公司希望在一年内生产和销售铜。2 000 000 磅铜的预期成本为 4 000 000 美元。Gre 公司与 Bro 公司签订了远期合约，以 2.20 美元/磅对铜的价格进行锁定。Gre 公司将以现行价格在公开市场上出售铜，然后接受或支付市场价格与 2.20 美元间的差额，从而得到每磅 2.2 美元的价格。收入带来的利润

① 10K form ©2015 South West Airlines.

波动性可以被合约有效抵消，该远期合约是高度有效的套期。

该合约签订于2016年10月1日，于2017年9月30日进行结算。Gre公司编制季度财务报告。假定2016年10月1日铜的市场价格是2.20美元/磅。此时，由于合约价值为0，不会进行任何记录。

2016年12月31日，公司需要记录合约的估计价值。考虑到合约的目的是规避预期发生的交易（铜的生产和销售）带来的收入波动风险，公司采用现金流量套期。因为它试图控制未来现金流和销售收入波动的影响。这是一项针对预期交易进行的套期活动。为了在财务报告中反映这项策略，该合约产生的收益或损失将在铜实际被销售出去时即2017年9月30日进行确认。因此我们需要将此项收益或损失记录在其他综合收益中进行递延处理，直至铜被销售出去的2017年9月30日。现金流量套期中经常使用其他综合收益来反映收益或损失的递延处理，直至损益最终在利润中实现。

其他综合收益是权益类科目，其变化反映在综合收益表而不是利润表中。

远期合约的账务处理如下所示：

2016年10月1日 不做会计分录

2016年12月31日 假定该日铜的市价为2.30美元/磅。如果市价保持不变，那么9个月后合约到期时Gre公司需支付给Bro公司0.10×2 000 000＝200 000美元。我们可以利用这个信息对2016年12月31日的合约价值进行估计。因为200 000美元是预计9个月后要支付的款项，需要用现值的概念在2016年12月31日予以反映。假定月折现率为1%，那么合约估计的公允价值为200 000÷1.01^9＝182 868美元，日记账分录如下所示：

借：其他综合收益（－SE）	182 868	
贷：远期合约（＋L）		182 868

2017年3月31日 假定该日铜的市价为2.15美元/磅。如果市价保持不变，那么6个月后公司预期会收到0.05×2 000 000＝100 000美元。此时合约估计的公允价值为100 000÷1.01^6＝94 205美元，公司已经从承担负债转变为拥有资产。调整远期合约的日记账分录如下所示：

借：远期合约（＋A）	94 205	
远期合约（－L）	182 868	
贷：其他综合收益（＋SE）		277 073

注意此时其他综合收益已经从借方余额182 868美元转变为贷方余额94 205美元。

2017年6月30日 假定该日铜的市价为2.10美元/磅。如果市价保持不变，那么3个月后公司预期会收到0.10×2 000 000＝200 000美元。此时合约估计的公允价值为100 000÷1.01^3＝194 118美元。我们需要增加远期合约的价值和其他综合收益99 913美元（194 118－94 205）。调整远期合约的日记账分录如下所示：

借：远期合约（＋A）	99 913	
贷：其他综合收益（＋SE）		99 913

2017年9月30日 当日铜需要全部销售。2 000 000磅铜的预计成本为4 000 000美元。当日铜的市价为2.30美元/磅。Gre公司会在市场上以2.30美元/磅的价格进行销售，并且支付给Bro公司200 000美元［(2.30－2.20)×2 000 000］进行远期合约的结算。销售的日记账分录如下所示：

借：现金（＋A）	4 600 000	
贷：营业收入（＋R，＋SE）		4 600 000
借：营业成本（＋E，－SE）	4 000 000	
贷：库存商品（－A）		4 000 000

远期合约结算的日记账分录如下所示：

借：营业收入（－R，－SE）　200 000
　　其他综合收益（－SE）　194 118
　贷：现金（－A）　200 000
　　　远期合约（－A）　194 118

此项套期活动产生了 400 000 美元的毛利，收入是 4 400 000 美元，成本是 4 000 000 美元。回想一下，这是对每一市价进行套期实现的经济收益，符合我们之前对这个合约的讨论。请自行编制 2017 年 9 月 30 日的日记账分录，注意使用不同的市场价格，以证明每个市场价格都会产生完全相同的收益。

上述例子可以看作是现金流量套期，因为它是对预期会发生的交易进行套期。其中远期合约的未实现收益或损失要进行递延处理，一直到套期针对的交易（即铜的销售）最终可以在利润表中反映。

之后将会讨论适用现金流量套期会计的其他情形，现在看一个公允价值套期的例子。

公允价值套期　公允价值套期会计适用于对已确认的资产和负债以及销售和采购承诺的高效套期。

Wav 公司精炼原油，从不同的生产商处购入原油，精炼之后销售给汽油批发商。Wav 公司从汽油批发商处赚取的价格取决于原油的市价及其他因素。一般情况下，Wav 公司在购入原料之后就会立即精炼，但由于一些工厂的倒闭，大约会有 10 万桶原油在 6 个月内无法进行加工。Wav 公司思考应如何保持这些石油的价格。如果 6 个月之后石油的价格比现在的价格高，当然是最好的，但无人能保证，或许价格还会下降。Wav 公司最终考虑通过衍生工具合约来保证其投资净值。

Wav 公司签订了一份远期合约，约定 6 个月之后以 90 美元/桶的价格销售原油，合约以净额结算。Wav 公司不会实际销售原油，因为它的目的是对原油进行精炼。但是这份合约能够帮助账上的原油保持目前的公允价值。

该合约如何起作用？如果 6 个月后原油价格是 95 美元/桶，那么 Wav 公司将支付给对方每桶 5 美元的差价。但是那时 Wav 公司拥有的原油会更加值钱（此时销售会赚取更多）。但如果价格是 70 美元/桶，Wav 公司会从对方收到 20 美元/桶的差价，对其原油库存价格的下降进行补偿（此时销售会赚取较少）。

此种情形下的套期会计将反映套期工具抵消基础资产原油价格波动的过程。在公允价值套期下，每个资产负债表日都要对套期工具按照市价计量，并且根据合约签订日和资产负债表日公允价值的变动增加或减少原油存货的价格。很明显这不再是历史成本的计量属性——套期工具和被套期项目的价值都会随着时间改变。

在记录日记账分录之前，我们要对已确认资产的套期进行进一步讨论。除非合约签订日原油的公允价值等于其初始成本，否则原油不会以公允价值计量。如果价格发生变化，那么原油价格只能根据合约签订日的公允价值和当前公允价值的差额进行调整。这种计价方式称为**混合属性模型**（mixed-attribute model）。资产负债表中原油的价格同时包括历史成本和公允价值。

我们再一次假定合约价格为 90 美元，等于签订当日的原油市价。此时原油的账面价值（历史成本）为 86 美元。我们用现值模型确定合约的价格。

为进行套期活动的会计处理，我们需要确定原油的市场价格，我们会根据合约签订日和资产负债表日市场价格的差距调整原油的账面价值，直到合约被结算。我们需要确定究竟采用原油的哪个即期价格。对于原油来说，即使质量一样，价格也不一定相同。由于运输和生产的原因，世界上不同地方的原油价格是不一样的，由此产生了许多不同的即期价格。我们假定 Wav 公司位于西得克萨斯州，靠近西得克萨斯州的主要生产商。那么合适的即期价格应当是西得克萨斯州原油的价格。

2016 年 11 月 1 日，签订合约。由于当日未支付款项和收到单据，因此无须编制分录。

2016 年 12 月 31 日，原油市价为 92 美元。我们需要在当日记录合约的价格，并且根据合约签订日和当日市价的差距调整存货价值。

远期合约　如果原油的市场价格保持在 92 美元，那么 Wav 公司将在结算时向对方支付 2×100 000＝200 000 美元。假定月折现率为 1%，$200\,000 \div 1.01^4 = 192\,196$ 美元。日记账分录如下所示：

借：套期损失——远期合约（＋Lo，－SE）　　192 196
　贷：远期合约（＋L）　　192 196

存货　存货价格的变动额为2美元/桶（92－90），所以存货价值应当增加200 000美元。

借：存货（＋A）　　200 000
　贷：套期收益——存货（＋Ga，＋SE）　　200 000

注意目前存货的账面价值为8 600 000＋200 000＝8 800 000美元，而此时市场价值为9 200 000美元。这就是按照混合属性模型计量的结果。

远期合约　2017年3月31日即期价格为89美元/桶。如果价格保持不变，Wav公司将在一个月后收到100 000美元。合约的估计价值为100 000÷1.01＝99 010美元。日记账分录如下所示：

借：远期合约（＋A）　　99 010
　　远期合约（－L）　　192 196
　贷：套期收益——远期合约（＋Ga，－SE）　　291 206

存货　对存货的调整为（92－89）×100 000＝300 000美元

借：套期损失——存货（＋Lo，－SE）　　300 000
　贷：存货（－A）　　300 000

存货目前的账面价值为8 500 000美元（8 600 000＋200 000－300 000）。

2017年4月30日对合约进行结算，即期价格为87.5美元。Wav公司将会收到250 000美元［(90－87.5)×100 000］。

远期合约

借：现金（＋A）　　250 000
　贷：远期合约（－A）　　99 010
　　　套期收益——远期合约（Ga，＋SE）　　150 990

存货

借：套期损失——存货（＋Lo，－SE）　　150 000
　贷：存货（－A）　　150 000

盈余影响表

日期	存货调整额	远期合约调整额	影响净额
2016年12月31日	$200 000	($192 196)	$7 804
2017年3月31日	(300 000)	291 206	(8 794)
2017年4月30日	(150 000)	150 990	990
合计	($250 000)	$250 000	$　0

这个远期合约对Wav公司有效。由于生产时间的延迟，Wav公司的存货价值下降了250 000美元。但由于签订了远期合约，公司收到了250 000美元的现金，补偿了库存价值的下降。如果没有签订这个合约，Wav公司的经济状况会更糟。

□ 现金流量套期示例

期权合约　假定一家公司2016年1月15日签订了一份期权合约，合约成本为1 000美元。合约规定公司以1美元/加仑的价格购买100 000加仑汽油，合约到期日为2016年5月31日。假定期权为欧式期权，即该公司只能在期满时决定是否行权。该期权合约是一种现金流量套期，因为它被设计用于控制预计购买汽油的价格变化带来的风险。由于未来才会购买汽油而企业现在买入这份期权合约，故可以将该合约视为一项资产。公司的日记账分录如下所示：

2016 年 1 月 15 日

借：期权合约（＋A）	1 000	
贷：现金（－A）		1 000

公司于 2016 年 3 月 31 日公布其季报。假定当日的汽油市价为 1.25 美元/加仑。如果公司在到期日行权，那么每加仑可以节省 0.25 美元，总共节省 25 000 美元。25 000 美元是假定公司 2016 年 5 月 31 日行权时需要支付的价格，是两个月后的价值，所以我们需要计算它的现值。假定合适的年折现率为 6%（或月折现率为 0.5%），那么我们可以计算其现值为：

$$25\,000 \div 1.005^2 = 24\,752(\text{美元})$$

2016 年 3 月 31 日的期权估计价值为 24 752 美元，公司需要记录日记账分录。之前期权价值已经在借方记入 1 000 美元，所以调整金额为 23 752 美元。

该期权的目的是控制公司未来购入汽油时价格变动的风险，所以期权价值的增加应当记入汽油使用当期的利润表中。也就是说，我们需要对其进行递延处理，记入资产负债表股东权益的其他综合收益部分，而绕过季度的利润表。

2016 年 3 月 31 日

借：期权合约（＋A）	23 752	
贷：其他综合收益——未实现期权收益（＋SE）		23 752

2016 年 5 月 31 日，假定汽油价格为 1.30 美元/加仑，那么合约中汽油的市价为 130 000 美元。期权的卖方必须支付给公司每加仑 0.30 美元，总共 30 000 美元。由于市价的变化，公司多获得了 5 248 美元的收益，日记账分录如下所示：

2016 年 5 月 31 日

借：存货——汽油（＋A）	130 000	
贷：现金（－A）		130 000
借：现金（＋A）	30 000	
贷：期权合约（－A）		24 752
其他综合收益（＋SE）		5 248

注意此时由于汽油是企业的存货，因此合约带来的收益还未实现。汽油被使用后，合约带来的收益就会作为销售成本的抵减项处理，因此销售成本净额是 101 000 美元而不是 130 000 美元。

假定汽油于 2016 年 6 月 15 日被使用，分录如下所示：

2016 年 6 月 15 日

借：营业成本（＋E，－SE）	130 000	
贷：存货——汽油（－A）		130 000
借：其他综合收益（－SE）	29 000	
贷：营业成本（－E，＋SE）		29 000

期货合约——预期交易的现金流量套期　公司也可以利用期货合约对预期交易进行套期。这里给出一个示例。2016 年 12 月 1 日，一家公用事业企业签订了期货合约，约定在 2017 年 1 月 31 日以 1.400 7 美元/加仑的价格购买 100 000 桶加热油。加热油在纽约商业交易所进行交易，每手合约规定为 1 000 桶（42 000 加仑），因此该企业必须签订 100 手合约。交易所对每手合约收取 100 美元的保证金。

该公司通过签订期货合约保证能在 2017 年 2 月份向顾客提供加热油，并且锁定了 1.400 7 美元/加仑的价格。这是一项针对预期交易的现金流量套期。分录如下所示：

2016年12月1日

借：期货合约（+A） 10 000

贷：现金（−A） 10 000

年末，公司必须将期货合约按照目前市场上的交易价格进行调整。不同于上文期权合约的例子，在市场上并没有实际的交易，需要按照估计的公允价值计量。而期货合约2016年12月31日在市场上有可以明确观测到的价格。假定纽约商业交易所公布的2017年1月31日交割的加热油期货合约价格为1.405 0美元/加仑。该价格包括了货币的时间价值。因此合约的估计价值为18 060美元［(1.405 0−1.400 7)×4 200 000］。我们将合约的价值调至市场价格：

2016年12月31日

借：期货合约（+A） 18 060

贷：其他综合收益（+SE） 18 060

2017年1月31日，加热油的即期价格为1.399 5美元/加仑。公司对合约进行了结算，在公开市场上买入100 000桶（4200 000加仑）加热油，价格为5 877 900美元（1.399 5×4 200 000），在2月的第1周交付给客户。分录如下所示：

2017年1月31日

借：其他综合收益（−SE） 23 100

贷：期货合约（−A） 23 100

100×42 000×(1.399 5−1.405 0)＝−23 100，记入其他综合收益。

期货合约目前余额是借方4 960美元［10 000+18 060（2016年12月31日调整额）−23 100（2017年1月31日调整额）］，其他综合收益余额为借方5 040美元（23 100−18 060），反映合约的损失。结算合约以及记录购买交易的日记账分录如下所示：

借：现金（+A） 4 960

贷：期货合约（−A） 4 960

借：存货——加热油（+A） 5 877 900

贷：现金（−A） 5 877 900

假定公司在2月的第1周以2美元/加仑的价格将加热油出售给顾客。对期货合约的收益或损失进行递延处理，一直到交易最终影响利润时予以确认。当日的日记账分录如下所示：

借：现金（+A） 8 400 000

贷：营业收入（+R，+SE） 8 400 000

借：营业成本（+E，−SE） 5 877 900

贷：存货——加热油（−A） 5 877 900

借：营业成本（+E，−SE） 5 040

贷：其他综合收益（+SE） 5 040

营业成本总计5 882 940美元（5 877 900+5 040），等于42 000×100×1.400 7（从期货合约的角度）。

□ 公允价值套期示例

公允价值套期用于降低已确认的资产以及购买承诺的价格风险。对于用来降低已确认的资产和负债以及销售和采购承诺的风险的高效套期，采用公允价值套期会计处理。被套期项目和套期工具均在持续经营的基础上按照市价计量，公允价值变动形成的收益或损失要立即记入当期损益。尽管销售和采购承诺在履约前通常不包含在公司的资产负债表中，但根据公认会计原则（ASC 815）的规定，如果这些承诺是套期的对象，则需要在资产负债表中予以确认。

假定 2016 年 1 月 1 日，一家公司约定在 6 个月后的 2016 年 6 月 30 日以 15 美元/升的价格购买 100 000升苏格兰威士忌。为了充分利用价格随时间变化的优势，公司与一家投机商以 15 美元/升的价格签订了“收固定、付浮动”的远期合约。该公司实质上并没有锁定该采购承诺的固定要素。

接下来我们从该公司的角度说明此“收固定、付浮动”的远期合约。术语“收固定、付浮动”适用于远期合约，而不适用于公司与供应商之间的合约。被套期的风险存在于公司和供应商之间，套期源于公司和投机商之间的合约。如果市价为 14 美元/升，公司会收到 1 美元/升的结算净额（总共 100 000 美元）。然后公司会以自己的 1 400 000 美元和从投机商处收到的 100 000 美元，履行与供应商的承诺。

如果市价为 17 美元/升，公司就必须向投机商支付 2 美元/升的金额，然后与供应商以 15 美元/升的价格交易。不管是哪种情况，威士忌的成本都是在考虑套期结算和公司向供应商支付额外款项后的市价。

要注意公司与威士忌供应商之间的采购承诺是不能取消的，公司也与投机商签订了远期合约。我们把这项套期活动看成是公允价值套期，因为它旨在控制现行承诺的成本而不是预期会发生的交易。

如前所述，远期合约是订立双方互相协商的结果，而非由交易所统一制定，这就给确定商品的数量、质量以及交割时间提供了很大的灵活性。

2016 年 1 月 1 日，无论是确定的采购承诺还是远期合约，公司都不需要进行账务处理。

2016 年 3 月 31 日，假定苏格兰威士忌的市价为 13 美元/升，则公司需确认 200 000 美元［(15－13)×100 000］的未实现收益。但是公司同时也会因为威士忌市价低于固定合约价格面临采购承诺产生的未实现损失。两者都需要折现为现值，假定月折现率为 0.05%：

2016 年 3 月 31 日

借：远期合约（＋A）	197 030	
贷：未实现收益——远期合约（＋Ga，＋SE）		197 030

记录远期合约公允价值的变动额：$200\,000 \div 1.005^3$。

借：未实现损失——采购承诺（＋Lo，－SE）	197 030	
贷：采购承诺（＋L）		197 030

记录采购承诺公允价值的变动额。

2016 年 6 月 30 日，远期合约和采购承诺同时结算，当日市价为 14.50 美元/升。日记账分录如下所示：

2016 年 6 月 30 日

借：现金（＋A）	50 000	
未实现损失——远期合约（＋Lo，－SE）	147 030	
贷：远期合约（－A）		197 030
借：采购承诺（－L）	197 030	
存货——威士忌（＋A）	1 450 000	
贷：现金（－A）		1 500 000
未实现收益——采购承诺（＋Ga，＋SE）		147 030

13.2　套期合约的会计处理：使用利率互换的现金流量与公允价值套期会计处理示例

下面通过利率互换来说明现金流量套期和公允价值套期会计处理方法的不同。

□ 现金流量套期会计

假定Jac公司2016年1月1日从国家银行借了200 000美元。该三年期借款的利率是浮动利率，初始利率设定第1年是9%。随后年度利率为伦敦银行间拆借利率（LIBOR）+2%，每年末确定下一年的利率。2016年12月31日的LIBOR用来确定2017年度的利率。同理，2017年12月31日的LIBOR用来确定2018年度的利率。

为避免利率上升导致利息增加，Jac公司决定进行套期活动。

2016年1月1日，Jac公司与Watson公司签订了**支付固定利率、收取浮动利率的利率互换协议**（pay-fixed，receive-variable interest rate swap）。Jac公司同意向Watson公司支付利率为9%的固定利息，收取利率为LIBOR+2%的浮动利息，合约以净额结算，名义金额为200 000美元。双方根据浮动利率和9%的固定利率之间的差额决定向对方支付的金额。例如，如果2016年12月31日的LIBOR是4%，那么2017年12月31日，Watson公司会收到6 000美元，因为LIBOR+2%=6%。由于Jac公司同意固定利率为9%，所以Watson公司收到的是200 000美元的名义金额与利率差额的乘积。Jac公司实际上还是支付了9%的利息——向Watson公司支付3%，向国家银行支付6%。

如果2017年12月31日的LIBOR是8%从而LIBOR+2%=10%，那么Jac公司会从Watson公司收到2 000美元。Jac公司的净支付利率仍为9%——向国家银行支付10%的利息的同时从Watson公司收到1%的利息。因此套期活动降低了与负债相关的风险。

2016年12月31日，Jac公司为在账上反映该利率互换协议的公允价值，必须对未来的LIBOR进行假设，进而确定与之相关的支付额和收取额。

假定2016年12月31日的LIBOR为6.5%，意味着2017年12月31日Jac公司向国家银行支付的利息为8.5%×200 000=17 000美元。公司还同意向Watson公司支付9%的利息，意味着未来1年要向Watson公司支付1 000美元。为计量该协议的公允价值，公司将对2018年12月31日的支付额做出估计，假设浮动利率曲线已做出预测，当前至2018年的利率不会发生改变，那么我们认为2018年12月31日也会支付1 000美元。

2016年12月31日的利率互换协议的公允价值计算如下：

2017年12月31日支付的款项在2016年12月31日的现值：

$$1\,000 \div 1.085 = 922(\text{美元})$$

2018年12月31日支付的款项在2016年12月31日的现值：

$$1\,000 \div (1.085)^2 = 848(\text{美元})$$

2016年12月31日的利率互换协议的公允价值：

$$922 + 848 = 1\,770(\text{美元})$$

由于Jac公司预计会支付上述金额，利率互换协议要确认为一项负债。假定2017年12月31日的LIBOR为7.25%，Watson公司要在2018年12月31日支付Jac公司利息，数额为200 000×(0.092 5−0.090 0)=500美元。该利息在一年后支付，2017年12月31日的协议公允价值为500÷1.092 5=458美元。

由于此项套期是为了降低与负债相关的现金流的波动性，故Jac公司将其视为现金流量套期。由于协议的条款与被套期的基础债务的利息支付条款相匹配，因此该套期预期是有效的——名义金额都是

200 000 美元，持续期间也匹配，套期的初始公允价值为零（9%的固定利率等于套期开始时的 LIBOR 加上 2%）。

现金流量套期会计处理 Jac 公司关于借款、利息以及利率协议的日记账分录如下所示：

2016 年 1 月 1 日

借：现金（+A）	200 000	
贷：长期借款（+L）		200 000

在账上记录借款。

2016 年 3 月 31 日

借：财务费用（+E，-SE）	18 000	
贷：现金（-A）		18 000

记录向国家银行支付的利息。

借：其他综合收益（-SE）	1 770	
贷：利率互换协议（+L）		1 770

记录利率互换协议的公允价值。

2017 年 12 月 31 日

借：财务费用（+E，-SE）	17 000	
贷：现金（-A）		17 000

记录支付给国家银行的利息，200 000×0.085=17 000 美元；根据 2017 年 1 月 1 日的 LIBOR+2%确定可变利率。

借：财务费用（+E，-SE）	1 000	
贷：现金（-A）		1 000

记录利率互换协议中向 Watson 公司支付的利息。

借：利率互换协议（-L）	1 770	
利率互换协议（+A）	458	
贷：其他综合收益（+SE）		2 228

记录 2017 年 12 月 31 日对利率互换协议公允价值的调整；其他综合收益余额为贷方 458 美元。

2018 年 12 月 31 日

借：财务费用（+E，-SE）	18 500	
贷：现金（-A）		18 500

记录向国家银行支付的利息，200 000×0.092 5=18 500 美元；根据 2018 年 1 月 1 日的 LIBOR+2%确定可变利率。

借：现金（+A）	500	
贷：财务费用（-E，+SE）		500

记录与 Watson 公司清算利率互换协议。

借：其他综合收益（-SE）	458	
贷：利率互换协议（-A）		458

调整 2018 年 12 月 31 日利率互换协议公允价值至 0；注意此时其他综合收益余额也是 0。

借：长期借款（-L）	200 000	
贷：现金（-A）		200 000

记录偿还长期借款。

□ 公允价值套期会计

不同于上文的浮动利率，现在我们假定 2016 年 1 月 1 日 Jac 公司从国家银行以 9%的固定利率借入 200 000 美元三年期借款。Jac 公司又同 Watson 公司签订了**支付浮动利率、收取固定利率的利率互换协议**(pay-variable，receive-fixed interest rate swap)。名义金额仍为 200 000 美元，浮动汇率为 LIBOR+2%。假定 2016 年 1 月 1 日的 LIBOR 为 7%，协议以净额结算。

Jac 公司将此协议视为公允价值套期，因为此项固定利率借款的公允价值会随着市场上利率的变化而变化。套期的目的就是抵消这种价值的变化。

这种情况下，每年末借款和利率互换协议都要根据市场的公允价值进行计量。以年末公允价值计量债务不符合历史成本的计量原则。通常情况下，债券或是贷款一开始是以公允价值计量。在接下来的年度，利息费用以最初借款日的有效市场利率为基础在整个债券或贷款的存续期间内进行计量。因此，即使折价或溢价的摊销会影响贷款的账面价值，最终其账面价值还是等于采用最初市场利率而不是每年末的市场利率折现的现值。

这种情况下，借款的账面价值要在它的整个存续期间内根据市场利率进行调整。

公允价值套期会计处理

2016 年 1 月 1 日

借：现金（+A）	200 000	
贷：长期借款（+L）		200 000

记录从国家银行借入款项。

2016 年 12 月 31 日

借：利息费用（+E，−SE）	18 000	
贷：现金（−A）		18 000

记录向国家银行支付的固定利息。

借：利率互换协议（+A）	1 770	
贷：长期借款（+L）		1 770

以市场价值记录利率互换协议和贷款；2016 年 12 月 31 日互换协议的市场利率为 8.5%。由于市场利率低于 9%的固定利率，因此借款的公允价值增加。这类似于债券溢价发行的情况。

2017 年 12 月 31 日

借：财务费用（+E，−SE）	18 000	
贷：现金（−A）		18 000

记录向国家银行支付的固定利息。

借：现金（+A）	1 000	
贷：财务费用（−E，+SE）		1 000

记录 Watson 公司结算的净额；浮动利率为 8.5%，所以 Waston 公司向 Jac 公司支付 0.005×200 000＝1 000 美元。

借：长期借款（−L）	2 228	
贷：利率互换协议（−A）		1 770
利率互换协议（+L）		458

利率互换协议和贷款均以市场价值反映；目前贷款的账面价值折价为 200 000−458＝199 542 美元。

注意 2017 年 12 月 31 日的浮动汇率为 LIBOR+2%，即 9.25%。

2018 年 12 月 31 日

借：财务费用（+E，−SE）	18 000	
贷：现金（−A）		18 000
记录向国家银行支付的固定利息。		
借：财务费用（+E，−SE）	500	
贷：现金（−A）		500
记录向 Watson 公司支付的利息。		
借：利率互换协议（−L）	458	
贷：长期借款（+L）		458
以市场价值反映利率互换协议和贷款；账面价值目前为 200 000 美元，即将要偿还的金额。		
借：长期借款（−L）	200 000	
贷：现金（−A）		200 000
记录偿还贷款。		

下表汇总了公允价值套期的相关事项。

日期	利率互换协议余额 借——资产 贷——负债	长期借款余额	财务费用
2016 年 1 月 1 日		$ 200 000	
2016 年 12 月 31 日	$ 1 770 借方	$ 201 770	$ 18 000
2017 年 12 月 31 日	$ 458 贷方	$ 199 542	$ 17 000
2018 年 12 月 31 日			$ 18 500

注意该笔负债反映了借款公允价值的变动，以及公司对该风险的套期策略。因为 2016 年 12 月 31 日和 2017 年 12 月 31 日的利率互换协议借方或贷方余额和借款余额之和都是 200 000 美元。

13.3　外币衍生工具与套期活动

□ 以外币标价的应收应付款项

第 12 章讨论了以外币标价的应收应付款项的会计处理。公司经常会为现有的以外币标价的资产和负债以及预期的以外币标价的交易对冲外汇风险。本节将关注外币交易的套期会计处理，这种套期会计处理和我们之前讨论的衍生工具的处理有所不同。

FASB ASC 830 号准则要求以外币标价的应收应付款项期末要根据公允价值（现行即期汇率）计量，造成的收益或损失立即在利润中确认。ASC 815 号准则中说明，对于应收应付款项的套期活动，一家企业可以选择以公允价值套期或现金流量套期的方式进行处理。对于采取现金流量套期的合约条款要求更为严格，我们接下来将予以说明。

远期合约的升水或贴水为合约的远期汇率与订立合约时的即期汇率之间的差额。如果套期被指定为现金流量套期，则该升水或贴水在合约的整个有效期内按实际利率法摊销计入当期损益。

现金流量套期　对于远期合约，如果要采用**现金流量套期**进行会计处理，合约必须满足下列特征：

1. 对于以外币标价的已确认资产或负债，如果其现金流的波动能够完全被套期活动抵消，那么可以使用现金流量套期。当结算日、外币类型、外币金额和以外币标价的应收应付款项的预计结算日和金额相匹配时，该要求通常能够得到满足。如果被套期项目和套期工具的主要条款不匹配，那么该合约就是根据套期工具和被套期项目的价值变动确认为当期损益的公允价值套期。

2. 根据公认会计原则，以外币标价的资产或负债重新计量产生的收益或损失可由其他综合收益重分类至各期间损益的相关金额抵销。这样，每期期末以外币标价的资产或负债要以公允价值计量，同时确认相关的收益或损失，而现金流量套期在每期期末也要以公允价值计量。与其他类型的现金流量套期类似，远期合约产生的收益或损失也包含在其他综合收益中。在每期期末，已计入其他综合收益的收益或损失的一部分要重分类为损益，从而抵销以外币标价的资产或负债产生的收益或损失。

3. 最后，与套期有关的升水或贴水要采用实际利率法摊销。

□ 以外币标价的应收账款的现金流量套期会计处理示例

假定美国的 Win 公司 2016 年 11 月 2 日向英国的 Howard 公司销售价值 100 000 英镑的医疗设备，应收账款要在 90 日后，也就是 2017 年 1 月 31 日之前予以结清。另外，Win 公司在 11 月 2 日还与 Ross 公司签订了一份 90 天的远期合约对应收账款进行套期，假定合约允许采用净额结算，合约的合理利率为 12%，特定汇率如下所示：

	2016 年 11 月 2 日	2016 年 12 月 31 日	2017 年 1 月 31 日
即期利率	$1.650	$1.660	$1.665
90 天远期汇率	$1.638		
30 天远期汇率		$1.655	

2016 年 11 月 2 日的分录如下所示：

借：应收账款（fc）（+A） 165 000

贷：营业收入（+R，+SE） 165 000

记录向 Howard 公司销售设备取得的收入 165 000 美元［100 000×1.650 0（2016 年 11 月 2 日的即期汇率）］。

由于 Win 公司签订的远期合约采用净额结算，因此在合约签订日不需要进行会计处理。需要说明的是，如果签署的是期权合约，那么 Win 公司需要进行会计处理，因为公司要在合约订立之初支付一定数量的现金。

2016 年 12 月 31 日，以外币标价的应收账款和远期合约都要根据公允价值计量。

应收账款的调整

借：应收账款（fc）（+A） 1 000

贷：汇兑收益（+Ga，+SE） 1 000

根据即期汇率的变动调整应收账款［100 000×(1.660−1.650)］。

远期合约的调整 Win 公司的 90 天远期合约于 2017 年 1 月 31 日到期，净额结算下 Win 公司每英镑会收到 1.638 美元。2016 年 12 月 31 日，30 天到期的远期合约的利率为 1.655，也就是说，一份于 2016 年 12 月 31 日签订的 30 天远期合约，要在 2017 年 1 月 31 日结算。基于该利率，远期合约的估计损失为 100 000×(1.655−1.638)=1 700 美元。然而该项损失在一个月后才会实现，为了在 2016 年 12 月 31 日对远期合约的公允价值进行合理的估计，我们必须计算该项损失的现值：

日期	远期合约利率	当前远期合约利率	差额	×	100 000	系数	现值
12 月 31 日	\$1.638	\$1.655	\$0.017		\$1 700	1.01^{1}	\$1 683

远期合约的近似公允价值为 1 683 美元。因此 2016 年 12 月 31 日的分录为：

借：其他综合收益（－SE）　1 683

　贷：远期合约（＋L）　1 683

冲销应收账款汇兑收益的分录　2016 年 12 月 31 日，为了将应收账款以公允价值计量，记录了 1 000 美元的汇兑收益。根据记录在其他综合收益中的损失，相关的远期合约被调整至市场价值。此时我们需要记录冲销汇兑收益的会计分录以对现金流量套期进行正确的会计处理。分录如下所示：

借：汇兑损失（＋Lo，－SE）　1 000

　贷：其他综合收益（＋SE）　1 000

贴水的摊销　由于该项以英镑标价的应收账款现金流的波动可由远期合约完全抵消，因此该套期适用于现金流量套期的会计处理。尽管 Win 公司已锁定了 1.638 的利率，但这并不是一项无成本的交易。由于 2016 年 11 月 2 日的即期汇率为 1.650，因而公司很清楚相对于最初的 165 000 美元，它们会少收 1 200 美元。这项费用必须随时间予以确认，公认会计原则要求对于贴水或升水采取实际利率法进行摊销。在这种情况下，由于最终收到的资产价值小于最初的金额，所以产生了贴水。计算内含利率的公式是：

$$\text{被套期的资产或负债在套期初始日的公允价值} \times (1+r)^n = \text{套期合约产生的现金流}$$

2016 年 11 月 2 日应收账款的公允价值为 165 000 美元，套期合约的现金流为 100 000×1.638＝163 800美元，由于合约在 90 大内到期，因此 $n=3$，于是我们能够计算月内含利率。

$$165\,000 \times (1+r)^3 = 163\,800$$
$$(1+r)^3 = 0.992\,73$$
$$\sqrt[3]{(1+r)^3} = \sqrt[3]{0.992\,73}$$
$$1+r = 0.997\,57$$
$$r = -0.002\,43,\text{或者} -0.243\%(\text{月利率})$$

贴水摊销表如下所示：

	贴水摊销额：余额×0.002 43	余额
		\$165 000
11 月 30 日	\$ 401	\$164 599
12 月 31 日	\$ 400	\$164 199
1 月 31 日	\$ 399	\$163 800
摊销总额	\$1 200	

2016 年 12 月 31 日，记录 11 月和 12 月摊销的分录如下所示：

借：汇兑损失（＋Lo，－SE）　801

　贷：其他综合收益（＋SE）　801

2016 年 12 月 31 日，应收账款余额为 166 000 美元（以英镑标价的应收账款的公允价值），远期合约余额为贷方 1 683 美元（公允价值），其他综合收益余额为贷方 118 美元。贴水的摊销使利润降低了 801 美元。

应收账款公允价值的调整和结算　2017 年 1 月 31 日必须做 5 笔会计分录。假定 2017 年 1 月 31 日的即期汇率为1.665，并且Win公司收回应收账款后立即兑换为美元。

借：现金（+A）	166 500	
贷：应收账款（fc）（−A）		166 000
汇兑收益（+Ga，+SE）		500

远期合约公允价值的调整和净额结算 Win公司必须向Ross公司支付166 500−163 800=2 700美元，因为合约到期日的即期汇率为1.665，而合约签订日的即期汇率为1.638。首先要记录12月31日至1月31日合约收益或损失，然后再记录向Ross公司支付的以净额结算的金额。

借：其他综合收益（−SE）	1 017	
贷：远期合约（+L）		1 017

合约损失为2 700（结算日合约公允价值）−1 683（2016年12月31日估计的合约公允价值）=1 017美元。

借：远期合约（−L）	2 700	
贷：现金（−A）		2 700

冲销分录 接下来，需要记录损失以冲销与应收账款相关的汇兑收益：

借：汇兑损失（+Lo，−SE）	500	
贷：其他综合收益（+SE）		500

贴水分录 根据摊销表，399美元的贴水需要在2016年12月31日至2017年1月31日进行摊销：

借：汇兑损失（+Lo，−SE）	399	
贷：其他综合收益（+SE）		399

与该现金流量套期相关的账户变动情况如下所示：

应收账款（资产）

2016年11月2日——初始销售日	\$165 000
2016年12月31日——按即期汇率调整	+ 1 000
2016年12月31日余额（即期汇率1.66×100 000）	\$166 000
2017年1月31日——按即期汇率调整	+ 500
2017年1月31日结算之前的余额	\$166 500

远期合约

2016年11月2日——初始合约签订日	无分录——净额结算
2016年12月31日——调整至公允价值估计额	+1 683——负债
2016年12月31日余额	\$1 683贷方——负债
2017年1月31日——调整至公允价值	\$1 017贷方
结算前余额	\$2 700贷方
结算	\$2 700借方
结算后余额	\$ 0

其他综合收益

2016年11月2日	无分录
2016年12月31日——将远期合约调整至公允价值估计额	\$1 683借方
抵销被套期项目的收益——应收账款	1 000贷方
11月份和12月份的贴水摊销额	801贷方
2016年12月31日余额	\$ 118贷方
2017年1月31日——调整远期合约至公允价值估计额	\$1 017借方

抵销被套期项目的收益——应收账款	500 贷方
1 月份的贴水摊销额	399 贷方
2017 年 1 月 31 日余额	$　0

对利润的影响

2016 年 12 月 31 日	
被套期项目的收益	$1 000
由于远期合约和现金流量套期而要抵销的其他综合收益	(1 000)
贴水摊销额——汇兑损失	(801)
2016 年 12 月 31 日的汇兑损失净额	($801)
2017 年 1 月 31 日	
被套期项目的收益	$500
由于远期合约和现金流量套期而要抵销的其他综合收益	(500)
贴水摊销额——汇兑损失	(399)
2017 年 1 月 31 日的汇兑损失净额	($399)

上述会计处理有什么作用？需要注意，2016 年 11 月 2 日公司就意识到它将会由于此项以外币标价的应收账款和相关套期合约损失 1 200 美元。通过以上会计处理可以得知，管理层签订该合约的目的是让其他综合收益重分类进利润的金额能够抵消掉应收账款的汇率变动带来的影响。公司 1 200 美元现金流量套期的实际成本能够合理系统地分摊到利润中。最后，每期期末被套期项目和套期合约都要根据公允价值计量。

另外我们注意到，根据分摊表，2016 年 12 月 31 日被套期项目的摊销余额是 164 199 美元。该数额应该如何反映在 12 月 31 日的资产负债表中呢？

应收账款——以公允价值计量	$166 000 借方
减：远期合约——估计的公允价值	1 683 贷方
减：其他综合收益	118 贷方
现金流量套期在资产负债表中的最终反映	$164 199 借方

如前所述，对于公司以外币核算的应收应付款项，由于款项的初始记录日与最终收到并兑换成美元（或公司以美元购买外币以清偿应付账款）日之间汇率的变动，公司很可能产生收益或损失。

□ 以外币标价的应收账款公允价值套期会计处理示例

示例：对净资产头寸（应收账款）的套期活动　美国的 Oil 公司 2016 年 12 月 1 日向日本的 Monato 公司销售价值 15 000 000 日元的石油，开票日期是 2016 年 12 月 1 日，60 天内进行付款，即 2017 年 1 月 30 日之前予以结清。与此同时，Oil 公司还签订了一份远期合约，约定在未来 60 天内向外汇经纪人支付 15 000 000 日元。此项交易不以净额结算，而是将日元直接交付给经纪人。美元对日元的汇率如下所示：

	2016 年 12 月 1 日	2016 年 12 月 31 日	2017 年 1 月 30 日
即期汇率	**$0.007 500**	**$0.007 498**	**$0.007 497**
30 天远期汇率	$0.007 490	**$0.007 489**	$0.007 488
60 天远期汇率	**$0.007 490**	$0.007 488	$0.007 486

以上利率是与会计核算相关的利率。远期合约以市值（即远期汇率）计量。Oil 公司的日记账分录如下所示：

2016 年 12 月 1 日

借：应收账款（fc）（＋A） 112 500

　贷：营业收入（＋R，＋SE） 112 500

记录向 Monato 公司销售石油取得的收入［15 000 000×＄0.007 500（即期汇率）］。

借：应收合约款（＋A） 112 350

　贷：应付合约款（fc）（＋L） 112 350

记录 60 天内支付 15 000 000 日元的远期合约［15 000 000×＄0.007 490（远期汇率）］。

在签订远期合约时，公司可以计算被套期项目和套期合约带来的收益或损失。日后的汇率变动并不会影响收益或损失的数额。该数额是合约的远期汇率与合约签订日的即期汇率之间的差额：

(0.007 490－0.007 500)×15 000 000＝－0.000 01×15 000 000＝－150(美元)

公司将会有 150 美元的损失，因为合约的远期汇率比合约订立时的即期汇率低 0.000 01 美元。

2016 年 12 月 31 日，我们需要调整销售活动产生的应收账款以反映当前汇率的变动，记录 30 美元的汇兑损失。计算远期合约产生的汇兑收益要更复杂一些。表面上看，以初始远期汇率＄0.007 490×15 000 000 减去当前汇率＄0.007 489×15 000 000（＄112 350－＄112 335）会产生 15 美元的收益。然而，FASB 要求将该金额从合约终止日折算到财务报表日。假定折现率为 12%，则会产生 0.15 美元的贴水。因为一个月后收到 15 美元的现值为 $15\div1.01^1=14.85$ 美元。

2016 年 12 月 31 日

借：汇兑损失（＋Lo，－SE） 30

　贷：应收账款（fc）（－A） 30

调整应收账款至年末即期汇率［15 000 000 日元×(＄0.007 500－＄0.007 498)＝＄30］。

借：应付合约款（fc）（－L） 14.85

　贷：汇兑收益（＋Ga，＋SE） 14.85

根据期末的远期汇率调整支付给外汇经纪人的应付合约款［15 000 000 日元×(＄0.007 490－0.007 489)÷1.01］。

被套期的潜在资产产生的汇兑收益或损失不同于远期合约的汇兑收益或损失。因为前者以即期汇率计量，而后者以合约中的远期汇率计量。

在合约期内，远期汇率逐渐接近即期汇率。至结算日，远期汇率与即期汇率相等。在这个例子中，2016 年度的汇兑损益净额是 15.15 美元（30 美元损失－14.85 美元利得），2017 年度为 134.85 美元（15 美元损失＋119.85 美元损失）。

2017 年 1 月 30 日

借：库存现金（fc）（＋A） 112 455

　　汇兑损失（＋Lo，－SE） 15

　贷：应收账款（fc）（－A） 112 470

记录从 Monato 公司收到的现金（15 000 000 日元×＄0.007 497）。

借：应付合约款（fc）（＋L） 112 355.15

　　汇兑损失（＋Lo，－SE） 119.85

　贷：库存现金（fc）（－A） 112 455

记录从 Monato 公司收到并支付给外汇经纪人的 15 000 000 日元。

借：现金（＋A） 112 350

　贷：应收合约款（－A） 112 350

记录从外汇经纪人收到的现金。

美国的 Oil 公司销售收入的最终金额是 112 500 美元，为避免外汇波动带来的风险，该项交易又产生了 150 美元的损失。在最终结算日，公司收到了 112 350 美元。这 150 美元的成本要在合约期内计入当期损益。

净负债头寸的套期　净负债头寸的套期的会计程序与美国 Oil 石油公司所示的会计程序相似，不同之处在于套期的对象是以外币标价的负债而不是应收账款。通常情况下，购买远期交割外币的远期汇率要大于即期汇率。例如，购入 10 000 英镑的 60 天远期合约的远期汇率为 1.675 美元，而即期汇率可能为 1.66 美元。该远期合约记录如下：

借：应收合约款（fc）（＋A）	16 750	
贷：应付合约款（＋L）		16 750

该合约避免了汇率变化的全部影响，因此合约期限内的净成本是即期汇率与远期汇率之间的差异，也就是 150 美元。

套期的结果　一般情况下，远期汇率的设定会导致与套期有关的成本发生。少数情况下，期货合约的利率会产生增加利润的套期。

总体上看，远期合约根据远期汇率来计量，而潜在的资产或负债根据即期汇率计量（在资产负债表日要分别根据它们的利率和价值进行调整）。在合约期内，即期汇率与远期汇率之间的初始差异便是套期活动的成本。由于套期合约和被套期项目产生的收益或损失都要记录在当期的损益中，因此在利润表中报告的套期活动的净成本是即期汇率和远期汇率相对价值的变动额。

如果一家公司以外币签订远期合约，那么超出该外币所反映的净资产或净负债头寸的部分（也就是以该外币进行投机）最终作为收益或损失。这是因为套期工具价值的变化以及被套期项目价值的变化均会在利润表中进行列报。

□ 可辨认外币承诺的公允价值套期

外币承诺（foreign currency commitment）是以外币核算的将会导致未来发生外币交易的合约或协议。例如，一家美国公司可能与一家加拿大公司签订合约，约定在未来某个时点以加拿大元购买设备。此时美国公司就要面对汇率变动带来的风险。因为在交易完成之前，美元的价格可能会增加或减少。

可辨认外币承诺不同于已确认的资产或负债，因为它们不满足会计中相关资产或负债的确认标准。它们所面临的风险也可以通过套期进行对冲，但是由于套期所针对的潜在交易没有确认为具体的资产或负债，因此情况有些特殊。所以，我们必须采取一些方法确认这些潜在的未记录承诺的价值变动，进而记录针对该承诺进行套期的衍生工具。一旦方法确定下来，衍生工具和潜在承诺的变化就能够进行记录——实质上，它们之间互相抵销。由于针对确定承诺进行套期的远期合约建立在远期汇率而不是即期汇率的基础之上，因此套期工具和标的合约的任何收益或损失都要以远期汇率为基础。

当远期合约被认定为针对外币承诺的套期工具时，我们就需要对远期合约进行会计处理。

示例：可辨认外币购买承诺的套期　2016 年 10 月 2 日，美国 Stores 公司从加拿大 Distillers 公司购买了 1 000 箱价值 60 000 加拿大元的波本酒，即期汇率为 0.70 美元，波本酒的交割以及款项的结算于 2017 年 3 月 31 日进行。为了对该项未来承诺进行套期，Stores 公司签订了一份远期合约，约定在 180 天内以 0.725 美元的远期汇率购买 60 000 加拿大元用来完成货物的交割。2016 年 12 月 31 日和 2017 年 3 月 31 日（由于 3 月 31 日是到期日，因此该利率也是即期利率）的远期汇率分别为 0.71 美元和 0.68 美元。

假定该衍生工具（远期合约）被设计为针对此项外币承诺的套期工具，2016 年 10 月 2 日，该远期合约要按照下列分录予以确认：

2016年10月2日

借：应收合约款（fc）(+A)	43 500	
贷：应付合约款（+L）		43 500

记录购买180天内交割的60 000加拿大元，远期汇率为$0.725。

至2016年12月31日，美元兑换加拿大元的汇率已降至0.71美元，Stores公司要将60 000加拿大元的应收账款按照90天远期汇率进行调整。此份远期合约的调整产生了900美元的汇兑损失，如下所示：

2016年12月31日

借：汇兑损失（+Lo，−SE）	900	
贷：应收合约款（fc）(−A)		900

记录汇兑损失：60 000加拿大元×($0.725−$0.71)。

然而，该项损失可由潜在的确定承诺价值的增加予以抵销：

2016年12月31日

借：确定承诺的价值变动——加拿大元（fc）(+A)	900	
贷：汇兑收益（+Ga，+SE）		900

记录汇兑收益：60 000加拿大元×($0.725−$0.71)（未来以加拿大元支付将会花费更少的美元）。

2017年3月31日的外币交易和相关远期合约的日记账分录如下所示：

2017年3月31日

1. 借：应付合约款（−L）	43 500	
贷：库存现金（−A）		43 500
记录与外汇经纪人对远期合约的结算（以美元标价）。		
2. 借：库存现金（fc）(+A)	40 800	
汇兑损失（+Lo，−SE）	1 800	
贷：应收合约款（fc）(−A)		42 600
记录当汇率为$0.68时收到外汇经纪人60 000加拿大元。		
3. 借：确定承诺的价值变动——加拿大元（+A）	1 800	
贷：汇兑收益（+Ga，+SE）		1 800
记录潜在确定承诺价值的变动。		
4. 借：存货（+A）	43 500	
贷：确定承诺的价值变动——加拿大元（−A）		2 700
应付账款（fc）(+L)		40 800
记录收到1 000箱波本酒，价值60 000加拿大元×远期汇率$0.725。		
5. 借：应付账款（fc）(−L)	40 800	
贷：库存现金（fc）(−A)		40 800
记录与Distillers公司结算60 000加拿大元货款。		

分录1记录了在远期汇率为$0.725时向外汇经纪人支付60 000加拿大元。分录2反映了收到外汇经纪人60 000加拿大元，以及由于2016年12月31日的远期汇率$0.71和2017年3月31日的即期汇率（该汇率也是结算日3月31日的远期汇率）$0.68之间的差异产生的汇兑损失。分录3记录了2016年12月31日以来购买波本酒的确定承诺的成本变动带来的收益。分录4记录了2017年3月31日收到从Distillers公司1 000箱波本酒，并且确认了以加拿大元核算的负债。分录5记录了在应付账款最终结算时，向加拿大公司支付的60 000加拿大元货款。

可辨认外币销售承诺的套期 可辨认外币销售承诺的套期与购买承诺所示的会计处理程序相似，除了要根据所有递延汇兑收益或损失调整销售收入而不是存货。

□ 预期外币承诺的现金流量套期

美国的 Win 公司将在 2016 年 12 月 2 日与苏格兰的 Smith 公司签订合约，约定以 500 000 英镑的价格购买重型设备。设备的交割以及款项的结算预期在 2017 年 3 月 2 日进行，但没有签署任何协议。

为了对该预期承诺进行套期，Win 公司与 Sea 公司签订了一份远期合约，约定在 3 月 2 日购买 500 000 英镑，合约以净额结算。假定该套期符合公认会计原则有效套期的要求，应当按照针对外币承诺的现金流量套期进行会计处理。

2016 年 12 月 2 日即期汇率为 1.700 0 美元，90 天远期汇率为 1.680 0 美元（最终交割日 2017 年 3 月 2 日）。由于该项承诺是预期承诺，因此在资产负债表中不存在按照公允价值计量的被套期项目，直至 3 个月后实际交易发生。但是公司已就该承诺签订了远期合约，因此期末必须按照估计的公允价值对合约进行记录。但是，该项套期被认定是针对预期外币承诺进行的现金流量套期，因此产生的收益或损失要进行递延处理直至被套期项目实际影响利润。相关远期合约的贴水或升水也要在合约期内摊销至当期损益。

2016 年 12 月 31 日对远期合约的调整　假定 2016 年 12 月 31 日 60 天远期汇率为 1.690 0 美元。我们如下估计远期合约的公允价值，假定年度增量借款利率为 12%。

日期	远期合约利率	当前远期合约利率	差额	×	500 000	系数	现值
12 月 31 日	\$1.68	\$1.69	\$0.01		\$5 000	1.01^2	\$4 901

日记账分录为：

借：远期合约（＋A）　　4 901

　贷：其他综合收益（＋SE）　　4 901

远期合约贴水调整　远期合约初始贴水是（1.70－1.68）×500 000＝0.02×500 000＝10 000 美元。回顾前面关于以外币标价的应收应付款项的现金流量套期的内容，由该套期产生的贴水或升水需要在合约期内摊销至当期损益。如果 2016 年 12 月 2 日的即期汇率和远期汇率相同，便不会产生需要摊销的贴水或升水。Win 公司只需要如前所述在每期期末将远期合约调整至公允价值即可，利润也不会受到影响。但是现在的状况是即期汇率和远期汇率并不相同，因而产生了需要在合约期内摊销的贴水。在合约签订日，当远期汇率低于即期汇率时会产生贴水，当远期汇率高于即期汇率时会产生升水。这里为了摊销 10 000 美元的贴水，我们需要确认月内含报酬率。假定报酬率为 0.003 937，摊销表如下所示：

	贴水摊销额	余额
		\$850 000
12 月 31 日	\$ 3 346	\$846 654
1 月 31 日	\$ 3 333	\$843 321
3 月 2 日	\$ 3 321	\$840 000
摊销总额	\$10 000	

12 月 31 日记录贴水的摊销以及相关收益的日记账分录如下所示：

借：其他综合收益（－SE）　　3 346

　贷：汇兑收益（＋Ga，＋SE）　　3 346

3 月 2 日要做四笔分录。

远期合约调整以及设备购买 假定3月2日的即期汇率为1.72美元，当日远期合约的价值为（1.72－1.68）×500 000＝20 000美元。2016年12月31日的账户余额为借方4 901美元，所以我们需要增加远期合约15 099美元以调整至公允价值。由于即期汇率高于远期汇率，所以Win公司将会从Sea公司收到20 000美元。

借：远期合约（＋A）	15 099	
贷：其他综合收益（＋SE）		15 099
借：固定资产（＋A）	860 000	
贷：现金（－A）		860 000
1.72×500 000。		
借：现金（－A）	20 000	
贷：远期合约（－A）		20 000

有关贴水摊销的分录 1月和2月必须记录贴水的摊销。根据上述摊销表，这两个月的摊销总额为3 333＋3 321＝6 654美元。

借：其他综合收益（－SE）	6 654	
贷：汇兑收益（＋Ga，＋SE）		6 654

下表描述了账户余额的变动情况：

远期合约

2016年12月2日——无日记账分录	$0
2016年12月31日	＋4 901借方
2016年12月31日余额	$4 901借方——资产
2017年3月2日公允价值调整	＋15 099借方
2017年3月2日结算之前的余额	$20 000借方——资产

其他综合收益

2016年12月31日调整远期合约至公允价值	$ 4 901贷方
2016年12月31日贴水摊销额	3 346借方
2016年12月31日余额	$ 1 555贷方
2017年3月2日调整远期合约至公允价值	$15 099贷方
2017年3月2日贴水摊销额	6 654借方
2017年3月2日余额	$10 000贷方

利润

2016年12月31日——源于贴水摊销的汇兑收益	$3 346
2017年3月2日——源于贴水摊销的汇兑收益	$6 654

2017年3月2日记录的设备价值为860 000美元。随着设备折旧的计提，其他综合收益中的10 000美元余额也要摊销以抵销折旧费用。

□ 投机

对外币价格的走势进行投机的衍生工具产生的汇兑收益或损失也要包含在远期汇率变化期间的利润中。对于主要的世界货币来说，远期或期货利率报价以“天”为基本单位，分为30天、90天和180天。用于投机的外币衍生工具在合约的整个有效期内以远期汇率（即合约在当时的公允价值）进行计量。基本的会计处理如以下示例所示。

2016 年 11 月 2 日，美国 International 公司签订了一份 90 天的远期合约（期货），约定买入 10 000 欧元，当时 90 天期货合约的远期汇率为 0.540 0 美元，11 月 2 日的即期汇率为 0.544 0 美元。2016 年 12 月 31 日和 2017 年 1 月 31 日的汇率如下所示：

	2016 年 12 月 31 日	2017 年 1 月 31 日
30 天远期汇率	$0.545 0	$0.548 0
即期汇率	$0.550 0	$0.553 0

公司关于此项投机活动的会计分录如下所示：

2016 年 11 月 2 日

借：应收合约款（fc）（+A）	5 400	
贷：应付合约款（+L）		5 400

记录 90 天期货合约中 10 000 欧元的价格：10 000 欧元×90 天远期汇率 $0.540 0。

2016 年 12 月 31 日

借：应收合约款（fc）（+A）	50	
贷：汇兑收益（+Ga，+SE）		50

调整收到的外汇经纪人款项的价值，确定汇兑收益（10 000 欧元×30 天远期汇率 $0.545 0－5 400 美元合约款）。

2017 年 1 月 31 日

借：现金（fc）（+A）	5 530	
贷：汇兑收益（+Ga，+SE）		80
应收合约款（fc）（－A）		5 450

记录收到 10 000 欧元，当日即期汇率为 $0.553 0。

借：应付合约款（－L）	5 400	
贷：现金（－A）		5 400

记录向外汇经纪人支付以美元标价的款项。

11 月 2 日的分录表明美国 International 公司有在未来 90 天内收到外汇经纪人 10 000 欧元的权利，同时也说明公司有在 90 天内支付对方 5 400 美元的义务。当日应收合约款和应付合约款的金额都是 5 400 美元 [10 000×$0.540 0（远期汇率）]，但是只有以欧元标价的应收合约款的价值会随着汇率的波动而变动。

2016 年 12 月 31 日，远期合约还有 30 天到期，当时 30 天的期货合约的远期汇率为 0.545 0 美元。根据公认会计原则的要求，需要以该利率对以欧元标价的应收合约款进行调整，也就是调整至合约的公允价值，调整的数额要包含在 2016 年度的利润中。

2017 年 1 月 31 日，美国 International 公司收到 10 000 欧元，即 5 550 美元 [10 000×0.553 0（即期汇率）]。收到的外币折算后的金额比已记录的金额多 80 美元，因此产生了额外的汇兑收益。1 月 31 日公司也要对 5 400 美元的负债进行结算。

卖出外币的期货合约的投机活动的会计处理与上述处理类似，区别在于其应收款项以美元固定，而负债以外币标价。

□ 衍生工具会计小结

衍生工具的会计处理取决于管理层进行交易的意图。图表 13-1 描述了几种类型的衍生工具和设计的目的、所要求的会计处理以及分别对利润的影响。

图表 13-1 衍生工具类型及其会计处理汇总

分类	目的	确认	套期以及相关外币项目的预期影响
投机	对汇率的变动进行投机	根据远期汇率的变化确认当期的汇兑损益	对利润的影响等于已确认的汇兑损益
净资产或负债头寸的套期	抵消已确认的净资产或负债的风险	确认当期的汇兑损益，但它们会被净资产或负债头寸产生的收益或损失抵销	对利润的影响等于折价或溢价的摊销额（即抵销的收益或损失）
可辨认确定承诺的套期	抵消未来进行的销售或购买交易的风险，进而锁定合约中美元的价格	确认当期的汇兑损益，但它们会被确定承诺产生的收益或损失抵销	对利润的影响等于套期工具价值的变化与确定承诺的价值之间的差异
预期交易的套期	抵消未来可能的销售或购买交易的风险	套期产生的汇兑损益计入其他综合收益，直至潜在交易最终完成	不直接影响损益，要对潜在交易进行调整
境外经营净投资套期（见第14章）	抵消境外经营净投资的风险	汇兑损益确认为其他综合收益，同时抵销记录在净投资中的折算差额	对利润的影响等于套期的未来价值与净投资价值的差异

□ 附注的披露要求

附注的披露要求关注公司的衍生工具如何与公司整体风险管理的目标和策略相匹配。公司应当明确它们所要套期的风险类型以及如何进行套期。除此之外，公司从一开始就需要说明如何确定套期有效性以及在套期过程中对套期有效性进行持续评估。

与公允价值套期有关的披露包括在当期损益中列报净收益或损失，以及在财务报表中何处列报。该收益或损失分为代表无效套期的部分和套期工具产生的收益或损失中未计入套期有效性评估的部分。

与现金流量套期有关的披露包括无效套期产生的收益或损失，以及来源于套期工具中除了被认定为有效套期之外的收益或损失。另外，还应披露这些收益或损失在财务报表中列报的位置。

与现金流量套期有关的披露还应包括对于其他综合收益中重分类进损益的部分的情况说明。未来12个月内将要发生的其他综合收益重分类进损益的金额也应当予以披露。

由于现金流量套期可用于预期会发生的交易的套期会计处理，公司应当报告主体对预期交易进行套期所需的最长时限。对现有金融工具浮动利率的套期交易不进行披露。

最后，如果预期交易没有发生，公司还应当披露由于终止采用现金流量套期而重分类进损益的收益或损失的金额。

□ 国际会计准则

关于套期和衍生工具的国际会计准则（IAS）主要包括两部分：IAS 32号，“金融工具：披露与介绍”（2003年12月进行修订，1995年6月首次公布），和IAS 39号，“金融工具：确认与计量”（2004年3月进行修订，2003年12月进行重大修订，1998年12月首次公布）。这两部分与ASC 815号准则都有联系。IAS 32号准则主要阐明了公司发行的金融工具应在何时归类为负债或权益，并要求就金融工具（包括其公允价值）进行广泛披露。另外，该准则对一些名词进行了定义并提供了例证，例如金融资产、金融负债、权益工具和公允价值。

IAS 39 号准则强调了一些与 ASC 815 号准则同样的事项，包括对衍生工具和套期会计进行定义并提供例证。事实上，使用套期会计必须具备的条件，如正式明确和记录公司的风险管理目标和进行套期活动的策略，以及对套期有效性的初始和持续评估等，都与公认会计原则的要求很类似。例如，ASC 815 号准则中提到的 80%～125%用于评估套期有效性的范围在 IAS 39 号准则中都有涉及。

不同的准则关于公允价值套期、现金流量套期和主要会计处理方法的表述是比较相似的。IAS 和公认会计原则的一个区别在于对销售或购买承诺的会计处理。公认会计原则要求对于确定的销售或购买承诺以公允价值套期进行处理，但在 IAS 下，确定承诺既可以采用现金流量套期也可以采用公允价值套期。除此之外，公认会计原则和 IAS 关于衍生工具的内容逐渐趋同。

总结

衍生工具广泛应用于对冲各种风险。套期会计被设计成不同的类型，以保证在财务报表中公司控制风险的策略能够得到更清晰的披露。

国际会计涉及对外币交易和境外经营的会计处理，主体的功能货币是主体在其从事经营活动的主要经济环境中使用的货币。外币交易是以主体功能货币以外的货币进行计价的交易。

外币交易（除远期合约之外）要在交易日以有效即期汇率按照美元进行确认和计量。交易日和结算日汇率的变动会产生汇兑损益，该损益应当反映在当期的利润中。资产负债表日，除主体功能货币以外的任何以外币标价的账户余额都要进行调整以反映当日的现行汇率，由此产生的收益或损失计入当期损益。

企业可以通过远期合约或其他衍生工具来避免汇率变动带来的风险，或利用外币变动进行投机。ASC 815 号准则依据企业不同的特点和目的，对不同类型的远期合约（和其他衍生工具）进行了规定。

思考题

1. 描述套期会计的目标，说明该目标如何提高财务报表的透明度。

2. 描述期权、远期合约和期货合约的差别，分别说明这几种不同合约的潜在优点和成本。

3. 在对某种套期活动进行特定的套期会计处理之前必须说明该套期的有效性。描述几种常用的检验套期有效性的方法以及它们分别适用的情形。在这些方法下，什么时候一项特定的套期活动会被认为是无效的？

4. 当套期被认为有效时，销售或购买承诺通常会采用公允价值套期会计处理。分别比较下列情形中的衍生工具和购买或销售承诺的会计处理有何差别：（a）套期关系被认为有效；（b）套期关系被认为无效。

5. 本章中的利率互换强调了公允价值套期会计和现金流量套期会计的差别。指出对可变利率贷款使用“支付固定利率、收取浮动利率的利率互换”是为了对哪种类型的风险进行套期。

6. 本章中的利率互换强调了公允价值套期会计和现金流量套期会计的差别。指出对固定利率贷款使用“支付浮动利率、收取固定利率的利率互换”是为了对哪种类型的风险进行套期。

7. 描述公允价值套期会计和现金流量套期会计分别适用的情形。

8. ASC 815 号准则允许公司对以外币计价的应收应付款项的套期采用现金流量套期会计处理，同时要求对已确认的资产或负债的套期采用公允价值套期会计处理。请说出在什么情形下，对以外币标价的应收应付款项的套期必须采用现金流量套期会计处理，该处理相对于其他一般采用现金流量套期会计处理的情形有何不同？

9. 简要描述IASB如何对衍生工具进行会计处理，与公认会计原则的处理过程相似吗？如有区别，区别是什么？

10. 解释为对可辨认外币承诺进行套期而使用的远期合约该如何进行会计处理。

练习题

E13-1　预期购买交易的套期

2016年12月1日，Jol公司与大米投机商签订了一份90天的远期合约，约定以1 000美元/吨的价格购买500吨大米。Jol公司签订这份合约是为了对预期购买大米的交易进行套期。合约以净额结算，2016年12月1日大米的即期售价为950美元/吨。

2016年12月31日，合约中规定的大米的远期售价为980美元/吨。合约将在2017年2月28日进行结算。合约结算时大米的远期和即期售价均为1 005美元/吨。假定合约到期时Jol公司购入了500吨大米，该合约被认定是有效套期，适用的利率为6%。

1. 编制下列日期有关套期活动和购入大米的日记账分录：

a. 2016年12月1日

b. 2016年12月31日

c. 结算日

2. 假定Jol公司2017年6月1日将大米以1 200美元/吨的价格售出，该日公司将做何分录？

E13-2　确定购买承诺的套期

参照E13-1的条件，假定Jol公司对确定购买承诺进行套期，重新完成第1问和第2问。

E13-3　确定销售承诺

Brk公司与Riv公司签订了销售合同，规定3个月后的2017年1月31日向Riv公司销售100 000个零部件，售价以当日的价格确定。2016年11月1日，每个零部件的售价为5美元，Brk公司认为交易日当天零部件的价格会下降，因此在2016年11月1日与Lyn公司签订了一份远期合约，约定在2017年1月31日以5美元/个的价格向Lyn公司销售100 000个零部件。合约以净额结算，假定合理的年折现率为6%。

编制下列日期有关确定的销售承诺和远期合约的日记账分录：

1. 2016年11月1日，假定零部件售价为5美元/个；

2. 2016年12月31日，假定零部件售价为4.5美元/个；

3. 2017年1月31日，假定零部件售价为6美元/个。

E13-4　已确认资产的套期

2016年10月1日，Wil公司库存中有100 000个零部件。这些零部件是Wil公司一个月之前以1美元/个的价格购入的，公司签订了一份远期合约，约定在2017年1月31日以2美元/个的价格销售这些零部件。合约以净额结算，假定合理的年折现率为6%。

编制下列日期和已确认资产的套期活动相关的日记账分录：

1. 2016年10月1日，零部件售价为1.50美元/个；

2. 2016年12月31日，零部件售价为2.50美元/个；

3. 2017年1月31日，零部件售价为2.30美元/个。

E13-5　【基于AICPA】多种外币套期情形

2016年12月12日，Car公司签订了3份远期合约，每份合约都约定在90天内买入100 000加拿大元。假定利率为12%，相关汇率如下所示：

	即期汇率	远期汇率（2017年3月11日）
2016年12月12日	$0.91	$0.90
2016年12月31日	$0.98	$0.99

1. Car公司在2016年11月订立第一份远期合约以对存货进行套期，并于2017年3月结算。2016年12月31日，公司应当根据此份远期合约确定多少应计入利润的外币交易收益？给出解释。

2. Car公司签订了第二份远期合约以对购买设备的承诺进行套期。2016年12月31日，公司应当根据此份远期合约确定多少应计入利润的外币交易净损益？给出解释。

3. Car公司签订了第三份远期合约进行投机。2016年12月31日，公司应当根据此份远期合约确定多少应计入利润的外币交易收益？给出解释。

E13-6 确定的销售承诺和外币套期

2016年4月1日，加拿大的Win公司从美国的Ace公司订购定制配件，配件将于2016年5月31日交付，价格为50 000加拿大元。2016年4月1日的即期汇率为0.71美元。Ace公司为将销售收入锁定在35 250美元，与外汇经纪人签订了60天的远期合约以对该销售承诺进行套期。该项套期符合ASC 815号准则关于外币承诺套期的要求，美元对加拿大元的汇率如下所示：

	4月1日	5月31日
即期汇率	$0.710	$0.725
60天远期汇率	0.705	0.715

要求：编制2016年4月1日和5月31日有关该承诺和相关套期事项的日记账分录。

E13-7 确定的购买承诺和外币套期

2016年11月2日，美国Baz公司从日本Mat公司订购一批商品，商品将于2017年1月31日交付，价格为1 000 000日元。Baz公司与外汇经纪人签订了合约，约定买入1 000 000日元以完成2017年1月31日的商品交易。相关汇率如下所示：

	2016年11月2日	2016年12月31日	2017年1月31日
即期汇率	$0.007 8	$0.007 6	$0.007 5
30天远期汇率	$0.007 9	$0.007 8	$0.007 6
90天远期汇率	$0.008 0	$0.007 9	$0.007 8

要求：

1. 编制2016年11月2日Baz公司的有关分录。
2. 编制2016年12月31日的调整分录。

综合题

P13-1 现金流量套期和远期合约

NGW公司是一家天然气供应商，因预计会出现寒冷天气，在2016年11月2日与纽约商业交易所签订了针对天然气的远期合约。每份合约的交易单位是10 000百万英热单位（MMBtu），3个月（即90天）的远期合约价格为7.00美元/百万英热单位，所以每份合约的成本为70 000美元。另外，交易所要求每份合约存有5 000美元的保证金，NGW公司签订了20份这样的合约。

要求：

1. 为什么该项套期被认定是有效套期并且可以采用套期会计进行处理？

2. 为什么该项交易要按照现金流量套期进行处理？

3. 假定2016年12月31日，2017年2月2日到期的远期合约的价格（即30天的远期价格）为6.75美元，2017年2月2日的即期价格为6.85美元。假定NGW公司2017年2月3日以8.00美元/百万英热单位的价格将天然气全部售出，编制2016年11月2日至2017年2月3日与该套期有关的必要分录。

P13-2 公允价值套期和期权

Ins公司生产精密医疗设备，设备的一种关键原料是A等级的银。2016年5月1日，Ins公司与Sil公司签订了一份购买协议，约定购买1 200 000金衡制盎司的银（等于100 000英镑），于2017年2月1日以当日市场价格进行交割。为了对该价格波动进行套期，Ins公司与Cur公司签订了一份期权合约，于2017年2月1日以每盎司14美元的市场价格购买1 200 000金衡制盎司的银，如果5月1日市场价格为每盎司14美元以上，那么Ins公司会行权，反之不会行权。该期权以净额结算，Cur公司向Ins公司支付市场价格和期权价格之间的差额。期权的成本为1 000美元，假定年合理报酬率为6%。

1. 为什么认为该情形符合套期会计的认定？

2. 为什么该项套期要按照公允价值套期会计而不是现金流量套期会计处理？

3. 2016年5月1日有关该确定承诺和期权合约的日记账分录是怎样的？

4. 假定2016年12月31日A等级的银的市场价格是15美元/金衡制盎司，相应的会计分录是怎样的？

5. 假定2017年2月1日A等级的银的市场价格是13.8美元/金衡制盎司，此时Ins公司会从Sil公司处收到银，编制当日的会计分录。

P13-3 现金流量套期和利率互换

2016年1月1日，Cam公司向Ven公司借款400 000美元。该五年期借款是一项可变利率借款，2016年的利率等于2016年1月1日的伦敦银行间拆借利率（LIBOR）8%加上2%。以后年度的利率也按照同样的方式予以确定，也就是说，特定年度的利率等于该年度起始的LIBOR加2%。每年12月31日支付利息，按照复利计息。

2016年1月1日，Cam公司与Gra公司签订了支付固定利率、收取浮动利率的利率互换协议。Cam公司向对方支付8%的利息。

假定2016年12月31日的LIBOR是5%。

1. 为什么该项套期被认定为现金流量套期而不是公允价值套期？

2. 你认为该项套期符合有效套期的认定吗？它是否符合进行有关套期会计处理的要求？

3. 假设该套期符合套期会计的要求：

a. 确定2016年12月31日该套期的估计公允价值。注意该套期合约对2017—2020年的利息支付都会产生影响。

b. 编制2016年12月31日与该现金流量套期和利息支付有关的日记账分录。

4. 假定2017年12月31日的LIBOR是5.5%，编制2017年12月31日有关利率互换和2017年的利息支付的日记账分录。

P13-4 公允价值套期和利率互换

参照P13-3的条件，假定Cam公司2016年1月1日的借款利率并不是可变利率，而是8%的固定利率。同时Cam公司与Gra公司签订了支付浮动利率、收取固定利率的利率互换协议。互换协议的可变部分是 LIBOR+2%，在每年年底确定以设置下一年的利率。该互换协议第一年的利息将在 2017 年支付。

假定 2016 年 12 月 31 日的 LIBOR 是 7%。

1. 为什么该项套期被认定为公允价值套期而不是现金流量套期？

2. 你认为该项套期符合有效套期的认定吗？它是否符合进行有关套期会计处理的要求？

3. 假设该套期符合套期会计的要求：

a. 确定 2016 年 12 月 31 日该套期的估计公允价值。注意该套期合约对 2017—2020 年的利息支付都会产生影响。

b. 编制 2016 年 12 月 31 日与该公允价值套期和利息支付有关的日记账分录。

4. 假定 2017 年 12 月 31 日的 LIBOR 是 6.5%，编制 2017 年 12 月 31 日有关利率互换和 2017 年的利息支付的日记账分录。

P13-5 外币套期和已确认的应收账款

2016 年 4 月 1 日，Bay 公司交付给 Ram 公司 200 000 比索的货物，当日即期汇率为 6.049 6 比索。应收账款将在 5 月 31 日到期。Bay 公司在 4 月 1 日针对此项已确认的外币资产签订了 60 天的远期合约，约定在远期汇率为 6.019 比索的基础上卖出 200 000 比索。5 月 31 日的即期汇率为 5.992 比索。

要求：

1. 编制 4 月 1 日有关销售交易的应收账款和远期合约的日记账分录。

2. 编制 5 月 31 日有关收到款项和远期合约的结算的日记账分录。

P13-6 外币套期和确定的购买承诺

2016 年 10 月 2 日，美国的 Flx 公司签订了一份远期合约，约定在 180 天内购买 50 000 欧元，远期汇率为 0.635 0 美元。该项合约是针对 ASC 815 号准则中规定的可辨认外币购买承诺进行的套期活动，2016 年 10 月 2 日的即期汇率为 0.625 0 美元。2016 年 12 月 31 日和 2017 年 3 月 31 日的即期汇率和远期汇率如下所示：

	2016 年 12 月 31 日	2017 年 3 月 31 日
即期汇率	\$0.639 0	\$0.656 0
远期汇率：		
30 天远期	\$0.641 0	\$0.657 5
90 天远期	\$0.642 0	\$0.661 5
180 天远期	\$0.645 0	\$0.668 0

要求：编制下列日记账分录：

1. 2016 年 10 月 2 日记录远期合约；

2. 2016 年 12 月 31 日调整有关账户；

3. 2017 年 3 月 31 日结算远期合约以及记录和调整相关现金购买。

P13-7 外币套期和预期销售交易

2016 年 12 月 2 日，美国的 Bat 公司预期会销售给苏格兰的 Ram 公司 500 000 英镑的重型设备。设备的交付以及款项的结算预计在 2017 年 3 月 1 日完成。

为了对该预期承诺进行套期，Bat 公司 12 月 2 日签订了一份远期合约，约定在 3 月 1 日卖出 500 000 英镑。该合约满足 ASC 815 号准则中对预期外币承诺进行现金流量套期的要求。假定合适的报酬率为 6%，合约以净额结算。

特定日期的相关利率如下所示：

英镑	2016年12月2日	2016年12月31日	2017年3月1日
即期汇率	$1.700 0	$1.705 0	$1.710 0
2017年3月1日结算的远期汇率	$1.680 0	$1.690 0	$1.710 0

要求：编制下列日记账分录：

1. 2016年12月2日的远期合约；
2. 2016年12月31日对远期合约有关账户的调整；
3. 2017年3月1日与Ram公司交割设备以及与外汇经纪人结算相关款项。

P13-8　外币套期和已确认的应付账款

2016年12月16日，美国的Mar公司从Thc公司购买了价值400 000英镑的设备，相关款项在30天内以英镑结清。

2016年12月16日，Mar公司针对与Thc公司的应付账款签订了一份30天的远期合约进行套期。合约以净额结算，特定日期的汇率如下所示：

	2016年12月16日	2016年12月31日	2017年1月15日
即期汇率	$1.67	$1.65	$1.64
2017年1月15日结算的远期汇率	$1.68	$1.66	$1.64

要求：

1. 假定该套期符合现金流量套期的认定，编制2016年12月16日有关设备购买以及远期合约的日记账分录。合适的报酬率为6%。
2. 编制2016年12月31日Mar公司的分录。
3. 编制2017年1月15日有关Mar公司结算应付款项和远期合约的分录。

专业研究任务

参考FASB ASC回答以下问题，将适当的参考内容包含在你的答案里。

PR13-1　被套期项目符合公允价值套期的特殊会计处理要求需要满足什么标准？

PR13-2　被套期项目符合现金流量套期的特殊会计处理要求需要满足什么标准？

第 14 章

外币财务报表

- 14.1　外币折算的目标与功能货币的概念
- 14.2　功能货币概念的应用
- 14.3　示例：折算
- 14.4　示例：重述
- 14.5　境外经营净投资套期

学习目标

1. 理解确定主体的功能货币时应考虑的因素。
2. 理解选定的功能货币在境外主体财务报表转换时起到的作用。
3. 理解境外子公司的经济状况在什么情况下被认为是恶性通货膨胀，以及该状况如何影响财务报表的转换。
4. 理解在收购时如何核算对境外子公司的投资。
5. 理解在对资产负债表和利润表进行转换时，在时态法和现行汇率法下的折算或重述工作表中应该采用哪种汇率。
6. 掌握在考虑子公司的功能货币的前提之下，母公司应如何使用权益法核算其对子公司的投资。
7. 掌握在时态法和现行汇率法下如何对折算或重述收益或损失进行报告。
8. 理解时态法和现行汇率法下的企业合并。
9. 理解时态法和现行汇率法下对境外经营净投资套期的核算。

如果企业境外子公司的财务报表没有采用母公司的货币进行计量，那么在与母公司的报表进行合并之前必须对子公司报表进行折算和重述。美国的跨国公司根据 ASC 830 号准则中“外币事项”的规定对境外子公司和分支的报表折算问题进行处理。本章按照公认会计原则的要求对与财务报表的折算和重述有关的方法进行了讲解。

14.1 外币折算的目标与功能货币的概念

折算的目标是：(a) 提供“与汇率变动对企业现金流量和权益的预期经济影响相一致的信息”；(b)“在合并报表中”反映“与公认会计原则相符合的按照每一参与合并主体的功能货币计量的财务成果及关系”(ASC 830)。为了完成这些目标，我们首先需要理解功能货币的概念。①

功能货币的概念

主体的**功能货币**（functional currency）是主体在其从事经营活动的主要经济环境中使用的货币。通常情况下，境外主体的功能货币是从客户处收到的以及用于偿还负债的货币。公认会计原则（ASC 830）只给出了确定功能货币的一般参考指引。由于没有明确的规定，在确定功能货币时很大程度上要依赖管理层的判断。公认会计原则给出了下列几个因素，为子公司确定功能货币提供参考。

1. 如果与境外主体的资产和负债相关的现金流量是以外币而不是母公司的货币进行标价和结算，那么境外主体的当地货币可能是其功能货币。

2. 如果境外主体的产品价格由当地的竞争状况或政府监管决定，而不受短期汇率变动和国际市场的影响，那么境外主体的当地货币可能是其功能货币。

3. 如果销售市场主要在母公司所处国家，或者销售合同通常以母公司的货币标价，那么母公司的货币可能是其功能货币。

4. 如果人工和原材料等费用主要由当地货币确定，那么境外主体的当地货币可能是其功能货币。

① FASB ASC 830. Originally ‘Foreign Currency Matters’. Norwalk, CT: Financial Accounting Standards Board, 2015.

5. 如果境外主体融资取得的货币主要以当地货币标价，并且经营获得的资金足够使境外主体偿还现有和预期的负债，那么境外主体的当地货币可能是其功能货币。

6. 若境外主体存在大量的公司内部交易和协议，则表明母公司的货币可能是其功能货币。

最后，功能货币的选择取决于管理层的判断，包括考虑上述因素。

ASC 830 号准则中的几项定义都与功能货币的概念有关。**外币**（foreign currency）是主体功能货币以外的货币。如果一个德国子公司的功能货币是欧元，那么对于它来说美元就是外币。如果它的功能货币是美元，那么欧元就是外币。

当地货币（local currency）是主体所在国家的货币。也就是说，一家美国企业的加拿大子公司的当地货币是加拿大元。在几乎所有涉及外币财务报表的情形中，子公司的账簿和财务报表都将以当地货币编制，而不管功能货币如何确定。

记账本位币（reporting currency）是用来编制合并财务报表的货币。一家美国企业和其境外子公司的合并财务报表的记账本位币是美元。**外币报表**（foreign currency statements）是指以美国母公司使用的记账本位币（美元）以外的货币编制的报表。

基于境外主体的功能货币，公认会计原则允许采用两种方法将境外子公司的财务报表转换成用美元表述。如果功能货币是美元，外币报表应当采用**时态法**（temporal method）进行重述；如果功能货币是境外主体的当地货币，外币报表应当采用**现行汇率法**（current rate method）进行折算。公司对这两种方法的选择应当最能够反映其境外经营的实质。

确定了境外子公司的功能货币，也就选定了其外币报表的折算方法——现行汇率法或时态法。选择的方法不同，合并报表项目的数额，包括净利润，都会有所不同。

对境外子公司的财务报表进行折算或重述是为了将其转换成以母公司的货币表示的财务报表，进而进行报表的合并。因此我们必须注意，选择功能货币的最终目的是编制出反映公司内在经济状况的合并财务报表。

以母公司的货币作为功能货币意味着子公司需要选择时态法。这种选择意味着母子公司最后的合并报表就像母公司直接参与这些交易一样将披露子公司从事的交易。例如，出于适应当地法律或文化的考虑，一家公司决定在国外设立销售子公司。母公司将需要在国外销售的商品运至该子公司，由子公司在该地销售，然后子公司将销售收入汇给母公司。如果子公司汇给母公司的款项是外币，那么母公司在将外币转换成美元时就需要记录汇兑损益。但如果子公司汇给母公司的是功能货币，其结果就等同于母公司直接参与了该境外交易。选择的子公司财务报表折算的方法应当使得合并报表反映这种内在的相似性。时态法能够满足这一要求。由报表重述产生的收益或损失被纳入当年的合并利润中，因为假定子公司发生的交易会立刻或几乎同时对母公司的现金状况产生影响。

相反，如果境外子公司作为一个相对独立的企业进行生产或提供服务，自己能够承担大部分的成本费用，销售商品、提供劳务收到的款项以当地货币计量，并将这些款项再投资于经营，那么从经济实质上说，该子公司就不再是母公司经营活动的延伸。此时子公司的功能货币就应当是当地货币，应采用现行汇率法对财务报表进行折算。

可以假定，母公司从子公司那里以股利分红的方式收到现金。因此，汇率变动对母公司现金流量的影响仅限于在分配股利时母公司对子公司的那一部分净投资。如果母公司决定清算对子公司的全部投资，那么会受到已实现的汇率收益和损失的影响，这些收益和损失会记入利润表。现行汇率法能够计量汇率变动对该净投资产生的影响。通常情况下，清算不是立即发生的，因此现行汇率法下汇率变动对净投资产生的影响不会记入利润表，而是作为股东权益的一部分计入其他综合收益。

14.2 功能货币概念的应用

境外子公司的外币报表在折算成美元之前必须与公认会计原则的要求保持一致，因此在折算之前必须按照公认会计原则的要求对已记录的数额予以调整。资产负债表日，所有以外币计量的账户余额（从境外主体的角度看）都要按当日现行汇率进行调整。例如，一家法国子公司必须按照财务报表当日的英镑兑换欧元的汇率调整其以英镑标价的应收账款。

根据功能货币概念的目标，境外主体的资产、负债以及经营活动必须以功能货币计量，以使境外主体的资产负债表和利润表能够与母公司的资产负债表和利润表用列报主体的记账本位币进行合并。

境外主体的功能货币决定了将境外主体的财务报表转换成以母公司的货币表示的会计程序。因为境外主体以当地货币记账，这里的当地货币可能是它们的功能货币，也可能与功能货币不同，因此合并报表就需要首先对其进行折算或重述，或两者兼而有之。

□ 折算

若境外主体的账簿以自身的功能货币反映，那么将它的报表转换成以列报主体的记账本位币反映的过程称为折算。**折算**（translation）是指以记账本位币表示境外主体的功能货币的计量状况。

ASC 830 号准则的基本要求是，财务报表的所有要素，除了股东权益外，都要以现行汇率进行折算。这就是现行汇率法。由于此时境外主体的功能货币不是母公司的功能货币，因此预期汇率的变动对列报主体的现金流量不会产生直接影响。折算过程中将汇率变动产生的折算差额看作股东权益的变动记入其他综合收益。该折算差额会一直累积至企业将对境外主体的投资出售或清算，届时该累积数额会作为出售损益的调整项。

□ 重述

若境外主体的账簿不以自身的功能货币反映，那它的财务报表必须按照功能货币进行**重述**（remeasurement）。如果外币财务报表重述时的功能货币是美元，那么对外币报表进行重述后不再需要折算，因为此时母公司的记账本位币也是美元。

重述的目的是要产生这样一种结果，即如同报表最初是以功能货币编制的。为了实现该目标，重述过程中需要同时使用历史汇率和现行汇率。在时态法下，货币性资产和负债要以现行汇率进行重述，其他资产和负债以历史汇率进行重述。**货币性资产和负债**（monetary assets and liabilities）是指那些以特定货币表示的以固定或可确定的金额收取或支付的项目，例如现金、应收账款和应付账款。重述过程中产生的汇率变动的折算差额会计入当期损益，因为它会对企业的预期现金流量产生直接影响。

□ 外币财务报表的折算和重述

美国的 Patriot 公司有一家在英格兰经营的全资子公司 Regal 公司。如果 Regal 公司的相关账户需要折算或重述，存在以下几种可能的情形：

	功能货币	记账货币	合并所需程序
情形 1	英镑	英镑	折算
情形 2	美元	英镑	重述
情形 3	欧元	英镑	重述和折算

在情形 1 中，Regal 公司以当地货币——英镑记账，此时它的功能货币也是英镑，因此不需要重述，只需要折算成美元（列报主体的货币）即可。公认会计原则（ASC 830）要求使用现行汇率法进行折算，资产负债表日所有资产和负债都要以现行汇率折算。理论上应当使用每个交易日的实际即期汇率对收入、费用以及利得和损失进行折算。但在实际处理过程中通常使用该期间内合理的加权平均汇率对收入和费用项目进行折算。根据公认会计原则的要求，折算差额记入其他综合收益。

在情形 2 中，Regal 公司以英镑记账，但是此时它的功能货币是美元。根据公认会计原则的要求，需要将其账户重述（以美元表示）。此时不需要进行折算，因为最终的记账本位币也是美元。重述的目的是使报表呈现一种仿佛一直以来都以功能货币计量的结果。因此，重述过程中需要对一些项目采用现行汇率，而对另一些项目采用历史汇率，所有不以功能货币（此时是美元）标价的货币性资产或负债产生的损益都要予以确认。

在情形 3 中，Regal 公司以英镑记账，但是此时它的功能货币是欧元（当子公司为法国经营机构的控股公司时可能会出现这种情况）。此时合并报表需要对所有资产、负债、收入、费用以及利得和损失以欧元（功能货币）重述，并且对于所有不以欧元标价的货币性资产或负债产生的汇兑损益予以确认。完成重述后，再根据现行汇率法将报表折算成以美元表示。将境外主体的报表按照其功能货币折算成列报主体记账本位币的过程会产生外币报表折算差异，但是该折算差异并不在当期利润中反映，而是作为股东权益的一部分记入其他综合收益。

图表 14－1 列示了用于折算和重述的汇率。功能货币一经确定不得随意变更，除非企业经营所处的主要经济环境发生变化。功能货币的变更不是会计政策的变更。

图表 14－1　用于折算和重述的汇率一览表

	重述至功能货币	折算至记账本位币
资产		
现金、活期存款、定期存款	现行	现行
以成本计量的有价证券：		
权益证券	历史	现行
债务证券	历史	现行
应收账款、应收票据和未实现的折扣	现行	现行
应收账款及应收票据的坏账准备	现行	现行
存货：		
以成本计量	历史	现行
以成本与市价孰低法计量	*	现行
预付保险费、广告费和租金	历史	现行
存出保证金	现行	现行
固定资产	历史	现行
固定资产累计折旧	历史	现行
人寿保险退保金	现行	现行
递延所得税资产	现行	现行
专利权、商标、许可权和配方	历史	现行
商誉	历史	现行
其他无形资产	历史	现行

续表

	重述至功能货币	折算至记账本位币
负债		
应付账款、应付票据和透支款项	现行	现行
应计费用	现行	现行
递延所得税负债	现行	现行
递延收益	历史	现行
其他递延信用款项	历史	现行
应付债券和其他长期负债	现行	现行
所有者权益		
股本	历史	历史①
以发行价格计价的优先股	历史	历史①
资本公积	历史	历史①
留存收益	不进行重述	不进行折算
利润表中的非货币性项目②		
营业成本	历史	平均（当年）
固定资产折旧	历史	平均（当年）
无形资产的摊销（专利权等）	历史	平均（当年）
递延费用和信贷的摊销	历史	平均（当年）

注：* 若会计主体不以功能货币记账，并且存货采用成本与市价孰低法计量，则首先应对存货按照历史汇率进行重述，然后对得到的以功能货币表示的存货历史成本和以功能货币表示的市场价值进行比较。

①抵销母子公司之间对应的长期股权投资及权益类账户时，应采用历史汇率折算。应该指出，对所有资产、负债和权益账户以现行汇率转换能够避免折算产生的权益调整。

②对利润表中的货币性项目进行折算或重述时采用加权平均汇率，该汇率应当与相关交易发生时的汇率近似。对公司内部分配的股利进行折算或重述时，要采用实际支付股利时的有效汇率。对利润表项目的折算是通过使用加权平均汇率来实现的。

公司内部的外币交易

如果公司内部交易产生的应收应付账款以主体（母公司或子公司）的功能货币以外的货币标价，那么这些交易称为公司内部的外币交易。这类交易产生的汇率变动损益计入当期损益。有一种例外情况是，当这些交易产生具有长期投资性质的公司间余额，且在可预见的未来不会对该余额进行结算时，将此外币报表折算差异作为股东权益的调整项记入其他综合收益。

我们需要对公司内部交易进行分析，以确定该交易对于交易某一方或双方而言是不是外币交易。为了进一步阐述，我们假定美国的母公司向英国的子公司借款 1 600 000 美元（1 000 000 英镑）。下列分析表明，当子公司的当地货币（英镑）也是它的功能货币时，母公司或子公司中必有一方存在外币交易。

	借款的标价币种	子公司的功能货币	对于交易一方而言是否属于外币交易	
			子公司	母公司
情形 1	英镑	英镑	否	是
情形 2	英镑	美元	是	是
情形 3	美元	英镑	是	否
情形 4	美元	美元	否	否

当子公司的功能货币是美元时，情形 2 对于子公司而言是外币交易，可以与母公司互相抵消；而情形 4 不是外币交易。只有当子公司的功能货币是当地货币（情形 1 和情形 3）时，对于合并利润才会有潜在影响。如果该借款具有长期投资性质，那么资产负债表日外币报表折算差异作为股东权益调整项；否则会作为折算损益记入利润表。

□ 恶性通货膨胀下的境外主体经营

恶性通货膨胀下，当地货币的价值急剧下降，导致商品和服务的价格急剧上升。通常情况下，该货币的价值相较于其他货币发生疲软。缺乏稳定的计量单位会导致外币报表折算为美元的过程中出现很多特殊问题。

例如，假设第一年末 1 美元可以兑换 50 当地货币单位（LCU），汇率是 0.02 美元。但第 2 年末 1 美元可以兑换 200LCU，汇率是 0.005 美元。第 1 年末 9 000 000LCU 的权益投资按照现行汇率可以折算成 180 000 美元，但一年之后，同样是 9 000 000LCU 的投资按照现行汇率就只能折算成 45 000 美元。现行汇率法下，累积折算损益要记入其他综合收益，直至清算该投资时才在利润中予以确认。

FASB 认为，在出现恶性通货膨胀的情况下，采用现行汇率法对报表进行折算会给境外主体的经营活动带来问题。根据公认会计原则，按物价水平调整后的财务报表已不再是基本的财务报表，所以 FASB 提出了具有可操作性的替代方案。要注意通货膨胀也是决定汇率的一个因素，因此为了在合并报表中反映恶性通货膨胀的影响，处于恶性通货膨胀环境中的境外主体的财务报表要用记账本位币（美元）进行重述，由重述产生的汇兑收益和损失要记入当期的利润中以反映恶性通货膨胀对合并主体的影响。

公认会计原则（ASC 830）将“恶性通货膨胀”定义为累计三年通货膨胀率近似达到 100%甚至更高。某国三年内的通货膨胀率如下所示：

	指数	指数变动额	年通货膨胀率
2016 年 1 月 1 日	120		
2017 年 1 月 1 日	150	30	30÷120（即 25%）
2018 年 1 月 1 日	210	60	60÷150（即 40%）
2019 年 1 月 1 日	250	40	40÷210（即 19%）

此时累计三年通货膨胀率是 108.3%［(250－120)÷120］，而不是 84%（25%＋40%＋19%）。该示例中累计三年通货膨胀率超过了 100%，所以用来确定功能货币的一般标准已不再适用。出于合并报表的目的，此时的功能货币就是美元（列报主体的功能货币）。

□ 企业合并

境外主体的资产和负债要按照企业合并当日的有效现行汇率折算成美元。

境外经营中的可辨认资产和负债要按照当地货币的公允价值予以调整，并根据企业合并当日的有效现行汇率进行折算。根据公认会计原则的规定，投资的公允价值和所获净资产折算后的公允价值的差额要作为商誉或廉价购买。

公允价值和账面价值差额　当境外主体以功能货币记账时，公允价值超过账面价值的部分先按照当地货币单位分摊至资产、负债和商誉中，然后再根据现行汇率法以现行汇率折算。

例如，假定 2016 年 1 月 1 日将 10 000 英镑的合并价差（公允价值超过账面价值的差额）分摊至剩余使用年限为 5 年的设备，当日现行汇率为 1.50 美元。如果 2016 年的平均汇率为 1.45 美元，年末的现行汇率为 1.40 美元，那么该差额分摊至 2016 年的折旧额为 2 900 美元（2 000×1.45），2016 年 12 月 31 日未折旧部分余额为 11 200 美元（8 000×1.40），未实现折算损失为 900 美元［15 000－(2 900＋11 200)］，作为折算的股东权益调整项记入其他综合收益。

若境外主体不是以其功能货币记账，则需要进行重述，并且按照企业合并日的有效历史汇率将分摊至设备的合并价差进行摊销。此时，折旧费用变成了3 000美元（2 000×1.50），未折旧部分余额为12 000美元（8 000×1.50）。

少数股东权益 境外主体少数股东权益的计算以折算或重述报表为基础，并且该报表已对公允价值与账面价值的差额进行了调整。类似地，国外被投资方的财务报表在采用权益法核算之前也要进行折算或重述。

14.3 示例：折算

□ 背景信息

美国Pat公司用525 000美元取得了英国Star公司的全部股份，当时Star公司净资产的公允价值等于账面价值。购买日为2016年12月31日，当日的现行汇率为1.50美元。2016年12月31日Star公司资产和权益状况如下表所示：

	英镑	汇率	美元
资产			
现金	£140 000	$1.50	$210 000
应收账款	40 000	1.50	60 000
存货（成本）	120 000	1.50	180 000
固定资产	100 000	1.50	150 000
减：累计折旧	(20 000)	1.50	(30 000)
资产总额	£380 000		$570 000
权益			
应付账款	£ 30 000	$1.50	$450 000
应付债券	100 000	1.50	150 000
股本	200 000	1.50	300 000
留存收益	50 000	1.50	75 000
权益总额	£380 000		$570 000

2017年英镑相对于美元价值有所下降，年末的现行汇率为1.40美元。2017年度的平均汇率为1.45美元，2017年12月31日Star公司分配了30 000英镑的股利，当日的现行汇率为1.42美元。

□ 内部交易

公司间唯一一项内部交易为，Star公司2017年1月4日向Pat公司支付84 000美元（合56 000英镑）的无息预付账款，当日汇率仍然是1.50美元。该款项以美元标价。假设Star公司的功能货币是英镑，由于款项以美元标价，因此该项交易从Star公司来看属于外币交易，但对于Pat公司来说则不是。

2017年末Star公司对该项预付账款予以调整，以使其反映当时现行汇率1.40美元。由于该款项不具有长期投资的性质，因此公司将汇率变动导致的差额记入汇兑损益。Star公司所做的分录如下所示：

借：预付账款——Pat公司（+A）	£4 000	
贷：汇兑收益（+Ga，+SE）		£4 000

对此项以美元计价的款项进行调整（$84 000÷$1.40－£56 000）。

Star 公司 2017 年 12 月 31 日调整后的试算余额反映了向 Pat 公司支付的 60 000 英镑预付账款以及 4 000 英镑的汇兑利得。

□ 折算境外子公司的调整后试算平衡表

2017 年 12 月 31 日，Pat 公司在采用权益法核算其对 Star 公司的投资、合并财务报表之前，首先将 Star 公司的调整后试算平衡表折算为美元。图表 14－2 列示了将 Star 公司的账户折算成美元的过程，并说明了折算工作底稿的程序。

图表 14－2　2017 年 Star 公司折算工作底稿

折算工作底稿（2017 年功能货币：英镑）			
	试算余额	折算汇率	试算余额
借方			
现金	£110 000	$1.40	$154 000
应收账款	80 000	1.40	112 000
存货（先进先出法）	120 000	1.40	168 000
固定资产	100 000	1.40	140 000
预付账款——Pat 公司	60 000	1.40	84 000
营业成本	270 000	1.45	391 500
折旧费用	10 000	1.45	14 500
薪酬费用	120 000	1.45	174 000
其他费用	60 000	1.45	87 000
股利分红	30 000	1.42	42 600
累计其他综合收益			28 600
	£960 000		$1 396 200
贷方			
累计折旧	£　30 000	$1.40	$42 000
应付账款	36 000	1.40	50 400
应付债券	100 000	1.40	140 000
股本	200 000	1.50	300 000
留存收益	50 000	倒挤	75 000
营业收入	540 000	1.45	783 000
汇兑收益（预付账款）	4 000	1.45	5 800
	£960 000		$1 396 200

对功能货币不是母公司记账本位币的外国子公司必须采用现行汇率法折算。此处的记账本位币是美元。所有的资产和负债要以资产负债表日的汇率折算，所有利润表中的项目则以当期的平均利率折算，该平均利率近似等于交易日的即期汇率。对境外子公司支付的股利则以当日的即期汇率折算。

子公司股东权益不能以现行汇率折算。对股本和资本公积以取得子公司时的实际汇率折算。留存收益不进行折算。它根据收购时的留存收益，加上合并后取得的净利润，减去股利来计算，以美元表示。在收购以后年度，财务报表中某一年期初的折算留存收益就是上一年期末的折算留存收益余额。

所有的报表项目折算为美元后，需要将试算平衡表所有的借方和贷方发生额分别加总，并将平衡借方和贷方差额的项目作为折算权益调整记入其他综合收益。例如，图表 14－2 中 28 600 美元的折算权益调整就是用贷方发生额 1 396 200 美元减去借方发生额 1 367 600 美元得来的。Star 公司最终的折算后财务报表在图表 14－3 中列示。

图表 14－3　折算后财务报表（功能货币：英镑）　单位：美元

利润表和留存收益表（Star 公司 2017 年度）		
营业收入		$783 000
减：营业成本及费用		
营业成本	$391 500	
折旧费用	14 500	
薪酬费用	174 000	
其他费用	87 000	
成本及费用总额		667 000
营业利润		116 000
汇兑收益		5 800
净利润		121 800
1 月 1 日留存收益		75 000
		196 800
减：股利		42 600
12 月 31 日留存收益		$154 200
资产负债表（Star 公司 2017 年 12 月 31 日）		
资产		
现金		$154 000
应收账款		112 000
存货		168 000
固定资产		140 000
减：累计折旧		(42 000)
预付账款——Pat 公司		84 000
资产总额		$616 000
权益		
应付账款		$ 50 400
应付债券		140 000
股本		300 000
留存收益		154200
其他综合收益		(28 600)
权益总额		$616 000

□ 权益法的会计处理

2016 年 12 月 31 日，Pat 公司按照投资成本的公允价值 525 000 美元记录对 Star 公司的长期股权投资。接下来 Pat 公司将采用权益法核算对境外子公司的投资。采用该方法 Pat 公司需要使用 Star 公司折算后的财务报表。2017 年 12 月 1 日 Pat 公司记录收到 Sat 公司 30 000 英镑，即 42 600 美元股利的分录如下所示：

借：现金（＋A）	42 600	
贷：长期股权投资——Star 公司（－A）		42 600

Pat 公司收到股利时的汇率为 1.42 美元，所以股利必须按照支付时的有效现行汇率，也就是 1.42 美元折算成美元（见图表 14－2）。

对于 2017 年度 Star 公司取得的净利润，Pat 公司需要确认它应享有的份额，并且确认源于折算的未实现损失。分录如下所示：

借：长期股权投资——Star 公司（+A）　93 200
　　其他综合收益——折算权益调整（−SE）　28 600
　贷：投资收益——Star 公司（+R，+SE）　121 800

该分录以美元为单位，将 2017 年度 Star 公司取得的净利润 100%确认为投资收益，也确认了 28 600 美元的折算损失，并记入其他综合收益。用 Star 公司实现的 121 800 美元净利润减去 28 600 美元的未实现折算损失得到的 93 200 美元，就是 Star 公司的经营活动导致的 Pat 公司投资增加额。

将投资成本公允价值超过账面价值的合并价差分摊至可辨认资产与负债：专利权摊销示例　Pat 公司对 Star 公司的投资成本为 525 000 美元，Star 公司已记录的净资产的公允价值与账面价值均为 375 000 美元。将投资成本超过净资产账面价值的 150 000 美元全部分摊至一项专利权，该专利权源于内部研发，且几乎没有法定成本，因此账面价值为 0。在现行汇率法下，与该专利权相关的计算要基于当地货币（英镑），而不是美元。计算专利权摊销额的第一步，是要将分摊至专利权的合并价差 150 000 美元转换成价值相等的英镑。购买日 2016 年 12 月 31 日的汇率为 1.50 美元，因此 150 000 美元即为 100 000 英镑。

2017 年 Pat 公司账上的合并价差分摊额为 100 000÷10×1.45（2017 年的平均汇率）=14 500 美元。关于该项分摊的分录如下所示：

借：投资收益——Star 公司（−R，−SE）　14 500
　　其他综合收益——折算权益调整（−SE）　9 500
　贷：长期股权投资——Star 公司（−A）　24 000

分录中专利权的折算权益调整是由 2017 年的汇率变动产生的，贷记“长期股权投资——Star 公司”24 000 美元（150 000−90 000×1.40）反映了当年未摊销的专利权的减少额。它们之间的关系如下所示：

	英镑	汇率	美元
期初专利权	£100 000	$1.50	$150 000
减：摊销额	10 000	1.45	14 500
	90 000		135 500
折算权益调整	—		9 500
期末专利权	£ 90 000	1.40	$126 000

另外，9 500 美元的折算权益调整也可以按照下列方法计算：

10 000 英镑的摊销额×期初至期中汇率的减少额（$1.45−$1.50）	$　500
90 000 英镑的未摊销额×当年汇率减少额（$1.40−$1.50）	9 000
权益调整	$9 500

注意该权益调整只会出现在 Pat 公司的账上，因为 Star 公司的账上没有记录该项专利权。

采用现行汇率法将投资成本超过账面价值的合并价差分摊至其他可辨认资产和负债的调整分录与上述处理类似。

对境外子公司的投资　我们将 2017 年 Pat 公司对 Star 公司的长期股权投资的变动汇总：

2016 年 12 月 31 日的投资成本	$525 000
减：2017 年收到的股利	(42 600)
加：Star 公司净利润中归属于 Pat 公司的份额	121 800
减：未实现折算损失	(28 600)
减：专利权的摊销额	(14 500)
减：专利权的未实现折算损失	(9 500)
2017 年 12 月 31 日的长期股权投资余额	$551 600

□ 合并

图表14－4为2017年度Pat公司与Star公司的合并工作底稿。Pat公司列报的来自Star公司的投资收益为107 300美元，由Star公司取得的净利润中归属于Pat公司的份额（121 800美元）减去未记录专利权的摊销额（14 500美元）得来。对Star公司长期股权投资的余额为551 600美元，同前述计算结果一致。Pat公司记录28 600美元权益调整，是因为采用权益法核算其对Star公司的长期股权投资，该调整记录在折算财务报表中。另外，9 500美元的权益调整与未记录的专利权相关，Pat公司应该对此进行记录。这两部分相加得到的38 100美元就是Pat公司权益调整的余额。

图表14－4　2017年度Pat公司及其子公司折算合并工作底稿（功能货币：英镑）

	Pat公司	Star公司	调整与抵销		合并财务报表
			借	贷	
利润表					
营业收入	$1 218 300	$783 000			$2 001 300
投资收益——Star公司	107 300		107 300[a]		
营业成本	(600 000)	(391 500)			(991 500)
折旧费用	(40 000)	(14 500)			(54 500)
薪酬费用	(300 000)	(174 000)			(474 000)
其他费用	(150 000)	(87 000)	14 500[d]		(251 500)
汇兑收益		5 800			5 800
净利润	**$ 235 600**	**$121 800**			**$ 235 600**
留存收益表					
留存收益——Pat公司	$ 245 500				$ 245 500
留存收益——Star公司		$ 75 000	75 000[b]		
净利润	**235 600**	**121 800**			**235 600**
股利	(100 000)	(42 600)		42 600[a]	(100 000)
12月31日留存收益	**$ 381 100**	**$154 200**			**$ 381 100**
资产负债表					
现金	$ 317 600	$154 000			$ 471 600
应收账款	150 000	112 000			262 000
存货	300 000	168 000			468 000
固定资产	400 000	140 000			540 000
累计折旧	(100 000)	(42 000)			(142 000)
预付账款——Pat公司		84 000		84 000[e]	
长期股权投资——Star公司	551 600		38 100[c]	64 700[a] 525 000[b]	
专利权			150 000[b]	9 500[c] 14 500[d]	126 000
	$1 619 200	$616 000			$1 725 600
应付账款	$ 142 200	$ 50 400			$ 192 600
预收款——Star公司	84 000		84 000[e]		
应付债券	250 000	140 000			390 000
股本	800 000	300 000	300 000[b]		800 000
留存收益	**381 100**	**154 200**			**381 100**
其他综合收益	(38 100)	(28 600)		28 600[c]	(38 100)
	$1 619 200	$616 000	768 900	768 900	$1 725 600

合并境外子公司的程序与合并国内子公司的程序是一样的，有关工作底稿中的分录也相同。图表 14-4 的工作底稿分录 a 如下所示：

a　借：投资收益——Star 公司（－R，－SE）	**107 300**	
**　　贷：股利（＋SE）**		**42 600**
**　　　　长期股权投资——Star 公司（－A）**		**64 700**

分录 b 抵销了子公司的股东权益和母公司对应的长期股权投资的期初余额，同时记录期初未摊销的专利权余额。

分录 c 调整了 Pat 公司对 Star 公司的长期股权投资中的未实现折算损失，抵销了专利权的未实现折算损失和 Star 公司剩余的股东权益——折算权益调整。

b　借：留存收益——Star 公司（－SE）	**75 000**	
**　　　　股本——Star 公司（－SE）**	**300 000**	
**　　　　专利权（＋A）**	**150 000**	
**　　贷：长期股权投资——Star 公司（－A）**		**525 000**
c　借：长期股权投资——Star 公司（＋A）	**38 100**	
**　　贷：专利权（－A）**		**9 500**
**　　　　其他综合收益（折算权益调整）——Star 公司（＋SE）**		**28 600**

分录 d 记录当期专利权的摊销费用 14 500 美元［10 000×1.45（平均汇率）］，并且将尚未摊销的专利权调减至 126 000 美元［90 000×1.40（汇率）］。

最后一笔工作底稿分录 e 抵销了 Star 公司与 Pat 公司之间对应的预收预付账款。

在现行汇率法下，期初至期末累计其他综合收益的变化反映了该年度内汇率的变化使子公司净资产的投资变化的数额。累计其他综合收益的余额代表了在子公司的折算工作底稿中需要调整的部分，它等于期初的累计其他综合收益加上该年度汇率变化导致的账户变动额。

为了更好地理解累计其他综合收益余额的变化所反映的内容，我们采用更直接的计算方式：

Star 公司期初累计其他综合收益——折算损失	$0
累计其他综合收益本期增加数——折算损失	28 600
期末累计其他综合收益——折算损失	$28 600

汇率变化对 Star 公司净资产账面价值的影响如下所示：

		汇率变动额	
净资产期初账面价值	£250 000	－0.10 ($1.40－$1.50)	($25 000)
净利润	£ 84 000	－0.05 ($1.40－$1.45)	(4200)
减：股利	－£ 30 000	－0.02 ($1.40－$1.42)	＋600
汇率变化对净资产的影响			($28 600)

在合并财务报表中，累计其他综合收益变动额为损失 38 100 美元，超出折算损失 28 600 美元 9 500 美元，该差额是由本年度尚未摊销的专利权价值的变化导致的。专利权并不在 Star 公司账上披露，而是记入 Pat 公司对 Star 公司的长期股权投资。

累计其他综合收益变动额的计算让我们看清了损失的实质，也理解了为什么该损失不计入当期损益而是计入其他综合收益。境外子公司的功能货币是当地货币，所以将子公司取得的利润分给母公司或母公司清算其对子公司的投资时，汇率变化导致母公司要确认相应的损失。但是清算通常不会立即发生，所以折算损益不会反映在当期的利润中，而是直接作为股东权益的一部分记入综合收益表。

14.4 示例：重述

如果境外子公司的功能货币是美元，那就需要对该公司的账户进行重述，因重述产生的汇兑利得或损失净额要计入当期损益。重述的目的是使账簿看起来一直在用美元记账。

为了更好地比较重述（时态法）和折算（现行汇率法）的区别，这里我们仍然使用 Pat 公司和 Star 公司的例子，假定 Star 公司的功能货币是美元，采用英镑记账。

2016 年 12 月 31 日，Pat 公司收购了 Star 公司，对资产、负债、所有者权益项目的重述采用当日的实际汇率 1.50 美元。在购买日对重述的处理与折算相同，Pat 公司的投资成本是 525 000 美元，其中超过所获 Star 公司价值 375 000 美元的净资产的 150 000 美元要分摊至专利权中。不同于折算，重述中不会对专利权价值根据汇率变化进行调整，因此，在接下来 10 年中每年专利权的摊销额都是 15 000 美元。

预付给 Pat 公司的 56 000 英镑（合 84 000 美元）对于 Pat 公司和 Star 公司来说都不是外币交易，因为该款项以美元标价，并且两公司的功能货币都是美元。因此，Star 公司不需要确认 4 000 英镑的汇兑收益，也不需要将预付账款调整至 60 000 英镑，而是在 Pat 公司账上以 84 000 美元重述。图表 14-5 是 Star 公司编制的 2017 年度重述工作底稿。除了折算程序下支付 Pat 公司的预付账款和 4 000 英镑的汇兑利得外，Star 公司 2017 年 12 月 31 日以英镑为单位的试算平衡表与图表 14-2 假定英镑为功能货币时的试算平衡表相同。

图表 14-5 Star 公司 2017 年度重述工作底稿（功能货币：美元）

	试算余额（英镑）	汇率		试算余额（美元）
借方				
现金	£110 000	C	$1.40	$154 000
应收账款	80 000	C	1.40	112 000
存货（先进先出法）	120 000	H	1.42	170 400
固定资产	100 000	H	1.50	150 000
预付账款——Pat 公司	56 000*	R		84 000
营业成本	270 000	H		401 100
折旧费用	10 000	H	1.50	15 000
薪酬费用	120 000	A①	1.45	174 000
其他费用	60 000	A①	1.45	87 000
股利	30 000	R		42 600
重述汇兑损失				3 300
	£956 000			$1 393 400
贷方				
累计折旧	£ 30 000	H	$1.50	45 000
应付账款	36 000	C	1.40	50 400
应付债券	100 000	C	1.40	140 000
股本	200 000	H	1.50	300 000
留存收益	50 000	倒挤		75 000
营业收入	540 000	A	1.45	783 000
	£956 000			$1 393 400

注：A——平均汇率；C——现行汇率；H——历史汇率；R——美元等值额。

*英国公认会计原则要求向政府报告折算收益，但根据美国公认会计原则无须报告折算损益，并且规定可采用倒数汇率。

①假定在 2017 年以现金支付。

除了公司内部交易的预付账款，Star 公司所有货币性项目都以现行汇率重述。这些货币性项目包括现金、应收账款、应付账款和应付债券。此时对货币性项目的重述结果与现行汇率法下折算程序的结果相同。而支付给 Pat 公司的预付账款和股利则以 Pat 公司在其账户中记录的数额进行重述。

工作底稿中营业成本和存货假定采用先进先出法计量，期末存货于 2017 年 12 月 1 日购入，当时的汇率为 1.42 美元。有关历史汇率的使用情况如下所示：

	英镑	汇率	美元
存货（2016 年 12 月 31 日）	£120 000	$1.50H	$180 000
2017 年购入存货	270 000	1.45A	391 500
可供销售的存货成本	390 000		571 500
存货（2017 年 12 月 31 日）	(120 000)	1.42H	(170 400)
营业成本	£270 000		$401 100

当 Star 公司成为 Pat 公司的子公司时，Star 公司所有的固定资产都为 Pat 公司所有。因此，固定资产以及相关的折旧费用、累计折旧都要以 2016 年 12 月 31 日的实际汇率 1.50 美元进行重述。如果 Star 公司在 2017 年还取得了其他的固定资产，那么该新增资产以及相应的折旧科目也要以取得当日的实际汇率重述。

根据公认会计原则（ASC 830）的要求，费用科目如果与货币性项目（现金，应收、应付账款）有关，则采用当期的平均汇率重述；如果与**非货币性项目**（nonmonetary items，例如固定资产，递延费用，无形资产）有关，则采用历史汇率重述。图表 14-5 中的薪酬费用和其他费用采用平均汇率重述，假定它们与货币性项目相关。若某一费用科目既与货币性项目相关又与非货币性项目相关，那么对该科目的重述就不仅仅是用某种简单的汇率计算，而是需要更复杂的计算。虽然营业收入与非货币性项目相关的情形并不多见，但以上表述同样适用于营业收入的重述。

股本和资本公积以历史汇率重述，其重述和折算的金额完全相同。正如前面所说，留存收益科目的余额不能简单折算或重述，而是要根据计算倒挤得出（期末留存收益等于期初留存收益加上重述的利润，再减去重述的股利）。

重述工作底稿中的所有项目，除汇兑损失外都要以美元表示。试算余额的借方和贷方要分别加总，可以确定借方和贷方的差额。如果贷方余额更大，那么差额为当期的汇兑损失，记入重述工作底稿。因此图表 14-5 中 3 300 美元的汇兑损失是由 1 393 400 美元的贷方余额减去 1 390 100 美元的借方余额得到的。

ASC 830 号准则要求，由重述产生的汇兑收益和损失要计入当期损益。企业对外报告时，由重述产生的汇兑损益和外币交易产生的汇兑损益要合并列报，在财务报表附注中则要分别披露。

□ 权益法与合并

与折算的例子类似，在合并重述报表前，Pat 公司采用权益法核算其对子公司的长期股权投资。所有重述收益和损失都要计入当期损益。Pat 公司核算对 Star 公司投资的会计分录如下所示：

借：长期股权投资——Star 公司（＋A）	525 000	
贷：现金（－A）		525 000
记录 2016 年 12 月 31 日收购子公司。		
借：现金（＋A）	42 600	
贷：长期股权投资——Star 公司（－A）		42 600

记录2017年12月1日收到股利。

借：长期股权投资——Star公司（+A） 87 600

　贷：投资收益——Star公司（+R，+SE） 87 600

记录2017年度的投资收益，即Star公司102 600美元的净利润减去15 000美元专利权的摊销额。

2017年12月31日Pat公司对Star公司的长期股权投资余额为570 000美元，等于当日Star公司435 000美元的净资产加上135 000美元的未摊销专利权。这些数目在图表14-6的合并工作底稿中予以列示。

图表14-6 Pat公司及其子公司2017年度重述合并工作底稿（功能货币：美元）

	Pat公司	Star公司	调整与抵销		合并财务报表
			借	贷	
利润表					
营业收入	$1 218 300	$783 000			$2 001 300
投资收益——Star公司	87 600		87 600[a]		
营业成本	(600 000)	(401 100)			(1 001 100)
折旧费用	(40 000)	(15 000)			(55 000)
薪酬费用	(300 000)	(174 000)			(474 000)
其他费用	(150 000)	(87 000)	15 000[c]		(252 000)
汇兑损失		(3 300)			(3 300)
净利润	**$ 215 900**	**$102 600**			**$ 215 900**
留存收益表					
留存收益——Pat公司	$ 245 500				$ 245 500
留存收益——Star公司		$ 75 000	75 000[b]		
净利润	**215 900**	**102 600**			**215 900**
股利	(100 000)	(42 600)		42 600[a]	(100 000)
12月31日留存收益	**$ 361 400**	**$135 000**			**$ 361 400**
资产负债表					
现金	$ 317 600	$154 000			$471 600
应收账款	150 000	112 000			262 000
存货	300 000	170 400			470 400
固定资产	400 000	150 000			550 000
累计折旧	(100 000)	(45 000)			(145 000)
预付账款——Pat公司		84 000		84 000[d]	
长期股权投资——Star公司	570 000			45 000[a] 525 000[b]	
专利权			150 000[b]	15 000[c]	135 000
资产总额	$1 637 600	$625 400			$1 744 000
应付账款	$ 142 200	$ 50 400			$ 192 600
预收账款——Star公司	84 000		84 000[d]		
应付债券	250 000	140 000			390 000
股本	800 000	300 000	300 000[b]		800 000
留存收益	**361 400**	**135 000**			**361 400**
权益总额	$1 637 600	$625 400	711 600	711 600	$1 744 000

重述相关的合并工作底稿分录如下所示：

a 借：投资收益——Star公司（-R，-SE） 87 600

**　贷：股利（+SE） 42 600**

**　　长期股权投资——Star公司（-A） 45 000**

b 借：股本——Star 公司（－SE）	300 000	
留存收益——Star 公司（－SE）	75 000	
专利权（＋A）	150 000	
贷：长期股权投资——Star 公司（－A）		525 000
c 借：其他费用（＋E，－SE）	15 000	
贷：专利权（－A）		15 000
d 借：预收账款——Star 公司（－L）	84 000	
贷：预付账款——Pat 公司（－A）		84 000

当境外子公司的功能货币是美元时，如果该公司的财务报表已重述为美元，那么合并该公司的程序和合并国内子公司一样。虽然与折算相比，重述的程序更复杂，但是后续的合并程序要简单一些，因为重述不会出现未实现的折算收益及损失或折算权益调整。

与前面关于折算的叙述类似，重述产生的收益或损失也可以直接计算。但是重述的程序较为烦琐，验证其结果的直接计算方法也比现行汇率法复杂得多。所有的货币性资产和货币性负债以年末现行汇率重述，非货币性资产和负债以历史汇率重述。

如前所述，2016 年 12 月 31 日 Star 公司的货币性项目为现金 140 000 英镑，应收账款 40 000 英镑，应付账款 30 000 英镑，应付债券 100 000 英镑。因此货币性资产净额（货币性资产－货币性负债）为180 000 英镑减去 130 000 英镑，等于 50 000 英镑。

		汇率变动额	
期初货币性资产净额	£ 50 000	($1.40－$1.50)	($5 000)
销售活动（现金或应收账款的增加额）	£540 000	($1.40－$1.45)	(27 000)
采购活动（现金或应收账款的减少额或应付账款的增加额）	£270 000	($1.40－$1.45)	13 500
薪酬费用（假定以现金支付）	£120 000	($1.40－$1.45)	6 000
其他费用（假定以现金支付）	£ 60 000	($1.40－$1.45)	3 000
预付账款——Pat 公司	£ 56 000	($1.40－$1.50)	5 600
股利	£ 30 000	($1.40－$1.42)	600
汇兑损失总额			($3 300)

汇兑损失源于该年度汇率变化对货币性项目的影响。

□ 合并报表中折算和重述的区别

Pat 公司及其子公司的折算（现行汇率法）和重述（时态法）比较合并报表在图表 14－7 中列示。

图表 14－7 比较合并报表

利润表和留存收益表	折算（现行汇率法）	重述（时态法）
营业收入	$2 001 300	$2 001 300
减：成本及费用		
营业成本	991 500	1 001 100
薪酬费用	474 000	474 000
其他费用	237 000	237 000
折旧费用	54 500	55 000
专利权摊销额	14 500	15 000

续表

	折算（现行汇率法）	重述（时态法）
成本及费用总额	1 771 500	1 782 100
营业利润	229 800	219 200
汇兑收益（损失）	5 800	(3 300)
净利润	235 600	215 900
1月1日留存收益	245 500	245 500
	481 100	461 400
减：股利	100 000	100 000
12月31日留存收益	$ 381 100	$ 361 400

资产负债表

	折算（现行汇率法）	重述（时态法）
资产		
现金	$ 471 600	$ 471 600
应收账款	262 000	262 000
存货	468 000	470 400
固定资产	540 000	550 000
减：累计折旧	(142 000)	(145 000)
专利权	126 000	135 000
资产总额	$1 725 600	$1 744 000
负债		
应付账款	$ 192 600	$ 192 600
应付债券	390 000	390 000
负债总额	582 600	582 600
股东权益		
股本	800 000	800 000
留存收益	381 100	361 400
其他综合收益：折算权益调整	(38 100)	
股东权益总额	1 143 000	1 161 400
负债和股东权益总额	$1 725 600	$1 744 000

外币报表折算差异变动的披露 Pat公司和Star公司的例子仅展现了收购当年的合并状况，因此折算和重述差异的影响相对较小。然而对于许多其他公司来说，这种影响可能是很大的。例如，福特公司2013—2015年和外币折算相关的税后损失分别为5.21亿美元、0.36亿美元和11.32亿美元。

14.5 境外经营净投资套期

拥有境外投资的美国公司通常会签订一些远期合约或通过其他外币交易抵消外币波动对其境外净投资的影响。由指定为或作为**境外经营净投资套期**（hedges of a net investment in a foreign subsidiary）而发挥作用的外币交易产生的损益通常记录为外币报表折算差异。

分类为**外币报表折算差异**（translation adjustment）意味着这些交易产生的收益或损失计入综合收益（根据ASC 815号准则），而不计入净利润。这种处理是必要的，因为对于功能货币不是美元的境外子公司来说，其财务报表的折算也会产生外币报表折算差异，该差异是综合收益的一部分，并不计入净利润。

也就是说，境外经营净投资套期产生的外币报表折算差异通常用来抵销将境外被投资方的报表折算为美元的调整。

对境外经营净投资套期的一般处理步骤并不适用于功能货币是美元的境外投资，这种投资的套期通常作为投机活动来核算，如果境外被投资方的功能货币为美元，则境外投资主体的报表重述为美元的过程中产生的收益或损失应计入当期净利润。也就是说，这种情况下的境外经营净投资套期产生的收益或损失必须计入当期净利润，用以抵销重述过程中已确认的利得或损失。

□ 示例

为了说明境外经营净投资套期，我们假设美国的 Pin 公司拥有英国的 Ben 公司 100%的股权，取得股权当日 Ben 公司净资产的公允价值等于账面价值。Ben 公司的功能货币为英镑，该被投资方的资产和负债相互套期，因此只有净资产会面临汇率波动的风险。

为对该外币风险进行套期，套期活动产生的外币报表折算差异与被投资方净资产的折算差异应当方向相反。因此，Pin 公司借入英镑以对该权益投资进行套期。权益投资的任何折算损失会全部或部分被该借款的折算收益抵销，反之亦然。

2016 年 12 月 31 日 Pin 公司对 Ben 公司长期股权投资的余额为 1 280 000 美元，等于持股比例 100%乘以 Ben 公司的净资产 800 000 英镑再乘以年末现行汇率 1.60 美元。当日，Pin 公司对 Ben 公司的投资的外币报表折算差异余额是 0。为了对在 Ben 公司的净投资进行套期，Pin 公司 2017 年 1 月 1 日借入利率为 12%的一年期借款 800 000 英镑，当日的即期汇率为 1.60 美元。借款以英镑标价，本金和利息于 2018 年 1 月 1 日偿还。相关分录如下所示：

2017 年 1 月 1 日

借：现金（+A）	1 280 000	
贷：短期借款（fc）（+L）		1 280 000

记录以英镑标价的借款［800 000×1.60（即期汇率）］。

2017 年 11 月 1 日，Ben 公司宣告并发放了 40 000 英镑股利。Pin 公司收到股利当日的即期汇率为 1.75 美元。

2017 年 11 月 1 日

借：现金（+A）	70 000	
贷：长期股权投资（−A）		70 000

记录收到的 Ben 公司股利［40 000×1.75（即期汇率）］。

2017 年度 Ben 公司列报的净利润为 160 000 英镑，该年度对收入和费用项目折算的加权平均汇率为 1.70 美元，2017 年 12 月 31 日的现行汇率为 1.80 美元。Ben 公司净资产的变化情况如下表所示：

	英镑		美元
净资产（2017 年 1 月 1 日）	£800 000	×$1.60	$1 280 000
加：净利润（2017 年度）	160 000	×$1.70	272 000
减：股利	(40 000)	×$1.75	(70 000)
权益调整变动			174 000
净资产（2017 年 12 月 31 日）	£920 000	×$1.80	$1 656 000

2017 年 12 月 31 日，Pin 公司记录其在 Ben 公司净利润中份额的相关分录如下所示：

2017年12月31日

借：长期股权投资——Ben公司（+A）	446 000	
贷：投资收益——Ben公司（+R，+SE）		272 000
其他综合收益（+SE）		174 000

记录Pin公司在Ben公司净利润中100%的份额［160 000×1.70（加权平均汇率）］，以及外币报表折算差异100%的份额。

同时，Pin公司根据2017年12月31日的现行汇率调整其短期借款和权益投资，并确认了借款利息。

借：其他综合收益（−SE）	160 000	
贷：短期借款（fc）（+L）		160 000

根据2017年末的现行汇率调整以英镑标价的短期借款［800 000×（1.80−1.60）］。

借：财务费用（+E，−SE）	163 200	
汇兑损失（+Lo，−SE）	9 600	
贷：应付利息（fc）（+L）		172 800

根据2017年的加权平均汇率记录财务费用，根据年末的现行汇率记录以英镑标价的应付利息。计算如下所示：

应付利息［800 000×12%×1×1.80（现行汇率）］	$172 800
减：财务费用［800 000×12%×1×1.70（加权平均汇率）］	163 200
汇兑损失	$ 9 600

2018年1月1日，Pin公司以1.80美元的即期汇率偿还本金、支付利息的分录如下所示：

2018年1月1日

借：应付利息（fc）（−L）	172 800	
短期借款（fc）（−L）	1 440 000	
贷：现金（−A）		1 612 800

记录当即期汇率为1.80美元时偿还本金和支付利息。

由于套期活动，汇率变动导致的Pin公司对Ben公司的长期股权投资变动会被英镑借款部分抵销。2017年12月31日，Pin公司的资产负债表中股东权益部分的折算权益调整贷方余额为14 000美元（贷方174 000美元的折算权益调整−借方160 000美元的以英镑标价的借款）。

□ 外币报表折算差异收益或损失的限制

根据ASC 830号准则，**套期活动**（hedging operations）的税后收益或损失可以视为一项外币报表折算差异，其数额以按现行汇率计算的折算权益调整为限。

总结

在将境外经营的结果反映在美国公司财务报告中之前，必须按照ASC 830号准则以境外主体的功能货币为基础的程序要求将计量单位转换为美元。

如果境外主体的功能货币是美元，则需要采用时态法将其财务报表重述为以美元表示的财务报表，重述过程中产生的汇兑损益计入当期合并净利润。

如果境外主体的功能货币是当地货币，则需要采用现行汇率法对其财务报表进行折算。折算过程中汇率变动的影响作为折算权益调整计入其他综合收益。

对恶性通货膨胀下境外子公司财务报表的重述以美元作为功能货币。

如果子公司的功能货币是当地货币，集团内部交易会导致子公司或母公司的外币交易；如果子公司的功能货币是美元，那么集团内部交易对于双方来说都是或都不是外币交易。

在企业合并日，要采用当日的即期汇率将资产和负债折算为以美元表示。

思考题

1. 给出功能货币的定义并简要描述如何确定境外主体的功能货币。为什么这一定义对财务报表而言很重要？

2. ASC 830 号准则是如何定义恶性通货膨胀的？恶性通货膨胀下将财务报表转换成记账本位币应当采用哪种方法？该方法是如何提高财务报表的经济可信度的？

3. 在取得对境外子公司投资的当日，应当采用哪种方法分配购买价款？

4. 说明什么是现行汇率法，以及应在哪种情况下采用此方法。

5. 说明什么是时态法，以及应在哪种情况下采用此方法。

6. 采用现行汇率法时，折算收益或损失应计入其他综合收益。解释这种处理的经济意义。

7. 采用时态法时，重述收益或损失应计入当期净利润。解释这种处理的经济意义。

8. 在哪种情况下境外主体的财务报表应同时进行折算和重述？该处理会同时对利润和其他综合收益产生什么影响？给出解释。

9. 如果公司的营业收入是季节性的，例如一家生产圣诞树的公司，应当采用年平均汇率对收入和费用账户进行折算和重述吗？给出理由。

10. 在本章现行汇率法的案例中，母公司账上有关子公司投资的其他综合收益调整额大于子公司折算财务报表中的其他综合收益调整额。为什么？

11. 现行汇率法下，所有费用账户采用某种形式的当期汇率进行折算；时态法下，一些费用（例如工资费用和公用事业费用）采用现行汇率折算，其他一些费用（例如营业成本和折旧费用）则采用历史汇率折算。为什么均为费用，但这两种方法下使用的汇率不同？

12. 对功能货币的选择是如何影响境外经营净投资套期产生的收益或损失在财务报表中的列报的？

练习题

E14-1 折算和重述的差别

1. 一家美国企业的德国子公司以英镑作为功能货币。根据 ASC 830 号准则，从该子公司的视角来看，美元属于：

a. 当地货币　　b. 记账本位币

c. 外币　　d. 以上都不是

2. 下列哪项境外子公司的账户折算和重述后会得到相同的金额：

a. 应收账款　　b. 存货

c. 设备　　d. 预付保险费

3. 下列哪项境外子公司财务报表中的项目应当采用历史汇率折算成美元：

a. 应付账款　　b. 债券溢价摊销额

c. 普通股股本　　d. 存货

4. 平均汇率常用来将外币利润表中的某些特定项目折算成美元。这种汇率还经常用来：

a. 估计交易日使用实际现行汇率的影响

b. 避免对某些收入和费用账户使用不同的汇率

c. 抵消在不久的将来可能会反转的汇率临时的剧烈变动

d. 平滑大额的汇兑收益或损失

5. 2016年1月1日，美国的Pal公司向其英国的子公司提供了以美元标价的600 000美元长期贷款，当日的即期汇率为1.53美元。如果子公司的功能货币为当地货币，那么该项交易对于哪一方而言是外币交易：

a. 母公司　　b. 子公司

c. 母公司和子公司　　d. 双方都不是

6. 美国一家公司拥有Sum公司100%的股权，Sum所在国家正面临恶性通货膨胀，那么Sum公司的功能货币应当是：

a. 当地货币　　b. 美元

c. 记账本位币　　d. 以上都不是

7. 美国的母公司向其英国的子公司提供的长期借款产生的汇兑收益应当如何处理，假定子公司的功能货币是英镑：

a. 确认为当期的合并利润　　b. 递延至偿还贷款

c. 作为折算权益调整　　d. 作为重述权益调整

8. 一家美国企业对其境外子公司的长期投资额为10 000 000美元，美元相对于子公司当地货币的价值发生疲软，并且子公司的功能货币是当地货币。基于以上信息，可以预期合并财务报表存在：

a. 折算收益　　b. 折算损失

c. 重述调整导致的股东权益增加　　d. 重述调整导致的股东权益减少

9. 下列哪一项不会使得母公司的折算权益调整增加：

a. 境外子公司报表的重述　　b. 境外经营净投资套期

c. 向境外子公司提供长期借款　　d. 境外子公司报表的折算

E14-2　折算/重述的差别

1. 编制美国母公司和其境外子公司的合并财务报表时，以外币表示的账户必须转换成列报主体的记账本位币。折算的目的之一是提供下面哪种信息：

a. 反映现行汇率

b. 反映现行的货币等值额

c. 与汇率变动对企业现金流量产生的经济影响相配比

d. 以未到期的历史成本反映每个折算账户

2. 2016年12月31日，一家公司将其2016年的资产负债表、利润表和现金流量表中的账户余额由外币折算成美元。下列哪个项目应当采用平均汇率折算：

a. 2016年12月31日的现金　　b. 2016年购买的土地

c. 2016年1月1日的留存收益　　d. 2016年度的营业收入

3. 子公司的功能货币是当地货币，且不存在恶性通货膨胀。对利润表中固定资产折旧费用的折算应当采用下列哪种汇率：

a. 脱手汇率　　b. 历史汇率
c. 每一固定资产使用年限的加权平均汇率　　d. 当年的加权平均汇率

4. 基于合并目的，母公司折算境外子公司年末的应收账款余额时应当采用的汇率是：
a. 历史汇率　　b. 现行汇率
c. 协商汇率　　d. 平均汇率

5. 当将外币财务报表重述为以功能货币表示时，下列哪个项目应当采用历史汇率重述：
a. 以成本计量的存货　　b. 以市场价值计量的权益证券
c. 应付债券　　d. 应计负债

E14-3　购买日的影响

2016年1月1日，美国的Pai公司用880 000美元购买了英国的Sta公司流通在外的全部股份，当日即期汇率为1.55美元。除了土地的公允价值是200 000英镑和设备的公允价值是100 000英镑以外，Sta公司的其他资产和负债的公允价值和账面价值相等。

Pai公司和Sta公司合并之前的简要资产负债表如下所示：

	Pai公司	Sta公司
流动资产	$ 3 000 000	£100 000
土地	800 000	100 000
建筑物净值	1 200 000	250 000
设备净值	1 000 000	50 000
	$ 6 000 000	£500 000
流动负债	$ 600 000	£ 50 000
应付票据	1 000 000	150 000
股本	3 000 000	200 000
留存收益	1 400 000	100 000
	$ 6 000 000	£500 000

要求：为Pai公司和Sta公司编制2016年1月1日合并后的合并资产负债表。

E14-4　存货重述的影响

美国的Port公司拥有荷兰的Stadt公司100%的股权，Stadt公司的功能货币是美元，以欧元记账，存货以成本计量。

2016年12月31日的现行汇率为0.90美元；
存货的历史成本为10 000欧元；
历史汇率为0.85美元。

要求：确定外币报表、重述后报表、折算后报表中的存货金额。

E14-5　收购——合并价差分摊和摊销的影响

2016年1月1日，Pan公司用1 200 000美元取得比利时的Sim公司全部的股权，当日Sim公司的股本为20 000 000欧元，留存收益为15 000 000欧元，净资产的公允价值超过账面价值的差额源于一项摊销期为10年的专利权。Sim公司的功能货币是欧元，2016年的有关汇率如下所示：

2016年1月1日	$0.02
2016年的平均汇率	$0.022
2016年12月31日	$0.025

要求：

1. 计算2016年1月1日企业合并中专利权的价值。

2. 以美元表示2016年度专利权的摊销额。

3. 为Pan公司编制2016年专利权摊销的会计分录。

E14-6 收购——合并价差分摊和摊销的影响

2016年1月1日，Pal公司用163 800美元取得了英国Sta公司所有股权，当日Sta公司的股本为60 000英镑，留存收益为30 000英镑。除了一项三年期的设备价值被低估了6 000英镑，Sta公司的资产和负债均以公允价值计量。合并价差余额被分摊至一项使用年限为10年的专利权。Sta公司的功能货币为英镑，有关汇率如下所示：

2016年1月1日	$1.66
2016年的平均汇率	1.65
2016年12月31日	1.64

要求：

1. 计算2016年12月31日与分摊至设备的合并价差有关的未实现折算收益或损失。

2. 计算2016年12月31日专利权的未实现折算收益或损失。

E14-7 收购——合并价差的分摊

2016年1月1日，美国的Pac公司用1 350 000美元购买了瑞士的Swi公司流通在外的全部股份。除了一块当日价值1 000 000欧元的土地，Swi公司其余资产和负债的公允价值和账面价值相等。Swi公司2016年1月1日的简要资产负债表如下所示：

流动资产	€ 800 000	流动负债	€ 400 000
土地	600 000	应付债券	500 000
建筑物净值	400 000	股本	1 000 000
设备净值	500 000	留存收益	400 000
	€ 2 300 000		€ 2 300 000

Swi公司的功能货币为欧元，2016年的有关汇率如下所示：

2016年1月1日的即期汇率	$0.75
2016年的平均汇率	0.76
2016年12月31日的现行汇率	0.77

要求：计算2016年12月31日与分摊至被低估土地的合并价差有关的未实现折算收益或损失。

E14-8 合并价差分摊的影响，个别账户的折算与重述

1. 2016年12月31日，Fay公司已实现的汇兑损失为15 000美元，并且必须决定下列项目是否需要进行年末调整：

2016年12月31日，由于其境外全资子公司的报表折算，Fay公司折算权益调整为8 000美元。

Fay公司有一笔对无关联关系的境外供应商的应付账款，该账款以供应商的当地货币计价，发票日期为2016年10月31日，当日该款项以美元表示为64 000美元。2016年12月31日为60 000美元。款项在2017年1月30日予以结清。

在Fay公司2016年度的合并利润表中，汇兑损失是多少美元？

a. 11 000　　b. 15 000

c. 19 000　　d. 23 000

2. 2016年1月1日，Ben公司创立了一家境外子公司。2016年2月15日，该子公司购买了价值

100 000 LCU 的存货。2016 年 12 月 31 日，期初存货为 25 000 LCU。该子公司的功能货币是美元，2016 年 1 月 1 日至 6 月 30 日的汇率为 2.2 LCU 兑换 1 美元，2016 年 7 月 1 日至 12 月 31 日的汇率为 2 LCU 兑换 1 美元。2016 年 12 月 31 日，子公司的存货账户重述时应当是多少美元？

a. 10 500　　b. 11 364

c. 11 905　　d. 12 500

3. Dee 公司拥有一家境外子公司，2018 年 12 月 31 日该公司的固定资产在扣除累计折旧前为 3 600 000 LCU。该数额包括以下两部分，2016 年取得时价值为 2 400 000 LCU，当时汇率为 1.6 LCU 兑换 1 美元；2017 年取得时价值为 1 200 000 LCU，当时汇率为 1.8 LCU 兑换 1 美元。

2018 年 12 月 31 日的实际汇率为 2 LCU 兑换 1 美元，2018 年加权平均汇率为 1.92 LCU 兑换 1 美元，子公司的功能货币为美元。

假定对固定资产采用直线法计提折旧，使用期限为 10 年，无残值。那么在 Dee 公司 2018 年度的利润表中与该境外子公司的固定资产相关的折旧费用是多少美元？

a. 180 000　　b. 187 500

c. 200 000　　d. 216 667

4. Clark 公司的境外子公司 2016 年取得的净利润为 4 800 000 LCU，折算为 800 000 美元。

2016 年 10 月 15 日的汇率为 5.7 LCU 兑换 1 美元，子公司支付给 Clark 公司 2 400 000 LCU 的股利，该股利反映了子公司 2016 年上半年的净利润，这段时间的加权平均汇率为 5.8 LCU 兑换 1 美元。

2016 年 12 月 31 日的实际汇率为 5.9 LCU 兑换 1 美元。2016 年 12 月 31 日折算股利时应当采用哪个汇率？

a. 5.7　　b. 5.8

c. 5.9　　d. 6.0

5. 2016 年 12 月 31 日 Jem 公司折算外币报表时采用现行汇率法。当时，Jem 公司拥有子公司 1 500 000 LCU 的长期应收款和 2 400 000 LCU 的长期负债。这些特定交易发生时的实际汇率为 2 LCU 兑换 1 美元，2016 年 12 月 31 日的实际汇率为 1.5 LCU 兑换 1 美元。该长期应收款和长期负债折算成美元分别为：

a. 750 000 和 1 200 000　　b. 750 000 和 1 600 000

c. 1 000 000 和 1 200 000　　d. 1 000 000 和 1 600 000

6. 2016 年 12 月 31 日，将 Row 公司境外子公司的部分资产负债表账户折算成美元时的汇率如下所示：

	折算使用的汇率	
	现行汇率	历史汇率
应收票据（长期）	\$ 240 000	\$ 200 000
预付租金	85 000	80 000
专利权	150 000	170 000
	\$ 475 000	\$ 450 000

子公司的功能货币是当地货币。2016 年 12 月 31 日 Row 公司编制合并资产负债表时，以上三个科目合计多少美元？

a. 450 000　　b. 455 000

c. 475 000　　d. 495 000

7. 某国三年的通货膨胀率如下所示：

	指数	指数变动额	年通货膨胀率
2015年1月1日	150	—	
2016年1月1日	200	50	50÷150=33%
2017年1月1日	250	50	50÷200=25%
2018年1月1日	330	80	80÷250=32%

三年的累积通货膨胀率为：

a. 45%　　b. 90%

c. 120%　　d. 180%

综合题

P14-1　权益法下母公司的会计处理

2016年1月1日Pak公司用1 080 000美元购买了德国Sco公司40%的股份，购买成本超过Sco公司账面价值的差额源于一项摊销期限为10年的专利权。2015年12月31日和2016年12月31日Sco公司折算成美元的简要净资产状况如下所示：

	股本	留存收益	权益调整	净资产
2015年12月31日	\$2 000 000	\$400 000		\$2 400 000
净利润		310 000		310 000
股利		(192 000)		(192 000)
外币报表折算差异			\$212 000	212 000
2016年12月31日	\$2 000 000	\$518 000	\$212 000	\$2 730 000

2016年1月1日的汇率为1.14美元；2016年的平均汇率为1.16美元；宣告发放股利时的汇率为1.15美元；2016年12月31日的汇率为1.18美元。Sco公司2016年1月1日的净资产为4 000 000欧元，2016年取得的净利润为500 000欧元，发放的股利为300 000欧元。2016年末的净资产为4 200 000欧元。Sco公司的功能货币为欧元。

要求：

1. 计算2016年度Pak公司来自Sco公司的投资收益。
2. 计算2016年12月31日Pak公司对Sco公司的长期股权投资余额。
3. 给出计算2016年12月31日Pak公司对Sco公司的长期股权投资余额的过程。

P14-2　权益法下母公司的会计处理

2016年1月1日Pla公司用342 000美元购买了境外的Sor公司40%的股权，当日Sor公司的股本为3 000 000 LCU，留存收益为1 000 000 LCU。Sor公司的功能货币为当地货币。当日的即期汇率为每LCU兑换0.15美元。所有合并价差都被分摊至一项摊销期限为10年的专利权。

2016年Sor公司的股东权益变化情况如下所示（包括相关汇率）：

	LCU	汇率	美元
股东权益（2016年1月1日）	4 000 000	\$0.15H	\$600 000
净利润	800 000	0.14A	112 000
股利	(400 000)	0.14A	(56 000)
权益调整			(84 000)
股东权益（2016年12月31日）	4 400 000	0.13C	\$572 000

要求：确定下列数额：

1. 2016 年 1 月 1 日 Pla 公司对 Sor 公司的长期股权投资分摊至专利权的合并价差。
2. 2016 年度专利权的摊销额。
3. 2016 年 12 月 31 日未摊销的专利权合并价差。
4. 2016 年专利权产生的折算权益调整。
5. 2016 年度 Pla 公司来自 Sor 公司的投资收益。
6. 2016 年 12 月 31 日 Pla 公司对 Sor 公司的长期股权投资余额。

P14-3 折算工作底稿和母公司的会计处理

2016 年 1 月 1 日 Pyl 公司用 800 000 美元购买了伦敦的 Soo 公司流通在外的全部股份。当日英镑的汇率为 1.50 美元，Soo 公司的股本为 400 000 英镑，留存收益为 100 000 英镑，功能货币为英镑。2016 年 1 月 1 日 Soo 公司分别以英镑和美元表示的资产负债表如下所示：

	英镑	汇率	美元
现金	£ 50 000	$1.50	$ 75 000
应收账款净额	60 000	1.50	90 000
存货	40 000	1.50	60 000
设备	750 000	1.50	1 125 000
	£900 000		$1 350 000
累计折旧	£250 000	$1.50	$ 375 000
应付账款	150 000	1.50	225 000
股本	400 000	1.50	600 000
留存收益	100 000	1.50	150 000
	£900 000		$1 350 000

2016 年的汇率如下所示：

2016 年 1 月 1 日的现行汇率	$1.50
2016 年的平均汇率	1.53
分配现金股利时的汇率	1.62
2016 年 12 月 31 日的现行汇率	1.55

2016 年 12 月 31 日 Soo 公司以英镑表示的试算平衡表如下所示：

借方	
现金	£ 20 000
应收账款净额	70 000
存货	50 000
设备	800 000
营业成本	350 000
折旧费用	80 000
营业费用	100 000
股利	30 000
	£1 500 000

贷方

累计折旧	£ 330 000
应付账款	70 000
股本	400 000
留存收益	100 000
营业收入	600 000
	£1 500 000

要求：

1. 根据2016年12月31日Soo公司的试算平衡表编制以美元表示的折算工作底稿。
2. 编制2016年Pyl公司对Soo公司长期股权投资的有关分录。
3. 直接计算折算收益或损失。

P14-4 折算工作底稿和母公司的会计处理

2016年1月2日Pet公司用4 000 000美元购买了Sul公司80%的普通股，当日Sul公司的股本为5 000 000欧元，留存收益为2 000 000欧元，即期汇率为0.50美元。购买成本超过账面价值的差额源于一项摊销期限为10年的专利权。Sul公司的功能货币为欧元。

2016年12月31日Sul公司以欧元表示的试算表如下所示：

借方

现金	€ 1 000 000
应收账款	2 000 000
存货	4 000 000
设备	8 000 000
营业成本	4 000 000
折旧费用	800 000
营业费用	2 700 000
股利	500 000
	€ 23 000 000

贷方

累计折旧——设备	€ 2 400 000
应付账款	3 600 000
股本	5 000 000
1月1日留存收益	2 000 000
营业收入	10 000 000
	€ 23 000 000

美元对欧元的相关汇率如下所示：

2016年12月31日的现行汇率	$0.60
2016年的平均汇率	0.55
分配股利时的汇率	0.54

要求：

1. 编制2016年12月31日Sul公司的折算工作底稿。
2. 基于单行合并计算Pet公司来自Sul公司的投资收益。

3. 计算2016年12月31日Pet公司对Sul公司长期股权投资的余额。

P14-5 重述工作底稿

2016年1月1日芝加哥的Par公司用1 120 000美元购买了伦敦的Sar公司流通在外的全部股份，当日的即期汇率为1.40美元，Sar公司的股东权益为800 000英镑，包括股本500 000英镑，留存收益300 000英镑，Sar公司的功能货币为美元。

2016年英镑的有关汇率如下所示：

2016年1月1日的现行汇率	\$1.40
2016年12月31日的现行汇率	1.50
2016年的平均汇率	1.55
分配股利时的汇率	1.54

Sar公司营业成本等于2016年1月1日的存货200 000英镑，加上购入的存货600 000英镑，减去2016年12月31日的存货150 000英镑，存货取得当日汇率为1.68美元。

2016年12月31日Sar公司以英镑表示的试算表如下所示：

借方	
现金	£ 50 000
应收账款	200 000
短期应收票据	50 000
存货	150 000
土地	300 000
建筑物净值	400 000
设备净值	500 000
营业成本	650 000
折旧费用	200 000
其他费用	400 000
股利	100 000
	£3 000 000
贷方	
应付账款	£ 180 000
应付债券（10%）	500 000
应付债券利息	20 000
股本	500 000
留存收益	300 000
营业收入	1 500 000
	£3 000 000

要求：根据2016年12月31日Sar公司的试算平衡表编制以美元表示的重述工作底稿。

P14-6 重述工作底稿

2016年1月1日美国的Phi企业用112 000美元购买了新西兰的Stu公司流通在外的全部股份，Stu公司的功能货币为美元，当日兑换新西兰元（NZ\$）的汇率为0.70美元。2016年1月1日Stu公司的股东权益包括150 000新西兰元的股本和10 000新西兰元的留存收益。2016年12月31日Stu公司的试算表如下所示：

借方	
现金	NZ$ 15 000
应收账款净额	60 000
存货	30 000
预付费用	10 000
土地	45 000
设备	60 000
营业成本	120 000
折旧费用	12 000
其他营业费用	28 000
股利	20 000
	NZ$ 400 000
贷方	
累计折旧	NZ$ 22 000
应付账款	18 000
股本	150 000
留存收益	10 000
营业收入	200 000
	NZ$ 400 000

其他信息：

1. Phi公司收购Stu公司时Stu公司账上的预付费用（支付给供货方）为18 000新西兰元，其他营业费用包括2016年支付给供货方的预付费用8 000新西兰元，剩余10 000新西兰元的预付费用将在年末支付。

2. 120 000新西兰元的营业成本等于2016年1月1日的库存存货50 000新西兰元，加上当年购入的存货100 000新西兰元，再减去汇率为0.66美元时购入的现为期末库存的存货30 000新西兰元。

3. 合并当日的设备价值50 000新西兰元，2016年又购入了10 000新西兰元的设备，当日的汇率为0.68美元，因此2016年末的设备为60 000新西兰元。2016年所有设备的折旧率为20%。

4. 2016年的有关汇率如下所示：

2016年1月1日的现行汇率	$0.70
购买设备当日的汇率	0.68
2016年的平均汇率	0.67
2016年12月31日的存货适用汇率	0.66
分配股利时的汇率	0.66
2016年12月31日的现行汇率	0.65

要求：根据2016年12月31日Stu公司的试算平衡表编制以美元表示的重述工作底稿。

P14-7 折算工作底稿和母公司的会计处理

2016年1月1日美国的Pel企业用308 000美元购买了以色列的Sar公司全部普通股，当日汇率为0.35美元，Sar公司的股东权益包括500 000新谢克尔的普通股和300 000新谢克尔的留存收益。合并价差被分摊至一项摊销期限为10年的专利权。Sar公司的功能货币为新谢克尔。

2016年12月31日Sar公司以新谢克尔表示的试算平衡表如下所示：

借方	新谢克尔	贷方	新谢克尔
现金	40 000	应付账款	120 000
应收账款净额	50 000	其他负债	60 000
存货	150 000	预收账款——Pel 公司	140 000
土地	160 000	普通股	500 000
设备净值	300 000	1 月 1 日留存收益	300 000
建筑物净值	500 000	营业收入	600 000
费用	400 000		
汇兑损失（预收账款）	20 000		
股利	100 000		
	1 720 000		1 720 000

2016 年 1 月 2 日，Pel 公司预付给 Sar 公司 42 000 美元（合 120 000 新谢克尔），该款项是短期预付账款，以美元标价，当日汇率为 0.35 美元。2016 年 6 月，Sar 公司在汇率为 0.33 美元时支付了 100 000 新谢尔克的股利。2016 年年平均汇率和年末汇率分别为 0.32 美元和 0.30 美元。

要求：

1. 根据 2016 年 12 月 31 日 Sar 公司的调整后试算表编制以美元表示的重述工作底稿。
2. 编制 2016 年 Pel 公司核算其对 Sar 公司的长期股权投资的必要会计分录。

P14-8　折算下母公司会计处理与企业合并

2016 年 1 月 1 日 PWA 公司用 1 710 000 美元购买了 SAA 公司 100%的股权，当日 SAA 公司的股东权益包括 5 000 000 LCU 的股本和 3 000 000 LCU 的留存收益。SAA 公司的功能货币为当地货币，合并价差被分摊至一项摊销期限为 10 年的专利权。

2016 年 7 月 1 日，PWA 公司预付给 SAA 公司 333 000 美元（合 1 800 000 LCU），当日汇率为 0.185 美元，该款项是短期预付账款，以美元标价。

2016 年的有关汇率如下所示：

2016 年 1 月 1 日收购时的汇率	$0.190
2016 年 7 月 1 日发生预付账款交易时的汇率	0.185
2016 年 9 月 1 日分配股利时的汇率	0.185
2016 年的平均汇率	0.185
2016 年 12 月 31 日的现行汇率	0.180

2016 年 12 月 31 日 SAA 公司经试算调整的折算工作底稿如下所示：

	LCU	汇率	美元
借方			
现金	550 000	$0.180C	$99 000
应收账款净额	500 000	0.180C	90 000
存货	1 500 000	0.180C	270 000
土地	1 600 000	0.180C	288 000
设备净值	3 000 000	0.180C	540 000
建筑物净值	5 000 000	0.180C	900 000
费用	4 000 000	0.185A	740 000
汇兑损失（预收账款）	50 000	0.185A	9 250
股利	1 000 000	0.185R	185 000
折算权益调整	—		84 750
	17 200 000		$3 206 000

续表

	LCU	汇率	美元
贷方			
应付账款	750 000	$0.180C	$135 000
其他负债	600 000	0.180C	108 000
预收账款——PWA公司（短期）	1850 000	0.180C	333 000
股本	5 000 000	0.190H	950 000
1月1日留存收益	3 000 000	0.190H	570 000
营业收入	6 000 000	0.185A	1 110 000
	17 200 000		$3 206 000

2016年12月31日PWA公司和SAA公司的财务报表如下所示：

	PWA公司	SAA公司
利润表和留存收益表		
营业收入	$ 569 500	$1 110 000
投资收益——SAA公司	342 250	—
费用	(400 000)	(740 000)
汇兑损失	—	(9 250)
净利润	511 750	360 750
加：1月1日留存收益	856 500	570 000
减：股利	(300 000)	(185 000)
12月31日留存收益	$1 068 250	$ 745 750
资产负债表		
现金	$90 720	$ 99 000
应收账款净值	128 500	90 000
预付账款——SAA公司	333 000	—
存货	120 000	270 000
土地	100 000	288 000
设备净值	600 000	540 000
建筑物净值	300 000	900 000
长期股权投资——SAA公司	1 773 000	—
	$3 445 220	$2 187 000
应付账款	$ 162 720	$ 135 000
预收账款——PWA公司	—	333 000
其他负债	308 500	108 000
普通股	2 000 000	950 000
留存收益	1 068 250	745 750
折算权益调整	(94 250)	(84 750)
	$3 445 220	$2 187 000

要求：

1. 编制2016年PWA公司核算其对SAA公司的长期股权投资的相关分录。
2. 编制2016年度PWA公司和其子公司的合并工作底稿。

P14-9 折算工作底稿、母公司的会计处理和合并

2016年1月1日Par公司取得了San公司90%的股权，当日San公司净资产公允价值等于账面价值，当地货币的汇率为0.24美元。San公司的功能货币为当地货币，2015年5月1日Par公司向San公司提

供 200 000 LCU 的借款，当日汇率为 0.23 美元，该贷款是短期款项，标价为 46 000 美元。2016 年末 Par 公司和 San 公司的调整后试算表如下所示：

	Par 公司（美元）	San 公司（LCU）
借方		
现金	$　25 100	150 000
应收账款	90 000	180 000
短期借款——San 公司	46 000	—
存货	110 000	230 000
土地	150 000	250 000
建筑物	300 000	600 000
设备	220 000	800 000
长期股权投资——San 公司（100%）	230 000	—
营业成本	400 000	200 000
折旧费用	81 000	100 000
其他费用	200 000	120 000
汇兑损失	—	30 000
股利	100 000	100 000
权益调整	44 000	—
	$1 996 100	2 760 000
贷方		
累计折旧——建筑物	$　120 000	300 000
累计折旧——设备	60 000	400 000
应付账款	241 100	130 000
其他应付款（来源于 Par 公司的短期借款）	—	230 000
股本	500 000	800 000
1 月 1 日留存收益	220 000	200 000
营业收入	800 000	700 000
投资收益——San 公司	55 000	—
	$1 996 100	2 760 000

San 公司在 9 月分配股利，分配时的汇率为 0.21 美元，2016 年 12 月 31 日的汇率为 0.20 美元，2016 年的平均汇率为 0.22 美元。

要求：

1. 根据 2016 年 12 月 31 日 San 公司的试算平衡表编制以美元表示的折算工作底稿。
2. 根据权益法编制 2016 年 Par 公司核算对 San 公司的长期股权投资的必要分录。
3. 编制 2016 年度 Par 公司和其子公司的合并工作底稿。

专业研究任务

参考 FASB ASC 回答以下问题，将适当的参考内容包含在你的答案里。

PR14－1　企业累计外币报表折算差异披露时有什么要求？

PR14－2　在企业财务年度结束后、财务报表对外公布前，如果汇率发生了明显的变化，应当对报表进行再次调整吗？

第 15 章

分部与中期财务报告

学习目标

1. 理解企业如何使用管理法确定潜在的报告经营分部。
2. 掌握应用阈值判断法判断报告经营分部：收入判断、资产判断和营业利润判断。
3. 掌握用 75%外部收入判断标准来确定报告其他分部。
4. 理解分部信息披露的类型以及不同公司披露水平存在差异的原因。
5. 理解分部信息调整为合并信息的方法。
6. 了解企业披露的有关产品与服务、经营地理位置以及主要客户的信息。
7. 理解中期报告和年度报告在报告经营信息时的异同点。
8. 掌握中期所得税费用的计算方法。

通过提供获利能力、流动性和有效性等全面信息，合并财务报表使投资者能够全面评估管理者管理公司资源的效率。为了帮助投资者评价公司经营分部的业绩，补充脚注披露十分必要。本章的第一部分主要讨论经营分部报告。

传统的财务会计课程通常关注公司全年的业绩，即年报。许多公司需要披露短于一个会计年度的会计期间的财务报告，这类报告大多以季报形式呈报。本章的第二部分主要讨论中期报告的报告指南。

15.1 分部报告

公认会计原则（ASC 280）下的分部报告适用于以下类别的上市公司：已在公开市场上发行债券或权益证券，或者被要求向 SEC 报送财务报表，或者因将要在公开市场发行证券而需要提供财务报表。出于企业内部决策制定和业绩评估的需要，管理层将企业划分成不同的单元，企业应以此为基础报告分部信息。公认会计原则（ASC 280－10－50－5）将这种确定报告分部的方法称为管理法。这种方法依赖主要经营决策者（chief operating decision maker，CODM）这一概念。CODM 确定了一种职责，而不是一个特定的人或头衔。这一职责是指对企业分部进行资源分配和业绩评价。对于一些企业来说，CODM 指的是首席执行官或首席运营官，也可以是高管或其他管理者的任意组合。

例如，英特尔公司的 CODM 是其董事长和首席执行官。CODM 按息税前利润和营业收入对经营分部进行资源分配和业绩评价。根据 2015 年年报，英特尔公司的经营分部包括客户端计算部、数据中心部、物联网以及软件和服务经营分部。英特尔公司将其剩余的经营分部作为“其他”进行报告。

把客户端计算部和数据中心部列为报告分部，是因为它们满足本章后文中提到的定量标准（营业收入、资产和营业利润判断标准）中的一项或多项。英特尔公司选择对剩余的经营分部信息也予以披露，即使它们不满足任何一项定量标准，管理层也认为这一披露对报表使用者来说是有用的。

与此不同的是，苹果公司主要按地理位置来划分业务。按其 2015 年年报，其报告的分部是“美洲”“欧洲”“日本”以及“其他亚太地区”。苹果公司未将业务的剩余部分作为“其他”进行报告，而是提供了分部总额调整为公司总额的过程。

如果内部报告和业绩评价以地理位置来划分，则分部报告也应以地理位置为基础进行披露。如果内部报告和业绩评价以产品线或产业为基础划分，则分部报告也应该以相同的基础进行披露。

□ 确定报告分部

以管理法为基础确定的分部称作**经营分部**（operating segment）。公认会计原则（ASC 280－10－50－1）认为，作为企业组成部分的经营分部具有如下特征：（1）其从事的经营活动可能会获得收入并发生费用，包括分部间的收入和费用；（2）其经营成果由企业的CODM定期进行评估；（3）可以获取独立的财务信息。

企业的某些分部不能作为经营分部，如养老金及其他退休福利计划就不是经营分部。同样，公司的总部或不产生收入的职能部门也不是经营分部。英特尔公司在其财务报告中指出，除了它所报告的经营分部，公司还拥有营销、制造、财务以及行政等部门。这些部门的成本费用被分配至各经营分部。

合并标准 如果合并经营分部与CODM的目标一致且这些分部具有相似的经济特征，则企业可以将它们合并为一个经营分部进行披露。参与合并的经营分部必须在以下方面具有相似性：（1）产品和服务的性质；（2）生产过程的性质；（3）产品和服务对应的客户类型或分类；（4）产品和服务的分配方法；（5）如果适用的话，监管环境的性质（例如，公用设施）。

量化阈值 经营分部符合重要性阈值时就可以进行列报。满足下面三项标准中的任意一项时，经营分部就被认为是重要的且应当单独报告：

1. 该经营分部的营业收入，包括分部间的营业收入，占全部经营分部收入总额的10%及以上。

2. 该经营分部的营业利润或者营业亏损的绝对值，大于等于所有报告利润的经营分部利润总额与所有报告亏损的经营分部亏损总额绝对值二者中较大者的10%。

3. 该经营分部的资产占所有经营分部资产总额的10%及以上。

一旦确定了报告分部，其他经营分部与公司的其他经营活动合并作为“所有其他”项目进行披露。

报告分部再评价 报告分部必须包括至少75%的外部收入，外部收入是扣除了经营分部间收入后的收入。如果报告分部不满足这一标准，即使其他分部不符合量化阈值，也必须从中确定新的报告分部。只有在符合主要的合并标准时，两个及以上不满足报告分部标准的较小分部才可以合并成一个**报告经营分部**（reportable operating segment）。

公认会计原则（ASC 280－10－50－18）没有规定必须报告的分部数量。但报告过多的分部会使财务报告过于琐碎，适得其反。公认会计原则虽未限制数量，但鼓励报告分部数量超过10家的企业合并小的分部。

对于一些企业来说，公认会计原则（ASC 280－10－50－9）直接决定了报告哪些经营分部。企业的CODM评价多个经营业务交叉的企业分部时，必须展示基于产品和服务的分部信息。例如，一个制造商运用地理位置、生产线、销售渠道在业务单元和全球层面进行管理，就被定义为一种矩阵式风格的组织管理。这样的企业将被要求基于产品展现分部。

□ 报告经营分部判断示例

Ace公司的CODM以行业为基础组织评估公司的经营成果。我们运用三个重要判断来确定哪些分部（运输、炼油、保险和财务）是Ace公司的报告分部。

收入判断 运用收入阈值来比较每一个经营分部的收入时，应先计算每一个经营分部的营业收入总额（对外营业收入加上分部间营业收入）和所有经营分部的营业收入合计数（对外和分部间），再将前者和后者的10%进行比较。Ace公司的收入判断过程如下所示：

分部	经营分部营业收入	分部间营业收入	分部营业收入总额		判断值	根据营业收入判断是否为报告分部?
运输	$ 360 000	$ 0	$ 360 000	≥	$ 150 000	是
炼油	405 000	480 000	885 000	≥	150 000	是
保险	95 000	20 000	115 000	≤	150 000	否
财务	140 000	0	140 000	≤	150 000	否
合计	$ 1 000 000	$ 500 000	$ 1 500 000			

因为所有经营分部的营业收入合计数为 1 500 000 美元，所以营业收入判断值是 150 000 美元。根据收入判断标准，因为运输分部（360 000 美元）和炼油分部（885 000 美元）的收入总额都超过了 150 000美元，所以这两个分部应作为报告分部。在这一标准下，保险分部和财务分部不能作为报告分部。

资产判断　资产判断涉及将每一经营分部的资产总额与所有经营分部的资产合计数的 10%进行比较。我们将经营分部的资产定义为那些在分部计量的资产中由公司 CODM 核定的资产。一般性的公司资产可能包括在其中，也可能不包括在其中，取决于管理者根据经营决策安排资产的方式。

假设除了那些出于一般性公司目的保留的资产外，Ace 公司的所有资产均分配至经营分部：

分部	经营分部的可辨认资产		判断值	根据资产判断是否为报告分部?
运输	$ 700 000	≥	$ 300 000	是
炼油	950 000	≥	300 000	是
保险	180 000	≤	300 000	否
财务	1 170 000	≥	300 000	是
合计	$ 3 000 000			

财务分部的可辨认资产超过了阈值 300 000 美元，因此加到报告分部的清单中。

营业利润判断　在应用这种判断方法时，营业利润并没有统一的定义。一个经营分部的营业利润或者亏损取决于 CODM 核定的收入和费用中的项目。

在判断时，各经营分部营业利润或者亏损的绝对值要与所有盈利分部的营业利润总额或者所有亏损分部的亏损总额绝对值二者中较大者的 10%进行比较。Ace 公司的判断结果如下所示：

分部	经营分部营业利润	经营分部营业亏损		判断值	根据营业利润判断是否为报告分部?
运输		$ (100 000)	≥	$ 27 000	是
炼油	$ 200 000		≥	27 000	是
保险	20 000		≤	27 000	否
财务	50 000		≥	27 000	是
合计	$ 270 000	$ (100 000)			

因为盈利分部的利润总额 270 000 美元超过了亏损分部的亏损总额 100 000 美元的绝对值，所以判断值的基础就是 270 000 美元。当判断值 27 000 美元确定后，该值就用于与各分部营业利润或者亏损的绝对值进行比较。根据营业利润 10%的判定标准，运输分部、炼油分部以及财务分部应作为报告分部。

报告分部再评价　在以上任何一个 10%的判断标准下，保险分部都不应作为报告分部。因此，报告分部是运输分部、炼油分部和财务分部。在用收入判断时，判断值以对外收入和分部间营业收入合计数的10%为基础，如果分部间营业收入数额巨大，则在合并营业收入（或对外营业收入）中占有较大比例的经营分部可能达不到营业收入的判定标准。如果这些分部没能达到另外两项判断的要求，它们就不能作为报告分部，投资者也就不能获得潜在的相关信息。因此，公认会计原则（ASC 280-10-50-14）规定，所有报告分部对外营业收入的合计数至少应达到合并营业收入总额的75%。

在Ace公司示例中，各分部营业收入合计数是1 500 000美元，其中500 000美元属于分部间营业收入，其余的1 000 000美元来自对外营业收入或者合并收入。运输分部、炼油分部和财务分部的对外营业收入为905 000美元，大于合并收入的75%，因此不需要再选定其他报告分部。如果不能满足75%的标准，则需要确定其他经营分部直至满足这一标准。

如果保险分部曾为报告分部，而且Ace公司管理层认为其依然重要，即使保险分部在这一期间未能满足任何一项10%的判断标准，仍可作为单独的报告分部。

□ 分部披露

必须要披露CODM确定报告分部使用的组织基础（例如产品和服务、地理区域、监管环境或者这些因素的综合），同时，也必须披露为了满足报告分部标准的所有分部合并活动。所有报告分部都应披露其产品和服务的种类。每年公布财务报表时均应按要求披露分部信息。

损益和资产信息 每一个报告经营分部都要报告其损益和资产总额。另外，公认会计原则（ASC 280-10-50-22）要求披露"CODM计量分部的利润或者损失时，是否包含以下项目的具体金额信息"：

1. 来自外部客户的收入；
2. 来自同一企业其他经营分部的收入；
3. 利息收入；
4. 利息费用（如果一个经营分部的收入主要来自利息收入且CODM依据利息收入净额评价业绩，该分部可以报告利息收入扣除利息费用后的净额）；
5. 折旧、折耗和摊销费用；
6. 非常项目；
7. 按权益法核算的在被投资公司净利润中的权益份额；
8. 所得税费用或所得税收益；
9. 除折旧、折耗和摊销费用外的重大非现金项目。①

如果CODM核定时包含了资产的具体数额，则需要对资产的其他信息进行披露，包括对被投资公司的投资数额、除金融工具和某些其他项目外的长期资产的额外支出总额以及递延所得税资产。

计量 分部信息披露时报告的金额取决于向CODM报告的金额。CODM在计量利润和费用时如果向经营分部分配了收入、费用、利得和损失，该分配也属于报告分部数据的一部分。如果在内部报告中资产被分配至分部，则在外部报告中资产也应分配至分部。

企业也会报告其分部间交易的会计基础（例如，以成本计量还是市价计量）。分部损益，资产计量，以及那些并未明显要求调整（将在下面的内容中阐述）的合并金额之间的任何差异都要披露。计量方法与前期不同时也应进行披露。

调整要求 各个分部除了提供信息之外，还应提供各分部数据和合并信息之间的调整：

1. 报告分部的收入总额和合并收入。
2. 报告分部的利润或者亏损总额与合并税前利润（但如果分部损益中包括所得税和非常项目等内容，

---

① FASB ASC 280. Originally 'Segment Reporting.' Norwalk，CT：Financial Accounting Standards Board.

可以将包括这些项目的分部损益调整至合并利润)。

3. 报告分部的总资产与合并总资产。

4. 报告分部披露的每个其他重要项目的总额，与它们相应的合并总额。

□ 企业层面的披露

无论企业如何划分经营分部，报告的只是关于产品和服务、经营地理区域以及主要客户的有限信息。当且仅当经营分部报告并不提供这些信息时，这些额外的信息才需要披露。

产品和服务　应披露某项产品或服务，或某类相似的产品或服务带来的营业收入；或不能披露这些信息的原因。

地区信息　如果可行的话，企业应披露地区信息，包括从外部消费者获取的收入中分配给公司东道国的收入，以及分配给所有外国的收入总额。如果来自某一国家的营业收入比重较大（一般为 10%），应单独披露。类似地，长期资产也应按国内与国外分别披露，其中国外部分以合计数披露。此外，若在某一国家的资产较重大，应单独披露。

主要客户　企业应对主要客户进行披露。若来自某单一客户的营业收入占整个企业营业收入的 10% 及以上，就必须进行披露，同时，每个客户的营业收入金额及报告这些营业收入的经营分部都需要披露。并不要求披露这个客户的身份信息。在计算 10%的标准时，同一控制下的一组主体被视为一个单独的客户。但联邦、州和地方政府被视为不同的主体。例如，英特尔公司在其 2015 年年报中报告，惠普、戴尔和联想的营业收入分别占整个公司营业收入的 18%、15%和 13%。对这些客户的大部分销售是由销售平台、客户端计算部和数据中心部完成的。

□ 分部披露

图表 15－1 展示了 Brunswick 公司 2015 年年报中包含的分部披露信息。每年公布完整的财务报表时均应对此进行披露。Brunswick 公司是 Mercury Marine 和 Boston Whaler 等领先消费品牌的制造商和营销商，有三个经营报告分部：船用发动机、船舶和健身。公司的分部由管理层的报告结构和经营活动来定义。

Brunswick 公司报告每一经营分部的如下信息：

营业收入净额；

营业利润（亏损）；

资产总额；

折旧；

摊销；

资本支出；

研发费用。

为了调整从外部客户获取的营业收入金额，Brunswick 公司报告的船运冲销额是船用发动机分部向船舶分部销售的分部间营业收入。CODM 对这些分部的评估基于前文列示的多个维度。当编制内部财务报表用于 CODM 审核时，似乎所得税、非经常项目和利息收入不需要在各分部间进行分配了。与 Brunswick 公司不同，英特尔公司仅仅报告了其分部的营业收入净额和营业损益。由以上两家公司的例子可以看出，在对分部进行评估时，不同公司的 CODM 所关注的信息有很大不同。

图表 15-1 Brunswick 公司合并财务报表附注 单位：百万美元

Brunswick 公司经营分部的经营信息披露如下：

经营分部

	营业收入净额			营业利润（亏损）			资产总额[A]	
	2015 年	2014 年	2013 年	**2015 年**	2014 年	2013 年	**2015 年**	2014 年
船用发动机	**$ 2 314.3**	$ 2 189.4	$ 2 088.1	**$ 350.4**	$ 309.1	$ 284.2	**$ 981.8**	$ 908.3
船舶	**1 274.6**	1 135.8	1 032.0	**37.6**	17.2	(21.8)	**379.7**	376.5
船运冲销额	**(277.8)**	(255.8)	(236.4)	**—**	—	—	**—**	—
船运总额	**3 311.1**	3 069.4	2 883.7	**388**	326.3	262.4	**1 361.5**	1 284.8
健身	**794.6**	769.3	716	**116.5**	115.3	108.1	**625.1**	578.4
养老金——非服务性成本	**—**	—	—	**(94.0)**	(42.7)	(18.7)	**—**	—
公司/其他	**—**	—	—	**(78.8)**	(70.4)	(70.0)	**1 165.9**	1 224.7
合计	**$ 4 105.7**	$ 3 838.7	$ 3 599.7	**$ 331.7**	$ 328.5	$ 281.8	**$ 3 152.5**	$ 3 087.9

	折旧			摊销		
	2015 年	2014 年	2013 年	**2015 年**	2014 年	2013 年
船用发动机	**$ 47.4**	$ 44.3	$ 40.0	**$ 2.1**	$ 2.2	$ 1.9
船舶	**26.6**	24.9	21.2	**0.7**	0.7	0.8
健身	**9.1**	6.9	6.0	**0.2**	—	—
公司/其他	**2.8**	2.2	1.5	**—**	—	—
合计	**$ 85.9**	$ 78.3	$ 68.7	**$ 3.0**	$ 2.9	$ 2.7

	资本支出			研发费用		
	2015 年	2014 年	2013 年	**2015 年**	2014 年	2013 年
船用发动机	**$ 77.4**	$ 57.9	$ 77.0	**$ 78.9**	$ 72.5	$ 70.6
船舶	**37.7**	46.6	39.7	**22.3**	23.8	22.4
健身	**16.9**	19.6	8.4	**24.7**	23.3	21.8
公司/其他	**0.5**	0.7	1.4	**—**	—	—
合计	**$ 132.5**	$ 124.8	$ 126.5	**$ 125.9**	$ 119.6	$ 114.8

地区分部

	营业收入净额			长期资产	
	2015 年	2014 年	2013 年	**2015 年**	2014 年
美国	**$ 2 727.8**	$ 2 400.0	$ 2 214.6	**$ 429.3**	$ 367.5
国际	**1 377.9**	1 438.7	1 385.1	**62.7**	72.9
公司/其他	**—**	—	—	**13.2**	19.9
合计	**$ 4 105.7**	$ 3 838.7	$ 3 599.7	**$ 505.2**	$ 460.3

注：（A）2014 年合并资产负债表中报告的资产总额包括 3 000 万美元的持有待售流动资产和 1 260 万美元的长期持有待售资产。

资料来源：©2015 Brunswick Corporation.

□ 中期财务报告的分部披露

公认会计原则（ASC 280-10-50-32）规定，中期财务报告也应披露分部的有限信息。这些要求将在本章下一部分阐述。

15.2 中期财务报告

中期财务报告提供了短于一个完整会计年度的会计期间内的企业经营信息。这类报告通常按季度编制，包含当年年初至中期期末的财务信息，以及上年度相同会计期间的比较信息。中期财务报告指南特别适用于上市公司，这些公司要向 SEC 和纽约证券交易所报送季度报告。即便如此，无论上市公司何时向其证券持有者提供中期财务信息，公认会计原则（ASC 270－10－05）指南都适用。

□ 中期报告的性质

与年度财务报告相比，**中期财务报告**（interim financial reports）提供的信息更及时，但不太完整。中期报告体现了及时性和可靠性之间的权衡，因为确定应收账款、应付账款、存货及相关收益的影响时，在年度财务报告中需要准确计量以满足审计的要求，而在中期报告中很大程度上依赖估计来计量。依据现行公认会计原则（ASC 270－10－45）的要求，中期财务报告仅要求达到最低披露水平。因此，中期财务报告通常标明其是"未经审计"的。

在公认会计原则下，每一中期被认为是一个完整会计年度的组成部分，而不能单独作为一个基本的会计期间。通常，中期结果应以最近年度的财务报表使用的会计原则和方法为基础。然而，有时可能需要通过修正才能使中期结果与年度结果以有意义的方式联系起来。例如，正如下一部分将要讨论的那样，在中期财务报告中可能需要对年报中使用的产品成本和其他费用的计量程序做出调整。

□ 产品成本

毛利法 在中级财务会计课程中已经学习了估计存货和营业成本的毛利法。你们可能会回想起来，这种方法并不符合年度财务报表的编制要求。但是，当公司未采用永续盘存制计量，且由于盘点成本过高而不能执行存货盘点以计算存货成本时，就可以使用毛利法编制中期报告。很显然，使用毛利法估计存货和营业成本的结果会十分合理。

后进先出法存货 公司采用后进先出法（LIFO）的原因之一是在价格上涨时可以减少应税所得额，从而减少应交税金。按照美国国税局的要求，如果企业出于缴税目的使用后进先出法，那么在披露财务报告时也应使用后进先出法。为避免缴纳那些先前年度已经规避掉的税金，公司会试图避免存货①售空，不然，采用后进先出法就会导致营业成本降低、收入净额增加以及应交税金增加。

后进先出法下的存货可能在会计中期被售空，但预期在年末会恢复。如果后进先出法下存货的减少是暂时性的，则中期的营业成本可以采用重置成本。例如，某企业售出了暂时性的按后进先出法计量的 100 单位存货，则这部分存货的营业成本将按照 100 单位的现行成本而不是历史成本计算。现行成本超过历史成本的差额在中期资产负债表中列示为流动负债。

存货市价下跌 永久性存货市价下跌损失必须在中期报告中确认，除非存货市价下跌被认为是暂时性

① 由于采用后进先出法，企业期末存货通常由若干个存货层（layer）构成。比如，某企业自 20×9 年 1 月 1 日起对某种存货按后进先出法核算，并假设 20×9 年 1 月 1 日该种存货的数量为 1 000 件，均为 20×8 年购入。20×9 年共购进该种存货 10 000 件，当年销售了 9 000 件，则 20×9 年末该种存货的数量为 2 000 件，可分为两层，20×8 购入的存货 1 000 件和 20×9 年购入的存货 1 000 件。为了便于理解，本书将 inventory layer 即"存货层"统一翻译为"存货"。

的（例如，预计损失在整个会计年度内将消失）。

标准成本制度 若标准成本制度下的计划内差异预期会在年末消失，则应在中期报告日予以递延。

□ 产品成本以外的费用

中期财务报告中的年度费用 年度费用应按其受益情况进行分配，比如重大年度修理费用的分配。中期期间发生的费用不应当递延，年末递延的除外。例如，在会计年度允许应计或递延的财产税也应在中期应计或者递延。

广告费 广告费应当在发生的中期期间予以确认和计量，除非其明显对以后的中期期间有益。

所得税 中期财务报告中的所得税分为两部分：(1) 适用于持续经营的税前利润部分，不包括非常项目或者不常发生项目；(2) 适用于重大的非常项目或者不常发生项目，以及终止经营项目部分。

中期所得税费用的计算要以估计的年度实际税率为基础，该税率仅针对持续经营的应税所得额，而不包括非常项目和不常发生项目。年初至本中期期末的所得税费用，减去前期已经确认的所得税费用即为本中期的所得税费用。非常和不常发生项目的所得税要单独计算，并记入报告这些项目的中期所得税费用中。终止经营的利得和损失在年度报告中以税后净额列报。

□ 年度实际税率的估算

下面以Small公司为例，说明编制季度财务报告时如何估算年度实际所得税税率。Small公司根据假定的当年公司所得税税率表进行估计：

如果应纳税所得：		则税额为：				
大于	但不大于	基本支付	+	税率	×	超过以下金额的部分
\$ 0	\$ 50 000			15%		\$ 0
50 000	75 000	\$ 7 500	+	25		50 000
75 000	100 000	13 750	+	34		75 000
100 000	335 000	22 250	+	39		100 000
335 000	—			34		0

Small公司2016年的季度利润估计如下：

季度	估计利润		税率（%）	估计所得税
一	\$ 20 000	×	15	\$ 3 000
二	30 000	×	15	4 500
三	25 000	×	25	6 250
四	25 000	×	34	8 500
合计	\$ 100 000			\$ 22 250

在Small公司估计季度利润和所得税时，假设其预期当年没有发生会计变更也不会终止经营。因此，估算的年度实际税率是22.25%，等于该年度估计的所得税除以估计的利润（22 250÷100 000）。这一计算过程反映了整体论（integral theory）而不是独立论（discrete theory）的要求。整体论认为每一中期都是会计年度的重要组成部分，而独立论则认为每一中期都是基本的独立会计期间。公认会计原则要求使用整体论。如果以上的估计不发生变化，则各季度的净利润计算如下：

	一季度	二季度	三季度	四季度	会计年度
年初至今的利润	$ 20 000	$ 50 000	$ 75 000	$ 100 000	$ 100 000
季度利润	20 000	30 000	25 000	25 000	100 000
所得税费用（22.25%）	(4 450)	(6 675)	(5 563)	(5 563)	(22 250)
净利润	$ 15 550	$ 23 325	$ 19 437	$ 19 437	$ 77 750

将年初至本中期期末的利润乘以年度的实际税率，减去以前季度产生的所得税即得到当期的所得税费用。例如，第三季度的所得税费用计算如下：[(75 000×22.25%)－(4 450＋6 675)]＝5 563 美元。当全年估计的利润规模发生变化时，这种方法也可以对估计的年度实际所得税税率进行相应的修正。例如，当年估计的利润 100 000 美元中包含 5 000 美元的股利收入，而该股利收入适用 80%免税的规定，则年度的实际所得税税率为 20.89%。在此计算中，应扣除股利抵税所节约的所得税 1 360 美元，因此估计的年度实际税率将修正为：(22 250－1 360)÷100 000×100%＝20.89%。

15.3　中期报告编制指南

现行公认会计原则（ASC 270）总结了应在中期财务报告中披露的合并财务信息和分部财务信息。上市公司至少应报告的内容为：

1. 营业收入或者营业收入总额、所得税准备、净利润以及综合收益。
2. 列报的每一期间基本每股收益和稀释每股收益数据。
3. 季节性营业收入、成本或者费用。
4. 所得税准备或估计的重大变更。
5. 主体分部的处置以及非常项目或者不常发生项目。
6. 或有项目。
7. 会计政策或者会计估计的变更。
8. 财务状况的重大变动。
9. 报告经营分部的所有下列信息：

(1) 来自外部客户的营业收入。

(2) 分部间的营业收入。

(3) 分部损益。

(4) 上一年度报告披露后发生了重大变动的资产总额。

(5) 上一年度报告披露后分部划分标准或者分部损益计量方法的差异。

(6) 调整报告分部的损益总额至主体所得税前或者终止经营前的合并利润。然而，如果主体分配所得税项目和非常项目等给分部，则主体可以选择将分部损益总额调整至包括这些项目的合并利润。重大调整项目应在调整时单独确认和记录。

10. 所有关于养老金固定收益计划和其他退休固定收益计划的下列信息：

(1) 确认利润表的每个期间的收益成本净额，分别列示为服务成本、利息成本、期间计划资产的预期回报、利得或损失、先前服务成本或信贷、过渡资产或负债以及因处置或削减而发生的利得或损失。

(2) 如果与之前披露的金额有显著差异，则应披露在本会计年度内要支付以及预期将支付的雇主出资总额。估计的出资额总体上是以下项目的组合：

1) 由出资规章或者法律规定的出资额。

2）任意的出资额。

3）非现金出资额。

11. 在资产负债表中使用公允价值计量资产和负债的信息。

12. 衍生工具的信息。

13. 金融工具公允价值的信息。

14. 已确定的债券和权益证券的投资信息。

15. 非暂时性减值[①]的信息。

图表15-2为高露洁-棕榄公司（Colgate-Palmolive）2012年第三季度的报告，包括其分部报告。利润表报告了上一年度和本年度第三季度以及上一年度和本年度累计9个月的比较信息。现金流量表仅报告了上一年度和本年度累计9个月的比较信息。分部报告的脚注披露了和利润表相同期间的信息。

图表15-2　高露洁-棕榄公司2012年第三季度财务报表

高露洁-棕榄公司的简明合并利润表（除每股收益外，单位：百万美元）（未审计）

	截至9月30日的前3个月		截至9月30日的前9个月	
	2015年	**2014年**	**2015年**	**2014年**
营业收入净额	$3 999	$4 379	$12 135	$13 056
营业成本	1 652	1 821	5 029	5 422
利润总额	2 347	2 558	7 106	7 634
销售、一般和管理费用	1 347	1 497	4 178	4 548
其他（收入）费用净额	(136)	113	—	524
营业利润	1 136	948	2 928	2 562
利息（收入）费用净额	5	4	19	20
税前利润总额	1 131	944	2 909	2 542
所得税准备	361	364	940	869
包括少数股东权益的净利润	770	580	1 969	1 673
减：归属于少数股东权益的净利润	44	38	127	121
归属于高露洁-棕榄公司的净利润	$726	$542	$1 842	$1 552
基本每股收益	$0.81	$0.59	$2.04	$1.69
稀释每股收益	$0.80	$0.59	$2.02	$1.68
宣告发放的每股股利	$0.38	$0.36	$1.50	$1.42

高露洁-棕榄公司的简明合并资产负债表（单位：百万美元）（未审计）

	2015年9月30日	**2014年12月31日**
资产		
流动资产		
现金及现金等价物	$1 445	$1 089
应收账款（坏账损失净额分别为58美元和54美元）	1 561	1 552
存货	1 277	1 382
其他流动资产	806	840
流动资产总额	5 089	4 863
固定资产		
成本	8 312	8 385
减：累计折旧	(4 353)	(4 305)
	3 959	4 080

① FASB ASC 270-10-50-1. Originally Statement of Financial Accounting Standards No. 2016-01. "Financial Instruments—Overall." Stamford, CT. ©2016 Financial Accounting Standards Board.

	2015 年 9 月 30 日	2014 年 12 月 31 日
商誉	2 139	2 307
其他无形资产净额	1 367	1 413
递延所得税资产	137	76
其他资产	872	720
资产总额	$ 13 563	$ 13 459
负债和所有者权益		
流动负债		
应付票据和短期借款	$ 10	$ 16
长期借款的流动部分	226	488
应付账款	1 109	1 231
应计所得税	340	294
其他应计项目	2 252	1 917
流动负债总额	3 937	3 946
长期借款	6 554	5 644
递延所得税负债	234	261
其他负债	2 248	2 223
负债总额	12 973	1 2074
所有者权益		
股本	1 466	1 466
资本公积	1 351	1 236
留存收益	19 323	18 832
累计其他综合收益（亏损）	(4 085)	(3 507)
未取得薪酬	(8)	(20)
库存股成本	(17 792)	(16 862)
高露洁-棕榄公司所有者权益总额	255	1 145
少数股东权益	335	240
所有者权益总额	590	1 385
负债和所有者权益总额	$ 13 563	$ 13 459

高露洁-棕榄公司的简明合并现金流量表（单位：百万美元）（未审计）

	截至 9 月 30 日的前 9 个月	
	2015 年	2014 年
经营活动		
包括少数股东权益的净利润	$ 1 969	$ 1 673
将包括少数股东权益的净利润调整至经营活动产生的现金流量：		
折旧和摊销	337	329
重组和终止福利，现金净额	68	69
自愿福利计划捐款	—	(2)
委内瑞拉重述费用	34	327
征收的外国税	—	66
基于股票的薪酬费用	104	109
南太平洋洗涤剂业务的营业利润	(187)	—
递延所得税	(42)	(35)
变化的现金影响：		
应收账款	(172)	(222)
存货	1	(51)
应付账款和其他应计项目	(18)	100
其他非流动资产和负债	14	29

	截至9月30日的前9个月	
	2015年	2014年
经营活动产生的现金净流量	2 108	2 392
投资活动		
资本支出	(459)	(493)
购买有价证券和投资	(499)	(232)
处置有价证券和投资取得的现金	398	277
处置南太平洋洗涤剂业务取得的现金	221	—
支付的收购款，获得的现金净额	(13)	(25)
其他	8	18
用于投资活动的现金净流量	(344)	(455)
融资活动		
偿还债务支付的现金	(6 691)	(6 220)
发行债务取得的现金	7 293	6 597
分配股利支付的现金	(1 033)	(990)
采购库存股支付的现金	(1 196)	(1 119)
行使股票期权和超额税收优惠收到的现金	301	295
用于融资活动的现金净流量	(1 326)	(1 437)
汇率变动对现金及现金等价物的影响	(82)	(107)
现金及现金等价物的净增加额（减少额）	356	393
期初现金及现金等价物	1 089	962
期末现金及现金等价物	$1 445	$1 355
补充现金流量信息		
支付的所得税	967	781

高露洁-棕榄公司的简明合并财务报表附注（除股份和每股收益，单位：百万美元）（未审计）

分部的营业收入净额和营业利润如下所示：

	截至9月30日的前3个月		截至9月30日的前9个月	
	2015年	2014年	2015年	2014年
营业收入净额				
口腔，个人和家庭护理				
北美洲	$ 791	$ 789	$ 2 360	$ 2 344
拉丁美洲	1 064	1 194	3 277	3 577
欧洲/南太平洋	728	886	2 200	2 624
亚洲	624	634	1 908	1 916
非洲/欧亚大陆	246	310	754	916
口腔，个人和家庭护理总额	3 453	3 813	10 499	11 377
宠物营养	546	566	1 636	1 679
营业收入总净额	$3 999	$4 379	$12 135	$13 056
营业利润				
口腔，个人和家庭护理				
北美洲	$ 258	$ 240	$ 699	$ 687
拉丁美洲	300	330	929	931
欧洲/南太平洋	206	237	573	681
亚洲	195	187	569	558
非洲/欧亚大陆	44	60	128	177
口腔，个人和家庭护理总额	1 003	1 054	2 898	3 034
宠物营养	157	149	450	439
公司	(24)	(255)	(420)	(911)
营业利润总额	$1 136	$ 948	$ 2 928	$ 2 562

高露洁-棕榄公司的简明合并综合收益表（单位：百万美元）（未审计）				
	截至 9 月 30 日的前 3 个月		截至 9 月 30 日的前 9 个月	
	2015 年	2014 年	2015 年	2014 年
包括少数股东权益的净利润	$ 770	$ 580	$ 1 969	$ 1 673
扣除税款的其他综合收益（亏损）				
累计折算调整	(350)	(367)	(635)	(386)
退休计划和其他退休福利调整	25	(17)	52	4
可供出售证券的利得（损失）	—	(4)	(8)	(56)
现金流量套期的利得（损失）	7	3	4	(1)
扣除税款的其他综合收益总额	(318)	(385)	(587)	(439)
包括少数股东权益的综合收益总额	452	195	1 382	1 234
减：归属于少数股东权益的净利润	44	38	127	121
减：归属于少数股东权益的累计折算调整	(9)	(2)	(9)	(3)
归属于少数股东权益的综合收益总额	35	36	118	118
归属于高露洁-棕榄公司的综合收益总额	$ 417	$ 159	$ 1 264	$ 1 116

资料来源：高露洁-棕榄公司 2015 年第三季度财务报表，高露洁-棕榄公司 2015 年 10-Q 报告，高露洁-棕榄公司。

□ SEC 对中期财务报告披露的规定

SEC 要求，上市公司应将其季度报告提供给股东并同时报送 SEC。这些报告应根据公认会计原则的要求编制，并在加速申报方的季度终了后 40 天内以及所有其他申报方的季度终了后 45 天内报送 10-Q 报告。虽然并不需要报送第四季度报告，但根据 SEC 第 14a-3 规定，应在提供给股东的年度报告中披露该季度的部分数据。由于季度报告不需要审计，因此注册会计师只出具审阅报告而不是审计报告。

公司报送给 SEC 的 10-Q 报告包括公认会计原则下最低报告要求以外的额外信息。SEC 对季度报告的要求与年度报告类似。例如，10-Q 报告的第一部分要包含如下内容：

第一部分——财务信息

项目一——合并资产负债表

合并利润表

合并现金流量表

合并财务报表附注

项目二——管理层对公司财务状况和经营成果的讨论

公司列报本季度末和上一年度相同季度末的比较合并资产负债表，本季度和上一年度相同季度的比较合并利润表，本年初至今和上一年初至相同日期的比较合并利润表，以及本年初至今和上一年初至相同日期的比较合并现金流量表。

□ 国际会计准则

IFRS 第 8 号经营分部报告准则于 2006 年 11 月被采纳，并于 2009 年 1 月 1 日开始生效。此次更新是说明公认会计原则与国际会计准则正在趋同的一个很好的例子。关于经营分部的 IFRS 可追溯到 1997 年，它与公认会计原则有许多不同之处。现行的 IFRS 在大多数方面与公认会计原则比较类似，差异逐步减少。二者的主要相同点在于使用管理法报告经营分部，以及相同类型和水平的量化阈值。此外，占合并营业收入 75%的判断标准同样可用来决定是否需要增加报告分部。

针对中期财务报告的IFRS（IAS 34）与针对中期财务报告的公认会计原则有一个主要的不同之处，IFRS使用独立论，将每一中期视为一个独立期间。

总结

现行公认会计原则要求对经营分部信息进行披露。上市公司的经营分部由企业内部组织结构决定。这种确定分部的方法称为管理法。合并标准和重要性判断标准决定了要报告的经营分部。

每一报告分部在披露信息时都要描述其产品和服务种类、企业内部判断经营分部的损益标准，以及资产总额。CODM判定经营分部时如果使用以下标准，则其具体数额也应当披露：收入、费用、利得、损失和资产。报告分部的数额应与企业的合并数额一致。分部信息也应在季度报告中披露。

公认会计原则要求披露企业层面的信息。必须披露产品和服务、经营地区以及主要客户等信息，除非这些信息已在分部报告中披露。

由于不同行业或不同地区的扩张机会和资本需求不同，因此对财务报表分析来说分部信息很重要。

公认会计原则要求中期财务报告提供及时信息。然而，大部分信息由估计产生，而且中期财务报告未经审计。每个中期都是会计年度的组成部分，因此，中期报告采用的会计原则应与上一年度的原则相一致。然而，在中期报告披露当日有必要进行一些调整，以使中期报告成为年度报告的补充。

思考题

1. 什么是经营分部？

2. 根据FASB ASC 280号准则，什么是报告分部？在将经营分部确定为报告分部时应采用什么标准？

3. 根据FASB ASC 280号准则的披露要求，怎样处理未纳入报告分部的分部？

4. Mahoney公司的收入信息如下所示：

合并收入（来自利润表）	$ 400 000
分部间营业收入及转移	80 000
所有行业分部的收入总额	$ 480 000

在运用收入的10%来判断报告分部时，应使用400 000美元的10%还是480 000美元的10%？

5. 描述在确定报告分部时运用营业利润的10%的判断方法。

6. 描述在确定报告分部时运用资产的10%的判断方法。

7. 描述在确定报告分部时运用收入的10%的判断方法。

8. 假设某企业有10个经营分部。其中5个经营分部因满足10%判断标准之一而成为报告分部。然而，这些分部来自外部客户的营业收入总额仅占所有经营分部营业收入合计数的70%。其他的5个经营分部是否应合并成“其他分部”？做出解释。

9. 报告分部以及其他所有合并分部的披露要求有哪些？

10. 在什么情况下企业应在财务报表上披露其国内及国外的经营信息？

11. 企业是否应该披露其主要客户的名称？

12. FASB ASC 280号准则的要求适用于中期财务报告吗？如果适用，如何应用？

13. 解释公司在编制中期财务报告时如何估计年度实际所得税税率。

14. 对中期财务报告而言，整体论与独立论的差别是什么？

15. 描述根据 FASB ASC 270 号准则的规定，中期财务报告至少应披露哪些财务信息？

练习题

E15-1 分部披露

1. 经营分部不要求披露：

a. 非常项目　　b. 所得税费用或收益
c. 利息收入　　d. 销售商品或提供服务的成本

2. 经营分部披露的数据与合并数据之间的调整不包括：

a. 营业成本　　b. 损益
c. 净资产　　d. 营业收入

3. 每一报告分部应披露除下列哪一项之外的所有信息：

a. 非常项目　　b. 折旧、折耗和摊销
c. 资本支出　　d. 毛利或损失

4. 如果企业来源于某单独客户的营业收入大于等于其营业收入总额的 10%，则应披露该主要客户的信息。这一披露必须包括：

a. 产生该营业收入的产品和服务
b. 取得该营业收入的经营分部以及来自该客户的营业收入总额
c. 该客户的名称
d. 该项营业收入总额以及与该项营业收入相应的损益

5. 下列哪一项不属于合并两个及以上经营分部的标准：

a. 各分部应具有相似的产品和服务　　b. 各分部应具有相似的生产工艺
c. 各分部销售产品的方法应相似　　d. 各分部应具有相近数额的营业收入

6. 要求中期报告披露的分部信息不包括：

a. 分部利润或损失　　b. 利息收入净额
c. 自上一年度报告以来对分部变化的描述　　d. 分部间的营业收入

E15-2 阈值判断法的应用——披露

Vic 公司完全在美国国内经营，业务涉及不同行业，该公司的分部以行业为基础划分。所有分部包括分部之间的营业收入列示如下：

水泥石料部	\$ 400 000
建筑部	1 000 000
伐木部	1 800 000
建筑材料部	1 000 000
其他分部	100 000

进一步分析可知，分部间营业收入如下所示：

伐木部	\$ 800 000
建筑材料部	400 000

要求：

1. 根据营业收入 10% 和 75% 的判断标准，确定哪些分部是报告分部。
2. 以行业分部为基础，编制用于对外报告的分部营业收入表。

3. 调整分部营业收入和合并营业收入。

E15-3 阈值判断法的应用

Sur公司分部的划分以行业为基础。Sur公司经营分部的营业收入、营业利润和资产如下所示（单位：千美元）：

	销售给非附属企业	分部间营业收入	营业收入总额	营业利润（亏损）	资产
食品服务部	$150 000	$20 000	$170 000	$20 000	$100 000
铜矿部	40 000	—	40 000	(5 000)	30 000
信息系统部	10 000	7 500	17 500	2 500	20 000
化工部	65 000	10 000	75 000	15 250	108 500
农产品部	24 000	—	24 000	(7 750)	25 000
医药用品部	10 000	—	10 000	4 000	9 000
对外经营部	7 500	—	7 500	2 500	10 000
公司资产*					16 500
	$306 500	$37 500	$344 000	$31 500	$319 000

注：*公司资产包括权益投资5 000美元以及一般资产11 500美元。

要求：确定Sur公司的报告分部。

E15-4 分部与企业层面披露

2016年Wow公司（Wow公司的分部以地区划分）分部的营业收入如下所示（单位：千美元）：

	销售给非附属企业	分部间营业收入	营业收入总额
美国	$100 000	$30 000	$130 000
加拿大	36 000	16 000	52 000
欧洲	20 000	2 000	22 000
拉丁美洲	14 000	6 000	20 000
日本	6 000	—	6 000
韩国	2 000	—	2 000
	$178 000	$54 000	$232 000

Wow公司的合并利润表中列示的营业收入金额为其向非附属客户销售产生的营业收入178 000美元。

要求：按照对外报告的格式列出Wow公司应披露的国内和国外营业收入情况以及与合并营业收入之间的调整。

E15-5 阈值判断法的应用

1. Coy公司及其分部仅从事制造业。下列数据（与以前年度的数据相一致）为截至2016年12月31日公司涉及的各行业的经营状况（单位：千美元）：

行业	营业收入总额	营业利润	2016年12月31日资产
A	$10 000	$1 750	$20 000
B	8 000	1 400	17 500
C	6 000	1 200	12 500
D	3 000	550	7 500
E	4 250	675	7 000
F	1 500	225	3 000
	$32 750	$5 800	$67 500

按其 2016 年的分部信息，Coy 公司有几个报告分部？

a. 3　　b. 4

c. 5　　d. 6

2. Hen 公司 2016 年度的营业收入情况如下（单位：千美元）：

利润表中合并营业收入	$1 200
分部间营业收入	180
分部间转移	60
分部营业收入总额	$1 440

分部的营业收入超过多少美元即可成为 Hen 公司的报告分部？

a. 6 000　　b. 24 000

c. 120 000　　d. 144 000

3. 以下为 Ari 公司及其分部 2016 年 12 月 31 日的相关资料（单位：千美元）：

来自非附属客户的营业收入	$4 000
分部间销售类似产品的营业收入	1 200
向其他行业分部借款获得的利息收入	80

向 CODM 报送的内部报表并未披露分部之间的利息收入。Ari 公司及其所有分部仅从事制造业。分部的营业收入超过多少美元时能够成为 Ari 公司的报告分部？

a. 528 000　　b. 520 000

c. 408 000　　d. 400 000

4. 以下是 Wig 公司经营分部 2016 年度营业收入的资料：

分部	销售给非附属客户	分部间营业收入	营业收入总额
Ames	$10 000	$6 000	$16 000
Beck	16 000	8 000	24 000
Cyns	8 000	—	8 000
DG	86 000	32 000	118 000
综合	120 000	46 000	166 000
抵销	—	(46 000)	(46 000)
合并	$120 000	—	$120 000

根据营业收入判断，Wig 公司的报告分部是：

a. 仅 DG　　b. Beck 和 DG

c. Ames，Beck 和 DG　　d. Ames，Beck，Cyns 和 DG

根据以下资料回答第 5 题和第 6 题：

Gum 公司是一家上市公司且应按要求披露分部信息。在其 2016 年度的利润表中，Gum 公司报告的营业收入为 50 000 000 美元，营业费用为 47 000 000 美元，工资成本净额为 15 000 000 美元。2016 年 12 月 31 日，Gum 公司所有行业分部的可辨认资产合计数是 40 000 000 美元。

5. Gum 公司来自某一客户的营业收入达到多少美元时，应在其 2016 年的财务报表中披露主要客户信息？

a. 300 000　　b. 1 500 000

c. 4 000 000　　d. 5 000 000

6. 如果 Gum 公司的分部以行业为基础，当从某一国家的经营活动中获得的营业收入达到多少美元时，Gum公司应在其2016年的财务报表中披露该国的经营信息？

a. 5 000 000　　b. 4 700 000

c. 4 000 000　　d. 1 500 000

7. 根据公认会计原则，当分部营业收入超过下列哪一数据的10%时，应单独报告分部的相关数据：

a. 所有分部报告的净利润的合计数　　b. 与外部客户交易获得的营业收入总额

c. 企业所有经营分部营业收入的合计数　　d. 所有分部报告的营业收入的合计数

8. 在分部的财务报告中，下列哪个项目用于确定分部的营业利润？

a. 所得税费用　　b. 来自其他分部的营业收入

c. 公司的一般费用　　d. 终止经营的利得或者损失

E15-6　阈值判断法的应用

截至2016年12月31日Nog公司的分部经营信息摘要如下：

	美国	加拿大	德国	日本	墨西哥	其他国家	合计
来自非附属客户的营业收入	\$35 000	\$6 000	\$3 000	\$3 500	\$1 500	\$1 000	\$50 000
地区间转移	10 000	—	—	3 000	—	—	13 000
营业收入总额	\$45 000	\$6 000	\$3 000	\$6 500	\$1 500	\$1 000	\$63 000
营业利润	\$ 8 000	\$1 000	\$1 500	\$1 000	\$ 500	\$ 500	\$12 500
分部资产	\$50 000	\$7 500	\$8 500	\$9 000	\$2 000	\$1 500	\$78 500

1. 如果仅考虑营业收入10%的判断标准，下列哪个或哪些分部需要单独披露：

a. 美国、加拿大和日本　　b. 美国和加拿大

c. 美国和日本　　d. 美国、加拿大、德国和日本

2. 如果仅考虑资产10%的判断标准，下列哪个或哪些分部需要单独披露：

a. 美国　　b. 美国和加拿大

c. 美国、日本和德国　　d. 美国、加拿大、德国和日本

3. 如果考虑所有的相关判断标准，下列哪个或哪些分部需要单独披露：

a. 美国、加拿大、德国和日本　　b. 美国、德国和日本

c. 美国、加拿大和日本　　d. 美国和加拿大

E15-7　多种情况下的中期会计处理——所得税

1. 根据FASB ASC 270号准则，中期财务报告指的是：

a. 每月编制的报告　　b. 每季度编制的报告

c. 定期编制的报告　　d. 以少于一年的期间为报告期的报告

2. 在中期报告中，出售库存时以后进先出法计量营业成本可能存在问题。因此，中期报告中的营业成本应该：

a. 以毛利法确定

b. 包括后进先出法下出售库存的利润影响

c. 包括后进先出法下出售库存的预期重置成本

d. 以上都不是

3. 2016年，Bar公司第1和第2季度实际的年度所得税税率分别是34%和30%。假设Bar公司第1季度的税前利润是240 000美元，第2季度的税前利润是180 000美元，则第2季度的所得税费用为多少美元？

a. 54 000　　b. 126 000

c. 135 600　　d. 44 400

4. 假设公司应税所得额少于 50 000 美元时，税率是 15%；应税所得额位于 50 000 美元和 75 000 美元之间时，税率是 25%；应税所得额位于 75 000 美元和 100 000 美元之间时，税率是 34%；应税所得额位于 100 000 美元和 335 000 美元之间时，税率是 39%。如果某公司第 1 季度估计的税前利润是 20 000 美元，第 2 季度估计的税前利润是 25 000 美元，第 3 季度估计的税前利润是 30 000 美元，第 4 季度估计的税前利润是 35 000 美元，则该公司估计的年度实际所得税税率为：

a. 23.77%　　b. 25%

c. 24.67%　　d. 34%

E15 - 8　中期所得税

2016 年 Ent 公司各季度的估计和实际税前利润如下所示：

	第 1 季度	第 2 季度	第 3 季度	第 4 季度
估计税前利润	\$ 30 000	\$ 30 000	\$ 40 000	\$ 50 000
实际税前利润	30 000	40 000	40 000	40 000

根据估计税前利润及现有的所得税税率，Ent 公司计算的估计年度实际所得税税率是 27.833 3%。

要求：编表按季度计算 Ent 公司的净利润。

E15 - 9　多种情况下的中期会计处理——所得税

1. 第 1 季度，存货市价下跌造成存货跌价损失，预计该存货市价下跌趋势在该会计年度不会改变。然而在第 3 季度，存货市价的回升幅度超过第 1 季度的下跌幅度。在中期财务报告中，存货净额应：

a. 在第 1 季度按市价下跌的金额减少，在第 3 季度按第 1 季度减少的金额增加

b. 在第 1 季度按市价下跌的金额减少，在第 3 季度按市价恢复的金额增加

c. 在第 1 季度按市价下跌的金额减少，在第 3 季度不变

d. 第 1 季度和第 3 季度均不变

2. Far 公司在 2016 年 3 月 31 日结束的季度中有如下交易：

因提前偿债发生的损失	\$ 70 000
支付 2016 年度火灾保险费	100 000

Far 公司在 2016 年 3 月 31 日结束的季度利润表中应该列报多少美元？

	保险费用
a	100 000
b	25 000
c	50 000
d	70 000

3. 2016 年 5 月，因市价永久性下跌，存货发生减值损失 360 000 美元。Cox 公司在 2016 年 5 月正确记录了该损失，当时其截至 2016 年 3 月 31 日的第 1 季度季报已经公布。在 Cox 公司截至 2016 年 6 月 30 日的第 2 季度利润表中，应该报告的存货损失是多少美元？

a. 0　　b. 90 000

c. 180 000　　d. 360 000

4. 2016 年 7 月 1 日，Dol 公司发生了终止经营损失 300 000 美元，该数据为扣除所得税节约额后的净额。预计 Dol 公司 2016 年度的营业利润是 500 000 美元。在 Dol 公司截至 2016 年 9 月 30 日的第 3 季度利润表中，应披露的终止经营损失是多少美元？

a. 300 000　　b. 150 000

c. 75 000　　d. 0

5. 2016 年 1 月，Pin 公司支付了当年的财产税 80 000 美元。当月，Pin 公司估计发给高管人员的年末奖金为 320 000 美元。在 Pin 公司截至 2016 年 6 月 30 日的第 2 季度利润表中，应报告的这两项费用的总额是多少美元？

a. 100 000　　b. 80 000

c. 20 000　　d. 0

E15 - 10　后进先出法下的中期会计处理

2016 年第 1 季度，Tap 制造公司记录的营业收入为 1 000 000 美元，营业成本为 550 000 美元。Tap 公司对存货采用后进先出法核算，计算如下：

后进先出法下 1 月 1 日期初存货	10 000 单位×$5	$50 000
后进先出法下 3 月 31 日期末存货	6 000 单位×$5	$30 000

年末，Tap 公司准备恢复第 1 季度出售的 4 000 单位库存。此时存货的成本是每单位 7 美元。

要求：计算在 Tap 公司第 1 季度季报中，应报告的营业成本金额。

综合题

P15 - 1　阈值判断法的应用

Wod 公司为披露分部信息累积了如下信息（单位：千美元）：

	来自非附属客户的营业收入	来自附属客户的营业收入	营业收入总额
服装部	$164	—	$ 164
建筑部	112	—	112
家具部	208	$ 6	214
伐木部	175	90	265
造纸部	90	—	90
纺织部	50	170	220
烟草部	93	—	93
合计	$892	$266	$1 158

要求：

1. 根据营业收入的 10%确定 Wod 公司的报告分部。

2. 根据营业收入的 75%判断是否需要确定额外的报告分部？

3. 按照对外报告的要求编表披露经营分部的营业收入。假设造纸部和烟草部产品均由杂货店销售，并且这两个分部的经营特征符合五条合并标准中的四条。

P15 - 2　阈值判断法的应用

下表为跨国集团 Hay 公司 2016 年的部分财务信息：

	来自非附属客户的营业收入	来自附属客户的营业收入	营业利润（损失）	资产
食品部	$300 000	$50 000	$45 000	$310 000
化工部	110 000	40 000	23 000	150 000

续表

	来自非附属客户的营业收入	来自附属客户的营业收入	营业利润（损失）	资产
纺织部	65 000	5 000	(8 000)	60 000
家具部	48 000	—	9 000	40 000
饮料部	62 000	10 000	18 000	60 000
产油部	15 000	—	(2 000)	25 000
分部	600 000	105 000	85 000	645 000
公司	—	—	(7 000)	15 000
合并	$ 600 000	0	$ 78 000	$ 660 000

要求：回答下列与 Hay 公司分部信息披露有关的问题，并列出计算过程：

1. 根据营业收入、营业利润、资产，判定哪些分部为报告分部？

2. 是否需要确定额外的报告分部？

P15－3 阈值判断法的应用——披露

DaP 公司总部设在美国，同时在加拿大、墨西哥、巴西和南非经营，内部报告以经营地区为基础。2016 年 12 月 31 日，与 DaP 公司分部披露有关的信息汇总如下：

	美国	加拿大	墨西哥	巴西	南非	合并
来自非附属客户的营业收入	$ 120 000	$ 13 000	$ 20 000	$ 22 000	$ 15 000	$ 190 000
分部间转移	29 000	11 000	—	—	10 000	50 000
营业收入总额	$ 149 000	$ 24 000	$ 20 000	$ 22 000	$ 25 000	$ 240 000
营业利润	$ 24 000	$ 6 000	$ 8 000	$ 5 000	$ 7 000	$ 50 000
可辨认资产	$ 150 000	$ 30 000	$ 19 000	$ 20 000	$ 31 000	$ 250 000

要求：

1. 根据营业收入的 10%、资产的 10%、营业利润的 10%，列表回答 DaP 公司的哪些分部应单独披露。

2. DaP 公司的哪些经营分部至少符合一项报告分部的标准？

3. 根据以上资料编表披露 DaP 公司的分部经营情况。

P15－4 阈值判断法的应用——分部与企业层面披露

Mer 公司有 5 个主要经营分部，同时在国内和国外市场经营。Mer 公司内部管理以行业为基础。2016 年该公司经营分部以及来自国外经营的营业收入如下所示（单位：千美元）：

来自非附属客户的营业收入

	国内销售	国外销售	营业收入总额
食品部	$ 150	$ 30	$ 180
软饮料部	650	250	900
酿酒部	500	50	550
化妆品部	200	—	200
包装部	110	—	110
其他（4 个小分部）	240	—	240
	$ 1 850	$ 330	$ 2 180

来自附属客户的营业收入

	国内销售	国外销售	营业收入总额
食品部	$ 30	—	$ 30
软饮料部	160	—	160
酿酒部	—	$ 20	20
化妆品部	—	—	—
包装部	10	—	10
其他（4个小分部）	—	—	—
	$ 200	$ 20	$ 220

Mer的一家日本子公司专门经营软饮料。除软饮料部外，其他所有的国外经营均由加拿大子公司进行。

根据资产和营业利润判断，仅软饮料部和酿酒部为报告分部。

要求：

1. 根据分部报告营业收入，判断哪些分部为报告分部。假设分部不进一步合并。如果较小分部存在合并的可能，结论是否不同？

2. 假设分部不进一步合并，编表披露Mer公司2016年的分部营业收入信息。

3. 编表披露Mer公司2016年的地区营业收入信息。

P15-5 阈值判断法的应用——披露

2016年12月31日，Rad公司报告给CODM的与5个经营分部有关的信息如下所示：

	食品部	烟草部	伐木部	纺织部	家具部	公司	合并
营业收入数据							
来自非附属客户的营业收入	$ 12 000	$ 10 000	$ 7 000	$ 18 000	$ 7 000		$ 54 000
来自附属客户的营业收入	5 000	7 000		8 000			20 000
权益投资收益				3 000		$ 6 000	9 000
营业收入总额	$ 17 000	$ 17 000	$ 7 000	$ 29 000	$ 7 000	$ 6 000	$ 83 000
营业费用数据							
营业成本	$ 10 000	$ 9 000	$ 4 000	$ 16 000	$ 4 000		$ 43 000
折旧费用	1 000	2 000	2 500	3 000	500		9 000
其他营业费用	2 000	2 000	1 000	2 000	1 000		8 000
利息费用	2 000			2 000		$ 3 000	7 000
所得税	1 000	2 000	(250)	3 000	750	1 500	8 000
净利润	$ 1 000	$ 2 000	$ (250)	$ 3 000	$ 750	$ 1 500	$ 8 000
资产数据							
分部资产	$ 18 000	$ 19 000	$ 6 000	$ 22 000	$ 7 000		$ 72 000
对附属企业的投资				20 000		$ 40 000	60 000
公司一般资产						4 000	4 000
分部间预付款	1 000	2 000					
资产总额	$ 19 000	$ 21 000	$ 6 000	$ 42 000	$ 7 000	$ 44 000	$ 136 000

前几年伐木部未纳入报告分部，预计以后也不纳入报告分部。

要求：

1. 根据以下判断标准，编表说明哪些分部为报告分部。

a. 营业收入的 10%

b. 营业利润的 10%

c. 资产的 10%

2. 哪些分部至少符合一个报告分部标准?

3. 是否应该增加额外的报告分部?

4. 编表列示 Rad 公司 2016 年度财务报表以合理披露上述分部数据。

P15-6 阈值判断法的应用——披露

Tut 公司 2016 年度的合并利润表资料如下所示（单位：千美元）：

2016 年度 Tut 公司合并利润表

营业收入	$ 360
利息收入	10
投资收益	30
营业收入总额	400
营业成本	$ 180
一般费用	40
销售费用	50
利息费用	10
少数股东权益	15
所得税	45
营业费用总额	340
持续经营利润	$ 60
终止经营损失（扣除所得税）	10
合并净利润	$ 50

Tut 公司通过 3 个国内经营分部进行经营，3 个分部的营业收入、营业费用以及资产情况如下所示（单位：千美元）：

	化工部	食品部	药品部	公司
营业收入（包括分部间营业收入）	$ 160	$ 140	$ 120	
营业成本（包括分部间营业成本）	80	70	60	
一般费用	15	10	10	$ 5
销售费用	20	15	15	
利息费用（非附属）	5		5	
可辨认资产	200	180	150	200
权益投资				300

10 000 美元的利息收入与任何行业分部无关。合并资产总额是 1 000 000 美元。化工部和食品部的分部间营业收入分别为 35 000 美元和 25 000 美元。

要求：按照对外报告的要求，编表列示 Tut 公司行业分部应披露的信息。假设 CODM 使用营业利润去判断分部。

P15-7 阈值判断法的应用——披露

以下为 Cob 公司 2016 年的有关信息。Cob 公司的经营分部是当年用于内部计划与控制的成本中心。“合并总额”一栏列示的数据是根据公认会计原则编制的用于对外报告的数据（单位：千美元）。

	食品行业	包装行业	纺织行业	国外经营	其他所有行业	公司	合并总额
利润表							
来自非附属客户的营业收入	$950	$500	$300	$250	$400		$2 400
投资收益							100
对非附属客户的营业成本	(600)	(350)	(175)	(125)	(250)		(1 500)
营业费用	(200)	(75)	(150)	(75)	(75)	$(25)	(600)
利息费用							(20)
所得税							(150)
少数股东损益							(30)
净利润（损失）	$150	$ 75	($25)	$ 50	$ 75	$ (25)	$ 200
资产							
流动资产	$300	$100	$75	$100	$225	$ 25	$ 825
固定资产净值	400	400	250	100	175	25	1 350
预付账款	50		25			50	
权益投资						1 000	1 000
资产总额	$750	$500	$350	$200	$400	$1 000	$3 175
分部间转移							
营业收入*	$ 60	$ 60	$ 30	$ 50			
商品销售成本*	$100	$ 25		$ 75			

*已从所给的利润中抵销。

要求：

1. 根据营业收入的10%、营业利润的10%、资产的10%的判断标准，编表确定Cob公司的报告分部。
2. 根据FASB ASC 280号准则，编表披露Cob公司的分部信息。

P15-8 中期财务报告——所得税

Tor公司税前利润未超过50 000美元部分的所得税税率为20%；超过50 000美元部分的税率为34%。Tor公司估计的各季度税前会计利润情况如下所示：

季度	估计的税前利润
第1季度	$ 20 000
第2季度	30 000
第3季度	60 000
第4季度	50 000
合计	$160 000

预计当年不会发生会计政策、终止经营项目、非常或不常发生项目的变更。第4季度的税前利润中包括收到的20 000美元来自国内公司的股利，该项股利符合80%免税规定。

要求：

1. 计算2016年Tor公司估计的年度实际所得税税率。
2. 编表显示2016年Tor公司各季度及全年的估计净利润。

专业研究任务

参考FASB ASC回答以下问题，将适当的参考内容包含在你的答案里。

PR15-1 如果CODM在评价分部时不考虑折旧和摊销费用，那么公司需要披露折旧和摊销费用吗？

PR15-2 公司编制中期财务报告时需要与年度报告使用相同的方法来估计存货的价值吗？哪种选择可以接受？

第 16 章

公司清算与重整

学习目标

1. 理解不同种类破产申请之间的差异。
2. 掌握清算过程中受托人的受托责任及其会计处理。
3. 理解重整过程中财务报告的披露。
4. 理解重整后财务报告的披露，包括新起点会计。

本章将阐述有关陷入财务困境公司的会计处理和法律事项。① 一些公司能够通过内部经营和制度变革从财务困境中走过来，而其他有着更严重财务问题的公司只能被迫寻求外部补救措施。这些补救措施可以分为：直接与债权人达成共识、公司重整和清算。

本章重点介绍导致公司破产清算或重整的情形。我们将先对美国《破产法》进行概述，然后讨论与清算和重整相关的要求和程序。

16.1 1978年《破产改革法》

如果公司在债务到期时无法偿还债务，或负债总额超过其资产的公允价值，则该公司被视为无偿债能力。企业无法清偿到期债务称为**权益性无偿债能力**（equity insolvency）。负债总额超过资产的公允价值称为**破产性无偿债能力**（bankruptcy insolvency）。权益性无偿债能力的债务公司通过直接与债权人谈判达成协议，有可能避免进入破产程序。破产性无偿债能力的公司通常会在破产审理法院的监督下进行重整或清算。

1898年以前，州政府法律就对企业破产程序做了规定。1898年联邦政府颁布的《破产法》取代了州政府的相关规定。美国国会颁布《美国法典》第11编即1978年《破产改革法》后，1898年的《破产法》及其多项修正条款被废止。1978年《破产改革法》涵盖了全面的破产法律体系与新的破产判断标准及破产审理法院，于1979年10月1日开始实施。该法自实施以来经历了数次修正，最新的一次修订是在2005年。

自2005年10月生效以来，《防止破产滥用及消费者保护法》（BAPCPA）的条款得到了极大的关注，使个别债务人很难滥用破产条款。BAPCPA对企业也有影响，主要表现在第11章破产和房地产租赁中为专营计划规定的时间限制方面。

在现行规则下，申请破产的债务公司有120天的时间向审理法院提交重整计划以获得批准。在这一期间，债权人等其他方均不得向法院提交破产申请。在BAPCPA颁布之前，债务公司可以反复申请延长专营期间，但BAPCPA规定的最长期限为18个月。债务公司因为无法无限期延迟计划制定过程，所以需要加速其重整过程，使债权人可以收回更多的资金。

另一个变化是零售债务人现在只有120天的时间来决定承担或拒绝非居住不动产的未到期租约，最长可以延期90天，且只有得到不动产所有者的书面同意才能够延期。

《破产法》的各项条款为个人和公司的债务减免带来了许多便利，这些条款称为章节。图表16-1概括了《破产法》的主要章节。《破产法》的目的是保护债权人的利益，确保在解决债务问题时能公平分配资产，给债务人一个“新的开始”。一旦债务人通过破产程序解决了债务问题，就可以在不受法律和收账公司持续威胁的情况下重整旗鼓。

① 本章不讨论市政府、铁路部门、证券经纪商及商品经纪商的破产。《美国法典》第1编的特殊条款中讨论了这些主体的破产。

图表 16-1 破产的类型

类型	描述
第 7 章：清算	受托人被委托出售个人或公司的资产并偿还给债权人。
第 9 章：市政府债务调整	市政府（本章不讨论）。
第 11 章：重整	债务公司预计可以复苏和重整。 ● 指定受托人或由债务公司履行受托人的职责（债务人拥有控制权）。 ● 重整计划由债权人、股东、雇员和其他人进行协商，以清偿债务，让公司可以在执行破产程序过程中及以后持续经营。 ● 虽然第 11 章也适用于个体，但第 13 章可能更加适用。
第 12 章：农场主	有稳定收入的家庭农场主（本章不讨论）。
第 13 章：有稳定收入个人的债务调整	仅适用于包括个体经营者在内的个人。无担保负债不超过 307 675 美元，担保负债不超过 922 975 美元（本章不讨论）。

第 11 章重整为企业和个人制定经营计划提供了时间。这一计划有希望确保企业在经历破产程序之后继续经营，并为其清偿现存债务提供办法。这一计划必须经破产法院和债权人委员会批准。

如果一家公司制定的计划未能获得法院批准，法院将强制要求公司进入第 7 章破产或清算程序。一些公司（比如蒙哥马利-沃德百货公司、LTV 钢铁公司和美国航空公司）通过第 11 章的重整获得复苏，但之后由于其经营计划没有成效不得不再次申请破产。

有时，即使公司资产的公允价值足以偿还债务，公司也可能因流动性问题而无法偿还到期债务，这时公司也可能会申请破产保护。这类情况在历史上出现过几次，即使公司有足够的流动性来偿还短期债务，法院也允许公司申请破产，因为它们是一些潜在大型诉讼裁决的当事人。例如，陶氏化学公司因硅胶隆胸手术诉讼而申请破产；1985 年 AH Robins 公司由于盾形宫内节育器诉讼而申请破产；1982 年 Johns Manville 公司由于石棉诉讼而申请破产。遗憾的是，近几年，会计丑闻成为公司申请破产的另一个原因，比如安然公司、世通公司和 Adelphia 公司。最近世界范围内出现的公司破产事件也常令人吃惊。2007 年和 2008 年房地产和银行业的崩溃导致美国 20 例最大上市公司破产案件中有一半发生在 2007—2009 年。

显而易见，重大经济衰退会影响破产申请案件的数量。在经济低迷时期，为破产案件提供服务的会计、律师和法院会非常忙碌。然而，即使在经济恢复和增长时期，破产活动也会保持在一个稳定水平。从下图可以清楚地看到，历史上重大经济衰退会造成破产申请数量突增，下图也对比显示了每一年申请第 7 章破产清算和第 11 章重整程序的情况。①

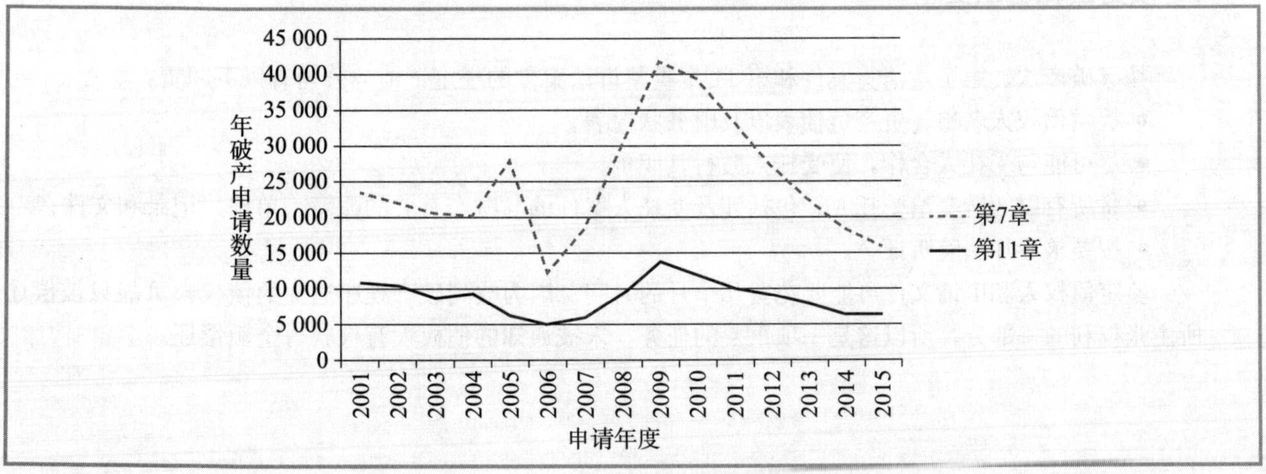

资料来源：USCourts. gov.

① USCourts. gov.

当企业申请破产保护时，法院必须确定该程序是否能发挥作用。如果法院公布救济令，那么债务公司在其重整计划完成前可免于进一步的诉讼。在法院监督下，债权人和债务人协商制定解决债权人求偿权的计划。这种情况下法院是最终的裁决者。

有时被其他公司收购也是公司重整计划的一部分。例如，蒙哥马利-沃德百货公司在1997年申请破产保护，在1999年被通用电气公司收购从而避免了破产。尽管公司为扭亏为盈制定了积极的计划，但是蒙哥马利-沃德百货公司还是于2001年再次申请破产，商店停止营业，并着手清算资产。雷曼兄弟2008年申请破产保护，近7 000亿美元的资产以不到20亿美元的价格出售给巴克莱银行和野村控股。

受理破产申请的法院根据《美国法典》第11编对所有案件进行管辖。破产案件始于债务人向破产法院提出破产申请。通常，破产申请应提交给债务人主要经营地或至少180天以上主要财产所在地的破产法院。债务公司或其债权人均可以提出申请。如果债务公司提出破产申请，则这一过程为**自愿破产程序**（voluntary bankruptcy proceedings）；如果债权人提出破产申请，则为**非自愿破产程序**（involuntary bankruptcy proceedings）。大多数的破产申请是自愿破产程序。

对债务公司或债务公司自身的破产申请具体可参照《破产法》第7章或第11章。《破产改革法》第7章（Chapter 7 of the Bankruptcy Reform Act）涉及债务公司即将进行清算的直接破产，《破产改革法》第11章（Chapter 11 of the Bankruptcy Reform Act）包括债务人的恢复以及债务公司的预期重整。[①] 法院有权（根据各种要求和条件）驳回申请，或受理申请，或将案件从第11章重整转换为第7章清算，反之亦然。

□ 美国受托人办公室

《破产改革法》产生了美国受托人办公室，它是司法部门的一个分支机构，负责处理破产案件。美国受托人办公室的成员由美国司法部长委派。**美国受托人**（U. S. trustee）的职责是维护和监督可以参与第7章涉及的破产诉讼案件的私人受托人，作为受托人或者临时受托人参与部分破产案件的受理（比如第7章涉及的案件中没有合格的私人受托人时），监督破产案件的管理，监督任命的债权人委员会以及主持债权人会议。

□ 债务公司的职责

按《破产法》第7章清算案件和第11章重整诉讼案件的规定，债务公司有以下职责：

- 提供债权人名单、资产负债表以及财务状况表；
- 尽可能与受托人合作，使受托人履行其职责；
- 将所有财产转交给受托人，包括涉及受托人案件的与财产有关的账簿、单据、记录和文件；
- 按要求参加法院听证会。

鉴定债权人和申请文件可能要花费几个月的时间。因为收到破产程序通知的债权人可能只被偿还他们所主张权利的一部分，所以这是一项重要的任务。未被通知的债权人有权获得全额偿还。

---

① 并非所有的清算都是因财务困难而产生。自愿清算通常基于以下观点：公司股票的市值低于出售公司资产可以实现的数额。这种清算不涉及重整或司法救济，现有会计准则可以通过清算股利来解决这类事项。对于自愿清算的讨论可以参考：Ronald J. Kudle, *Voluntary Corporate Liquidations* (Westport, CT: Quorum Books, Greenwood Press, 1988); George E. Nogler and Keeneth B. Schwartz, "Financial Reporting and Auditors' Opinions on Voluntary Liquidations," *Accounting Horizons* (September 1989), pp. 12-20。

□ 破产法官的职责

破产法官要处理破产案件中发生的纠纷，并批准破产申请前的所有债务和其他非常支付款项的偿还。

16.2　公司清算

据美国联邦法院行政管理局的报告，截至 2016 年 6 月 30 日的 12 个月中的 25 227 件企业破产申请中有 15 551 件（约 62%）是根据《破产法》第 7 章提出的申请。第 7 章清算比第 11 章重整需要的费用和时间都更少。第 7 章清算案件始于债务公司向破产法院提出自愿破产申请，或者由 3 个及以上无条件和无担保债权总额至少达到 15 775 美元的主体提出强制性破产申请。① 如果无担保债权人少于 12 人，无担保债权在 15 775 美元②及以上的单个债权人也可以提出破产申请。

如果债权人没有在限定时间内证明它们的债权或者债务人没有在限定时间内对申请提出异议，法院将根据第 7 章的规定批准救济令（即受理）。该破产程序可防止债权人直接向债务人要求清偿债权。如果债权人无法证明它们主张的债权合法，那么法院将驳回申请。此时债务人可根据第 11 章的规定申请保护，这时将进行重整而不是清算。

如果第 7 章的救济令被批准，那么美国受托人（或者法院）将任命临时受托人保管债务公司的财产，直到选举出受托人。在案件开始审理之后，如果法院认为保护财产或者避免损失很重要，法院就会委派临时受托人以避免损失。

受托人由债权人会议选举产生，并且只有无担保且无争议的债权人才有权进行投票。如果参加选举的债权人持有 20%以上的债权，并且候选人是由实际参与投票的多数债权人选出的，他就是受托人。如果未选出受托人，则委派临时受托人。有投票权的无担保债权人也可以选举产生 3～11 人的债权人委员会，以与受托人进行商讨，并将有关债务人财产的问题提交法院。

□ 清算案件中受托人的职责

案件诉讼涉及的财产由受托人按照破产法院的命令进行保管、变现，依据债权的优先等级进行偿付。在清算案件中，受托人其他的职责包括：

- 调查债务人的财务状况；
- 向各个利益相关群体提供有关债务人财产和管理的信息；
- 审查债权人的要求，拒绝不合理的要求；
- 如果被授权接管债务人的经营，应提供经营情况定期报告和总结表，收支表以及法院要求的其他资料；
- 按照法院的要求，提供关于受托情况的最终报告。

---

① 第 11 章中的主体指个人、不动产、受托人或者政府单位。个人包括个体、合伙企业或公司，但不包括政府单位。

② 许多与《破产法》有关的阈值金额都与通货膨胀挂钩。《美国法典》第 11 编第 104 节阐述了通货膨胀调整的过程。本书使用截至 2016 年 2 月 22 日的数据。

□ 债权清偿

在第7章的清算案件中，债权偿付的顺序如图表16－2所示。存在有效抵押权担保的债权，将在其担保物财产变卖所得价款的范围内获得清偿。如果所得价款不足以清偿有财产担保债权人的所有债权，不足清偿的金额将转为无担保非优先债权（或一般无担保债权）。在第7章的清算诉讼案件中，无担保债权分为优先和非优先两类（见图表16－2）。无担保优先债权应在清偿无担保非优先债权之前全额清偿。

图表16－2　第7章清算案件中债权的等级

Ⅰ担保债权

以有效抵押权担保的债权。

Ⅱ无担保优先债权

1. 保管和清算财产过程中发生的管理费用，包括受托人费用和法律及会计费用。
2. 在提出非自愿申请日与指定临时受托人日之间发生的债权。
3. 在提出申请后的180天内发生的工资、薪金和佣金，每人债权不超过12 475美元。
4. 在提出申请后的180天内提供服务并需公司支付福利的每位职工不超过12 475美元的债权。
5. 因购买、租赁或租用尚未发货或尚未提供服务的财产而产生的每人不超过2 775美元的债权。
6. 申请前1～4年内产生的所得税或营业税、财产税、雇佣税、消费税和关税等政府部门的债权（期限因不同债权而异），债务人代收或扣缴的税款以及与上述税款相关的罚金。

Ⅲ无担保非优先债权

1. 及时申报并认可的债权。
2. 逾期申报并认可的债权。
3. 包括任何罚款、罚金、没收物，会导致颁发救济令或任命受托人的多重警告或惩罚费用的经认可的债权（担保和无担保）。
4. 上述无担保优先债权或无担保非优先债权中的利息债权。

Ⅳ股东求偿权

剩余资产归还给债务公司或其股东。

无担保优先债权分为六个等级，第一级债权（管理费用）应在支付第二级债权之前全额清偿，以此类推。然而，如果可用现金不足以支付任一等级内的所有债权，则按比例进行清偿。无担保非优先债权包括四个等级，也按前述的现金分配顺序进行清偿。在第7章的清算案件中，只有在所有有效的债权人债权均得到清偿之后才能将剩余财产分配给股东。

16.3　清算案件示例

Cam公司2016年和2017年上半年发生了严重的经营亏损。到2017年7月，其应付账款逾期未还，应收账款被抵押以担保无力偿还的银行贷款。Cam公司的债权人不愿意再延展信用期或修改合同条款，根据《破产法》第7章，Cam公司2017年8月1日提出自愿破产申请。

图表16－3是破产申请日Cam公司编制的资产负债表。虽然此资产负债表列示了13 000美元的所有者权益，但对于清算公司而言，历史成本计价的金额并不能反映其财务状况。提供有关清算公司信息的财务报表称为清算资产负债表。

图表 16－3　2017 年 8 月 1 日 Cam 公司资产负债表

资产		
流动资产		
现金	$ 3 000	
交易性金融资产（市价）	7 000	
应收账款（扣除估计无法收回的账款）	25 000	
存货	50 000	
预付费用	4 000	$ 89 000
长期资产		
土地	$ 15 000	
建筑物净值	40 000	
设备净值	30 000	
无形资产	6 000	91 000
资产总额		$ 180 000
负债和所有者权益		
流动负债		
应付账款	$ 65 000	
应付职工薪酬	13 000	
应交财产税	2 000	
应付票据——银行	25 000	
应付票据——供应商	5 000	
应付利息	7 000	$ 117 000
长期负债		
应付抵押借款		50 000
负债总额		167 000
所有者权益		
股本	$ 200 000	
留存收益	(187 000)	
所有者权益总额		13 000
负债和所有者权益总额		$ 180 000

□ 清算资产负债表

受托人的职责包括向破产法院提供清算资产负债表。该报表是为破产法院编制的法律文件。**清算资产负债表**（statement of affairs）是在债务公司清算过程中，强调清算价值和为受托人提供相关信息的财务报表。该表也能为债权人和破产法院提供有用信息。

清算资产负债表在特定日期编制，并列示企业资产负债表的信息。其中资产按预计可变现净值计价，并按完全担保、部分担保、优先和无担保债权进行分类。负债按优先、完全担保、部分担保和无担保进行分类。历史成本计价在该表中列作参考。

图表 16－4 为 Cam 公司的清算资产负债表，报表信息源于申请日的资产负债表（见图表 16－3）和其他资料，比如资产预计清算价值的估计额、与债权人的契约协定。应付抵押借款与 5 000 美元的应付利息是以土地和建筑物进行担保的。所有的应收账款均用来担保银行借款和 2 000 美元的应付利息。

图表 16-4　Cam 公司 2017 年 8 月 1 日清算资产负债表

资产

账面价值			估计可变现价值减去担保债权人负债	提供给无担保债权人的估计可变现价值
	提供给完全担保债权人的资产			
$ 55 000	土地和建筑物净值		$ 60 000	
	减：应付抵押借款	$ 50 000		
	应付利息	5 000	55 000	$ 5 000
	提供给部分担保债权人的资产			
25 000	应收账款		$ 22 000	
	减：应付票据——银行	$ 25 000		
	应付利息	2 000	27 000	0
	提供给优先及无担保债权人的资产			
3 000	现金			3 000
7 000	交易性金融资产			7 000
50 000	存货			55 000
4 000	预付费用			0
30 000	设备净值			12 000
6 000	无形资产			0
	提供给优先及无担保债权人的资产总额			82 000
	减：优先负债			15 000
	提供给无担保债权人的资产总额			67 000
	估计不足额			8 000
$ 180 000				$ 75 000

负债和所有者权益

账面价值		担保优先债权	无担保非优先债权
	完全担保负债		
$ 50 000	应付抵押借款	$ 50 000	
5 000	应付利息	5 000	
		$ 55 000	
	部分担保负债		
25 000	应付票据——银行	$ 25 000	
2 000	应付利息	2 000	
		27 000	
	减：抵押的应收账款	22 000	$ 5 000
	优先负债		
$ 13 000	应付职工薪酬	$ 13 000	
2 000	应交财产税	2 000	
		$ 15 000	
	无担保负债		
65 000	应付账款		65 000
5 000	应付票据——供应商		5 000
	所有者权益		
200 000	股本		
(187 000)	留存收益		
$ 180 000			$ 75 000

预计 Cam 公司的资产在 3 个月内能转化成现金。估计可变现价值如下所示：

现金	$ 3 000
交易性金融资产	7 000
应收账款	22 000
存货（不包括销售费用）	55 000
预付费用	—
土地和建筑物	60 000
设备	12 000
无形资产	—
	$ 159 000

提供给担保债权人的资产与清算资产负债表的资产项下担保债权人的估计债权相互抵销。被抵押资产的可变现价值超过其对应债权的差额将列入报表的右栏，以表明可用于清偿无担保债权的金额。担保债权人的债权超过其抵押资产的可变现价值，表明这些债权只能得到部分担保。未担保部分作为无担保非优先债权列示在报表的负债部分。可用于偿付无担保债权的资产价值比无担保债权低 8 000 美元。

□ 受托人的会计处理

《破产法》第 7 章的破产案件中，受托人将接管债务公司的资产，直到破产法院解除其责任为止。《破产法》中没有包括程序性的会计处理细节，比如受托人是否要另设一套新账簿记录资产状况及表明责任的最终履行情况，或是在受托人的指导下债务公司的旧账簿是否可以继续使用。

Cam 公司的受托人选择另设一套新账簿。资产按账面价值而不是估计可变现价值记录在受托人的账簿上，理由是在提出申请时估计可变现价值存在主观性。资产账户的备抵账户在受托人账簿中被省略，因为它们在清算案件中没有意义，而且受托人的账户应尽可能简化。受托人账上关于 Cam 公司的第一笔分录为：

借：现金（+A）	3 000	
交易性金融资产（+A）	7 000	
应收账款（+A）	25 000	
存货（+A）	50 000	
预付费用（+A）	4 000	
土地（+A）	15 000	
建筑物（+A）	40 000	
设备（+A）	30 000	
无形资产（+A）	6 000	
贷：应付账款（+L）		65 000
应付职工薪酬（+L）		13 000
应交财产税（+L）		2 000
应付票据——银行（+L）		25 000
应付票据——供应商（+L）		5 000
应付利息（+L）		7 000
应付抵押借款（+L）		50 000
清算损益（+EE）		13 000

记录接管清算中的Cam公司。

接管财产后，受托人直接在清算损益中记录利得、损失和清算费用。该账户代表股东在清算资产和结算负债后可以申请的剩余股权。受托人发现的任何未记录的资产或负债也记录在清算损益中。为了区分初始财产中包含的资产和负债以及受托人取得或产生的资产和负债，要在受托人接管财产后记录的资产和负债后面加上“新”字。

Cam公司清算期间第一个月内发生的交易和事项以及在受托人账上记录的分录如下所述：

1. 收到先前未记录的500美元公用事业费账单。

借：清算损益（－EE）	500	
贷：应付公用事业费——新（＋L）		500

2. 无形资产被视为无价值并被冲销。

借：清算损益（－EE）	6 000	
贷：无形资产（－A）		6 000

3. 出售所有的存货项目获得48 000美元，其中18 000美元是应收账款，30 000美元是现金。

借：现金（＋A）	30 000	
应收账款——新（＋A）	18 000	
清算损益（－EE）	2 000	
贷：存货（－A）		50 000

4. 出售设备获得14 200美元现金。

借：现金（＋A）	14 200	
清算损益（－EE）	15 800	
贷：设备（－A）		30 000

5. 支付8月1日应发工资和应交财产税（优先负债）。

借：应付职工薪酬（－L）	13 000	
应交财产税（－L）	2 000	
贷：现金（－A）		15 000

6. 出售土地和建筑物获得64 000美元现金，应付抵押借款及相关利息已经支付。

借：现金（＋A）	64 000	
贷：土地（－A）		15 000
建筑物（－A）		40 000
清算损益（＋EE）		9 000
借：应付抵押借款（－L）	50 000	
应付利息（－L）	5 000	
贷：现金（－A）		55 000

7. 取消保险单（包括在预付费用中），收到1 000美元现金退款。

借：现金（＋A）	1 000	
贷：预付费用（－A）		1 000

8. 收回8月1日确认的应收账款21 000美元，余下的4 000美元确认无法收回。

借：现金（＋A）	21 000	
清算损益（－EE）	4 000	
贷：应收账款（－A）		25 000

9. 收到21 000美元应收账款，用于支付应付银行票据和相关利息。

借：应付利息（－L）	2 000	
应付票据——银行（－L）	19 000	
贷：现金（－A）		21 000

10. 支付 3 000 美元财产管理费用。

借：清算损益（－EE）	3 000	
贷：现金（－A）		3 000

11. 应计清算费用 2 000 美元。

借：清算损益（－EE）	2 000	
贷：应付清算费——新（＋L）		2 000

在将 8 月 31 日以前的交易及事项都记入受托人的账簿后，就可以根据需要编制财务报表，以列示该日企业清算和财务状况方面的情况。

现金收支表　现金收支表根据现金的分录直接编制，此例中现金的分录汇总如下。

现金			
期初余额（2017 年 8 月 1 日）	$　3 000	工资和财产税	$　15 000
存货项目销售	30 000	抵押借款和利息支付额	55 000
设备销售	14 200	银行票据和利息	21 000
土地和建筑物销售	64 000	管理费用	3 000
保险单退款	1 000	**结转余额**	39 200
应收账款	21 000		$ 133 200
	$ 133 200		
2017 年 8 月 31 日余额	$　39 200		

图表 16－5 列示了受托人 2017 年 8 月 1—31 日的中期现金收支表。所有的支出都经过法院审批，所以该报表能提供有用的财务信息。

图表 16－5　受托人的中期现金收支表

Cam 公司 2017 年 8 月 1—31 日的中期现金收支表		
期初余额（2017 年 8 月 1 日）		$ 3 000
加：现金收入		
存货项目销售收入	$ 30 000	
设备销售收入	14 200	
土地和建筑物销售收入	64 000	
保险单退款收入	1 000	
收回应收账款	21 000	
现金收入总额		130 200
		133 200
减：现金支出		
应付职工薪酬（优先债权）	$ 13 000	
应交财产税（优先债权）	2 000	
应付抵押借款和利息（完全担保）	55 000	
应付银行票据和利息（担保部分）	21 000	
管理费用（优先项目）	3 000	
现金支出总额		94 000
期末余额（2017 年 8 月 31 日）		$ 39 200

清算利润表 清算损益账户汇总如下：

清算损益（亏损）			
公用事业费账单	$ 500	期初余额（2017年8月1日）	$13 000
无形资产冲销	6 000	土地和建筑物销售利得	9 000
存货损失	2 000		
设备损失	15 800		
应收账款冲销	4 000		
管理费用	3 000		
清算费用	2 000	结转余额（损失）	11 300
	$33 300		$33 300
2017年8月31日余额	$11 300		

图表16-6描述了Cam公司2017年8月1—31日的清算损益变动状况。注意，该报表将资产变现的利得和损失与该公司清算发生的费用分别列示。

图表16-6 受托人的清算损益变动表和资产清算的净损失表

Cam公司2017年8月1—31日的清算损益变动表		
清算损益（2017年8月1日）		$13 000
减：资产清算的净损失（见下表）	$18 800	
公用事业费负债	500	
管理费用	3 000	
清算费用	2 000	
本期净减少额		(24 300)
清算损益（2017年8月31日）		$(11 300)

资产清算的净损失表

	8月1日账面价值	−	变现金额	=	利得（损失）
应收账款	$25 000		$21 000		$(4 000)
存货	50 000		48 000		(2 000)
土地和建筑物	55 000		64 000		9 000
设备	30 000		14 200		(15 800)
无形资产	6 000		0		(6 000)
资产清算的净损失					$(18 800)

资产负债表 资产负债表是直接依据受托人的分类账户余额编制的，如图表16-7所示。资产负债表中有两项非常重要的金额——现金和清算损益——分别来自现金收支表（图表16-5）和清算利润表（图表16-6）。图表16-5、图表16-6和图表16-7均采用了会计人员熟悉的格式，但需要将这些财务报表与图表16-8列示的传统变现与清算表进行比较。

图表16-7 Cam公司2017年8月31日资产负债表

资产	
现金	$39 200
交易性金融资产	7 000
应收账款净额	18 000
预付费用	3 000
资产总额	$67 200

负债及清算损益	
应付账款	$ 65 000
应付公用事业费——新	500
应付清算费用——新	2 000
应付票据——银行（无担保部分）	6 000
应付票据——供应商	5 000
负债总额	78 500
减：清算损益	11 300
负债总额减清算损益	$ 67 200

图表 16-8 Cam 公司 2017 年 8 月 1—31 日变现与清算表

资产					
需变现资产（8 月 1 日的非现金资产）			已变现资产（销售、处理或冲销收益）		
交易性金融资产	$ 7 000		应收账款	$ 21 000	
应收账款	25 000		存货	48 000	
存货	50 000		预付费用	1 000	
预付费用	4 000		土地和建筑物	64 000	
土地	15 000		设备	14 200	
建筑物	40 000		无形资产	—	$ 148 200
设备	30 000				
无形资产	6 000	$ 177 000			
已获得资产（收到的新非现金资产）			未变现资产（8 月 31 日的非现金资产）		
应收账款——新		18 000	交易性金融资产	$ 7 000	
			预付费用	3 000	
			应收账款——新	18 000	28 000
负债					
需清算负债（8 月 1 日的负债）			已清算负债（已付金额）		
应付账款	$ 65 000		应付职工薪酬	$ 13 000	
应付职工薪酬	13 000		应交财产税	2 000	
应交财产税	2 000		应付票据——银行	19 000	
应付票据——银行	25 000		应付利息	7 000	
应付票据——供应商	5 000		应付抵押借款	50 000	91 000
应付利息	7 000				
应付抵押借款	50 000	167 000	未清算负债（8 月 31 日的负债）		
			应付账款	$ 65 000	
已发生或发现的负债（8 月 31 日已发生或发现但未支付的金额）			应付票据——银行	6 000	
			应付票据——供应商	5 000	
公用事业费负债——新	$ 500		公用事业费负债——新	500	
应付清算费用——新	2 000	2 500	应付清算费用——新	2 000	78 500
损益和补充项目					
补充费用（不包括资产损失和冲销的费用）			补充收入（不包括资产利得或负债结算的收入）		
公用事业费负债——新	$ 500		无		
清算费用	2 000		净损失		24 300
管理费用——新	3 000	5 500			
		$ 370 000			$ 370 000

变现与清算表　变现与清算表（statement of realization and liquidation）用于反映债务人财产清算进度，同时向破产法院和相关债权人报告受托人受托责任的履行情况。《破产法》没有要求编制该报表，该报表是法官指定的向法院提供资料的文件形式。

图表16－8列示了Cam公司的变现与清算表。除了括号中的解释外，该表均按传统的报表格式披露。可以看出，Cam公司的变现与清算表比较复杂，格式也比较特别。此外，该表的逻辑不甚清晰。虽然一些取代该报表格式的方案被提出，但是许多会计人员认为基本财务报表及其补充表可以提供更多与清算活动相关的信息。

□ 清算案件的终结

2017年9月，Cam公司的受托人收回了18 000美元的应收账款，出售了7 300美元的交易性金融资产，销售了995美元的物料（包含在预付费用中），冲销了剩余的预付费用并在最后清算财产时分配现金。在受托人账上记录这些交易和事项的分录如下所示：

借：现金（＋A）	18 000	
贷：应收账款——新（－A）		18 000
收回全部应收账款。		
借：现金（＋A）	7 300	
贷：交易性金融资产（－A）		7 000
清算损益（＋EE）		300
出售交易性金融资产获得现金。		
借：现金（＋A）	995	
清算损益（－EE）	2 005	
贷：预付费用（－A）		3 000
销售物料并冲销预付费用。		

受托人编制分录之后各账户余额如下所示：

	借方	贷方
现金	$65 495	
应付账款		$65 000
应付公用事业费——新		500
应付清算费用——新		2 000
应付票据——银行（无担保部分）		6 000
应付票据——供应商		5 000
清算损益	13 005	
	$78 500	$78 500

受托人的费用因为是优先债权，所以将获得全额清偿。而在最后清偿时76 500美元的剩余债权（所有第一级的无担保债权人），每一美元将收到83美分（63 495÷76 500）的清偿。记录现金支出的分录如下所示：

借：应付清算费用——新（－L）	2 000	
贷：现金（－A）		2 000
记录支付受托人费用。		

借：应付账款（－L）	53 950
应付公用事业费——新（－L）	415
应付票据——银行（－L）	4 980
应付票据——供应商（－L）	4 150
贷：现金（－A）	63 495

记录支付给一般无担保债权人每 1 美元 83 美分。

当公司财产被处置完毕，受托人离任时，清算案件宣告结束。在 Cam 公司的案件结束时，受托人做如下分录：

借：应付账款（－L）	11 050
应付公用事业费——新（－L）	85
应付票据——银行（－L）	1 020
应付票据——供应商（－L）	850
贷：清算损益（＋EE）	13 005

结清受托人的分录。

16.4 公司重整

大部分商业性破产都包含在第 7 章中，但仍有一些公司认为它们能通过重整的方式摆脱困境。2001—2015 年，根据《破产法》第 7 章提出的申请平均每年少于 25 000 份。同时，根据《破产法》第 11 章提出的申请每年略多于 8 500 份。第 11 章所指的重整案件通常涉及的是非常大的组织。

当债务公司向破产法院提出诉讼申请时，公司自愿开始第 11 章的重整案件；当债权人向破产法院提出申请时，公司非自愿开始第 11 章的重整案件。《破产法》第 7 章对于债权应达到 15 775 美元的限制性规定在此同样适用。

在申请提交至破产法院前应举行听证会。如前所述，法院可能颁布第 11 章中的救济令，也可能将此案件转变为第 7 章的清算案件，或者驳回案件（例如，如果破产法院认为申请是不诚实的）。破产法官将指定一位美国受托人负责管理第 11 章的案件。

□ 受托人或债务人持有资产

在第 11 章的案件中，可能根据法定事由任命私人受托人，也可能由债务公司继续管理财产，这称为**债务人持有资产**（debtor in possession）。若认为案件存在欺诈、欺骗或管理不善的可能，或者法院认为指定受托人可以使债权人、股东以及其他利益相关主体的利益最大化，则应指定受托人。在大多数情况下，破产法官不愿意指定私人受托人，因为公司管理层通常更有资格经营和重整无偿债能力的公司。然而，破产法院有时也会指定受托人。2003 年，在主要债权人即波音公司的一家附属子公司的要求下，法院指定了一位受托人去管理夏威夷航空公司，该公司于 2003 年 3 月 21 日申请破产。

如果法院要求指定私人受托人，私人受托人将由美国受托人或不在美国受托人所在地的破产法院指定。在要求指定私人受托人的 30 天内，案件的任何利益相关主体都可以要求选择　名无相关利益人员作为受托人，并且美国受托人将为此召开债权人会议。选举产生受托人是《破产改革法》1994 年做出的重大变动。

持有资产的受托人或者债务人的职责包括如下几项：

- 负责管理债务人的财产，包括经营债务公司；
- 提供债权人名单、资产负债表以及财务状况表（如果债务人未提供）；
- 向法院提供有关债务人财产和管理的信息；
- 审查债权人的要求，拒绝不合理的要求（通常只有受托人才能拒绝）；
- 提出重整计划，若无法提出计划，报告原因；
- 按照法院的要求，提供关于受托情况的最终报告。

受托人和自行管理债务人通过与债权人、股东以及其他有关方面协调编制重整计划，并提交给破产法院以获批准。

在债务人自行管理的情况下，如果因购买货物及服务以外的事而发生的对外借款超过 5 000 000 美元，或者法院认为任命审查人对于债权人、股东或其他利益相关主体最有利，则应任命审查人。审查人的主要职责是评估债务人的资产并将结果提交法院。

□ 债权人委员会

债权人委员会（creditors' committees）负责保护其代表的债权人的利益，并保存债务人的资产。委员会成员可以检查破产期间提交给法院的债务人交易，比如自行管理债务人的融资和资产处置情况。委员会可以就有关事项向破产法院提出反对意见。所有申请的债权人和自行管理债务人之间的协商必须通过债权人委员会进行。

与第 7 章案件不同，第 11 章案件中的债权人委员会并非由选举产生。根据《破产法》第 11 章的规定，破产法院颁发救济令后即由美国受托人指定债权人委员会。债权人委员会（通常是 7 名成员）从持有最大数额无担保债权的债权人中选出。债权人委员会的成员可能会发生变动，可以指定其他的债权人委员会成员或者股东。债权人委员会成员的选择对于重整案件最终的结果极其重要。如果债权人委员会的成员彼此意见不合，那么很难就重整做出简单且及时的决策。

政府单位通常没有资格成为债权人委员会成员。1994 年之前，养老金担保公司（PBGC）曾作为债权人委员会的成员，但仅作为非投票成员。然而，1994 年的《破产改革法》给予养老金担保公司在债权人委员会中的投票权。

□ 在《破产法》第 11 章下的经营

重整可能需要花费 6 个月甚至几年的时间。在这段时间内，自行管理债务人在《破产法》和破产法院的约束下制定出有关各方认可的重整计划，并继续经营公司。在申请破产当天，公司应结清原有的银行账户和账簿，并建立新的账户和账簿。

通常，公司会向银行借入新的款项以继续经营，这通常称为自行管理债务人融资。新的融资合同需经破产法院批准。

《破产法》第 11 章的破产保护对自行管理债务人的益处 在破产法院的批准下，债务公司可以通过裁员、降低工资或者取消养老金计划的方式来降低人工成本。在破产法院的批准下，公司可以解除一些待履约或未到期的租赁合同（**待履行合同**（executory contract）是指双方并未执行完毕的合同，如购买承诺）。任何因合同取消而产生的债权均视为无担保债权。无担保债权的应计利息在破产申请时终止。对某些公司而言，这可能是个不小的影响因素。在 Texaco 公司依据第 11 章提出破产申请之前，其欠 Pennzoil 公司的 103 亿美元贷款每天的应计利息为 300 万美元。

在未经破产法院许可的情况下，受破产法院管理的债权人不得开始或继续已有的诉讼程序，以获得债务人的财产；然而，担保债权人可以获得补偿，以保护它们在债务人使用的抵押物上的权益。这一点尤其适用于债务人继续使用需计提折旧、折耗或者摊销的抵押物的情况。如果抵押物的价值下降，对担保债权人的偿付将减少贷款余额。

若不申请破产，那些必须进行债务重整或转换的陷入财务困境的公司可能难以获得债券持有者的支持。债务重整计划通常需要得到 95%的每一级债券持有者以及大多数股东的同意。然而，在破产法院管理下进行的债务重整仅需要 2/3 的每一级债券持有者同意即可。

《破产法》第 11 章的破产申请的不利影响　第 11 章中的破产申请给债务公司带来的明显负面影响是其债权人、供应商、客户和雇员将对公司失去信心。除此之外，由于债务公司的资本支出、并购、资产的处置、借款等需要事先获得法院批准，不利于公司参与市场竞争。在这种特殊的案件情况下，破产法院可能对公司管理强加过多的限制，使公司的日常经营变得困难。公司可能不得不廉价出售其盈利单位以满足债权人的需求，从而摆脱第 11 章的重整。

对债务人来说，最大的不利是需承担巨额破产费用。[①] 律师和其他顾问由债权人委员会和股东委员会以及债务人雇佣，但是它们的费用均来源于债务人的资产。债权人委员会的费用也由债务人承担。在破产案件中，高昂的破产费用促使一些法官削减他们认为不合理的费用。1994 年对《破产法》的修正特别授予法院一项权力，就是当法院认为某些费用不合理时，可以判定以少于所要求的金额予以补偿。

□ 重整计划

《破产法》第 11 章的最终目的是确保**重整计划**（reorganization plan）对所有利益相关方是公平和公正的。在法院颁发救济令的前 120 天内，只有债务公司能提出重整计划。之后，债务人、受托人、债权人委员会、证券持有人委员会以及其他利益相关主体均可以提出计划。

为减少破产产生的费用与缩短债务人在破产法院的限制下经营的时间，某些公司在按《破产法》第 11 章提出破产申请的同时，向法院提出预先协商好的重整计划（通常称为预先包装的破产）。换句话说，公司与债权人一起制定出债务重组的条款，并且部分或全部债权人在破产申请前已同意该计划。2009 年 6 月 1 日，通用汽车提交了预先包装的破产申请，并于 7 月 9 日作为一个新的名为通用汽车的可持续经营组织出现，将进行清算的新组织命名为通用清算公司。与债权人进行预先安排对于通用汽车在不到 6 周时间里就重新出现至关重要。

美国《破产法》第 11 章规定，重整计划必须：

- 确定债权的等级（不包括管理费用，在非自愿申请以后但在颁发救济令或指定受托人之前发生的债权，以及某些优先的税收债权）；
- 列明未受损害债权的等级（除非重整计划不改变某等级债权中每一项债权的法律权利，否则此级债权将受损害）；
- 列明受损害债权的等级；
- 以相同的方式处理某特定等级的所有债权；
- 提供执行此计划的充足方法（例如由债务人和合并方保留其资产、修改留置条约以及延长到期日）；
- 禁止发行无投票权的权益证券；
- 包含任命职员及董事的条款，此条款与债权人、权益持有人的利益以及公共政策相一致。

---

① Finley Kumble 公司就是一个很好的例子，能说明冗长的破产案件的成本是多么高昂。该公司在 1988 年申请破产。在接下来的 6 年中，公司在《破产法》第 11 章下经营，在此期间，公司受托人共筹集了 6 000 万美元现金以偿还债权人。然而，80%的金额用于运营和管理破产案件，包括支付律师、受托人和会计人员 3 700 万美元费用（*The Wall Street Journal*，April 8，1994，pp. B1，B5）。

重整计划可以提供销售债务人财产和分配收益的方案。债务公司可能更愿意依据第 11 章而不是第 7 章进行清算，因为债务人预期公司管理层的有序出售将比受托人按清算价出售获得更多款项。电路城公司是依据第 11 章申请破产并计划清算的例子。

如果债权或利益将受到损害的每一等级债权人和股东都接受重整计划，那么法院将对重整计划进行确认。另外，即使有部分等级的受损害者拒绝重整计划，若破产法官判定这一计划是公平和公正的，仍可以将重整计划强加给债权人，此举被称为“填塞”。

若想获得某一等级债权人的认可，重整计划至少应得到该等级代表 2/3 债权金额的债权人及过半数债权人的同意。无须进行投票，因为不会受到损害的债权等级的债权人视为接受此计划，而未获得任何偿还的债权等级的债权人视为反对此计划。为使破产法院批准重整计划，应确保每一等级债权人都接受此计划或者每一等级债权人都未受此重整计划的损害。在每一等级债权人中，每个债权人都必须接受此计划，或所能收到的金额（或保留权利）比债务公司清算时要多。

在获得必要的同意之后，法院将举行听证会，让反对者同意并认为该计划是“公平和公正的”。法院的批准将免除债务人在重整计划之外的债权。

在一些规模较大的重整案件中，无担保债权的等级通常并不容易划分，一般是通过协商而不是根据规则来确定。一些专业投资机构以较大折扣从最初的持有者处购得债权，然后急于推动结算以获得短期利润，这会使许多重整变得复杂。

在 R. H. Macy 公司依据第 11 章申请破产两年后，联合百货商店以 4.493 亿美元购买了美国 Prudential 保险公司持有的 Macy 公司 10 亿美元担保债权的一半，并获得购买剩余部分的选择权。这使得联合百货商店就其接管 R. H. Macy 公司的事宜与 8 位主要债权人谈判时，有能力阻止其他零售商的任何接管。

在破产过程中，股东也变得更为强势。一个原因是对第 11 章重整公司的股票进行投机的投资者增加。另一个原因是擅长领导权益委员会与债权人和管理层相对抗的律师和财务顾问增加。当有偿债能力的公司寻求破产重整时（例如 AH Robins 公司和 Texaco 公司），股东需要保护自身权益。

16.5 重整期间的财务报表

重整程序可能历经数年。在重整期间以及重整结束后，公司必须一直编制财务报表并向 SEC 报送。

目前，公认会计原则（ASC 852）为第 11 章的重整公司在重整期间及重整结束之后编制财务报表提供了指南。因为该准则之前针对重整没有相应的会计处理规定，所以实务中的会计处理方式是多种多样的。

第 11 章下的重整公司编制财务报表的目的是提供破产过程中的财务动态信息。因此，财务报表应将直接与重整相关的交易和事项和持续经营的业务相分离。

□《破产法》第 11 章程序对资产负债表的影响

公司进入第 11 章程序之前发生的无担保负债（没有抵押物）和担保不足的负债是**妥协负债**（prepetition liabilities subject to compromise）。债务公司和债权人委员会会就这类债务的清偿进行协商，使付款额少于求偿额。这类负债的总额在资产负债表中作为单独一项列示。其他负债项目则按正常方式列示，这些负债包括申请前产生的担保债权和延期申请债权。前面已经提到，进入第 11 章程序后发生的负债必须先经破产法院批准。

2006 年 6 月 3 日，作为 Hostess Twinkies 公司和 Wonder Bread 公司创始人的自行管理债务人 Interstate Bakeries 公司的资产负债表中披露了 28 708 万美元的妥协负债，约占其当日负债总额的 19%。

申请前产生的债权若在依据第 11 章申请破产后才发现，应以法院认可的金额而非最终可能支付的金额在资产负债表中列示。根据公认会计原则（ASC 450），财务报表附注中应披露无法合理估计的债权。

□《破产法》第 11 章程序对利润表和现金流量表的影响

与第 11 章程序直接相关的专家费用及类似费用在发生时计入费用。“与企业重整有关的收入、费用、实现的利得和损失、损失准备金应作为**重整项目**（reorganization items）在利润表中单独列示，要求按终止经营列示的除外”（ASC 852）。①

夏威夷航空公司 2003 年年报报告了 115 063 000 美元的重整成本。假如没有这些费用，夏威夷航空公司的税前营业利润为 77 478 000 美元。重整成本中包括超过 14 000 000 美元的专家费用。

应列报的利息费用是在破产期间将支付的金额，或者允许作为优先债权、担保债权或无担保债权的可能金额。列报的利息费用若与合同中不同，应予以披露。例如，Interstate Bakeries 公司暂停计提其 1 亿美元申请前产生的负债的利息，因此在其 2006 年度利润表的附加说明中指出，2006 年度和 2005 年度应计未计的合同利息费用分别为 600 万美元和 410 万美元。

第 11 章中重整公司的每股盈余按正常方式列报。若在重整计划下可能发行普通股或约当普通股，应予以披露。

在现金流量表中，与重整相关的现金流量项目与公司持续经营的现金流量项目应分开列报。ASC 852-10-45-13 强烈要求以直接法编制现金流量表。如果需要进一步披露，准则允许使用间接法编制现金流量表。

□ 补充合并财务报表

AICPA 的财务报告执行委员会认为，包含一家或多家第 11 章重整公司的合并财务报表并不能提供有关破产程序的充分信息。因此，ASC 852 要求列报包括重整程序中所有主体的简明合并财务报表作为补充信息。对公司间的应收账款和应付账款应予以披露，必要时还应冲减应收账款。合并处于破产程序中的子公司可能是不合适的，尤其是在破产中已指定受托人经营该子公司时。

16.6　重整后公司的财务报告

通常，公司重整包括负债和资本账户的重整以及资产价值的重估。股东是否参与重整后的公司，取决于破产法院是否认为股东享有对等的权益。许多公司不能作为独立公司从破产程序中复苏，并且它们的重整计划包含出售公司。为了帮助执行计划，债务公司通常会修改其章程，以发行新股换取现金或交换债权人的债权。

向破产法院申请保护的公司的财务状况各不相同。盈利的公司偶尔也会依据第 11 章申请破产保护。各利益相关方在债权人委员会和股东大会中的交涉能力和对各自立场的把握能力，将影响重整计划的最终结果。破产法官在破产清算中有相当大的自由裁量权。被称为衡平居次原则的《破产法》允许法官在某些情况下根据公平原则将无担保债权列在担保债权之前。

---

① FASB ASC 852. Originally Statement of Financial Accounting “Business Combinations.” Stamford，CT：Financial Accounting Standards Board，2016.

□ 重整价值

确定从破产程序中复苏的主体的重整价值，是重整计划的一个重要组成部分。该主体的**重整价值**（reorganization value）约为不考虑其负债情况下的公允价值。通常，重整价值是重整后公司未来现金流量的现值，加上新公司不需要的资产的预期变现价值。折现率应当反映有关经营风险和财务风险（ASC 852）。

重整价值决定了有多少债权可能得到清偿以及当公司从破产程序中复苏时，每一等级债权人可能收到的重整后公司股票的数量。例如，在Macy公司的破产案件中，优先债权人的债权为31亿美元，公众债券持有者的债权为12亿美元。Macy公司的董事会就两项分别具有35亿美元和38亿美元重整价值的重整计划进行讨论。在高重整价值方案中，优先债权人只能获得部分偿还，而在低重整价值方案中，公众债券持有者几乎一无所得。无担保债券持有者委员会提出了具有40亿美元重整价值的重整计划，而主要债权人联合百货商店提出了另一项具有33.5亿美元重整价值的重整计划。经过几个月的协商，联合百货商店和Macy公司提出了一项联合计划，要求两家公司合并，重整价值为41亿美元。

重整计划已经由法院批准的公司，其财务报告取决于该重整后的主体是不是一家适合新起点列报的新公司。公认会计原则（ASC 852）提出了采用**新起点列报**（fresh-start reporting）必须满足的两个条件：

1. 在重整计划被批准前，处于破产程序中的公司的资产重整价值必须少于申请后产生的债权和已认定的债权总额。

2. 在重整计划被批准前存在的有表决权股票持有者至少拥有处于破产程序中公司的50%股票。丧失的控制权必须是重大的且非临时性的。①

当这两个条件同时满足时，处于破产程序中的公司实际上是一家新公司且应该采用新起点列报。

□ 新起点列报

采用新起点列报会产生不存在留存收益或者亏损余额的新的报告主体。

将重整价值分摊至可辨认资产 根据公认会计原则，按照企业合并中对交易事项采用的购买法，将公司的重整价值分摊至有形资产和可辨认无形资产（ASC 805）。没有分摊至有形资产和可辨认无形资产的重整价值将作为不可辨认无形资产进行报告，即“分摊至可辨认资产后的超额重整价值”②。

报告负债 除递延所得税负债外，负债项目应以现值在重整计划的批准日列报。公认会计原则（ASC 740）要求抵减前期经营净亏损后的递延所得税收益，首先抵减重整价值超过分摊至可辨认资产和其他无形资产的数额，直至其为零，再冲减所得税费用。

原公司的最终报表 截至重整计划批准日，原公司的最终报表应披露采用新起点列报对单个资产和负债账户所做调整的影响。该报表也应披露债务豁免产生的影响。原公司期末的资产负债表应与新公司期初的资产负债表一样，留存收益余额都为零。

新公司初始财务报表的披露 公认会计原则（ASC 852）要求新公司初始财务报表的附注包括下列披露项目：

- 对单个资产和负债的历史成本所做的调整；
- 债务豁免的金额；

---

① FASB ASC 852. “Reorganizations.” Stamford，CT：Financial Accounting Standards Board，2014.

② FASB ASC 805. Originally Statement of Financial Accounting “Business Combinations.” Stamford，CT：Financial Accounting Standards Board，2016.

- 抵销以前的留存收益或亏损的金额；
- 对确定重整价值有重大影响的因素。[1]

比较财务报表 新公司的初始财务报表与重整计划被批准前原公司的财务报表不具有可比性。如果SEC或者其他监管机构要求编制原公司的财务报表，则新公司的初始财务报表和原公司的财务报表会存在明显的区别。

□ 不适用新起点列报的公司报告

在公认会计原则下，从重整中复苏的公司若不满足新起点列报的条件，则应使用合适的利率以现值列报负债（ASC 835）。债务豁免应该作为非常项目或其他利得报告。准改组会计不适用于从破产法院保护中复苏的公司。

16.7 重整案例

2016年1月5日，Tig公司依据《破产法》第11章申请破产保护。Tig公司是自行管理债务人，申请日的资产负债表项目如下所示（单位：千美元）：

流动资产		
现金	$ 50	
应收账款净额	500	
存货	300	
其他流动资产	50	$ 900
固定资产		
土地	$ 200	
建筑物净值	500	
设备净值	300	
专利权	200	1 200
		$ 2 100
流动负债		
应付账款	$ 600	
应交税费	150	
15%应付债券的应计利息	90	
应付票据——银行	260	$ 1 100
15%应付债券（部分用土地和建筑物做担保）		1 200
股东不足额		
股本	$ 500	
不足额	(700)	(200)
		$ 2 100

申请日，Tig公司将原有的银行账户和账簿结清，并设立了新账簿。为维持重整计划制定期间的正常经营，该公司从银行获得了短期融资（经破产法院的批准）。

2016年，该公司未偿付任何申请前产生的债权，也未计提银行票据及应付债券的利息。2016年8月，

[1] FASB ASC 852. “Reorganization.” Stamford，CT：Financial Accounting Standards Board，2014.

破产法院允许 Tig 公司投资 100 000 美元用于购买新设备。新设备有 5 年的使用年限，Tig 公司在最近半年使用直线法计提折旧。建筑物的折旧费用是每年 50 000 美元，旧设备的折旧费用是每年 60 000 美元。专利权的摊销费用是每年 50 000 美元。

与破产相关的成本包括债权人委员会和股东大会的所有费用，在发生时计入费用并以现金支付。

□ 妥协负债的重分类

2016 年初，Tig 公司将妥协负债重分类为一个单独的账户。记录该重分类的分录如下所示（单位：千美元）：

借：应付账款（－L）	600	
应交税费（－L）	150	
15%应付债券的应计利息（－L）	90	
应付票据——银行（－L）	260	
15%应付债券（部分担保）（－L）	1 200	
贷：妥协负债（＋L）		2 300

记录对妥协负债的重分类。

2 300 000 美元申请前产生的负债在 2008 年 12 月 31 日的资产负债表中作为单独项目列示，附表详细列示了各项金额。

重分类负债在财务报表中的披露 图表 16－9 给出了 Tig 公司 2016 年度的合并利润表和留存收益表，以及 2016 年 12 月 31 日的资产负债表。

虽然对妥协负债的重分类并未增加编制资产负债表和利润表的难度，但确实使现金流量表的编制变得复杂。

图表 16－9 《破产法》第 11 章重整期间的资产负债表和利润表

Tig 公司利润表和留存收益表		
营业收入		$ 1 000 000
营业成本		(430 000)
工资和薪金		(250 000)
折旧和摊销费用		(170 000)
其他费用		(50 000)
重整项目前的盈余		100 000
与破产程序相关的专家费用		(450 000)
净损失		(350 000)
期初不足额		(700 000)
2016 年 12 月 31 日不足额		$ (1 050 000)
Tig 公司资产负债表		
流动资产		
现金	$ 150 000	
应收账款净额	350 000	
存货	370 000	
其他流动资产	50 000	$ 920 000
固定资产		
土地	$ 200 000	
建筑物净值	450 000	
设备净值	330 000	

专利权	150 000	$ 1 130 000
资产总额		$ 2 050 000
流动负债		
短期借款	$ 150 000	
应付账款	100 000	
应付职工薪酬	50 000	$ 300 000
妥协负债*		2 300 000
股东不足额		
股本	$ 500 000	
不足额	(1 050 000)	(550 000)
负债和股东不足额总额		$ 2 050 000

注：*妥协负债包括：

部分担保的 15%应付债券和 90 000 美元的利息，由土地和建筑物做优先抵押担保	$ 1 290 000
优先税收债权	150 000
应付账款和无担保应付银行票据	860 000
	$ 2 300 000

重分类账户的年度余额变化必须与影响该期间经营和现金流量的变化分开披露。图表 16－10 给出了现金流量表。这里只阐述采用直接法确认的现金流量表，因为公认会计原则（ASC 852）要求使用这种格式。

图表 16－10 《破产法》第 11 章重整期间的现金流量表 单位：千美元

Tig 公司现金流量表		
经营活动现金流量		
收到来自客户的现金		$ 1 150
支付供应商的现金		(400)
支付员工的现金		(200)
支付其他费用的现金		(50)
重整项目前经营活动现金流量净额		500
重整的经营活动现金流量		
支付与破产程序相关的专家费用		(450)
经营活动现金流量净额		50
投资活动现金流量		
资本支出	$ (100)	
投资活动现金流量净额		(100)
融资活动现金流量		
短期借款净额	150	
融资活动现金流量净额		$ 150
现金净增加额		$ 100
将净损失调整至经营活动现金流量净额		
净损失		$ (350)
将净损失调整至经营活动现金流量净额：		
折旧和摊销费用		170
延期申请应付账款增加额（经营活动）		150
应收账款减少额		150
存货增加额		(70)
经营活动现金流量净额		$ 50

重整公司的一个特殊项目是与破产程序相关的专家费用。为该项目支付的现金被列为经营活动现金流

量，但建议对破产程序发生前后的经营活动现金流量分别披露。

□《破产法》第11章规定下的经营

在接下来的6个月里，Tig公司按照《破产法》第11章的规定继续经营并制定重整计划，2017年6月30日，Tig公司的重整计划制定完毕。反映该公司2017年前6个月经营活动的资产负债表和利润表汇总如下（单位：千美元）：

2017年比较资产负债表

	1月1日	6月30日	变动额
现金	$ 150	$ 300	$ 150
应收账款	350	335	(15)
存货	370	350	(20)
其他流动资产	50	30	(20)
土地	200	200	—
建筑物净值	450	425	(25)
设备净值	330	290	(40)
专利权	150	125	(25)
资产	$2 050	$2 055	$5
妥协负债	$2 300	$2 300	—
短期借款	150	75	$ (75)
应付账款	100	125	25
应付职工薪酬	50	55	5
负债	2 600	2 555	(45)
普通股股本	500	500	—
不足额	(1 050)	(1 000)	50
权益	$2 050	$2 055	$ 5

截至2017年6月30日前6个月的利润表

	1月1日	6月30日	变动额
营业收入			$600
营业成本			(200)
薪酬费用			(100)
折旧和摊销费用			
建筑物		$25	
原有设备		30	
新设备		10	
专利权		25	(90)
其他费用			(30)
重整项目前的盈余			180
与破产程序相关的专家费用			(130)
净利润			50
期初不足额			(1 050)
期末不足额			$(1 000)

□ 重整计划

经过利益相关方之间协商，重整价值是2 200 000美元的重整计划获得批准，并递交法院。Tig公司提出的重整计划包括下列项目：

1. Tig 公司 15%应付债券用土地和建筑物进行担保。债券持有者同意接受 500 000 美元的新普通股，12%债券的 500 000 美元优先债权，以及 100 000 美元在 2017 年 12 月 31 日应付优先债务的流动部分。

2. 重整计划经破产法院批准后，150 000 美元的优先税收债权将尽快用现金支付。

3. 剩余的 950 000 美元无担保、非优先、申请前产生的负债，按以下方式处理：

a. 应付账款债权人获得 275 000 美元的次级债务和 140 000 美元的普通股。

b. 豁免 15%债券产生的 90 000 美元应计利息。

c. 应付银行票据 260 000 美元交换 120 000 美元的次级债务和 60 000 美元的普通股。

4. 原有股东持股将转换为复苏公司的 100 000 美元普通股。

□ 新起点列报

6 月 30 日将 Tig 公司的重整价值与延期申请负债和已认定债权的总额进行比较，以确定其是否满足新起点列报的条件（单位：千美元）：

延期申请负债	$ 255
妥协负债	2 300
2017 年 6 月 30 日负债总额	2 555
减：重整价值	(2 200)
超过重整价值的负债	$ 355

负债超过重整价值表明满足新起点列报的第一个条件。Tig 公司的重整计划要求原有权益股东在复苏公司中保留少于 50%的权益，因此第二个条件也是满足的，因此 Tig 公司可以采用新起点列报。建议的重整资本结构简要列示如下（单位：千美元）：

延期申请负债	$ 255
应交税费	150
截至 2017 年 12 月 31 日优先债务的流动部分	100
优先债务，12%债券	500
次级债务	395
普通股股本	800
	$ 2 200

2017 年 6 月 30 日，这项重整计划获得各级债权人的同意，并经破产法院批准。Tig 公司在原账簿上记录重整计划以及采用新起点列报的分录如下所示（单位：千美元）：

借：应付账款（申请前产生）（－L）	600	
应付利息（申请前产生）（－L）	90	
应付票据——银行（申请前产生）（－L）	260	
15%应付债券（申请前产生）（－L）	1 200	
贷：12%优先债务（＋L）		500
12%优先债务——流动（＋L）		100
次级债务（＋L）		395
普通股股本（新）（＋SE）		700
债务清偿收益（＋Ga，＋SE）		455

记录申请前产生的债务的清偿。

借：普通股股本（旧）（－SE）	500
贷：普通股股本（新）（＋SE）	100
资本公积（＋SE）	400

记录股东股票的转换。

2017 年 6 月 30 日，Tig 公司公允价值和账面价值不符的资产简要列示如下（单位：千美元）：

	公允价值	账面价值	差额
存货	$ 375	$ 350	$ 25
土地	300	200	100
建筑物净值	350	425	(75)
设备净值	260	290	(30)
专利权	0	125	(125)
	$ 1 285	$ 1 390	$ (105)

调整 Tig 公司资产公允价值和账面价值的差额以及记录新起点的分录如下所示（单位：千美元）：

借：存货（＋A）	25	
土地（＋A）	100	
资产重估损失（＋Lo，－SE）	105	
贷：建筑物净值（－A）		75
设备净值（－A）		30
专利权（－A）		125

将 Tig 公司资产调整至公允价值。

借：超过可辨认资产的重整价值（＋A）	250	
债务清偿收益（－Ga，－SE）	455	
资本公积（－SE）	400	
贷：资产重估损失（－Lo，＋SE）		105
不足额（＋SE）		1 000

抵销不足额和资本公积，并记录超额重整价值和新起点。

受重整计划影响的 Tig 公司资产负债表工作底稿如图表 16－11 所示。

图表 16－11　2017 年 6 月 30 日 Tig 公司比较资产负债表　　单位：千美元

	批准前资产负债表	记录计划批准的调整		重整后资产负债表
		借	贷	
资产				
现金	$ 300			$ 300
应收账款	335			335
存货	350	25[a]		375
其他流动资产	30			30
土地	200	100[b]		300
建筑物	425		75[c]	350
设备	290		30[d]	260
专利权	125		125[e]	—

续表

	批准前资产负债表	记录计划批准的调整		重整后资产负债表
		借	贷	
超额重整价值	—	250[f]		250
	$2 055			$2 200
权益				
延期申请负债				
短期借款——银行	$75			$75
应付账款	125			125
应付职工薪酬	55			55
申请前产生的负债				
应付账款——旧	600	600[h]		—
应交税费	150			150
应付利息	90	90[i]		—
应付票据——银行	260	260[j]		—
15%应付债券	1 200	1 200[g]		—
股东权益				
股本——旧	500	500[k]		—
不足额	(1 000)	75[c]	25[a]	—
		30[d]	100[b]	
		125[e]	250[f]	
			100[g]	
			185[h]	
			90[i]	
			80[j]	
			400[k]	
新权益：流动部分——债券	—		100[g]	100
12%优先债务	—		500[g]	500
次级债务	—		275[h]	395
			120[j]	
新普通股股本	—		500[g]	800
			140[h]	
			60[j]	
			100[k]	
新留存收益	—			0
	$2 055	3 255	3 255	$2 200

工作底稿左边两列反映了 2017 年 6 月 30 日确认重整计划条款和采用新起点列报之前的资产负债表。调整列中的分录 a 至分录 e 将可辨认资产调整至重整价值，约等于公允价值。同时也记录了重整价值超过可辨认资产公允价值的差额。工作底稿中的分录 g 至分录 k 体现了重整计划的条款。

应注意最后一列“重整后资产负债表”既是原公司最终的资产负债表，也是新的复苏公司的初始资产负债表。虽然新公司的初始资产负债表反映了资产的重整价值，但是公认会计原则（ASC 852）规定，对历史成本的调整应在初始资产负债表的附注中予以披露。新的 Tig 公司也应该披露债务的豁免金额、抵销的不足额以及影响确定重整价值的重要因素。

总结

如果债务公司自身无法解决其财务问题，可以通过与债权人直接协商来获得救济。若协商失败，债务人可以依据《美国法典》第11编向破产法院申请破产保护。债务人或者债权人都可以提交申请。根据《破产法》第11章提出的申请是债务人的重整；第7章是债务人的清算。

在第7章的清算案件中，由无担保债权人选出受托人和债权人委员会。受托人在破产法院的指导下接管债务人的财产，对资产进行变现，并按债权的优先等级分配所得现金。

在第11章的重整案件中，申请提交后由美国受托人尽快指定债权人委员会。可根据法定事由指定受托人，但通常由债务人继续管理其财产。在努力制定公平和公正的重整计划期间，债务公司继续经营。

公认会计原则（ASC 852）规定了在第11章下经营的公司的财务报告。第11章中出现的公司实质上已成为新公司，适用新起点列报。若复苏的公司不符合新起点列报的标准，则要根据公认会计原则处理其负债（ASC 835）。

思考题

1. 权益性无偿债能力和破产之间有什么区别？

2. 破产程序可以分为自愿破产程序和非自愿破产程序。指出这两种类型的区别，包括非自愿破产申请的要求。

3. 根据BAPCPA，美国受托人的职责有哪些？美国受托人是否监督所有破产案件的管理？

4. 在破产案件中，债务公司有哪些义务？

5.《破产法》第11章案件中是否指定受托人？在《破产法》第7章所有案件中是否均指定受托人？在《破产法》第11章所有案件中是否均指定受托人？试着进行讨论。

6. 根据1978年《破产改革法》，描述受托人在清算案件中的职责。

7. 在《破产法》第7章清算案件中，哪些无担保债权为优先债权？根据优先等级排序进行讨论。

8. BAPCPA是否对无担保非优先债权（即一般无担保债权）规定了优先等级？

9. 为什么要编制清算资产负债表？在该表中资产如何估值？

10. 根据《破产法》第11章申报的案件是否意味着该公司不会被清算？试着进行讨论。

11. 在重整案件中，什么是“债务人持有资产”？

12. 在《破产法》第11章案件中，债权人委员会在什么时候可以提出重整计划？

13. 讨论重整计划通过的前提。

14. 描述在《破产法》第11章下经营的公司的资产负债表中的妥协负债。

15. 在《破产法》第11章下复苏的公司的重整价值能够用于确定重整后公司的会计处理。解释FASB ASC 852号准则所指的重整价值。

16. FASB ASC 852号准则对复苏公司使用新起点列报提出了两个条件，分别是什么？

17. 在《破产法》第11章下复苏的公司即使不适用新起点列报，仍需要报告重整计划对其财务状况和经营成果的影响。在重整后公司的财务报表中如何报告债务豁免？

练习题

E16-1　各种破产申请的区别以及与破产法律相关的术语

1. 破产性无偿债能力是指：

a. 资产的账面价值大于负债的账面价值
b. 资产的公允价值小于负债的公允价值
c. 不能清偿到期债务
d. 负债的账面价值大于资产的账面价值

2. 除重整计划规定的负债清偿外，在以下何种情况下债务公司应进行偿债：

a. 大多数无担保债权人同意重整计划
b. 每一级债权人均同意该计划，或者该计划对其无损害
c. 某一债权的所有持有者都同意该计划，或者能得到与公司清算时相当金额的清偿
d. 法院确定计划是公平和公正的

3.《破产法》第 7 章案件对受托人的选举要求是：

a. 经大多数债权人同意
b. 经代表的大多数债权同意
c. 经以债权金额决定的有表决权的债权人的多数同意，且至少 20%的债权人必须投票
d. 征得代表债权金额的 2/3 的债权人且大多数债权人同意

4. 在何种情况下，公司可能不是自行管理债务人：

a. 案件是自愿破产申请
b. 案件是非自愿破产申请
c. 非商品和服务的负债超过 5 000 000 美元
d. 法院认为任命受托人能最大限度保护债权人的利益

E16-2　破产过程中的财务报告

根据以下资料回答问题 1 和问题 2：

2016 年 7 月 1 日 Hal 公司按《破产法》第 11 章向法院申请破产保护。申请当日 Hal 公司的负债情况如下：

10%应付抵押债券，以账面价值和公允价值均为 100 000 美元的建筑物抵押	$ 200 000
抵押债券的应计利息（1 月 1 日至 7 月 1 日）	10 000
应付账款	80 000
优先税收债权	50 000
	$ 340 000

1. 2016 年 12 月 31 日资产负债表中将列示的申请前产生的负债金额为多少美元？

a. 340 000（申请时的债权）
b. 240 000（初始债权减去抵押债券的担保部分）
c. 350 000（初始债权加上 6 个月的债券利息）
d. 290 000（初始债权减去优先税收债权）

2. 在破产申请两年半后，Hal 公司的管理层、债权人、股东以及其他利益相关方同意重整价值为 500 000美元。下列哪一陈述最正确：

a. 重整价值约等于持续经营公司的评估价值减去申请前产生的负债
b. 重整价值约等于公司资产的公允价值减去申请前产生的负债和延期申请负债的公允价值

c. 重整价值约等于公司资产的公允价值减去延期申请负债的账面价值和申请前产生的负债的估计清偿价值

d. 重整价值约等于不考虑负债时公司的公允价值

3. Uni公司为一家母公司，拥有5家全资子公司，正准备编制当年的合并财务报表。Uni公司的两家子公司在《破产法》第11章下作为自行管理债务人经营。下列哪项陈述是正确的：

a. ASC 810号准则“合并”禁止Uni公司将破产程序中的两家子公司的财务报表与其他子公司合并

b. ASC 810号准则“合并”要求将五家子公司的财务报表与母公司进行合并

c. 如果Uni公司的合并财务报表包括破产程序中的两家子公司，ASC 852号准则要求将两家重整公司的简明合并财务报表列为补充财务报表

d. 如果Uni公司的合并财务报表不包括破产程序中的两家子公司，这两家子公司的会计处理应采用成本法

4. 当采用新起点列报时，最初的财务报表披露内容不包括：

a. 对个人资产和负债金额所做的调整　　b. 豁免债务额

c. 前期留存收益或不足抵销额　　d. 当前和前期的每股收益

E16-3　破产程序中的财务报告——向债权人的分配

Ram公司持有来自Pat公司的应收票据400 000美元，并获悉Pat公司已根据《破产法》第7章申请破产，且预期无担保债权每1美元可获0.45美元的偿还。Pat公司对Ram公司的应付票据由估计可收回价值为80 000美元的存货项目担保。

要求： 计算Ram公司预期可获得的票据偿还额。

E16-4　新起点列报要求

Bax公司在过去的15个月内一直在《破产法》第11章下经营。2016年3月31日，在其重整计划被批准之前，Bax公司的重整价值估计为3 000 000美元。当天Bax公司的资产负债表列示如下：

流动资产	$ 750 000
固定资产	3 000 000
	$3 750 000
延期申请负债	$1 200 000
妥协负债*	1 500 000
完全担保债权	900 000
股本	900 000
不足额	(750 000)
	$3 750 000

* 表示已认定的债权。重整计划要求支付150 000美元并发行300 000美元的票据和375 000美元的普通股以清偿申请前产生的负债。

要求：

1. 根据重整价值，Bax公司是否满足新起点列报的条件？

2. Bax公司还需要满足何种条件才可使用新起点列报？请列示计算过程。

E16-5　破产程序中的财务报告——向债权人的分配

Hol公司正在由法院指定的受托人进行破产清算。最终分配现金前，由受托人编制的财务报表列示如下：

资产	
现金	$300 000

批准的债权	
应付抵押借款（由售出后可获得 100 000 美元的财产抵押）	$ 180 000
应付账款，无担保	160 000
应付管理费用，无担保	16 000
应付职工薪酬，无担保	4 000
应付利息，无担保	20 000
批准的债权总额	$ 380 000

管理费用为受托人费用以及为管理债务公司财产发生的其他费用。

要求：列示 300 000 美元的现金在各债权人之间如何分配。

综合题

P16－1　破产程序中的财务报告

2016 年 3 月 1 日，在按《破产法》第 7 章处理的破产案件中，美国受托人任命临时受托人接管 Sco 公司的财产，此时 Sco 公司的资产负债表如下所示：

资产		负债及所有者权益	
现金	$ 4 000	应付账款	$ 50 000
应收账款净额	8 000	应付票据——无担保	40 000
存货	36 000	预收账款	1 000
土地	20 000	应付工资	3 000
建筑物净值	100 000	应付抵押借款	80 000
无形资产	26 000	股本	40 000
		留存收益不足额	(20 000)
资产总额	$ 194 000	负债及所有者权益总额	$ 194 000

其他信息：

1. 债权人未选出受托人，因此临时受托人成为该案件的受托人。
2. 土地和建筑物已抵押用于担保应付抵押借款。
3. 2016 年 1 月，Sco 公司收到 1 000 美元的预收货款。此货款对应的货物已不出售。
4. 3 月份受托人的活动汇总如下：

a. 收到偿还应收账款的现金 7 200 美元，余额被认为不能收回。

b. 存货售得 19 400 美元。

c. 土地和建筑物售得 90 000 美元。

d. 无形资产无法变现。

e. 发生受托人管理费用 8 200 美元。

要求：

1. 为受托人设立单独的账簿，记录财产管理和资产变现业务。
2. 编制 3 月 31 日被托管的 Sco 公司的财务报表（资产负债表、现金收支表和权益变动表）。
3. 在受托人账上编制分配可用现金给债权人并终结此案件的分录。

P16－2　破产程序中的财务报告

2016 年 1 月，Jut 公司依据《破产法》第 7 章提出破产申请。2016 年 3 月 15 日，受托人提供的该公司财务状况信息如下所示：

	账面价值	估计可变现价值
资产		
现金	$ 20 000	$ 10 000
应收账款净额	100 000	70 000
存货	150 000	60 000
固定资产净值	250 000	270 000
资产总额	$ 520 000	
负债		
优先债权	$ 80 000	
应付账款——无担保	130 000	
应付票据，由应收账款担保	100 000	
长期借款，由所有固定资产担保	220 000	
负债总额	$ 530 000	

要求：

1. 计算无担保债权可能获得的偿还金额。
2. 计算无担保债权每 1 美元可能获得的偿还金额。
3. 估计每一等级债权人可能获得的偿还金额。

P16－3　清算中的债权等级和现金分配

Fab 公司正根据《破产法》第 7 章进行清算。所有的资产都已转化成现金，共有 374 500 美元可用于偿还下列债权：

1. 保管及清算债务公司财产的管理费用	$ 12 500
2. 供货商	99 000
3. 地方政府的财产税	4 000
4. 地方银行的无担保借款（本金 30 000 美元，利息 4 500 美元）	34 500
5. 州政府的营业税	3 000
6. 破产申请前 1 个月的未付职工工资（包括公司总经理的 13 025 美元及其他每位职工少于 12 475 美元的工资）	48 000
7. 尚未交货的预收账款	1 500
8. 公司不动产的第一抵押债权，此不动产售得 240 000 美元（包括本金 220 000 美元和利息 8 500 美元）	228 500

假设上述债权均被认定且及时申报。

要求：

1. 根据《破产法》关于债权等级的优先顺序，将上述债权排序。
2. 列示此公司在最后清算中如何分配现金。

P16－4　破产程序中的财务报告——清算资产负债表

2016 年 6 月 30 日，Han 公司按《破产法》第 7 章提出了破产申请。该公司当天财务状况的有关数据如下所示：

	账面价值	估计可变现净值
现金	$ 2 200	$ 2 200
应收账款净额	15 000	13 500
存货	20 000	22 500
设备净值	55 000	28 000
资产总额	$ 92 200	$ 66 200
应付账款	$ 26 400	
应付租金	7 600	
应付工资	12 000	
应付票据及应计利息	31 000	
股本	55 000	
留存收益不足额	(39 800)	
负债与权益总额	$ 92 200	

要求：

1. 假设应付票据及利息由设备抵押担保，且每一员工的工资少于 4 000 美元，请编制清算资产负债表。

2. 若包括受托人费用的优先清算费用为 4 000 美元且估计可变现净值能完全实现，请估计可偿还每一等级债权人的金额。

P16－5 破产程序中的财务报告

2016 年 7 月 1 日，Dan 公司的无担保债权人根据《破产法》第 7 章对 Dan 公司提出破产申请。法院受理日是 7 月 10 日，当天指定了临时受托人监督财产清算。Dan 公司 2016 年 7 月 10 日的资产和负债以及估计可变现价值如下所示：

	账面价值	估计可变现价值
资产		
现金	$ 80 000	$ 80 000
应收账款净额	210 000	160 000
存货	200 000	210 000
设备净值	150 000	60 000
土地和建筑物净值	250 000	140 000
无形资产	10 000	—
	$ 900 000	$ 650 000
应付账款	$ 400 000	
应付票据	100 000	
应付工资（6 月和 7 月）	24 000	
应交税费	76 000	
应付抵押借款 200 000 美元，加 7 月 10 日的未付利息 5 000 美元	205 000	
股本	300 000	
留存收益不足额	(205 000)	
	$ 900 000	

其他信息：

1. 应收账款为应付票据提供担保。

2. 对每位员工的欠款均不超过1 000美元。

3. 应交税费为优先债权项目。

4. 存货项目中包括2016年7月5日获得的50 000美元存货项目；未付账单已列入应付账户中。

5. 应付抵押借款以及利息由土地和建筑物提供担保。

6. 受托人费用以及其他清算财产的成本预计11 000美元。

要求：

1. 编制Dan公司2016年7月10日的清算资产负债表。

2. 假设估计可变现价值能够实现，受托人费用和其他财产清算费用为11 000美元，请编表列示可分配现金在各级债权人之间的分配过程。

P16-6 破产程序中的财务报告

2016年6月30日，Val公司的资产负债表包括下列项目：

资产	
现金	\$ 40 000
应收账款净额	70 000
存货	50 000
土地	30 000
建筑物净值	200 000
设备净值	60 000
商誉	50 000
	\$ 500 000
权益	
应付账款	\$ 1 100 000
应付工资	60 000
应交财产税	10 000
应付抵押借款	150 000
应付抵押借款利息	15 000
应付票据——无担保	50 000
应付利息——无担保	5 000
股本	200 000
留存收益不足额	(100 000)
	\$ 500 000

Val公司正处于财务困境，其股东和债权人要求编制清算资产负债表。以下是有关信息：

1. 公司估计应收账款可收回的最大金额为63 000美元。

2. 存货项目中有20%已损坏，价值仅2 000美元，除此之外，其他项目成本预计可以全额收回。

3. 土地和建筑物评估总价为170 000美元，应付抵押借款及相关利息为150 000美元。

4. 设备的评估价为20 000美元。

5. 应付工资和应交财产税均为无担保优先债权，未超过《破产法》限定的金额。

要求：

1. 编制Val公司2016年6月30日的清算资产负债表。

2. 计算每1美元无担保债权估计可偿付金额。

P16-7　分次清算

2016 年 1 月 2 日，Lop 公司根据《破产法》第 11 章提出破产申请。Lop 公司当天以及 2016 年 6 月 30 日的资产和权益情况列示如下。下表同时列示了 Lop 公司资产在 6 月 30 日估计的公允价值。

	2016 年 1 月 2 日	2016 年 6 月 30 日	
	账面价值	账面价值	估计的公允价值
资产			
现金	$ 200	$ 6 700	$ 6 700
应收账款净额	800	1 000	1 000
存货	2 000	1 600	2 000
预付账款	500	—	—
土地	1 000	1 000	2 000
建筑物净值	3 000	2 900	1 500
设备净值	2 000	1 800	1 800
专利权	4 500	4 000	0
	$ 14 000	$ 19 000	$ 15 000
权益			
应付账款	$ 1 000	$ 3 000	
应付工资	500	1 000	
应付银行票据（包括 500 美元利息）	5 000		
长期应付票据（由设备担保）	6 000		
申请前产生的负债		12 500	
股本	7 000	7 000	
不足额	(5 500)	(4 500)	
	$ 14 000	$ 19 000	

各利益相关方于 2016 年 7 月 1 日同意该重整计划，并将于 7 月 8 日举行听证会以确认其公平和公正性。根据此重整计划，重整价值为 16 000 美元，且债权和权益持有者将收到的偿还金额如下所示：

	收到的现金报酬	收到的非现金报酬	
延期申请负债			
应付账款（全额）	$ 3 000		
应付工资（全额）	1 000		
申请前产生的负债			
应付账款（80%）	800		
应付工资（80%）	400		
应付银行票据及利息（80%）		$ 2 000	应付票据
		2 000	普通股股本
长期应付票据（80%）		1 800	应付票据
		3 000	普通股股本
普通股股东*		2 000	普通股股本
	$ 5 200	$ 10 800	

* 重整价值分配给债权人后的余额。

2016 年 7 月 8 日，重整计划获得批准，新公司名为 Hip 公司。7 月 1 日到 7 月 8 日资产与负债没有变动。

要求：

1. Lop 公司的重整是否符合使用新起点列报的条件？写出计算过程。
2. 根据重整计划，编制分录调整 Lop 公司的账户。
3. 编制 2016 年 7 月 8 日 Hip 公司使用新起点列报的资产负债表。

专业研究任务

参考 FASB ASC 回答以下问题，将适当的参考内容包含在你的答案里。

PR16-1 编制在《破产法》第 11 章破产保护下经营的公司的财务报表有哪些具体要求？

PR16-2 在哪种情况下，破产复苏后的公司适用新起点列报？能举一个例子来说明公司在新起点列报情况下应该怎样列报吗？

术语表

A

Acquisition　收购
Acquisition method　购买法
Actual retirement　实际赎回
Affiliate　附属公司
Agency theory　代理理论

B

Bankruptcy insolvency　破产性无偿债能力
Bargain purchase　廉价购买
Business combination　企业合并

C

Cash flow hedge　现金流量套期
Chapter 11 of the Bankruptcy Reform Act　《破产改革法》第 11 章
Chapter 7 of the Bankruptcy Reform Act　《破产改革法》第 7 章
Conglomeration　混合合并
Connecting affiliates relationship　关联控股结构
Consolidation　合并
Constructive retirement　推定赎回
Contemporary theory　当代理论
Controlling share of net income　归属于母公司的净利润
Conventional approach　传统法
Creditors' committees　债权人委员会
Current rate　现行汇率
Current rate method　现行汇率法

D

Debtor in possession　债务人持有资产
Denominated　标价
Derivative　衍生工具
Direct holdings　直接持股
Direct quotation　直接标价法
Downstream sale　顺流交易

E

EDGAR System　电子化数据收集、分析及检索系统
Entity theory　主体理论
Equity insolvency　权益性无偿债能力
Equity in subsidiary realized income　子公司已实现净利润中的权益份额
Equity method　权益法
Exchange rate　汇率
Executory contracts　待履行合同

F

Fair value/cost method（for equity investments）　公允价值/成本法（长期股权投资）
Fair value hedge　公允价值套期
Father-son-grandson relationship　父-子-孙关系
Fixed exchange rates　固定汇率
Floating exchange rates　浮动汇率
Foreign currency　外币
Foreign currency commitment　外币承诺
Foreign currency statements　外币报表
Foreign currency transactions　外币交易
Foreign transactions　对外交易
Form 8-K　8-K 报告
Form 10-K　10-K 报告
Form 10-Q　10-Q 报告
Forward contracts　远期合约
Free exchange rates　自由汇率
Fresh-start reporting　新起点列报
Functional currency　功能货币
Futures contracts　期货合约

H

Hedge　套期
Hedge of net investment in a foreign subsidiary　境外经营净投

资套期
Hedging operations 套期活动
Historical rate 历史汇率
Horizontal integration 横向合并

I

Indirect holdings 间接持股
Indirect quotation 间接标价法
Interim financial reports 中期财务报告
Involuntary bankruptcy proceedings 非自愿破产程序

J

Joint venture 合营企业

L

Leveraged buyout 杠杆收购
Limited partnership 有限合伙
Local currency 当地货币
Local transactions 本地交易

M

Merger 吸收合并
Mixed-attribute model 混合属性模型
Monetary assets and liabilities 货币性资产和负债
Multiple exchange rates 多重汇率
Mutual holdings 相互持股

N

Net settlement 净额结算
Noncontrolling interest 少数股东权益
Nonmonetary items 非货币性项目

O

Official exchange rates 官方汇率
One-line consolidation 单行合并
Operating segment 经营分部
Options 期权合约

P

Parent-company theory 母公司理论
Par value theory 面值理论
Pay-fixed，receive-variable interest rate swap 支付固定利率、收取浮动利率的利率互换协议
Pay-variable，receive-fixed interest rate swap 支付浮动利率、收取固定利率的利率互换协议
Pooling of interests method 权益结合法
Preacquisition dividends 合并前股利
Preacquisition earnings 合并前盈余
Preliminary prospectus 初步招股说明书
Prepetition liabilities subject to compromise 妥协负债
Primary beneficiary 主要受益人
Pro rata or proportionate consolidation 比例合并
Prospectus 招股说明书
Push-down accounting 下推会计

R

Registration statements 登记声明
Regulation S S条例
Remeasurement 重述
Reorganization items 重整项目
Reorganization plan 重整计划
Reorganization value 重整价值
Reportable operating segment 报告经营分部
Reporting currency 记账本位币

S

Spot rate 即期汇率
Statement of affairs 清算资产负债表
Statement of realization and liquidation 变现与清算表
Step-by-step acquisitions 分步收购
Subsidiary 子公司
Swaps 互换合约

T

Temporal method 时态法
Temporary differences 暂时性差异
Traditional theory 传统理论
Translation 折算
Translation adjustment 外币报表折算差异
Treasury stock approach 库存股法

U

Upstream sale 逆流交易
U. S. trustee 美国受托人

V

Variable interest entities（VIEs） 可变利益主体
Ventures 合营方
Vertical integration 纵向合并
Voluntary bankruptcy proceedings 自愿破产程序

图书在版编目（CIP）数据

高级会计学：第13版/弗洛伊德·比姆斯等著；毛新述，何玉润，张路等译. --北京：中国人民大学出版社，2020.8
（工商管理经典译丛. 会计与财务系列）
ISBN 978-7-300-18951-2

Ⅰ.①高… Ⅱ.①弗… ②毛… ③何… ④张… Ⅲ.①会计学 Ⅳ.①F230

中国版本图书馆CIP数据核字（2020）第150642号

工商管理经典译丛·会计与财务系列
高级会计学（第13版）
弗洛伊德·比姆斯
约瑟夫·安东尼
布鲁斯·贝丁豪斯
肯尼思·史密斯
著
毛新述 何玉润 张 路 等 译
Gaoji Kuaijixue

出版发行	中国人民大学出版社		
社　　址	北京中关村大街31号	邮政编码	100080
电　　话	010－62511242（总编室）		010－62511770（质管部）
	010－82501766（邮购部）		010－62514148（门市部）
	010－62515195（发行公司）		010－62515275（盗版举报）
网　　址	http://www.crup.com.cn		
经　　销	新华书店		
印　　刷	三河市兴达印务有限公司		
规　　格	215 mm×275 mm　16开本	版　　次	2020年8月第1版
印　　张	34.75 插页2	印　　次	2020年8月第1次印刷
字　　数	1 008 000	定　　价	89.00元

Pearson

尊敬的老师:

您好!

为了确保您及时有效地申请培生整体教学资源,请您务必完整填写如下表格,加盖学院的公章后传真给我们,我们将会在 2-3 个工作日内为您处理。

请填写所需教辅的开课信息:

采用教材			□中文版 □英文版 □双语版
作　者		出版社	
版　次		ISBN	
课程时间	始于　年 月 日	学生人数	
	止于　年 月 日	学生年级	□专 科　□本科 1/2 年级 □研究生　□本科 3/4 年级

请填写您的个人信息:

学　校			
院系/专业			
姓　名		职　称	□助教 □讲师 □副教授 □教授
通信地址/邮编			
手　机		电　话	
传　真			
official email(必填) (eg:XXX@ruc.edu.cn)		email (eg:XXX@163.com)	
是否愿意接受我们定期的新书讯息通知:　□是　□否			

系 / 院主任: ____________ (签字)

(系 / 院办公室章)

___年___月___日

资源介绍:

--教材、常规教辅(PPT、教师手册、题库等)资源:请访问 www.pearsonhighered.com/educator;　(免费)

--MyLabs/Mastering 系列在线平台:适合老师和学生共同使用;访问需要 Access Code;　(付费)

100013　北京市东城区北三环东路 36 号环球贸易中心 D 座 1208 室 100013

Please send this form to: copub.hed@pearson.com

Website: www.pearson.com

教师教学服务说明

中国人民大学出版社财会出版分社以出版经典、高品质的会计、财务管理、审计等领域各层次教材为宗旨。

为了更好地为一线教师服务，近年来财会出版分社着力建设了一批数字化、立体化的网络教学资源。教师可以通过以下方式获得免费下载教学资源的权限：

在中国人民大学出版社网站 www. crup. com. cn 进行注册，注册后进入“会员中心”，在左侧点击“我的教师认证”，填写相关信息，提交后等待审核。我们将在一个工作日内为您开通相关资源的下载权限。

如您急需教学资源或需要其他帮助，请在工作时间与我们联络：

中国人民大学出版社　财会出版分社

联系电话：010-62515987，62511076

电子邮箱：ckcbfs@crup. com. cn

通讯地址：北京市海淀区中关村大街甲 59 号文化大厦 1501 室（100872）